12

3

11

2

4

9

10

6

Diese *merk*würdige Zeit

Leben nach der Stunde Null

DIE NEUE ZEITUNG

Wilfried F. Schoeller (Hg.)

Diese *merk*würdige Zeit

Leben nach der Stunde Null

Ein Textbuch aus der »Neuen Zeitung«

Edition Büchergilde

Meinen Freunden
Hartmann Goertz und Walter Kolbenhoff zum Andenken

Herausgeber und Verlag danken allen Verlagen und privaten Rechteinhabern für die freundliche Genehmigung zum Abdruck der Texte. Leider konnten nicht alle Rechteinhaber bzw. Rechtenachfolger ermittelt werden. Berechtigte für Honoraransprüche wenden sich bitte an die Büchergilde Gutenberg in Frankfurt am Main.

Lizenzausgabe für die Edition Büchergilde,
Frankfurt am Main
Mit freundlicher Genehmigung der Büchergilde
Gutenberg, Frankfurt am Main, Wien und Zürich

Herstellung: Katrin Jacobsen, Frankfurt am Main
Gesetzt in der New Baskerville durch a.visus,
Michael Hempel, München
Lithografie: Positiff, Frankfurt am Main
Druck und Bindung: Friedrich Pustet KG,
Regensburg
Printed in Germany 2005
ISBN 3-936428-42-5

www.buechergilde.de

Inhalt

Vorwort

Vom Oktober 1945 an gaben die amerikanischen Besatzungsbehörden in München eine Tageszeitung für die deutsche Bevölkerung heraus. Sie war das wichtigste Presseorgan in den ersten Nachkriegsjahren, gleichsam das Modell der von den Besatzungsbehörden ins Leben gerufenen Lizenzzeitungen. Vor allem deutschjüdische Emigranten, die mit der Army zurückgekehrt waren, bestimmten diese der reeducation und der demokratischen Erneuerung dienende Publikation. Es ergab sich eine einmalige Konstellation: erster Chefredakteur war Hans Habe, der dann von Hans Wallenberg abgelöst wurde; als Leitartikler betätigte sich Stefan Heym, der später in die USA zurückkehrte und danach in die DDR überwechselte; von dem in britischen Diensten tätigen Peter de Mendelssohn wurde Erich Kästner als erster Feuilletonchef vermittelt. Die Zeitung, die zeitweilig in einer Auflage von 2,5 Millionen Exemplaren verbreitet war und rund zehn Millionen Leser erreichte, versammelte die Prominenz deutscher Schriftsteller und Intellektueller mehrerer Generationen und bot für junge Autoren ein vielgenutztes Forum. Sie legte wenigstens anfangs Wert darauf, daß West und Ost vertreten waren, und wollte dazu beitragen, die Barrieren zwischen Emigranten und Daheimgebliebenen zu überwinden. In den Dienst des Kalten Krieges genötigt, verlor sie in den frühen fünfziger Jahren an Bedeutung und wurde Ende Januar 1955 eingestellt.

Es handelt sich um eine einzigartige, bisher wenig erschlossene Quelle der Zeitgeschichte. Die *Neue Zeitung* ist eine fesselnde Chronik der Gedanken und Lebensgefühle im ersten Nachkriegsjahrzehnt. Die unglaubliche Fülle und Dichte allererster Namen unter den Mitarbeitern ist damals von keiner anderen Zeitung erreicht worden.

Die hier versammelten Artikel sind eine kleine Auswahl aus Tausenden von Beiträgen, die in der *Neuen Zeitung* zwischen dem 18. Oktober 1945 und dem 30. Januar 1955 erschienen sind. Die Überfülle des vorliegenden Materials verbietet es, diese Sammlung als eine repräsentative Auswahl zu bezeichnen, auch wenn sie von bescheidenen

Vorgaben aus selbst ein wenig ins Monumentale gewachsen ist. Jede andere Auswahl wäre möglich und wünschenswert – und genauso unvollständig wie die vorliegende.

Die Reportagen, autobiographischen Stücke, Berichte, Kommentare, Essays, Glossen und Erzählungen stammen vorwiegend aus dem Feuilletonteil der Zeitung, der durch seine Lebendigkeit, Unmittelbarkeit und grenzüberschreitende Diskussionsfreude alle anderen Partien überragte. Das Buch versteht sich als ein – von der Büchergilde Gutenberg mit Großmut ermöglichter – Kompromiß zwischen dem Riesenformat des Materials und der notwendigen Beschränkung auf ein praktikables Lesebuch.

Die Freiheiten des Herausgebers sind kompositorischer Art. Er wollte jene Bühne der Nachkriegsliteratur und -publizistik rekonstruieren, die in keinem anderen zeitgenössischen Blatt so umfassend vorhanden ist, die wichtigsten Themen der Krisen- und Aufbaujahre in herausragenden Artikeln versammeln, ein Lesebuch auch der Gefühle und Lebenshaltungen nach dem Erlebnis von Krieg, Katastrophen, Zusammenbruch und Befreiung präsentieren und den mannigfachen Dialog deutscher Schriftsteller in dieser Zeitung zum Sprechen bringen.

Die Texte ergeben ein fortlaufendes Gespräch über die großen Fragen der Schuld, der verlorenen Werte, der Sprache der Macht, über die Eigenheiten und Sonderwege der deutschen Geschichte, über die zerstörten Städte, über die zunehmend schärfere Teilung des Landes, das geistige Klima und Lebensprovisorien, über Verzweiflungen, Odysseen, Hoffnungen nach dem Krieg bis weit in die fünfziger Jahre hinein. Die Liste der hier versammelten Namen liest sich wie ein Baedeker des deutschen Nachkriegsjournalismus und der Gegenwartsliteratur.

In allem Stimmengewirr ergibt sich der Oberton einer Gemeinsamkeit, die im Kalten Krieg zerbrach. Manches Maßstäbliche für unser – nach der Wiedervereinigung unversöhntes – Land strahlt davon bis heute aus. Erinnert wird mit dieser umfangreichen Sammlung auch an ein Projekt deutsch-amerikanischer Zusammenarbeit, das trotz – oder vielleicht sogar wegen – aller Spannungen seine Vitalität erwiesen hat. Die amerikanische Army hat in Deutschland nicht nur mit Waffen gesiegt, sondern auch mit Tugenden einer demokratischen Zivilgesellschaft. Immer wieder wird der Anlaß aktuell, diesen Bedarfsfall zu memorieren.

Zur Jahreswende 2004/05

Wilfried F. Schoeller

1945

1.1. Die Wehrmacht versucht vergeblich eine Offensive am Oberrhein.

Ab 12.1. Zusammenbruch der deutschen Front in Polen, Angriffe der Roten Armee auf Ostpreußen und Oberschlesien.

27.1. Befreiung des Konzentrations- und Vernichtungslagers Auschwitz durch die Rote Armee.

4.–11.2. Konferenz von Jalta, auf der Roosevelt, Stalin und Churchill unter anderem die Zukunft Deutschlands nach der erwarteten Eroberung festlegen: Aufteilung des Landes in Besatzungszonen, Teilung Berlins in Sektoren, vollständige Entwaffnung, Gebietsabtretungen.

12.2. Die Rote Armee nimmt Budapest ein.

Febr./März Eroberung des linken Rheinufers durch Briten und Amerikaner. Angriff der Roten Armee in Pommern.

5.3. Der Jahrgang 1929 wird eingezogen.

15.3. Befehl Hitlers, beim Rückzug »verbrannte Erde« zu hinterlassen.

12.4. Tod Franklin D. Roosevelts.

13.4. Wien von der Roten Armee erobert.

21.4. Zusammenbruch der deutschen Front in Italien.

25.4. Amerikanische und sowjetische Truppen treffen bei Torgau an der Elbe zusammen.

28.4. Erschießung Mussolinis und seiner Geliebten Petacci durch italienische Partisanen in der Nähe von Como beim Versuch, in die Schweiz zu fliehen.

30.4. Selbstmord Hitlers in der Reichskanzlei.

1.5. Neue Reichsregierung unter Großadmiral Dönitz in Plön.

Gruppe Ulbricht trifft aus Moskau in Berlin ein.

2.5. Übergabe Berlins an die Rote Armee.

5.5. Zusammenbruch des deutschen militärischen Widerstands in Böhmen. Beginn der Austreibung der deutschen Bevölkerung.

7.5. Kapitulation der deutschen Wehrmacht in Reims durch Generaloberst Jodl.

8.5. Erneute Gesamtkapitulation der deutschen Wehrmacht in Berlin-Karlshorst durch Generalfeldmarschall Keitel, Generaladmiral von Friedeburg und Generaloberst Stumpf.

9.5.–27.9. Londoner Konferenz der Außenminister der Großmächte.

23.5. Verhaftung der Reichsregierung Dönitz in Flensburg.

5.6. Übernahme der obersten Gewalt in Deutschland durch die Besatzungsmächte; Aufteilung des Landes in vier Zonen, Beschluß über Alliierten Kontrollrat.

9.6. Sowjetische Militäradministration (SMAD) in Berlin-Karlshorst eingerichtet.

11.6. KPD in Berlin wiedergegründet, zuvor formelle Zulassung antifaschistischer Parteien in der Sowjetzone.

15.6. In Berlin Gründung eines »Zentralausschusses« der SPD unter Fechner, Gniffke und Grotewohl.

26.6. Unterzeichnung der Charta der Vereinten Nationen in San Francisco.

4.7. Die Amerikaner haben Thüringen und Sachsen geräumt; die westlichen Alliierten sind in ihre Berliner Besatzungszonen eingezogen. Drei Tage später Abkommen über Viermächteverwaltung in Berlin.

Österreich in den Grenzen von 1937 wiederhergestellt und in vier Besatzungszonen aufgeteilt.

17.7. – 2.8. Potsdamer Konferenz, auf der Stalin, Truman und Churchill (ab 28.7. Clement Attlee) Vereinbarungen über den Alliierten Kontrollrat, die Besatzungszonen, Demontagen trafen, die Besetzung Nordostpreußens einschließlich Königsbergs unter sowjetischer Hoheit und Ostdeutschlands unter polnischer Hoheit regelten, die Ausweisung der Deutschen aus der ČSR, Polen und Ungarn billigten sowie Maßnahmen zur Entnazifizierung beschlossen.

6.8. Atombombe auf Hiroshima, drei Tage später auf Nagasaki abgeworfen. Am 16.8. stellt Japan alle Kriegshandlungen ein.

2.9. Beginn der Bodenreform in der SBZ: entschädigungslose Enteignung von größerem Grundbesitz (»Junkerland in Bauernhand«).

20.9. Besatzungsstatut und Verbot der NSDAP von den Alliierten proklamiert.

16.11. Bei einer Konferenz in London beschließen 44 Staaten die Gründung der UNESCO. Wissenschaft, Kunst und Erziehung sollen gefördert werden.

20.11. Beginn der Kriegsverbrecherprozesse in Nürnberg mit der Verlesung der Anklageschriften.

16.–22.12. Moskauer Konferenz der Außenminister (ohne Frankreich).

Dwight D. Eisenhower
Zum Geleit

Als Kommandierender der amerikanischen Truppen in Europa und als Militärgouverneur der von US-Truppen besetzten Teile Deutschlands begrüße ich das Erscheinen der *Neuen Zeitung*.

Die Neue Zeitung wird, nachdem alle anderen von der amerikanischen Armee herausgegebenen Zeitungen in Deutschland durch solche Zeitungen ersetzt worden sind, die von deutschen, lizensierten Zeitungsherausgebern veröffentlicht werden, das Organ der amerikanischen Militärregierung bleiben. *Die Neue Zeitung*, obschon sie in deutscher Sprache herausgegeben wird, unternimmt keineswegs den Versuch, eine »deutsche« Zeitung zu sein. Das Programm dieser Zeitung ist in der Titelzeile festgelegt:

»Eine amerikanische Zeitung für die deutsche Bevölkerung.«

Die Ziele der *Neuen Zeitung* sind die folgenden:

Erstens: Zum Unterschied von jenen deutschen Zeitungen, die jetzt von deutschen Herausgebern veröffentlicht werden, und den Beginn einer freien deutschen Presse darstellen, wird die *Neue Zeitung* ein offizielles Organ der amerikanischen Behörden sein. Ihre Verbreitung wird nicht auf ein bestimmtes Gebiet beschränkt bleiben, sondern die ganze von US-Truppen besetzte Zone umfassen und auf diese Weise alle Landesteile verbinden.

Zweitens: *Die Neue Zeitung*, eine amerikanische Zeitung in deutscher Sprache, wird der neuen deutschen Presse durch objektive Berichterstattung, bedingungslose Wahrheitsliebe und durch ein hohes journalistisches Niveau als Beispiel dienen.

Drittens: Durch die Betonung der Weltereignisse wird die *Neue Zeitung* das Blickfeld des deutschen Lesers erweitern – sie wird dem Leser Tatsachen bieten, die in Deutschland in den 12 Jahren nationalsozialistischer Herrschaft unterdrückt waren.

Viertens: *Die Neue Zeitung* wird dazu beitragen, dem deutschen Volk die Notwendigkeit jener Aufgaben vor Augen zu führen, die vor dem deutschen Volke liegen.

Diese Aufgaben umfassen Selbsthilfe, Ausschaltung von Nationalsozialismus und Militarismus und die aktive Säuberung der Regierung sowie des Geschäftslebens.

Der moralische, geistige und materielle Wiederaufbau Deutschlands muß aus dem Volk selbst kommen. Wir werden den Deutschen in diesem Wiederaufbau helfen, aber die Arbeit selbst werden wir für die Deutschen keineswegs besorgen. Das deutsche Volk muß erkennen, daß es, um diesen harten Winter zu überstehen, sich losmachen muß von jenem Herdengeist, mit dem es 12 Jahre hindurch behaftet war. Deutschland muß ein Land friedlicher Arbeiter werden, in dem der einzelne fähig ist, seine Initiative zu gebrauchen – oder Deutschland wird keine Zukunft haben.

Die Säuberung von Nazis und Nazitum wird mit allen zu Gebote stehenden Mitteln durchgeführt werden. Sie wird nicht nur Parteimitglieder betreffen, sondern all jene, die – auf die eine oder andere Weise – Nutznießer des Nationalsozialismus gewesen sind. Es gibt nirgends »unentbehrliche« Nationalsozialisten. Der Nationalsozialismus muß vernichtet werden und alle Parteimitglieder sowie alle Mitglieder einer der NSDAP angegliederten Organisation müssen aus ihren Stellungen entfernt werden.

Neben dem Nationalsozialismus muß aber auch der Militarismus vernichtet werden. Die physische Entmilitarisierung Deutschlands wird erfolgreich durchgeführt, aber sie allein bietet keine Sicherheit, daß Deutschland in der Zukunft die Welt nicht wieder in einen Krieg zwingt. Militarismus muß aus der deutschen Gedankenwelt ausgerottet werden. Für alle Kulturvölker der Erde ist Krieg etwas an sich Unmoralisches, die Deutschen aber müssen zu dieser selbstverständlichen Wahrheit erst erzogen werden. Auch hier muß das deutsche Volk die gefährlichen Keime seiner Philosophie selbst ausrotten.

1/18.10.1945

Stefan Heym
Fassungsvermögen

Die Erfahrung des Dritten Reiches hat gezeigt, daß es kaum eine Grenze der menschlichen Schändlichkeit gibt, wohl aber eine Grenze des menschlichen Fassungsvermögens. Ob die Berater der nationalsozialistischen Herrscher in Fragen der Massenpsychologie diese Tatsache nun genau festgestellt und ihren Auftraggebern geraten haben, sie zu benutzen, wissen wir nicht. Wohl aber wissen wir, daß die Tatsache selbst, instinktiv oder aus wissenschaftlicher Erkenntnis, von den Nationalsozialisten ausgenutzt wurde.

Wie wäre es sonst möglich gewesen, daß sie Konzentrationslager wie Buchenwald in der unmittelbaren Nähe von Städten wie Weimar bestehen ließen? Auch ohne den Gestapoterror als zusätzlichen Faktor hätten die Nazis doch ziemlich sicher sein können, daß es nicht zu einer Massenempörung in Weimar in der Frage von Buchenwald kommen würde – eben weil die Weimarer in ihrer Mehrheit sich weigerten, das ganze Ausmaß der Schändlichkeiten in Buchenwald zu glauben, von denen sie doch, wenigstens von Zeit zu Zeit, hören mußten. Und das Verhältnis zwischen Weimar und Buchenwald war das gleiche wie zwischen allen Städten in der Nähe von KZs und den Konzentrationslagern selber und, im weiteren Sinne, zwischen der Mehrheit der deutschen Bevölkerung und dem, was in den Konzentrations- und Vernichtungslagern geschah.

Die Fähigkeit, den Kopf in den Sand zu stecken und sich unangenehmen Tatsachen gegenüber zu verschließen, ist ein Schutzmechanismus der menschlichen Seele. Tief im Innersten seines Herzens glaubt der Mensch, daß er zum Ebenbilde Gottes erschaffen worden ist – die Geständnisse der Angeklagten in den Kriegsverbrecherprozessen zerreißen den schönen Glauben zu lächerlichen Fetzen. Da hört man lieber nicht zu, da überschlägt man lieber die Seite in der Zeitung, die darüber berichtet, oder wenn man sie schon liest, bemüht man sich, das Gelesene so rasch wie möglich zu vergessen. So ein Mädchen wie die Grese, die da in Lüneburg eingesteht, daß sie andere Frauen – jüdische, ausländische, deutsche – regelmäßig ausgepeitscht und zu Tode gemartert hat, sie zerstört ein wenig die Illusion, die der Durchschnittsdeutsche sich von der Frau überhaupt und von der deutschen Frau im besonderen gemacht hat.

Der Bürger im »Faust« sagt: »Nichts Bessers weiß ich mir an Sonn- und Feiertagen / Als ein Gespräch von Krieg und Kriegsgeschrei, / Wenn hinten, weit in der Türkei, / Die Völker aufeinander schlagen.« Aber was da in den Konzentrationslagern geschah, geschah ja nicht in der bequemen Ferne der Türkei, sondern in der unbequemen Nähe von Belsen und Auschwitz, von Oranienburg und Dachau, von Ravensbrück und Buchenwald – gerade um die Ecke des eigenen Heimes. Davon will man lieber nicht sprechen, das möchte man lieber nicht glauben, und bei manch einem weigert sich vielleicht das Herz, es zu fassen. Und dann ist da noch die zweite Frage, vor deren Beantwortung man möglichst lange und weit zurückscheut: »Wenn das alles hier in Deutschland, in meiner unmittelbaren Nähe, geschah, und wenn ich davon wußte oder wissen mußte – wie weit bin ich selber verantwortlich?«

Vor solchen Fragen und inneren Zweifeln und Selbstvorwürfen gequält, verfällt der eine oder andere vielleicht auf den leichtesten Ausweg aus dem Dilemma. Er sagt oder denkt zumindest: »Schön waren diese Konzentrationslager ja sicher nicht, aber das meiste ist wahrscheinlich doch Propaganda.« Nicht umsonst sind die Deutschen durch Goebbels' Schule gegangen, sie meinen, Propaganda auf den ersten Blick erkennen zu können.

Nun wissen die Alliierten ganz genau, daß es eines der Grundgesetze der Propaganda ist, dem zu Beeinflussenden nichts zu erzählen, was diesem zu glauben allzu schwer fällt. Tatsache aber ist, daß die Berichte über die Kriegsverbrecherprozesse schwer zu glauben sind, weil das Ausmaß der menschlichen Schändlichkeit, das hier enthüllt wird, so schwer zu glauben ist.

Wenn die Alliierten also mit den Kriegsverbrecherprozessen Propaganda machen wollten, würden sie es geschickter anpacken. Man kann daher nur zu dem Schluß kommen, daß die Berichte von den Kriegsverbrecherprozessen, die Berichte über das Geschehen in den Konzentrationslagern, über Massenvergasungen, Folterungen, systematische Aushungerungen nichts sind als die nackte, ungeschminkte, ungeschwächt, aber auch unverstärkt dargestellte Wahrheit. Dieser Wahrheit kann man auf die Dauer nicht entgehen. Man muß sich daran gewöhnen, daß es solche Dinge gibt, daß sie sich in Deutschland ereigneten und von deutschen Menschen veranlaßt und durchgeführt wurden. Und wo das menschliche Fassungsvermögen nicht auszureichen scheint, um das Ausmaß der Schändlichkeit zu erkennen, muß man eben das Fassungsvermögen erweitern. Nur so wird man imstande sein, die kommenden Jahre geistig zu überdauern. Diejenigen, die die Absicht haben, in einer neuen, friedlichen demokratischen Welt als Gleichberechtigte unter Gleichberechtigten zu leben, werden die Integrität, die innere Sauberkeit aufbringen müssen, die bittere Wahrheit anzuerkennen und die Konsequenzen daraus zu ziehen.

Die Zeit der Illusionen ist vorbei. Die Zeit der großen Phrasen ist vorbei. Was übrig geblieben ist, sind die nüchternen Protokolle der Prozesse, die Ruinen des Krieges, der mit diesen Illusionen und Phrasen begonnen wurde. Geblieben sind die Gräber. Man kehre zu den einfachen Grundsätzen des Lebens und der Gemeinschaftsmoral zurück, zu der einfachen Sprache der zehn Gebote, deren eines lautet: »Du sollst nicht töten.«

2/21.10.1945

K.W.

Namen unter Abfallpapier. Wie die Parteikartothek gefunden wurde. Besuch in der Papiermühle Wirth

Die Papier-, Pappen- und Wellpappenfabrik Josef Wirth befindet sich in Freimann, einem Vorort Münchens. Neben dem grauen Fabrikgebäude steht eine zweistöckige Villa, die dem Direktor der Firma, Hanns Huber, als Wohn- und Arbeitsstätte dient. Auch die anderen Büroräume der Fabrik sind hier untergebracht.

Direktor Huber gibt in seinem Arbeitszimmer Anweisungen für den Betrieb, der, wie er sagt, genug Aufträge hat, jedoch infolge Kohlenmangels nicht den vollen Betrieb aufrechterhalten kann. Die Haupterzeugnisse seines Betriebes sind Packpapier und Wellpappe.

Die Firma hatte in normalen Zeiten ungefähr 70 Angestellte, deren Zahl jedoch schon während des Krieges auf ungefähr 40 sank. Das war auch die Zahl der Arbeiter in den Tagen vor der Besetzung Münchens durch die amerikanischen Truppen.

Am 15. April 1945 erschien ein hoher Parteifunktionär der Reichsleitung der NSDAP im Büro des Direktors Huber und erklärte, daß ihm eine große Menge Papier geliefert würde, die »sofort zu vernichten« wäre. Mit keinem Wort erwähnte er jedoch, worum es sich tatsächlich handle.

Drei Tage später kam dann die erste Fuhre von der Reichsleitung. Neun Tage lang kamen nicht weniger als *zwanzig* Lastzüge, die aus Lastwagen mit Anhängern bestanden. All diese Lastzüge waren mit Karteikarten voll beladen. Die Karten befanden sich weder in Karteikästen, noch waren sie überhaupt verpackt. Offensichtlich waren sie in Körben oder anderen Behältern aus der Reichsleitung herausgetragen worden; sie wurden dann in Eile auf die Lastwagen geschüttet. Die Reichsleitung stellte Hilfskräfte zur Verfügung, welche die Arbeiter der Firma Wirth beim Abladen der Lastwagen unterstützten.

Nach dem Eintreffen der ersten Ladung wußte Direktor Huber sofort, um welche Art von »Altpapier« es sich handelte, konnte aber noch nicht ahnen, daß schließlich die vollständige Kartei, bestehend aus ungefähr 8 Millionen Karten, in seinem Lagerraum aufgestapelt werden sollte. Huber, der zwölf Jahre lang immer wieder bei allen öffentlichen Stellen nach seiner Mitgliedschaft bei der NSDAP befragt worden war, gehörte selbst nicht zu jenen, deren Karten sich unter den Millionen von Papieren hätten befinden können. Aber die Wahl Hubers war vom nationalsozialistischen Standpunkt aus noch unglücklicher. Keiner seiner Angestellten war jemals Mitglied der NSDAP gewesen. Huber wußte, daß er ihnen allen volles Vertrauen schenken konnte. Sobald die Ladung der ersten Fuhre in seinem Lagerraum verstaut war, ließ Huber die Karten mit allerlei Papierabfällen zudecken. Jeder folgende Tag brachte weitere Fuhren. Die Zahl der Mitgliedskarten im Lagerraum der Firma Wirth wuchs, und damit wuchsen die Berge von »Altpapier«. Wiederholt kamen Funktionäre der Reichsleitung mit den Lastwagen, um Direktor Huber nochmals einzuschärfen, daß das Altpapier sofort verarbeitet werden müsse. Huber erklärte ihnen, daß er das Papier der Reichsleitung sofort verarbeite. Die Berge von Altpapier im Lagerraum stammten jedoch von all den anderen Kunden, die nicht so »bevorzugt« behandelt würden.

Am 27. April, zwei Tage vor dem Einmarsch der Amerikaner in München, kamen die letzten Karteikarten. Auch diese wurden getreulich zugedeckt. 65000 Kilo Papier hatte die Reichsleitung zur Verarbeitung geliefert.

Nach der Besetzung diente die Fabrik ein paar Tage als Quartier für amerikanische Truppen. Huber, der von den Amerikanern als zweiter Bürgermeister von Freimann eingesetzt worden war, meldete der Kommandantur sofort, daß sich die Kartei der Reichsleitung der

NSDAP in seiner Fabrik befände. In den Betrieb zurückgekehrt, begann er, mit Hilfe seiner Angestellten, die Karteikarten aus dem Berg von Altpapier herauszusuchen und zu bündeln. Es war eine gewaltige Aufgabe, deren Durchführung viele Wochen in Anspruch nahm.

Die Karteikarten enthalten das Lichtbild und alle wichtigen Daten der Mitglieder, außerdem: Tag der Anmeldung, Tag des Eintritts in die Partei usw. Der Ausschluß eines Mitgliedes aus der Partei war ebenfalls verzeichnet, und rotumrandete Karten kennzeichneten die »Nichtvertrauenswürdigen« unter den Parteigenossen. Die bei der Firma Wirth gefundene Kartothek enthält neben allen Mitgliedern übrigens auch die Namen aller Parteianwärter.

Direktor Huber bekleidet seinen Posten seit 1927, er ist 49 Jahre alt und wurde im Allgäu geboren. Seit 1910 lebt er in München und arbeitete zuerst in der Häute-, Fell- und Lederindustrie. Er ist sich vollauf bewußt, von welch weittragender Bedeutung der Fund ist, aber er ist auch gewiß, seinem Land den besten Dienst erwiesen zu haben, indem er half, eine »Tarnung« von Elementen, die an dem Aufbau seiner Heimat und einer allgemeinen Befriedung kein Interesse haben, das Handwerk zu legen.

4/28.10.1945

Werner Finck meldet sich zur Stelle!

Unbeschreibliches Gefühl, nach so vielen Jahren wieder schreiben und wieder sprechen zu dürfen! Das heißt, schreiben durfte ich ja! Ich meine das Schreiben als solches, das Schreiben an sich oder an mich oder an andere. Auch war es mir erlaubt, Gedichte, Romane, Theaterstücke, ja selbst staatsfeindliche Pamphlete zu schreiben. Aber ich durfte nichts veröffentlichen.

Nein, nein, seit dem Jahre des Heils 1939 durfte nichts mehr von mir erscheinen, das war ausgeschlossen, wie ich aus der Reichskulturkammer. Je toter ich aber geschwiegen wurde, um so lebendiger wurden die Gerüchte um mich. Manche davon kann ich zur Freude, manche zur Betrübnis meiner Freunde berichtigen. So ist zum Beispiel mein Tod sehr wahrscheinlich eine Erfindung. Genaueste Nachforschungen, die ich im eigensten Interesse betrieben habe, ergaben das Gegenteil. Ich bin also, denke ich. (Sum ergo, cogito.)

Es trifft auch nicht zu, daß ich ein aktiver Gegner des dutzendjährigen Reiches war, sonst wäre es mir wahrscheinlich auch nicht mehr möglich, das Gerücht meines Todes zu dementieren. Der passive Widerstand hat mir schon Unannehmlichkeiten genug gebracht.

Auch sind viele der tollkühnen Witze, die über mich verbreitet wurden, nicht wahr oder mindestens stark übertrieben. Möglich, daß dieses Eingeständnis meiner Beliebtheit in gewissen Kreisen Abbruch tut, aber ich opfere den billigen Ruhm gerne, wenn ich der bei uns so unterernährten Wahrheit wieder etwas zu Ansehen verhelfen kann. (Oh, wieviel Blut- und Bodenschande ist mit ihr getrieben worden!)

War ich nun ein zaghafter Held? Oder ein mutiger Angsthase? Auf alle Fälle ging ich niemals weiter als bis zur äußersten Grenze des gerade noch Erlaubten. Hier aber zog ich über die Narrenkappe des wortkargen Scherzes noch die Tarnkappe der vielsagenden Pause: das machte die Angriffsspitzen unsichtbar. Gegen die sie gerichtet waren, die merkten nichts. Erst das schadenfrohe Gelächter meiner Freunde, die damit, ohne es zu wollen, meine Feinde wurden, ließ sie stutzig werden. Nie war die Kunst der geschliffenen politischen Spitze lebensgefährlicher als damals, niemals aber auch so reizvoll. Deshalb hat mich auch das Nachdenken über meine Möglichkeiten in einem wahrhaft demokratischen Staate immer etwas beunruhigt. Denn wenn man wieder alles frei heraussagen kann, was man denkt, wenn der schwindelnde Abgrund unter dem Seil, darauf die Worte halsbrecherisch balancieren müssen, abgeschirmt ist durch das Sicherheitsnetz einer liberalen Gesetzgebung: wird dann einer der vielen noch zuschauen wollen, denen früher das gleichgeschaltete Hasenherz stehen blieb, wenn man die Balance zu verlieren schien? –

Aber Gott sei Dank dafür, die Entwicklung war gar nicht so ungünstig, wie ich es gefürchtet hatte: gibt es nicht auch jetzt noch genug, über das zu sprechen gefährlich ist; z.B. das zu sagen, was im vorigen Satz gesagt wurde?

Diese Frage eben ist ein Entfernungsmesser.

Wie das zu verstehen ist? So: Ich will wissen, wie weit wir uns schon von den Methoden der autoritären Regierung entfernt und wieviel wir bis zur Erreichung der vollen demokratischen Rechte noch zurückzulegen haben.

Wird nun die oben schüchtern gestellte Frage aus diesem meinem ersten Nachkriegsartikel entfernt, so stehen wir der Vergangenheit noch beängstigend nahe. Läßt man sie aber: konnte es dann eine charmantere Beweiserbringung geben, daß die neuen Mächte es mit unserer Freiheit ernster meinen als die alten?

Haben wir eigentlich noch Humor? lautete einmal eine selbstmörderische Umfrage des »Berliner Tageblattes«. Ich ging folgendermaßen darauf ein (einen oder zwei Monate darauf ging das »Berliner Tageblatt« ein):

»Doch, doch, wir haben. Oder wen meinen Sie mit ›wir‹? Wenn Sie ›uns‹ meinen, *unter* uns haben wir Humor. Aber ob die *über* uns auch Humor haben?« Durch diese Antwort kamen meine endgültigen Verbote ins Rollen.

Haben wir eigentlich schon das Recht der freien Meinungsäußerung? Ja? Nein? Nicht zutreffend? Und was kommt durch diese Frage ins Rollen?

Ich habe schon lange nicht mehr so viel gefragt. Wahrscheinlich bin ich angesteckt. Ja, ja, der Bürger trägt jetzt wieder die ganze und alleinige Verantwortung für das Wohl und Weh des Staates. Seine Zeit ist wieder voll ausgefüllt, wie der Fragebogen, der sie ihm wegnimmt.

Ich aber, der Fragwürdigste aller überhaupt in Frage kommenden Kommenden, kann gar nicht genug Formulare erhaschen: selbst noch in dieser Formulierung bleibt es ein unbeschreibliches Gefühl: Wieder schreiben und widersprechen zu dürfen!

5/1.11.1945

Karl Jaspers
Antwort an Sigrid Undset

I.

Zu den Ausführungen Sigrid Undsets würde ich schweigen und meinen Schmerz verbergen. Aber ein amerikanischer Redakteur fragte mich: »Was sagen Sie dazu?« Da bin ich verpflichtet, zu reden. Jede Frage ist für uns wie eine ausgestreckte Hand.

Ich erwartete, nach der Überschrift, einen guten Rat für die Umerziehung unseres Volkes. Statt dessen wird uns gesagt, daß eine solche Umerziehung hoffnungslos sei. Ihr ständen zwei unüberwindliche Hindernisse im Wege. Erstens die deutsche Gedankenwelt. Zweitens die Taten der Deutschen im Kriege. Diese Taten könnten von keinem der betroffenen Völker vergessen werden. »Nie vergessen« ist der Grundton dieses Aufsatzes, der anklagt, der Empörung Ausdruck gibt und keine Hand ausstreckt.

Hoffnungslosigkeit aber darf es nicht geben, wenn Menschen mit Menschen leben. Ein Volk im ganzen oder jedes Mitglied dieses Volkes summarisch zu verurteilen, scheint mir gegen die Forderung des Menschseins zu verstoßen. Über keinen einzelnen Menschen, noch weniger über alle Glieder eines Volkes ist ein Urteilsspruch wahr, der behauptet, sie »seien nun einmal so«. Vielmehr bleibt jedem, auch dem Schuldigen, die Freiheit, die Möglichkeit zur Umkehr.

Wer hoffnungslos verurteilt ist, kann nicht mehr antworten. Er hätte in völliger Ohnmacht nur gehorsam zu sein und zu dulden, sofern er noch weiterleben will. So nun ist unsere Lage nicht. Von Siegermächten, deren Völker die Menschenrechte anerkennen und auch dem Schuldigen gegenüber achten, ist uns gesagt worden: Das deutsche Volk solle nicht vernichtet werden, das heißt, uns wird eine Lebenschance gegeben. Und das deutsche Volk solle erzogen werden, das heißt, wir dürfen unsere eigentliche, gute geistige Welt wieder aufbauen und weiterentwickeln.

Die Empörung der Norwegerin Sigrid Undset ist uneingeschränkt berechtigt. Die Frage ist nur, in welchem Sinne jeder Deutsche sich mitverantwortlich fühlen muß. Zweifellos in dem politischen Sinne der Mithaftung jedes Staatsangehörigen für die Handlungen, die der Staat begeht, dem er angehört. Darum aber nicht auch in dem moralischen Sinne der faktischen oder intellektuellen Beteiligung an den Verbrechen. Sollen wir Deutsche für die Untaten, die uns selber von Deutschen zugefügt wurden oder denen wir wie durch ein Wunder entronnen sind, haftbar gemacht werden? *Ja* – sofern wir geduldet haben, daß ein solches Regime bei uns entstand (wir haben nicht unser Leben im Kampf gegen dieses Regime eingesetzt, und daher ist, daß wir noch leben, unsere Schuld). *Nein* – sofern viele von uns in ihrem innersten Wesen Gegner all dieses Bösen waren und durch keine Tat und durch keine Motivierung eine moralische Mitschuld in sich anzuerkennen brauchen. Haftbarmachen heißt nicht Als-schuldig-erkennen.

Es wird zur geschichtlichen Selbstbesinnung gehören, die Voraussetzungen für die Möglichkeit des Nationalsozialismus in uns zu durchleuchten. Das aber bedeutet keineswegs, daß wir anerkennen könnten, »die deutsche Gedankenwelt«, »das deutsche Denken der Vergangenheit« schlechthin sei der Ursprung der bösen Taten des

Nationalsozialismus. Unsere Gedankenwelt ist die Welt Lessings, Goethes, Kants und der vielen Großen, deren Adel und Wahrheit für uns unantastbar sind, auch wenn wir kritisch mit ihnen umgehen und alles tun, um jede Menschenvergötterung zu vermeiden.

Nur solche, denen eine anschauliche Kenntnis Innerdeutschlands während des letzten Jahrzehnts abgeht, können behaupten, daß diese deutsche Gedankenwelt verschwunden gewesen sei. Wohl war sie in der lauten Öffentlichkeit kaum fühlbar, wohl war sie durch Unterdrückung eingeschränkt (Papier stand für die Hitlerbücher beliebig zur Verfügung, auch als sie in den Buchhandlungen sich stauten und keinen Absatz mehr fanden, während für den Neudruck Goethes, der Bibel, unserer Philosophen kein Papier da war), aber sie war nicht ausgelöscht. Und diese Gedanken- und Dichterwelt, das einzige, was von uns bestehen wird durch alle Zeiten, anzuklagen, weil sie die Teufel in Deutschland nicht verhindert habe, wäre ebenso ungerecht wie die Anklage von Nationalsozialisten gegen Plato, seine Philosophie tauge nichts, denn er habe den Untergang Griechenlands nicht aufhalten können.

Ich möchte nicht zweifeln, daß Sigrid Undset in der Wertschätzung des hohen deutschen Geistes der Vergangenheit mit uns einig ist. Sie spricht nicht von ihm. Aber ihre Auffassung von einer »nationalen Geisteshaltung, die besonders den Nachbarvölkern klar sichtbar wird«, behauptet einen deutschen Charakter, der durch alle Zeiten gleichbleibend sei und der sich im Nationalsozialismus auf das Klarste enthüllt habe. Sie gibt eine Schilderung dieses Charakters, von der man zugeben kann, daß sie auf zahlreiche Deutsche zutrifft. Aber sie trifft auch auf Menschen aus anderen Völkern zu. Solche Charakteristiken sind nie Gattungsbegriffe, unter denen die einzelnen Menschen subsumiert werden können, sondern Typenbegriffe, denen sie mehr oder weniger zugehören. Die Verwechslung der gattungsmäßigen mit der typologischen Auffassung ist das Zeichen des Denkens im Kollektiven: die Deutschen, die Engländer, die Norweger, die Juden – und beliebig weiter: die Friesen, die Bayern – oder die Männer, die Frauen, die Jugend, das Alter. Daß durch die typologische Auffassung etwas getroffen wird, darf nicht zu der Meinung verführen, jedes Individuum erfaßt zu haben, wenn man es als durch jene allgemeine Charakteristik getroffen betrachtet. Das ist eine Denkform, die sich durch die Jahrhunderte zieht als ein Mittel des Hasses der Völker und Menschengruppen untereinander. Sie wurde von den Nationalsozialisten in der bösesten Weise angewendet und durch ihre Propaganda den Köpfen eingehämmert. Ist es möglich, daß Sigrid Undset solcher Denkform erliegt? Man sollte es fast meinen, wenn sie gar die Bücherverbrennungen aus dem Jahre 1933 mit dem deutschen Charakter zusammenbringt.

Ich muß ferner bezweifeln, daß es Millionen deutscher Kinder gibt, »deren Väter sich an den Grausamkeiten gegen Zivilisten, Frauen und Kinder in Rußland, Polen, Jugoslawien, Griechenland, Frankreich und Norwegen beteiligt haben«. Wohl haben Millionen als Glieder der Armee die Macht verwirklicht, unter der jene Greueltaten durch eine begrenzte Zahl verbrecherischer Menschen begangen wurden, aber es ist die überwiegende Mehrheit, der solches nicht zugemutet werden durfte. – Doch führen solche Erörterungen in schwierige Einzeluntersuchungen, die in Zukunft geleistet werden müssen.

Fürs erste brauchen wir Richtlinien für die so unerläßliche Umerziehung, in deren Gelingen all unsere Hoffnung liegt, und für die Eingliederung Deutschlands in die Ordnung der Völker. Die Umerziehung ist auch nicht möglich durch ein Aufzwingen fertigen Wissens und Wertens, sondern nur als Verwandlung durch Selbsterziehung. Hierfür ist es notwendig, Wege und Inhalte aufzuzeigen. Unter unserer Last, glaube ich, dürfen wir Mut fassen, wenn wir den Entschluß zum Ernst vor Gott gewinnen.

II.

Hinsichtlich der Umerziehung wage ich einige Hinweise. Erstens: Die *rückhaltlose Auffassung der Tatsachen* der letzten zwölf Jahre und unserer gegenwärtigen Lage ist die wichtigste Voraussetzung. Es ist eine harte Aufgabe, der Wahrheit ins Angesicht zu blicken. Wir müssen erkennen: die Taten des Nationalsozialismus, die Wurzeln und die Zusammenhänge dieser Taten, die Ermöglichung dieses Regimes durch geistige Bereitschaft in allen Kreisen unserer Bevölkerung, die gegenwärtige politische Realität (die endgültige politische Ohnmacht Deutschlands mit ihren Folgen), die weltgeschichtliche Lage und die in ihr verborgenen Möglichkeiten, deren Entwicklung unser eigenes Schicksal ist, ohne daß wir als selbständiger politischer Faktor für dessen Gang zur Geltung kommen können. All das müssen wir klar vor Augen haben. Jedes Unheil, das wir jetzt in der Folge des Zusammenbruchs erfahren, zwingt zu der Einsicht: Dahin hat uns der Nationalsozialismus geführt, und das alles ist möglich, wenn der Gehorsam kritiklos alles dem Führer anvertraut. Aber diese Einsicht wurde zu einer neuen Gefahr, wenn sich irgend jemand damit rechtfertigen wollte, daß er die Schuld Hitler zuschöbe. Das ist so wenig erlaubt wie früher jener Verzicht auf eigene Freiheit im absoluten Gehorsam. Die Verarbeitung der nunmehr über uns gekommenen Wirklichkeit ist erst im Anfang. Wir müssen sie bis in den Grund unserer Seele durchführen. Diese Aufgabe löst kein Aufsatz und kein Buch. Aber sie kann vorantreiben.

Wählen wir ein Beispiel. Wir hören den beschwörenden Satz: Es sind vier Millionen Deutsche gefallen, das kann nicht für nichts gewesen sein, das muß doch einen Sinn haben! Die Antwort: Der Sinn dieses Sterbens ist aus Zielen in der Welt schlechthin nicht positiv zu begreifen. Die furchtbare Tatsache, die wir uns kaum einzugestehen wagen, ist vielmehr: Schätzungsweise vier Millionen Deutsche sind gefallen für einen Staat, der schätzungsweise vier Millionen wehrloser Juden (darunter knapp eine halbe Million deutscher Juden) methodisch tötete

- der seit 1933 Volksgenossen zu Zehntausenden in Konzentrationslagern quälte und zum Teil vernichtete
- der das eigene Volk zu einer Sklavenmasse machte
- der den Terror entwickelte, in dem schließlich jeder den anderen durch Furcht zu Handlungen oder Unterlassungen trieb
- der alles, was wahr und gut war in Deutschen, ausrottete
- dessen Sieg, soweit wir zu sehen vermögen, das Ende des Deutschtums geworden wäre.

Diesen Tatbestand müssen wir uns so anschaulich vor Augen stellen und, mit allen Einwänden gegen solche Behauptungen, so klar erörtern, daß daraus eine wirkliche Überzeugung erwächst. Es kommt darauf an, unser deutsches Leben unter den Bedingungen der Wahrheit zu gewinnen.

Zweitens: Wir müssen lernen, *miteinander zu reden*. Wir üben es, wenn es uns gelingt, über die im ersten Punkt angedeuteten Tatbestände in eine ehrliche Auseinandersetzung miteinander zu kommen. Das dogmatische Behaupten, das Anbrüllen, das trotzige Empörtsein, die Ehre, die bei jeder Gelegenheit gekränkt die Unterhaltung abbricht, all das darf es nicht mehr geben.

Drittens: *In geschichtlicher Selbstbesinnung* müssen wir uns den Grund des Jahrtausends, in dem wir leben, vergegenwärtigen. Das neue geschichtliche Bild kann nur in gründlicher Forschung erwachsen. Der wissenschaftliche Rang der politischen Historiker Sybel, Dove, Lenz,

Treitschke u.a. dürfte nicht unterschritten werden, während ihre philosophisch-geschichtliche Gesinnung radikal überwunden werden muß. Der Weg von Friedrich dem Großen zu Hitler war, aufs Ganze gesehen, eine langfristige, nun abgeschlossene Episode.

Jetzt in der Not spüren wir stärker als je: Die hohen Geister unserer Ahnen wollen wieder zu uns sprechen und die verführenden inhumanen Idole durchleuchten. Hitler-Deutschland ist nicht unser Deutschland. Aber Deutschland hat dieses Regime hervorgebracht, hat es geduldet und hat, zu großen Teilen aktiv oder durch Furcht gezwungen, mitgemacht. Wir können uns nicht entziehen. Wir sind es selbst und sind es doch gar nicht. Der Boden unseres Wesens hat einst auch den holländischen und schweizerischen Freiheitskampf hervorgebracht. Nicht eine dunkle Rasseneigenschaft, sondern die politischen Schicksale mit den Folgen des Absolutismus und Militarismus haben die nicht im ursprünglichen Wesen begründete Trennung hervorgebracht. Geistig aber ist auf dem Gebiet des politisch unglücklichen, unter Bismarck nur scheinbar glücklichen Deutschland trotz allem das Herrlichste erwachsen. Daran dürfen wir uns halten.

Viertens: Wir müssen den abendländischen Boden *in Bibel und Antike* für unsere gesamte Bevölkerung wieder gewinnen. Hier ist der Ursprung und Maßstab, hier der Ausgang verwandelnder Aneignung für unser gegenwärtiges Leben.

Fünftens: In all dem ist die Hauptsache die *Erweckung der Selbstverantwortlichkeit* des einzelnen. Weder der blinde Gehorsam, noch die leidenschaftliche Willkür sind menschenwürdig. Selbstverantwortung wird durch Selbsterziehung erreicht. Hüten müssen wir uns vor allem, unserer Situation und der uns gestellten Aufgaben auszuweichen.

Unser brennender Eifer geht auf die Wiederherstellung und Reinigung unserer Seele durch unsere eigene Erziehung. Sigrid Undset wollte mit ihren Darlegungen uns dabei offenbar nicht helfen. Aber es ist für uns Anlaß zum Nachdenken, wenn eine Persönlichkeit ihres Ranges so spricht.

6/4.11.1945

W. E. Süskind

Inflation der deutschen Sprache. Eine Betrachtung

Inmitten der Nazizeit hat es Augenblicke gegeben, wo man sich ganz ernsthaft fragte: Ob nicht die Sprache an allem schuld ist? Gerade der Sprachfreund mußte sich das fragen. In Augenblicken tiefster Verzweiflung kamen Stimmen zu ihm und sagten: Nun haben sie uns auch die Sprache kaputt gemacht. Oder: Wie ist es möglich, daß sich auch noch für diese Schändlichkeit, für jene Lüge die Sprache hergibt – daß es immer noch Deutsch ist, immer noch grammatisch unanfechtbar, immer noch scheinbar in Ordnung! Für viele Menschen war der gewissermaßen analphabetische Zustand ohne Radio und Zeitung, der in den letzten Wochen des Krieges anbrach, eine seltsame Erquickung, weil er ihnen den Zusammenstoß mit einer vexierartig entstellten Sprache ersparte, einer Sprache, mit der man nicht einmal richtig zusammenstoßen konnte, weil sie gummizellenhaft auswich. Das war überhaupt der Eindruck: daß man im Nebel tappte, daß das Feste nicht mehr fest, das Nächstliegende unendlich fern war – und das, auf die Sprache ausgedehnt, erzeugte ein Gefühl rettungsloser Verzweiflung.

Wie in einem bösen Traum – und wer die zwölf Jahre einmal künstlerisch wird darstellen wollen, wird sich mit Vorteil einer traumhaften Technik bedienen, bei der das merkwürdig Verschwimmende aller Konturen zum Ausdruck kommt. Das war ja, bedenken wir es recht, für den Miterlebenden das Charakteristische an jenen Jahren: das Auflösen, Aufweichen, Entfestigen. Der Nationalsozialismus als Regime hatte eine Vorliebe für den Schwebezustand, für das ins Unreine Skizzierte, für das Ausnahmegesetz in jeder erdenklichen Form. Auch der Krieg mußte ihm willkommen sein als der unabsehbare Schwebezustand, bei dem das Vertrösten, das Fordern und ewige Nichterfüllen gleichsam vernünftig und patriotisch bemäntelt war. Das Vernebeln der Begriffe gehörte mit dazu, und bis zum heutigen Tag ist unklar, ob diese Nebeltaktik Plan oder Schicksal gewesen ist, ob sie dauernde Rückzugsgefechte verheimlichen und die am Horizont aufgebauten Trugschlösser ins Riesenhafte hinüberspielen sollte, oder ob sie einfach zum Gesetz der Sache gehörte wie der Dunst zum Sumpf.

Und wie bestand bei alledem die Sprache? Man kann nicht sagen, daß ihr die Nazis leibhaftig zu nahe traten, daß sie amtlich in die Sprache eingriffen und etwa, wie bei den Büchern, zwischen »erwünscht« und »unerwünscht« unterschieden. Die berühmte »Sprachregelung« der Pressekonferenz bestand in einer Themenauswahl, freilich mit eingehenden und oft ziemlich erheiternden Angaben, in welchem Ton die Gegenstände zu behandeln, die Gunstduschen zu temperieren, die Urteilssprüche zu pfeffern seien. Zwischen den solcherart aufgetürmten Gras-, Stroh- und Distelbüschen suchte sich der redaktionelle Esel unschlüssig seinen Weg, nicht gerade verhungernd, aber stilistisch abgemagert. Im übrigen, was die reine Schriftstellerei anging, konnte man weiter auf guten Stil sehen, wenn man Wert darauf legte. Es galt ein bißchen als »schlapp«, man galt als »blasser Ästhet« – aber eingesperrt wurde man nicht dafür. Die intakte Sprache allein tat es nicht.

Aber war sie überhaupt intakt? Es hat in all den Jahren in Deutschland ein ganz auffälliges Interesse für Sprachbücher bestanden. Meistens richtete es sich auf praktische Fragen (Wie verbessere ich meinen Stil?) und erschöpfte sich in Haarspaltereien. Aber eine wirkliche Not lag ihm zugrunde, ein offenbares Gefühl der Unsicherheit. Von den Schriftgelehrten erwartete man sich Rat, sie glaubte man im Besitz eines Wissens, das weit über das Philologische hinaus als heilend erschien. Wer das Wort hat, hat den Schlüssel – diese uralte Magie wurde ihnen stillschweigend zugetraut. Man konnte nicht wissen, daß in demselben Augenblick der Schlüssel in ihren Händen die Kraft verlor, daß ihnen das Vertrauteste nicht mehr sicher war. Alles war mit einemmal so unzuverlässig und aufgeschwemmt: was bisher leise geklungen hatte, klang gellend, was bisher stahlhart anschlug, bog sich gummiweich durch – die Sprache war wie verhext.

Bis heute ist nicht zu entscheiden, von wann denn diese Verhexung über die Sprache gekommen ist. Jedenfalls hat sie sich in der Nazizeit aufs höchste gesteigert und nach dem dreifachen Gesetz der Bosheit, Dummheit und Trägheit Lawinenausmaß angenommen. Es war eine Art Inflation der Sprache, und wie bei der Inflation des Geldes war Entwertung das Kennzeichen und Verarmung die Folge. Die Anfänge reichen vielleicht über das Jahr 1933 zurück. Sie hängen mit dem gesteigerten Wortverschleiß, dem etwas renommistischen Wesen zusammen, das die Moderne auch in ihrer Sprachgebarung zur Schau trägt. Presse, Rundfunk, Reklame – sie alle zehren wie am Papierholz, so auch an der Sprache selber, schneller als sie nachwachsen kann. Was heißt aber Inflation der Sprache? Damit das Bild gewahrt bleibt, müßte es sich um eine schrankenlose Vermehrung der sprachlichen Ausdrucksmittel handeln – und nun haben wir im Gegenteil den Verdacht äußern hören, daß unsere Sprache immer mehr in Erstarrung verfällt, daß ihr Wortschatz eng, ihre Syntax steil geworden ist. Richtig und doch falsch. Der jeweils umlaufende Wortschatz ist freilich bescheiden: er hält sich, wollen wir annehmen, seit langem auf einer gleichbleibenden mittleren Höhe. Aber er wird rascher und immer rascher umgetrieben, und eine Eigenschaft der nicht inflationierten Sprache geht ihm verloren: die Beständigkeit und Geglaubtheit, die – trotz seinem Namen – gerade das kurrente Geld besitzen muß.

Inflation bedeutet aber nicht allein Vermehrung: sie bedeutet vor allem Entwertung. Die Inflation der Sprache ist dann vollendet, wenn das Wort nicht mehr ehrlich auf seinem Begriff sitzt. Wenn man seine wunderbare, aber gefährliche Gabe der bildlichen Anwendung, der übertragenen Bedeutung, mißbräuchlich strapaziert. Wenn man es nach Belieben da- und dorthin kommandiert und schließlich jedes beliebige Ding mit jedem beliebigen Namen belegt. Dann ist wirklich der Grund, auf dem wir stehen, ins Wanken gekommen. Man hat sich über tölpelhafte Verirrungen ereifert: darüber, daß jeder Unglücksfall im Lokalblättchen »tragisch« genannt wird. Oder über die Wiederkehr gewisser Modewörter: über Hitlers ach so beliebtes »Garanten des Friedens« und das »kriegsbedingte« Adjektivgelichter der »lebenswichtig«, »zwischenstaatlich«, »nahrungsmittelmäßig«. Derweil man solchen Albernheiten nachsann, war der große Bergrutsch der Sprache geschehen: daß die Begriffe aufgeweicht, die Wörter von ihrem Sinn getrennt, die Bande zwischen Sprechen und Denken gelöst wurden. Der Mensch stand ohne Stütze. Wer konnte ihm sagen, ob, wenn er »Treue« hörte, wirklich Treue gemeint war und nicht etwas ganz anderes: eine Straßensammlung, eine Anzapfung seiner Gutmütigkeit? War »Stolz« wirklich Stolz? War Liebe ein Gefühl, von den Sternen gelenkt und im Feuer des freien Willens dargebracht – oder ein bloßes Klingklanggloria zu Gauleiters Geburtstag? Und der Haß, den er freilich empfand, war es derselbe Haß, der laut Zeitung jeden Deutschen gleich automatisch, gleich »verbissen« erfüllte? Dem Menschen schwindelte. Eine Sintflut, ein Wolkengeschiebe der Worte verfinsterte seinen Himmel: keinem war anzusehen, ob er noch ehrlich war, ob halbehrlich, ob ganz prostituiert. Die Verläßlichkeit der Aussage war dahin – beinahe schon die Verläßlichkeit des Denkens. Und schauderhafte Visionen tauchten auf: eine Sprache auf Lebensmittelkarten, mit täglich wechselndem Kurs. Der Begriff Treue wird heute zu 25 Prozent des Ausgabewerts eingelöst... Unter den Worten Haß ist ab 15. Oktober eine zusätzliche Arbeitsleistung von einer Stunde zu verstehen... Der Begriff Liebe wird als nicht kriegswichtig mit rückgreifender Wirkung gestrichen ... Der vollendete Hexensabbat!

Es ist nicht ganz so weit gekommen, aber den Voraussetzungen nach war es so weit, und wir wissen noch nicht, wie heil wir davongekommen sind. Darum laßt uns auf der Hut sein, laßt uns auch hier sprechen: Nie wieder!

7/8.11.1945

Erich Kästner
Politik und Liebe

Die Geschichte lehrt mit schöner Eindringlichkeit, daß die »großen« Männer, also jene, die am meisten erobert und zerstört haben, diese ihre Fähigkeiten nicht nur an fremden Völkern, sondern auch an fremden Damen zu demonstrieren pflegten. Das macht ihre Biographien so dick und deren Lektüre so interessant.

Nun war es immer schon ein öffentliches Geheimnis, daß Adolf Hitler mit der Eroberung von Frauenherzen nicht übermäßig viel Zeit verplempert hat. Er tanzte privatim völlig aus der Reihe. Er war sozusagen Nichttänzer. Man sah es kommen, daß seine Biographie künftige Leser werde bitter enttäuschen müssen. Wenn man bedenkt, wie sich noch Napoleon bemüht hat, um die Nachwelt in puncto puncti amüsant zu unterhalten!

Immerhin bestanden noch bescheidene Hoffnungen. Doch nun sind auch diese zerschellt. Schuld daran ist ein Berichterstatter der AFP, der die sagenumwobene Filmschauspielerin und -regisseurin Leni Riefenstahl in einem bayerischen Gebirgshotel aufsuchte und in der »Baseler Nationalzeitung« über den Besuch sehr ausführlich berichtet hat. Der Bericht ist niederschmetternd! Hitler muß mit der Eroberung der ganzen Welt Tag und Nacht so viel zu tun gehabt haben, daß ihm für die »halbe« tatsächlich keine Sekunde übriggeblieben ist!

Leni Riefenstahl, die während vieler Jahre im Dritten Reich für die Favoritin des Dschingiskhans aus Braunau gehalten wurde, hat uns nun aufgeklärt. Es war nichts! Absolut nichts! Warum ließ sich Hitler mit ihr fotografieren? Um das falsche »Gerücht«, sie sei Jüdin, zu dementieren. Warum machte er sie, eine Regieanfängerin, zum Filmdiktator während der Olympischen Spiele 1936 in Berlin? Warum durfte diese Frau an einem einzigen Film fünf geschlagene Jahre drehen? An dem Film »Tiefland«, der auch heute noch nicht fertig ist? Goebbels mußte zähneknirschend den Mund halten – und den Mund zu halten, war für ihn doch gewiß keine kleine Strafe! Sie blockierte jahrelang im Ufagelände in Babelsberg die große Mittelhalle; und die anderen Regisseure, deren Filme in Monaten abgedreht werden mußten, konnten samt dem Produktionschef sehen, wo sie blieben. Frau Riefenstahl ging zu Außenaufnahmen nach Spanien; sie ging nach Tirol; sie ging ins Sanatorium; sie kam wieder und drehte weiter. Wenn das Dritte Reich wirklich tausend Jahre gedauert hätte, der Film »Tiefland«, das kann man ohne Übertreibung versichern, hätte bestimmt noch ein paar Jahre länger gedauert. Warum durfte sie?

»Ich war nie die Geliebte Hitlers«, erklärte sie dem Herrn von der Presse wörtlich. Und an dem Wort einer Dame darf man nicht zweifeln. Da man am Wort zweier Damen erst recht nicht zweifeln darf, mischte sich die weißhaarige Mama der Nicht-Geliebten ins Gespräch und sagte: »Böse Zungen behaupteten, daß meine Tochter Beziehungen zu Hitler unterhalten habe, was durchaus nicht wahr ist!« Da nun bekannt ist, daß Mütter nicht unbedingt darüber im Bilde sind, was die Töchter treiben, wenn sie angeblich in der Klavierstunde sind, und da Leni Riefenstahl längst das Klavierstundenalter hinter sich hat, fügte die Mama erläuternd hinzu: »Sie wissen wohl, daß Hitler seit etwa zehn Jahren Eva Braun, die Sekretärin des Fotografen Hoffmann, als Freundin und später als Frau hatte.« Damit war nun der Pressevertreter mundtot gemacht. Denn wenn ein Mann zehn Jahre lang die Sekretärin eines Fotografen »als Freundin und später als Frau« hat, scheidet er natürlich im freien Wettbewerb aus. Das sieht ein Kind ein.

Falls aber auch dieses Argument für nicht ganz stichhaltig gelten sollte, war die alte, welterfahrene Dame zu weiteren Auskünften gern bereit. Sie meinte: »Hoffmann hatte Hitler davon überzeugen können, daß er den Frauen gegenüber zu schüchtern sei, und er hatte dem Führer Eva Braun verschafft.«

Nun fällt es einem wie Schuppen von den Augen. Der Mann, der die Menschen millionenweise abschlachten und Europa in Flammen aufgehen ließ, war Frauen gegenüber zu schüchtern! Da mußte erst der kleine »Professor« Hoffmann kommen, der bekanntlich zu Frauen ganz und gar nicht schüchtern war, und ihm seine Sekretärin Eva Braun andrehen. Adolf und Eva vor dem Sündenfall, und der Fotograf als Schlange! Vielleicht hat Hoffmann seinem Führer, wenn sie gemeinsam die Bilder für die Große Deutsche Kunstausstellung auserwählten, an Professor Zieglers Aktmalereien überhaupt erst den Unterschied zwischen Mann und Frau klargemacht? Oder noch besser an Thoraks überlebensgroßen Plastiken?

*

Um nun wieder auf besagte Leni Riefenstahl zurückzukommen – es erscheint also auch glaubhaft, daß sie »nie die Geliebte Hitlers« gewesen ist. Sie war keine unscheinbare Sekretärin, sondern eine hochinteressante Frau, eine Filmschauspielerin, von vielen geheimnisvollen Abenteuern umwittert! Er traute sich nicht. Aber er verlieh ihr Einfluß und Macht, damit die Welt glauben sollte, er sei ein verfluchter Kerl. So kann es schon zugegangen sein … Und Frau Riefenstahl steht in jungfräulicher Glorie vor der verlegenen Mitwelt.

Doch ist sie nicht nur moralisch, sondern auch politisch ohne Makel. Die Mama erzählte dem Onkel von der Zeitung: »Weder Leni noch mein Mann waren jemals Parteimitglieder, so wenig wie ich selber.« Warum soll das nicht wahr sein? Und: »Die Politik hat Leni nie interessiert.« Warum denn auch? Sie brauchte mit Adolf nicht Mann und Frau zu spielen, und auch nicht Führer und Parteigenossin – er traute sich nicht, von ihr irgend etwas zu wollen. Er schenkte ihr den deutschen Film. Das war ihm Glücks genug.

Und ihr auch. »Wir wußten nichts von den Greueln und Grausamkeiten«, sagte sie. Na ja, wenn man fünf Jahre an einem einzigen Film dreht und dabei bis nach Spanien kommt – woher soll man's denn auch wissen. Es sagt einem ja keiner was!

Außerdem, Hitler hatte nie Zeit für die Liebe, und Frau Riefenstahl hatte nie Zeit für die Politik. Auch heute hat sie keine Zeit dafür, Politik interessiert sie nun einmal nicht! Da kann man nichts machen. In nobler Bescheidenheit meinte sie deshalb zum Schluß: »Ich bin eine Künstlerin und habe nur einen Wunsch, meine Arbeit wiederaufnehmen zu können und den großen Film ›Tiefland‹ zu vollenden.«

Wer das liest, muß gesundheitlich allerdings ziemlich auf dem Posten sein und einige nette Verwandte auf dem Lande haben, die ihm gelegentlich etwas Butter und Speck zukommen lassen, sonst bricht er beim Lesen womöglich ohnmächtig zusam …

*

Eben erwachte ich aus einer tiefen Ohnmacht ... Was war denn eigentlich passiert? Ach, richtig, Frau Riefenstahl, die Künstlernatur, hat jetzt nur einen Wunsch. Sie möchte ihren großen Film »Tiefland« vollenden.

Sie hat sich wirklich nie für Politik interessiert. Sonst wäre ihr gelegentlich aufgefallen, daß das Dritte Reich vorbei ist.

8/12.11.1945

Franz Roh

Kunst im Dritten Reich und ihre sechs Behauptungen

Will man die Vorurteile gegenüber den Künsten, wie sie in den letzten Jahren Deutschlands herrschten, in einen einfachen Satz einschließen, so müßte dieser etwa lauten: die bildenden Künste sollen verständlich, volkstümlich sein, ferner naturnah und moralisch, eine Idee aufweisend, dazu schön, schließlich der Politik unseres Landes entsprechend, vor allem aber dem Lebensgefühl unserer Rasse.

So bieder, treuherzig, ja »gesund« dieser gesamte Satz dem Durchschnittsbürger erscheinen mag, in ihm wimmeln die Vorurteile wie Bazillen. Vorurteile, die uns teils aus älteren Jahrhunderten überkommen sind, teils vom Nationalsozialismus aufgezwungen wurden.

1. Behauptung: Wir dürfen nur eine Kunst dulden, die unserer Rasse entspreche. – Hiergegen braucht man sich nur klarzumachen, wie unhaltbar unsere ganze »Rassenwirtschaft« gewesen ist, wie wenig wir überhaupt eine einheitliche Rasse darstellen, wie verhältnismäßig unfruchtbar gerade unsere schmale Zone geringster Mischung war, wie sich der Ausdruck aller Rassen im Laufe der Geschichte wandelt, so daß die Künste eines Ostasiaten den unseren heute näherstehen können als etwa unsere eigene Frühstufe.

2. Behauptung: Wir sollten dann doch wenigstens ein deutsches Fühlen pflegen, da uns das anderer Nationen sowieso verschlossen bleibe. – Wie widerspricht dies aber dem Handeln unserer größten Gestalter! Wie heftig zog es Dürer über die Alpen, wie trieb es selbst – wir wissen dies heute – Grünewald und Brueghel dahin! Zitierte man bescheiden Goethe, so wurde einem überlegen entgegengehalten, daß sich hier bereits die National- und Weltliteratur »erweicht« habe und kernigere Zeitläufte, etwa das Mittelalter, anzuführen seien.

Leider vergaß man hierbei, daß niemals die Internationalität der Künste größer als in dieser angepriesenen Periode war.

In meinem Buche zur »Geschichte des künstlerischen Mißverstehens«, in dem ich die Fehlurteile der jeweiligen Zeitgenossen gegenüber Neuerscheinungen geistesgeschichtlich zu erklären suche, konnte ich feststellen, daß unsere meisten Neuerer anfangs als formzertrümmernd, unmoralisch oder unbedeutend galten. Allmählich sollten wir diese läppische Begleitmusik, die sich unter Hitler ins lächerlichste Fortissimo steigerte, verhallen lassen. Leider aber gibt es sogar Gelehrte, welche das Sondertum der deutschen Einzelstämme als etwas ansehen, das man besonders hüten müsse, heute, im Zeitalter des geistigen Weltverkehrs! Welche Mühe hat da ein Mann wie Nadler in seiner Literaturgeschichte vertan! Wollen wir den geruhsamen Weltgeist Goethes womöglich als frankfurterisch, den europäischen Humanismus Schillers als schwäbisch ansehen, die alle Völker bewegende Ausdruckskraft Beethovens etwa als typisch niederrheinisch anstaunen? Wollen wir die schwelgerisch barocke Wehmut von Brahms bezeichnend für die Hamburger Verschlossenheit nennen? Ist nicht gerade das Bewegende großer Kunst, daß sie über alle nationalen und Stammesgrenzen hinausflutet? Hatte nicht der Engländer Shakespeare gerade in Deutschland seine tiefste Nachfolge? Wurde nicht der Russe Dostojewski um 1900 am gierigsten in Deutschland verschlungen? – Hitler betonte das Abschnürende, das Sondernde seiner Kulturpolitik gerade in dem Augenblick, als die Menschheit, so sehr sie sich politisch noch zermalmte, kulturell zusammenzuwachsen im Begriffe stand. Wir müssen ihm die Behauptung entgegensetzen, daß jedes Werk, das nur Wirkung auf die eigene Nation ausübt, nicht allerersten Ranges sein wird.

Wenn deutsch sein aber etwa heißen sollte, die Kunst möge den politischen, staatlichen oder gar militärischen Zielen verhaftet bleiben, so war erst recht zu protestieren. Man schlage nur Humboldts Abhandlung über die Grenzen der Wirksamkeit des Staates auf, um immer wieder zu erkennen, daß die Künste die Regungen der Regierung nicht zu wiederholen haben. Wehe den »Gleichschaltungen«, die hier üblich wurden!

Eine dritte Behauptung lautet nun: die bildende Kunst soll entweder moralisch oder schön sein. – Hierbei übersieht man alle dämonischen oder grotesken Möglichkeiten, für die im eigentlichen Volke doch noch immer Verständnis lebt. Freilich besteht dies heute nur, solange es sich um Improvisationshumor dreht, schwindet aber, sobald es sich um Gedrucktes handelt. Das liegt an bloßen Bildungsvorurteilen aus der Zeit unserer Großväter, die hier noch immer nachwirken, wo man für die Künste vordringliche Harmonie, durchgehende Süße der Formengebung oder ein happy end verlangte. Alles Doppelbödige, ja, Abgründige erschreckt noch immer unseren Durchschnittsbürger (ganz im Gegensatz zum Mittelalter).

Nun wollen wir das Abgründige um Gottes willen nicht ins Alltagsleben einbauen. Wir erlebten letzthin wahrlich genug davon. Wird es aber, kunstvoll ausgeformt, zum bloßen Gleichnis der Unzulänglichkeit alles menschlichen Seins, so ist es äußerst bedeutsam. Und im dämonischen Gestalter dämmert oft unmerklich das Ethos des kommenden Jahrhunderts auf, dunkel wie vor Tagesanbruch.

Es ist eine vierte Torheit, behaupten zu wollen: Auch die bildenden Künste müßten einen klaren Leitgedanken in sich tragen. – »Was soll das nun bedeuten?« fragten die Menschen seit Hitler immer dreister vor geheimnisvollen Bildern, Versen oder Musikwerken. Immer wird da nach rationalen Gedanken gesucht, die gleichsam »eingekleidet« dastehen sollen. Bedenken wir aber, wieviel bewegender als etwa die Gedankenlyrik Schillers, die philosophischen Gehalt in sich birgt, die »reine Lyrik« Goethes oder Mörikes wirkt, die nur ein vielspältiges Gefühl erregen will, ohne Gedanken zu »illustrieren«. In weit höherem Grade gilt solches von den bildenden Künsten, auch wenn sie sich noch lange nicht surrealistisch gebärden.

Erschreckend, wie hier die nationalsozialistischen Kulturideale an falscher Stelle dem Verstande zuneigen, während sie gerade auf anderen Gebieten der Kultur, wo klarer Verstand hätte walten sollen, den blinden Glauben, eine bald brutale, bald kitschige »Metaphysik« erstrebten.

So hieß denn eine fünfte Forderung: Die bildende Kunst habe naturgetreu zu verfahren. – Wie veraltet und philiströs aber wäre es, etwa von einer Erzählung zu verlangen, daß sie die Außenwirklichkeit des Alltagslebens widerspiegeln müsse. Wieviel verständlicher die entgegengesetzte Übertreibung der Neuerer: Keine realistischen Romane mehr, die wir mit offenen Augen täglich selbst erleben können: man setze uns eine grandiose Fremdwelt entgegen.

Wieviel mehr gilt dies nun etwa für die Malerei. Warum soll sie sich an alte Regeln des 19. Jahrhunderts halten, die da behaupten: Auch wenn man das Seltsame malen wolle, möge man sich etwa an den

Kohlkopf eines einfachen Stillebens halten, alles andere sei bloße »Literatur«. Der Nationalsozialismus hielt aber nicht nur inhaltliches Fabulieren, er hielt auch freies Stilisieren oder besser Abstrahieren für verrucht. Wenn man es im Mittelalter gelten ließ, so nur aus Bildungsgründen, niemals elementar.

Die bloße Farbenphotographie schwebte als Ideal aller Malerei vor. Mit dauernder Verfeinerung und Entgiftung des Farbenphotos aber würde die Malerei bald als veralteter Handwerksbetrieb durch die Maschine überrannt werden, wenn letztere eben nicht ganz andere Aufgaben hätte. Man sah nicht mehr, daß sie eine freie Formenumsetzung begeht, wobei die vorliegende Natur nur Anlaß einer seelisch-formalen Aussage wird. Das Programm des verbotenen deutschen Expressionismus war auf ganz richtiger Fährte gewesen. Sein Nachteil hatte allein darin gelegen, daß er zufällig mit einer bloßen Sturm- und Drangbewegung zusammenfiel, weshalb seine Gebilde manchmal etwas wirr, vor allem aber grob ausfielen, so daß sie, im Gegensatz etwa zu mittelalterlichen Werken, im Fernanblick zwar erregend, aus der Nähe gesehen aber plump erschienen.

Wie übel aber, daß in den Künsten überhaupt etwas verboten wurde. Nur die Epigonen, die Wiederkäuer des 19. Jahrhunderts, waren zugelassen, alles Neuartige wurde abgewürgt. Durch Diffamierung oder Ausstellungsverbot – das ist heute sicher – ist Deutschland um seine originellsten Gestalter gekommen. Diesen Rückschlag wird man schwerlich bald wieder aufholen können. Man merke sich für alle Zeiten, daß in den Bereichen des Geistes weder von rechts noch von links Verbote erlassen werden dürfen. Unterlassen wir es ein für allemal, in die seelischen Experimentierzellen der Menschheit – das sind die Künste und die Wissenschaften – hineinzuregieren! Kann der Staat doch eine Straffung des Zivilisatorischen durchaus mit Lockerhaltung des Kulturellen verbinden.

Schwören wir schließlich auch einer sechsten Behauptung des Nationalsozialismus ab, die sagte, der Künstler müsse volkstümlich und »verständlich« bleiben. – Auch hinter dieser biederen, vielleicht gut gemeinten Anweisung lauert das größte Unrecht, das man den Künsten und dem späteren Publikum zufügen kann. War doch die Mehrzahl derer, die wir heute schätzen, bei ihren Zeitgenossen nicht populär. Sogar Schiller bekundete, er lege keinen Wert auf breiten Zuspruch und würde mißtrauisch gegen seine eigenen Arbeiten werden, soweit seine Zeitgenossen bereits weithin zujubelten.

Das Publikum möge sich allmählich, meistens nach längerer Assimilationsperiode, zum größeren Gestalter emporentwickeln, sich dieser aber nicht zu ihm herunterbücken. Sonst verwechseln wir bestenfalls den Künstler mit dem Pädagogen.

9/15.11.1945

Erich Kästner
Streiflichter aus Nürnberg

Autobahn München – Nürnberg ... Wir fahren zur Eröffnung des Prozesses gegen die Kriegsverbrecher. Einige der Verteidiger hatten beantragt, den Verhandlungsbeginn noch einmal zu verschieben. Der Antrag wurde abgelehnt. Morgen früh ist es so weit ...

Herbstnebel hängen auf der Straße und über den Hügeln. Die Sonne schimmert vage am Himmel wie hinter einer Milchglasscheibe. In den kahlen, toten Äckern hocken die Krähen ...

Wenn ich als Kind in der Schule von Kriegen und Siegen zu hören bekam – und unsere Schulstunden waren ja mit Usurpatoren, Feldherren und dergleichen vollgestopft wie überfüllte Straßenbahnen –, hatte ich stets den gleichen Gedanken. Ich dachte: »Wie haben diese Kriegsherren nur nachts in den Schlaf finden können?« Ich sah, wie sie sich ruhelos auf ihren Lagern wälzten. Ich hörte sie in Traum und Halbschlaf stöhnen und beten. Die Reihen der Gefallenen zogen blutig durch ihre Schlösser und Purpurzelte ... Dabei schliefen diese Mordgrossisten wie die Murmeltiere!

Am Straßenrand hält ein amerikanischer Militärlastwagen. Ein Neger wirft Kistenholz in ein offenes Feuer. Ein paar Frauen und eine Horde Kinder wärmen sich und lachen ...

Morgen soll nun gegen vierundzwanzig Männer Anklage erhoben werden, die schwere Mitschuld am Tode von Millionen Menschen haben. Oberrichter Jackson, der aus Amerika entsandte Hauptankläger, hat erklärt: »Sie stehen nicht vor Gericht, weil Sie den Krieg verloren, sondern weil Sie ihn begonnen haben!« Ach, warum haben die Völker dieser Erde solche Prozesse nicht schon vor tausend Jahren geführt? Dem Globus wäre viel Blut und Leid erspart geblieben ...

Aber die Menschen sind unheimliche Leute. Wer seine Schwiegermutter totschlägt, wird geköpft. Das ist ein uralter verständlicher

Brauch. Wer aber Hunderttausende umbringt, erhält ein Denkmal. Straßen werden nach ihm benannt. Und die Schulkinder müssen auswendig lernen, wann er geboren wurde und wann er friedlich die gütigen Augen für immer schloß …

Einen einzigen Menschen umbringen und hunderttausend Menschen umbringen, ist also nicht dasselbe? Es ist also ruhmvoll? Nein, es ist nicht dasselbe. Es ist genau hunderttausendmal schrecklicher! – Nun werden die vierundzwanzig Angeklagten sagen, sie hätten diese neue, aparte Spielregel nicht gekannt. Als sie ihnen später mitgeteilt wurde, sei es zu spät gewesen. Da hätten sie nicht aufhören können. Da hätten sie wohl oder übel noch ein paar Millionen Menschen über die Klinge springen lassen müssen …

Es sind übrigens nicht mehr vierundzwanzig Angeklagte. Ley hat sich umgebracht. Krupp, heißt es, liegt im Sterben, Kaltenbrunner hat Gehirnblutungen. Und Martin Bormann? Ist er auf dem Wege von Berlin nach Flensburg umgekommen? Oder hat er sich, irgendwo im deutschen Tannenwald, einen Bart wachsen lassen und denkt, während er die Zeitungen liest: »Die Nürnberger hängen keinen, sie hätten ihn denn«?

Ein mit Dung beladener Ochsenkarren stolpert durch den Nebel. Die Räder stecken bis zur Nabe in weißlich brauendem Dampf. Und drüben, mitten im Feld, ragen ein paar Dutzend kahler, hoher Hopfenstangen in die Luft. Es sieht aus, als seien die Galgen zu einer Vertreterversammlung zusammengekommen …

*

Dienstag morgen. Das Nürnberger Justizgebäude ist in weitem Umkreis von amerikanischer Militärpolizei abgesperrt. Nur die Menschen, Autos und Autobusse mit Spezialausweisen dürfen passieren. Vorm Portal erneute Kontrolle. Neben den Stufen des Gebäudes zwei Posten mit aufgepflanztem Bajonett. Aus den Autobussen und Autos quellen Uniformen. Russen, Amerikaner, Franzosen, Engländer, Tschechoslowaken, Polen, Kanadier, Norweger, Belgier, Holländer, Dänen, Frauen in Uniformen. Die Russinnen mit breiten goldgestreiften Achselstücken. Journalisten, Fotografen, Staatsanwälte, Rundfunkreporter, Sekretärinnen, Dolmetscher, Marineoffiziere mit Aktenmappen, weißhaarige Herren mit Baskenmützen der englischen Armee und kleinen Schreibmaschinen, deutsche Rechtsanwälte mit Köfferchen, in denen sie die schwarzen Talare und die weißen Binder tragen …

Im Erdgeschoß ist scharfe Kontrolle. Im ersten Stock ist scharfe Kontrolle. Im zweiten Stock ist zweimal scharfe Kontrolle. Mancher wird, trotz Uniform und Ausweisen, zurückgeschickt.

Endlich stehe ich in dem Saal, in dem der Prozeß stattfinden wird. In dem einmal, Jahrhunderte später, irgendein alter, von einer staunenden Touristenschar umgebener Mann gelangweilt herunterleiern wird: »Und jetzt befinden Sie sich in dem historischen Saal, in dem am 20. November des Jahres 1945 der erste Prozeß gegen Kriegsverbrecher eröffnet wurde. An der rechten Längsseite des Saales saßen, vor den Fahnen Amerikas, Englands, der Sowjetrepublik und Frankreichs, die Richter der vier Länder. Der hohe Podest ist noch der gleiche wie damals. An der gegenüberliegenden Wand, meine Herrschaften, saßen die zwanzig Angeklagten. In zwei Zehnerreihen hintereinander. Hinter ihnen standen acht Polizisten der ISD in weißen Stahlhelmen. ›Stahlhelm‹ wurde im zwanzigsten Jahrhundert eine Kopfbedeckung genannt, die man in den als ›Krieg‹ bezeichneten Kämpfen zwischen verschiedenen Völkern zu tragen pflegte. Links neben mir können Sie, unter dem Glassturz auf dem kleinen Tisch, einen solchen Stahlhelm besichtigen. Vor der Estrade der Angeklagten, welche noch immer die gleiche wie im Jahre 1945 ist, saßen etwa zwanzig Rechtsanwälte. An der vor uns liegenden Schmalseite des holzgetäfelten Raumes saßen die Anklagevertreter der Vereinten Nationen. Wo Sie, meine Damen und Herren, jetzt stehen, befanden sich damals die Pressevertreter der größten Zeitungen und Zeitschriften, Agenturen und Rundfunksender der Welt. Vierhundert Männer und Frauen, deren Aufgabe es war…«

Ja, so ähnlich wird der alte Mann dann reden. Hoffentlich. Und die Touristen der ganzen Welt werden ihm zuhören und den Kopf schütteln, daß es einmal etwas gab, was »Krieg« genannt wurde…

*

Die Scheinwerfer an der Balkendecke strahlen auf. Alle erheben sich. Die Richter erscheinen. Die beiden Russen tragen Uniform. Man setzt sich wieder. Die Männer in der eingebauten Rundfunkbox beginnen fieberhaft zu arbeiten. Aus fünf hoch in den Wänden eingelassenen Fenstern beugen sich Fotografen mit ihren Kameras vor. Die Pressezeichner nehmen ihre Skizzenblocks vor die Brust. Der Vorsitzende des Gerichts eröffnet die Sitzung. Dann erteilt er dem amerikanischen Hauptankläger das Wort. Die meisten Zuhörer nehmen ihre Kopfhörer um. Ein Schalter an jeder Stuhllehne ermöglicht es, die

Anklage, durch Dolmetscher im Saal sofort übersetzt, in englischer, russischer, deutscher oder französischer Sprache zu hören. Auch die Angeklagten bedienen sich des Kopfhörers. Amerikanische Soldaten sind ihnen behilflich. Und während so die Anklage, welche die Welt den zwanzig Männern entgegenschleudert, viersprachig durch die Drähte ins Ohr der einzelnen dringt, ist es im Saal selber fast still. Die Stimme des Anklägers klingt, als sei sie weit weg. Die Dolmetscher murmeln hinter ihren gläsernen Verschlägen. Alle Augen sind auf die Angeklagten gerichtet...

Göring trägt eine lichtgraue Jacke mit goldenen Knöpfen. Die Abzeichen der Reichsmarschallwürde sind entfernt worden. Die Orden sind verschwunden. Es ist eine Art Chauffeurjacke übriggeblieben... Er ist schmaler geworden. Manchmal blickt er neugierig dahin, wo die Ankläger sitzen. Wenn er seinen Namen hört, merkt er auf. Dann nickt er zustimmend. Oder wenn der Ankläger sagt, er sei General der SS gewesen, schüttelt er lächelnd den Kopf. Zuweilen beugt er sich zu seinen Anwälten vor und redet auf sie ein. Meist ist er ruhig.

Rudolf *Heß* hat sich verändert. Es ist, als sei der Kopf halb so klein geworden. Dadurch wirken die schwarzen Augenbrauen geradezu unheimlich. Wenn er mit Göring oder Ribbentrop spricht, stößt er ruckartig mit dem Kopf. Wie ein Vogel. Sein Lächeln wirkt unnatürlich. Sollte es in diesem Kopf nicht mehr richtig zugehen?

Joachim von *Ribbentrop* sieht aus wie ein alter Mann. Grausträhnig ist sein Haar geworden. Das Gesicht erscheint faltig und verwüstet. Er spricht wenig. Hält das Kinn hoch, als koste es ihn Mühe. Als ihn ein Polizist kurz aus dem Saal und dann wieder zurückbringt, bemerkt man, daß ihm auch das Gehen schwerfällt.

Auch *Keitel* ist etwas schmäler geworden. Er sitzt, in seiner tressenlosen Uniformjacke, grau mit grünem Kragen, ernst und ruhig da. Wie ein Forstmeister.

Alfred *Rosenberg* hat sich nicht verändert. Seine Hautfarbe wirkte immer schon kränklich. Manchmal zupft er an der Krawatte. Sehr oft fährt er sich mit der Hand übers Gesicht. Die Hand allein verrät seine Nervosität.

Neben ihm sitzt Hans *Frank*, der ehemalige Generalgouverneur von Polen. Manchmal zeigt er die blitzenden Zähne. Dann verzieht ein zynisches stummes Lachen die scharfen Züge. Warum lacht er so ostentativ vor sich hin? Die Zuschauer kennen keinen

Grund, den er hier zum Lachen hätte. Er spricht auch viel mit seinen Nachbarn, deren einer Rosenberg und deren zweiter Wilhelm Frick ist.

Frick wirkt kräftig, gesund und temperamentvoll. Sein Gesicht sieht braungebrannt aus. Wie er zuhört, wie er mit den Nachbarn spricht, wie er mit den Anwälten redet – alles verrät eine überraschende Energie.

Die Energie des Mannes neben ihm scheint weniger echt. Es ist Julius *Streicher.* Oft zuckt sein rechter Mundwinkel nervös zur Seite. Und unmittelbar danach zuckt sein rechtes Auge zusammen. Immer wieder und wieder.

Dann kommt Walther *Funk.* Klein, molluskenhaft, mit seinem blassen häßlichen Froschgesicht. Neben ihm, aufrecht, ruhig, reserviert, ablehnend Hjalmar *Schacht.* Als letzter der ersten Reihe. Hinter Göring und Heß sitzen *Dönitz* und *Raeder*, die beiden ehemaligen Großadmiräle. In blauen Jacketts. Das Gold ist verschwunden. Dönitz sieht verkniffen aus. Ruhig sind beide.

Baldur *von Schirachs* Gesicht ist bleich und bedrückt. Er wirkt wie ein schlecht vorbereiteter Abiturient im Examen. Daneben *Sauckel*, ein kleiner rundköpfiger Spießer. Mit einem Schnurrbart unter der Nase, wie ihn sein Führer trug.

Jodl bemerkt man kaum. Nur wenn er gelegentlich die Brille abnimmt, fällt er, lediglich durch die Handbewegung, ins Auge. Neben ihm, weißhaarig und soigniert, leicht im Stuhl zurückgelehnt, ein Bein übers andere geschlagen, Herr *von Papen.*

Dann *Seyß-Inquart*, groß, dünn, fahrig. Unsicher. Das Haar wirr und gesträubt. Neben ihm, ruhig wie Papen, ablehnend wie Schacht, weißhaarig, seiner scheinbar sicher: Konstantin *von Neurath.*

Und als letzter der zweiten Reihe, und damit als letzter der Zwanzig überhaupt, Hans *Fritzsche*, der ölige Rundfunkprediger des Dritten Reiches. Blaß. Schmal. Nervös. Aber sehr aufmerksam und bei der Sache.

*

Dem amerikanischen Hauptankläger folgt der französische. Er bringt vor, welche Untaten das westliche Europa den Kriegsverbrechern zur Last legt. Mord an Kriegsgefangenen, Mord an Geiseln, Raub, Deportation, Sterilisation, Massenerschießungen mit Musikbegleitung, Folterungen, Nahrungsentzug, künstliche Krebsübertragungen, Vergasung, Vereisung bei lebendigem Leibe, maschinelle Knochenverrenkung, Weiterverwendung der menschlichen Überreste zur Dünger- und Seifengewinnung… Ein Meer von Tränen… Eine Hölle des Grauens…

Um zwölf ist Mittagspause. In den Gängen wimmelt es von Journalisten, Talaren, Sprachen, Uniformen. Da – ein bekanntes Gesicht! »Grüß Gott!« »How do you do!«

Meine erste Frage ist: »Wen in diesem Jahrmarktstreiben kennen Sie? Die Leser unseres Blattes. Sie verstehen…« Der andere versteht. Wozu ist er Journalist!

»Also: der große Mann dort drüben, ja, der in Uniform, mit dem Mondschein im Haar, ist John *Dos Passos.* Der berühmte Romanschriftsteller. Er ist für die New Yorker Zeitschrift ›Life‹ nach Nürnberg gekommen… Die Amerikanerin, mit dem schmalen Kopf und dem dunklen, glatt anliegenden, kurz geschnittenen Haar ist *Erika Mann,* die Tochter Thomas Manns. Sie ist für die Londoner Zeitung ›Evening Standard‹ hier. Und für eine amerikanische Zei… Halt, sehen Sie den Engländer dort? Den mit der Hornbrille, ganz recht! Das ist Peter *Mendelssohn.* Vor 1933 war er ein deutscher Schriftstel… ach, das wissen Sie natürlich… Jetzt schreibt er seine Romane englisch… Seine Prozeßberichte gehen an den ›New Statesman‹ in London und an die ›Nation‹ in Amerika. Wer sonst noch?… Die beiden am Fenster sind Howard Smith von der New Yorker Rundfunkgesellschaft CBS und William Shirer; er war bis kurz vorm Krieg in Berlin und schrieb dann drüben einen Bestseller, unter dem Titel ›Berlin Diary‹. Ferner – hallo, Irvin!« Zu mir: »Pardon!« Fort ist er.

*

Kurz vor zwei Uhr füllt sich der Saal wieder. – Jetzt erteilt der Vorsitzende dem russischen Hauptankläger das Wort. Dieser verliest die Anklagen, welche die östliche Welt vorzubringen hat. Wieder Millionen mutwillig umgebrachter Menschen. Wieder Verstoß um Verstoß gegen die Haager Bestimmungen aus dem Jahre 1907. Wieder eine Hölle… Wieder ein Abgrund…

Später kommt der englische Hauptankläger an die Reihe. Er verliest einzelne Anklagepunkte, die den zwanzig Angeklagten im besonderen gelten. Sie hören gelassen zu. Manche haben die Kopfhörer beiseite gelegt und starren trübe oder gleichgültig vor sich hin.

Dann ist es fünf Uhr. Die Sitzung wird aufgehoben. Die Angeklagten stehen noch ein wenig herum und sprechen mit ihren Anwälten. Dann verschwindet einer nach dem anderen, gesondert eskortiert, hinter der braunen Tür, die ins Gefängnis zurückführt. Morgen ist auch noch ein Tag…

Und ich gehe, an den vielen Kontrollen vorbei, jedesmal wieder kontrolliert, aus dem historischen Gebäude hinaus. Das Herz tut mir weh, nach allem, was ich gehört habe…

Und die Ohren tun mir auch weh. Die Kopfhörer hatten eine zu kleine Hutnummer.

*

Heimfahrt auf der Autobahn. Der Nebel ist noch dicker geworden. Man könnte ihn schneiden. Der Wagen muß Schritt fahren. Ich blicke aus dem Fenster und kann nichts sehen. Nur zähen, milchigen Nebel…

Jetzt sitzen also der Krieg, der Pogrom, der Menschenraub, der Mord en gros und die Folter auf der Anklagebank. Riesengroß und unsichtbar sitzen sie neben den angeklagten Menschen. Man wird die Verantwortlichen zur Verantwortung ziehen. Ob es gelingt? Und dann: es darf nicht nur diesmal gelingen, sondern in jedem künftigen Falle! Dann könnte der Krieg aussterben. Wie die Pest und die Cholera. Und die Verehrer und Freunde des Krieges könnten aussterben. Wie die Bazillen.

Und spätere Generationen könnten eines Tages über die Zeiten lächeln, da man einander millionenfach totschlug.

Wenn es doch wahr würde! Wenn sie doch eines Tages über uns lächeln könnten…

11/23.11.1945

Richard Hamann

Entmilitarisierte Begriffe

Worte bezeichnen nicht nur etwas, sondern sie haben auch eine Bedeutung, d.h. in ihnen ist mit der Bezeichnung oft auch ein Werturteil, ein Standesgefühl, eine Rangordnung ausgesprochen. Dasselbe Tier kann Roß, Pferd, Gaul genannt werden: Derselbe Gegenstand ist gemeint, aber jedesmal anders gewertet. »Roß« ist im hochdeutschen Sprachgebrauch edler als »Pferd«, »Gaul« ist das Unedelste. Wenn wir »Roß« sagen, meinen wir etwas Ritterliches oder Kriegerisches. Wir sagen »Streitroß«, »Schlachtroß«. Würden wir statt »Schlachtroß« »Schlachtpferd« sagen, verwandelt sich das Aktivum, das Schlagende, ins Passive, zum Schlagen, Schlachten reif. »Arbeitsroß« kann man nicht sagen, nur »Arbeitspferd«, und wenn es sich gar um bäuerliche Arbeit handelt, Arbeit auf dem Acker, so wird es ein »Ackergaul«. Damit ist aber schon die seltsame Konstellation gegeben, daß das Militärische in der Rangordnung dem Nützlichen vorangeht, auch wenn es, wie zum Beispiel das Schlachtroß in Friedenszeiten, gar nichts leistet. Alles Militärische steht in der Rangordnung der Werte dem sachlich Nützlichen, der Arbeit, voran, entsprechend der Tatsache, daß Arbeiter und Bauer auf der tiefsten Stufe sozialer Rangordnung und Schätzung stehen. Der Krieger leistet auch nicht etwa die höher qualifizierte Arbeit, er muß mehr Intelligenz für seine Leistung aufwenden. Krieger sind zwar im Gegensatz zu Handwerkern oder qualifizierten Arbeitern meist stärker, aber unintelligenter. Die weniger begabten Söhne von Professoren pflegten früher Offiziere zu werden. Sie waren dann im Rang den Gelehrten nicht nur gleich, sondern höher gestellt als sie. Auch waren Bildung und geistige Interessen bei Offizieren von den höheren Vorgesetzten nie sehr geschätzt, und Rekruten, die im Zivil einen geistig hochstehenden Beruf innehatten, wurden vom Ausbildungspersonal mit Vorliebe drangsaliert. Daß aber Handarbeit innerhalb der kriegerischen Kaste als entwürdigend empfunden wurde, zeigt die Tatsache, daß ein Offizier zwar einen Säbel tragen durfte, als Teil seiner persönlichen Machtsphäre, nicht aber ein Paket. Das gleiche galt für die Mitglieder studentischer Verbindungen, die mit Fahnen, Mützen, Bändern und Duellen die kriegerische Haltung in ihre so anders geartete Bildungswelt hineintrugen. Ein Verbindungsstudent sollte zum Beispiel seinem Professor beim Transport photographischer Apparate helfen. Er entschuldigte sich verlegen, er müsse zuerst nach Hause gehen und Band und Mütze ablegen. In Farben dürfe er auf der Straße keine Arbeitsgeräte tragen. Es war unter seiner Würde, etwas zu tun, was er dem Professor zumuten durfte. Hier ist also deutlich ausgesprochen, daß eine redlich getane und durch die Verhältnisse geforderte Arbeit entwürdigt.

Ja, Nichtarbeiten kann sogar gewissermaßen als gehobener Beruf gelten. Ich erinnere an das bekannte französische Rentnerideal, durch dessen Erreichung man erst gesellschaftsfähig wurde. Dementsprechend durfte in Deutschland ein Offizier kein Mädchen heiraten, dessen Vater hinter dem Ladentisch stand.

Zweifellos wird auch heute noch ein eleganter Mann im Geschäft oder Restaurant besser behandelt als einer in beschmutzter Arbeitskleidung. Handarbeit schändet. Woher kommt das? Man könnte meinen, es rühre von der Mühseligkeit der Arbeit her, wie die vielen volkstümlichen Redensarten zu beweisen suchen: Hoch die Arbeit, damit man nicht dran kann usw. Aber das kann nicht der Grund sein. Ein Offizier, der sich im Fechten übt und dabei schwitzt wie ein Holzfäller, behält seinen Rang. Einem Athleten oder einem Rekordschwimmer jubelt die Menge zu. Dem Holzfäller jedoch, der nützliche Arbeit leistet, wird diese Ehrung nicht zuteil.

Die Gründe hierfür liegen vornehmlich in der hohen Einschätzung des Heroischen und Militärischen, kurzum, der personenhaften Macht oder Stärke der Menschen. Durch sie gewannen einzelne die Herrschaft über andere. Durch ihre Organisation im Sinne der Machtentfaltung entstanden die Rangordnungen von Ehre und Würde, die innerhalb der herrschenden Klasse gelten. Von dieser Klasse sind die Unterworfenen, die Sklaven, als die Verworfenen unterschieden, sie haben keine Würde und keine Ehre. Die Machthaber und ihr Gefolge herrschen und lassen sie arbeiten, aber arbeiten selbst nicht. Und umgekehrt, wer nicht zu arbeiten braucht, muß andere für sich arbeiten lassen können. Denn die Haltung und Sicherheit des Auftretens, die zum Herrschen und Befehlen gehören, lassen sich bei der Handarbeit nicht einhalten.

Diese ursprüngliche Verbindung von Handarbeit und Sklaverei, von Herrschaft und Nichtarbeiten, die in Griechenland dazu führte, alle Handarbeiter, selbst bildende Künstler zu Banausen zu entwürdigen, hat bis heute nachgewirkt. Heute noch sind die Mächtigen, die Militarisierten, in der sozialen Rangordnung höher gestellt als die Arbeitenden. Mit dieser reaktionären Wertordnung sind drei Erscheinungen verbunden:

Erstens: Da Macht und Herrschaft früher durch Eroberung und als Beute auch Besitz verschafften, hat sich die Rangordnung auf Besitz ausgedehnt, selbst noch in einer Zeit, in der die Besitzenden ihren Besitz von der Macht des Staates schützen lassen mußten. Geld und Reichtum wurden Inhaber der Macht.

Zweitens: Da die Werturteile, die Rangordnungen mit den Funktionen von Befehl und Gehorsam zusammenhängen, wurde jeder freie Beruf höher geschätzt als der gebundene. Der Handwerker bedeutete mehr als der Fabrikarbeiter, der *Lohnsklave*.

Drittens: Da sich Herrschaft als Befehl im Wort äußert, gilt Geistesarbeit bis zur stumpfsinnigsten Arbeit im Büro höher als Handarbeit.

Die Notlagen in und nach den großen Kriegen haben zwar die sogenannten höheren Klassen genötigt, selbst Hand anzulegen. Man holt persönlich das Holz, die Kohlen im Handwagen vom Händler und trägt seinen Koffer selbst auf der Schulter nach Hause. Allerdings tut man es immer mit einer gewissen Verlegenheit. Arbeit schändet…

Leider haben sich nun mit den Begriffen von Herrschaft und Dienst, Rentier und Arbeiter, Fabrikherr und Lohnsklave, Rock des Königs und Arbeitskittel diese Wertungen auch in der Sprache festgefressen. Die Bezeichnung gibt auch der Sache eine Bedeutung, die abzuschaffen die Freiheitsbewegungen von Jahrhunderten sich bemühen. Wie stark die Sprache das Konto der Entwerteten belastet, läßt sich an viel mehr als den vorangestellten Sprachformen beweisen. Zwei Beispiele möchte ich noch hervorheben, den Fall Nietzsche und den Fall Hitler. Nietzsche, der als Philosoph und Mann feinster ästhetischer Bildung, als Dichter und Musiker, gegen den Nationalismus und Militarismus des neuen Deutschlands nach 1870 die schärfsten Worte fand, hat gerade durch seine Wortprägung für die militaristischen Werte mehr Stimmung gemacht, als es eine sachliche Verteidigung dieser Werte gekonnt hätte. Indem er jedes Streben des Menschen als Willen zur Macht charakterisierte und jede Äußerung sozialer Ethik als *Sklaven*moral, hat er die Werturteile, die in den Begriffen »Macht« und »Sklave« liegen, auf Lebensbezirke ausgedehnt, die sich längst von Macht und Sklaverei gelöst hatten. Das Geistige, das er durch den Willen zur Macht zu heben glaubte, hat nun erst recht vor der Brutalität der Machtsphäre kapitulieren müssen. So wurde Nietzsche ein Vorläufer Hitlers. Dieser versuchte, eine zunächst vielleicht ehrlich gemeinte Hebung des Arbeiters dadurch dem Bewußtsein der Deutschen nahezubringen, daß er den Arbeiter zum *Soldaten* der Arbeit erhob und ihm Orden und Ehrenzeichen verlieh. In Wirklichkeit erreichte er damit, was im Grunde ja auch das eigentliche Ziel seiner Herrschaft war, daß nun auch diejenigen militarisiert wurden, die in der Wirksamkeit des Militärs ihren größten Gegner und in der Ausbildung für den Krieg die stärkste Bedrohung für ihre friedliche Arbeit hätten sehen müssen.

Will man Standesunterschiede abschaffen, so ist eine der wichtigsten Bedingungen dafür, bei der Würdigung neuer, aus der Arbeit entspringender Lebensideale auf die Werte zu verzichten, die mit ihrer Anwendung die alten Rangordnungen immer wieder lebendig machen oder noch verstärken. Die Entmilitarisierung der Begriffe gehört mit zu den wichtigsten Aufgaben einer sozialen Neuordnung des Lebens. Denn so lange die Idee des Friedens noch wie ein *Sieger triumphiert,* die soziale Gerechtigkeit *marschiert,* die Verbesserung der Lebenslage des Arbeiters eine Befreiung von der *Lohnsklaverei* bedeutet, der Kritiker das *Schwert* seines Witzes schärft, der Geistes*held* seine Leistung mit einem Orden von einem Machthaber belohnt wünscht und der Professor nichts heißer ersehnt, als eine große *Kanone* genannt zu werden, so lange wird auch die Entmilitarisierung des Lebens immer ein frommer Wunsch bleiben.

13/30.11.1945

Hans Habe
Mißverstandene Solidarität

Es gibt in Deutschland eine neue Art von Solidarität. Es ist die Solidarität der braven Leute mit den Parteigenossen, der ehemaligen Feinde des Nationalsozialismus mit den ehemaligen Anhängern des Hitlertums. Es ist, nicht zuletzt, eine Solidarität guter Deutscher mit schlechten Deutschen gegen die Militärregierung.

Was man nicht ausspricht, kann man nicht ändern. Der Versuch muß daher unternommen werden, zu untersuchen, warum gute Deutsche, die zwölf Jahre hindurch weder aktiv noch passiv mit dem Nationalsozialismus zusammengearbeitet haben, sich nun mit ihren ehemaligen Feinden, Unterdrückern oder zumindest »Lebensverbitterern« in eine zweifelhafte Gemeinschaft begeben. Allein mit der Lust zur Opposition, mit dem gewohnheitsmäßigen inneren Nein-Sagen, mit der Abneigung gegen die Behörde ist diese seltsame Haltung nicht zu erklären, obschon die Negation ein verführerisch-menschlicher Trieb ist, der leicht zur Gewohnheit wird. Aber die Gründe gehen tiefer. In der Solidarität der anständigen Menschen mit ihren nationalsozialistischen Widersachern verbirgt sich vorerst der erbeingesessene deutsche Nationalismus, der sich dagegen wehrt, daß eine Familienangelegenheit durch Einmischung von außen gelöst werde. Was die Verfechter eines solchen falsch aufgefaßten Patriotismus allerdings vergessen, das sind zwei grundlegende Tatsachen – nämlich, daß sie, die braven Deutschen, mit ihrer Familienangelegenheit selbst nicht fertig geworden sind und daß zweitens die nationalsozialistischen Mitglieder der Familie den Familienzwist hinaustrugen in die

Welt, daß sie die Intervention der Polizei geradezu imperativ heraufbeschworen.

Aber es gibt noch tiefere psychologische Ursachen. Nichts ist für den Deutschen so verführerisch wie die Möglichkeit zur großartigen Geste, zu einer mittelalterlich unverdauten Ritterlichkeit. Wenn auch der Kampf Spaß macht, noch schöner ist die Selbstbespiegelung, die man sich leistet, wenn man dem geschlagenen Gegner helfend die eiserne Faust reicht. Viele gute Deutsche glauben jetzt, dem geschlagenen Nationalsozialisten die Hand reichen zu müssen, es ist ihnen einfach unmöglich, der Versuchung der eigenen Großartigkeit zu widerstehen. Der Seumesche Indianer, der dem bösen Plantagenbesitzer keine über den Kopf haut, sondern sich mit einem schönen Sprüchlein – »Wir Wilden sind doch bessere Menschen« – seitwärts in die Büsche schlägt, hat niemals die Prärien gesehen, sondern ist ein Indianer aus Bayern oder Kurhessen, der vor lauter Sentimentalität auf allen Vieren kriecht. Daß die Nationalsozialisten, wenn sie gesiegt hätten, niemals solche Sentimentalität geübt, sondern ihre Schrekkensherrschaft über Deutschland und die Welt ausgebreitet hätten, kommt den guten Indianern aus Kassel und Augsburg keinen Moment zum Bewußtsein.

Aber das Phänomen ist zu kompliziert, um es einfach zu deuten. Da ist noch die Enttäuschung über die Amerikaner, die nur ein Narr hinwegleugnen wollte. Viele Deutsche haben die Amerikaner als Befreier erwartet und begrüßt. Sie sind hauptsächlich aus drei Gründen enttäuscht worden. *Erstens*, weil die Amerikaner sich nicht als Befreier, sondern als Eroberer gebärdeten; *zweitens*, weil sie im Prozeß der Säuberung unleugbar Fehler begingen, Fehler des Zuviel und Fehler des Zuwenig; und *drittens*, weil sie nicht, wie erwartet, dem Produktionsprozeß sofort auf die Beine halfen. All diese Tatsachen lassen sich, ohne daß man sie hinwegleugnen wollte, auf einen gemeinsamen Nenner bringen, nämlich auf die simple Erkenntnis, daß man sehr gut in den USA geboren sein kann, ohne die Qualitäten eines Übermenschen zu besitzen. Für die Amerikaner, die in das von Deutschland besetzte Belgien eindrangen, war die Formel der Befreiung überaus einfach; hier war es klar, daß die Deutschen die Bedrücker und die Belgier die Unterdrückten waren. Welch äußeres Merkmal aber trugen die guten Deutschen, was sie hätte von den Nationalsozialisten unterscheiden können, es sei denn, daß sie sich gerade in Konzentrationslagern oder Kerkern befanden …? Eine Befreiung konnte nicht dramatisch vor sich gehen; vor einer »Befreiung« mußte vorerst einmal festgestellt werden, wer eigentlich zu befreien sei. Was den Säuberungsprozeß anlangt, so haben gerade manche, von denen Hilfe erwartet werden durfte, ihre Hilfe und Mitarbeit versagt – sie haben von den Amerikanern erwartet, daß sie nicht nur Fragebogen, sondern auch Röntgenaugen mitbringen, und sie haben sich naserümpfend von den »KZlern« abgewandt, die »unpatriotisch« genug waren, einem Amerikaner gegenüber einen Nazi einen Nazi zu nennen. Und was schließlich Fragen der Wirtschaft anlangt, so belieben die Apostel einer neuen Solidarität zu vergessen, daß ihre soeben entdeckten Mitbrüder es waren, die Polen und Griechenland, Frankreich und Holland ausplünderten – und zwar nicht etwa im Namen des Nationalsozialismus, sondern im Namen Deutschlands – und daß daher diesen Ländern zuerst geholfen werden muß, ehe Deutschland geholfen werden kann.

Aber es gibt noch einen Punkt im Register der deutschen Enttäuschungen, und auch er darf nicht unberührt bleiben. Selbst Leute, die nichts mit dem Nationalsozialismus zu tun hatten, haben die Goebbelssche Propaganda geschluckt, daß Amerika eigentlich gegen die Sowjetunion Krieg führe und sich nur deshalb beeile, über Deutschland hinwegzufegen, um den Sowjets bei Leipzig eine schöne Schlacht liefern zu können. Um dieses Spektakel sind nun »gute« wie »schlechte« Deutsche betrogen worden. Die Erwartung, daß es zu einem Zusammenstoß von Ost und West kommen könnte, können sie einfach nicht loswerden, und zwar wieder aus der sehr menschlichen Hoffnung heraus, daß ein solcher Zusammenstoß aus Besiegten Verbündete, aus der Katastrophe eine Episode und aus der deutschen Niederlage vielleicht noch einen deutschen Sieg machen könnte. Irgendwo hoffen auch »gute« Deutsche noch, vor den Ruinen ihrer Häuser stehend, daß ihnen diese Häuser eines Tages von ukrainischen Bauern aufgebaut würden. Aus dieser falschen Hoffnung, die zu einem kalten Erwachen führen muß, rücken Nationalsozialisten und Nichtnationalsozialisten enger zusammen; bereit wollen sie sein, wenn die »große Stunde« schlägt und sich deutsche Solidarität offenbaren kann, wie sie sich seit Jahrhunderten am besten offenbart – nämlich in der Feindschaft gegen jemand, in der Gegnerschaft gegen etwas. Auch diese Abart der falschen Solidarität würde aufhören, wenn die Deutschen endlich begriffen, daß es die Amerikaner mit ihrer Freundschaft zu Sowjetrußland ernst gemeint haben und heute ebenso ernst meinen und daß es ihr Fehler nicht ist, wenn ihnen gewisse Deutsche glaubten in der Annahme zujubeln zu müssen, US-Truppen seien auf dem Wege nach Moskau, wo sie doch in Wirklichkeit nie die Absicht hatten, einen Schritt weiter zu gehen als bis zum besprochenen Rendezvous in Deutschland.

Nicht alle Gründe für das Erwachen der falschen Solidarität können im Rahmen einer kurzen Analyse aufgezählt werden. Manche Leute haben sich so sehr daran gewöhnt, vor dem Nationalsozialismus zu zittern, daß sie vor der ganz und gar toten Partei immer noch Angst haben und sich nicht vergegenwärtigen, daß jedes Erwachen nationalsozialistischer Bewegungen oder Einzelakte von den Amerikanern mit einer Brutalität niedergeschlagen werden wird, von der sich heute vielleicht weder Freunde noch Feinde des Nationalsozialismus eine Vorstellung machen.

Am wesentlichsten ist jedoch dies: Die Nationalsozialisten haben es versucht, sich mit Deutschland und Deutschland mit sich zu identifizieren. Wer die Dinge von außen sah, dem kann man nicht verübeln, daß er an die innere Wahrhaftigkeit dieser Identifizierung glaubte. Erst als sich der eiserne Vorhang über Deutschland hob, ergab sich für Amerika die Möglichkeit, festzustellen, ob es wirklich »zweierlei Deutschland« gegeben hat. Daß Amerika diesbezüglich auch heute – sieben Monate nach der Kapitulation – nicht klar sieht, ist nicht zuletzt auf die plötzlich erwachte Solidarität von Weiß und Schwarz zurückzuführen, auf das verworrene Bestreben des »anderen Deutschland«, zu tun, was es zwölf Jahre nicht tat, nämlich, sich mit dem Deutschland, wie es die Welt schaudernd sah, zu identifizieren. Diesem Zustand der Verwirrung, dem Hindernis auf dem Wege jedes Aufbaues, wird erst abgeholfen werden können, wenn die Deutschen lernen, daß Solidarität keine Tugend an sich ist. Es kommt immer darauf an, mit wem man solidarisch ist …

13/30.11.1945

Manfred Hausmann

An einen Heimgekehrten

Die Nachricht, lieber Freund, daß Du Dich nach Deiner Heimkehr aus der Gefangenschaft mit Deiner Frau nicht mehr verstehst, ja, daß Du allen Ernstes an eine Trennung denkst, hat mich mehr bewegt, als ich Dir sagen kann. Immerhin bin ich froh, daß Du wenigstens die Kraft gefunden hast, Dich mir anzuvertrauen. In einem solchen Fall ist es, glaube ich, besonders schlimm, wenn man niemanden weiß oder zu niemandem hinfindet, mit dem man über seine Zweifel und seine Ratlosigkeit sprechen kann. Je inniger das Verhältnis zu der Frau ist oder war, um die es geht, desto schwerer fällt es einem ja, sich einem Dritten gegenüber zu öffnen. Im Glück mag es noch möglich sein, aber im Unglück schweigt man lieber und macht die Sache mit sich selbst ab. So bin ich mir denn durchaus klar darüber, was es bedeutet, daß Du mir dennoch geschrieben hast. Ich danke Dir, Du Lieber, für die hohe Meinung von unserer freundschaftlichen Verbundenheit, die Dir geblieben ist.

Vielleicht kann ich Dir ein wenig helfen. Nicht als ob ich mit billigen Trostworten kommen oder Euer Zerwürfnis als unbedeutend hinstellen wollte. Du wirst schon recht haben, wenn Du schreibst, es handele sich diesmal um etwas Tieferes und Schrecklicheres als um eine jener Katzbalgereien, die, wie in allen Ehen, so auch in Eurer, hin und wieder vorgefallen seien. Ich nehme ohne weiteres an, daß die Entfremdung zwischen Euch von ganz besonderer Art ist. Du bist der Ansicht, sie sei durch nichts zu beseitigen, sie sei endgültig. Wenn Du das nicht meintest, hättest Du mir wahrscheinlich gar nicht geschrieben. Und doch will mir's so vorkommen, als bekunde sich in der Tatsache, daß Du Dich mir anvertraut hast, auch wieder eine kleine, Dir womöglich nicht einmal bewußte, aber doch vorhandene Hoffnung, ich könne noch irgendeinen rettenden Rat wissen.

Es wird Dich nicht eben aufrichten, wenn ich Dir mitteile, daß Dein Schicksal kein Einzelschicksal ist. Sehr viel mehr Ehen, als Du Dir denken magst, zerbrechen in diesen Zeiten oder drohen zu zerbrechen. Ich schreibe Dir das auch nicht zum Trost, sondern aus einem anderen Grunde. Wenn eine so große Anzahl von Ehen von der gleichen Krankheit befallen wird, dann liegt doch die Frage nahe, ob nicht auch die Ursache die gleiche sei. Gewiß, jedes Ehepaar wird eine Reihe von Einzelfällen anführen, die an dem Sichnichtmehrverstehenkönnen schuld sind, und auch Du deutest ja so etwas an. Aber all die Meinungsverschiedenheiten und unbegreiflichen und lieblosen Handlungen sind doch nur die Folgen von etwas anderem.

Sag einmal, warst Du eigentlich, als Du nach Hause kamst und Deine Frau an Dich zogst, noch derselbe wie damals, als Du fortgingst? Und war Deine Frau, als sie Dich begrüßte, noch dieselbe wie damals, als sie Dich lassen mußte? Du siehst mich verwundert an. Wie solltet

Ihr, Deine Frau und Du, denn andere geworden sein? Und doch verhält's sich so. Und daß Du Dich wunderst und es nicht weißt, gerade das ist womöglich die Ursache Deiner ehelichen Schwierigkeiten. Lieber Freund, denke doch einmal nach, was für ein Leben Du führtest, ehe der Krieg ausbrach. Du hattest Deine Frau und Deine Kinder, Ihr kanntet Euch, Ihr hieltet zusammen, Ihr liebtet Euch. Du hattest Deinen Beruf, der Dir Freude machte. Du hattest Deine Freundschaft, Deinen Verein, Deine Kameraden, Du hattest Deine Vergnügungen, Du hattest Deine Liebhabereien, Du hattest Deine Sicherheit, und Du hattest Dein Glück. Wohl kamen hin und wieder auch unangenehme Dinge vor. Aufregungen, Sorgen und Betrübnisse, das wohl, aber im großen und ganzen lebtest Du doch in einer beruhigten und geordneten Welt und warst selbst beruhigt und geordnet wie sie. Und dann riß der Krieg Dich sozusagen über Nacht hinweg. Er warf Dich in die fremdesten Länder. Du sahst den Süden, die lässige Anmut des griechischen Lebens, die Buntheit des Balkans, die wogende Weite des Schwarzen Meeres, Du sahst die grenzenlosen Steppen Rußlands, die gewaltigen Ströme, die grauenvollen Wälder, die ungeheuren Einsamkeiten. Das war schon viel. Es wirkte erregend und erschütternd auf Deine Seele. Aber das andere war mehr. Du mußtest kämpfen, niederbrennen, zerstören und töten. Du hast Schreie gehört und Blicke gesehen, die Du nie wieder vergessen wirst. Du weißt jetzt, bis zu welchem Opfermut der Mensch sich erheben und in welche furchtbaren Abgründe er versinken kann. Du kennst die Vernichtung in allen ihren Gestalten, Du hast wieder und wieder dem Tod in die leeren Augen gestarrt, Du bist von Mächten geschüttelt worden, von deren Dasein Du bislang nicht einmal etwas ahntest, geschweige denn, daß Du ihnen schon begegnet wärst. Du hast erschauernd gefühlt, was es bedeutet, dem Schicksal ausgeliefert zu sein. Du weißt wieder, was das ist: Schicksal, unbegreifliches Walten des Jenseitigen, rätselhafte Herrschaft Gottes. Du hast erfahren, wie winzig und verloren der Mensch in der Finsternis der Welt umherirren kann. Seit Du den Einberufungsbefehl bekommen hast, bist Du der nächsten Stunde nicht mehr sicher gewesen. Es gab kein Planen mehr und kein Rechnen in die Zukunft. Das Schwert der Ungewißheit hing beständig über Dir bis auf den heutigen Tag. Du hast des Morgens nicht geahnt, wo Du des Abends Dein Haupt hinlegen würdest. Du bist von Gefahr zu Gefahr geeilt. Du warst wieder wie der Urmensch, der keinen Schritt ohne Bedrohung tun konnte. Deine Sinne haben sich geschärft. Deine Witterung ist empfindlich geworden wie die eines Tieres. Du warst wieder auf Dich selbst gestellt und mußtest aus dem Augenblick heraus handeln, ein Nichts im Sturm des Schicksals und doch ein Wille, ein immer sich erneuerndes, zähes, unbeirrbares Dennoch. Du hast Menschenleben ausgetilgt und hast Dein eigenes Leben hundertfach gewonnen, indem Du es einsetztest. Du bist ein Herr gewesen von solcher Herrlichkeit, wie Du's nie vorher warst und in Zukunft nie wieder sein wirst. Und Du bist ein andermal unter einen Zwang gestellt worden, der härter war, als ihn je ein Sklave hat ertragen müssen. Was Du durchgemacht hast, das Höchste wie das Niedrigste, Gehorsam und Herrschaft, Wagnis und Verlust, Verzweiflung und Triumph, Einsamkeit und Bruderschaft, Himmel und Hölle, das weicht nicht wieder von Dir, Du hast es Dir zu eigen gemacht, es ist Dein neues Ich geworden. Als ein so Veränderter, als ein so tief Veränderter bist Du nach Hause gekommen und Deiner Frau entgegengetreten. Du bist wahrhaftig nicht mehr derselbe wie beim Abschied.

Und Deine Frau? Glaubst Du, daß die Monate und Jahre, in denen sie allein sein mußte, immer in tödlicher Angst um Dein Leben, die langen, schlaflosen Nächte, in denen sie dalag und grübelte, spurlos an ihr vorübergegangen sind? Glaubst Du, daß es ihr ein Leichtes gewesen ist, die Verantwortung für die Erziehung der Kinder und für die Verwaltung Deiner Habe ganz allein auf sich zu nehmen? Glaubst Du, daß die Bewältigung der neuen und schwierigen Verhältnisse, die der Krieg für die Hausfrauen mit sich gebracht hat, nicht Kräfte in ihr hat wachsen lassen, die sie verwandelt haben? Glaubst Du wirklich, daß die heulenden und krachenden Bomben, daß der Feuersturm, daß der Zusammensturz der Stadt, daß all der Jammer um sie her ihre Seele nicht zutiefst verwirrt und erschüttert haben? Wenn Du ihre Erlebnisse mit Deinen vergleichst und nicht vergißt, daß Du ein Mann bist und sie eine Frau ist, dann wirst Du nicht umhin können, zuzugeben, daß ihre Leiden den Deinen um nichts nachstehen. Es darf kein Zweifel obwalten, daß auch sie eine andere geworden ist.

Und so seid Ihr denn, wenn Ihr Euch gegenübersteht, zwei erschütterte, zwei veränderte, zwei fremde Menschen. Und wie verhaltet Ihr Euch? Ihr tut so, als sei nichts geschehen. Nein, lieber Freund, Menschen, denen das beschieden gewesen ist, was Ihr erlitten habt, können unmöglich einfach dort fortfahren, wo sie weiland aufgehört haben. Der eine glaubt den anderen zu kennen und kennt noch nur einen längst Ausgelöschten. Da kann es ja gar nicht ausbleiben, daß sich ein Mißverständnis an das andere reiht. So geht es nicht, Ihr müßt vielmehr vergessen, was damals war. Ihr müßt begreifen, daß Ihr einander fast so fremd seid wie zu jener Zeit, als Ihr Euch zum ersten Male in Eurer Jugend begegnetet. Ihr müßt versuchen, wie damals, Euch allmählich näherzukommen. Ihr müßt, jeder auf seine Art, umeinander bemüht sein. Ihr müßt ... Aber ich spreche ja nicht zu Euch beiden, sondern nur zu Dir. Du mußt um sie wie um eine Geliebte werben. Es hilft nichts, Du mußt wieder ein Suchender, ein Dienender, ein Liebender werden. Es ist ja nicht Deine Frau, an die Du Dich wendest, nicht Dein vertrautes Eigentum, nicht Deine stille Heimat in der Welt, es herrscht keine Sicherheit zwischen Euch, Ihr müßt von vorn anfangen, ganz von vorn. Und Ihr dürft die Behutsamkeit nicht vergessen, die zwischen Suchenden und Sehnenden zu sein pflegt, und nicht die Scheu und nicht die Achtung und nicht die Nachsicht. Dann geschieht es vielleicht, daß Ihr Euch wiederum findet, inniger vielleicht, wer kann es sagen, als zuvor.

Willst Du das nicht einmal versuchen? Tu's doch einmal. Ich bitte Dich herzlich darum. Tu's mit aufrichtiger Seele und ohne einen anderen Hintergedanken als allenfalls den, daß Ihr beide Euch ein Innerstes und Geheimstes unversehrt durch die wilden Zeiten hindurch bewahrt haben möchtet, das wieder zueinander verlangt, wenn sich auch allerlei Fremdes eingestellt hat.

Im Grunde ist es ja nichts Absonderliches, was ich Dir, was ich Euch zumute. Ich glaube nämlich, daß auch in ruhigen Zeitläufen eine Ehe nur dann bestehen kann, wenn beide Teile nie aufhören, tagtäglich umeinander zu werben, als wäre die Bindung des Hochzeitstages nicht vorhanden. Eine Ehe ist ja nicht etwas Bestehendes, sondern etwas unablässig Werdendes, wie denn auch der Mensch sich nicht gleichbleibt, sondern in ewiger Verwandlung begriffen ist. Nur wer den Mut hat, jeden Morgen und jede Stunde gleichsam von neuem zu beginnen, kann eine Ehe führen.

Ich schreibe Dir dies aus eigener, schmerzlicher und guter Erfahrung. Darum darfst Du mir vertrauen.

14/3.12.1945

1946

6., 8.1. Vertreter der SPD aus den westlichen Zonen lehnen eine Vereinigung mit der KPD ab.

5.3. Churchill-Rede in Fulton/USA. Der britische Premier prägt den Begriff »Eiserner Vorhang«. Er fordert zur Bekämpfung des Kommunismus auf.
In der amerikanischen Zone wird ein Gesetz zur Befreiung von Nationalsozialismus und Militarismus veröffentlicht. Die amerikanischen Besatzungsbehörden überlassen zukünftig die Entnazifizierung deutscher Verwaltung.

7.3. FDJ in der sowjetischen Besatzungszone gegründet.

21./22.4. Zwangsvereinigung von SPD und KPD zur SED in der sowjetischen Besatzungszone.

25.4.–16.5. Pariser Außenministerkonferenz über einen künftigen deutschen Friedensvertrag.

29.4. Der amerikanische Außenminister Byrnes veröffentlicht in Paris einen Plan zur Entwaffnung und Besetzung Deutschlands.

9.–11.5. Auf dem Parteitag in Hannover werden (ohne Delegierte aus der Sowjetzone) Kurt Schumacher und Erich Ollenhauer als erster und zweiter Vorsitzender der SPD gewählt.

30.5. Erste Landtagswahlen in der amerikanischen Zone.

11. 7. In Dachau werden 73 Mitglieder der SS wegen Kriegsverbrechen zum Tode verurteilt.

12. 7. Beginn der Marshallplan-Konferenz mit Vertretern aus 16 europäischen Staaten. Das am 3. 4. 1948 vom amerikanischen Präsidenten Truman unterzeichnete Gesetz zur Auslandshilfe sieht 1948/49 Zahlungen in Höhe von 5,3 Milliarden Dollar für Wiederaufbauprogramme vor.

6. 8. Rede des amerikanischen Außenministers Byrnes in Stuttgart über die Verbesserung der wirtschaftlichen Situation in Deutschland. Er erläutert die amerikanische Deutschlandpolitik.

19. 9. Churchill fordert in Zürich »Vereinigte Staaten Europas«.

1. 10. Urteil im Nürnberger Prozeß über die Hauptkriegsverbrecher.

16. 11. Die SED veröffentlicht einen Verfassungsentwurf für eine »demokratische deutsche Republik«.

5. 12. Nürnberger Prozeß gegen 23 Ärzte, denen Verbrechen gegen die Menschlichkeit vorgeworfen werden, vor einem amerikanischen Militärgericht begonnen.

10. 12. Hermann Hesse mit dem Nobelpreis für Literatur ausgezeichnet.

Luise Rinser
Sachlichkeit als Erziehungsziel

Viele von uns glauben, das Ende der deutschen und europäischen Kultur sei gekommen. Andere glauben, wir stünden am Anfang einer neuen Ordnung der Welt. Vielleicht stehen wir zwar am Ende der europäischen Kultur, aber am Anfang einer neuen Ordnung der Welt. Wir wissen es nicht. Aber wir wollen leben, als wüßten wir es.

Es gibt keine Hitlerjugend, keine NS-Zwangserziehung mehr. Die Lehrer in den Schulen von 1946 haben genug damit zu tun (sagen sie), den Kindern viel versäumtes Lesen, Schreiben und Rechnen beizubringen. Sie wollen (sagt ein Münchener Schulrat) keine »pädagogischen Experimente«. So gehören die Kinder wieder einmal uns, den Eltern.

Kinder erziehen ist schwer. Heute doppelt. Die Kinder sind mit falschen, bösen Naziideen infiziert, und diese Ideen sind obendrein zusammengebrochen. Da stehen die Kinder nun, verwirrt und mißtrauisch. Und wir sollen sie davon überzeugen, daß die (für sie) neuen Ideen der Demokratie und des Sozialismus besser, praktischer und dauerhafter sind als die (für sie) gewohnten der Gewalt. Wir müssen sie umerziehen.

Vor 1933 ist in der Erziehung viel Gutes und ganz Neues getan worden. Da gab es Schulen, in denen die Schüler ihre kleine Gemeinschaft selbst verwalteten und der Lehrer ganz zurücktrat in dem Bewußtsein, daß jene Form von Gemeinschaft die beste ist, in der die Führung überflüssig wurde: Abbild echter demokratischer Staatsform. Es gab Schulen, die sich »Arbeitsschulen« nannten. In denen wurden die Kinder dazu angeleitet, ihr Wissen mit dem Lehrer zusammen aus Büchern, Landkarten, Bildern, Zeitungen, Beobachtungen, Rundfunk, Briefen und Gesprächen selbst zu erarbeiten: Vorerziehung zu selbständigem, kritischem Denken. Es gab Schulen, die den »Werkunterricht« eingeführt hatten, keine Spielerei, sondern ernsthafte wirtschaftlich produktive Leistung, etwa Töpfern, Weben oder Schreinern. Die Kinder lernten unter anderm begreifen, daß Handarbeit und Kopfarbeit gleich wichtig und gleich viel wert sind: ein kleiner Beitrag zur Abschaffung der Klassen.

Wir waren vor 1933 auf dem besten Wege. Das Schwergewicht der Erziehung lag auf der Schule. Mit Recht. Denn die Familie war meist ein Jahrzehnt zurück im Begreifen der wirklichen Notwendigkeiten.

Aber 1933 ist alles schon Erreichte mit einem Wort verschüttet worden: »Der völkische Staat hat seine gesamte Erziehungsarbeit einzustellen auf das Heranzüchten kerngesunder Körper. Erst in zweiter Linie kommt die Ausbildung der geistigen Fähigkeiten.«

Das Ziel der NS-Erziehung war nach Hitlers Wort »die trutzige Verkörperung männlicher Kraft und Weiber, die wieder Männer zur Welt zu bringen vermögen«.

Damit können wir nichts anfangen. Das ist geistlos, unmenschlich. Es gibt sehr hohe Erziehungsziele. Das Höchste ist die Persönlichkeit, der reife, weise Mensch, voll entfaltet, so etwa, wie wir uns Goethe vorstellen. Das ist sehr schön. Aber der Raum, in dem wir leben, ist zu eng, zu kalt, zu armselig, als daß wir uns und unsere Kinder frei entfalten könnten. Man könnte ein Erziehungsziel konstruieren, das den Anschein der Aktualität hätte, etwa: »Der europäische Mensch«. Aber uns hilft kein Ideal, das nicht ganz in unserer greifbaren Wirklichkeit liegt. Wir müssen uns wohl oder übel ein Notstandsprogramm der Erziehung machen. Dabei können wir uns die Reste der europäischen Tradition, die Fehler des Faschismus, die Erfahrungen der westlichen Demokratien und des östlichen Kollektivismus zunutze machen, und das alles müssen wir an den ewigen Grundsätzen der Erziehung zu wahrer Menschlichkeit und an der Not unserer Zeit messen.

Die Grundsätze der Erziehung zu wahrer Menschlichkeit sind älter als das Christentum. Und wenn im 17. Jahrhundert der Amerikaner Roger Williams schreibt: »Es ist nichts weiter als menschlich, nichts weiter als christlich, im Verkehr mit anderen Menschen Demut und Mäßigung zu üben«, und wenn Goethe sagt: »Edel sei der Mensch, hilfreich und gut«, so sind das nichts als Ausdrücke des immer gleichen tiefen Bedürfnisses des Menschen nach Frieden, Gerechtigkeit, Menschlichkeit. Die moderne Formulierung dieser ewigen Grundsätze wurde in der amerikanischen Erklärung der Menschenrechte und in den Thesen der Französischen Revolution ausgesprochen: »Freiheit, Gleichheit, Brüderlichkeit.« Daraus wurden in der Politik die Demokratie als Staatsform und der Sozialismus als Wirtschaftsform und als Gesellschaftsordnung.

Warum wir hier auf unserem deutschen Boden beides so mangelhaft entwickelt haben, kommt vor allem daher, daß wir nicht dazu erzogen worden sind. Man hat in Deutschland früher allerlei Erziehungsziele aufgestellt, aber sie waren irgendwo in den Wolken. Statt daß man uns dazu erzog, vernünftig, nüchtern, selbständig und politisch zu denken, hat man uns gesagt, Politik sei ein garstig Lied, und man hat uns nach Kräften in der Unwissenheit gehalten. Man hat uns angeblich dazu erzogen, »deutsch, christlich und sozial zu denken, empfinden und handeln« (wenigstens stand es so ähnlich in der »Bayerischen Lehrordnung« von vor 33), aber wenn wir uns mit den Grundsätzen des Kommunismus beschäftigen wollten, hat man uns als junge Anarchisten verschrien. Man hat uns den deutschen Idealismus gepredigt, aber man hat uns nicht gezeigt, wie wir die Ideen der Französischen Revolution praktisch verwirklichen könnten. Man hat uns so erzogen, als gäbe es zwei Welten, die theoretisch und praktisch rein gar nichts miteinander zu tun hätten: die Welt der Politik und die des Geistes. Und wir hielten es für vornehm, uns nur mit dem Geist zu beschäftigen. Daher kam es, daß wir, obwohl zwar nicht die Idee der Demokratie, aber die des Sozialismus von Deutschland ausgegangen war, einfach allmählich hinter der übrigen Welt zurückblieben. Man kann unseren Fehler kurzerhand als Mangel an Sachlichkeit bezeichnen.

Wir kennen den Begriff der Sachlichkeit aus der bildenden Kunst. Dort bedeutet er ungefähr, vom Material aus gestalten. Anders gesagt: nicht die vorübergehende Impression eines Dinges darstellen und nicht das Ding nur als Träger einer Expression betrachten, sondern: jedes Ding so darstellen, wie es ist, und zwar nicht mit der Photokamera gesehen, sondern mit dem menschlichen, künstlerischen Blick, der zugleich das sieht, was ist, und das, was dahinter ist, und das, was sein soll. Er versucht das Ding so zu sehen, wie etwa Gott es sich gedacht hat, als er es schuf.

Wenn nun Sachlichkeit als neues Erziehungsziel, als Notstandsprogramm für 1946, gelten soll, dann bedeutet das: die Welt, den Menschen, jeden Menschen nicht von sich aus sehen, nicht als Objekt, nicht als nütz oder unnütz für einen selbst, nicht als Freund oder Feind. Sondern: jeden Menschen betrachten als etwas, das seine eigenen Gesetze hat, seine eigene Freiheit, seine eigene Meinung, seinen eigenen Gott.

Man möchte gar nicht glauben, was alles aus diesem Satz folgert. Wer die anderen Menschen sachlich betrachtet, dem wird es nie im

Ernst einfallen, sie zu überreden, eine Wahrheit anzunehmen, von der sie nicht überzeugt sind. Und ebensowenig wird er sich gezwungen sehen, den anderen totzuschlagen, wenn er nicht gleicher Meinung mit ihm ist. Es schließt nicht aus, daß man seine eigene Wahrheit für die allerwahrste hält, und daß man sich über die Irrtümer der anderen ärgert, und daß man notfalls, wenn etwa das »allgemeine Wohl« es fordert, dem anderen eins auf die Finger gibt (daß etwa Amerika uns besiegen mußte, um Europa zu retten). Aber wer die Meinung des anderen achten gelernt hat, wird weit eher geneigt sein, Meinungsverschiedenheiten durch Diskussionen zu beseitigen als durch Kriege, und der Stil der Diskussionen wird nicht der des Herrn Hitler sein. Fairneß wird das Zusammenleben des Menschen bestimmen.

Sachlichkeit ist ein anderes Wort für Toleranz, aber Sachlichkeit sagt schärfer als Toleranz, daß es sich bei jener Duldung, die man anderen Meinungen angedeihen lassen soll, nicht um blinde Nachsicht handelt, sondern um ein vernünftiges Abwägen von Meinung gegen Meinung.

Wer sachlich ist, wird nicht ausschließlich das denken, was seiner intellektuellen Eitelkeit schmeichelt. Darum wird er nicht so leicht einer Ideologie verfallen. Er läßt sich jeden Tag durch die Wirklichkeit korrigieren. Und die Wirklichkeit heißt nicht Partei oder Klasse oder Konfession, auch nicht Deutschland oder Europa oder USA oder Rußland, auch nicht Demokratie und Sozialismus, sondern das alles zusammen, und alles zusammen heißt letzten Endes, der Mensch und sein Leben.

Hitler tat alles, um die Erziehung zur Sachlichkeit zu verhindern. Er nannte Sachlichkeit »Objektivität«. Sie war ihm ein Dorn im Auge. »Man erziehe das deutsche Volk«, so schrieb er, »schon von Jugend an zu jener ausschließlichen Anerkennung der Rechte des eigenen Volkstums und verpeste nicht schon die Kinderherzen mit dem Fluche unserer Objektivität.«

Darum auch die vielen Fahnen, die betäubenden Worte, die Suggestion als öffentliches Erziehungsmittel. Er wußte genau, daß der sachliche Mensch sein größter Gegner war, denn sein Regime war auf Unsachlichkeit gebaut, und er selber der unsachlichste Mensch, der je gelebt hat. Für ihn hatte kein Ding der Welt ein Lebensrecht, außer es diente seiner Person. Daher seine Wutanfälle, wenn ihm einer sachlich widersprach. Und daher sein Untergang, als endlich das Leben sich gegen ihn erhob, um sein Recht zurückzuerobern.

Es kann sein, daß jemandem Sachlichkeit als Erziehungsziel zu oberflächlich, zu aktuell, zu politisch oder was sonst erscheint, und daß er die Religion, die Philosophie, den Idealismus und sonstige hohe Dinge darin vermißt. Aber es ist wie gesagt, das Notstandsprogramm für 1946 und ein paar Jahre darüber hinaus. Und es könnte sein, daß sich der sachliche Mensch als der wirkliche Idealist entpuppt, und daß der nüchterne, der sachliche Politiker plötzlich der christlichste ist.

3/14.1.1946

Erich Kästner
Wert und Unwert des Menschen

Es ist Nacht. – Ich will über den Film »Die Todesmühlen« schreiben, der aus den Aufnahmen zusammengestellt worden ist, welche die Amerikaner machten, als sie dreihundert deutsche Konzentrationslager besetzten. Im vergangenen April und Mai. Als ihnen ein paar hundert hohlwangige, irre lächelnde, überlebende Skelette entgegenwankten. Als gekrümmte, verkohlte Kadaver noch in den elektrisch geladenen Drahtzäunen hingen. Als noch Hallen, Lastautos und Güterzüge mit geschichteten Leichen aus Haut und Knochen vollgestopft waren. Als auf den Wiesen lange hölzerne Reihen durch Genickschuß »Erledigter« in horizontaler Parade besichtigt werden konnten. Als vor den Gaskammern die armseligen Kleidungsstücke der letzten Mordserie noch auf der Leine hingen. Als sich in den Verladekanälen, die aus den Krematorien wie Rutschbahnen herausführten, die letzten Zentner Menschenknochen stauten.

*

Es ist Nacht. – Ich bringe es nicht fertig, über diesen unausdenkbaren, infernalischen Wahnsinn einen zusammenhängenden Artikel zu schreiben. Die Gedanken fliehen, sooft sie sich der Erinnerung an die Filmbilder nähern. Was in den Lagern geschah, ist so fürchterlich, daß man darüber nicht schweigen darf und nicht sprechen kann.

Ich entsinne mich, daß Statistiker ausgerechnet haben, wieviel der Mensch wert ist. Auch der Mensch besteht ja bekanntlich aus chemischen Stoffen, also aus Wasser, Kalk, Phosphor, Eisen und so weiter. Man hat diese Bestandteile sortiert, gewogen und berechnet. Der Mensch ist, ich glaube, 1,98 RM wert. Falls Shakespeare klein und nicht sehr dick gewesen sein sollte, hätte er vielleicht nur 1,87 RM gekostet... Immerhin, es ist besser als gar nichts. Und so wurden in diesen Lagern die Opfer nicht nur ermordet, sondern auch bis zum letzten Gran und Gramm wirtschaftlich »erfaßt«. Die Knochen wurden gemahlen und als Düngemittel in den Handel gebracht. Sogar Seife wurde gekocht. Das Haar der toten Frauen wurde in Säcke gestopft, verfrachtet und zu Geld gemacht. Die goldenen Plomben, Zahnkronen und -brücken wurden aus den Kiefern herausgebrochen und eingeschmolzen, der Reichsbank zugeführt. Ich habe einen ehemaligen Häftling gesprochen, der im »zahnärztlichen Laboratorium« eines solchen Lagers beschäftigt war. Er hat mir seine Tätigkeit anschaulich geschildert. Die Ringe und Uhren wurden fässerweise gesammelt und versilbert. Die Kleider kamen in die Lumpenmühle. Die Schuhe wurden gestapelt und verkauft.

Man taxiert, daß zwanzig Millionen Menschen umkamen. Aber sonst hat man wahrhaftig nichts umkommen lassen... 1,87 RM pro Person. Und die Kleider und Goldplomben und Ohrringe und Schuhe extra. Kleine Schuhe darunter, sehr kleine Schuhe.

In Theresienstadt, schrieb mir neulich jemand, führten dreißig Kinder mein Stück »Emil und die Detektive« auf. Von den dreißig Kindern leben noch drei. Siebenundzwanzig Paar Kinderschuhe konnten verhökert werden. Auf daß nichts umkomme.

*

Es ist Nacht. – Man sieht in dem Film, wie Frauen und Mädchen in Uniform aus einer Baracke zur Verhandlung geführt werden. Angeklagte deutsche Frauen und Mädchen. Eine wirft hochmütig den Kopf in den Nacken. Das blonde Haar fliegt stolz nach hinten.

Wer Gustave Le Bons »Psychologie der Massen« gelesen hat, weiß ungefähr, in der Theorie, welch ungeahnte teuflische Gewalten sich im Menschen entwickeln können, wenn ihn der abgründige Rausch, wenn ihn die seelische Epidemie packt. Er erklärt es. Es ist unerklärlich. Ruhige, harmlose Menschen werden plötzlich Mörder und sind stolz auf ihre Morde. Sie erwarten nicht Abscheu oder Strafe, sondern Ehrung und Orden. Es ließe sich, meint der Gelehrte, verstehen. Es bleibt unverständlich.

Frauen und Mädchen, die doch einmal Kinder waren. Die Schwestern waren, Liebende, Umarmende, Bräute! Und dann? Dann auf einmal peitschten sie halbverhungerte Menschen? Dann hetzten sie Wolfshunde auf sie? Dann trieben sie kleine Kinder in Gaskammern?

Und jetzt werfen sie den Kopf stolz in den Nacken? Das solle sich verstehen lassen, sagt Gustave Le Bon?

*

Es ist Nacht. – Der Film wurde eine Woche lang in allen bayerischen Kinos gezeigt. Zum Glück war er für Kinder verboten. Jetzt laufen die Kopien in der westlichen amerikanischen Zone. Die Kinos sind voller Menschen. Was sagen sie, wenn sie wieder herauskommen?

Die meisten schweigen. Sie gehen stumm nach Hause. Andere treten blaß heraus, blicken zum Himmel und sagen: »Schau, es schneit.« Wieder andere murmeln: »Propaganda! Amerikanische Propaganda! Vorher Propaganda, jetzt Propaganda!« Was meinen sie damit? Daß es sich um Propaganda*lügen* handelt, werden sie damit doch kaum ausdrücken wollen. Was sie gesehen haben, ist immerhin fotografiert worden. Daß die amerikanischen Truppen mehrere Geleitzüge mit Leichen über den Ozean gebracht haben, um sie in den deutschen Konzentrationslagern zu filmen, werden sie nicht gut annehmen. Also meinen sie: Propaganda auf Wahrheit beruhender Tatsachen? Wenn sie aber das meinen, warum klingt ihre Stimme so vorwurfsvoll, wenn sie »Propaganda« sagen? Hätte man ihnen die Wahrheit *nicht* zeigen sollen? Wollen sie die Wahrheit *nicht* wissen? Wollen sie die Köpfe lieber wegdrehen, wie einige der Männer in Nürnberg, als man ihnen diesen Film vorführte?

Und einige sagen: »Man hätte ihn schon vor Monaten zeigen sollen.« Sie haben recht. Aber ist es nicht immer noch besser, die Wahrheit verspätet, als nicht zu zeigen und zu sehen?

*

Es ist Nacht. – Ich kann über dieses schreckliche Thema keinen zusammenhängenden Artikel schreiben. Ich gehe erregt im Zimmer auf und ab. Ich bleibe am Bücherbord stehen, greife hinein und blättere. Silone schreibt in dem Buch »Die Schule der Diktatoren«: »Terror ist eben nur Terror, wenn er vor keinerlei Gewalttat zurückschreckt, wenn für ihn keine Regeln, Gesetze oder Sitten mehr gelten. Politische Gegner besetzen Ihr Haus, und Sie wissen nicht, was Sie zu gewärtigen haben: Ihre Verhaftung? Ihre Erschießung? Eine einfache Verprügelung? Das Haus angezündet? Frau und Kinder abgeführt? Oder wird man sich damit begnügen, Ihnen beide Arme abzuhauen? Wird man Ihnen die Augen ausstechen und die Ohren abschneiden? Sie wissen es nicht. Sie können es nicht wissen. Der Terror kennt weder Gesetze noch Gebot. Er ist die nackte Gewalt; stets nur darauf aus,

Entsetzen zu verbreiten. Er hat es weniger darauf abgesehen, eine gewisse Anzahl Gegner körperlich zu vernichten, als darauf, die größtmögliche Zahl derselben seelisch zu zermürben, irrsinnig, blöde, feige zu machen, sie jeden Restes menschlicher Würde zu berauben. Selbst seine Urheber und Ausführer hören auf, normale Menschen zu sein. In Terrorzeiten sind die wirksamsten und häufigsten Gewalttaten gerade die ›sinnlosesten‹, die überflüssigsten, die unerwartetsten … «

Silone wird sein Buch, das 1938 erschienen ist, in der nächsten Auflage leicht überarbeiten müssen. Zwanzig Millionen »körperlich vernichtete« Gegner sind eine ganz nette Summe. Auch darauf scheint es dem Terror anzukommen. Nicht nur darauf, wie Generalmajor Fuller in »The First of the League Wars« schreibt, »lähmendes Entsetzen zu verbreiten, den Feind wenigstens vorübergehend wahnsinnig zu machen, wahnsinnig zum Anbinden«. Menschen, die man verbrennt und vergast, braucht man nicht mehr anzubinden. Man spart zwanzig Millionen Stricke. Das darf nicht unterschätzt werden.

*

Es ist Nacht. – Clemenceau hat einmal gesagt, es würde nichts ausmachen, wenn es zwanzig Millionen Deutsche weniger gäbe. Hitler und Himmler haben das mißverstanden. Sie glaubten, zwanzig Millionen Europäer. Und sie haben es nur gesagt! Nun, wir Deutsche werden gewiß nicht vergessen, wieviel Menschen man in diesen Lagern umgebracht hat. Und die übrige Welt sollte sich zuweilen daran erinnern, wieviel Deutsche darin umgebracht wurden.

10/4.2.1946

Martin Niemöller

Ansprache in der Neustädter Kirche von Erlangen. Der Wortlaut der umstrittenen Rede

Liebe Kommilitonen! Liebe, verehrte Brüder im Amt!
Der Vortrag, den ich heute abend vor Ihnen halte, hat kein Thema. Ich habe einiges zu sagen, und es ist eigentlich das, was ich immer und überall jetzt sagen muß, weil ich spüre, wie wir alle uns damit herumschlagen innerlich und auf dem Weg, auf dem wir vorwärts gehen möchten, nicht einen Schritt vorwärtskommen, ehe wir nicht Klarheit in uns selbst und mit uns selbst gewonnen haben. Ich spreche als ein Mann, der jetzt den Zusammenbruch unseres Volkes und Vaterlandes

mit heißem Herzen miterlebt hat, als ein Mann, der Zeit gehabt hat, mehr als ihm lieb war, über die Zusammenhänge und Hintergründe unserer gegenwärtigen Situation nachzudenken, und der gegen alles eigene und fremde menschliche Erwarten noch einmal mitten hineingestellt wurde in den Strom der Menschheit, und der genau so vor den Fragen steht wie Sie, die Sie Mithelfer sein wollen, um den Karren aus dem Dreck zu fahren.

Bei diesem zweiten und, wie es nun scheint, endgültigen Zusammenbruch unseres Reiches ist alles aus dem Gleichgewicht gekommen. Diesmal ist der Zusammenbruch deutlicher als vor 28 Jahren, nicht nur für die äußeren Bezirke unseres Lebens, für das politische Sein, für die wirtschaftlichen Zusammenhänge und für das gesamte soziale Leben, sondern diesmal hat der Zusammenbruch die religiös-ethische Grundlage all solchen Lebens für uns ins Wanken gebracht. Ich stamme noch aus der Generation, die die ganze technische Hoch- und Höchstentwicklung an sich vorüberziehen hat lassen, eine rapide technische Entwicklung der letzten Jahrzehnte zu einem Höchstmaß von Möglichkeiten zur Beherrschung der Welt. Aber dieser so ungeheuer rapiden Entwicklung steht eine in entgegengesetzter Richtung laufende Entwicklung gegenüber. Sie betrifft das seelische Leben der Menschen und der Menschheit. In unserem seelischen Leben ist es mit Riesenschritten bergab gegangen. Den immer höher gesteigerten technischen Möglichkeiten gegenüber hat sich eine immer tiefer gesunkene Fähigkeit, die Verantwortung zu tragen, herausgestellt. Hinter dieser doppelten Entwicklung steht der nackte Materialismus. »Der Lebensgenuß ist der Güter Höchstes!« – das ist das ungeschriebene Dogma, dem neunundneunzig unter hundert Menschen gefolgt sind, nicht in der Theorie, aber in der Praxis. Der Nationalsozialismus der vergangenen zwölf Jahre war ein letzter grandioser Versuch nach dem Zusammenbruch der menschlichen Fähigkeit zur Autonomie, das Ethos durch die Einführung des diktatorischen Herrschertums zu ersetzen. Wir waren nicht mehr in der Lage, mit den uns gestellten Aufgaben fertig zu werden; dieser Mangel machte es notwendig, daß nun alles nach dem starken Mann schrie, nach dem Übermenschen, der den Gesamtwillen noch einmal zusammenfaßt und diesen Gesamtwillen in seine Richtung hineinspannt und -zwingt, daß auf Grund der Verantwortung des einzelnen noch etwas Positives erreicht werden könnte. Beispiel: Reichsautobahn. Dieses Ethos eines einzelnen hat die gesamte Masse, die ohne Ethos war, zusammengefaßt und mitgerissen, die Masse, die große Werke zu tun sich anschickte. So schien es! Heute ist es uns schwer, uns von diesem letzten Versuch, dem nackten Materialismus, endgültig zu trennen, und damit hängt wohl viel in unserer ethischen Verfassung zusammen.

Man sagt: Der Führer selbst war doch wohl ein großer Mann. Er hat von all den Verbrechen nichts gewußt. Ich kann nichts tun als diesen Irrtum richtigstellen, und Zeugnis ablegen. Man gebe sich keinen Illusionen hin! Auch ich habe mich lange gefragt und habe den Wunsch nach dem starken Mann gehabt. Ist, so habe ich gefragt, der Mann, der sich nun zum Führer des deutschen Volkes aufgeschwungen hat, wirklich der große Mann, der ein wirkliches Ethos in sich verkörpert, kann er wirklich als echter Ausfluß einer göttlichen Berufung genommen werden? Ich bin von diesem Zweifel im Jahre 1934 befreit worden, ich mußte meine Frage negativ beantworten, und zwar bei einer ersten und einzigen Begegnung mit ihm im Februar/März 1934.

[...] Und was für mich am erschütterndsten wirkt von dem, was sich augenblicklich auf den Anklagebänken in Nürnberg abspielt, ist, daß dort Kameraden von mir sitzen aus dem ersten Weltkrieg: Raeder und Dönitz, Chef und Mitseekadett. 1942–46 unterschrieben diese Männer Befehle, die zu unterschreiben sich jeder Offizier noch 1918 geweigert hätte. Das Ethos von vor zwanzig Jahren ist rapide zu nichts zerflattert.

Von irgendwelchen gewissensmäßigen Bindungen ist nichts mehr zu finden, sie sind nicht mehr »aktuell«. Denn wenn ich meinem Gewissen folge, dann kostet es mich den Kopf oder das Leben. Man hat wohl gesagt in den letzten zwölf Jahren: Wir sind die starken und männlichen Männer, wir verantworten selbst, was wir tun. Die Religion ist Sache für alte Weiber. Gehandelt aber hat man so, daß man nicht selber die Folgen trägt, daß nun heute nicht nur das deutsche Volk, sondern auch die Völker Europas die Folgen zu tragen haben. Das ist es, was ich mit »Schwung der Seele« bezeichne, neben der Höchstentwicklung der Technik. Es herrscht ein unmögliches Mißverhältnis. Der Abend der Menschheit könnte gekommen sein: die Atombombe. Das ist die Not der Zeit und der Menschen, eine ähnliche Lage wie 1918 und doch so völlig verschieden.

Als ich mich 1918 entschloß, Theologe zu werden, stellte ich mich auf die eine Grundlage, die wirklich tragen kann, und habe dann enttäuscht zugesehen, daß man den Neubau nicht auf dem christlichen Ethos aufführte, sondern die Restbestände aus der Vergangenheit hinüberrettete, ohne sich innerlich umzustellen. Der Weg ging gradlinig weiter zum immer gesteigerten Lebensgenuß und dem Wohlbefinden des einzelnen. Man meinte, mit dem Restbestand von geretteten Idealen auskommen zu können. Doch es ging nicht mehr weiter. Diese Entwicklung hat uns 1933 zu diesem Schritt geführt: Es kam der große Griff und die große Suche nach dem Heros und Übermenschen.

Heute sind wir nun gefragt, ob wir es diesmal wieder so machen wollen wie 1918. Getrauen wir uns noch einmal, mit diesen »Restbeständen« wieder neu anzufangen? Heute sieht es auch so aus, als ob dazu allerhand Neigung vorhanden wäre. Die Ideale des Nazismus waren nicht alle schlecht. Idealistische Philosophie und Preußentum. In diesem Zusammenhang ist ethisch nichts mehr übriggeblieben als das gute Gewissen des Mannes, der geglaubt hat und überzeugt ist, seine Pflicht getan zu haben, der Stolz des anständigen Soldaten, der dem Ruf seines Vaterlandes gefolgt ist, dem es äußerst sauer wird, einzugestehen, daß er sich für eine falsche Sache, für eine verbrecherische Sache, eingesetzt hat. Und wenn man ihm sagen muß, daß alles Betrug war, dann ist das eine fürchterliche Situation für einen jungen Menschen, der etwas schaffen möchte. Ich kann das gut nachfühlen. Als nach dem ersten Weltkrieg in der Zionskirche in Bethel in einem Gottesdienst das Lied »Gottlob, nun ist erschollen das edle Fried- und Freudenwort« gesungen und von Dr. Jäger gesagt wurde, daß wir, die Christenheit in Deutschland, an diesem Krieg und seinem Ausgang unser gerüttelt und geschüttelt Maß Schuld haben, und das zu einem Zeitpunkt, da der Versailler Vertrag eben unterzeichnet war, da konnte ich nicht anders und ging hinaus.

Es ist zu verstehen, daß der Stolz des anständigen Menschen gegen diese Art, es sei nichts mehr am deutschen Volk als Verbrechen, sich wehrt. Es ist auch der Stolz des Deutschen zu verstehen, der sich fragt: Ist das wirklich so? Sind die andern so viel besser als wir, sind wir denn so viel schlechter als die anderen? Können die anderen uns Anstand, Ethik und Moral beibringen? So fragte man damals und heute. Es ist nicht so! Und dennoch: Die Krankheit, die in ein Verbrechen, wie es die Welt noch nicht erlebt hat, ausgeartet ist, diese Krankheit ist nun mal bei uns ausgebrochen und nicht bei einem anderen Volk. Was bleibt uns noch weiter, um noch einmal anzufangen? Es ist für unseren Stolz nichts mehr geblieben.

Nach einer kurzen Einleitung über die gegenwärtige Aufgabe der Kirche fuhr Pfarrer Niemöller fort: Die evangelische Kirche hat durch ihre

Leitung ein Schuldbekenntnis ausgesprochen, auch im Namen des deutschen Volkes. Und das hat eine fürchterliche Debatte gegeben. Der Haupteinwand lautet nicht: Wir sind unschuldig gewesen; das sagen nur noch wenige. Es geht uns jetzt Verschiedenes auf: Es geht uns Christen auf, daß wir zu den Verbrechen an den Kommunisten, daß wir an deren Schicksal keinen Anteil genommen haben. Wir sind nicht unschuldig an ihrem Schicksal. Nur ein gewissenloser Mensch könnte das behaupten. Dieses Schuldgefühl und Schuldbewußtsein ist heute schon sehr lebhaft da. Aber der Einwand lautet dann: Daß die Kirche von ihrer Schuld spricht, das ist schon recht, daß sie aber von der Schuld des deutschen Volkes spricht, das ist nicht zu verantworten. Keine menschliche Autorität hat der Kirche einen Auftrag gegeben, für das deutsche Volk zu sprechen. – Es wäre auch gar keine Autorität da! Keine Kritik kann die Kirche von der Verantwortung für unser Volk freisprechen! Die Antwort an Hitler war ebenso. Die Verantwortung ist doppelt groß! Die Kirche ist heute der einzige Mund, den unser armes Volk noch nach draußen hin hat: Der einzige Mund, der noch für das deutsche Volk im Ausland sprechen kann. Damit ist die Verantwortung der Kirche für das deutsche Volk gegeben. – Aber, so wird weiter eingewendet: Von der Schuld Deutschlands dürfen wir nicht sprechen, wir dürfen sie vor Gott bekennen, aber doch nicht vor Menschen. Wenn wir es tun, so sagen die Menschen: »Ihr sagt ja selbst, daß ihr schuld seid, also beklagt euch nicht, wenn ihr jetzt bestraft werdet!«

Und trotzdem befreit uns diese Lage nicht davon, daß wir unsere Schuld vor Gott und vor den Menschen bekennen. Ohne dieses Bekenntnis gibt es keine Vergebung und keinen Neuanfang. Es ist seltsam, daß sich an dieser Rede – Schuldbekenntnis vor Menschen und nicht nur vor Gott – auch Theologen, ach das wäre nicht so seltsam, nein, auch ernste Christen, stoßen. Man erinnere sich an den verlorenen Sohn. Es ist unsere Situation! Er ist bei den Säuen gelandet, wie wir heute. Da schlug er um sich. Er ging aber nicht zum Tempel, um dort seine Schuld zu bekennen, sondern er ging zum Vater! So geht es in unserem Christenleben. Es gibt kein Schuldbekenntnis, ohne daß wir uns beugen vor dem, an dem wir gesündigt haben. Aber die Forderung Christi geht noch ein Stück weiter: »Darum, wenn du deine Gabe auf dem Altar opferst und wirst allda eingedenk, daß dein Bruder etwas wider dich habe, so laß allda vor dem Altar deine Gabe und gehe zuvor hin und versöhne dich mit deinem Bruder, und alsdann komm und opfere deine Gabe!« (Mt. 5)

Ich begegnete einem Juden, der alles verloren hatte, Eltern und Geschwister, und der allein von seiner Familie übriggeblieben war. Ich konnte nicht anders, ich mußte zu ihm sagen: »Lieber Bruder, Mensch und Jude, bevor du etwas sagst, sage ich dir: Ich bekenne mich schuldig und bitte dich: Vergib mir und meinem Volk diese Schuld.« Nur so wird der Weg frei, nur so kann die Botschaft wieder wirken und neues Leben schaffen.

Und dann gehört zu dieser Christenbotschaft von dem Heiland und Retter, für den, der Buße tut, die Botschaft von der Rettung: Welche der Sohn frei macht, die sind recht frei. Das gibt dann allerdings eine Umstellung unseres Lebens aus dem Leerlauf des Lebensgenusses hinüber in den Frieden mit Gott. Dann ist nicht mehr das Leben, das genossen werden kann, der Güter höchstes, sondern ein anderes Leben tritt an seine Stelle: Das Leben aus dem Frieden mit Gott und den Menschenbrüdern. Von daher soll man heute das Schuldbekenntnis der Kirche verstehen, so sollen wir uns heute in dieses Schuldbekenntnis einfügen, wenn uns daran liegt, daß wir die Wendung vollführen aus dem Nichts hin zu Gott. Wir haben ja auch das Leben zum Gott gemacht. Das ganze Schuldbekenntnis geht nirgends so tief als bei uns Christen. Wir wissen, daß Gott selber in dem leidenden Menschenbruder unsere Hilfe begehrt. Wir sollten wissen, daß der Leidende doch unser Herr Christus ist, der unsere Hilfe in Anspruch nehmen will. Wir sollten wissen, was 5,6 Millionen hingemordeter Juden bedeuten! Wer kein Christ ist, der kann das Leiden seiner Mitmenschen auch sehen, aber die Verantwortung braucht er nicht zu kennen.

Wir können nicht sagen: Wir Christen haben es ja immer gesagt, an der Sache ist etwas nicht echt, diese Sache ist verbrecherisch. Damit sind wir ja nicht gerechtfertigt. Gerade weil wir deutlicher sehen konnten, ist auch unsere Schuld größer. Es ist die Frage, ob die SS-Henker vor Gott schuldiger sind als wir, die wir geschwiegen haben, wo wir hätten reden müssen; es kann sein, daß unsere Schuld viel schwerer wiegt, die wir die Botschaft von Buße und Glauben kannten. Wir hätten das wache Gewissen haben müssen, aber wir haben auch das Leben zum Götzen gemacht! Ich habe auch bekannt, so lange es ging, aber als ich im KZ sah, wie man die Juden mißhandelte, habe ich selbst nicht mehr gewagt, meinen Mund aufzutun. Auch ich bin verantwortlich für das, was im deutschen Volk geschehen ist. Wir Christen haben diese Schuld anzufassen und zu bekennen. Wenn wir sie nicht anfassen, bleibt diese Schuld: dreißig bis vierzig Millionen Tote durch die Hände deutscher

Menschen; aber keiner in Deutschland findet sich bereit, diese Schuld zu bekennen. Adolf Hitler und Himmler haben sich aus dem Staub gemacht, aber die Schuld haben sie dagelassen. Auch in 1000 Jahren läge die Schuld noch da und keiner würde sich an sie wagen. Wenn nicht ein Neues gemacht wird, dann wird es so bleiben. Und ein Anfang muß gemacht werden. Wir sind schuld, wir wissen uns strafwürdig!

Wenn wir das sagen, könnte die Botschaft von Christus vielleicht in unseres Volkes Mitte wieder gehört werden und damit auch bei den Völkern draußen. Denn wir Christen in Deutschland sind schuldig geworden durch die Blindheit und die Kälte unserer Liebe und den Mangel unserer Liebe. Wir sind schuldig geworden an der Welt. Es ist etwas vom Fürchterlichsten, wenn man nach Hause kommt und mit deutschen Volksgenossen spricht, wenn man so Predigten und Reden hört: Es wird viel gejammert und geklagt, aber es ist wenig die Rede von unserer Schuld. Gewiß, die Augen müssen uns erst geöffnet werden! Es ist viel Jammer über unser Elend, über unseren Hunger, aber ich habe in Deutschland noch nicht einen Mann sein Bedauern aussprechen hören von der Kanzel oder sonst über das furchtbare Leid, das wir, wir Deutsche, über andere Völker gebracht haben, über das, was in Polen passierte, über die Entvölkerung von Rußland (*Empörung, Scharren und Zwischenrufe: »Und die Schuld der anderen?«*) und über die 5,6 Millionen toten Juden! Das steht auf unseres Volkes Schuldkonto, das kann niemand wegnehmen! Es gibt nur eine Macht, die Vergiftung, die diese Schuld in der ganzen Welt hervorgerufen hat, wieder gutzumachen, die Luft wieder rein zu machen. Das ist die vergebende Liebe Gottes, die, wenn sie Wirklichkeit würde, ein so unglaubliches Wunder wäre, daß wir mit unserem Verstand es niemals fassen könnten. Ohne den Heiligen Geist kann diese Liebe nicht geglaubt werden. Diese Liebe Gottes kann allein den Frieden des eigenen Volkes und den mit anderen Völkern herstellen!

Wir haben dieses Schuldgeständnis vor den Vertretern ausländischer Kirchen abgelegt. Aber wir haben sie auch als Christenmenschen angesprochen. Wir haben gesagt: »Liebe Brüder! Wir fühlen uns schuldig.« (*Erneute Zwischenrufe, Scharren und Beifall. Der Studentenpfarrer erinnert an die Würde der Stätte und fordert Disziplin.*) Wir fühlen uns schuldig deshalb, weil wir unserer Verantwortung, die wir trugen, nicht gerecht geworden sind. Das ist unsere Schuld. Wir haben nicht offen genug bekannt, wo es zu bekennen galt, nicht treu genug gelebt, wo es Liebe galt. Darum sind wir schuldig geworden an dem, was in unserem Volk geschehen ist, und damit haben wir auch unendliches Leid über andere Völker gebracht. Ehe wir miteinander sprechen können als Brüder zu Brüdern, sagen wir es Euch: Wir bitten Euch um Gottes willen: Erkennt uns als Brüder in Jesu Christo an und helft uns, die wir diese Schuld zu tragen haben!

Wir erhielten zur Antwort: »Ihr habt vor Gottes Angesicht gesprochen und vor den Ohren christlicher Brüder. Wir haben Euer Wort gehört und erkannt, daß wir in Jesu Christo mit Euch verbunden sind und bleiben. Es ist nicht unsere Aufgabe zu richten, aber wir sagen Euch, daß wir um Jesu Christo willen mit Euch verbunden sind und bleiben.«

Sind denn die anderen nicht auch schuldig? Gewiß sind sie es, gar keine Frage! Aber – bei uns ist die Krankheit ausgebrochen und am schlimmsten in Erscheinung getreten. Ein Christ hat nie Anlaß, auf die Sünden der anderen zu sehen, er soll erst einmal seine eigenen sehen! Wir dürfen es Gott überlassen, was aus den anderen wird. Aber wir dürfen nicht bei dem Schuldbekenntnis, das wir ausgesprochen, auf das Schuldbekenntnis der anderen warten. So kann es nicht gehen! Denn dann geht es los mit dem Hin- und Herschieben der Schuld, mit dem gegenseitigen Ausrechnen, wer der letztlich Schuldige sei, und wir sind froh, wenn wir schließlich im Teufel einen gefunden haben, auf den wir alles abwälzen können. Wenn die Christenbotschaft heute wieder eine Macht werden soll in unserem Leben, für das es sonst keine Aussicht mehr gibt, dann besteht gewiß die Gefahr, daß wir uns gegen eine solche Botschaft mit Trotz auflehnen. Aber es kommt nichts Positives dabei heraus! Christus löst unsern Trotz und gibt uns den Mut zur Wahrhaftigkeit.

Gibt es angesichts des Nichts nur noch ein Verzweifeln, ein »den Tod wollen«? Christus gibt uns die Möglichkeit, ein Leben in brüderlicher Liebe und Opferbereitschaft zu führen: wir müssen dienen als Dank für das, was Gott uns gibt, indem er uns unsere Sünde vergibt. Diese Opferbereitschaft wird zu einer positiven Lebenskraft. (*Hier folgte die Beschreibung der Opferbereitschaft im Osten und in Berlin.*) Dort wird wirklich geopfert! Das ist ein Faktum, in den dortigen christlichen Gemeinden gibt es keine Schuldfrage. Die hiesige Aufregung gibt es dort nicht! Die Gemeinde dort weiß, daß sie keinen Grund hat, sich zu beklagen, sondern Ursache zum Dank. Und darum gibt es wohl keine Kirche heute in der weiten Welt, wo die Liebe zum Preise Gottes so fröhlich gesungen wird, wie dort in den äußersten

Notgebieten. Wo Christus ist, da ist der alte selbstherrliche Weg zu Ende, da ist ein neuer Anfang im Glauben. Der Glaube will gewagt werden – er wird die Wunder Gottes schauen. Das ist heute meine große Hoffnung und Zuversicht auf der einen und meine Sorge auf der anderen Seite: Fangen wir wieder an, mit den letzten Restbeständen und Schiffstrümmern etwas Neues zu bauen, oder legen wir das neue Fundament auf Grund dessen, was wir nicht haben, sondern das uns Gott schenkt? Diese Frage ist noch nicht entschieden. Das Alte soll vergangen sein, das Neue soll aus ihm genommen werden, daß etwas daraus werden kann, das hält und trägt. Wir wollen hoffen, daß dies erkannt wird! Diese Botschaft verkünden wir: Nihilismus oder Glaube! Gott schenke uns, daß wir aus dieser Not herausgerissen werden, empor zum Glauben!

13/15.2.1946

Martin Gumpert
Berlin – ein Nekrolog

Das Grab meiner Eltern liegt in Weißensee; meine Frau ist in Halensee begraben. Ich wurde in der Gegend des Alexanderplatzes geboren. Ich war zum erstenmal verliebt in Monbijou. Ich studierte Medizin in der Charité. Ich leitete ein Krankenhaus am Wedding. Mein Kind wurde in der Joachimsthaler Straße geboren. Als ich Anfang 1936 Berlin verließ, wohnte ich am Steinplatz. Jetzt lebe ich in New York. Jetzt sehe ich in den amerikanischen Zeitungen Aufnahmen aus dem brennenden Berlin. Jetzt bin ich amerikanischer Staatsbürger. Ich versuche, mich zu erinnern. Wahrscheinlich sind die Gräber zerstört, die Häuser in Staub und Asche zerfallen. Wahrscheinlich sind Freunde getötet worden. Selten ist die Vergangenheit der Menschen so grausam amputiert, so jammervoll entwürdigt worden.

Als ich Deutschland verließ, wußte ich, daß es für immer war. An der Grenze in Aachen warf ich den Zehnmarkschein weg, den ich mitnehmen durfte, und ich blickte nicht zurück. Es war eine Reise aus einem Schattenreich. All meine Liebe und Zärtlichkeit und Sehnsucht für meine verlorene Heimat nahm ich mit in die winkende Freiheit einer neuen Welt. Damals gab es noch ein Europa. Nur der Kassandrablick der Emigranten sah seine prächtigen, selbstsicheren Städte schon in Blut und Asche versinken. Und die unter uns die

Worte fanden, das Entsetzen zu beschreiben, das sie gesehen oder dessen Opfer sie geworden waren, wurden als Wahnsinnige oder als Verräter verdächtigt.

Als ich Deutschland verließ, war Hitler bereits drei Jahre an der Macht. Es gab die Konzentrationslager – Oranienburg, Dachau, Buchenwald –, die Folterkammern der Gestapo, den fressenden Krebs des Terrors mit all seinen tödlichen Symptomen. Natürlich wußte jeder in Deutschland davon. Wenn wir davon sprachen, schlossen wir das Fenster, schalteten wir das Telephon ab, und doch – der eigene Freund konnte ein Henker sein, ein Spion, ein Denunziant. Das Lachen war gestorben: die aufrichtigsten, die geliebtesten Gesichter verwandelten sich unter dem furchtbaren Zugriff der Angst in erschreckende Masken.

Wir haben versucht, diese Dinge den Menschen unserer neuen Heimat zu schildern. Sie haben es nicht glauben wollen. Man kann sich das Elend schwer vorstellen, bevor es an die eigene Tür klopft. Der Tod von Fremden hat keine Wirklichkeit. Aber Krebs ist unheilbar, wenn die kranken Zellen nicht beim ersten Auftreten herausgeschnitten werden. Die Menschen draußen haben uns zu spät geglaubt. Aber auch wir haben erst begriffen, als uns die brutale Faust mitten ins Gesicht traf. Wir haben uns zwölf fiebrige Jahre hindurch nach diesen heiligen Tagen des Sieges gesehnt. Nun, da sie gekommen sind, hat mich eine fast unüberwindliche Traurigkeit befallen.

Es ist nicht der Scheiterhaufen meiner gespensterhaften Vergangenheit, der mich quält. Es ist vielmehr, daß soviel von meinem früheren Leben Lüge und Täuschung gewesen sein muß. Ich liebe Amerika mehr mit jedem Sonnenaufgang. Aber ich kann das erste Wort nicht vergessen, das ich lernte, die erste Landschaft, die ich sah, die erste Freundlichkeit, den ersten Schmerz, die erste Begeisterung. Sie waren deutsch, unübersetzbar, unvergleichbar, und sie bleiben für immer ein Teil meines Wesens. Und daß dieser Teil meines Wesens nun mit unaussprechlicher Übelkeit vermischt ist, das bereitet mir qualvolle Pein.

Ich könnte mir sagen: Ich bin ein Jude, ich bin nie ein Deutscher gewesen. Aber das würde nicht wahr sein. All meine schönen Erinnerungen, meine ersten literarischen Abenteuer, meine musikalischen Eindrücke, meine ersten Freundschaften waren deutsch, deutsch und europäisch, verwurzelt in einem menschlichen, künstlerischen und wissenschaftlichen Geist, den ich für echt und schön hielt – und der in einer Katastrophe sein Ende fand. Während all der Jahre meiner aufrichtig erstrebten Wandlung aus einem Europäer in einen Amerikaner habe ich mich immer wieder durchforscht, um herauszufinden, was denn nicht richtig war in meinem Leben, meiner Zeit, meinem früheren Heimatlande. Es ist leicht, sich eine Meinung zu bilden und an einem Dogma festzuhalten. Allzu leicht. Wenn man alle Deutschen vernichten würde, dann würde die Pest, die in dem Organismus ausbrach, noch immer da sein, und die Gefahr ihrer Verbreitung würde nicht aufhören. Der Faschismus ist eine Weltkrankheit, eine universale Schande, die im Boden dieses Jahrhunderts gärt und überall die Hirne und Glieder der Menschheit befällt. Der Sieg allein wird die pervertierten Beziehungen zwischen den Menschen, Rassen und Kontinenten nicht wieder gesunden lassen. Was sollen wir tun, um den Rest unserer Lebensspanne immun zu machen gegen diese Epidemie?

Man hat Berlin häufig eine häßliche Stadt genannt. Für mich war es nicht häßlich. Es war – für die Europäer – eine junge und kühne Stadt. Es hatte einen besseren Boden für neue Gedanken als jede andere Stadt in Europa. Es war umgeben von Kiefernwäldern und sanften, verträumten Seen, und seine Sommernächte waren bezaubernd. Seine Menschen schienen nicht anders zu sein als andere Menschen.

Was geschah in Berlin, was geschah in Deutschland? Was muß getan werden, damit ein so schändlicher Verfall eines Landes und seiner Menschen sich nie und nirgends wiederholen kann?

Früher oder später müssen wir die Antwort finden. Wenn wir sie finden, wird der Tod dieser Stadt nicht umsonst gewesen sein.

15/22.2.1946

Alfred Döblin
Abschied und Wiederkehr

Als ich Abschied nahm …
Morgens um neun hörte ich im Radio: Der Reichstag sei in Brand gesteckt worden; das Feuer habe gelöscht werden können; es sei gelungen, einen der Verbrecher an Ort und Stelle zu ergreifen; es handele sich um ein kommunistisches Attentat – eine unerhörte Untat, die sich gegen das deutsche Volk richte und so weiter. Ich stellte den Apparat ab. Mir fehlten die Worte. Ich war allerhand vom Radio und seinen

jetzigen Beherrschern gewöhnt: das war die Höhe. Offenbar war der Reichstag wirklich angesteckt worden –, von den Kommunisten? Solchen faustdicken Schwindel wagte man anzubieten. Man muß »Cui bono?« fragen: wem nützte die Brandstiftung? Die Antwort lag auf der Hand.

Ich war unbekümmert für mich, wenn auch tief beunruhigt und empört – bis man mich anrief und fragte, was ich machen wolle. Ich war erstaunt: Warum? Nun, die Verhaftungen: Ich solle mich vorsehen. Ich dachte: lächerlich. Das Telephon riß aber nicht ab. Dann kam man zu mir: es war immer dasselbe: ich möge, wenigstens vorübergehend, verschwinden: ich sei gefährdet, es gäbe Listen. Das leuchtete mir alles nicht ein. Die innere Umstellung von einem Rechts- auf einen Diktatur- und Freibeuterstaat gelang mir nicht sogleich. Gegen Abend war ich so weit. Meine Frau war auch dafür. Es war ja nur ein Ausflug; man läßt den Sturm vorübergehen; nur für drei bis vier Monate, dann sei man mit den »Nazis« fertig. Man besuchte mich, es gab Tränen. Ich lachte und war ruhig. Mit dem kleinen Koffer in der Hand zog ich ab, allein. Unten erwartete mich eine Überraschung. Ein Nazi, über der Uniform einen zivilen Mantel, stand vor meinem Arztschild, fixierte mich – und folgte mir zur Untergrundbahn. Er wartete ab, welchen Zug ich nehme, stieg in dasselbe Abteil. Am Gleisdreieck stieg ich aus, er auch. Er ging hinter mir her. Dann gab es ein Gedränge, ein ankommender Zug entleerte sich, ich lief eine Treppe hinunter und fuhr von einem anderen Bahnsteig in irgendeine Richtung, später an mein Ziel: Potsdamer Platz, Möckernbrücke. Ich wollte zum Anhalter Bahnhof. Der Zug in Richtung Stuttgart fuhr gegen zehn. Ich fand einen Schlafwagenplatz. (Das Billett habe ich während der zwölf Jahre Emigration in der Brieftasche mit mir herumgetragen.)

Als ich abfuhr, stand ich am Gangfenster. Es war finster. Ich bin viele Male diese Strecke gefahren. Die Lichter der Stadt. Ich liebe das sehr. Wie war es mir immer, wenn ich von draußen hineinfuhr nach Berlin und dies sah: ich atmete auf, ich fühlte wohl auch, ich war zu Hause. Nun, ich fahre jetzt, ich lege mich schlafen. Merkwürdige Situation, gehört eigentlich nicht zu mir. Ein paar Stunden in Stuttgart: friedliches Leben, die »Nazis« rufen zu Versammlungen auf – burlesk, warum laufe ich eigentlich weg? Eine alberne Sache: ich werde mich später schämen. Überlingen. Übernachten, Fahrt über den See, nach Kreuzlingen. Jetzt die Grenzüberschreitung, in einem Auto, es geht alles glatt. Ich besuchte in Kreuzlingen einen Sanatoriumsarzt, bei dem ich ein Jahr zuvor mit meiner Frau zu Gast war (welch frische heitere Zeit). Nun kam ich in der mir komisch und sinnlos erscheinenden Rolle eines Flüchtlings. Aber wer flüchtete denn? Wovor? Es sah doch überall so friedlich, normal, völlig normal aus! Bis ich eines Tages aus dem Sanatorium nach draußen gerufen wurde: man fragte nach mir. Es war (ich habe einen nicht zu starken Zahlenglauben) der 3.3.33.

Draußen stand, bis auf einen Jungen, meine ganze Familie. Oh, das war nun ein ganz anderes Bild. Meine Frau, heftig erregt, erzählte von ängstlichen Dingen in Berlin, von der fürchterlichen Hetze, von dem, was sie im Zug gehört hatte. Die ganze Familie wäre bedroht: sie könnten nicht bleiben. Nun, sie war da. Es erschreckte mich der 3.3.33. Es machte mich bedenklich. Aber ich kam darüber hinweg: ich hatte mich mit anderen Dingen zu befassen, zum Beispiel mit dem Suchen einer provisorischen Unterkunft, mit Spazierengehen, Gesprächen, Planen. War ich nun jetzt draußen, oder wartete ich bloß? Ich wußte es nicht. Es machte mir auch nicht viel aus. Meine Frau sah die reale Situation, sie wußte, daß sie von ihrer Häuslichkeit Abschied genommen hatte, daß die Kinder aus allem herausgerissen wurden, der Berg der Sorgen, die Wolke der Unsicherheit – sie weinte viel –: dagegen ich (was konnte ich gegen mich machen) hochgestimmt. Ja, hochgestimmt. Wodurch? Mich begleitete in jenen Monaten das Wort aus dem »Taucher«: »Doch es war ihm zum Heil, es riß ihn nach oben.«

Was war mir zum Heil? Ach, es war alles, nicht nur politisch, auch geistig unerträglich in Deutschland geworden. Es war, als ob der politische Wirrwarr, die Stagnation das geistige Leben erfaßte und es lähmte. Auf meinem Platz rang ich dagegen. Zuletzt, Ende 32, hatte sich in mir ein Bild festgesetzt, das ich nicht los wurde: ein uralter, verschimmelter Gott verläßt, seiner kompletten Verwesung nahe, seinen Wohnsitz im Himmel und fliegt, um sich zu erneuern und seine alten Sünden abzubüßen, auf die Erde zu den Menschen hernieder, er erst Gott und Herrscher, jetzt Mensch wie alle. Es war die Ahnung und Vorwegnahme des Exils. Ja, das Exil, die Ablösung und Isolierung, das Heraus aus der Sackgasse, dieser Sturz und das Sinken schien mir »zum Heil« zu sein. In mir sang es: »Es reißt mich nach oben.« Ich konnte mich nicht dagegen wehren. Ich war in einer einzigen gehobenen Stimmung (die auch auf das Buch, das ich das ganze Jahr über schrieb, übergriff).

So trat ich das Exil an. So – erging es mir, »als ich Abschied nahm«.

Als ich wiederkam…
Und als ich wiederkam, da – kam ich nicht wieder. Es gibt einen schönen amerikanischen Roman mit dem Titel: »Du kannst nicht nach Hause zurück.« Warum kann man nicht? Du bist nicht mehr der, der wegging, und du findest das Haus nicht mehr, das du verließest. Man weiß es nicht, wenn man weggeht: man ahnt es, wenn man sich auf den Rückweg macht, und man erfährt es bei der Annäherung, beim Betreten des Hauses. Dann weiß man alles und siehe da: noch nicht alles.

Ein mächtiger Ozeandampfer, der zum Truppentransportschiff umgewandelt war, trug uns, die zu dreien zusammengeschmolzene Familie, Anfang Oktober 1945 von Amerika nach Europa zurück, von der Neuen Welt in die Alte Welt. Sechs waren wir, als wir 1933 Nazideutschland verließen. Ein Sohn, der älteste, war nun Amerikaner geworden und blieb drüben, – einer konnte uns ja nicht folgen, als wir nach Amerika gingen und saß nun schon in Frankreich, in Nizza, jung verheiratet, – der Jüngste, der uns zuletzt verließ, stand jetzt in Paris – und er, der uns auch nicht folgte, uns, die immer an ihn dachten und so lange nicht wußten, wo er bloß blieb und warum er nicht schrieb: er lag in seinem Soldatengrab in den Vogesen, unser Wolfgang, Vincent, der Liebling, die Herzensfreude der Mutter.

Als wir Europa verließen, im Oktober 1940, da war das letzte von Europa das Lichterstrahlen Lissabons. Nachts fuhren wir aus, nachts kamen wir nun wieder an. Das gewaltige schwarze Schiff hielt an dem künstlichen Pier von Le Havre (der alte Pier war ziemlich zerstört). Und dies war das erste, was ich von Europa sah, vom Schiffsdeck aus:

Unten, in der Finsternis, fuhr ein Wagen mit einem starken Scheinwerfer an. Er warf sein blendendes Licht auf die untere Partie unseres Schiffes. An die offene Tür des Laderaumes dort wurde eine breite Leiter gelegt. Und nun kroch, im Lichtkegel des Scheinwerfers, eine Anzahl Männer, alle gleich gekleidet, die Treppe hinauf. Sie sahen von oben wie Gnome aus. Sie verschwanden im Bauch des Schiffes, tauchten wieder auf, schleppten Kisten und Kasten, kletterten damit, immer zwei nebeneinander, die Treppe herunter, setzten ihre Last ab und begannen wieder den Weg. Es verlief ganz maschinell wie bei einer Theateraufführung inszeniert: man hörte kein Geräusch. Das waren Deutsche, Kriegsgefangene. So sah ich sie wieder. Ich hing fasziniert an dem Bild.

Als wir ausstiegen, standen sie in einem Haufen beieinander. Sie betrachteten uns Wanderer von jenseits des Ozeans, stumm, ohne

Ausdruck. Die Leute gingen an ihnen vorüber, als wären sie nichts. Das war die erste, die furchtbare, niederdrückende Begegnung. Der unheimliche Eindruck (die Geschlagenen, die Gestraften, der Krieg) verließ mich auch nicht während des Aufenthaltes in Paris. Ich sah das arme, leidende Paris, das sich abends nicht gegen die Finsternis wehrte und froh war, wenn es seinen Schmerz in Nacht verbarg. Dann brach ich auf, nach Norden, nach Deutschland. Ich fuhr allein, wieder allein, wie bei der unbekümmerten Ausreise 1933.

Was ich dachte, was ich fühlte, als ich die Nacht über fuhr und man sich der Grenze näherte? Ich war oft wach und prüfte mich. Aber da meldete sich kein ursprüngliches Gefühl. Es meldete sich allerhand, aber nichts von früher. Ich bin nicht mehr der, der wegging. Ja, leicht und froh flog ich damals aus meinem Haus. Es war wie eine Befreiung von der erstickenden Atmosphäre. Das Schicksal hatte mir das zugeworfen. Ich triumphierte: »Es war mir zum Heil, es riß mich nach oben.« In der »Babylonischen Wandrung« lacht der entthronte Gott, nimmt mit Hochgenuß die als Strafe gedachte Veränderung auf sich und geht ungebrochen, eine einzige Heiterkeit und Lebensfreude, seines Wegs.

Dieser Gott war ich – nicht. Ich erfuhr es langsam, teils allmählich, teils ruckweise.

Las ich nicht in einem Artikel eines literarischen Heimkriegers das Wort von den »Fauteuils und Polstersesseln« der Emigration? Es wird viel gedruckt, es könnte noch mehr gedruckt werden, die Ahnungslosigkeit hat ja keine Grenze. Zu fliehen von Land zu Land – alles verlieren, was man gelernt hat, wovon man sich ernährte, abermals fliehen und jahrelang als Bettler leben, während man noch kräftig ist, aber eben im Exil lebt – so sah mein Fauteuil und Polstersessel aus, und so der vieler, die hinausgingen. Man schrieb und arbeitete wie nie, in seinen vier Wänden, und war nicht nur zur völligen Stummheit verurteilt, entmündigt, sondern noch mehr: degradiert, weniger als ein Analphabet des Landes, der sich wenigstens mit seinen Nachbarn unterhalten kann. Es gab Emigrationsgewinnler; gewiß, sie brachten es zu etwas in den fremden Ländern, die nicht das richtige Maß für sie besaßen. Wieviel waren es? Die meisten waren froh, wenn sie heil über den Monatsersten oder -fünfzehnten hinwegglitten. Kaufleute, Maler, Musiker hatten es leichter (mit Niveausenkung), Frauen, unbeschwert, entwickelten sich dann und wann vorzüglich. Aber wir, die sich mit Haut und Haaren der Sprache verschrieben hatten, was war mit uns? Mit denen, die ihre Sprache nicht loslassen wollten und konnten, weil sie wußten, daß Sprache nicht »Sprache« war, sondern Denken, Fühlen und vieles andere. Sich davon ablösen? Das heißt mehr als sich die Haut abziehen, das heißt sich ausweiden, Selbstmord begehen. So blieb man, wie man war – und war, obwohl man vegetierte, aß, trank und lachte, ein lebender Leichnam.

Nun fahre ich, geographisch, zurück. Am Bahnhofsplatz in Straßburg sehe ich Ruinen, wie im Inland: Ruinen, das Symbol der Zeit. Und da der Rhein. Was taucht in mir auf? Ich hatte für ihn geschwärmt, er war ein Wort voller Inhalte. Ich suchte die Inhalte. Mir fällt Krieg und strategische Grenze ein, nur Bitteres. Da liegt wie ein gefällter Elefant die zerbrochene Eisenbahnbrücke im Wasser. Ich denke an die Niagarafälle, die ich zuletzt drüben, dahinten in dem verschwundenen großen, weiten Amerika sah, die beispiellos sich hinwälzenden Flutmassen. – Still, allein im Kupee, fahre ich über den Strom.

Und dies ist Deutschland. Ich greife nach einer Zeitung neben mir: Wann betrat ich das Land wieder nach jenem fatalen 3.3.33? Welches Datum? (Ich habe etwas mit Zahlen.) Betroffen lasse ich das Blatt sinken, betrachte die Zahl noch einmal: der neunte November. Es ist das Revolutionsdatum von 1918, Datum eines Zusammenbruchs, einer verpfuschten Revolution – um diese Zeit fuhr ich 1918 auch von Frankreich nach Deutschland hinein –, und das Datum hat mich nicht losgelassen: um den »November 1918« habe ich in den letzten Exiljahren vier Romanbände geschrieben. Wird alles wieder so kläglich wie damals verlaufen, soll und muß es diesmal nicht eine Erneuerung, eine wirkliche, geben? Die Glocke »9. November« hat angeschlagen, ich fahre in das Land, in dem ich mein Leben zubrachte und aus dem ich hinausging, aus seiner Stickluft floh, in dem Gefühl: es wird mir zum Heil. Und da liegt das Land, das ich ließ, und mir kommt vor, als ob ich in meine Vergangenheit blickte. Das Land hat erduldet, wovon ich mich losreißen konnte. Jetzt ist es deutlich geworden: ein Moloch ist hier gewachsen, man hat ihn gespürt, er hat sich hochmütig gespreizt, gewütet, gewüstet – und da sieht man, was er hinterlassen hat. Sie haben ihn mit Keulen erschlagen müssen.

Du siehst die Felder, wohlausgerichtet, ein ordentliches Land. Man ist fleißig, man war es immer. Sie haben die Wiesen gesäubert, die Wege glatt gezogen. Der deutsche Wald, so viel besungen! Die Bäume stehen kahl, einige tragen noch ihr buntes Herbstlaub. (Seht euch das an, ihr Kalifornier, ihr träumtet von diesen Buchen und

Kastanien unter den wunderbaren Palmen am Ozean. Wie ist euch? Da stehen sie.)

Hier wird es deutlicher: Trümmerhaufen, Löcher, Granat- oder Bombenkrater. Da hinten Reste von Häusern. Dann wieder Obstbäume, kahl, mit Stützen. Ein Holzschneidewerk intakt: die Häuser daneben zerstört. Auf dem Feld stehen Kinderchen und winken dem Zug zu. Der Himmel bezieht sich. Wir fahren an Gruppen zerbrochener und verbrannter Wagen, verbogenen und zerknitterten Gehäusen vorbei. Drüben erscheint eine dunkle Linie, das sind Berge, der Schwarzwald, wir fahren weit entfernt von ihm an seinem Fuße hin. Dort liegen in sauberen Haufen blauweiße Knollen beieinander, auch ausgezogene Rüben. Dieser Ort heißt »Achern«. Da stehen unberührt Fabriken mit vielen Schornsteinen, aber keiner raucht. Es macht alles einen trüben, toten Eindruck. Hier ist etwas geschehen, aber jetzt ist es vorbei. Schmucke Häuschen mit roten Schindeldächern. Der Dampf der Lokomotive bildet vor meinem Fenster weiße Ballen, die sich in Flocken auflösen und verwehen. Wir fahren durch einen Ort »Ottersweiler«, ich lese auf einem Blechschild »Kaisers Brustkaramellen«, friedliche Zeiten, in denen man etwas gegen den Husten tat. Nun große Häuser, die ersten Menschengruppen, ein Trupp französischer Soldaten, eine Trikolore weht. Ich lese »Steinbach, Baden«, »Sinzheim«, »Baden-Oos«. Der Bahnhof ist fürchterlich zugerichtet; viele steigen um: Baden-Baden; ich bin am Ziel.

Am Ziel; an welchem Ziel? Ich wandere mit meinem Koffer durch eine deutsche Straße (Angstträume während des Exils: ich bin durch einen Zauber auf diesen Boden versetzt, ich sehe Nazis, sie kommen auf mich zu, sie fragen mich aus).

Ich fahre zusammen: man spricht neben mir deutsch. Daß man auf der Straße deutsch spricht! Ich sehe nicht die Straßen und Menschen, wie ich sie früher, vorher sah; auf allen liegt, wie eine Wolke, was geschehen ist und was ich mit mir trage: die düstere Pein der zwölf Jahre, Flucht nach Flucht. Manchmal schaudert's mich, manchmal muß ich wegblicken und bin bitter.

Dann sehe ich ihr Elend und sehe, sie haben noch nicht erfahren, was sie erfahren haben. Es ist schwer, ich möchte helfen.

19/8.3.1946

Kurt Schumacher
Deutschland und die Demokratie

Deutschland ist heute ein Land ohne Macht. Es hat keine selbständige Außenpolitik und es hat keine Innenpolitik, die viel mehr wäre als eine Funktion der Politik der Besatzungsmacht in jeder einzelnen Zone.

Darum wird im In- und Ausland oft der Fehler begangen, die Ereignisse in Deutschland zu unterwerten. In Wahrheit spielen sich jetzt Auseinandersetzungen auf deutschem Boden ab, die für ganz Europa und darüber hinaus für die Welt von Bedeutung sind. Eine scheinbar parteipolitische Auseinandersetzung, die jetzt in Deutschland im Mittelpunkt des Interesses steht, ist tatsächlich ein Stück zukünftigen Schicksals Europas.

Während überall in der Welt die Bemühungen um Einigung zwischen Sozialisten und Kommunisten gescheitert sind, wird in Deutschland, dem Lande, in dem die prinzipiellen und taktischen Spannungen am größten gewesen sind und auch zu der verhängnisvollen Konsequenz des Nazismus geführt haben, die Einigung von Sozialdemokraten und Kommunisten vom Osten her erzwungen. Gegenüber einer noch zum großen Teil politisch nicht genügend unterrichteten Leserschaft muß vorweg festgestellt werden, daß der sogenannte »Zentralausschuß« der Sozialdemokratischen Partei in Berlin nur in der sowjetischen Besatzungszone führend ist, aber bisher eine demokratische Legitimation noch nicht hat. Die Sozialdemokratische Partei in den drei westlichen Zonen wird von ihrem selbstgemachten politischen Beauftragten geführt. Bei den Kämpfen um die im Osten jetzt erzwungene Einigung schält sich Berlin gewissermaßen als eine fünfte Besatzungszone heraus, denn dort ist der herrschende Faktor die interalliierte Militär-Kommandantur, und das Stadtgebiet selbst zerfällt in vier von den verschiedenen Besatzungsmächten kontrollierte Sektoren. Nachdem der Zentralausschuß in der Ostzone seine Politik des Hinausschiebens und der klärenden Verhandlungen unter dem Druck der Verhältnisse hat aufgeben müssen und sich zur »Einigung« bekannt hat, regen sich überall Widerstände gegen ihn. In der Provinz selbst können solche Widerstände einen organisatorischen und konsequenten Ausdruck nicht finden, obwohl der Wille der Mitgliedschaft ganz eindeutig gegen eine solche Zwangsvereinigung ist.

In Berlin liegen die Dinge anders. Dort ruhen die Augen der ganzen Welt auf den Vorgängen, die sich da abspielen, und der Umstand, daß alle Besatzungsmächte an der Verwaltung der Stadt beteiligt sind, gibt der sozialdemokratischen Mitgliedschaft größere Möglichkeiten zu sagen, was sie eigentlich denkt und meint. Und das ist, wie die bisherigen Funktionärsversammlungen und Probeabstimmungen zeigen, eine geradezu zerschmetternde Ablehnung der Vereinigung von kommunistischer und sozialdemokratischer Partei.

Dabei ist an sich bei allen Sozialdemokraten in Deutschland der Wille vorhanden, eine Einheit aller arbeitenden Menschen herzustellen. Zwei Faktoren hindern aber die Realisierung dieses Willens. Es ist einmal ein ideenmäßiger Komplex und zum anderen sind es die Methoden, mit denen diese Vereinigung erzwungen wird.

Im Osten des Reiches fühlt sich die kommunistische Partei als Monopolistin der Staatsmacht. Sie leitet dieses Recht von ihrem Verhältnis zur Siegermacht her, die den deutschen Osten beherrscht. Aber gerade darin drückt sich ein Mangel an innerer Unabhängigkeit aus, der eine Vereinigung nicht zustandekommen läßt.

Vereinigen können sich nur unabhängige Faktoren und nicht Unabhängige mit Abhängigen, denn dadurch würden die Unabhängigen die Freiheit des Erkennens und der Kritik verlieren, auf die sie entscheidenden Wert legen.

Die Sozialdemokratie glaubt, daß der Kern des Problems der Kampf um die Frage ist, ob Europa demokratisch oder diktatorisch geformt werden soll. Es wird Zeit, daß Europa und die Welt selbst erkennen, worum es hier geht, und daß eine »Sozialistische Einheitspartei« nichts weiter wäre als die Fortsetzung der Kommunistischen Partei unter anderem Namen. Alle Lippenbekenntnisse zur Demokratie helfen nicht darüber hinweg, daß sich die Anzeichen dafür mehren, daß die Kommunistische Partei am Prinzip der Diktatur festhalten will. Dieser Krieg ist für die Idee der Demokratie geführt worden, und tatsächlich kann sich eine diktatorische Anschauung auch nirgends behaupten und durchsetzen. Jetzt ergibt sich das Bild, daß Deutsche die Demokratie wollen und man sie ihnen in der Ostzone teils nicht gestatten will, teils nicht gestatten kann.

Darum ist der heroische Kampf der Berliner Sozialdemokraten um die Erhaltung der Unabhängigkeit und Selbständigkeit ihrer Partei eine Leistung, die gar nicht hoch genug gewertet werden kann. In den drei westlichen Zonen wird die Sozialdemokratische Partei bleiben, die sie jetzt ist: mit dem alten Namen und der Orientierung nach den neuen Problemen, das festeste Bollwerk der Demokratie in

Deutschland. Würde sie auch nur einen Schritt zurückweichen und vor der Verschmelzungsideologie kapitulieren, so würde mindestens Mitteleuropa für eine demokratische Entwicklung im europäischen Sinne verloren sein.

Jetzt hat die Weltöffentlichkeit einen guten Anschauungsunterricht darüber, wohin es führt, wenn der Wille zur Demokratie sich nicht frei entfalten kann, sondern vor den Totalitätsansprüchen einer für diese Zwecke aufgebauten Partei zu kapitulieren gezwungen ist. Die beste Illustration dazu liefert die Methode, mit der diese »Einigung« von der Führung der Kommunistischen Partei erzwungen wird. An ihr kann jedermann sehen, daß es sich nicht um eine Einigung, sondern um eine Eroberung handelt, daß es um den Versuch geht, den sozialdemokratischen Massen eine kommunistische Führung zu geben. Die Tatsache, daß seit kurzer Zeit auch der sogenannte Zentralausschuß der Sozialdemokratischen Partei in der östlichen Zone erklärt, von sich aus die Einigung zu wollen, zeigt am besten die Stärke und die Unbarmherzigkeit des Druckes. Eine garantiert geheime Urabstimmung würde ganz eindeutig beweisen, wie die große Überzahl der Sozialdemokraten diese Frage beurteilt. Jetzt kommt es aber auch auf das Urteil der Welt an.

Dabei ist sich die Sozialdemokratie völlig darüber im klaren, daß es auch andere antidemokratische oder zum mindesten außerdemokratische Kräfte in Deutschland gibt. Nirgends wird soviel von Demokratie geredet wie in diesem klassischen Lande aller Arten von Feindschaft gegen die Demokratie. Die Art, in der die Kommunisten dies tun, mag in ihrer Unwahrhaftigkeit am auffälligsten sein, aber es gibt noch andere Arten, die in ihrer Konsequenz nicht weniger unaufrichtig sind.

Aus dem Auslande hat man oft Stimmen hören können, daß die Deutschen so weit rechts wählen würden, als die zuständige Besatzungsmacht es ihnen gerade gestattet. Daran ist soviel richtig, daß weite Kreise der Besitzenden, und gerade der Großbesitzenden, die Demokratie als eine nicht übermäßig günstige taktische Chance begreifen und vorläufig auch nach Möglichkeit anwenden. Für sie geht es dabei aber nicht um das Problem der Demokratie, sondern für sie geht es darum, möglichst wenig bezahlen zu müssen und nicht enteignet zu werden. Deswegen kann das ganze bürgerliche Parteiensystem bis auf weiteres nicht in feste Formen kommen, sondern es wird erst bei der Frage des Lastenausgleiches, der Sozialisierung und der

Landreform zur klaren, endgültigen Frontenziehung kommen. Alle Elemente aber, die die Demokratie nur taktisch und opportunistisch begreifen, sind für den deutschen Neubau hemmend. Selbst die großen sozialen Kämpfe, die bis in das innerste Mark der Wirtschaftsverfassung und der Eigentumsidee gehen werden, müssen auf einer Grundlage ausgefochten werden, die in der Demokratie die große Selbstverständlichkeit alles politischen Geschehens sieht. Andernfalls gibt es keine Möglichkeit, Deutschland neu zu bauen und die Sicherheit Europas und des Weltfriedens zu fördern. Die Demokratie ist die letzte und einzige Chance, um Deutschland am Leben zu erhalten und ihm eine Zukunft der Gleichberechtigung und des Gleichgeachtetseins zu geben.

Dabei wird man sich in Deutschland über die Prinzipien klar werden müssen, nach denen ein kommendes Deutschland im europäischen Rahmen erbaut werden soll. Die Länder dürfen nicht Selbstzweck sein, sondern nur Bausteine einer höheren nationalen Ordnung. Träger der staatlichen Souveränität, soweit eine solche in den notwendigerweise Vereinten Staaten von Europa noch möglich und nötig ist, kann nur das geeinte Gesamtvolk sein. Die Länder innerhalb des Reiches sind in ihrer heutigen Form in ihrer Existenz nicht garantiert.

Auf allen Gebieten stellen sich die sozialen Tatsachen im Lande und die sich aus der Niederlage ergebenden unvermeidlichen Hemmnisse der Durchsetzung der Demokratie entgegen. Die Demokratie in Deutschland ist damit ein internationales Problem geworden. Man muß jede Politik in unserem Lande unter dem Gesichtswinkel betreiben, als ob Deutschland schon selbständig und ohne Besetzung dastände, denn nur so kann die jetzt widerspruchslos hingenommene Tatsache der Demokratie auch in Zukunft am Leben bleiben. Dazu gehört, daß man einem demokratischen Deutschland auch die Möglichkeiten seiner Existenz gibt.

Europa ist politisch, ökonomisch und sozial eine Einheit. Diese Einheit kann aber nur in einer Zusammenarbeit von Völkern sich auf die Dauer durchsetzen, wenn alle Völker den internationalen Notwendigkeiten Konzessionen machen. Falsch und entwicklungsfeindlich ist jede Parole, welche die Internationalisierung einzelner Teile von Deutschland fordert. Europa muß internationalisiert werden! Aber Europa muß auch sozialisiert werden. Der moderne Hochkapitalismus hat in den verschiedenen Formen des Faschismus seine größte

Kraftanstrengung gemacht, sich mit den Mitteln der Gewalt am Ruder zu erhalten. Mit dem Nazismus in Deutschland ist auch sein großer Auftraggeber, die soziale Reaktion, zusammengebrochen. Wie in den anderen Ländern kämpfen jetzt die deutschen Sozialdemokraten darum, den Mittelstand auf die Seite der demokratisch gesinnten Arbeiter herüberzuziehen. Das ist erst die eine Voraussetzung des Erfolges. Die andere wäre die, auch die deutsche Jugend für die großen Ideen des Friedens, der Demokratie und des Sozialismus zu begeistern. Ihr muß man klarmachen, daß die Demokratie, die Freiheit und der Sozialismus die höchste Form der Wirtschaft und Kultur sind. In der Jugend steckt viel guter Wille, aber man muß diesem guten Willen auch durch Tatsachen Nahrung geben. Man muß dies wirtschaftlich und sozial tun, aber sich darin nicht erschöpfen. Die Jugend wird den Willen zeigen, zu guten Europäern zu werden, wenn man ihr vorher die nationalen Selbstverständlichkeiten zuerkennt. Eine Politik der Aufteilung und des Separierens würde bedeuten, daß schon in der nächsten Generation der Gedanke der Demokratie tot wäre. Die deutschen Sozialdemokraten aber wollen die Demokratie lebendig machen. Sie können das national und international nur durch neue Lebensformen und durch die Behandlung Deutschlands von seiten der Welt, die der Jugend das Gefühl gibt, auch etwas wert zu sein.

Das Durcheinander in der Welt ist ungeheuerlich. Das Dritte Reich hat besonders den Ländern Europas Unsägliches angetan. Die deutsche Sozialdemokratie sieht ihre Aufgabe darin, das, was das Dritte Reich der Welt angetan hat, gerade dadurch wieder gutzumachen, daß sie das deutsche Volk mit einem neuen Geist und einer neuen Hoffnung erfüllt. Diese Hoffnung kann nur darin liegen, daß ein demokratisches und sozialistisches Deutschland den Weg in die Familie der Völker als gleichberechtigtes Glied in einem Gesamteuropa finden werde.

23/22.3.1946

Heinrich Mann
Drei Jahrhunderte Warnung und Hoffnung

Es gab Tage in Deutschland, an denen man am Himmel ein ungeheures Farbenspiel beobachten konnte – von zartem Rosa über ein starkes Gelb bis zur Farbe flüssigen Goldes. Der Glanz breitete sich aus; dann wurde er allmählich milder und schwächer und machte schließlich einem blassen Leuchten Platz. Inzwischen war nicht mehr als eine halbe Stunde vergangen.

Der Vorgang am Horizont hat sein Widerspiel beim Menschen. Sehr viel seltener jedoch als die Sonne ihren Aufgang und ihren Untergang vollzieht, entzünden sich die Menschen, als solle ein neues Leben beginnen. Wieder einmal halten sie es für wert, an Frieden und Gerechtigkeit – die ewige Sehnsucht ihres Geistes – zu glauben und dafür zu kämpfen. Nirgendwo und nirgendwann in tausend Jahren ist diese Sehnsucht wirklich erfüllt worden. Vielleicht waren Deutschlands Bemühungen weniger angestrengt als die anderer zeitgenössischer Nationen; aber selbst diese waren nicht zahlreich, und der Rückschläge waren nicht wenige.

Im Angesicht von Deutschlands Elend und der Wiederholung eines unvergleichlichen Zusammenbruchs nach kaum vorstellbarer Schuld ist es wunderbar und rührend zugleich, daß sich noch Stimmen erheben können, wie sie rechtens in dieser Anthologie zusammengestellt wurden – und mögen einige von ihnen auch dreihundert Jahre alt sein, sie haben denselben Klang wie die allerjüngsten. Welches Buch hätte je so wohlbegründetes Zeugnis dafür abgelegt, daß nach so vielem Versagen immer noch Hoffnung ist für Deutschland? Die Bitternis des Wortes löscht das Vertrauen nicht aus, und Zorn beflügelt den Mut. Hier vereinigen sich die Stimmen der jungen Schüler mit denen der großen Alten, und das gibt einer Sprache Leben, selbst wenn das Land untergehen sollte.

Aber ein Land mit einer lebensstarken und klingenden Literatur geht nicht unter. Wo seine Literatur abgewürgt, ja sogar vergessen wird, lebt sie im geheimen weiter. Die Literatur eines Landes ist ein Beweis für seinen tiefsten und wahren Willen: die deutsche Literatur war stets auf Gerechtigkeit und Frieden gerichtet. Daher verdient sie keine besondere Verdammung. Jedes Volk, auch das deutsche, gehorcht seiner ursprünglichen Natur, seinem Drang, das Leben zu erhalten und zu verbessern. Jede große Literatur tritt für die Sache von Völkern ein, die leben wollen – für die Sache der Menschheit.

Aus eigenem Antrieb hat niemals ein Volk um seines wirtschaftlichen Wohlstandes willen einen Krieg gewollt, obwohl man es stets glauben machte, daß es aus diesem Grunde angegriffen würde. Ihr Unterbewußtsein sagt den Völkern, daß sie durch einen Krieg nur verlieren können. Die wenigen Menschen, die einen Krieg auf Kosten eines Volkes gewinnen wollen, besonders auf Kosten eines angeblich siegreichen Volkes, finden es immer schwieriger, ihre Anhänger zum Narren zu halten. Bei den Deutschen haben sie noch einmal Erfolg gehabt. Es bedurfte dazu eines beträchtlichen Aufwandes an falschen, selbstmörderischen Lehren und betrügerischen Versprechen; die Erfüllung beschränkte sich auf die »rollenden Köpfe« – bis alles ins Rollen kam.

Dieser Entwicklung stand die gesamte große Literatur der Deutschen feindlich gegenüber. Sie hätte ihre warnende Stimme erheben sollen, und sie würde es auch getan haben; aber für eine verhängnisvolle Zeitspanne wurde sie aus dem Bewußtsein der Menschen verdrängt. Die Erkenntnis allgemeiner menschlicher Werte, der wahren Bedeutung großer Literatur, wurde in Deutschland durch einen blinden Wahn, genannt Macht, ersetzt. Aber wozu ist Macht nutze, wenn die menschliche Gemeinschaft mißachtet wird? Eine Macht, die aufs Böse gerichtet ist, erweist sich am Ende immer als ohnmächtig, wie wir jüngst gesehen haben. Was in seiner großen Literatur längst getan wurde, hat Deutschland verabsäumt: sein Gewissen zu prüfen.

Das menschliche Leben richtig abzuschätzen, scheint natürlicher und wesentlich einfacher, als es durch genormte Unwahrheiten unerträglich zu machen. Leichter wird es auf diese Weise nicht, denn der Geist begreift die Wahrheit nur schwer. Aber wie kommt es, daß die großen Literaturen im wesentlichen die gleiche Geistesrichtung haben, daß die Vertreter der großen Literatur nach gleichen Grundsätzen handeln? Ein Kritiker – es war Leibniz – hat erklärt: »Alles, was ich gelesen habe, ist richtig«, denn die ursprünglichen Absichten sind überall richtig gewesen. Wohin immer er blickte, das Streben galt stets der menschlichen Würde, ihrer Erhaltung, ihrer Förderung durch Erkenntnis. Immer waren Gerechtigkeit und Frieden die Ziele dieses Strebens.

Die großen Literaturen sollten unverkennbar sein; sie sind einfach, sie sind gleich im menschlichen Wert. Man betrachte alle schönen

Dinge, die je geschrieben wurden, ohne den Unterschied des persönlichen Ausdrucks. Dann ist Goethe wie Marx, Hölderlin wie Fichte, Nietzsche etwa wie Nestroy. Achtung vor dem Menschlichen ist selbstverständlich, wenn jemand zur Feder greift. Wie könnte er den Mut haben vorzutreten, sich eine Würde anzumaßen, wenn es ihm mit den fundamentalen Werten nicht bitter ernst wäre?

Die am Menschen zu tadeln hatten, verlangten von ihm sogar noch mehr als die Nachsichtigen. Die Meister der Düsternis sind auch die Künder des Lichten, und es mußte ein Deutscher ohne Illusionen sein, der als erster die Möglichkeit ewigen Friedens bewies. Es ist bisweilen schwierig, sich Kant unter den Deutschen vorzustellen oder die Deutschen als seine Landsleute anzusehen. Die nationale Verantwortung für diese Höhe genialer Menschlichkeit zu übernehmen und sich dann zu verhalten, als wäre dies alles null und nichtig, sich gegen die Menschheit zu stellen, zur eigenen furchtbaren Verworfenheit: warum war das Land der Deutschen zu diesem Schicksal ausersehen?

Ursprünglich war es gewiß nicht dazu bestimmt: dagegen steht seine große Literatur, die eine Widerlegung eines unmenschlichen Deutschland ist. Sie ist der Anwalt eines Deutschland, das guten Willens ist und mit der Welt gut Freund sein möchte. Aber Literatur kann vergessen, kann verfälscht werden.

Die Deutschen sind ein Volk, das als Nation wenig Glück hatte. Sie wuchsen erst spät zu einer Nation zusammen, und in ihren politischen Unternehmungen waren sie stümperhafte Dilettanten. Alles trug den Stempel der Rache; das erklärt viel. Schneller Erfolg ist mehr als Erfolglosigkeit ein guter Nährboden für Unzufriedenheit. Mißtrauen quälte das neuzugelassene Mitglied unter den Weltmächten. Es hätte sich wohler gefühlt, wenn es keine Macht gewesen wäre.

Da aber Deutschland nun einmal eine Macht war, mußte es die einzige werden. Das allein, so wurde fälschlich angenommen, könnte Neid und Furcht mildern. Eine seltsame Verwirrung der Begriffe trat ein. Der unnaive Eigendünkel einer Nation von mittlerer Größe, die sich im Grunde über sich selber klar war, sollte den Stempel der Echtheit erhalten, wenn es ihr rasch gelänge, die ganze Welt zu unterwerfen. Falsch, ganz falsch! Auf diese Weise konnte sich die Überlegenheit der Nation nicht erweisen, und es konnte sich außerdem nicht erweisen, daß sie zum Herrn der Welt berufen war. Die Eroberer, die leidenschaftslosen und daher lange erfolgreichen, waren Europa nach Art und Herkunft fremd, wenn sie ihm nicht vielleicht weit voraus waren.

Rom und das Frankreich der großen Revolution taten gut daran, ihre Verdienste in die Welt hinauszutragen. Die Deutschen, die keine musterhaften Einrichtungen aufweisen konnten, andererseits jedoch einen Kant hatten (den sie nicht anerkannten), diese Deutschen hatten weder das Recht auf ihrer Seite noch hatten sie ein reines Gewissen. Als Eroberer sind sie notwendig heimlich und verstohlen und begehen vorbedachte Grausamkeiten, die andernfalls sinnlos wären. Und das ist, was geschah. Da kommt jemand daher, gibt vor zu sein, was er nicht ist, verleugnet sein Alter und versucht, frisch und unbelastet zu erscheinen. In Wahrheit ist er an die tausend Jahre alten Moralisten gebunden, die ihren Teil zur Entwicklung der Kultur beigetragen haben. Darin liegt Deutschlands Unvermögen, siegreich zu sein.

Man unterstelle einmal, daß Deutschland wirklich die Welt unterworfen hätte: was wäre geschehen? Das Gefühl, gequält zu werden, wäre im Deutschen nur noch lebhafter geworden, und zwar mit vollem Recht, mit unvergleichlich mehr Berechtigung als vorher. Sie wären ein greifbares Gegenbeispiel für sich selber geworden, hätten kühn sich selbst verkünden müssen und tatsächlich sein, was sie nach dem Zeugnis der Vergangenheit nicht sind; sie hätten ein fremdes Leben führen müssen. Ein weit hergeholtes fremdes Leben: nicht eine der beneideten Nationen in der Welt wollte die Menschheit mit Füßen treten. Wer das tut, schneidet sich selber den Boden unter den Füßen weg.

Die Märchen erzählen von derlei Dingen. Eine so alte Geschichte, die deutsche innerhalb der europäischen, darf nicht untergehen. Unsterblich ist die große Literatur eines Landes, aber selten nur kann das von seinen politischen Taten gesagt werden – niemals, wenn ihre Ausübung ein verzerrtes Denken, eine Verdunklung des Gewissens voraussetzt. Es bleibt unfaßbar, daß die hoffnungslose Ungeheuerlichkeit unternommen wurde.

Wenn man zurückblickt, wirkt der deutsche Versuch einer Welteroberung wie die possenhaften Anstrengungen eines Betrunkenen, der mit sich selbst gewettet hat und in alkoholischer Beharrlichkeit tobt. Niemand hat sich der Wette angeschlossen, auch ist er nicht herausgefordert worden; überall empfindet man die peinliche Notwendigkeit, ihn zurückzuhalten. Gemeinsam könnten es die anderen fast auf der Stelle tun. Sie verabsäumen es bis zur elften Stunde, großenteils aus bloßer Verstörtheit über das Spektakel, den einer von ihrer eigenen Art sich herausnimmt, eine Nation wie jede andere, über die Ungeheuerlichkeiten, die der Betrunkene sich leistet, über die entsetzlichen Greuel, die den Attacken folgen.

Deutsche Greuel – nachdem sie geschehen sind, muß uns zumindest klar werden, daß sie in völliger Abkehr von der Menschheit begangen wurden. Wir sehen in wilder eisiger Einsamkeit die krampfhaften Zuckungen eines schon verdammten Schurken, bevor er gefangen wird. Was er anderen angetan, ist zu unmenschlich, als daß es zulässig wäre, für ihn, anstatt für seine Opfer, Teilnahme zu empfinden. Wer auf das Jammergeschrei des Unholds hören wollte, wäre selbst verdächtig. Seltsam, wie klein die tobende Nation ganz plötzlich geworden ist, nichts als das Anhängsel und Zubehör der elendsten Verbrecher; wie sinnlos das Toben ... Keine europäische Nation stürzte jemals in solche Tiefen freiwilliger Erniedrigung. Konnte sie in diesem Falle freiwillig sein?

Der Augenblick für derartige Betrachtungen scheint schlecht gewählt. Aber der krasseste Fall von Widernatürlichkeit ist, eben seiner Kraßheit wegen, nicht nur ein Fall für den Richter, sondern auch ein Fall für den Forscher. Aber was gibt es beim Menschen, dem natürlichen wie dem anormalen, das noch nicht erforscht worden wäre? Ein Deutscher des siebzehnten Jahrhunderts, der sich Angelus Silesius nannte, hat gesagt:

Das größte Wunderding ist doch der Mensch allein: er kann, nachdem er's macht, Gott oder Teufel sein.

Das ist lange her. Damals gab es auch einen deutschen Krieg, mit Aggressionen, die bis jetzt nicht alle deutsch genannt wurden, mit Greueln, die nicht Deutsche allein begingen – nun, es war ein europäischer Krieg deutschen Ursprungs, wie so viele. Der Unterschied zwischen dem langen Krieg des siebzehnten Jahrhunderts und den beiden Kriegen des zwanzigsten liegt in den Gedanken, die seither gehegt wurden: leidenschaftliche Antikriegsgedanken, Beschwörungen durch drei Jahrhunderte hindurch, Erinnerungen, Warnungen, angstvolle Träume. Und all das in Deutschland mehr als anderswo.

Es ist zu bezweifeln, ob irgendein anderes Land genug Gedichte und Erzählungen besitzt, um ein Buch mit Gebeten um Frieden zu füllen. Die deutsche Literatur besitzt sie: das scheint ihre Zusammenstellung zu einer dringenden Notwendigkeit zu machen. Die Anthologie

»Morgenröte« gehorcht einem Auftrag. Es ist ein spezifisch deutsches Lehrbuch. Es zeigt, wie tief die große Literatur dem Frieden ergeben ist – in dem Lande kaum unterbrochener Kriege.

25/29.3.1946

Horst Lange

Inmitten der Nacht... Erzählung

Weit nach Mitternacht, im kalten Hotelzimmer, umgeben von viel unruhigem Schlaf, jenseits der Träume, die wie dunkle Gewässer rauschten und tiefe Wirbel zogen, erwachte ich plötzlich. Ich hatte noch die Stimmen im Ohr: tiefe Bässe, hohe, schwingende Chöre, Responsorien, die polyphone Liturgie des Unbestimmbaren und Geheimnisvollen, weithin hallend, mit dem eigenen Echo untermengt. Jetzt vernahm ich den gehässigen Winterwind die Straße auf und ab jagen, begierig darauf, sich in alle Zimmer Einlaß zu verschaffen, die mit Schlafenden gefüllt waren. Das dünne Ticken der Uhr auf der marmorierten Platte des Nachttischs gemahnte mich daran, daß ich allein sei.

Ich wagte nicht, nach der Lampe zu greifen, denn ich wollte den Nachhall der Stimmen nicht in der Helligkeit ersticken. Zuletzt kam es mir vor, als sei meine Wachheit nur geträumt. Alles hauchdünn und unwirklich: das Ticken der Uhr, das Fauchen des Windes, das Klappern der Läden, die erwartungsvolle Stille, straff gespannt wie eine Haut, die jeden Augenblick zerplatzen kann, um die tiergesichtigen Dämonen zu entlassen, die dahinter lauern.

Die Stimmen aber blieben. Aus dem unartikulierten Grunde lösten sich einige Laute, drangen deutlich hervor und gewannen Klarheit und Eindeutigkeit, weiteten sich zu Worten und Sätzen unterschiedlicher Natur und Meinung. Das Gespräch ging über mich hinweg, drang aus mir selbst hervor, fiel in mich zurück. Niemand, außer mir, konnte das hören, was da gesprochen wurde. Und doch schien es mir, als lauschten unzählige Ohren, begierig darauf, endlich die Wahrheit zu vernehmen, nach der alle Leute immerzu auf der Suche sind, und die doch viel zu einfach ist, als daß sie sich jedem preisgäbe.

Es waren drei Stimmen, die miteinander sprachen: eine barsche, heisere, erschöpfte – ich erkannte sie wieder, ich hatte sie in Rußland vernommen, in den schlammigen Stellungen war sie laut geworden, in allen Kellern, während die Bomben die Städte peinigten. In dunklen, schmutzigen Eisenbahnabteilen, in den Gefangenenlagern. Die zweite Stimme war weich und voller träumerischer Melancholie, ganz jung, sie konnte ebensogut einem Knaben wie einem Mädchen gehören – noch war in ihr alles voller Hoffnung, aber man wußte bereits, daß das wenigste davon sich erfüllen würde. Die dritte Stimme, fast tonlos und doch eindringlich genug, schien einem Engel zu gehören. Alles, was sie besprachen, handelte von mir, und es war mir peinlich, daß sie es so offen laut werden ließen.

Die Heisere: Er glaubt noch immer, daß er lebt. In Wahrheit ist er vor Moskau gefallen. Nachts, in einem verschneiten Wald, der ganz rosa war, weil alle Dörfer ringsum brannten.

Die Weiche: Aber er atmet, er lebt, er hat Träume. Er lacht sogar.

Die Heisere: Das hat nichts zu sagen. Lachen kann jeder. Darum geht es nicht. Es geht ums Weinen. Als er neulich erfuhr, daß sein Vater verhungert ist, kam ihm nicht eine einzige Träne. Übrigens, mit dem Weinen ist es so wie mit der Liebe. Wen liebte er denn? Liebt er die Menschen? Er verachtet sie. Liebt er Gott? Er kehrt ihm den Rücken zu.

Die Weiche: Mich, mich liebt er. Zu mir sehnt er sich hin. Die frühesten Jahre. Den klaren, leuchtenden Himmel, in dem eine einzige Wolke schwimmt wie ein satter Fisch. Die sanft gekrümmten Rücken der Hügel im Osten, die er nie mehr wiedersehen wird! Das Läuten der Unken in den Teichen, die ausgetrocknet sind! Den steilen Abendrauch über den Dörfern, von denen nichts übrigblieb als wüste Trümmerstätten voll Brennesseln und Scherben. Das alles liebt er.

Der Engel: Auch hat er Zeichen genug bekommen, daß Gott ihn liebt. Eines Tages wird er dessen gewahr werden, als wäre er ein Blinder, dem das Augenlicht wieder aufgeht. Dann hört seine Lieblosigkeit auf.

Die Heisere: Möglich, daß er fromm wird, denn er hat nichts so sehr gefürchtet wie den Tod. Er hat Leichen genug gesehen, um zu wissen, daß das Sterben nicht angenehm ist. Einmal schwang ein Gehenkter wie ein großes Uhrpendel über seinem Kopf hin und her und maß ihm die Minuten zu, die ihm noch blieben. Das war auf der Flucht, sie saßen im Kessel, er hatte sich aufgegeben.

Der Engel: Aber ich habe ihn von dieser Stätte des Todes weggeführt und auf seinen Weg geleitet. Ich nahm ihn an der Hand, er folgte mir willig. Immer habe ich ihn an der Hand genommen, wenn er nicht weiter wußte. Deswegen nannte ich ihn Tobias.

Die Heisere: Doch es zieht ihn wieder zurück. Das Grauen sitzt in ihm wie eine Krankheit. Er sieht die Feuersbrünste lodern, weil er den Schauder spüren will. Er will sich von den toten Pferden nicht trennen, mit denen die Vormarschstraßen gesäumt waren. Er hat sich an den Untergang gewöhnt wie an ein verderbliches Laster. Er kann keinen Anfang und keinen Aufgang mehr erkennen.

Die Weiche: Warum flüchtet er sich dann zu mir? Es gibt ein Beet voller Cinnien und Cosmea, das ihm nie verwelkt. Es gibt das Lied einer Schwarzamsel im März von einer hohen Fichte herab, das er sich einmal in Notenschrift aufzeichnete. Und es gibt sogar zwei, drei Frauen, die ihn freisprechen könnten...

Der Engel: Er ist noch nicht gerichtet ... er hat noch Zeit ... er wird...

Ich konnte nichts mehr verstehen. Das Herz schlug mir bis zum Hals empor: ein dunkler, rasender, wahnwitziger Galopp, der mich hinter sich herschleifte, über den Rand der Welt hinaus, dorthin, wo jene Stille beginnt, in der man die Sterne singen hört...

28/8.4.1946

Max Frisch

Das Schlaraffenland, die Schweiz

Seit zwei Wochen lebe ich in München. Ich soll berichten, wie es in meiner Vaterstadt aussieht. Warum fällt es so schwer? Zürich ist ganz. Und München ist die erste zerstörte Stadt, die ich mit eigenen Augen sehe, Tag für Tag. Der Anblick ist erdrückend, aber nicht überraschend: es ist so, wie unsere Angst es sich vorstellte in all den Jahren, seit man sah, daß es zum Kriege kommt, da man sah, daß der Krieg verherrlicht wurde. Lassen Sie mich, wenn ich schon schreiben soll, offen sein und nüchtern, wie es der Not allein geziemt. Das einzig Überraschende ist der Umstand, wieviele Deutsche, wenn man mit ihnen spricht, überrascht sind von einem Elend, das schon seit sieben Jahren in der Welt ist und länger. – Und dann:

»Sie kommen aus der Schweiz, ach, die glückliche Schweiz, die freie Schweiz!«

Man schweigt.

Soll ich nun erzählen von Straßen ohne Schutt, von erleuchteten Schaufenstern, von Segelschiffen, die wie lichte Schmetterlinge draußen auf dem blauen Wasser sitzen, von Kinderwagen, von blühenden Alleen, von lachenden Paaren mit silberner Sonne im Haar, von hundert Freuden eines harmlosen Lebens –

Das alles gab es auch hier.

Und wir haben es den Deutschen nie genommen.

Sieben Jahre lang waren wir gefangen, und ich könnte erzählen, wie wir an der Enge dieser langen Jahre litten, als der deutsche Ring um uns lag, oder davon, was in diesen Jahren geleistet wurde. Aber danach hat mich von zehn Leuten, die ich sprach, kaum einer gefragt. Wir sind nun einmal, nach Gottes unerforschlicher Laune, ein Land des Glückes, vor allem des eßbaren Glückes, ein Schlaraffenland mit Butter und Käse, mit Matterhorn und Freiheit, die auf den Alpen wächst, mit Schokolade, mit Kaffee und Speck …

Ist es nicht so?

Man schweigt.

Aus Scham, daß es uns besser geht?

Es geht uns besser, und wir schämen uns nicht einmal, wir sehen keinen Grund; wir haben uns nie von einem eroberten Nachbarland ernährt, und die Freiheit, um die Sie uns heute beneiden, haben wir niemals einem anderen Volke genommen, und wir haben Sie niemals verhöhnt.

Und was den Speck betrifft:

Da fallen mir eben die zwanzig deutschen Zöllner ein, die vor einem Jahr über unsere südliche Grenze traten, als ich dort Wache hatte, entrüstet über die italienischen Partisanen, die ihnen, man höre und staune, ihre Uhren abgenommen hatten. Ich mußte sie bewachen. Gewehr bei Fuß, Mitleid bei Fuß: sie bekamen unsere Suppe, unser Brot, nicht anders als hunderttausend Flüchtlinge zuvor, dazu kramten sie Speck aus ihren Bündeln, daß mir das Wasser im Munde zusammenlief, Speck, den sie in Italien gefunden hatten. Was jeder von ihnen verzehrte, war für uns, die Schlaraffen, ungefähr die Zuteilung eines Jahres. Sie waren einverstanden, daß Himmler nun um Waffenstillstand bat, obschon das Leben in Italien, wie sie mir versicherten, bisher nicht übel war. Ich glaubte es ihnen aufs Wort. Sonst verstanden wir uns wenig.

Seither ist ein Jahr vergangen –

Verstehen wir uns heute schon besser?

Ich könnte erzählen, wie wir unsere Gärtlein umstachen, unsere Sportplätze, unsere öffentlichen Anlagen, damit wir Kartoffeln hätten.

Große Betriebe mußten Land auftreiben und pachten, damit jeder städtische Angestellte pflanzen konnte. Unsere Zuteilungen an Brot und Fett, ich erinnere mich, waren kleiner als drüben in Deutschland. Das ist nicht schlimm, es fehlte an Kohle, also an Gas, an Zement, an Backsteinen. Auch das war nicht schlimm. Es gab sozusagen nichts, was man ohne Marken bekam, was frei war. Ausgenommen das Denken, das Wissen um den Wahnsinn, der rings um unsere Grenzen herrschte. Nicht weil wir weniger Butter hatten als das Reich, solange es die dänische Butter aß, die jugoslawischen Eier, den holländischen Käse, nicht darum war es eine verzweifelte Zeit drüben im schweizerischen Schlaraffenland: sondern weil wir wußten um den holländischen und griechischen Hunger, um das französische Elend, um das Ausrotten in Polen, um das geknebelte Norwegen. Natürlich mußten wir helfen, soweit es unsere kleinen Verhältnisse erlaubten: das war wenig. Und soweit es das siegreiche Deutschland gestattete. Das war noch weniger. Und wir waren sechs Jahre lang gefaßt, daß auch wir an die Reihe kommen würden.

Immer wieder höre ich:

»Ach Sie aus der friedlichen Schweiz. Sie haben ja keine Ahnung, was wir gelitten haben!«

Glauben Sie das im Ernst?

Wir hörten die Bomber, wenn sie in der Nacht nach München flogen, nach Ulm, Welle um Welle; wenn die Kinder wieder eingeschlafen waren, kamen sie zurück, Welle um Welle, und wenn wir nichts hatten, so hatten wir mindestens eines, was uns niemand absprechen wird: Angst. Und das heißt Ahnung. Wir hatten sie schon, als Warschau in Schutt und Asche sank. Wir sprachen mit Deutschen, die weniger zimperlich dachten als wir, damals, heldhafter und größer. Ich erinnere mich an die deutschen Berichte, als es gegen London ging: Der Tod hält eine reiche Ernte unter uns, und derlei mehr. Uns schien es ein Wahnsinn, schon damals. Wir zitterten: am deutschen Ufer drüben läuteten die Siegesglocken, sieben Tage lang, während wir Bunker bauten und Gräben, alles im vollen Bewußtsein, daß wir die deutsche Größe niemals aufzuhalten vermöchten: also nicht aus Hoffnung, nur aus Haß. Jeder Schweizer, der gesund war, hatte seine fünfhundert oder tausend Diensttage, und das ist nichts im Vergleich mit dem deutschen Soldaten, ich weiß; aber viel, wenn man überhaupt nicht erobern will, sondern arbeiten möchte und leben, Bücher schreiben, Bilder malen, Häuser bauen, Kinder haben und was der

Dinge mehr sind, die der Spießer, wenn er zuweilen größenwahnsinnig wird, als spießig bezeichnet –

Immerhin:

Es wurden Bücher geschrieben, sogar gute, wie wir meinen, vor allem könnte man von der lyrischen Dichtung reden, von der bildenden Kunst, die in unserem Lande zur Zeit am besten vertreten ist, von wissenschaftlicher Arbeit, von schweizerischen Verlagen und von Dichtern aus aller Welt, die man hier auch kennenlernen wird. Was wirklich einen Wert hat, das wird ihn auch morgen noch haben. Oder ich könnte vom Züricher Schauspielhaus erzählen, das so lange Jahre hindurch die einzige freie Bühne deutscher Sprache war, von Bert Brecht, von Georg Kaiser, von Jean-Paul Sartre, von Eliot, von García Lorca und anderen, die zum Bild der Moderne gehören. Oder von Maria Becker (der Tochter der emigrierten deutschen Schauspielerin Maria Fein), einer schauspielerischen Erscheinung, wie nicht jedes Jahrzehnt sie hat. Kurt Horwitz, den die Münchener kennen, geht als Intendant nach Basel, und Therese Giehse können sie in dem Schweizer Film sehen, der zur Zeit läuft – nebenbei vermerkt: Brigitte Horney ist nicht tot, obschon es hier in der Zeitung steht, sie spielt zur Zeit die Hauptrolle in einem Schauspiel, dessen Verfasser eben diese Zeilen schreibt und Ihnen versichert, daß wir am Tage, als der deutsche Rundfunk ihren Tod meldete, zusammen an einem märzlichen Waldsaum saßen, ihre Rolle besprachen und uns der Sonne erfreuten und unseres Daseins, das dieser Krieg noch gelassen hat …

»So groß, meine Freunde, so groß ist das Nichts, das All, der Tod, so selten das Leben, das Warme, das Vorhandene, das ihr begreift, das Lichtlein, das brennt: so selten ist das, was ist.«

Eines begreifen wir nie:

Die deutsche Vergötzung des Todes.

Schon bei unseren Müttern fängt es an: sie gebären nicht für das Vaterland, nicht für ein tödliches Denkmal der Ehre, sondern für das Leben, das ihnen schon verehrenswert genug scheint. Stolz auf gefallene Söhne, dazu fehlt ihnen jeder Sinn. Das menschliche Glück ist auch bei uns nicht die Regel, aber gestehen wir es offen: es ist unser Ziel. Das ist, ich weiß, nicht groß gedacht. Ich erinnere mich jener großen Aufschriften: Wir sind geboren, um für Deutschland zu sterben. Das kann man keinem Volk verbieten: wenn nicht auch seine Nachbarn dabei sterben müßten. Wir lieben die Völker, die solche Vergötzung des Todes nicht brauchen, weil sie das Talent zum Leben haben, so stark, daß sie den Tod geradezu fürchten. Das ist natürlich feige. Daß ein Gedanke edel sei, je sicherer er in den Tod führt, das nennen wir preußisch, und wir wissen, daß uns viele Deutsche wegen unserer unpreußischen Denkart verachten, jedenfalls solange sie siegen, das heißt, solange der Tod sich vor allem auf der anderen Seite abspielt. Wir Schweizer sind ein kleines Volk; Pestalozzi ist für uns schon ein großer Mann. Darüber hinaus fehlt uns der Sinn für geschichtliche Größe. Sie finden in Zürich kein einziges Denkmal, das einen Eroberer darstellt. Dennoch leben wir gerne in Zürich. Seit dem sechzehnten Jahrhundert, glaube ich, brachten wir es nicht mehr über die Verteidigung und über den Bürgerkrieg hinaus. Kleine Staaten, so sagte man uns, haben überhaupt kein Daseinsrecht. Weil sie den anderen ihr Daseinsrecht nicht bestreiten. Wir beachten nur unsere eigenen Brücken, unsere Kraftwerke, unsere Tunnels und Alpenstraßen, die mit Sprengstoff geladen waren, damit der Sieger nichts anderes holen konnte als den Sieg, und wir bewachten unsere deutschen Gäste, eingebürgerte und andere, die bereitstanden für den geschichtlichen Augenblick, der mehrmals nahe genug war. Sie saßen neben uns in der Straßenbahn und im Kaffeehaus, unsere Gauleiter von morgen, und wir konnten sie nicht einmal ausweisen. Denn standen die deutschen Heere hinter ihnen, gehorsam und tapfer, wohin es auch immer ging. Und was stand hinter uns? Nichts als unsere unverbesserliche Meinung, daß der Mensch nicht größer und nicht kleiner ist, ob er einem Großstaat oder einem Kleinstaat angehört. Es wehte, wie wir wissen, das deutsche Hakenkreuz auf der Akropolis; aber ich habe noch keinen Deutschen getroffen, der dadurch ein Grieche geworden ist. Allerdings bin ich erst zwei Wochen hier, und das ist natürlich eine kurze Zeit: nach dreizehn Jahren, die uns tausend Jahre auseinander brachten. Was heute noch zwischen uns liegt, das ist nicht allein das Hindernis, daß wir uns kaum noch dem Namen nach kennen, sondern darüber hinaus ein großes und waches und zähes Mißtrauen. Mindestens von unserer Seite. Und andererseits: daß man die Menschen liebt, die man um ein wirkliches oder vermeintliches Schlaraffenland beneidet, das wäre gegen unsere Erwartung, gegen jede menschliche Erfahrung. Nehmen Sie auch uns das ehrliche Mißtrauen nicht allzu übel. Auf meiner Reise habe ich viele Menschen gesprochen, die offensichtlich eine Art von Verbrüderung erwarteten und von unserer nüchternen Zurückhaltung enttäuscht waren. Wir sind noch nicht so weit, auch wenn wir die

Hast, die Ungeduld eines geprüften Volkes begreifen, das sich in der ganzen Welt vereinsamt fühlt. Es ist vereinsamt, in der Tat, oder genauer gesprochen: durch seine Tat. Unsere Bereitschaft, das Gespräch wieder aufzunehmen, ich darf nicht einmal sagen, es sei eine schweizerische Bereitschaft; auch in der Schweiz ist es erst die Bereitschaft einer geringen Zahl, und was uns dazu treibt, das ist nicht ein Übermaß an Edelmut, sondern einfach die Einsicht, daß wir Nachbarn sind und auch in Zukunft nebeneinander leben müssen. Wir suchen ein Deutschland, das seine Nachbarn nicht alle zwanzig Jahre überfällt oder mindestens bedroht, und wir hoffen, daß es ein solches gibt; wir müssen diese Hoffnung pflegen, noch wo ihre Keime gering sind. Wir können unser Land, so klein es ist, nicht ausgraben und in eine vernünftigere Gegend unserer Erde versetzen, wie wir es oft möchten. Die Gründe, die uns zur Hilfe gegenüber Deutschland zwingen, sind also nicht großartig, dafür glaubhaft, und das scheint uns wichtig: die Brücke, die den Deutschen jemals wieder mit der Welt verbindet und die auch wir brauchen, sie läßt sich nicht aus Redensarten bauen. Wir wollen keine Schwebebrücke, wo einem schwindlig wird, wenn man sie wirklichen Fußes betritt. Wir suchen den Boden, wo wir gemeinsam Fuß fassen können, und er ist, wie befürchtet, nicht leicht zu finden –

Sicher ist er nicht aus Schokolade.

Dieser Tage besuchte ich einen deutschen Intellektuellen, dem ich Grüße und Nachrichten überbringen mußte. Auch er schwärmt sofort von der Schweiz: Ich habe sie schon immer geliebt, wissen Sie, die Berge und die Seen; wann werden wir wieder dahinkommen? Ich denke: vielleicht hast du auch Chileninnen geliebt, immer schon, und die dalmatinische Küste und die norwegischen Fjords und die griechischen Hirten, die später als Partisanen an den Bäumen hingen. Damit allein, daß er unsere Landschaft liebt, stiftet er noch kein Vertrauen. Er spürte es. Wir kamen uns nicht näher, auch als er den Emmentaler lobte, die Schokolade: Ihr Emmentaler, Ihre Schokolade! Nun bin ich aber Schriftsteller und Architekt … ich blickte auf die Uhr und erhob mich …

Summa summarum:

Gerade jetzt, da ich auf deutschem Boden bin, glaube ich mehr denn je, daß wir in mancher Hinsicht helfen können. Wann wir es können, das allerdings hängt von den Deutschen ab. Wir können es von der Stunde an, wo sie uns nicht mehr mit dem Schlaraffenland verwechseln, das sie im Fieber ihres Elendes natürlicherweise erträumen; also von der Stunde an, wo sie uns ernst nehmen.

Unterdessen arbeiten wir weiter.

München, Ostern 1946

33/26.4.1946

Alexander Mitscherlich
»Niemandskinder«

Es leben heute in Deutschland Kinder, die Vater, Mutter und Geschwister verloren haben, es leben Kinder unter uns, denen nicht einmal das Wissen um ihren Namen geblieben ist. Es leben Hunderttausende von Kindern in unserem Lande, die ihren Vater nie sehen werden, weil er gefallen ist, die ihm nie begegnen werden, weil ihn die Strömung wieder so entführte, wie sie ihn zufällig zu einigen Stunden selbstvergessener, zynischer, achtloser Lust abgesetzt hatte. Es gibt Millionen Kinder, die mit ihren Eltern, aus der gewohnten Umwelt getrieben, seit Monaten oder Jahren zwischen Landstraßen und Notquartieren auf der Wanderschaft sind. Was soll jetzt aus den Kindern werden, die niemand liebt, für die niemand zu sorgen bereit ist? Kinder, die ohne die Springflut dieses Krieges nicht ihrer Eltern, ihres »Nestes« beraubt, ja nicht einmal gezeugt worden wären! Sollen sie der Fürsorge alten Stiles anheimfallen, sollen sie an Eltern Statt jene säuerliche Bürokratie bekommen?

Diese Frage ist der Beachtung der Besten unseres Volkes mehr als würdig. Wenn man gesagt hat: »Auf den Füßen kleiner Kinder schreitet die Welt vorwärts«, dann ist dieses Wort doppelt richtig in einem Volk, dessen Geschichte von den Füßen so vieler Männer nicht mehr getragen werden kann.

Können wir es uns leisten, nach all unseren Verlusten auf die sorgsamste Pflege auch nur eines Kindes unseres Volkes zu verzichten? Wir können es nicht, und wo wir es tun, setzen wir unsere Selbstvernichtung fort!

Es ist in Deutschland nie ernsthaft darüber diskutiert worden, ob einem Kriegsministerium die Mittel der Nation unbeschränkt zur Verfügung gestellt werden durften. Bei den Panzerkreuzern hörten schon in unserer ersten Republik die humanen Bedenken aller Parteien auf. Wir dürfen nicht daran zweifeln, daß die Panzerkreuzer auch heute noch die Träume vieler Deutscher durchfahren. Fragen wir jetzt nicht, wieso es kam: stellen wir jetzt nur fest, daß es so kam, daß man 90 Milliarden für Kriegswerkzeuge nicht nachfragte. Stellen wir weiter fest, daß deshalb die Nation im höchsten Grad verarmt ist und daß der Ruf nach Sparsamkeit, nach der Aufgabe jedes Luxus mehr als berechtigt ist. Unterstellen wir, daß jeder einzelne wie die Nation nur noch notdürftig zu leben hat. Aber unterlassen wir dann nicht, sofort weiterzufragen, was zu dieser Notdurft gehört: Hier muß mit aller Deutlichkeit gesagt werden, daß die Pflege der Unschuldigen – der Kinder nämlich – wichtiger ist als die aller Schuldverstrickten, mag es persönliche Schuld sein, an der sie tragen, mag es die Schuld des Weltaugenblickes sein, an der sie mittragen müssen.

Eine statistische Übersicht beweist, daß aus den Waisenhäusern sehr viel weniger erfolgreiche Menschen hervorgegangen sind als sonst aus dem Volksdurchschnitt. Es wäre ein sehr übereilter Schluß, zu glauben, daß dies etwa die Folge einer negativen sozialen Auslese wäre. Noch niemand hat sich die Mühe gegeben, zu untersuchen, wieviel erfolgversprechende Menschen, wieviel begabte Kinder auch in den Waisenhäusern herangewachsen sind, deren Begabung jedoch an der Ungunst des Milieus zugrunde gegangen ist. Berufung auf Ausnahmemenschen hat in diesem Zusammenhang gar keinen Sinn. Die Definition des Genies kann geradezu darin gesucht werden, daß es ihm gegen jede Form des Widerstandes zu gelingen scheint, seine Begabung zu verwirklichen. Dabei ist es immerhin interessant, daß dem Verfasser kein Genie bekannt ist, das einem Waisenhaus entstammt.

Man hat nicht den Eindruck, als ob die Qualität der Aufgabe, vor die uns das kriegsverwaiste, kriegsversehrte, kriegsverwahrloste, kriegsverarmte Kind stellt, auch nur im Umriß begriffen und keinen Beweis, daß sie von irgendeiner leitenden Regierungsstelle aus schon in Angriff genommen wäre. Die beste Art, Probleme zu ignorieren, besteht für den Staat jetzt darin, sich auf ihre materielle Unlösbarkeit zu berufen. Aber da es in unseren neuen Ländern keine Parteien mehr gibt, die nicht für sich beanspruchten, »sozial« zu sein, muß es allen Parteien empfohlen werden, sich so rasch und so intensiv wie möglich mit den Lebensproblemen der Kinder zu befassen, die vom Krieg irgendwie betroffen wurden.

Die Ausmaße der Kriegsschäden bewegen sich auch hier in solchen Dimensionen, daß es hoffnungslos ist, zu glauben, man könne mit privater Hilfe allein auch nur im entferntesten der Aufgaben Herr werden. Staatliche »Fürsorge« soll deshalb nicht nur vermieden werden, sondern muß dringend gefordert werden. Die Lösung muß darin gesucht werden, wie man die bisherigen Fürsorgeeinrichtungen benützt, abändert und ergänzt, damit sie den an sie gestellten aktuellen Anforderungen gerecht werden können.

Da erweist es sich als ein wahres Glücksgeschenk, daß wir von einem Projekt hören, welches man in der Schweiz zu verwirklichen begonnen hat und das bereits in Frankreich und Polen Nachahmung zu finden scheint. Es handelt sich um den Plan, ein »Kinderdorf« zu schaffen, welches die Schweizer nach ihrem Landsmann und großen Wohltäter der Kinder Pestalozzi benennen wollen. Vergessen wir nicht, daß die große Sorge Pestalozzis den verstrolchten und verlotterten Bettelkindern, den verrohten Kriegswaisen der napoleonischen Kriege gegolten hat! Einem Bericht Walter Robert Cortis in der in Zürich erscheinenden Zeitschrift »Die Friedenswarte« (Blätter für internationale Verständigung und zwischenstaatliche Organisation) können wir interessante Einzelheiten des Projektes entnehmen.

Die Erfahrungen der Schweiz in der Fürsorge des von der Kriegsgeißel gequälten Kindes sind alt. Von 1917 bis 1924 hat sie 150 000 Kinder vorübergehend in Pflege genommen. 1930, in der Zeit der großen Arbeitslosigkeit, fanden zum Beispiel Hunderte halbverhungerter Kinder der österreichischen Stadt Steyr in Schweizer Arbeiterfamilien Unterkunft. Das »Schweizer Hilfswerk für Emigrantenkinder« nahm sich der vom Rassenwahn Verfolgten an, das Schweizer Arbeiterhilfswerk versuchte den spanischen Kindern zu helfen, die »Kinderhilfe« des Schweizerischen Roten Kreuzes hat in den letzten Kriegsjahren 50 000 Kindern Zuflucht, Pflege und Stärkung gewährt. Den positiven Auswirkungen dieser Hilfstätigkeit steht die unvorhergesehene negative Seite gegenüber, daß nämlich häufig die vorübergehend in einer Familie geborgenen Kinder nach der Rückkehr in ihr Heimatland den äußeren wie den seelischen Notsituationen nicht mehr angepaßt und deshalb erneut seelischen Belastungen ausgesetzt sind, die alle errungenen Fortschritte in Frage stellen. Corti schreibt geradezu, daß eine derartige »Scheinhilfe zwar das caritative Bedürfnis der Gastgeber befriedigte, aber in keinem Verhältnis zu den seelischen Schäden stehe, welche mit solchen Verpflanzungsexperimenten den kleinen Pfleglingen zugefügt werden«. Zudem gibt es Kinder, deren Verwahrlosungsgrad so weit fortgeschritten ist, beziehungsweise die an ansteckenden Krankheiten oder an krankhaften Reaktionen seelischer Motivierung leiden (wie Bettnässen, nächtliche Schreckunruhen und so weiter), daß sie sozial schwer einzuordnen sind. Sie kann man bei keiner Familie in Pflege unterbringen. Für diese Allerärmsten soll nun vorerst in bescheidenem Umfang eine dorfartige Siedlung gegründet werden, in welcher sie mit geschultem Pflegepersonal zusammen wohnen können. »Das Idealprojekt eines Dorfes für etwa 2000 Kinder fand ein begeistertes Echo und eine überwiegend aufbauende, schöpferische Kritik. Auf einem durchsonnten Areal mit allen heilenden Naturgütern unseres Landes und mit all seinen Schönheiten gesegnet, soll eine weit sich dahinerstreckende Landerziehungssiedlung für die Infirmen, Blinden, die Unterernährten und Hungerkranken, für die Vollwaisen und Verwahrlosten unter den Kriegskindern erstehen.«

Die Baukosten des Idealdorfes für 2000 Kinder und 400 Erwachsene berechnet man in der Schweiz mit etwa 6 Millionen Franken. Für die Einrichtung, Bekleidung, Verwaltung werden 1,1 Millionen Franken und für die laufenden Betriebsausgaben 3,5 Millionen Franken berechnet. Wer den Schweizer Lebensstandard wie die Qualität der dort üblichen Bauweise kennt, wird die sehr hohen Erstellungs- und Unterhaltskosten verstehen können und richtig einzuschätzen wissen.

Ohne Zweifel kann man in unserem soviel ärmeren Land, was die äußere Vollkommenheit betrifft, mit wesentlich bescheideneren Mitteln auskommen, ohne deshalb wieder in lieblose Kargheit zu verfallen. Es wäre eines Ausschreibens unter unseren Architekten, Pädagogen, Ärzten wert, um Anhaltspunkte für die zweckdienlichste Form einer Kernsiedlung zu gewinnen. Denn es scheint außer Frage, daß der Plan des »Kinderdorfes Pestalozzi« (in der Schweiz als internationales Asyl gedacht) für uns als wertvolle und verpflichtende Anregung zu gelten hat. Unsere Erziehungsministerien müssen sich ohne Aufschub mit der Planung entsprechender Siedlungen beschäftigen. Von den einzelnen Fürsorgeämtern wäre zuerst festzustellen, wieviele körperlich und seelisch kranke Kinder in ihrem Bereich leben, an deren Unterbringung in Familien und verfügbaren Heimen nicht zu denken ist. Je nach dieser Zahl wird man dann zu erwägen haben, wieviele Kernsiedlungen man erstellen muß, wenn man die ärgste Not beseitigen will. Dabei wird man sich häufig zum Beispiel an modernen Fürsorgeerziehungsanstalten, wenn diese über größeren Bodenbesitz verfügen, oder an Staatsgüter und so weiter anlehnen können.

An diese Kernsiedlungen, die von Ärzten und Heilpädagogen betreut werden müßten, könnten sich dann Kindergemeinschaften anschließen, in denen Vollwaisen und uneheliche Kriegskinder eine dauernde Bleibe fänden. Das Dorf müßte bald neben der Schule allerlei Lehrstätten umfassen, damit es nach Möglichkeit für die Heranwachsenden wenigstens bis zu ihrem 18. Lebensjahr ein Heim bleiben kann.

Keine derartige Dorfgemeinschaft wird eine intakte Familiengemeinschaft ersetzen können. Wer aber nur aus Stichproben den Verwahrlosungsgrad der heute 12- bis 15jährigen kennt, wer die heute noch in Kliniken und Notasylen untergebrachten Dauerkrüppel des Bombenkrieges gesehen hat, weiß, daß hier Aufgaben vorliegen, welche keinerlei Aufschub dulden. Der Einfall, für diese unschuldigen Kriegsopfer in einem Kinderdorf eine heitere Umwelt zu schaffen, muß geradezu als erlösend bezeichnet werden. Es ist deshalb, um es zu wiederholen, unsere Aufgabe, unsere Regierungen nachdrücklich auf das Vorbild des Schweizer Kinderdorfes hinzuweisen und sie zu bitten, so rasch es angeht die fähigsten Architekten, Pädagogen, Ärzte zusammenzurufen, um mit ihnen das für unsere Verhältnisse passend abgewandelte Kinderdorf, das auch wir ruhig mit dem Namen Pestalozzi verknüpfen dürften, zu entwickeln. *) »Helfet dem Schwachen, erhebet den Niedrigen und veredelt den Rohen« – schrieb Pestalozzi am 8. Januar 1816 an die Lehrer seines Institutes. Eine prägnantere Formulierung könnten wir heute auch nicht für das finden, was für uns nach diesem Krieg für die Jugend zu tun bleibt. Wir befinden uns auf der ganzen Linie unseres Lebens noch im unentwickelten, unentwirrten Elend. Unentwickeltes Elend bedeutet ein Elend, welches nicht in seinen Motiven begriffen ist und welches deshalb einen dumpfen und schwelenden Zustand erzeugt. Hier stellt die Forderung, Kindersiedlungen zu schaffen, für einen Aufgabenbereich eine wirklich problemlösende Idee dar. Wieweit sie nun verwirklicht wird, wieweit solche Kinderdörfer, die gewiß nicht so teuer wie Panzerkreuzer sind, in Zukunft den Stolz unserer Nation bilden werden, auch daran wird man ihr erwachtes Verantwortungsbewußtsein, und das bedeutet nicht mehr und nicht weniger als ihr endlich errungenes Selbstbewußtsein, abmessen können.

*) Der erste Leser dieser Zeilen berichtet dem Verfasser, daß während seines Aufenthaltes in Amerika im Lager Fort Getty, wo die am demo-

kratischen Aufbau Deutschlands interessiertesten Kriegsgefangenen zusammengezogen waren, spontan den Plan der Erstellung von Kinderdörfern aufgetaucht und diskutiert worden sei. Besonders Baufachleute hielten ihn mit relativ geringen Mitteln für durchführbar, wenn man die Dörfer von den 14- bis 18jährigen unter Anleitung von erfahrenen Handwerkern selbst errichten lasse. Die Duplizität der Gründung beweist, daß diese Lösung des Problems »in der Luft liegt« – daß sie nicht dort als »Luftschloß« bleibt – darum geht es.

35/3.5.1946

Friedrich Luft

Berlin vor einem Jahr

Über die ganze Stadt in den letzten irren Tagen des Krieges war kein Bild zu gewinnen. Sogar der Weitblick des »größten Feldherrn aller Zeiten« reichte in den letzten Tagen des April nicht weiter als vom Bunker seiner Reichskanzlei bis an den Tiergarten. Der Rauch der Brände, das Spritzen der Einschläge, Wolken von geschleudertem Staub und Dreck verhängten den Blick. Über die Häuser jagten die gurgelnden Geschosse der Stalinorgeln. Tiefflieger hielten auf alles, was sich unvorsichtig an die Oberfläche wagte.

Die Welt war der eigene Keller, falls der noch hielt. Ohne Licht war diese Welt oder doch nur erleuchtet von den Resten einiger Kerzen. Das Wasser war versiegt. Man trank die rostige Flüssigkeit, die aus den geöffneten Tanks der Warmwasserheizung kam. Der letzte Koffer war unsere Heimat. Draußen war das Inferno. Lugte man hinaus, sah man einen hilflosen deutschen Tank sich durch die Glut der Häuserzeilen schieben, halten, schießen, beidrehen. Hin und wieder stolperte ein Zivilist, von Deckung zu Deckung stürzend, über den aufgeborstenen Fahrdamm. Eine Mutter jagte mit ihrem Kinderwagen aus einem ausgeschossenen, brennenden Haus in die Richtung des nächsten Bunkers. Tieffliegerbrummen. Das sinnlose Reißen der nahen Abschüsse. Eine Mutter schob ihr Kind durch den letzten Aufruhr des Krieges. Einschläge unweit von ihr, daß einem der Atem fortblieb. Und sie hatte – das rührende Bild bleibt haften – den weißen Kinderwagen mit erstem Frühlingsgrün gegen Flieger »getarnt«, wie es im Buch des Krieges gestanden hatte. Sie jagte, von Granatsplittern umfegt, dem Bunker zu. Die bittere Lektion ging zu Ende.

Vorgestern noch war der Volltreffer einer Fliegerbombe auf den Luftschutzschacht unter dem eigenen Garten gegangen. Zwei Frauen, die, uns fremd, dort Schutz gesucht hatten, lagen zerquetscht unter den zementenen Trägern. Einen Hausgenossen hatten wir herausgraben können, das Bein aufgerissen, von dem Schock für Tage gelähmt.

Vorgestern hatte man gespenstischerweise noch mit Freunden in nahen Stadtgebieten telephoniert. Sie aßen schon russisches Brot. Ein Major war bei ihnen einquartiert. Sie hatten es überstanden. Hier aber, vor dem Zentrum der Stadt, ging die Hölle noch stündlich los. Ein Mann tauchte auf; er war aus einem Gefängnis entlassen und hatte sich hierher durchgeschlagen. Eine der beiden am Vortage zerquetschten Frauen war seine. Der Mann brach zusammen.

Und mußte doch voll Vorsicht sein mit uns. Bis zuletzt gingen die Häscher der SS durch die Häuser und Keller. Bis zur letzten Minute konnte man gewärtigen, daß man in das sinnlose Toben geworfen werden sollte oder den Genickschuß erhielt. An der nahen Weidendammerbrücke hingen die Leichen derer zur Schau, die die hilflosen Waffen fortgelegt hatten. Der Mord ging um.

Das Gerücht ging um. Ahnten wir, daß vor den Treppen des Reichskanzlei-Bunkers, kaum tausend Meter von hier, sich der »Führer Großdeutschlands«, der nun schon kaum mehr den Bezirk Berlin-Mitte beherrschte, sein kindisches Autodafé vorbereitete? Wer sagte uns, daß die norddeutsche Restregierung in Verhandlungen war? Uns war zuletzt mit dem Datum des 28. April das »Kampfblatt Berlins«: »Der Panzerbär«, zugereicht worden. Dort stand zu lesen, daß sich in Berlin die große Schlacht wenden würde. Und daß ein Herr Generalmajor Bärenfänger die »Schwerter« erhalten habe. Er halte wacker eine U-Bahn-Station. Herr Generalmajor sei in seinem Element und zuversichtlicher denn je.

Die Reste eines OKW-Büros wurden zeitweise in unseren Keller gespült, gereizte, willenlose, kranke Kerle. Jeder schleppte neben dem Gewehr 98 einen Pappkarton mit sich. Zivilkleidung für den Ernstfall. Aber sie waren trotz unseres Zuredens zu feige, die rettende Konsequenz zu ziehen. Zwei grimmige Unteroffiziere wären mit ihnen. Es ginge nicht.

So mußten sie gehen. Wir wollten sie nicht als Soldaten in unserer Nähe, wenn es aufs letzte ging. Wir selber gaben das Gerücht aus: beim Zoo sei zum Sammeln befohlen. Der Ring sei bei Spandau durchbrochen. Sie rafften sich auf mit ihren Pappkartons. Einer warf Hundert-Mark-Scheine ins Feuer, bevor er ging. Es schien doch alles gleich. Ein anderer ließ einen Koffer voll Schokolade zurück. Sie hatten auch jetzt nicht die Courage zum Zivil. Man sah sie nicht wieder.

Am gleichen Tage fegte eine Granate genau vor das Kellerfenster. Ein alter, freundlicher Mann schrie auf, kreischte und starb. Sein Leib war mitten durchschnitten. Tellerwäscher bei Aschinger war er gewesen mit einem Hang zur großen Literatur. In Gefechtspausen hatte er uns Schiller rezitiert. Und wir hatten, aufatmend, gelacht zuweilen. Jetzt trugen wir seine Reste hinaus und machten ihnen ein Grab. Die Splitter klirrten ans Haus. Letzte Scheiben brachen. Jemand sprach ein Vaterunser in den Aufruhr. Dann ging es zurück in den Keller bis zum Abend.

Am Abend kam scheinbare Ruhe in die räucherige Welt. Der Artilleriebeschuß ließ nach. Von der Potsdamer Straße kam heftigeres Schießen. Hier aber war es vergleichsweise still. Die Hausfrauen regten sich. Man ging in die Reste der Wohnungen. Man ging über die Straßen und Plätze, wenn auch an der Deckung der Häuser haftend. Vor den Läden formten sich Schlangen. Man stand an wie immer. Hier gab es noch Brot. Dort sollte Fleisch zu bekommen sein. Im nächsten Kolonialwarengeschäft aber wurde schon behutsam geplündert. Ordnung und Aufruhr wohnten nah beieinander.

Drei Hinterhöfe weiter war ein Weingroßhändler angesiedelt. Er gab keinen Tropfen aus und bestand auf seinem Schein: die nächste Zuteilung sei erst in einem Vierteljahr fällig. Die Berliner zogen ab, überzeugt und von dem gestempelten Scheine erschlagen. Bis ein Beherzter zur Axt griff und in eines der gewaltigen Fässer im Hofe schlug. Jetzt trugen sie den Tokaier in schmutzigen Eimern davon.

Ein Flakgeschütz fuhr im Dämmern noch an der Straßenecke auf und durchlöcherte die unheimliche Stille mit seinem Abschuß. Und die Antwort kam deutlich von allen Seiten. Die Hölle war wieder losgelassen. Die Hast in die Keller setzte ein. Der Tokaier schwappte beim Rennen. Die Schlangen vor den Geschäften lösten sich auf. Ich sah, wie eine Frau neben mir zerrissen wurde. Ich warf mich zu ihr auf das Pflaster. Ihr konnte niemand mehr helfen. Gefallen beim Gang ums Brot. Eine Mutter war tot.

Man hockte wieder auf seinem Koffer im Keller, trank Tokaier aus den schmutzigen Eimern, nährte sich von den letzten Vorräten und lauschte hinaus, wie das näher kam, bellte, heulte und schwieg. Das

Krachen der Abschüsse, unterbrochen von dem rechthaberischen Mähen der Maschinengewehre. Wozu?

Ein Nachbar kroch herein und wollte wissen, die Russen seien schon am Zoo. Bald sei die Qual zu Ende. Und wieder gurgelte eine Salve der Stalinorgel heran. Er sagte, es sei an der Zeit, die weißen Fahnen bereitzuhalten. Wir hielten sie lange bereit. Ein Flieger brummte mit alarmierender Gemächlichkeit über das Haus. Der Nachbar beschwor uns, weiße Armbinden anzulegen. Wir wußten. Wir winkten ab. Auf dem Kohlenhaufen lag der aus dem Gefängnis Entlassene und sprach mit fiebriger Stimme von seiner toten Frau. Die alte Schneiderin aus dem zweiten Stock hockte auf ihrem Luftschutzklappstuhl, sie betete laut und ununterbrochen. Der Hauswart machte sich gerade an den zweiten Eimer Tokaier. Er lallte schon. Am Boden war im Schein der Kerze die Blutlache des getroffenen Tellerwäschers zu sehen. Die Nacht wurde lang. Draußen tobte die Schlacht, unwirklich, abstrus und wie in einer fremden Welt des Irrsinns. Man war überwach und betrachtete plötzlich alles mit einer Schärfe und Abgezogenheit, als stünde man neben sich selber. Dann nickte man ein.

Und erwachte von nahem Geschrei vor der Kellertür: hier hätten welche auf einem platten Handwagen die Leiche des gefürchteten Blockwarts gebracht, des bis vorgestern volkssturmwütigen. Er habe sich aus dem Fenster gestürzt, sich selbst und die Frau. Wohin mit der Leiche? Man solle sie in den Vorgarten werfen! Man tat es. Dort lag sie noch Tage. Wenn schon die kleinen braunen Beamten die Konsequenz zogen, dann konnte das Ende nicht fern sein. Mochte er im Vorgarten liegen und warten.

Man hockte im Keller und wartete. Ein Geruch von Rauch, Blut, Schweiß und Fusel gemischt lag über allem. Einmal riefen sie uns heraus: in den Resten des Hauses gegenüber war ein groteskes Arsenal an Hakenkreuzflaggen und Hitlerbildern gefunden worden. Zwei ganze Räume voll. Würde der Unfug später angetroffen, wer weiß, ob man nicht uns haftbar machen würde. Die Besitzer der beiden Räume voller Gesinnung hatten schon vierzehn Tage zuvor die Stadt in donnernden Limousinen westwärts verlassen. Wir steckten hastig die Fahnen in Brand. Und die Bilder splitterten auf.

Das Gewehrfeuer kam näher. Wir duckten uns in die Keller zurück. Beim Sprung in die Haustür sahen wir eine SS-Streife den Kopf über einen Mauerrest heben. Sie »kämmten noch durch«, nach dem Gesetz, nach dem sie angetreten. Wir preßten uns neben die Tür.

Jetzt pfiffen Gewehrkugeln schon durch den Garten; bedrohlich kam das Simmsen der Querschläger bis zu uns herunter. Dann wurde es stiller. Als wir vorsichtig die schmale Treppe heraufstiegen nach einer Ewigkeit des lauschenden Wartens, regnete es sacht. Auf den Häusern jenseits des Nollendorfplatzes sahen wir weiße Fahnen glänzen. Wir banden uns weiße Fetzen um den Arm. Da stiegen schon zwei Russen über die gleiche niedrige Mauer, über die so bedrohlich vor kurzem erst die SS-Männer gekommen waren. Wir hoben die Arme. Wir zeigten auf unsere weißen Binden.

Sie winkten ab, sie lächelten. Der Krieg war aus.

37/10.5.1946

Ernst Penzoldt
Die Buche

Ich kann mich nicht erinnern, je einen schöneren Sommer erlebt zu haben als den des vergangenen Jahres. Nie vorher ist mir die große und die kleine Welt so reich erschienen, wie sich mir denn die der Insekten zum erstenmal so recht offenbart hat. Vielleicht bin ich im Insektenzeitalter. Welche Freude hatte ich an den possierlichen Harlekinspinnen! Neu war für mich das Geistchen, das einem winzigen, abgestellten Flugzeug gleicht, und aus einer dem Gasglühstrumpf ähnlichen Materie zu bestehen scheint. Auch eine Fliege lernte ich dazu, die ich den Eisvogel unter den Fliegen nennen möchte, so bunt ist sie.

Dabei habe ich mich kaum von der Stelle bewegt, sondern die meiste Zeit schreibend in der Holzveranda zugebracht, mit dem Blick auf den See und das andere Ufer mit dem Dorf Aufkirchen und seiner altmodischen Allee auf der Höhe, über der manchmal die Tegernseer Berge sichtbar werden. Die Aussicht ist nicht großartig, keineswegs aufregend, sie lenkt nicht ab. Es ist eine beschauliche Landschaft. Sie ist auf beiden Seiten abgeschirmt durch hohe Waldkulissen, die unsere Blicke sanft den grünen Hang hinabgeleiten, zu zwei alten, schöngewachsenen Fichten hin. Sie stehen beieinander, gleichsam Hand in Hand, ein Bäumeehepaar, die eine, der Mann, die andere ein wenig überragend, und manchmal wiegen sie sich im Wind und rauschen.

Es gibt noch einen Baum mit Persönlichkeit auf dem Grundstück, die Kiefer zur Linken, mit dem braunvioletten Stamm, ein Fremdling, wie zugereist von den märkischen Seen. Sie ist eine Abendschönheit. Auch der Rauhreif steht ihr gut und der Mond. Es gibt kaum einen wirklichen Gast, der sie nicht »so japanisch« fände.

Aber der schönste Baum weitum ist die Buche. Ein ganzes Jahr hatte ich Muße, sie zu betrachten – denn sie steht halblinks in meinem Blickfeld –, von einem Winter bis zum anderen Winter. Es ist ein herrlicher Baum. Wenn ich die Augen aufhob und mich besann, weil mir nichts einfallen wollte, dann sah ich die Buche. Sie steht in dem glücklichsten Abstand von meinem Arbeitsplatz, so daß ich sie mit einem Blick umfassen und zugleich jedes einzelne der sympathischen Blätter erkennen kann, das Ein und Alles. Ihr Umriß, ihr Gerüst gleicht von ungefähr dem, das ihre Blätter haben: jedes Blatt ist gleichsam ein Sinnbild des Ganzen.

Dieser Baum ist immer schön und nie langweilig. Sein zinnfarbener Stamm, die dunkleren, oft schwarz erscheinenden Äste, selbst in den traurigen Tagen des Entlaubtseins, ehe Schnee und Frost ihn schmücken, auch dann, da er so wie mit dem Bleistift in die Landschaft gezeichnet dasteht, ein gewaltiger Käfig für Krähen, eine kostbare Kunstschmiedearbeit, auch dann möchte man ihn immerzu anschauen. Ist er am schönsten im frostigen Gefieder des Rauhreifs, des im Hauch hinschmelzenden? Oder im Vorfrühling, wenn die Äste glänzen und die goldenen Spitzen der Blattknospen zu Tausenden hervorsprießen, daß der Baum für kurze Zeit einem Igel gleicht? Oder im Herbst, wenn das Laub rostet, zu lauter Kupfer wird und wie Rauschgold klingt, wenn es windet?

Nein. Im Sommer ist die Buche am schönsten, bei voller Belaubung in ihrem sanften, den Augen wie kein anderes wohltuenden Grün. Dann ist sie, wie der schwer heimgesuchte Freund und Weise beim Anblick eines solches Baumes im verlorenen Park von Ostrau zu sagen pflegte, »die verkörperte platonische Idee«.

Es ist eine Lust, daran aufzuschauen, die Wonne des Wachstums nachzuempfinden, das Baumgefühl in uns zu spüren. Sind es nicht die gleichen Verästelungen, wie sie unser Blutkreislauf, wie sie die Bronchien der Lungen, das Nervensystem oder das Stromnetz der großen Flüsse zeigen, die Eisblumen am Fenster? Ganz zu schweigen von dem, was sich in dem Laubgehäuse an tierischem Leben abspielt. Ich kenne keinen unterhaltenderen Baum. Er ist voller Gesang und Kurzweil. Er ist das Paris des Gartens. Ein Naturkundiger wird aus ihm das Wetter prophezeien können. Er wird es an ihm wie an einem Barometerhäuschen ablesen, wie man es ihm zum Beispiel ansieht, wenn ein Gewitter kommt. Denn dann ist es, als fürchte er sich davor, als hielte der Baum den Atem an. Er hat etwas Unheilerwartendes wie ein Mensch, der sich vor einem Schlage duckt.

Ganz anders benimmt er sich im Wind. Dann fängt er an zu tanzen, man kann es nicht anders nennen. Erst präludiert er mit den Zweigen über unsichtbare Tasten hin, die Blätter regen sich, werden unruhig, der Baum plustert sich, und dann beginnen die Zweige auf und ab zu schwingen nach der Melodie des Windes, wie mit Armen zu dirigieren und hin und her zu wogen, in so vollen, wunderbar musikalischen Bewegungen, daß man das Gefühl hat, es muß ihm unendlich wohl dabei sein. Denn wahrhaftig: dieser Baum kann lustig, sehr würdevoll, zornig, müde, nervös, schwermütig und so weiter aussehen wie ein Mensch. Und dann, man muß nur einmal so ein reizendes, junges, sanft behaartes Buchenblatt in der Hand gehabt haben, wie es sich anfühlt! So ist der ganze Baum, so voller Zärtlichkeit. Und man muß einmal in seinem Schatten gelegen sein, wie du und ich im vergangenen Sommer, und von unten her in die durchbrochene, durchsonnte Kuppel der Buche geschaut haben. Sie ist wie ein Abbild des Firmamentes, es ist dann, als sei die Welt ein großer Baum, und seine Blüten sind die Sterne.

Es ist der Baum der Mittagsruhe. Aber ich konnte nicht schlafen in seinem Schatten wie du. Wie verwandelte das goldgrüne Dämmerlicht dein Antlitz, dein Haar, deine Augen! Die Nähe des Baumes gab dir etwas Verwunschenes, Dryadenhaftes.

Die Buche ist ein romantischer Baum. Vielleicht hat sie Moritz von Schwind schon gekannt, der nicht weit davon gewohnt hat.

Ringsum wachsen junge Buchen. Die Keimlinge sehen aus wie kleine Ballettänzerinnen. Auch die große, herrliche, tröstliche Buche mit ihrem Stamm, den zwei erwachsene Männer kaum umspannen mit ihren ausgebreiteten Armen, die Alte mit ihren vielhundert Ästen und Ästchen und ihren Millionen Blättern, auch sie war einmal in eine solche garstige, borstige Buche gehüllt, und ihre gewaltige Wachstumssehnsucht lag in der Nuß eines der so angenehm herb nach Öl und Harz schmeckenden Bucheckerchen beschlossen. Auch sie, die Riesin, war einst vor mehr als hundert Jahren so ein zartes, winziges Pflänzchen mit dem grünen Ballettröckchen und den zierlich sich reckenden Ärmchen.

Im Schatten eines solches Baumes möchte man wohl begraben sein.

46/10.6.1946

Albrecht Goes
Episode aus Ungarn

Das war, als wir dem polnischen Winter, diesem harten, grau-weißen Winter, zu Beginn des Jahres 1944 entronnen waren. Der Befehl, den wir angesichts der russischen Heere, die auf Lemberg vorstürmten, wie eine Rettung empfanden, hatte uns nach Ungarn entführt. Zehn Tage waren wir unterwegs, und schon schien es uns, als seien wir auf einem anderen Stern. Drüben hatte der Ostermorgen noch Schnee gebracht, hier aber war in diesen ersten Maitagen schon Sommer, ungarischer Sommer, Jubel und Überschäumen; Blühendes in allen Gärten, Farben in allen Gassen, Heiterkeit unter allem Himmel. Nicht ungedämpft freilich war diese Heiterkeit, das sahen wir wohl, nicht unbeschwert auch hier. Nicht wenig erschrocken blickten sie uns entgegen, die Magyaren ringsum, und ob wir nun als Verbündete kamen oder als Feinde, das war so ausgemacht noch lange nicht, wie das die Herren der Länder meinten. Was bringt ihr mit, und was führt ihr im Gefolge? Englische Luftangriffe gewiß, und wann steht die Rote Armee am Duklapaß?

Und da war es auch, daß wir zum erstenmal wieder Juden trafen, wohlgekleidete Juden, und man erkannte sie auf zehn Schritte. Denn eben war auch hier das Höllenzeichen eingeführt worden, der gelbe Stern. In einer ansehnlichen Stadt hatte wir uns einzurichten, ein Wein- und Kornparadies schien die Landschaft in der Theißmulde zu sein. Quartiere wurden gemacht, und ein Befehl belegte in den vornehmen jüdischen Häusern einige Zimmer für uns. Sandor-Petöfiutca 11 – so las ich's auf meinem Quartierzettel – und darunter den Namen Dr. Lajos. Ich lief des Weges, suchte mich zurecht, gedachte dabei Petöfis, des ungarischen Goethe, und wünschte mir, dies und das aus seinem Werke kennenzulernen. Nummer 11: da war zunächst nichts als eine kahle Hausmauer, einstöckig, und ein hochgeschlossenes Hof- und Gartentor, nichts, was einladen mochte auf den ersten Blick. Kaum aber war man durch das Tor eingetreten, so gewahrte man einen wohlgepflegten Gartenbereich und ein stattliches Haus, dessen Fenster und Türen ins Lilien- und Rosengehege wiesen. Ich stieg einige Treppenstufen hinauf und trat vor die Schwelle. Die Türe öffnete sich, und zwei Männer standen mir gegenüber. Vater und Sohn, wie sich auf den ersten Blick erkennen ließ; die Hausherren, Ärzte beide, die Schilder wiesen es aus.

»Guten Tag.« Befangen genug tauscht man den Gruß und nennt Namen und Stand. Die Verständigung ist möglich. Die Juden sind fast die einzigen Leute in diesem Teil des Landes, die der deutschen Sprache mächtig sind. Sie hören, welchem Stand ich angehöre, und der Alte faßt sich ein Herz zu sagen: »Es ist uns sehr lieb, einen Geistlichen künftig im Haus zu haben.« Kleine Verbeugung. Man hatte uns keine Befehle gegeben, wie wir uns zu verhalten hätten … und was hätten sie auch bedeuten können? In solcher Lage tut jeder nach der Weise seines innersten Lebens.

Sie führten mich in das Zimmer, das mir zugewiesen ist. Ein sehr großes, unpersönliches Zimmer, dunkle, kalte Pracht. Seltsam, gleich in der ersten Stunde schmeckt alles nach Aufbruch, Abschied, Ende. Mich fröstelt mitten in dem strahlenden Tag. Ein schöner grüner Teppich bedeckt fast den ganzen Boden, die Schränke sind schwer, alt und dunkel, sie sind abgeschlossen und scheinen gefüllt zu sein. Mein Küster kommt, wir richten uns notdürftig ein … es ist in der Tat nirgends recht Platz für die eigenen Sachen, die Bücher stehen auf der Marmorplatte eines Büffets, Schwinghammer, der hilfreiche Soldat, bemängelt mit entschiedenen Worten diese Situation … ich freilich merke wohl, daß ich unfähig bin, auch nur Wünsche zu äußern in diesem Hause, zu schweigen ganz von Befehlen und eigenmächtigen Korrekturen. »Behelfen wir uns so«, sage ich, »es wird schon gehen.«

In einer Stunde haben wir das Wichtigste hier getan. Großes goldenes Licht scheint nun durchs Fenster herein, spätes Licht schon, es geht dem Abend entgegen. Jemand klopft. »Bitte!« Die beiden Ärzte kommen herein. Der Vater, siebzigjährig, wie man denken möchte, doch von der zähen Rüstigkeit seiner Rasse, große, dunkle, schmerzlich verschleierte Augen. Der Sohn, den Vater um eine Haupteslänge überragend, mit weicheren Zügen, ein Mann in meinem Alter – beide machen einen gebildeten Eindruck. Ob ich alles nach Wunsch gefunden habe. Ich möchte nur äußern, was mir etwa noch fehle. »Herr Pfarrer soll sich hier wohl fühlen.« Ich murmle etwas davon, ob sich vielleicht in diesem Schrank ein Fach frei machen ließe für meine Wäsche … »Ach, das ist noch nicht geschehen? Das ist ein Versäumnis. Verzeihen Sie. Es ist hier im Hause keine Frau, das heißt nur eine Wirtschafterin, die tagsüber für einige Stunden kommt. Ich bin Witwer und mein Sohn ist noch unverheiratet. Es wird morgen Platz geschaffen. Natürlich, das muß sein. Verzeihen Sie.« Ich sage etwas Verbindliches, ein Wort des Dankes. Nun gehen die beiden rückwärts und halb unschlüssig der Türe zu.

Plötzlich steht die Frage im Zimmer, ich wußte es ja, daß sie nun kommen würde: »Nicht wahr, Herr Pfarrer, Sie werden uns schützen?« Lieber Gott, was für eine Frage! Was für eine Vorstellung! Wir wußten ja, jeder auf seine Weise, was mit dieser Frage gemeint war. Wir wußten, wie hinter uns, auf den Fersen uns folgend, ganz andere Verbände Einzug halten würden. Nicht Lazarettleute, sondern Todeskommandos. Die Schurkerei der Judenpogrome, wie lange würde sie noch auf sich warten lassen? Einen Monat vielleicht noch, oder, wenn es hoch kommt, auch zwei. Und da sollte ich sie nun schützen? Rührende Erwartung, beklemmende Vorstellung.

Was sollte ich erwidern? Ich erwiderte: »Ich gehöre zum Roten Kreuz. Sie wissen, wir sind ein Lazarett. Von uns geschieht Ihnen nichts Böses.« Reden. Ausflüchte. Sie wußten es so gut wie ich.

Sie fingen wieder an: »Sie sehen ja, wir müssen jetzt den Stern tragen, wenn wir uns auf der Straße zeigen. Es wird Einschränkungen geben in der Praxis, und auch sonst. Wir fürchten, daß das alles nur der Anfang zu Schlimmerem ist, wir wissen nicht ...«

Ach ja, sie wußten nicht. Wir – wie war es mit uns? Wußten wir? Nein, wir wußten ja auch nicht viel. Freilich, wir kamen aus der Ukraine, wir hatten, von ferne nur, aber doch nah genug, Schreckliches gehört, Unsägliches. Nächte, im Fleckfieberlazarett durchwachte Nächte kamen mir in den Sinn. Geständnisse der Hochfiebernden, der Irren. Wie hatte der immer phantasiert, der SS-Polizist, der in den ersten Tagen, da sich seine Krankheit harmlos anließ, immer so verkniffen dreingeschaut hatte, wenn ich den kleinen Krankensaal betrat ...? Dann war das Fieber auch über ihn gekommen, rote Feuerglocke, und er rief in die Krankennacht hinein seine Satzfetzen, mochte einer zusammensetzen, was immer: »nicht – nicht – bitte nicht schießen – laß doch, ich habe doch immer geholfen –« ... dann wieder: »ausziehen – nackt – nackte Frauen – hinlegen – Gesicht nach unten –« Eine Vision nur war es in der Abendstunde im ungarischen Mai. Eine Schreckminute ... Ein Bild. Hieronymus Bosch.

Da standen sie, Vater und Sohn. Ärzte beide. Kluge Gesichter, leiderfüllte Gesichter. Juden. Verse stürzen über mich her. Franz Werfels Verse:

»Ich selbst, ohne Volk, ohne Land,
Stütz nun meine Stirn in die Hand.«

Nun ist das Licht schon im Abschiednehmen. Es ist so dunkelgolden, wie es nur selten einmal bei uns drüben in Deutschland zu sehen sein kann. Die Kuppel der Synagoge ist wohl zu erkennen von dem Platz aus, an dem ich stehe. Mir fällt ein, daß hierzulande Judesein immer zugleich auch Israelitsein bedeutet, Gliedschaft im Alten Bund und Gesetz. Mose, denke ich, David, Jeremia. Immer wieder Jeremia. Und dann sage ich plötzlich in die Stille hinein: »Schema, Jisrael, Jahwae elohenu Jahwae aechad.« Das alte »Höre Israel, der Herr, unser Gott, ist ein einiger Gott«; – das Wort, das sie einst auf ihr Handgelenk geschrieben hatten, feierlichstes Wort ihres Bundes. Ihres Bundes und unsres Bundes.

Da geschieht folgendes: kaum, daß ich das Wort ausgesprochen habe, kaum, daß hier in dieser ungarischen Stube die hebräischen Laute verklungen sind, geht eine Bewegung durch die beiden. Tränen stehen dem Vater in den Augen, und der Sohn blickt zu mir her mit einer erschütterten Glut. Sie gehen auf mich zu. Sie geben mir die Hand. Was Fremde war und Angst – es ist alles versunken. Der Herr, unser Gott, ist ein einiger Gott.

48/17.6.1946

Hans Wallenberg
Fragen der Pressefreiheit

Wie General Joseph T. McNarney in seinem elften Monatsbericht mitteilt, haben die amerikanischen Nachrichtenoffiziere die Redakteure der lizenzierten Presse ermutigt, »jeden Versuch abzuschlagen, der darauf hinausläuft, sie zu zwingen, amtliche Nachrichten nur durch die amtlichen Pressestellen zu beziehen«. In dem Bericht des amerikanischen Militärgouverneurs heißt es: »Es wird erwartet, daß die Presse in der amerikanischen Besatzungszone, gleich der Presse in den Vereinigten Staaten, in allen das Gemeinwohl betreffenden Fragen die Führung übernimmt. Sie muß in der Lage sein, die Tätigkeit der deutschen Behörden kritisch zu überprüfen, und muß Zugang zu allen amtlichen Nachrichtenquellen haben.« Am 24. Mai hatte der Direktor des amerikanischen Nachrichten-Kontrollamtes in Deutschland, General *Robert A. McClure*, in ähnlichem Sinne erklärt: »Meiner Meinung nach muß die lizenzierte deutsche Presse in die Lage versetzt werden, die Tätigkeit der politisch Verantwortlichen kritisch zu überprüfen und auf Mißbräuche hinzuweisen, wo sie gefunden werden ... Die Presse hat eine andere, hiermit eng verwandte Aufgabe; es ist wesentlich, daß die politisch Verantwortlichen sich nicht durch Pressestellen dem direkten Kontakt mit den Vertretern der Presse entziehen, deren verbrieftes Recht es ist, persönlich die Politik der Behörden kritisch zu durchleuchten und Informationen aus erster Hand zu erhalten ... « Viele um die Wahrheitsfindung bemühte Journalisten und Redakteure und diejenigen ihrer Leser, die die grausigen Folgen der Nachrichtenmache von oben noch nicht ganz vergessen haben, werden dem amerikanischen Militärgouverneur und General McClure für ihre deutlichen Hinweise von Herzen dankbar sein. Sie wissen, daß der erstrebenswerte Zustand noch längst nicht erreicht ist, und sie führen ihren täglichen Kampf gegen jene schon wieder viel zu zahlreichen Elemente, die den Idealzustand einer freien Presse nie Wirklichkeit werden lassen wollen. Wie schrieb vor einigen Tagen der Staatssekretär für Sonderaufgaben im Lande Baden-Württemberg, Herr Kamm, den Herausgebern der »Stuttgarter Zeitung«, der »Rhein-Neckar-Zeitung« und der »Dana« frisch von der Leber weg, als ob er es mit einem der verblichenen NS-Kuriere zu tun habe: »Ich bitte davon Kenntnis zu nehmen, daß irgendwelche Nachrichten zu Fragen der Entnazifizierung nach dem Gesetz zur Befreiung vom Nationalsozialismus und Militarismus im Bereich von Württemberg-Baden nur noch dann verbreitet werden dürfen, wenn sie von mir unterschrieben oder gegengezeichnet sind.« Ein presseamtlicher Fehltritt, auf den der in Nürnberg angeklagte amtliche Lügner Fritzsche stolz sein könnte. Es ist wahr – Herr Kamm hat sein forsches Schreiben rasch zurückgezogen, aber man kann den Verdacht nicht unterdrücken, daß der Geist, der hier seinen unverhüllten Ausdruck findet, sich nicht gewandelt hat. Wir können uns auch nicht in dem optimistischen Glauben wiegen, daß Herr Kamm der einzige höhere Beamte in Deutschland ist, der die Presse als ein Übel, und zwar ein noch nicht einmal notwendiges Übel, empfindet. Vor einigen Tagen wandte sich eine angesehene Mitarbeiterin der *Neuen Zeitung*, im Auftrag ihrer amerikanischen Chefredaktion, an den Oberbürgermeister von Baden-Baden mit der Bitte um eine Auskunft oder gar eine Unterredung. Höflich und uninteressiert erklärte er ihr: »Dazu haben wir hier keine Zeit. Wir arbeiten bis 11 Uhr abends.« »Das tun wir auch«, antwortete ihm die Mitarbeiterin. »Ja, Sie tun es aber zu Ihrem Vergnügen«, so schloß der Oberbürgermeister das interessante Interview, mit dem er immerhin einen aufschlußreichen Einblick in die Vorstellungen gewährte, die man sich vielerorts in Deutschland von der Bedeutung der Presse macht. Die gewünschte Auskunft bekam unsere Mitarbeiterin nicht; auch eine sonstige Erklärung konnte sie dem pressefremden Herrn in hoher Stellung nicht entlocken. Nicht uns allein geht es so. Die Berliner Frauenzeitschrift »sie« hat vor kurzem einen Bericht über die Arbeitsgebiete der Frauen in den Berliner Verwaltungen veröffentlichen wollen. Das Ergebnis war die nachstehende drollige Liste von arroganten Absagen. Frau Dr. Geiler, Verbindungsstelle zwischen den Parteien und dem Magistrat, äußert sich nicht, weil »ihr Arbeitsgebiet nicht bekanntwerden soll«; Frau Linke im Wirtschaftsausschuß des Magistrats (bei Arthur Pieck) äußert sich nicht, weil sie »vollkommen überarbeitet« ist; Fräulein Eggers in der Zentralverwaltung für die russische Besatzungszone (Industrie) äußert sich nicht »wegen unserer Leitartikel«; Frau Gutsdorf in der Zentralverwaltung für die russische Besatzungszone (Umsiedlung) äußert sich nicht »wegen unserer Leitartikel«; Frau Jüngst in der Zentralverwaltung für die russische Besatzungszone (Umsiedlung) äußert sich nicht »wegen unserer Leitartikel«; Fräulein Dr. Engelhardt in der Zentralverwaltung für die russische Besatzungszone (Brennstoff), Hauptreferentin für Schmieröl, äußert sich nicht, weil »ihr Arbeitsgebiet geheimbleiben soll«; Frau Dr. Kläb in der Zentralverwaltung für die russische Besatzungszone (Brennstoff) wünscht, »in keiner Form erwähnt zu werden«; Frau Dr. Wohlfahrt in der Zentralverwaltung für die russische Besatzungszone (Brennstoff) hat »leider gar keine Zeit für die Presse«; Frau Dr. Schlemann im Kaiser-Wilhelm-Institut äußert sich nicht, weil sie »den Titel der ›sie‹ scheußlich findet und nicht an einer geschmacklosen Zeitung mitarbeitet«; Frau Dr. Albrecht, Leiterin der Katalogabteilung in der Universitätsbibliothek, gibt »keine Angaben für die Presse«; Frau Dr. Benjamin in der Zentralverwaltung für die russische Besatzungszone (Justiz): »Keine Zeile für eine Zeitung, die sich so offen gegen die Einheit stellt.«

Der vor einiger Zeit von der *Neuen Zeitung* aus der »Heilbronner Stimme« nachgedruckte Aufsatz »Die Faust des Siegers« hat den Unwillen des Ministerpräsidenten Maier von Baden-Württemberg erregt. Er hat sich, von seinem guten Recht der öffentlichen Polemik Gebrauch machend, gegen den Verfasser Paul Distelbarth gewandt. Dagegen ist an sich nichts zu sagen; ja, man könnte eine solche Reaktion aufs wärmste begrüßen, nämlich als ein Zeichen dafür, daß die

Ämter die Presse ernst zu nehmen beginnen. Formulierungen freilich wie »Gift und Galle spuckender Intrigant« erinnern mehr an die Gasse als an die Würde, ohne die die zukünftigen Parlamente nicht werden auskommen können. Darüber hinaus soll der Ministerpräsident jedoch, wie uns zugegangene, noch nicht überprüfte und deshalb mit allem Vorbehalt wiedergegebene Nachrichten besagen, angedeutet haben, daß die Lizenzierung der deutschen Presse nun bald aus den Händen der amerikanischen in die der deutschen Behörden übergehen werde. Und dann, so ist der Ministerpräsident verstanden worden, werde sich manches ändern; in unserem Zusammenhang würde das nichts anderes bedeuten, als daß Artikel wie »Die Faust des Siegers« dann nicht mehr geschrieben werden könnten. Also, ein höchst bedenklicher amtlicher Einschüchterungsversuch … Über die Bemerkung des Ministerpräsidenten, daß es sich bei den lizenzierten Journalisten »um eine kleine Gruppe von Leuten handle, denen die Macht gegeben worden sei, ihre persönlichen Meinungen als die des Publikums darzustellen«, um Leute, »die ihre Sache recht und schlecht machen«, wird in anderem Zusammenhang noch einiges zu sagen sein. Der Ministerpräsident ist schlecht unterrichtet, wenn er glaubt, es sei das Merkmal einer freien Presse, die Meinung des Publikums wiederzugeben … und noch dazu eines oft desorientierten Publikums.

Und noch ein letztes Beispiel: Vor einigen Monaten hatte die *Neue Zeitung* sich mit internen Vorgängen beim »Bayerischen Roten Kreuz« beschäftigt. Die Folge war zunächst ein Sturm der Entrüstung, der uns veranlaßte, der Kritik am Roten Kreuz jene Informationen gegenüberzustellen, die seine zweifellos großen Verdienste in einer Zeit des Notstandes gebührend hervorhoben. Nicht lange danach gab das Bayerische Innenministerium eine Presseerklärung heraus, die die ursprüngliche Kritik der *Neuen Zeitung* als in vielen wesentlichen Punkten berechtigt erwies. Sie war kaum in Satz gegangen, als die Pressestelle des Innenministeriums versuchte, sie durch eine wesentlich abgemilderte Erklärung zu ersetzen; ein Unterfangen, für das wir nicht das geringste Verständnis gezeigt haben. Die Originalerklärung ist damals in der *Neuen Zeitung* erschienen.

Wenn wir auf diese presseamtlichen Zwischenfälle so ausführlich eingehen, so nicht, um einzelne Persönlichkeiten oder Behörden zu denunzieren, sondern um zu zeigen, welche enormen Schwierigkeiten die Presse nach wie vor bei der Ermittlung und Darstellung der Wahrheit hat. Die erste Voraussetzung dafür, daß die neue deutsche

Presse ihre wichtigste Funktion, nämlich die der objektiven Informierung der deutschen Öffentlichkeit, erfüllen kann, ist ein echtes Vertrauens- und Achtungsverhältnis zwischen Presse und Ämtern; Vertrauen und Achtung, ganz gleichgültig, ob die Presse lobt oder tadelt, ganz gleichgültig, welche politische Richtung ein Blatt, welche politische Richtung ein Beamter vertritt. Wo diese Voraussetzung fehlt, bleibt der Presse nichts anderes übrig, als sich ihre eigenen Nachrichtenquellen zu schaffen, deren Zuverlässigkeit gerade darunter leidet, daß die direkten und natürlichen Nachrichtenquellen ihr verschlossen werden. Ein solcher Zustand ist in einem Lande wie Deutschland, in dem der Journalist besondere Schwierigkeiten findet, die Wahrheit zu enthüllen, sehr gefährlich und verderblich. Allzu rasch kann der Eindruck entstehen, daß die Presse, wo sie, von den deutschen Behörden im Stich gelassen, irren muß, zur Verleumdung und zur Unwahrhaftigkeit neigt. Sie verdankt dieses öffentliche Mißtrauen dem verwerflichen Mißbrauch, den die nationalsozialistische Presse ein Jahrzehnt lang mit der Vertrauensseligkeit des großen Publikums getrieben hat. Das deutsche Publikum, das so lange systematisch und zynisch irregeführt worden ist, neigt heute dazu, jeden Journalisten, mag er noch so wahrheitsliebend sein, für einen Schwindler zu halten, es sei denn, daß er durch jahrelange aufopferungsvolle Arbeit das Gegenteil beweisen kann. Diejenigen, die ihm dabei nicht helfen, nehmen wiederum die Schuld der öffentlichen Irreführung auf sich. Als Regierende geben sie dem Lande die Presse, die sie verdienen. Ist es eine Presse, die die Wahrheit vermittelt, so kann es auf lange Sicht um die Regierungen nicht schlecht bestellt sein. Ist es eine Presse, die trotz aller Anstrengungen an die Wahrheit nicht herankommen kann, so drückt sich darin nur der faule Zustand derjenigen aus, die sich hinter ihren Pressestellen zu verbergen versuchen.

Das Thema »Pressefreiheit« wird dieser Tage in der Öffentlichkeit noch in einem anderen Zusammenhang erörtert, den wir nicht übergehen wollen. In bestimmten Kreisen hat die Maßregelung der »Süddeutschen Zeitung« den Eindruck hervorgerufen, daß die von den amerikanischen Militärbehörden lizenzierte freie deutsche Presse wohl doch »nicht ganz so frei« sei. Diese Feststellung ist richtig. Allein sie ist nicht neu. Niemand Geringerer als der Direktor des amerikanischen Nachrichtenamtes hat, gleichfalls am 24. Mai, erklärt, es sei einer der Mängel der neuen deutschen Presse, daß sie noch nicht vollkommen frei sei. Es muß darauf hingewiesen werden, daß diese Presse schon heute, kaum ein Jahr nach der Besetzung Deutschlands, einen Grad von Freiheit genießt, der unter dem nationalsozialistischen Regime völlig undenkbar gewesen wäre. Jeder, der guten Willens ist, kann sich durch einen einfachen Vergleich der neuen deutschen Presse mit der ehemaligen deutschen Presse von der Richtigkeit dieser Behauptung überzeugen. Der Mangel an freier journalistischer Tradition bringt jedoch die Gefahr mit sich, daß die Freiheit, wenn sie im gegenwärtigen labilen Zustand unbegrenzt gewährt wird, gerade von denen ausgenützt wird, deren unabänderliches Ziel die Zerstörung jeglicher Meinungsfreiheit ist. Es ist charakteristisch, daß heute diejenigen am lautesten nach Freiheit rufen, die sie jahrelang am rigorosesten unterdrückt haben und die sie folglich zu allerletzt verdienen. Es ist in der Tat der Wunsch der amerikanischen Militärbehörden, solchen Mißbrauch der Freiheit, wie er das demokratische Experiment von 1918 so erfolgreich zerstört hat, nicht noch einmal gedeihen zu lassen. Der von der amerikanischen Nachrichtenkontrolle inkriminierte Artikel – geschrieben von einem Journalisten, an dessen untadeliger Gesinnung niemand Zweifel hegt – ist als eine journalistische Verlautbarung empfunden worden, die nicht der freiheitlichen Entwicklung der deutschen Presse dient, sondern den Wünschen derjenigen, die die Niederlage der Demokratie in Deutschland von neuem betreiben. Wie richtig die amerikanische Nachrichtenkontrolle die Wirkung beurteilt hat, geht aus einer Äußerung hervor, die der Autor des Artikels vor den amerikanischen Journalisten gemacht hat: er erhalte Anerkennungsschreiben, so erklärte er, »für seine mutige Haltung« von lauter Leuten, deren Beifall ihm höchst peinlich sei; mit anderen Worten, von lauter Leuten, die nur darauf lauern, das erwachende demokratische Lebensgefühl in Deutschland im Keime zu ersticken.

54/8.7.1946

Alexander Mitscherlich

Analyse des Stars. Ein Beitrag zum Fall Furtwängler

I.

Anno 1944 schließen Schweizer Konzertgesellschaften mit Furtwängler Verträge für das Jahr 1945 ab. Nachdem Deutschland zu Boden geschmettert ist, finden sich Opponenten, schließlich Demonstranten gegen diese Konzerte. Stimmen werden laut, man sollte den kurz zuvor noch in der Schweiz wie sonst im Ausland gefeierten Dirigenten aus dem Lande weisen, wo er für die schlimmsten Monate eine relativ komfortable Notwohnung gefunden hatte – von Asyl zu sprechen, wäre herausfordernd.

Sofort replizieren prominente Solisten aus aller Welt und verlangen die volle Rehabilitierung Furtwänglers. Der neue Intendant des österreichischen Staatstheaters, Egon Hilbert, selbst sieben Jahre KZ-Häftling von Dachau, lädt ihn nach Wien ein – nach Wien, wo er das große Philharmonische Konzert nach dem »Anschluß« dirigierte. Aber Berlin will ihn Wien nicht gönnen. Ein offener Brief wird von dort an ihn gerichtet. »Ihre Geburtsstadt ruft Sie.« So steht in dem Brief. Alles, was Namen hat, unterschreibt: der Oberbürgermeister der Stadt, der Rektor ihrer Universität, der kommunistische Dichter Johannes R. Becher als Präsident des Kulturbundes zur demokratischen Erneuerung Deutschlands. Vier Tage nach dieser Veröffentlichung dekretiert allerdings General McClure, daß es Furtwängler nicht gestattet werden könne, das Berliner Philharmonische Orchester zu dirigieren. In der Begründung dieser Entscheidung wird ein formaler Grund angeführt: daß Furtwängler als ehemaliger Staatsrat von 1933 keine führende Stelle bekleiden dürfe. Sachlich gewichtiger sind die Hinweise auf das Verhalten Furtwänglers während des Dritten Reiches.

Trotzdem könnte man nach der Vielstimmigkeit des Rufes nach Furtwängler auf den Gedanken kommen, als setze sich hier ein General einem Manne von unwägbarer künstlerischer Größe gegenüber aufs hohe Roß seiner Befehlsautorität. Zweifellos steht die Entscheidung McClures – dies beweist der offene Brief der Berliner Honoratioren – im Gegensatz zur Auffassung der breiten Öffentlichkeit auch außerhalb Deutschlands. Die Anteilnahme der Welt am Fall Furtwängler beweist, daß es sich nicht um eine rein deutsche Angelegenheit handelt. Es geht um die Entscheidung einer prinzipiellen Frage, um eine Machtprobe.

II.

In chaotischen Zeiten wird immer vereinfacht statt unterschieden. Das scheint die letzte Rettung. So geht es auch im Falle Furtwängler zu. Weil er – ganz einfach – ein so herrlicher Musiker, »einer der besten Dirigenten der Welt« sei, so scheint es außer den Antrieben der Mißgunst, einem niedrigen politischen Fanatismus und vielleicht noch bürokratischer Stupidität keinen Grund zu geben, ihn nicht ans Dirigentenpult zurückkehren zu lassen. Sein musikalisches Talent überstrahle seine politische ebenso wie seine menschliche Schwäche. An Furtwängler, so heißt es, interessiert nur das Zauberwerk seiner Konzerte; sein politischer Opportunismus ist für seine faszinierten Hörer dagegen wesenlos – denn Kunst hat nichts mit Politik zu tun.

Ist es so? Auf der einen Seite die sehnsüchtigen Rufer, auf der anderen die mißgünstigen Verneiner – kein anderer Gegensatz? Bei solcher scheinbaren Verzerrung durch der Parteien Haß und Gunst hilft nur zweierlei: exakte Erinnerung und mit ihrem Material der Versuch einer Auflösung allzu einfacher Vorstellungen.

Die Erinnerung wird uns leicht gemacht, seit wir die Aufzeichnungen der ehemaligen Sekretärin Furtwänglers, Fräulein Dr. Bertha Geissmar, besitzen. In vorbildlicher Exaktheit und chronistischer Kühle berichtet sie, was war. Und es trug sich zum Beispiel das folgende zu: Am Abend des 30. Juni 1934 (nachdem Hitler Röhm, Schleicher und viele andere hatte ermorden lasen) rief Furtwängler seine Sekretärin an, »in höchster Erregung«, und sagte ihr, er wolle »mit diesen Mördern nichts mehr zu tun« haben.

Im Oktober des gleichen Jahres dirigierte er »mit beispiellosem Erfolg« Paul Hindemiths Symphonie »Mathis der Maler« in der Berliner Philharmonie – ein Erfolg, der in der Spannung der damaligen Zeit (Hindemiths Oper war bereits verboten) als ausgesprochen politisches Veto und als ein Dank vieler Hörer des Dirigenten zu gelten hatte, die zu Gegnern des Nationalsozialismus erwacht waren. Aus dieser Aufführung entwickelte sich ein »Fall Hindemith«. Zu seiner Klärung schrieb Furtwängler am 25. November 1934 in der »Deutschen Allgemeinen Zeitung« abschließend: »Wir können es uns nicht leisten, angesichts der auf der ganzen Welt herrschenden unsäglichen Armut an wahrhaft produktiven Musikern auf einen Mann wie Hindemith so ohne weiteres zu verzichten.«

Nicht so ohne weiteres, aber schließlich doch. Zuerst trat freilich Furtwängler zehn Tage später von seinem Amt als Direktor des Berliner Philharmonischen Orchesters und von der Vizepräsidentschaft der Reichsmusikkammer zurück. Am Heiligen Abend ließ ihn der Führer »bitten«, von einer geplanten Auslandsreise Abstand zu nehmen: das bedeutete für den europa- und weltreisegewohnten Künstler Deutschlandarrest. Knapp drei Monate dauerte der Kampf. Im März 1935 wurde eine laue Erklärung Furtwänglers als Sondermeldung des

Deutschen Rundfunks verbreitet, in dem er alle »vorangegangenen Mißverständnisse« bedauerte. Am 10. April – es war der Hochzeitstag von Göring mit Emmy Sonnemann – befahl Hitler, den D-Zug Berlin-Wien auf Furtwängler warten zu lassen, weil im Festtrubel der Versöhnungsakt und damit die Aufhebung des Reiseverbotes nicht zur angesetzten Stunde stattfinden konnte. Am 25. April, zwei Wochen später, dirigierte Furtwängler ein Winterhilfskonzert in Berlin. Während der Schlußovationen stand Hitler von seinem Platz in der ersten Reihe auf und reichte Furtwängler die Hand. –

Hat Kunst etwas mit Politik zu tun? Nicht zu allen Zeiten so sinnfällig, wie es die Kunst Furtwänglers mit ihr zu tun bekam. Denn darum ging es unverrückbar bei dieser Aussöhnung über den unsichtbar gewordenen »wahrhaft produktiven Künstler« Paul Hindemith hinweg: um den Tribut der Kunst an den totalen Diktator. Ihm darf nichts die Reverenz erweisen, was irgendwie öffentlich ist.

Bleiben wir bei der Musik, und zwar bei jener, die im Stil der großen Konzerte hörbar wird und so willige Ohren findet. In dieser Sphäre gibt es den großen Vollender: Richard Wagner. Musik ist für ihn der reine Genuß, der aus eigenen Mitteln sich immer wieder zauberisch erneuert. Was ihn treibt, ist die Sehnsucht seiner Lust, die sich selbst übersteigern möchte. Sein Welterfolg bewies, wie tief er aus dem Gefühl der Zeit gestaltet hatte. Fast jeder erkannte seine Sehnsucht in dieser Musik wieder, jeder erkannte sich als Sehnsüchtiger, als ein Lustsüchtiger – nicht als ein Geschöpf einer größeren Wesenheit, der er zu danken hatte. Damit war Musik scheinbar privatestes Erlebnis geworden. Sie wurde zwar im Massenrausch genossen, aber als ein Selbstgenuß und nur als solcher. Wenn man sich der symbolischen Szene jenes Händedrucks oder der vielen Meistersingeraufführungen erinnert, mit welchen der »Zauberer mit dem Taktstock« durch den größeren Zauberer, den allergrößten, stimulierte – Zauberer unter sich – dann sieht man immerhin die Notwendigkeit des Weges vom Hause Wahnfried zum Haus am Obersalzberg ein. Es ist der Weg des Verlustes der heiligen Rührung: ein Weg der Stillung der privaten Lust des unheiligen Magiers und ungezählter Namenloser. Von da ab überflügelt endgültig der aus zweiter Hand lebende Kunstmittler den Künstler. Männer wie Furtwängler haben die für den Zauber der Diktatur so wichtige Rolle der Blender gespielt. Durch ihr Leuchten wird der Raum hinter ihnen noch undurchdringlicher dunkel, als er es ohne ihre Mithilfe zu sein brauchte. Sie sind zu helle »Sterne«.

III.

Das Wort von der Kunst, die nichts mit der Politik zu tun hat, billigt dem Künstler den sacro egoismo zu. Er kennt nur sich und seinen Auftrag. Es kommt ihm beispielsweise nur auf die Musik an, nicht auf deren politisch-soziale Funktion. Politisch darf man ihn nicht ernst nehmen, da er eben ein Künstler, ein Mensch anderer Struktur ist als der Politiker oder der Durchschnittsmensch. Trotzdem ließe sich wahrscheinlich schon aus einer eingehenden Stilkritik des Leistungswandels eines solchen Interpreten die Unrichtigkeit der Behauptung beweisen. Davon abgesehen behält aber der gesunde Menschenverstand noch einige Trümpfe in der Hand, zum Beispiel den Hinweis auf das Verhalten Toscaninis. Auch er ist ein Weltstar. Auch er wußte, daß man sein Gewicht brauchte und wie man es mißbrauchen wollte. Aber er hat sich versagt. Dies hat ihn keine materiellen Opfer, gewiß aber menschliche gekostet. Auch Furtwängler hätte im Falle des endgültigen Bruches mit Goebbels materiell nichts opfern müssen. Er hätte jedes Publikum außerhalb Deutschlands gefunden, das er gesucht hätte. Er hätte allerdings die durch keinen Komfort ersetzbaren seelischen Lasten der Emigration zu ertragen gehabt. Es sei unterstellt, daß ihn eine starke Gefühlsbindung im Raum seiner Herkunft hielt. Aber durfte es nach dem Menetekel des »Falles Hindemith« noch immer bedingungslos private Empfindungen geben? In jenem Augenblick des Duelles mit Goebbels hatte auch das »naiv« und rein der Musik hingegebene Talent Furtwänglers gemerkt, daß Politik mit der Kunst etwas zu tun hat. Und zwar, daß sie auf eine besondere Weise von ihr abhängt – für ihn jedenfalls.

Das Selbstbewußtsein des produktiven Künstlers schwankt. Er ringt um Neues, noch Ungeschöpftes. Wie sollte er sicher sein? Wo er so tut, als sei er es, sieht ihm der Verständige die vor die innere Not gestellte Pose nach. Der reproduktive Künstler hingegen hat von Anfang an einen Boden unter den Füßen – ein Werk, welches er wiedergibt. Sein Tun gipfelt in der Vorstellung. Dort erfährt er sofort, ob er und das Werk gefällt. Bei Dirigenten wie Furtwängler, die sich so gut wie nie an die Darbietung von Werken gemacht haben, die in ihrem Wert für die Öffentlichkeit noch ungesichert sind (außer vielleicht bei seinen eigenen Produktionen) steht bereits vor der Aufführung fest, daß das Werk Mozarts, Beethovens, Wagners und so weiter gefällt. Was er aus der Zustimmung im Applaus heraushören darf, ist deshalb, daß das Werk durch seine Aufführung so gut gefällt. Die Prominenz isoliert ihn. Seine jederzeit durch ausverkaufte Säle, durch rauschende Ovationen nachprüfbare Beliebtheit wandelt sich im Erlebnis notwendig zur Ausgestaltung des Selbstgefühls. Weil er in irgendeiner Tiefe weiß, daß er ein Künstler der zweiten Hand bleibt, hängt er um so mehr am Selbstgefühl. Wer sieht in dieser Abhängigkeit den strukturellen Zusammenhang zwischen politischem Massenführer und Star? Immer wird der reproduzierende Künstler einen Teil des Ruhmes ernten, der dem wahrhaft Schöpferischen zustände.

Unendlich häufiger sind die Schauspieler und Sänger statt der Dichter und Komponisten auf die Schultern der begeisterten Menge gehoben worden. Die Tragik beginnt dort, wo sich die Polarität von Darsteller und Zuschauer in der Polarität von Führer und Masse – womöglich in den gleichen Sälen – wiederholt. Der gefeierte Künstler, der sich so stark weiß durch die Gunst des Publikums, übersieht dann nur zu leicht, daß er dem noch Stärkeren dient. Sein Selbstbewußtsein täuscht ihn darüber, und doch ist es so in der Wirklichkeit, in der er, der »Blender«, schließlich selbst blind herumtappt.

IV.

Aber nichts ist so unbeugsam, so hungrig, um nicht zu sagen gierig, wie ein wohlgenährtes Selbstbewußtsein. Ihm hat sein Träger schließlich alles zu unterwerfen. Unter den vielen Formen der Sucht ist diese Selbstsucht nicht die letzte.

Wer süchtig ist, findet immer seinesgleichen. Man weiß um einander, man hilft sich gut und gern, aber man denkt immer nur an sich dabei. Auch das gehört zur Sucht. So ist es kein Wunder zu sehen, wer nun für Furtwängler am mutigsten kämpft – neben den Ahnungslosen kämpfen seinesgleichen: die Stars. Welchen vollendeten Beweis der Selbstsucht liefern zum Beispiel jene Stars, die aus »rassischen« Gründen Schwierigkeiten hatten! Zwölf Jahre hatte Furtwängler sie pflichtgetreu gemieden. Zwölf Jahre lang hatte eine Totalitätsdoktrin, deren Propagandist auch er im Nebel der Selbstsucht war, unendliches Leid verbreitet. Und nun sind es auch sie, die den Irrtum verwischen helfen, ihn ungenützt hinter sich lassen wollen. Alles soll vergessen sein, die Instrumente werden gestimmt, das ganz große Licht flammt auf – das Spiel geht weiter.

Es wird sicher weitergehen. Soll es mit den alten Spielen weitergehen? Gilt für Furtwängler selbst, was er von Hindemith sagte, ehe er ihn vergaß, daß man auf einen Mann mit seiner Qualität nicht so ohne weiteres verzichtet? Man muß es, wenn man in einen unauflöslichen

Konflikt mit dem sauberen Gewissen gerät. Wenn alles mit den alten Spielern weitergehen sollte, dann wäre wieder nichts gewonnen, dann wäre jedes Opfer umsonst.

Man ist jedoch, wo man ernsthaft auch Erleichterung durch das musikalische Erlebnis sucht, durchaus nicht allein auf ihn angewiesen. Es stimmt gar nicht, daß eine unsägliche Armut an wahrhaft produktiven Musikern herrsche. Die Gegenwart ist vielmehr ungleich reicher an musikalischen Talenten als die Jahrhundertwende. Man muß nur nicht erwarten, daß sie Starqualitäten hätten, noch erstrebten. Denn für sie ist die Musik eine Offenbarung geblieben. Mit einer Offenbarung kann man aber nicht Handel treiben, denn man ist ihrer nie sicher.

54/8.7.1946

Hildegard Brücher

Göttingen, Bild einer Universitätsstadt

Göttingen, die kleine Stadt mit der großen Universität, deren Einwohnerzahl während des Krieges von 50 000 auf 80 000 gestiegen ist, bildet die nördliche Spitze eines Drei-Zonen-Ecks. Ihre Georgia-Augusta-Universität wurde 1736 vom englischen König Georg II. gegründet. Sein Bild und die seiner Nachfolger, die während des Krieges – gleichsam als »displaced persons« – in den Luftschutzkeller verbannt worden waren, hängen nun wieder in der Universitäts-Aula und erwecken bei dem Besucher den Eindruck, daß er sich nicht unbedingt in Göttingen, sondern vielleicht in Cambridge oder Oxford befinden könnte. Im Gespräch mit dem gewählten Rektor der Hochschule, dem Physiologen Professor F. H. Rein, verstärkt sich diese Vorstellung, denn für Göttingen bedeutet der Neuaufbau der Hochschule nach englischem Vorbild nur die Fortsetzung einer – vorübergehend unterbrochenen – nordwestlichen Orientierung. –

Interesse und Förderung der englischen Militärregierung sind sachlich, real, gleichmäßig, ohne jeden Überschwang; es gibt keine Versprechungen, die nicht gehalten würden, und darum keine falschen Illusionen, wenig Enttäuschungen, sondern nur zähe Kleinarbeit.

Seit Kriegsende haben die Leiter der zwölf Hochschulen der britischen Zone (der Universitäten Bonn, Göttingen, Kiel, Köln, Hamburg, Münster, der Technischen Hochschulen Aachen, Braunschweig,

Hannover, der Medizinischen Akademie Düsseldorf, der Tierärztlichen Hochschule Düsseldorf, der Bergakademie Clausthal) zusammen mit ihren Universitätsoffizieren und dem Sekretär des »Interuniversities-Commitee«, das an Stelle der Hochschulabteilung eines Kultusministeriums für Nordwestdeutschland gebildet worden ist, in vier großen Rektorenkonferenzen wiederholt den Plan der »Autonomie der Hochschulen« besprochen. Die Hochschulen scheinen hier ihre Selbstverwaltung anzustreben. Sie wollen einen Staat im Staate bilden, der seine eigene Verfassung haben soll, der unabhängig von der jeweiligen Regierung verwaltet werden und der seine eigenen Vertreter ins Parlament schicken wird. Wahrscheinlich werden die Hochschulen nur durch die ungeklärten finanziellen Verhältnisse daran gehindert, den entscheidenden Schritt schon jetzt zu tun.

Die Göttinger Studenten haben zunächst einmal mit Anschlägen, auf denen zu lesen stand »Wir wollen arbeiten und keine parlamentarischen Kindereien« sich gegen die Wahl einer Studentenvertretung ausgesprochen. Aber dann wurden im Wintersemester doch aus jeder Fakultät drei Vertreter in den ASTA (Allgemeiner Studenten-Ausschuß) gewählt. Sie vertreten die Belange ihrer Kommilitonen und haben der Universitätsleitung schon bei vielen Entscheidungen wertvolle Hinweise gegeben. Die Teilnehmer an einer geplanten Konferenz aller Studenten der britischen Zone werden aus den Studentenausschüssen gewählt werden. – In Köln besteht übrigens in einem »Court of Appeal« eine studentische Berufungsinstanz für Studenten, an die sich jeder wenden kann, der glaubt, zu Unrecht vom Studium ausgeschlossen zu sein.

Um den Studenten eine öffentliche Diskussionsmöglichkeit zu geben, werden in Göttingen, Bonn und Köln Universitätszeitungen herausgegeben. Die älteste (das erste Heft erschien am 11. Dezember 1945) ist die »Göttinger Universitäts-Zeitung«, die an die Tradition der »Göttingischen Gelehrten-Anzeigen« anknüpft, die 1739 gegründet worden waren. Ihr erster »Chefredakteur« war der Schweizer Dichter und Anatom Albrecht von Haller, der von dem damaligen Kanzler der Universität, einem Freiherrn von Münchhausen, auf den Lehrstuhl für Anatomie nach Göttingen berufen worden war. Zu den großen Redaktionssitzungen der neuen Universitätszeitung, die von einem erfahrenen Journalisten geleitet werden, haben Professoren und Studenten Zutritt. Wie groß das Interesse an der Mitarbeit ist, zeigt, daß nur fünf Prozent aller Einsendungen veröffentlicht werden können. Die

»GUZ« geht an alle Universitäten in alle Zonen und vor allem auch nach England.

Die Göttinger Universität befindet sich bereits in direkten Beziehungen zu englischen Studenten, da ein Teil ihrer Institute zu einem College der Britischen Rhein-Armee geworden ist. 1600 englische Soldaten nehmen jeweils für zwei bis drei Monate an Ergänzungskursen teil, die zum Beispiel für Sanitätsoffiziere in den deutschen Universitätskliniken unter der Leitung englischer Dozenten durchgeführt werden. Während des Winters und des Frühjahrs haben jeweils drei Engländer und dreizehn Göttinger Studenten im Flüchtlingsdurchgangslager Friedland gemeinsam geholfen, die Ausgewiesenen in Empfang zu nehmen und zu versorgen. Wahrscheinlich ist das seit dem Kriege die erste völlig gleichberechtigte Zusammenarbeit von jungen Menschen beider Nationen.

Die politischen Erziehungspläne des Göttinger Universitätsrektors sind praktischer Natur. »Eine politische Diskussion ohne Vokabeln und Werkzeug wird zu einem sinnlosen Geschwätz«, sagt Professor Rein. Deshalb werden in Göttingen für Hörer aller Fakultäten große Vorlesungen gehalten, in deren Rahmen zweimal monatlich führende Männer des wirtschaftlichen und politischen Lebens über Tagesfragen, über ihre eigenen politischen Erfahrungen und die ihrer Länder sprechen. (Besucher werden auch aus England, Schweden und der Schweiz erwartet.)

Für das begonnene Sommersemester konnten an der Universität von 12000 Bewerbern nur 4400 (darunter 400 Ausländer) immatrikuliert werden, da auf Anordnung der britischen Militärregierung durch einen strengen numerus clausus eine Überfüllung der Universitäten und eine Überzahl an Bewerbern für akademische Berufe verhindert werden soll. Der geistige und politische Ausleseprozeß gestaltete sich sehr schwierig. Die Entnazifierungskommission besteht aus vier Professoren, zwei Gewerkschaftsführern und einem Vertreter des Stadtparlaments. Nach politischen Gesichtspunkten werden die Studenten in Gruppen A, B, C und D eingeteilt, die für die ganze britische Zone gültig sind. Über 80 Prozent aller Bewerber gehören der Gruppe B an, in die alle »einfachen« ehemaligen Angehörigen der HJ, SA, des NSKK, Parteianwärter und aus der HJ in die Partei Überführte fallen. Von den zugelassenen Studenten gehören rund 1000 der juristischen, 1000 der medizinischen, 800 der naturwissenschaftlichen, 800 der philosophischen, 300 der evangelisch-theologischen, 200 der forstwirtschaftlichen Fakultät an. Auf besonderen Wunsch der Engländer werden bis zu 25 Prozent Frauen zum Studium zugelassen. Übrigens ist die Frage der Zulassungen zu den Universitäten nicht nur ein deutsches Problem. Wie aus einem Artikel der englischen Zeitschrift »Observer« hervorgeht, konnten an einer Fakultät der Universität London von 800 Bewerbern nur 80 angenommen werden.

Ehemalige aktive Offiziere werden nicht grundsätzlich vom Studium ausgeschlossen, sie werden, wie jeder andere Bewerber, nach ihrer politischen Vergangenheit in die entsprechende Gruppe eingereiht. Außerdem werden zu ihrer Beurteilung die Bestimmungen angewendet, die für Bewerber gelten, die bereits einen anderen Beruf ausgeübt haben. – An Hand einer Statistik, die für die Göttinger Universität im Wintersemester erhoben wurde, erörterte Rektor Rein das Problem der Begabtenförderung, der seiner Ansicht nach erst einmal eine wirkliche Begabtenfindung vorausgehen muß. 22 Prozent der Väter aller Göttinger Studenten waren Akademiker und nur 0,8 Prozent Arbeiter. In der letzten Rektorenkonferenz wurde daher beschlossen, sobald wie möglich eine sinnvolle und gerechte Lösung dieses ungeheuer wichtigen Problems herbeizuführen. – Für mittellose Studenten aus dem Osten wurde ein Stipendienfonds gegründet.

Seit jeher gilt die Göttinger Universität als eine der besten Hohen Schulen der Naturwissenschaften und der Medizin. Diesen Ruf hat sie jetzt mit der Besetzung ihrer vierzehn Lehrstühle für Physik, Chemie und Mathematik durch die besten und anerkanntesten Vertreter dieser Wissenschaften erneut bestätigt. – Außer den Universitätsinstituten und den Instituten der Kaiser-Wilhelm-Gesellschaft, von denen vor allem das von L. Prandtl gegründete und geleitete weltbekannte Institut für Strömungsforschung zu nennen ist, beherbergt Göttingen augenblicklich nicht weniger als fünf Nobelpreisträger: Geheimrat Max Planck und die Professoren Otto Hahn, von Laue, Windaus und Heisenberg.

Interessante Einzelheiten sind aus der Arbeit des »Akademischen Hilfswerkes« in Göttingen zu berichten. Ihm untersteht das Studentische Wohnungsamt, das über 4000 Zimmer für Studenten verfügt. Für versehrte oder körperbehinderte Studenten ist ein Heim gegründet worden, in dem die Pflegebedürftigen unter der Obhut von Schwestern stehen. In jüngster Zeit ist der Bau der sogenannten »Akademischen Klause« genehmigt worden. Der Gebäudekomplex, dessen Finanzierung als gesichert gilt, wird aus kohleunabhängigem Baumaterial gebaut werden und wird vierundsechzig Ein- und Zwei-Zimmer-Wohnungen, eine Mensa, eine Wäscherei, eine Schusterwerkstatt und später auch ein einfaches Gästehaus erhalten. Die Wohnungen sind zunächst für Kriegsversehrte, für verheiratete Studenten und jüngere Dozenten vorgesehen. In dieser »collegeartigen« Klause soll sich ein neuartiges gemeinsames Universitätsleben entwickeln. – In Göttingen gibt es außer der Mensa im Kaufhaus Karstadt ein richtiges Studentenrestaurant mit 400 Plätzen. Dort können die Studenten für zehn Mark sieben Mittagessen und vier Abendessen einnehmen; vormittags wird Fleischbrühe, nachmittags Kaffee gereicht und abends soll manchmal sogar getanzt werden. Insgesamt werden täglich 2000 Mittagessen für Studenten zubereitet. Im gleichen Kaufhaus befindet sich eine Verkaufsabteilung, in der eine Lebensmittelgroßhandlung den Studenten ohne langes Anstehen die Lebensmittel verkauft, die ihnen auf Marken zustehen.

Die zehn ehemaligen Karzerzellen der Universität, die vielleicht nicht überflüssig wären, aber für ihren früheren Verwendungszweck nicht mehr gebraucht werden, sind in eine große Schusterwerkstatt verwandelt worden, deren Einrichtung eine Stiftung des Schweizer Roten Kreuzes ist. Das sind einige Beispiele, wie mit Tatkraft, Umsicht und gutem Willen den Studenten bei Schwierigkeiten geholfen werden kann, die bisher meist für unüberwindlich gegolten haben.

Auch außerhalb der Universität werden den Studenten Möglichkeiten gegeben, am kulturellen Leben teilzunehmen und sich in ihren Clubs ein eigenes kulturelles Leben zu gestalten. Außer der Universität besitzt Göttingen eine pädagogische Hochschule, ein Gymnasium, zwei Oberschulen, zwei Mittelschulen, fünf Volksschulen und eine Hilfsschule. Die Universitätsbibliothek, in der über eine Million Bücher stehen, zählt zu den größten in Deutschland.

54/8.7.1946

Walter Guggenheimer

Jean-Paul Sartre und die Verzweiflung

Paris, November 1945

Ein junger Philosophieprofessor kündigt einen Vortrag an, sein 800-Seiten-Werk über »Das Sein und das Nichts« gegen Mißverständnisse, von Halblesern bei Garnichtlesern angerichtet, zu verteidigen (Ganzleser haben es auch nicht leicht: es wimmelt von Sätzen wie: »Geburt ist das Auftauchen der absoluten Beziehung des Vergangen-Seins als ekstatisches Sein des Für-Sich im In-Sich«). Der Saal ist so überfüllt, daß nach einstündiger Verspätung Polizei den Sprecher an sein Pult geleiten muß. Er hat noch nicht begonnen, da sinkt, erstes vieler Opfer, ein junges Mädchen ohnmächtig vor ihm nieder. Eins aus dieser vibrierend gespannten, unbedingten Jugend, die, zusammengeschmolzen zu einem Elitegrüppchen, die letzte Chance des müden, demoralisierten Landes ist.

Jean-Paul Sartre, ihr vergötterter Mentor, hochmütiger »Normalien« (wer bei uns versagt, sagte mir einer der 200 Schüler dieser Spitzen-Universität Frankreichs, dem bleibt nur mehr übrig, eben an der Sorbonne zu promovieren!), Sartre, hochbegabter Dramatiker (»Les Mouches«, »Sursis«), erfolgreicher Romanschriftsteller, arrivierter Kritiker (er gibt »Temps Modernes« heraus, Nachfolger der politisch kompromittierten »Nouvelle Revue Française«). Sartre gilt der älteren Generation, soweit sie ihm nicht aus Snobismus huldigt, als verderblichster Jugendverführer.

Er ist Existentialist, hält dafür, die Existenz des Menschen gehe seiner Essenz voraus. Harmlos klingt es, aber damit beginnt ein fanatisch klarsichtiges Aufräumen, jedes vorgegebene Bild des Menschen, alle Beziehungsmöglichkeiten zwischen den »in sich« ruhenden Dingen und dem »für sich« seienden Bewußtsein gehen verloren. Im Menschen freilich sind beide: zwischen ihnen liegt, von ihm geschaffen, das Nichts, die zur Realität gewordene Negation: sie ist sein Stigma.

Selbst in der Zeit ist der Mensch keine Einheit, immer erneuter Beginn. Sucht das ruhelose Bewußtsein sich zum runden In-Sich zu verdichten, und das ist sein Streben, so verfällt es in Widerspruch. Möchte »zu dem werden, was Religionen Gott nennen«. Kein Wunder also: »Der Mensch ist eine vergebliche Passion«. Keiner kann dem anderen helfen (noch ihm schaden) – jedes Für-Sich sieht im anderen nur das gegenständliche In-Sich, und trostlos weiß es, auch ihm ist es selbst nur Objekt. Die Hölle, heißt es in »Huis Clos«, das sind die anderen. Eine absurde Welt? Sartre lächelt. Welch lateinischer Optimismus? Absurd? Woran wohl gemessen? – Schwindelnd ermißt das gemütlich säkularisierte Land, wieviel es von seinem christlich-mittelalterlichen Kulturfonds aufgezehrt hat.

Der Versuch wäre lächerlich, in wenigen Zeilen Sartres von Heidegger beeinflußten, mit Hegelscher Dialektik vorgetriebenen

Existentialismus zu umreißen. Es kann nur um ein Bild der Persönlichkeit gehen, die zu den allerbedeutendsten Trägern zeitgenössischen französischen Geisteslebens zählt. Das Sinnenhafte seiner Philosophie ist halluzinierend: jede abstrakte Formel wird zum psychologischen Phänomen (im tiefsten: kommt wohl von ihm her, und damit hängt Sartre an Proust und Faulkner), jede seelische Regung wieder zu einem unvergeßlichen sinnlichen Bild. Auf langen Seiten seines philosophischen Hauptwerkes reißt ihn ein uneindämmbares künstlerisches Temperament hin: würgender Ekel etwa vor der Viskosität, wie er den menschlichen Zwischenzustand zwischen wasserklarem, »wasserhartem« Bewußtsein und toter Gegenständlichkeit nennt. Alle seine Romanhelden – wohin ist das Wort gekommen! – sind irgendwie diesem Zustand verfallen, sie wühlen in unvorstellbarem Schmutz, gegen den alter Naturalismus und Gidesche Analytik wie Kindermärchen wirken. Der Ekel (»La Nausée«, heißt sein bekanntestes Romanwerk), das Entsetzen »vor dem Fleisch jetzt, dem Kadaver später« schüttelt diesen atheistischen Pascal. Aber »das Leben beginnt erst jenseits der Verzweiflung«. All diese frenetische Aufräumungsarbeit gilt einem überragenden Ziel: den verschütteten Begriff der menschlichen Freiheit auszugraben. »Die Wege zur Freiheit« heißt Sartres neue Romantrilogie, deren letzter, entscheidender Band noch aussteht. Freiheit ist nicht des Menschen Eigenschaft, sie ist identisch mit seiner Existenz, bestimmt in immer überholten Entscheidungen seine Essenz. Der Mensch existiert nur, insoweit er wählt – allein, ohne »Rechtfertigung«, ohne Hilfe, ohne Appell. Seine Entscheidungen wählen nicht in ein bestehendes Werte-System hinein, sie erschaffen es erst.

Davor erfaßt ihn jene existentielle Angst, die sein Lebenselement ist. Daher auch der ihm inhärente Selbstbetrug (la mauvaise foi): Liebe, Masochismus, Gleichgültigkeit, sexuelle Begierde, Sadismus, Haß – alles verzweifelte Versuche, in Sackgassen zu flüchten, der eisigen, mitleidlosen Freiheit zu entgehen (– das »Für-Sich« in widerlicher Viskosität irgendeinem »In-Sich« zu vermählen). Die Freiheit aber muß, in einsamem Heroismus, akzeptiert werden, ohne Schielen nach einem rettenden Maß, nach einer erlösenden Rechtfertigung. Es ist in Frankreich geprägt, das Wort von der »schmutzigen, kleinen Hoffnung«.

Hier liegt Sartres Faszination für die französische Jugend. Mit ihr ruft sie einem entmachteten Zeus zu: »Mir selbst ein Fremder, ich weiß es – außer aller Natur, gegen die Natur, un-ent-schuld-bar, ohne Zuflucht außer mir selbst. Aber ich werde nicht mehr zurückkehren unter Dein Gesetz: ich bin dazu verurteilt, kein anderes Gesetz zu haben als das meine.« In purpurne, prometheenhafte Tragik gehüllt, beschließen diese Jungen, ihren Pfad ins Weglose zu gehen. Und wenn sie erst alle einmal in dem von Sartre bitter gehaßten »Geist der Ernsthaftigkeit« versunken sind (noch so eine Flucht aus der Freiheit), Philosophie-Angestellte geworden und hörige Geliebte oder mißvergnügte Ehefrauen, dann wird ihr heutiger, erschütternder Ruf noch immer über manche europäische Länder hallen.

Die Sprachverwirrung freilich, die jetzt schon um Sartres Philosophie und Kunst herrscht, kann wohl kein Zufall sein: es wird wieder einmal am Turm von Babel gebaut.

Als Sartre neulich – anläßlich der Schweizer Erstaufführung seines Dramas »Huis Clos« – im Züricher Schauspielhaus einen Vortrag hielt, benutzte der Schriftsteller Peter Schmid die Gelegenheit zu einem Interview, dessen Ergebnisse in der »Weltwoche« vom 14. Juni abgedruckt wurden. Schmid schrieb dort unter anderem:

Wer Sartre nicht kennt, kann in seiner kürzlich erschienenen kurzen Schrift »L'existentialisme est un humanisme« eine gedrängte Darstellung seiner Lehren finden. »Der atheistische Existentialismus«, schreibt er da, »schließt aus der Nichtexistenz Gottes, daß es ein Wesen gibt, das existiert, ohne von irgendeinem höheren Willen bestimmt zu sein; dieses Wesen ist der Mensch. Er ist zunächst da, begegnet sich selber und der Welt und gibt sich nachher einen Sinn. Der Mensch, wie ihn der Existentialist sieht, ist undefinierbar, weil er zunächst nichts ist. Es gibt keine menschliche Wesensart, weil es keinen Gott gibt, der sie geschaffen hat. Der Mensch ist nichts anderes, als was er selber aus sich macht. Das ist das erste Prinzip des Existentialismus: die Subjektivität; der Mensch kommt nicht über sich selbst hinaus.«

Das heißt mit andern Worten, daß der Mensch zum Gott proklamiert wird, daß kein Gesetz mehr als das von ihm selbst gesetzte sein Dasein bestimmt, daß er frei ist, vollständig frei. Man könnte auf die Idee kommen, daß solch metaphysische Anarchie unweigerlich auch die menschlichen Ordnungen betreffen müßte. Diesem Vorwurf begegnet Sartre mit dem Argument, daß diese absolute Freiheit der Wahl die Verantwortlichkeit nicht ausschließt, ja, sie im Gegenteil erhöht und schmerzlicher macht, indem kein Gehorsam sie uns mehr erleichtert. »Der Mensch ist frei«, heißt mit anderen Worten: »Der

Mensch ist verlassen«, weil er keinen Punkt mehr findet, an den er sich klammern könnte, und Sartre sagt denn auch mit vollem Bewußtsein: »L'homme est condamné d'être libre.« (»Der Mensch ist zur Freiheit verurteilt.«)

Sartre sträubt sich heftig dagegen, als ein Nihilist bezeichnet zu werden. Als ich in einem kurzen persönlichen Gespräch mit ihm darauf hinwies, daß er durch Dichtungen, die das menschliche Dasein ausschließlich von der negativen Seite sähen, selber zu diesem Ruf beitrage, mahnte er heftig zu Geduld: »Die Leute mögen auf meinen dritten Band der ›Chemins de la liberté‹ warten: man muß zuerst niederreißen, bevor man aufbaut.« – »Ich könnte mir denken, daß dann auch eine Antwort auf die entscheidende Frage kommt, die in den ›Fliegen‹ offen bleibt«, fuhr ich fort, »nämlich was die von Glauben und Schuld befreite Gesellschaft von Argos nachher mit sich selber anfängt. Es scheint mir nämlich, daß ihr Drama dort aufhört, wo es eigentlich anfangen sollte.« – »Das ist einfach gesagt«, antwortete Sartre: »Sie würde die soziale Demokratie verwirklichen.« – »Und was kann eine soziale Demokratie einem Menschen geben, der nicht mehr weiß, wozu er auf der Welt ist?«, fragte ich zurück. Dieselbe Frage stellt sich, wenn Sartre in der erwähnten Schrift als neue Ethik den alten Kantschen Grundsatz aufstellt, daß eben die Erhaltung der menschlichen Gesellschaft das moralische Ziel darstelle, daß man so zu handeln habe, daß das Gesetz unseres Handelns als allgemeine Maxime gelten könnte, die Frage: »Wozu, wenn der Selbstmord ebenso konsequent, ja noch konsequenter wäre?« Ist das ein Humanismus, der den Menschen ohne Bindungen und ohne Werte in eine sinnlose Einsamkeit hinauswirft?

55/12.7.1946

Rudolf Schlichter

Kunst am Scheideweg

Die Aufnahme, die die Augsburger und andere Ausstellungen bei weiten Kreisen der Bevölkerung und besonders bei der jüngeren Generation, der sogenannten Frontgeneration finden, läßt uns ein bemerkenswertes Symptom erkennen, an dem wir nicht achtlos vorbeigehen dürfen, obwohl wir alle wissen, daß ein großer Teil der Äußerungen die Frucht einer jahrzehntelang gezüchteten Gedankenlosigkeit und systematischen Verhetzung sind. Die Erfahrung, die wir hier machten, ist gewiß schmerzhaft und stimmt traurig, sie soll uns aber auch zum Nachdenken anregen und uns nach dem tieferen Grund dieser Zeiterscheinung suchen lassen. Eins können wir ihr sicher entnehmen: Die heutige Situation ist eine andere als nach dem Ersten Weltkrieg. Die Avantgarde der Jugend und auch der größte Teil der aus dem Felde Heimkehrenden waren damals revolutionär; heute sind sie meist das, was man unter dem etwas antiquierten Sammelbegriff »Reaktionär« zusammenfaßt. Die kühnen Vorstöße der jüngeren Künstlergeneration gegen Routine und verkalkten Akademismus wurden seinerzeit von der zeitgenössischen Jugend mit Enthusiasmus begrüßt. Wenn auch vieles sich nachher als programmatischer Bluff herausstellte, eines brachte sie zumindest zuwege, dem heißen Drang der Neugestaltung, der sie beseelte, in einer Reihe bemerkenswerter Werke Ausdruck zu verleihen. Allein sehr bald bekam ihre Beschwingtheit ein anderes, sozusagen ein hippokratisches Gesicht. Sie ähnelte in kurzem weit eher den Konvulsionen eines Fallsüchtigen als dem unbekümmerten Ausbruch ungestümer Jugendkraft. Von heute her gesehen hat ihr Zustand etwas von der Euphorie eines Todkranken. Schon einige Jahre vor 1933 konnte es einem aufmerksamen Beobachter nicht entgehen, wie ein allmähliches Erlahmen des schöpferischen Impulses eintrat. Die nachfolgende Katastrophe bereitete dann diesem Dahinsiechen ein schreckliches Ende: es kam die lange Nacht der zwölf Jahre. Abgeschlossen von der Außenwelt zog sich ein großer Teil der Daheimgebliebenen in den elfenbeinernen Turm ihrer Kunst oder in das Refugium einer schöneren Vergangenheit zurück; sie isolierten sich und ertrugen tapfer den Verlust der Öffentlichkeit, einige wenige paßten sich an, ohne indes von der herrschenden Richtung eine besondere Förderung zu erfahren, manche verzweifelten angesichts der sie umbrandenden massiven Barbarei überhaupt an einer Wiederauferstehung der Kunst, und nicht wenige starben und verdarben in den Todeskammern des Dritten Reiches.

Die furchtbare Prüfung zeitigte indes auch ein positives Ergebnis: sie offenbarte die Schwächen und Fehlerquellen der im Vordergrunde agierenden Generation zwischen 1919 und 1933. Es klingt darum für die Ohren eines solchen Nachdenklichen wenig verheißungsvoll, wenn er hört, daß man dort wieder anknüpfen soll, wo sich doch offenkundig ein Vakuum herausgestellt hat. Man muß sich voll bewußt werden, daß wir heute vor einem Zusammenbruch stehen, der unvergleichlich größer ist als der von 1918 und diesmal ohne den Rettungsring einer sozialen und kulturellen Utopie. Wir ahnen, ein neues Weltzeitalter hebt an, und mehr denn je tut uns Selbstbesinnung not, mehr denn je in der Geschichte sind wir, zumal im kulturellen Bereich, jedes Maßstabes, jeder Vergleichsmöglichkeit beraubt. Wie will man heute Nichtkunst von Qualität, Bluff von echter Begabung, Mache von redlicher Bemühung unterscheiden? Was hat der Künstler einer kunsthungrigen Jugend, die durch die Hölle dieses Krieges gegangen ist, zu sagen? Woher soll er den gültigen Formkanon für eine allen verständliche Formensprache holen, nachdem er jede Möglichkeit eines Maßstabes auf den Kehrichthaufen überwundener Vorurteile geworfen hat? Brennende Fragen, die der Antwort harren und vor denen wir in die äußerste Verlegenheit geraten. Wie sehr befinden wir uns doch in jeder Hinsicht im Nachteil gegenüber den schaffenden Künstlern der Vergangenheit. Sie besaßen immerhin das, was man einen verpflichtenden Formkanon nennen könnte; er bestand im Glauben an einen dem Menschen innewohnenden objektiven Maßstab für alle Dinge der gegenständlichen Welt und in der Forderung nach möglichster Naturtreue, woraus sich ganz von selbst die Ehrfurcht vor dem Sichtbaren ergab, die uns an allen Schöpfungen jener großen Epochen auffällt. Die gesamte alte Kunst ging primär vom Sujet aus, die Bilder waren Predigten und Erzählungen aus der Heilsgeschichte und der Legende oder, wie bei den romanischen Völkern seit der Renaissance, Darstellungen antiker Götterfabeln und farbige Lobpreisungen des »bello vivere«. Jedenfalls waren sie das, was dem Geschmack der Heutigen am meisten zuwiderläuft: sie waren illustrativ. Die Behandlung der Form wurde kaum diskutiert, und wenn schon, dann in einem ganz anderen Sinn als heute; meistens wurde sie ganz einfach gelernt.

Dem gegenüber ist unsere Situation eine ungleich kompliziertere. So wie uns im Politischen ein festgegründetes, aus der geoffenbarten Wahrheit der Religion hergeleitetes und damit der individuellen Willkür entzogenes, Ordnungsprinzip fehlt, so fehlt uns auch im Bereiche der Kunst der Ansatzpunkt für ein sicheres Kriterium künstlerischer Gestaltung. Nachdem wir in den letzten 50 Jahren eine ununterbrochene Kette von Ideenrevolutionen und schweren Kataklysmen erlebten, müssen wir heute erkennen, daß sowohl der Verrat an politischen Ideologien als auch der an neuen Kunstformen ziemlich erschöpft ist. Es war im gewissen Sinne symbolhaft, daß zwischen 1920 und 1930 in einer Berliner Ausstellung (ich selbst war als Dadaist mit unter den Veranstaltern) ein Bild gezeigt werden konnte, das aus nichts weiter bestand als aus einem abgebrochenen Kaffeelöffel, einer Gabel und einer alten Brotschnitte mit aufgeleimtem Heringsskelett, dies alles auf ein farbiges Brettchen genagelt. Da auf diese vielsagende Selbstpersiflage aus dem Publikum kein ernsthafter Protest kam, durfte man nicht erwarten, durch weitere Neuheiten dieser Art noch irgend jemanden zu erschrecken. Eines war allerdings erreicht worden, eine weitgehende Diskreditierung der modernen Kunst. Um jedoch Mißverständnisse zu vermeiden, möchte ich hier ausdrücklich bemerken, daß ich in all diesen Umbrüchen und Umwertungen die unausweichliche und notwendige Folge der im 19. Jahrhundert errungenen »Freiheit« von allen Bindungen ansehe. Es wäre darum falsch und könnte nur von einer hoffnungslosen Verkrustung zeugen, die Bedeutung der Expressionisten, Kubisten und Dadaisten etwa zu verkennen oder gar gering zu schätzen. Das können nur Leute tun, die nie etwas von dem tragischen Herausgeworfensein des Menschen aus der Geborgenheit in sich verspürt haben. Es scheint mir, daß mit jener Revolution die Phase der Formzertrümmerung als abgeschlossen angesehen werden kann; eine Rückkehr auf diese Position ist innerlich unmöglich geworden. Die Abwendung eines Teils der heutigen Jugend (und nicht des schlechtesten Teils) von den Kunstrevolutionären von ehemals scheint übrigens die alte Erfahrung bestätigen zu wollen, daß nach einer entscheidenden Umwälzung die zum Zuge kommende Generation – was keine Frage des Alters ist – sich fast immer scharf ablehnend gegen die unmittelbar vorhergegangene Ausdrucksform wendet, dagegen weiter zurückliegenden Epochen oft ein mitfühlendes Verständnis entgegenbringt. So haben beispielsweise die Expressionisten am heftigsten den Impressionismus bekämpft, dessen direkte Nachfolger sie doch waren, dafür hatten sie aber für die Romantiker ein um so offeneres Herz.

Ich komme nun zum Fazit meiner Untersuchung. Wir müssen, meine ich, zunächst den Terminus »revolutionäre Kunst«, ja selbst den »moderne oder junge Kunst« fallen lassen. Eine revolutionäre Kunst ist nicht mehr möglich, möglich ist nur eine zeitnahe, deren Wurzeln jedoch ins Zeitlose reichen müssen. Was uns not tut, ist eine Rückwendung zu den verschütteten echten Quellen unseres Daseins, zum metaphysischen Grunde unseres Seins, also zu etwas Uraltem, aber im revolutionären Trubel unseres Zeitalters fast Vergessenem. Wir müssen wieder von vorne anfangen (ich meine damit nicht bei den Primitiven); Kunst soll und muß wieder Aussage werden. Aussage vom Hintergründigen unserer Existenz. Dies haben die Surrealisten erkannt. Allein auch die Surrealisten bleiben anscheinend auf halbem Wege stehen, allzusehr ist ihr Blick auf das ungesonderte Unbewußte gerichtet, zu einseitig beschränkt sich ihre Bildnerei auf die Sichtbarmachung unserer seelischen Unterwelt; der Traum vom Paradies fand, soweit mir bekannt ist, bisher noch keinen Platz in ihren Schöpfungen. Auch bei ihnen fehlt der Ansatzpunkt zu einem verbindlichen Formkanon, der letztlich nur aus dem festen Gefüge einer normativen Ethik gewonnen werden kann. Erst die Katastrophe, durch die wir hindurchgingen, hat uns diesen Mangel voll bewußt werden lassen.

Aus all dem dürfte nun wohl eines klar hervorgehen: es geht nicht mehr, an irgendwelche vor 1933 schon ranzig gewordene Ismen anzuknüpfen, sie 1946 weiterzufretten und dann langsam zu Tode zu reiten. Sollte es (da) vielleicht an Mut zur eigenen Sicht fehlen? Unsere Kunstbeflissenen haben ganz vergessen, daß ein echtes inneres Erlebnis, wenn es zum Ausdruck gelangt, schon in der ihm angemessenen Form erscheint, vorausgesetzt, daß der betreffende Künstler ein wirklicher Gestalter ist – innerlich voller Figur – und sein Handwerk versteht. Wir kommen weder mit l'art pour l'art, noch mit Popularisationen vergangener Ismen weiter. Es ist eben nicht wahr, daß Form und Farbe nur von Form und Farbe erzählen und von sonst nichts. Wir kommen nur weiter, wenn wir zum alten Wahren zurückkehren und dieses in der uns eigenen Sprache ausdrücken; dann sind wir zeitgemäßer und gegenwärtiger denn je. Darum rufe ich den Jungen wie den Alten zu – denn es ist wahrhaftig keine Altersfrage, sondern eine der Erlebniskraft –: Lernt wieder Formen nachbilden, nähert euch bescheiden der Rätselhaftigkeit ihrer Gestalt, ohne jenes verdächtige Schielen nach bluffender Scheinoriginalität. Erzählt unermüdlich, ohne Scheu und falsche Scham von dem, was um und in euch ist, selbst auf die Gefahr hin, Ungeheuerlichkeiten zutage zu fördern, erzählt es ohne überflüssige Formakrobatik. Erzählt von den Nöten eurer Seele und von ihren Aufschwüngen, erzählt vom Rätsel und vom Abenteuer der Freiheit, von eurer Wanderung durch Tod und Hölle, von euren Flügen zu den Sternen. Lernt wieder in Bildern und Zeichen reden; dann gebt ihr der Kunst ihre Würde wieder, die ein heilloses Geschlecht in selbstquälerischem Wahn den Mächten der Niederungen preisgab.

57/19.7.1946

Hermann Hesse
Brief nach Deutschland

Merkwürdig ist das mit den Briefen aus Ihrem Lande! Viele Monate bedeutete für mich ein Brief aus Deutschland ein überaus seltenes und beinahe immer ein freudiges Ereignis. Er brachte die Nachricht, daß irgendein Freund noch lebe, von dem ich lange nichts mehr erfahren und um den ich vielleicht gebangt hatte. Und er bedeutete eine kleine, freilich nur zufällige und unzuverlässige Verbindung mit dem Lande, das meine Sprache sprach, dem ich mein Lebenswerk anvertraut hatte, das bis vor einigen Jahren mir auch mein Brot und die moralische Rechtfertigung für meine Arbeit gegeben hatte. Ein solcher Brief kam immer überraschend, immer auf wunderlichen Umwegen, er enthielt kein Geschwätz, nur Wichtiges, war oft in großer Hast während der Minuten geschrieben, in denen ein Rot-Kreuz-Wagen oder ein Rückwanderer darauf wartete; oder er kam, in Hamburg, Halle oder Nürnberg geschrieben, nach Monaten auf dem Umweg über Frankreich oder Amerika, wohin ein freundlicher Soldat ihn bei seinem Heimaturlaub mitgenommen hatte. Dann wurden die Briefe häufiger und länger, hinzu kamen sehr viele aus den Kriegsgefangenenlagern in Ägypten und Syrien, aus Frankreich, Italien, England und Amerika, und unter diesen Briefen waren schon viele, die mir keine Freude machten und die zu beantworten mir bald die Lust verging. In den meisten dieser Gefangenenbriefe wurde sehr geklagt, es wurde auch bitter geschimpft, es wurde Unmögliches an Hilfe verlangt, es wurde höhnisch an Gott und Welt Kritik geübt und zuweilen geradezu mit dem nächsten Krieg gedroht. Ein Gefangener in Frankreich, kein Kind mehr, sondern ein Industrieller und Familienvater, mit Doktortitel und guter Bildung, stellte mir die Frage, was denn nach meiner Meinung ein gut gesinnter anständiger Deutscher in den Hitlerjahren hätte tun sollen? Nichts habe er verhindern, nichts gegen Hitler tun können, denn das wäre Wahnsinn gewesen, es hätte ihn Brot und Freiheit gekostet, und am Ende noch das Leben. Ich konnte nur antworten: die Verwüstung von Polen und Rußland, das Belagern und dann das irrsinnige Halten von Stalingrad bis zum Ende seinen vermutlich auch nicht ganz ungefährlich gewesen, und doch hätten die deutschen Soldaten es mit Hingabe getan. Und warum sie denn Hitler erst von 1933 an entdeckt hätten? Hätten sie ihn nicht zum mindesten seit dem Münchener Putsch erkennen müssen? Warum sie denn die einzige erfreuliche Frucht des ersten Weltkrieges, die deutsche Republik, statt sie zu stützen und zu pflegen, fast einmütig sabotiert, einmütig für Hindenburg und später für Hitler gestimmt hätten, unter dem es dann allerdings lebensgefährlich geworden sei, ein anständiger Mensch zu sein?

Ich erinnerte solche Briefschreiber auch gelegentlich daran, daß das deutsche Elend ja nicht erst mit Hitler begonnen habe, und daß schon im Sommer 1914 der trunkene Jubel des Volkes über Österreichs gemeines Ultimatum an Serbien eigentlich manchen hätte aufwecken können. Ich erzählte, was Romain Rolland, Stefan Zweig, Frans Masereel, Annette Kolb und ich in jenen Jahren durchzukämpfen und zu erleiden hatten. Aber darauf ging keiner ein, sie wollten überhaupt keine Antwort hören, keiner wollte wirklich diskutieren, wirklich an irgendein Lernen und Denken gehen.

Oder es schrieb mir ein ehrwürdiger greiser Geistlicher aus Süddeutschland, ein frommer Mann, der unter Hitler sich tapfer gehalten und vieles erduldet hatte: Erst jetzt habe er meine vor fünfundzwanzig Jahren geschriebenen Betrachtungen aus dem ersten Weltkrieg gelesen und müsse ihnen als Deutscher und als Christ Wort für Wort beistimmen. Aber ehrlicherweise müßte er auch sagen: wären diese Schriften ihm damals, als sie neu und aktuell waren, unter die Augen gekommen, so hätte er sie entrüstet weggelegt, denn er sei damals, wie jeder anständige Deutsche, ein strammer Patriot und Nationalist gewesen. Häufiger und häufiger wurden die Briefe, und jetzt, weil sie wieder mit der gewöhnlichen Post kommen, läuft mir Tag um Tag eine kleine Sintflut ins Haus, viel mehr als gut ist und als ich lesen kann. Doch sind es zwar Hunderte von Absendern, aber im Grunde doch nur fünf oder sechs Arten von Briefen. Mit Ausnahme nämlich der wenigen ganz echten, ganz persönlichen und unwiederholbaren Dokumente dieser großen Notzeit – und zu diesen wenigen gehört als einer der besten Ihr lieber Brief – sind diese vielen Schreiben Ausdruck bestimmter, sich wiederholender, oft allzu leicht erkennbarer Haltungen und Bedürfnisse. Sehr viele von ihren Verfassern wollen bewußt oder unbewußt teils dem Adressaten, teils der Zensur, teils sich selber ihre Unschuld am deutschen Elend beteuern, und nicht wenige haben ohne Zweifel gute Ursache zu diesen Anstrengungen.

Da sind nun zum Beispiel alle jene alten Bekannten, die mir früher jahrelang geschrieben, damit aber in dem Augenblick aufgehört hatten, als sie merkten, daß man sich durch Briefwechsel mit mir, dem

Wohlüberwachten, recht Unangenehmes zuziehen könne. Jetzt teilen sie mir mit, daß sie noch leben, daß sie stets warm an mich gedacht und mich um mein Glück, im Paradies der Schweiz zu leben, beneidet hätten, und daß sie, wie ich mir ja denken könne, niemals mit diesen verfluchten Nazis sympathisiert hätten. Es sind aber viele dieser Bekenner jahrelang Mitglieder der Partei gewesen. Jetzt erzählen sie ausführlich, daß sie in all diesen Jahren stets mit einem Fuß im Konzentrationslager gewesen seien, und ich muß ihnen antworten, daß ich nur jene Hitlergegner ganz ernst nehmen könne, die mit beiden Füßen in jenen Lagern waren, nicht mit dem einen im Lager, mit dem anderen in der Partei.

Auch erinnere ich sie daran, daß wir hier im Paradies der Schweiz während der Kriegsjahre jeden Tag mit dem freundlich-nachbarlichen Besuch der braunen Teufel haben rechnen müssen, und daß in unserem Paradies auf uns Leute von der schwarzen Liste schon die Gefängnisse und Galgen warteten. Immerhin gebe ich zu, daß je und je die Neuordner Europas uns schwarzen Schafen auch lockende Köder hingehalten haben. So wurde ich zu einer Zeit, als ich bei Goebbels und Rosenberg schon ganz unten durch war, zu meinem Erstaunen durch einen bekannten Miteidgenossen eingeladen, auf seine Kosten nach Zürich zu kommen, um mit ihm eine Aufnahme in den vom Ministerium Rosenberg gegründeten Bund der europäischen Kollaborationisten zu besprechen.

Dann gibt es treuherzige alte Wandervögel, die schreiben mir, sie seien damals, so etwa um 1934, nach schwerem inneren Ringen in die Partei eingetreten, einzig, um dort ein heilsames Gegengewicht gegen die allzu wilden und brutalen Elemente zu bilden und so weiter.

Andere wieder haben mehr private Komplexe und finden, während sie im tiefen Elend leben und von wichtigeren Sorgen umgeben sind, Papier und Tinte und Zeit und Temperament im Überfluß, um mir in sehr langen Briefen ihre tiefe Verachtung für Thomas Mann auszusprechen und ihr Bedauern oder ihre Entrüstung darüber, daß ich mit einem solchen Mann befreundet sei.

Und wieder eine Gruppe bilden jene, die offen und eindeutig all die Jahre mit an Hitlers Triumphwagen gezogen haben, einige Kollegen und Freunde aus früheren Zeiten her. Sie schreiben mir jetzt rührend freundliche Briefe, erzählen mir eingehend von ihrem Alltag, ihren Bombenschäden und häuslichen Sorgen, ihren Kindern und Enkeln, als wäre nichts gewesen, als wäre nichts zwischen uns, als hätten sie nicht mitgeholfen, die Angehörigen und Freunde meiner Frau, die Jüdin ist, umzubringen und mein Lebenswerk zu diskreditieren und schließlich zu vernichten. Nicht einer von ihnen schreibt, er bereue, er sehe die Dinge jetzt anders, er sei verblendet gewesen. Und auch nicht einer schreibt, er sei Nazi gewesen und werde es bleiben, er bereue nichts, er stehe zu seiner Sache. Wo wäre je ein Nazi zu seiner Sache gestanden, wenn diese Sache schief ging? Ach, es ist zum Übelwerden.

Eine kleinere Zahl von Briefschreibern erwartet von mir, ich solle mich heute zu Deutschland bekennen, solle hinüberkommen, solle an der Umerziehung mitarbeiten. Weit größer aber ist die Zahl derer, die mich auffordern, draußen in der Welt meine Stimme zu erheben und als Neutraler und als Vertreter der Menschlichkeit gegen Übergriffe oder Nachlässigkeit der Besetzungsarmeen zu protestieren. So weltfremd, so ohne Ahnung von der Welt und der Gegenwart, so rührend und beschämend kindisch ist das!

Wahrscheinlich kommt Ihnen all dieser teils kindliche, teils bösartige Unsinn gar nicht erstaunlich vor, wahrscheinlich kennen Sie all das besser als ich. Sie deuten ja an, daß Sie mir einen langen Brief über die geistige Situation in Ihrem armen Lande geschrieben haben, ihn aber aus Zensurgründen zurückbehielten. Nun, ich wollte Ihnen nur einen Begriff davon geben, womit jetzt die größere Hälfte meiner Tage und Stunden ausgefüllt ist, und wollte damit auch erklären, warum ich diesen Brief an Sie drucken lasse. Ich kann nämlich die Haufen von Briefen, von denen die meisten ohnehin Unmögliches verlangen und erwarten, natürlich nicht beantworten, und doch sind unter jenen Briefen solche, denen mich ganz zu entziehen mir nicht erlaubt schiene. Ihren Verfassern werde ich nun diesen gedruckten Brief schicken, schon weil sie alle so wohlmeinend und besorgt nach meinem Ergehen fragen …

Ich bin alt und müde geworden, und die Zerstörung meines Werkes hat meinen letzten Jahren den Grundton von Enttäuschung und Kummer gegeben. Zu den guten Dingen, für deren Aufnahme und Genuß ich noch Organe habe, die mir Freude machen und das Dunkle übertönen können, gehören die seltenen, aber doch vorhandenen Zeichen für das Weiterleben eines echten geistigen Deutschland, die ich nicht in der Betriebsamkeit der jetzigen Kulturmacher und Konjunkturdemokraten Ihres Landes suche und finde, sondern in solchen beglückenden Äußerungen der Entschlossenheit, Wachheit und Tapferkeit, der illusionslosen Zuversicht und Bereitschaft, wie Ihr Brief eine ist. Dafür sage ich Ihnen meinen Dank. Hütet den Keim, bleibt dem Lichte und Geiste treu. Ihr seid sehr Wenige, aber vielleicht das Salz der Erde!

61/2.8.1946

Alfred Andersch
Das junge Europa formt sein Gesicht

In dem zerstörten Ameisenberg Europa, mitten im ziellosen Gewimmel der Millionen, sammeln sich bereits kleine menschliche Gemeinschaften zu neuer Arbeit. Neue Gedanken breiten sich über Europa aus. Die Bedrohung, die hinter uns liegt, und diejenige, die unser wartet, hat nicht zur lähmenden Furcht geführt, sondern nur unser Bewußtsein dafür geschärft, daß wir uns im Prozeß einer Weltwende befinden.

Die Träger dieses europäischen Wiedererwachens sind zumeist junge, unerkannte Menschen. Sie kommen nicht aus der Stille von Studierzimmern – dazu hatten sie keine Zeit –, sondern unmittelbar aus dem bewaffneten Kampf um Europa, aus der Aktion. In Frankreich scharen sie sich um die Gruppe der »Existentialisten« und deren Mentor Jean-Paul Sartre, oder sie bilden Experimentierzellen in den bestehenden Parteien, so etwa Emmanuel Mounier mit dem »Esprit« in der jungen Partei Bidaults oder Aragon bei den Kommunisten. Ihr Leben in den letzten Jahren war gleichbedeutend mit dem Leben der französischen »résistance«. Kristallisationspunkte des jungen Italiens sind der aus der Emigration zurückgekehrte Dichter Ignazio Silone oder Ferruccio Parri, der Leiter der Aktionspartei. Der Sieg der Labour Party in England ist nicht denkbar ohne die innere Erneuerung der Arbeiterbewegung durch ihre jungen Kräfte. Skandinavien gab seine besten Geister in diesem Krieg: den dänischen Pfarrer Kaj Munk und den jungen norwegischen Dichter Nordahl Grieg, der über Berlin abstürzte. Diese Namen sind nur die äußerlichen Zeichen einer Bewegung, in der sich, wenn auch noch zögernd und unklar, so doch schon in großer Tiefe und Breite, die europäische Jugend manifestiert.

Das Gesetz, unter dem sie antritt, ist die Forderung nach europäischer Einheit. Das Werkzeug, welches sie zu diesem Zweck anzusetzen gewillt ist, ist ein neuer, von aller Tradition abweichender Humanismus, ein vom Menschen fordernder und an den Menschen glaubender Glaube, ein sozialistischer Humanismus.

Sozialistisch – das meint in diesem Fall, daß Europas Jugend »links« steht, wenn es sich um die soziale Forderung handelt. Sie vertritt wirtschaftliche Gerechtigkeit und weiß, daß diese sich nur im Sozialismus verwirklichen läßt. In einem wirklichen Sozialismus, nicht in »sozialen Reformen«. Der Menschengeist hat eine Stufe erreicht, auf der ihm der private Besitz von Produktionsmitteln ebenso absurd erscheint wie vor 2000 Jahren die Sklaverei. Die sozialistische Forderung schließt die Forderung nach einer geplanten Wirtschaft ein. »Links« steht dieser Geist ferner in seiner kulturellen Aufgeschlossenheit, seiner Ablehnung nationaler und rassischer Vorurteile, seiner Verhöhnung des provinziellen Konservativismus.

Humanistisch aber ist Europas Jugend in ihrem unerschöpflichen Hunger nach Freiheit. Humanismus bedeutet ihr Anerkennung der Würde und Freiheit des Menschen – nicht mehr und nicht weniger. Sie wäre bereit, das Lager des Sozialismus zu verlassen, wenn sie darin die Freiheit des Menschen aufgegeben sähe zugunsten jenes alten orthodoxen Marxismus, der die Determiniertheit des Menschen von seiner Wirtschaft postuliert und die menschliche Willensfreiheit leugnet. Fanatismus für das Recht des Menschen auf seine Freiheit ist kein Widerspruch in sich selbst, sondern die große Lehre, welche die Jugend Europas aus der Erfahrung der Diktatur zieht. Sie wird den Kampf gegen alle Feinde der Freiheit fanatisch führen.

Eine starke Wurzel dieses doppelten Suchens nach Freiheit und sozialer Gerechtigkeit liegt in dem religiösen Erlebnis, das die junge Generation aus dem Kriege mitbringt. Echte Religion ist nicht möglich, wo der Mensch Bluts- oder Klassengesetzen unterstellt wird, die er angeblich nicht durchbrechen kann. Nichts beweist die Freiheit des Menschen mehr als seine freie Entscheidung für oder gegen Gott.

Der Inhalt des jungen Denkens bedingt die Haltung seiner Träger. Sie fordern nicht nur richtiges Denken, sie fordern auch das dazugehörige Leben. Besonders Sartre und die jungen Kämpfer aus der »résistance« fordern diese Übereinstimmung von Tat und Gedanken, die bruchlose Existenz.

Von hier aus spannt sich ein dünnes, sehr gewagtes Seil über einen Abgrund hinweg zu einer anderen Gruppe junger Europäer, die sich in den letzten Jahren ebenfalls unter rücksichtsloser Hingabe ihrer ganzen Person eingesetzt hat. Wir meinen das junge Deutschland.

Es stand für eine falsche Sache. Aber es stand. In durchaus jenem existentiellen Sinne, den Sartre und seine französischen Kameraden meinen. Das dünne Seil, das die feindlichen Lager verknüpft, heißt also Haltung, Gemeinsamkeit der Haltung und des Erlebens, unabhängig von Ideologie und Ethos. Eines Tages werden einige waghalsige Seiltänzer versuchen, über den Abgrund zu kommen, neue Taue zu knüpfen, vielleicht eine stabile Brücke zu errichten, auf der die jungen Deutschen in das gemeinsame europäische Lager kommen können. Uns scheint – trotz aller Verbrechen einer Minderheit – der Brückenschlag zwischen den alliierten Soldaten, den Männern des europäischen Widerstandes und den deutschen Frontsoldaten durchaus möglich. Eher möglich jedenfalls als der zwischen den neuen, aus dem Kampf geborenen Tendenzen Europas und dem Denken der älteren deutschen Generation, die in der Unverbindlichkeit ihres Toleranzbegriffs dem Unhold seinen Gang zur Macht erlaubte.

Wir sehen im großen ganzen nur zwei Mittel, mit Hilfe derer ein solcher Brückenbau möglich wäre. Eines ist heute in aller Munde. Es heißt »reéducation«. Kein schönes Wort. Jedenfalls nicht sehr viel schöner als das nationalsozialistische Wort von der »Umschulung«. Hat man sich einmal wirklich vorgestellt, wen man rückerziehen will? Können junge Menschen, die sechs Jahre lang fast ununterbrochen dem Tod gegenüberstanden, noch einmal zu Objekten eines Erziehungsprozesses gemacht werden? Soll Erziehung, Bildung, Belehrung hier konkurrieren mit einer Erlebnissphäre, in der in jeder Stunde die ganze menschliche Existenz aufs Spiel gesetzt wurde?

Vielleicht geht es aber nur, wenn dann wirklich der ganze Enthusiasmus der angelsächsischen Völker für Erziehung wie eine alles mitreißende Woge über das Land geht. Wenn wirklich die besten Lehrer, Erzieher, Künstler und Jugendführer nach Deutschland kommen. Wenn Bildung nicht Belehrung bleibt, sondern zum tiefsten Erlebnis wird, zu einem Erlebnis, welches das andere große Erlebnis, den Tod, in sein Schattenreich zurückdrängt. Daß so etwas möglich ist, beweist das große Experiment, das man mit 30 000 deutschen Kriegsgefangenen in den USA angestellt hat. Ob man den Versuch im großen wiederholen wird, wissen wir nicht; wir können ihn uns wünschen, aber wir können ihn nicht fordern.

Es bleibt also nur der andere Weg, der selbständige, der, den die junge Generation Deutschlands allein zu gehen hat. Die Wandlung als eigene Leistung.

Und sie ist schon im Gange. Der Beitrag, den Deutschland zur europäischen Neuformung liefert, ist nicht gering. Ein Teil dieser deutschen Arbeit wird vom Ausland her geleistet, aus den versprengten Gruppen der Geflüchteten. Nicht nur alte bekannte, sondern auch junge unbekannte Wissenschaftler aus den Reihen der deutschen Emigration wirken vornehmlich an den Universitäten und Instituten der USA, in Yale und Harvard, am Institute of World Affairs in New York und arbeiten dort an der Synthese von sozialistischen und humanistischen Gedanken. Die analytische Arbeit in Geschichte, Staatswissenschaft und Soziologie, die sie vollbringen, wird, wenn sie erst einmal in Deutschland bekannt wird, das deutsche Weltbild entscheidend beeinflussen. Diese aus Deutschland geflüchteten jungen Männer und Frauen haben ihr Leben im Exil in Spanien und im europäischen Untergrund existentiell »richtig« gelebt.

Indem Amerika alle diese Menschen aufnahm und ihnen die Möglichkeit des Arbeitens gewährte, schuf es sich selbst ein Feld der geistigen Einwirkung auf die zukünftige europäische Entwicklung. Überhaupt scheinen Amerika und Europa die Rollen vertauscht zu haben: mit seiner zweihundertjährigen republikanischen Tradition und seiner Fähigkeit, den Geist der Freiheit zu pflegen und zu behüten, ist Amerika im Begriffe, zur mütterlichen Brutstätte einer europäischen Erneuerung zu werden. Das bedeutet für Deutschland, daß die Emigration für uns fruchtbar werden muß, Emigration kann überhaupt nur leben aus der Erwartung der Heimkehr. Wir fordern und erwarten die Vereinigung der Emigration mit Deutschlands junger Generation.

Denn diese junge deutsche Generation, die Männer und Frauen zwischen 18 und 35 Jahren, getrennt von den Älteren durch ihre Nicht-Verantwortlichkeit für Hitler, von den Jüngeren durch das Front- und Gefangenschaftserlebnis, durch das »eingesetzte« Leben also – sie vollziehen die Hinwendung zum neuen Europa mit leidenschaftlicher Schnelligkeit. Das Ausland hat diese Entwicklung noch nicht bemerkt, zum Teil, weil es sie nicht bemerken will, zum Teil, weil es die Symptome falsch deutet. Die Negation, in der heute die jungen Deutschen leben, ist nicht das Zeichen eines endgültigen Triumphs des Nihilismus, sondern sein Gegenteil. Die negierende Haltung aller »Belehrung« gegenüber beweist, daß man das Erlebnis der Freiheit sucht, daß man den radikalen Neubau will. Der neue Geist der deutschen Jugend drückt sich auch in dem unermeßlichen Hunger aus, die geistige Entwicklung der letzten Jahre nachzuholen. Aber eben nicht im Sinne einer nachzuholenden Schule, sondern eines zu lebenden Lebens. Dazu müssen die neuen Gedanken Europas in Deutschland freilich erst bekanntgemacht werden. Die Bestrebungen, in Kontakt zu kommen, sind zahllos. Die europäische Bewegung zur Einheit in sozialistischer Praxis und humanistischer Freiheit wird gerade von den jungen Kräften unermüdlich vorwärtsgetrieben. So entsteht langsam ein Bild, das sich von dem üblen Klischee, das man mit dem Wort von der »verlorenen Generation« schuf, wesentlich unterscheidet.

Es wird nicht lange mehr dauern, bis die junge Generation Deutschlands »aufgeholt« haben wird. Ihre Losung lautet schon jetzt: Die Erzieher müssen überholt werden. Auf keinen Fall wird sich das junge Deutschland von dem jungen Europa abschneiden lassen. Es wird auch nicht schwerfällig und widerstrebend dahinterher trotten. Schon deshalb nicht, weil das junge Europa ohne das junge Deutschland nicht existieren kann.

66/19.8.1946

Hans Wallenberg
Beim Anblick der Einundzwanzig

»Wenn ich mit Menschen- und Engelszungen redete und hätte der Liebe nicht, so wäre ich ein tönendes Erz oder eine klingende Schelle.« 1. Korintherbrief, Kap. 13

Am 23. September wird der Erste Internationale Militärgerichtshof das Urteil gegen einundzwanzig als Hauptkriegsverbrecher angeklagte führende Männer des Dritten Reiches verkünden. Sie alle hatten am vergangenen Sonnabend Gelegenheit und nahmen die Gelegenheit wahr, ihr letztes Wort zu sprechen, ehe die Richter sich zur Urteilsfindung hinter die verschlossenen Türen des Beratungssaales zurückzogen. Drei Wochen trennen die Welt und die Angeklagten von einem Ereignis, auf das sie seit über zehn Monaten warten …

*

Die Angeklagten haben, von einigen Ausnahmen abgesehen, nicht der Versuchung widerstanden, das Tribunal zur Szene zu machen. Mit dem Blick auf ihre Richter geheftet, haben sie Reden an die Deutschen gehalten, wo sie sich zu den ihnen zur Last gelegten Verbrechen hätten äußern sollen. Diese Verbrechen zu leugnen, das wäre ihnen angesichts des überwältigenden Beweismaterials und angesichts der Millionen noch im ewigen Verstummen beredten Opfer unmöglich gewesen. So gaben sie die Verbrechen denn zu – in einer eigentümlich distanzierten Weise, auf deren Wesen und Ziel später eingegangen werden soll. Göring sprach von den »furchtbaren Massenmorden«, von den »schwersten Verbrechen, die am geheimnisvollsten verschleiert wurden«; Streicher von den »Massentötungen, die ausschließlich auf Befehl des Staatsführers Adolf Hitler erfolgten«; Frank von Hitlers Weg, »der der vermessene Weg ohne Gott, der Weg des Verderbens und des Todes, eines entsetzlichen Abenteurers ohne Gewissen und Ehrlichkeit war«; Schacht von dem »ungeheuerlichen Betrug Hitlers«, von dem Irrtum, »das Ausmaß der Verbrechernatur Hitlers nicht früh genug erkannt zu haben«; Schirach von den »in diesem Prozeß festgestellten Auswüchsen und Entartungen des Hitlerregimes«; Dönitz desavouierte das Führerprinzip, »weil die menschliche Natur offenbar nicht stark genug ist, die Macht eines solchen Prinzips zum Guten zu nutzen, ohne den Versuchungen dieser Macht zu erliegen«; Rosenberg bezeichnete die »hier im Prozeß erwiesene Praxis der deutschen Staatsführung im Kriege« als eine »... auch von mir zutiefst verurteilte Entartung«; Keitel, der bekennt, den Führerbefehl mit den »schrecklichen« Worten: »Das menschliche Leben in den besetzten Gebieten gilt weniger als nichts« weitergegeben zu haben, erklärte: »Ich würde lieber den Tod wählen, als mich noch einmal in die Netze so verderblicher Methoden ziehen zu lassen.« Er schloß mit den Worten: »Ich habe geglaubt, ich habe geirrt und war nicht imstande zu verhindern, was hätte verhindert werden müssen.« Kaltenbrunner, der »heute von Hitler abgerückt« ist, hat »niemals die biologische Ausrottung des Judentums gebilligt«, und, weit davon entfernt, sie als Tatsache des Dritten Reiches zu leugnen, behauptet er, »daß die Einstellung der Judenvernichtung« (was für ein grauenhaftes Wort!) »nicht zuletzt auf mein Einwirken auf Hitler zurückzuführen ist«. Sauckel, der ewige Seemann, hat »den Hitler dieses Prozesses nie gekannt«, »nie daran gedacht, fremde Menschen zu Sklaven zu machen, nie Morde und Mißhandlungen geduldet«, ohne sie doch als erwiesene Tatsachen zu leugnen. Und genau so distanziert sich Fritzsche, wenn er sagt: »Zwischen diesen Verbrechern und mir gibt es nur eine einzige Verbindung: sie haben mich nur in anderer Weise mißbraucht als diejenigen, die ihnen körperlich zum Opfer fielen.«

Es gilt demnach als wichtigstes bisheriges Ergebnis des Nürnberger Prozesses festzuhalten: *die Angeklagten haben direkt oder implicite die Verbrechen eingestanden*, mit denen die Erinnerung an das im Dritten Reich verwirklichte politische System unauslöschlich verknüpft sein wird; Verbrechen, deren Opfer alle Völker Europas, das deutsche eingeschlossen, geworden sind. *Anders steht es mit dem Bekenntnis zur Täterschaft.* Nur der Angeklagte Frank hat sich veranlaßt gesehen, ein uneingeschränktes Schuldbekenntnis abzulegen und, wenn man so will, seine Rechnung mit dem Himmel zu machen. Nur er will »auf der Welt keine versteckte Schuld unerledigt zurücklassen«: »Adolf Hitler – der Hauptangeklagte –«, so führte Frank aus, »ist dem deutschen Volk und der Welt sein Schlußwort schuldig geblieben. In der tiefsten Not seiner Nation fand er kein heilsames Wort. Er erstarrte und waltete nicht seines Führeramtes, sondern ging als Selbstmörder fort ins Dunkle. War es Verstocktheit, Verzweiflung oder Trotz gegen Gott und Menschen, in dem Sinne etwa: ›Muß ich zugrunde gehen, mag auch das deutsche Volk zur Tiefe fahren.‹ – Wer mag es ergründen?

Wir – und wenn ich nun per ›wir‹ spreche, dann meine ich mich und jene Nationalsozialisten, die mit mir in diesem Bekenntnis einig sind, zunächst nicht die Mitangeklagten, für die zu sprechen ich nicht befugt bin – sollen nicht in gleicher Weise das deutsche Volk seinem Schicksal wortlos überlassen. Wir wollen nicht einfach sagen: ›Nun seht zu, wie ihr mit dem Zusammenbruch fertig werden könnt, den wir euch hinterlassen haben‹. Wir tragen auch jetzt noch – vielleicht wie nie zuvor – eine große geistige Verantwortung. Wir haben am Anfang unseres Weges nicht geahnt, daß die Abwendung von Gott solche verderblichen, tödlichen Folgen haben könnte, und daß wir zwangsläufig *immer tiefer in Schuld verstrickt* werden könnten. Wir haben es damals nicht wissen können, daß soviel Treue und Opfersinn des deutschen Volkes von uns so schlecht verwaltet werden könnte. So sind wir in der Abwendung von Gott zuschanden geworden und mußten untergehen. Es waren nicht technische Mängel und unglückliche Umstände allein, wodurch wir den Krieg verloren haben, es war auch nicht Unglück und Verrat: Gott vor allem hat das Urteil über Hitler gesprochen und vollzogen über ihn und das System, dem wir in gottferner Geisteshaltung dienten. Darum möge auch unser Volk von dem Weg zurückgerufen sein, auf dem Hitler und wir mit ihm es geführt haben. Ich bitte unser Volk, daß es nicht verharrt in dieser Entwicklung und nicht weiterschreitet in dieser Richtung, auch nicht einen

Schritt. Denn Hitlers Weg war der vermessene Weg ohne Gott, der Weg der Abwendung von Christus, und in allem letzten Endes der Weg politischer Torheit, der Weg des Verderbens und des Todes. Sein Gang wurde mehr und mehr der eines entsetzlichen Abenteurers ohne Gewissen und Ehrlichkeit, wie ich heute weiß am Schluß dieses Prozesses.

Ich denke, daß man mir die Möglichkeit einer Verteidigung und damit einer Rechtfertigung gegeben hat zu den Belastungen, die gegen mich vorgebracht wurden. Ich denke dabei an all diese Opfer von Gewalt und Grauen der furchtbaren Kriegsereignisse: mußten doch *Millionen vergehen, ungefragt und ungehört* ... Ich habe das Kriegstagebuch über meine Erklärungen und Handlungen in der Stunde abgegeben, die mir die Freiheit nahm. Wenn ich wirklich einmal hart war, dann war ich es in diesem Augenblick der Offenlegung meines Handelns im Kriege vor allem mir selbst gegenüber. Ich will auf der Welt keine versteckte Schuld unerledigt zurücklassen. Im Zeugenstand habe ich die Verantwortung für das übernommen, für was ich einzustehen habe. Ich habe auch jenes Maß von Schuld anerkannt, das auch mich als nationalsozialistischen Vorkämpfer Adolf Hitlers, seiner Bewegung und seines Reiches trifft.«

*

Soweit Frank. *Die meisten anderen Angeklagten* – bis auf die, für die Hitler und Himmler die Alleinschuldigen sind – *versuchen, das Verbrechen des Dritten Reiches in die Anonymität zu verbannen,* als habe es sich selber begangen wie ein unfaßbarer Spuk; als sei es zuerst über Deutschland und dann über die ganze Welt aus dem Nichts hereingebrochen, ohne ursächlichen Zusammenhang mit ihrem System, ohne Folge, ohne Sinn und ohne Absicht. Alle sind sie auf der Suche nach dem unbekannten Täter. Kein einziger von ihnen – und jeder war einst mit schier unbegrenzter Macht ausgestattet – will die Macht gehabt haben, sich über das Grauen, das sie verbreiteten oder verbreiten ließen durch willfährige Schergenhände, zu unterrichten; kein einziger will die Möglichkeit gehabt haben, es zu verhindern, wo die Kunde davon schließlich doch ihre Ohren erreicht habe. Sie, die sich jahrelang mit Verantwortungen wie mit Titeln, Orden und Vermögen, mit Schlössern und Kunstschätzen und Wohlleben geschmückt hatten, weisen heute die Verantwortung weit von sich. Die Verantwortung heute zu leugnen, fällt ihnen ebenso leicht, wie es ihnen einst leicht gefallen ist, die Verantwortung »zu übernehmen«. Daß ihnen der Inhalt dieses Begriffes, so sehr sie ihn im Bösen mehr als im Guten gehandhabt haben, völlig fremd und wesenlos geblieben ist, das gerade kennzeichnet ihr totalitäres System, ihr Führerprinzip der Gewissenlosigkeit.

Greifen wir den Fall Göring heraus. Die Verhandlungen in Nürnberg haben erwiesen, daß Göring für eine große Anzahl von unbeschreiblichen Grausamkeiten direkt verantwortlich ist. Machen wir uns aber einen Augenblick lang die These zu eigen, die Göring in seinem Schlußwort zu verfechten unternimmt: »Die Anklage führt die Tatsache, daß ich der zweite Mann im Staate war, als Beweis an, daß ich alles, was geschehen sei, gewußt haben müsse. Sie bringt keinerlei dokumentarisches oder sonstiges stichhaltiges Beweismaterial dort vor, wo ich dieses Wissen oder gar Wollen unter Eid bestritten habe. Es ist also nur eine Behauptung oder Vermutung, wenn die Anklage sagt: wer sollte dies nicht gewußt haben, wenn nicht Göring als Nachfolger des Führers.« Was anderes würde das bedeuten als die Entlastung Görings auf Kosten eines Systems, das er selber an hervorragender Stelle errichten half. Würden wir ihm wirklich glauben, daß er »niemals, an keinem Menschen und zu keinem Menschen und zu keinem Zeitpunkt einen Mord befohlen und ebensowenig sonstige Grausamkeiten angeordnet oder geduldet, wo er die Macht und das Wissen gehabt hatte, solche zu verhindern«, wie er jetzt behauptet, so wäre die Schuld der Verantwortung, die er trüge, nur um so größer. Denn er vor allen anderen – mit Ausnahme Hitlers und Himmlers vielleicht – hat dafür gesorgt, daß Deutschland dem Dunkel verfiel, in dem (seine Worte) »die schwersten Verbrechen am geheimnisvollsten verschleiert wurden«. Jenem Dunkel, in dem der Mord so viele Kanäle durchschlich, daß die Hand, die ihn ausführte, von der Hand, die ihn befahl, nichts mehr wußte; daß der Tod nicht mehr die Folge eines Urteils, sondern die selbstverständliche Begleiterscheinung eines Systems, eine Institution wurde, die in aller Öffentlichkeit die ordentlichen Gerichte im Lande umging.

An der Schaffung dieser Institution sind die meisten Angeklagten mitarbeitend und mitduldend beteiligt. Wenn sie jetzt vor ihren Richtern so zivilisierte Töne finden, um ihre strafrechtliche Schuld abzuleugnen und sich auf die selige Insel der »historischen Schuld« – alles war nur ein wohlgemeinter Irrtum – zurückziehen wollen, haben sie dann ganz und gar vergessen oder wollen sie die Welt jene Töne vergessen machen, die sie in der Fülle ihrer Macht gesprochen haben, jene Töne, aus denen das Elend der Völker geströmt ist, und für die es, ganz im Gegensatz zu Görings lächerlicher Behauptung, in den Reden fremder Staatsmänner absolut keine Parallele gibt?

Wer, wenn nicht die Angeklagten von Nürnberg, hat den Begriff des »politischen Verbrechertums« in die Sprache eingeführt und damit jenes gewaltige Heer von Mordschergen und beamteten Henkersknechten auf den Plan gerufen, von dessen Wirken die ganze Welt seit Jahren gewußt hat, von dessen Wirken auch die Angeklagten unterrichtet sein mußten, es sei denn, daß sie bewußt Augen und Ohren verschlossen? Womit könnten sie sich und ihrer Fähigkeit, ein großes Land zu regieren, ein größeres, fürchterlicheres Armutszeugnis ausstellen als mit dem grotesken Hinweis, sie »hätten niemals ein Konzentrationslager betreten«. Wenn es wahr wäre, so liegt eben darin die Schuld ... Wenn es wahr ist, daß die grauenhaften Tatsachen ihres Regimes vor ihren Amtspalästen haltgemacht haben, wen, wenn nicht sie, trifft die Verantwortung für das System der Lüge, das der Wahrheit nicht ins Gesicht zu sehen wagte? Hätten sie nicht in die Konzentrationslager gehen müssen, wenn ihnen die Vermenschlichung der Zustände auch nur ein einziges Mal am Herzen gelegen hätte? Haben sie nicht anstatt dessen »Führungen« veranstaltet, bei denen das Elend und der Mord »planmäßig« von den forschenden Blicken der Besucher »abgesetzt« wurden? Und wer, wenn nicht Göring, hat die »Geheime« Staatspolizei gegründet, gerade damit »die schwersten Verbrechen am geheimnisvollsten verschleiert wurden«? Und wer hat die grölenden Kohorten auf die Straßen gehetzt, die »das Judenblut vom Messer spritzen« ließen? Alles nur zum Scherz? Alles nur propagandistische Übertreibung oder gar dichterische Übertreibung, wie Herr Streicher seine Richter glauben machen möchte, wenn er erklärt: »Wenn in einigen Artikeln meines Wochenblattes ›Der Stürmer‹ von mir oder anderen Verfassern von einer Vernichtung oder Ausrottung des Judentums gesprochen wurde, so waren dies scharfe Gegenäußerungen gegen provozierende Auslassungen jüdischer Schriftsteller, in denen die Ausrottung des deutschen Volkes verlangt worden war.« (Eine schlechte Deutung, wenn sie nicht noch schlechter erfunden wäre.) Wer hat von Ausrotten, Ausmerzen, Vernichten gesprochen? Nun – es ist, *ganz im Sinne dieser Angeklagten, ausgerottet, ausgemerzt, vernichtet worden – ein ganzes Jahrzehnt lang...*

*

Ausrotten, Ausmerzen, Vernichten – so dachten, so sagten, so handelten sie zwölf Jahre lang. Daß sie nun plötzlich die von ihnen so lange geschundene Sprache der Menschlichkeit an sich reißen, das allein wäre noch kein Grund, ihren Worten den Glauben zu versagen. Selbst die härtestgesottenen Sünder dürfen nicht von der Umkehr ausgeschlossen werden. Aber bei näherem Zusehen stellt sich heraus, daß es sich bei der Mehrzahl der Angeklagten nicht um eine echte Umkehr handelt, sondern daß sie die Umkehr nur vorschützen, um sich dem von ihnen ruinierten Volk angenehm zu machen; wäre das Tribunal eine Szene, so würde man sagen, um sich einen guten Abgang zu verschaffen. Dabei scheuen sie sich nicht, den Versuch zu machen, *aus Angeklagten Ankläger zu werden und aus den Anklägern Angeklagte zu machen.*

Dieselben Männer, deren wesentliche Verteidigung in der Behauptung liegt, sie hätten von allem Entsetzen nichts gewußt, prätendieren in der Anklagebank und, nachdem sie über ein Jahr hinter Kerkermauern gesessen haben, genau zu wissen, wie es in der Welt heute aussieht; und sie, die eine zwölfjährige Gelegenheit, Ordnung in die Welt zu bringen, schmählich mißbraucht haben, um sie in die größte je dagewesene Unordnung zu stürzen, erkühnen sich, ihren Richtern Ratschläge über das zu erteilen, was ihrer Ansicht nach gut für diese von ihnen zerstörte Welt ist. Mit leichtfertigen Worten versuchen sie die Härten der Nachkriegszeit, die alle verantwortlichen Regierungen zu lindern suchen, dem Vernichtungswahn gleichzusetzen, den ihr Regime feierlich als Staatsraison proklamiert hatte. Wie sie die Verantwortung für ihre zwölfjährigen Missetaten ablehnen, so kommt ihnen offenbar auch nicht einen Augenblick lang der Gedanke, daß ihre Politik für den jetzigen, in vielem so beklagenswerten Zustand der Welt die Schuld trägt. Auf sie trifft noch in dem Augenblick, in dem sie um ihr Leben kämpfen, die Bemerkung zu:

»Der konstitutionelle Propagandist kann die reine Wahrheit nicht sagen. Er braucht deswegen nicht zu lügen. Sicher kann er die Lüge von der Wahrheit durchaus unterscheiden. ER kann nämlich von der Lüge auf die Wahrheit umschalten. Aber diese gilt ihm darum nicht mehr als jene. Beide gelten ihm gleich, das ist es: sie sind ihm gleichgültig.« (Dolf Sternberger)

Deutlich wird all das nicht nur an dem an sich so verständlichen Appell Schirachs, die deutsche Jugend nicht entgelten zu lassen, was das nationalsozialistische Regime gesündigt habe – einem Appell, der um so vieles verständlicher wäre, wenn er nicht aus dem Munde dieses Mannes käme, der sich selber freispricht, indem er die Unschuld der ihm anvertrauten deutschen Jugend beteuert. Weit deutlicher aber, wenn Frank seinem Schuldbekenntnis die Bemerkung anfügt, die entsetzliche Schuld des deutschen Volkes sei getilgt durch die Schuld, die heute die siegreichen Nationen auf sich laden. Diese Auffassung ist in ihrer propagandistischen Begründung von dem Christentum, zu dem Frank sich bekennt, durch Abgründe getrennt. Denn die christliche Buße ist ein Akt der inneren Umkehr und nicht ein Akt des sich Zufriedengebens mit der vermeintlichen Schuld der anderen.

71/6.9.1946

Erich Kästner

... und dann fuhr ich nach Dresden

Während Dresden in den Abendstunden des 13. Februar 1945 zerstört wurde, saß ich in einem Berliner Luftschutzkeller, blickte auf die abgegriffene Blaupause einer Planquadratkarte von Deutschland, hörte den Mikrophonhelden des »Gefechtsstands Berlin« von feindlichen Bomberströmen reden und begriff, mittels der von ihm heruntergebeteten Planziffern, daß meine Vaterstadt soeben zugrunde ging. In einem Keller jener Stadt saßen meine Eltern ...

Am nächsten Morgen hetzte ich zum Bahnhof. Nein, es herrschte Reisesperre. Ohne die Befürwortung einer amtlichen Stelle dürfe niemand die Reichshauptstadt verlassen. Ich müsse mich an meine Berufsorganisation wenden. Ich sei aber in keiner Organisation, sagte ich. In keiner Fachschaft, in keiner Kammer, nirgends. Warum denn nicht? Weil ich ein verbotener Schriftsteller sei! Ja, dann freilich, dann bekäme ich auch nirgendwo eine Reiseerlaubnis und am Schalter keine Fahrkarte nach Dresden. Und meine Eltern? Fragte ich – vielleicht seien sie tot, vielleicht verwundet, sicher obdachlos, zwei alte einsame Leute! Man zuckte die Achseln. Der nächste, bitte. Halten Sie uns nicht unnötig auf.

Es war nicht einmal böser Wille. Es war die Bürokratie, die mir den Weg versperrte und an der ich nicht vorbeikonnte. Die Bürokratie, dieser wasserköpfige, apokalyptische Wechselbalg der Neuzeit. Ich war gefangen. Das Gefängnis hieß Berlin. Ich wartete. Die Gerüchte überschlugen sich. Ich biß die Zähne zusammen. Am zehnten Tage nach dem Angriff fiel eine Postkarte in den Briefkasten. Eine dreckige, zerknitterte Karte mit ein paar zittrigen Zeilen. Die Eltern lebten. Die Wohnung war nur leicht beschädigt. Die Karte kam an meinem Geburtstag …

*

In diesen Septembertagen war ich, seit Weihnachten 1944, zum ersten Male wieder daheim. Ich käme am Sonnabend, schrieb ich, wisse nicht genau, wann, und bäte sie deshalb, zu Hause auf mich zu warten. Als ich schließlich gegen Abend klingelte, öffnete mir eine freundliche, alte Frau. Ich kannte sie nicht. Es war die den Eltern zugewiesene Untermieterin. Ja, die beiden stünden seit dem frühen Morgen am Neustädter Bahnhof. Die Mutter habe sich nicht halten lassen. Wir hätten uns gewiß verfehlt. Sie, die nette alte Frau, habe ihnen gleich und immer wieder geraten …

Ich sah die Eltern schon von weitem. Sie kamen die Straße, die den Bahndamm entlangführt, so müde daher, so enttäuscht, so klein und gebückt. Der letzte Zug, mit dem ich hätte eintreffen können, war vorüber. Wieder einmal hatten sie umsonst gewartet … Da begann ich zu rufen. Zu winken. Zu rennen. Und plötzlich, nach einer Sekunde fast tödlichen Erstarrens, begannen auch meine kleinen, müden, gebückten Eltern zu rufen, zu winken und zu rennen.

Es gibt wichtige und unwichtige Dinge im Leben. Die meisten Dinge sind unwichtig. Bis tief ins Herz hinein reichen die für wahr und echt gehaltenen Phrasen. Gerade wir müßten heute wie nie vorher und wie kein anderes Volk die Wahrheit und die Lüge, den Wert und den Unfug unterscheiden können. Die zwei Feuer der Schuld und des Leids sollten alles, was unwesentlich in uns ist, zu Asche verbrannt haben. Dann wäre, was geschah, nicht ohne Sinn gewesen. Wer nichts mehr auf der Welt besitzt, weiß am ehesten, was er wirklich braucht. Wem nichts mehr den Blick verstellt, der blickt weiter als die andern. Bis hinüber zu den Hauptsachen. So ist es. Ist es so?

*

Das, was man früher unter Dresden verstand, existiert nicht mehr. Man geht hindurch, als liefe man im Traume durch Sodom und Gomorrha. Durch den Traum fahren mitunter klingelnde Straßenbahnen. In dieser Steinwüste hat kein Mensch etwas zu suchen, er muß sie höchstens durchqueren. Von einem Ufer des Lebens zum andern. Vom Nürnberger Platz weit hinter dem Hauptbahnhof bis zum Albertplatz in der Neustadt steht kein Haus mehr. Das ist ein Fußmarsch von etwa vierzig Minuten. Rechtwinklig zu dieser Strecke, parallel zur Elbe, dauert die Wüstenwanderung fast das Doppelte. Fünfzehn Quadratkilometer Stadt sind abgemäht und fortgeweht. Wer den Saumpfad entlangläuft, der früher einmal in der ganzen Welt unter dem Namen »Prager Straße« berühmt war, erschrickt vor seinen eigenen Schritten. Kilometerweit kann er um sich blicken. Er sieht Hügel und Täler aus Schutt und Steinen. Eine verstaubte Ziegellandschaft. Gleich vereinzelten, in der Steppe verstreuten Bäumen stechen hier und dort bizarre Hausecken und dünne Kamine in die Luft. Die schmalen Gassen, deren gegenüberliegende Häuser ineinander gestürzt sind, als seien sie sich im Tod in die Arme gesunken, hat man durch Ziegelbarrieren abgesperrt.

Wie von einem Zyklon an Land geschleuderte Wracks riesenhafter Dampfer liegen zerborstene Kirchen umher. Die ausgebrannten Türme der Kreuz- und der Hofkirche, des Rathauses und des Schlosses sehen aus wie gekappte Masten. Der goldene Herkules über dem schmalen Stahlgerippe des Rathaushelms erinnert an eine Galionsfigur, die, seltsamerweise und reif zur Legende, den feurigen Taifun, dem Himmel am nächsten, überstand. Die steinernen Wanten und Planken der gestrandeten Kolosse sind im Gluthauch des Orkans wie Blei geschmolzen und gefrittet. Was sonst ganze geologische Zeitalter braucht, nämlich Gestein zu verwandeln – das hat hier eine einzige Nacht zuwege gebracht.

An den Rändern der stundenweiten Wüste beginnen dann jene Stadtgebiete, deren Trümmer noch ein wenig Leben und Atmen erlauben. Hier sieht es aus wie in anderen zerstörten Städten auch. Doch noch in den Villenvierteln am Großen Garten ist jedes, aber auch jedes Haus abgebrannt. Sogar das Palais und die Kavalierhäuschen mitten im Park mußten sterben. Als Student hatte ich manchmal von Ruhm und Ehre geträumt. Der Bürgermeister war im Traume vor mich hingetreten und hatte dem wackeren Sohne der Stadt so ein kleines, einstöckiges, verwunschenes Barockhäuschen auf Lebenszeit als Wohnung angeboten. Vom Fenster aus hätte ich dann auf den Teich und die Schwäne geschaut, auf die Eichhörnchen und auf die unvergleichlichen Blumenrabatten. Die Blaumeisen wären zu mir ins Zimmer geflogen, um mit mir zu frühstücken ...

Ach, die Träume der Jugend! Im abgelassenen Teich wuchert das Unkraut. Die Schwäne sind wie die Träume verflogen. Sogar die einsame Bank im stillsten Parkwinkel, auf der man zu zweit saß und zu dem über den Wipfeln schwimmenden Monde hinaufsah, sogar die alte Bank liegt halbverschmort im wilden Gras...

Ich lief einen Tag lang kreuz und quer durch die Stadt, hinter meinen Erinnerungen her. Die Schule? Ausgebrannt... Das Seminar mit den grauen Internatsjahren? Eine leere Fassade... Die Dreikönigskirche, in der ich getauft und konfirmiert wurde? In deren Bäume die Stare im Herbst, von Übungsflügen erschöpft, wie schrille, schwarze Wolken herabfielen? Der Turm steht wie ein Riesenbleistift im Leeren... Das Japanische Palais, in dessen Bibliotheksräumen ich als Doktorand büffelte? Zerstört... Die Frauenkirche, der alte Wunderbau, wo ich manchmal Motetten mitsang? Ein paar klägliche Mauerreste... Die Oper? Der Europäische Hof? Das Alberttheater? Kreutzkamm mit den duftenden Weihnachtsstollen? Das Hotel Bellevue? Der Zwinger? Das Heimatmuseum? Und die anderen Erinnerungsstätten, die nur mir etwas bedeutet hätten? Vorbei. Vorbei.

Freunde hatten gesagt: »Fahre nicht hin. Du erträgst es nicht.« Ich habe mich genau geprüft. Ich habe den Schmerz kontrolliert. Er wächst nicht mit der Anzahl der Wunden. Er erreicht seine Grenzen früher. Was dann noch an Schmerz hinzukommen will, löst sich nicht mehr in Empfindung auf. Es ist, als fiele das Herz in eine tiefe Ohnmacht.

Die vielen Kasernen sind natürlich stehengeblieben! Die Pionierkaserne, in der das Ersatzbataillon lag. Die andere, wo wir das Reiten lernten und als Achtzehnjährige, zum Gaudium der Ritt- und Wachtmeister, ohne Gäule, auf Schusters Rappen, »zu Einem – rrrechts brecht ab!« traben, galoppieren und durchparieren mußten. Das Linckesche Bad, wo wir, am Elbufer, mit vorsintflutlichen Fünfzehnzentimeterhaubitzen exerzierten. Die Tonhalle, wo uns Sergeant Waurich quälte. Hätte stattdessen nicht die Frauenkirche lebenbleiben können? Oder das Dinglingerhaus am Jüdenhof? Oder das Coselpalais? Oder wenigstens einer der früheren Renaissance-Erker in der Schloßstraße? Nein. Es mußten die Kasernen sein! Eine der schönsten Städte der Welt wurde von einer längst besiegten Horde und ihren gewissenlosen militärischen Lakaien unverteidigt dem modernen Materialkrieg ausgeliefert. In einer Nacht wurde die Stadt vom Erdboden vertilgt. Nur die Kasernen, Gott sei Dank, die blieben heil!

*

Was ist in Dresden seit dem Zusammenbruch geschehen? Die Stadt wurde zunächst einmal sauber aufgeräumt. Drei der großen Elbbrücken wurden instand gesetzt. Der Straßenbahnverkehr funktioniert nicht schlechter, sondern eher besser als anderswo. Das Schauspielhaus am Postplatz soll im Januar spielfertig sein. Bei den Aufräumungsarbeiten in dem sechzig Meter hohen Bühnenhaus und beim Reparieren des Dachstuhls halfen die Dresdner Bergsteiger freiwillig mit. Ich bin als Halbwüchsiger mitunter an einigen leichteren Wänden und in etlichen Kaminen der Sächsischen Schweiz herumgeklettert und habe eine entfernte Ahnung davon, was man an den skurrilen Spielzeugwipfeln alles lernen kann. Dachdecken ist das wenigste. Was sonst? Im ehemaligen Heeresmuseum kann man zur Zeit zwei Ausstellungen besuchen. Im Erdgeschoß »Das neue Dresden«, wo in vielen Räumen die Ergebnisse eines Ideenwettbewerbs gezeigt werden, an dem sich jeder beteiligen konnte. Und in der ersten Etage die »Allgemeine Deutsche Kunstausstellung«, die den ersten größeren Überblick über die deutsche Kunst von heute vermittelt. Dresden hat eine alte Ausstellungstradition. Das merkt man in beiden Fällen. Sonst noch? Es gibt, hat man mir gesagt, keine Arbeitslosigkeit. Die leitenden Männer waren vor einem Jahr Neulinge. Man sieht ihnen den Eifer und das Zielbewußtsein an der Nasenspitze an. Nun, ich war nicht als Reporter dort. Ich sprach mit alten und neuen Bekannten als Dresdner mit Dresdnern.

Ich weiß, wie dilettantisch das ist. Ich weiß, daß man die Fühlungnahme mit Andersgesinnten nicht suchen soll, weil sonst womöglich die menschliche Wertschätzung den Unfrieden stören könnte. Ich weiß: die Köpfe sind, kaum daß sie wieder einigermaßen festsitzen, dazu da, daß man sie sich gegenseitig abreißt. Ich weiß, daß es nicht auf das ankommt, was alle gemeinsam brauchen und wünschen, sondern darauf, was uns voneinander trennt. Ich weiß auch, wie vorteilhaft sich solche Zwietracht auf die Stimmung zwischen den vier Mächten auswirken muß.

Ich weiß freilich auch, daß mein Spott ziemlich billig ist. Doch von einem Menschen, der nichts von Parteipolitik versteht, kann man nichts anderes erwarten. Trotzdem und allen Ernstes – ich glaube, daß es hülfe, wenn wir einander kennen und verstehen lernten. Das hat bereits sein Gutes, wenn vier entfernte Verwandte ein ruiniertes Bauerngut erben. Und kein Mensch wird mir einreden können, daß das zwischen vier Parteien und unserem höchsten Gut, der Heimat, anders zu sein hätte. Ist es so? So ist es.

78/30.9.1946

Günther Weisenborn
Wiedersehen mit der alten Zelle

Wir biegen mit dem Wagen in die kleine Sackgasse ein, an deren Ende das Portal des mächtigen Strafgefängnisses Spandau steht. Es ist ein schwerer düsterer Bau aus roten Ziegelsteinen. Durch verschiedene Tore und Gitter – wie sie krachend zuschlagen! – kamen wir endlich in den großen hallenden Hauptflur, der drei Stockwerke hoch ist. Man öffnet uns einige Zellen im Parterre auf der rechten Seite. Es sind die zwölf Zellen, in die in einigen Tagen die Nürnberger Kriegsverbrecher ihren Einzug halten werden.

Ich lasse mir die Zelle 136 aufschließen, in der ich vor Jahren einige Monate verbrachte. Sie ist leer. Eine eisige, finstere Kälte strömt uns entgegen. Es ist dieselbe Kälte wie damals, und es ist dieselbe Zelle, in der ich einst gehofft, gebangt und gelitten habe. An diesem uralten schmutzigen, abgewetzten kleinen Tisch habe ich Tüten geklebt. An diesen Wänden, die breiter als zwei Arme lang sind, habe ich mit meinen Nachbarn Morse geklopft. Aus diesem Fenster sah ich jene schöne Birke, die draußen auf dem Gefängnishof langsam ihre Blätter verlor. Ich bin überwältigt von der Erinnerung und entdecke schließlich den Kalender, den ich damals in die Wand geritzt habe. Jeder Strich bedeutet einen langen Tag. Es sind vier Monatskolonnen, und darüber steht, was ich damals hineinritzte: »Wir warteten auf das Kriegsgericht. G. W.«, rechts von der eisenbeschlagenen Tür, ungelenk hingestrichelt.

Wir treten wieder auf den Gang hinaus, auf diesen dunklen unheilvollen Gang, auf dem wir damals alle jeden Morgen um 9 Uhr antreten mußten, und dieser Moment im Spandauer Strafgefängnis war das Erregendste für uns. Es standen auf dem halbdunklen Gang vor ihrer Zellentür 36 Männer in Zivilkleidern, bleich, schweigend und regungslos auf beiden Seiten des Flurs, durch den die diensteifrig brüllenden Justizwachtmeister eilten. Ich sehe noch alle die Männer, die heute tot sind. Dreißig von uns sechsunddreißig, die in Plötzensee kurz danach ihr Leben aufgaben, tapfere, freiheitsliebende, saubere Deutsche. Ich sehe den blonden, trotzigen Bildhauer Kurt Schumacher, ich sehe den schönen ruhigen Walter Husemann, drüben stand der junge Arzt Dr. John Rittmeister, blaß und durchgeistigt, gegenüber der junge blonde Student Kurt Strehlow, der abends nach dem Einschluß kleine, nachdenkliche Lieder vor sich hin pfiff. Schräg gegenüber stand groß und ruhig Adolf Grimme, der heute Kultusminister in Hannover ist, neben ihm der sehr junge Student Horst Heilmann, links von mir der Dr. Philipp Schaeffer, der als Sprachwissenschaftler 14 Sprachen beherrschte. Er ging an Krücken, denn er hatte ein halbes Jahr vor seiner Verhaftung einen jüdischen Freund, der sich vom Balkon stürzen wollte, daran hindern wollen und war von diesem mit in die Tiefe gerissen worden. Rechts stand der Hitlerjunge Otto Gollnow, 18 Jahre alt, der wegen Hochverrats sechs Jahre Zuchthaus erhielt, ins Bewährungsbataillon nach Frankreich kam und immer noch nicht zurückgekehrt ist. Und auch das offene Gesicht des Zahnarztes Dr. Himpel schimmerte fahl von drüben. Sie alle standen hier, eine bleiche, schweigende Phalanx von Männern, die für die Freiheit gekämpft hatten und die jetzt mit großem Opfermut ihren Weg ins Dunkel gingen. Unsere Gruppe! Welch ein Unglück, daß diese Männer uns heute fehlen, jene hervorragend begabten, heldenmütigen Gefangenen der Gestapo, die damals dieses Strafgefängnis wegen Überfüllung ihres Hauptquartiers beschlagnahmt hatte.

Es ist ein sehr billiger Trost, daß nun in diese selben Zellen jene Männer kommen, die so schrecklich redeten und handelten und in deren Auftrag unsere Kameraden getötet wurden. Sie werden nicht so entsetzlich frieren und so fürchterlich hungern wie wir. Sie werden nicht so unmenschlich hart behandelt werden wie wir. Sie werden nicht geschlagen werden wie wir. Angesichts der ergreifenden Größe dieses Wechsels wäre jedes Gefühl von Rache falsch am Platze. Was ihnen gebührt, soll im Bereich des Menschlichen bleiben, es soll Gerechtigkeit sein. Das ist unsere Meinung. Unsere Toten sind uns zu teuer für Rache.

Man zeigt uns die saubere Küche des Gefängnisses, man zeigt uns den infamen Hinrichtungsraum, den die Nazis noch kurz vor ihrem Abzug wegen Überlastung Plötzensees bauten, eine weißgekachelte, hygienisch einwandfreie Werkstätte des Todes. Hier ist jener Mann hingerichtet worden, der Kielen hieß und dessen Prozeß vor einiger Zeit Aufsehen erregte. Wir werden auf einen jener namenlos traurigen Höfe geführt, die von einer sechs Meter hohen Mauer umgeben sind und in dem einige novemberlich kahle Bäume stehen. Der Rundgang, den die Gefangenen in drei Meter Abstand jeden Morgen zu machen hatten, ist von vielen Spuren ausgetreten. Hier sind auch unsere Spuren in die Spandauer Erde eingegraben. Spuren von 36 Männern. Regen steht darin. Ich höre noch die scharfen martialischen

Rufe der Aufseher: »Links zwei, drei, vier!«, »Drei Meter Abstand!«, »Kopf hoch, wer noch einen hat!«

In der Vorhalle des Gefängnisses, in der ich einst von Gestapoagenten zum erstenmal gefesselt wurde, laden die letzten Gefangenen der Berliner Justiz vor ihrer Verlegung Möbel und Geräte auf Lastwagen. Alliierte Offiziere nähern sich. Das Strafgefängnis Spandau wird heute dem Alliierten Kontrollrat übergeben. Eine jener dunklen Burgen, in denen die deutschen Freiheitskämpfer litten, wird jetzt jene verwelkten Männer aufnehmen, die die Freiheit ihres Volkes vernichteten und die den Katastrophenmarsch unseres Volkes anführten. Jeder abgerissene Heimkehrer, jede Witwe, jeder herzkranke KZ-Häftling, jeder Ausgebombte und Verarmte sollte bei der Erwägung des Elends sich sagen: meinen Sohn, meinen Mann, meine Gesundheit, meinen Besitz – die Männer von Spandau haben sie zerstört. Hier in Spandau werden jene Mächtigen einer Zeit sitzen, die ihnen selber Land und Macht und uns allen das Elend brachte.

91/15.11.1946

H. R.

Der Weg zurück ins Leben. Ein Bericht von den Gefährdeten

Wie immer in den chaotischen Jahren nach einem Krieg erscheint die Existenz der Jugend gefährdet. In einer Zeit, in der Millionen von Flüchtlingen nach Obdach suchen, in der die Menschen wie Treibsand durch die zerstörten Städte ihres Landes fluten, verändern sich die Beziehungen der Jugend zu der sie umgebenden Welt. Verwaist, ohne Bindung an ihre Familie, ohne Halt und ohne Ordnung, gezwungen, sich selbst zu erhalten, sind sie frühzeitig der Gefährdung durch ein Leben ausgesetzt, in dem scheinbar alle Werte zerbrochen sind. Die Härte der Existenzbedingungen, die sie vorfinden, verursacht die Härte ihrer Abwehr. Das rauhere Leben verändert sie, läßt sie selbst rauh, hart, egoistisch, grausam und zynisch erscheinen. Die äußere Verwahrlosung zieht scheinbar eine innere nach sich, die dem Schlagwort von der »verlorenen« Jugend seine Berechtigung verleiht. Und doch ist diese verwahrloste Jugend keine verlorene Jugend. Hinter der egoistischen Haltung, die ohne Respekt vor dem Leben ist, verbirgt sich die Angst, die Sehnsucht und das Heimweh nach dem geordneten Leben. Das Menschliche ist nicht abgestorben. Es äußert sich nicht in den höflichen Formen einer gepflegten Erziehung, aber es lebt in den Gesprächen dieser verwahrlosten Jugend und in ihren Handlungen unter den Gefährten. Es wird sichtbar bei der gestohlenen Zigarette, die alle rauchen, bei den zerrissenen Schuhen, die einer dem anderen leiht, und in den Stunden, in der einer dem anderen zu helfen bereit ist. Und doch ist diese Jugend eine gefährdete Jugend. Sie hat immer zwei Wege vor sich, den Weg zurück ins Leben und den Weg zur völligen Verwahrlosung. Die Entscheidung darüber liegt oft nicht bei ihnen. Sie hängt von den Zufällen des Lebens ab. Eine Jugend, die so frühzeitig mit allen Härten des Lebens vertraut wurde, kann nicht mehr erzogen werden. Sie muß ihren Weg allein finden. Die Älteren können ihnen Hilfe und Anregung auf ihrem Weg ins Leben geben. Erziehen können sie sie nicht. Sie können nur appellieren an ihr gesundes und vitales Empfinden, das sie sich erhalten haben. Aber auch das ist nur möglich, wenn sie bereit sind, sich mit den Jugendlichen in der gleichen Methode des Zusammenlebens zu finden, das heißt, sie müssen bereit sein, mit ihnen »Pferde zu stehlen«. Nicht alle werden den Weg suchen, der aus den Wartesälen und von den Schwarzhandelsmärkten unserer Zeit in die Zukunft führt. Viele werden zurückbleiben. Die Besten werden ihn gehen.

Die Wartesäle unserer Zeit gleichen dieser Zeit des beharrlichen Abwartens. In ihnen trifft sich ein Teil dieser Jugend. Es sind jene Versprengten, Abgesplitterten und Verirrten, die von der großen Heerstraße abgetrieben wurden. Sie sind zahlreich. Sie sitzen auf den Bänken und Tischen, liegen in ihre Lumpen gehüllt eng aneinander gepreßt in den Ecken und warten auf den Morgen des nächsten Tages, der sie wieder ziellos umherirren sieht. Sie tragen ihre Knobelbecher und ihre zerrissenen Schuhe, ihre halben Uniformstücke und ihre zerlöcherten Mäntel mit der Selbstverständlichkeit, die dieser Krieg ihnen mit auf den Weg gegeben hat. Wenn sie von der Politik sprechen, sagen sie: »Wir sind die letzten Nazis. Laßt uns in Ruh.« Oder sie sagen: »Wir sind die Bolschewisten von morgen. Ihr werdet es schon noch zu spüren bekommen.« Der Krieg ist das große Erlebnis ihres Lebens gewesen. Sie können es nicht heute und morgen vergessen. Manchmal kann man sie des Nachts singen hören, in ihren Wartesälen für Flüchtlinge, auf den Bänken und Tischen und in den Ecken, in denen sie zusammengekauert den Schlaf suchen. Einer spielt Mundharmonika und die anderen singen, alle, gemeinsam, als zögen sie wieder auf den Straßen des Krieges dahin. Es sind die Marschlieder von gestern. Es ist der Schritt des Krieges darin, und in dem mitschwingenden sentimentalen Ton lebt ihre zerbrochene Welt der Sehnsucht. Sie sind skeptisch und voller Ironie. Sie kennen keine Selbstbemitleidung und wünschen auch nicht das Mitleid der anderen. »Die Demokratie«, sagen sie, »das ist nichts für uns. Demokratie, das ist die Gemeinschaft der Reichen. Wir sind arm. Wir sind eine Gesellschaft der Habenichtse.« Wenn sie aber des Morgens in langen Schlangen vor den Waschbecken der Toiletten anstehen, um sich für zehn Pfennig das Gesicht abzureiben, dann wandert das eine Stückchen Seife, das einer von ihnen in Besitz hat, von einem zum anderen, bis es am Ende der Schlange angekommen ist. »Der Kumpel dahinten«, sagen sie, »ist genauso dreckig wie du.« Das ist ihre Art zu leben. Sie erwarten nicht, daß man sie dafür bewundert, wie sie es nicht lieben, bemitleidet zu werden, und wie sie es hassen, wenn ihnen jemand von ihrer Erziehung spricht. Die Armut und das Elend sind für sie selbstverständlich geworden.

Die Schwarzen Märkte sind eine öffentliche Einrichtung unserer Zeit. Die Jugend hat sich ihrer bemächtigt. Viele von ihnen leben davon. Die ganze Skala der Schwarzmarktwerte ist ihnen bekannt. Sie handeln mit Zigaretten und Tabak, mit Schuhen und alten Kleidern, mit Tee und Kaffee und mit allem, was ihnen gerade über den Weg kommt. Sie feilschen die Preise unter sich aus, betrügen sich gegenseitig, verlieren das gewonnene Geld wieder im nächtlichen Kartenspiel und halten unerbittlich zusammen, wenn es um den Absatz nach außen geht. »Was wollen wir weiter tun«, sagen sie, »arbeiten? Wir sind doch nicht verrückt! Für die paar Silberlinge. Arbeit ist Luxus. Laßt die anderen arbeiten. Die verstehen es besser.« In den Nächten sieht man sie in den Bahnhöfen sitzen, zwölf, fünfzehn, zwanzig Mann. Sie sehen alle gleich ungepflegt aus. Die Haare wachsen ihnen über den Kragen, und in ihren übernächtigten Augen lebt der Schlaf, den sie so selten suchen. Sie sitzen und spielen Karten. »Pokern« nennen sie das. Die Scheine fliegen wahllos über den schmutzigen Boden, und der Rauch der amerikanischen Zigaretten spielt vor ihren jugendlichen Gesichtern. Hin und wieder greift einer in die Tasche, zieht geheimnisvoll ein Päckchen heraus und läßt es von Hand zu Hand gehen. Wenn einer das Päckchen behält, verschwindet es ebenso geheimnisvoll in dessen Tasche, und ein Bündel Scheine wandert darauf wieder von Hand zu Hand zurück. »Wie steht es mit dem Kaffee heute?« sagt dann wohl einer mitten im Spiel. »Schlecht«, antwortet ein anderer, »die Amis halten alles zurück. Druck auf die Preise.« »Alter Trick«, kommt es verschlafen aus einer Ecke. Aber das Spiel geht inzwischen weiter. Es ist das Spiel mit den Schattenseiten des Lebens. Es ist aus der Not geboren, und niemand wird es aufheben, bevor es die Not nicht selbst aufhebt. Die Probleme einer gefährdeten Jugend sind nicht neu. Nach dem ersten Weltkrieg wurde die Jugend aller Länder davon erfaßt. Am stärksten betroffen war Rußland. Millionen verwaister Jugendlicher trieben sich nach den Revolutionsjahren auf den Straßen und in den Städten des weißen Rußlands herum. Damals stand man vor einem neuen Problem, das man mit neuen Mitteln zu lösen versuchte. So entstanden die »Republiken der Strolche« und die »Genossenschaften der Verwahrlosten«. Republiken und Genossenschaften, in denen die Jugendlichen sich selbst überlassen blieben, in denen sie den Druck der pädagogischen Hand nicht spürten und wo ihr eigener Spiel- und Arbeitstrieb erwachen konnte. In ihnen lebte diese Jugend nach ihre eigenen Gesetzen, baute und schuf aus eigenen Mitteln die Häuser und Heime, die ihnen gehörten, wählte aus ihren eigenen Reihen ihre Vormänner, und erzog sich gegenseitig langsam zur Selbstverantwortung. In dieser Verantwortung untereinander starben jene kriminellen Instinkte ab, die aus dem Kampf um die Erhaltung der nackten Existenz gewachsen waren. Die härteren Erfahrungen, die das Leben auf der Landstraße ihnen vermittelt hatte, wandelten sich, traten aus dem Kreis verwahrloster und oft verbrecherischer Neigungen heraus und wurden zur Grundlage eines neuen, härteren, aber auch gesunden und unkonventionellen Menschentyps. In den immer wiederholten Experimenten zeigte es sich, daß der gute Kern dieser Jugend in den Jahren des Elends nicht verlorengegangen war. Überwuchert von den kriminellen Neigungen wurde unter der Einwirkung einer neuen Lebenssphäre hinter der rauhen Schale das Menschliche sichtbar. Aus der verwahrlosten Jugend wurde eine arbeitende Jugend.

Ein Teil der Jugend ist heute in Deutschland der gleichen Verwahrlosung ausgesetzt. Sie in die Schule zu schicken, ist hoffnungslos. Die »Genossenschaft der Verwahrlosten« bleibt auch hier wahrscheinlich der einzige Weg. Wer aber wird der Jugend die Hand reichen, damit sie den Weg zurück ins Leben findet? Wird die betroffene deutsche Jugend selbst diesen Weg versuchen, wenn er ihr gezeigt und geebnet wird? Wir sind davon überzeugt, daß auch diese Jugend den Weg ins Leben sucht, wie jede Jugend.

91/15.11.1946

Walther Kiaulehn
Die Seeschlange ist wieder da!

Die Seeschlange, die sich bei Ausbruch des Hitlerkrieges in die Abgründe des Loch Ness zurückgezogen hatte, ist jetzt aus dem Comer See wieder aufgetaucht. In der Nähe der Stadt Varenna steckte sie schüchtern ihr Haupt aus den Wellen, um sich drei Fischern zu zeigen, die am Ostufer des Sees spazieren gingen. Der Anblick erschreckte die Fischer derartig, daß sie wie besinnungslos die Flucht ergriffen und erst bei einem Vertreter der United Press hielten, um ihm mitzuteilen, das Reptil habe rote Augen und ein riesiges Maul; es sei grün gefärbt, mit schwarzen Streifen, und sein Kopf sei von Beulen verunziert. Die Seeschlange solle etwa zehn Meter lang sein.

Dies geschah am 17. November. Seitdem überstürzen sich die Meldungen. Ein Jäger behauptet, auf das Ungeheuer geschossen zu haben. Es sei zwanzig Meter lang und von brauner Farbe. Die Feuerwehr streifte die Ufer des Comer Sees ab, die Fischer wagen sich nicht mehr auf das Wasser hinaus, und nur die Jugend der Ortschaften am See nimmt das Ganze als einen großen Jux. Sie tummelt sich draußen auf dem See und sucht das Ungeheuer aufzustöbern, von dem man annimmt, es lecke sich jetzt, am Grunde des Sees, die Schußwunde. Schon ist der übliche namhafte Zoologe herbeigeeilt, ein Italiener, der das Fabeltier nicht ins Reich der Fabel und keineswegs von der Hand weist. Er bestätigte ausdrücklich die Möglichkeit der Seeschlange als Überbleibsel prähistorischer Fauna, da der Comer See teilweise von einem unterirdischen Fluß gespeist werde, dessen Quelle noch nicht erforscht werden konnte. Wie ein Mann erhoben sich daraufhin die anderen italienischen Zoologen und begaben sich nach Como, erstens einmal, weil es da sehr schön ist, und zweitens, weil sich die Beschreibung der Fischer mit den Überresten einer 1882 gefundenen prähistorischen Amphibie deckt, die als Lariosaurus bezeichnet wird. Die gefundenen Überreste wurden seinerzeit an ein Museum nach Brüssel verkauft, doch befindet sich ein Gipsabguß in der Nähe von Como.

Mich hat selten etwas so froh gestimmt wie diese Nachricht. Ich habe mir daraufhin ein Fleischgericht von 100 Gramm geleistet und nachher noch einen Camembert. Es ist die Friedenstaube, die aus dem Comer See aufgestiegen ist. Was weiß denn ein Zoologe davon, wie die Friedenstaube aussieht! Es ist diesen göttlichen Tieren die Gewalt gegeben, sich in allerlei Gestalt zu verwandeln. Die Beulen am Kopf sind übrigens ganz natürlich, nach dem, was die Friedenstaube in den letzten dreißig Jahren mitgemacht hat. Sie wird sich schön hüten, als weiße Taube zu kommen. Man sieht ja, es wird jetzt schon auf sie geschossen, wo sie sich als Ungeheuer maskiert hat. Was wäre erst, wenn sie schutzlos und weiß aussehen würde!

Die liebe alte Friedensschlange. Sie ist wie der Tschung-Kue aus der chinesischen Sage, der auch nur so schrecklich ausgesehen hat, damit er die Teufel um so gewisser aus der Welt vertreiben konnte. Inwendig war der Tschung-Kue milde und sanft und lieblich anzusehen. So auch die Seeschlange.

Weil die Fischer bevorzugte Menschen sind, wenn es sich um übernatürliche Offenbarungen handelt, so zeigte sich auch die Friedenstaube den drei Fischern am Comer See, um ihnen ein Zeichen zu geben. »Ihr Menschen, unterhaltet euch doch wieder von freundlicheren Dingen. Schlagt die großen Sorgen tot, schafft sie so schnell wie möglich aus der Welt, damit ihr euch endlich wieder um die heiteren Sorgen kümmern könnt, um Seeschlangen, Tatzelwürmer, Wunderheilungen durch Leitungswasser, um Therese von Konnersreuth, Krishnamurti und Goldmacher Tausend. Hört auf zu stöhnen, und fangt wieder an zu schwatzen!«

So sprach die Friedensschlange. Die Fischer verstanden es nicht, aber sie rannten instinktiv zu dem Zeitungsmann. Wie mag er gejauchzt haben, der wackere alte Nachrichtenstreiter von United Press. Der Himmel hatte ihn auserkoren, die erste friedliche Weltsensation um die Erde zu kabeln. Ich zweifle keinen Augenblick mehr: jetzt, wo die Seeschlange da ist, wird auch das Christkind bald herniedersteigen. Es ist nur zu befürchten, wir werden es nicht erkennen, wenn sich schon die sanfte Taube als kluge Schlange maskiert.

94/25.11.1946

Hermann Kesten
Mein Vater und die Ehre

Mein Vater war siebzehn Jahre alt. Da verließ er die schöne Stadt Düsseldorf und reiste nach Odessa. Er schwamm sonntags im Schwarzen Meer und erlernte von Montag bis Samstag den Eierhandel. Der Eierhandel ist ein Saisongeschäft, spekulativ, und im Grunde abhängig vom Sexualtrieb der Hühner.

Mein Vater erlernte die russische Sprache rascher als den Eierhandel. Er war zeitlebens ein schlechter Kaufmann. Als er im Feldlazarett zu Lublin starb, im Januar 1918, als Gefreiter im Dienste seines Kaisers, hatte er seine Kinder vergessen, völlig, sie waren abgetan für ihn, meine Schwestern abgetan, und auch ich, sein einziger Sohn, sein Stammhalter gewissermaßen, der doch sozusagen seine bürgerliche Existenz fortzuführen bestellt war, auch ich war seinem Gedächtnis entschwunden. Ich habe sehr geweint, als meine Mutter es mir erzählte, besonders darüber habe ich geweint, daß mich mein Vater vor seinem Tode völlig vergessen hatte. Wie konnte er mich vergessen? Ich hatte ihn so unendlich geliebt.

Meine Mutter hat es später erzählt: Ein Telegramm der Militärbehörde hatte sie ans Lager meines Vaters gerufen, als es schon feststand, daß sein Leben verloren war. Damals also, eine halbe Stunde vor dem Tode, sprach mein Vater zu meiner Mutter von einem Buch. Er hatte gar kein Fieber. Aber anscheinend war seinem Gedächtnis die Zeit entschwunden. Er lag in einem Lazarettsaal, wo hundert Kranke sich im Schmutz und zwischen Flöhen wälzten, wo es stank und stöhnte, Schwestern roh und Ärzte brutal waren. Das sah mein Vater nicht mehr. Er hatte zwanzig Jahre seines Lebens vergessen. Seine Frau schien ihm die Braut vor zwanzig Jahren zu sein. Und plötzlich setzte er ein Gespräch fort, das sie vor zwanzig Jahren geführt hatten, als Brautpaar, da sie einige Bücher zusammen gelesen hatten, Heine, Tolstoi, Spinoza, Lessing und die »Geheimnisse von Paris«.

Acht Tage lang war meine Mutter bei meinem sterbenden Vater gewesen, acht Tage und acht Nächte, in einem Lazarettsaal in Polen, und mein Vater hatte alles vergessen, seine Kinder, sein Geld, sein Vaterland, die Provinz Elsaß-Lothringen, die nach seiner Meinung für Deutschlands Existenz unentbehrlich war, den Eierhandel, den der Krieg zum größten Teil unterbunden hatte, acht Tage und acht Nächte sprach mein Vater nur von Büchern und, schamlos, von den

Erinnerungen seiner ehelichen Nächte. Das war übriggeblieben von einer menschlichen Existenz: Die Erinnerung an Bücher und das Ehebett.

Damals, als ich es hörte, graute mir, mitten in meinem Schmerz. Heute habe ich selbst erfahren, daß die körperliche Liebe ein Trost ist in mancher verzweifelten Situation. Von Büchern halte ich weniger. Ich selber schreibe heute Bücher, und ich glaube nicht, daß ich unmittelbar vor dem Tod an Bücher denken werde. Aber ich glaube auch nicht, daß ich ein solch schlechter Kaufmann wäre wie mein Vater. Ich glaube, ich würde vor dem Tode lieber an den Eierhandel denken als ans Buchgewerbe. Der Gedanke an den Eierhandel erscheint mir ein so heiterer Gedanke.

Aber ich wollte von meinem Vater erzählen und von Odessa und von der Ehre. Mein Vater war siebzehn Jahre alt, konnte kein Latein und hielt viel von der Ehre. Wenn er die Stelle las: »mein Name, mein guter Name, ich habe meinen guten Namen verloren«, kamen ihm jedesmal die Tränen.

Mein Vater ging mit siebzehn Jahren und der Tochter seines Chefs an einem milden Märzsonntag durch die Hauptstraße von Odessa. Die Tochter seines Chefs war gleichfalls siebzehn Jahre alt, hatte kurze Haare, besuchte das Gymnasium und gehörte einer revolutionären Studentenverbindung an. Sie war eine Jüdin, trug einen blauen Rock und eine rote Bluse mit halben Ärmeln. Mein Vater sagte mir, das habe zusammen sehr schön ausgesehen. Sie küßten sich erst seit drei Wochen, auf einer Bodentreppe, in dem weitläufigen Gebäude, wo der Chef und seine Familie und mein Vater wohnten.

Eines Abends war die Tochter in das Lager gekommen, wo mein Vater allein vor einer Kiste Eier stand und die Eier einzeln bei einer Kerze Schein durchleuchtete, ob sie nicht faul oder fleckig wären. Mein Vater hatte aufgeblickt, ein Ei hielt er noch in der Hand, und die Tochter habe ihn angesehen und gesagt: »Fühlen Sie, wie mein Herz schlägt!«

Und mein Vater ließ das Ei auf den Boden fallen, daß es auslief, und fühlte nach dem Herzen der Tochter. Seit damals küßten sich die Tochter und mein Vater. Ich kann den Namen des jungen Mädchens nicht mehr nennen, denn mein Vater sagte, er habe den Namen vergessen, er erinnere sich nur noch an den blauen Rock, an die rote Bluse mit den halben Ärmeln und sein Gefühl nach dem ersten Kuß.

Nun war es Sonntagnachmittag, im März, sie gingen durch die Straßen Odessas. Der Himmel war von diesem kühlen Blau, das die Menschen gut und froh macht. Die Luft roch nach Meer und Frühling. Im Gehen nebeneinander berührten sich die Tochter und mein Vater mit den Fingern. Es war ein Gewühl von Menschen um sie. Die Gutsbesitzer aus der Umgegend der Stadt saßen in ihren langen Schoßröcken und mit ihren dicken Backenbärten in offenen Kutschen und fuhren durch die Straßen. Ihre Pferde waren braun und fett, ihre Gattinnen waren schwarzhaarig und üppig, ihre Töchter saßen neben den schwellenden Müttern und lächelten verheißend. Man sah Türken und Armenier in den Straßen, Juden und Polen, die Ukrainer, Herren aus Petersburg, Bauern, Offiziere, Matrosen und die schönen Bäuerinnen der Umgegend.

Mein Vater und die Tochter gingen, schauten und waren glücklich. Plötzlich geschah an einer Ecke der Straße Schicksal. Immer scheint Schicksal plötzlich zu sein und Ecken zu lieben.

Ein Kavallerieleutnant schritt in Begleitung einiger junger Offiziere rasch um die Ecke und prallte heftig gegen meinen Vater. Der Kavallerieleutnant, ein Mann von beinah zwanzig Jahren, mit Schultern einer antiken Statue des Herkules, bekam einen roten Kopf, schnappte mit dem Maule vor Zorn, brachte kein Wort heraus, schämte sich, da er fühlte, er sehe lächerlich aus, ward rasend darob und stieß meinen Vater, einen eben beinahe noch glücklichen Jüngling von siebzehn Jahren, derb zur Seite und schrie, endlich der Sprache fähig: »Du Wasserträger, bist du blind?«

Nun muß man wissen, daß man, zu jener Zeit und an jenem Ort, des Vorteils einer ausgebreiteten Wasserleitung noch ermangelte. Es waren wohl unzivilisierte Zeiten damals, und, man weiß ja, unzivilisierte Länder, dort drüben! Heute freilich haben sie wohl auch schon drüben Wasserleitungen und die übrigen Vorteile der Zivilisation, so daß man gar kein richtiges Vergnügen mehr an der Überlegenheit der eigenen Zivilisation empfinden mag.

Damals aber, in den guten Zeiten, gab es Brunnen. Man ging mit Eimern hin und schöpfte Wasser und trug es keuchend nach Hause. Doch existierte schon damals eine Art Zivilisation, wenn sie auch noch dürftig war und kaum diesen Namen verdiente. Immerhin bewies sie sich daran, daß es berufsmäßige Wasserträger gab, die zu regelmäßigen Stunden, gegen einige Kopeken, Wasser in die Küche trugen. Das waren natürlich rohe, ungebildete Menschen, faul, störrisch, wild, eine niedere und etwas unbegreifliche Menschenklasse für sich.

Daß der Leutnant meinen Vater stieß, wäre hingegangen. Aber daß er ihn einen »Wasserträger« schalt, war dem knabenhaft reinen Ehrgefühl meines Vaters so unerträglich, daß er, eines Eierhändlers jüngster Gehilfe und ein schwächlicher Mensch dazu, ausholte und den Kavallerieleutnant, einen schönen Mann, einen jungen Grafen Trubetzkoi, ins Gesicht schlug.

Hätte sich nicht die Tochter aufweinend dazwischengeworfen, die Karriere des jungen Grafen wäre gehemmt worden. Denn natürlich wäre er versetzt worden und sicher in irgendein kleines kaukasisches Provinznest, weil er ja auf eine Ohrfeige nicht anders antworten konnte, als seinen Säbel zu ziehen und meinen Vater niederzustechen. Da es Sonntagmittag auf offener Promenade war, wäre eine Strafversetzung des Grafen nicht zu umgehen gewesen.

So aber, verblüfft durch das laut weinende Mädchen, zögerte der Leutnant eine Minute, die Freunde des Leutnants gewannen Zeit, sich dazwischenzudrängen und Polizei herbeizuwinken, so daß alles aufs beste sich fügte. Die Tochter nämlich, in Fortsetzung der rasch geschlossenen Bekanntschaft mit dem Leutnant Alexis, trat in nähere Beziehungen zu ihm, gebar ein Jahr darauf ein Knäblein, ward von ihrem Vater mit Schimpf aus dem Hause gejagt, fand auf allen Straßen Freunde, lebte später in der Schweiz und starb im Jahre 1926 als Witwe des bekannten Pariser Großindustriellen Gaston P.

Mein Vater aber ward mitten aus dem Sonntagvormittag in ein Gefängnis geführt, wo er drei Tage und Nächte lag und außer einigen Fußtritten und einer Tracht Prügel nicht sehr viel Böses erlitt. Daß die Mauern des Stadtgefängnisses so feucht waren wie ein Wald im Nebel, daß nachts Ratten über sein Gesicht liefen, daß man zwei Tage lang vergaß, ihm Essen zu reichen, das war in diesem Gefängnis die Regel. Aber damals in den guten alten Zeiten stand die Gefängnishygiene noch nicht so in voller Blüte wie heute. Die guten alten Zeiten waren, scheint es, ziemlich rohe Zeiten.

Als man meinen Vater aus dem Gefängnis herausließ, war in den naiven Knaben ein natürlich ganz unberechtigter und unmäßiger Schrecken gefahren, so daß er nicht wagte, zu seinem Chef zurückzukehren, sondern aus dem Gefängnis fort ans Meer ging, den Schiffen und den Wolken nachsah und erst in der Nacht über den Hof und durch ein offenes Fenster in seine Stube schlich, wo er unter der

Matratze in einem Halstuch etwas über hundert Rubel versteckt hatte, die er jetzt herausnahm, sein ganzes Vermögen. Damit schlich er wieder unbemerkt fort, über Höfe, Zäune und Gärten hinweg. Es war eine Nacht, schön von Sternen, sanftem Wind und hohem Himmel. Er ging durch die Straßen der Stadt Odessa, roch den salzigen Meerhauch und dachte weder an Tochter noch Sterne, sondern verbissen nur an die Ehre, die Ehre und das Gefängnis. Er stieg in einen Zug und gelangte nach Deutschland. Er ging nach Elberfeld, wo ein Eierhändler, ein edler Mensch, ihm einen Posten und danach die Schwester zur Frau gab.

Wenn mein Vater später die Stelle las: »mein Name, mein guter Name, ich habe meinen guten Namen verloren«, kamen ihm jedesmal die Tränen. Mein Vater las uns Kindern nämlich fast alle Abende nach der Mahlzeit aus wunderbaren Büchern vor, wie sie heute gar nicht mehr existieren. Ich habe diese Bücher später selber gelesen. Sie waren gut und groß geschrieben, aber ihr Glanz von damals, ihr Glanz fehlte.

Auch der Begriff der Ehre hat für mich nicht mehr denselben jugendlichen Glanz von damals. Denn Elsaß-Lothringen ging verloren, und Deutschland besteht noch: der Kaiser, der Kaiser ging uns verloren, und wir merkten es kaum; und manchem unserer guten Freunde ging inzwischen die Ehre verloren, und wir lieben sie noch. Und mein Vater ist tot, und niemand borgt mir auf seinen guten Namen.

95/29.11.1946

Walter Kolbenhoff
Ein kleines oberbayerisches Dorf

Die Natur ist unverändert geblieben, die letzten Jahre haben ihr nichts antun können, und auch die Häuser, diese schönen, bemalten Bauernhäuser, die zur Natur zu gehören scheinen, sind ohne Schaden hindurchgekommen. Steht man auf einem Hügel und schaut ins Tal hinab, dann fällt es einem leicht, zu glauben, daß der Krieg und die bange Unsicherheit unserer Tage in diese Gegend nicht eingedrungen sind. Aber es sieht nur von weitem so aus.

Das Dorf ist klein, die Gemeinde besteht noch aus einigen anderen kleinen Dörfern, die nur wenige Schritte von dem ersten entfernt sind und schöne romantische Namen haben. In der Mitte des Hauptdorfes steht das gewaltige alte Gebäude, halb Kloster, halb Schloß, sein Turm ist weithin zu sehen. Im klösterlichen Teil dieses mittelalterlichen Gebäudes sind eine Menge Flüchtlingskinder untergebracht, ihr Schreien und Lachen dringt bis auf die Straße hinaus – sie scheinen mit den frommen Schwestern gut auszukommen. Im anderen Teil wohnt der adlige Herr, dem die großen Wälder gehören, die ihm sein Geld einbringen, in denen seine Vorfahren schon jagten und in denen auch er gerne jagen würde, hätte ihm die Besatzungsmacht die Flinten und die Erlaubnis zum Schießen gelassen. Aber geht man vom Schloß aus nur wenige Schritte über die Dorfstraße in eines der kleinen Häuser hinein, wird man stickige dunkle Zimmer finden, in denen eine Mutter mit drei Kindern haust, oder in die sogar zwei Familien zusammengepfercht sind. Es ist kein fließendes Wasser da, der ganze obere Teil des Hauses riecht nach Pellkartoffeln und Rauch und Windeln – hier wohnen Flüchtlinge, die nie daran gedacht hatten, die Gastfreundlichkeit dieses idyllischen kleinen oberbayerischen Dorfes in Anspruch zu nehmen. Das Elend ist herzzerreißend, es ist das Elend dieser Jahre, das man aus der Entfernung nicht gewahr wurde.

In der ganzen Gemeinde wohnen 1177 Menschen, und davon sind allein 510 »Zugereiste«. Die entstandene Mischung ist phantastisch: Aus der Sammlung Thomascher Bauern, die tagsüber ihre Äcker bestellten, des Sonntags in die Kirche gingen und abends biertrinkend und kartenspielend im Wirtshaus saßen, ist ein buntgewürfelter Haufen aller möglichen Menschen aus allen Teilen und aus allen Gesellschaftsklassen des früheren Reiches geworden. Gestrandete Soldaten wohnen dort, Intellektuelle aus Berlin, Handwerker aus dem Sudetenland, ungarische Adlige, Bauern aus Schlesien, die Gattin eines in Nürnberg angeklagten Generals, Menschen ohne bestimmte Heimat, Arme und Reiche, Intelligente und Dumme, Fleißige und Faule.

Diese Fremden können dreißig Jahre im Dorf wohnen, sie werden nie dazugehören. Sie wohnen dort, das ist wahr, aber sie können dreißig Jahre dort wohnen und werden immer noch die Fremden sein, welche die Bauern dorthin wünschen, woher sie gekommen sind. Widerwillig räumen sie ihnen ihre Zimmer ein – wer hat gern fremde Menschen in seinem Hause wohnen? – und verschließen sich. Diese Bauern haben nie in Luftschutzkellern gesessen, als die Bomben hagelten und das Leben der Angehörigen erlosch. Sie sind nie frierend und hungernd über fremde Landstraßen gezogen. Sie haben, als die anderen jeden Tag, den ihnen das Leben erneut schenkte, wie eine Gabe begrüßten, auf ihren Höfen gesessen und Geld verdient. Aber dieses Schicksal hat sie nicht demütig gemacht. Es ist, als wäre alles nicht gewesen, oder als ginge alles sie nichts an.

Mehr als zehn Kilometer ist der nächste Bahnhof entfernt. Das Dorf ist ein idealer Ferienort. In der guten alten Zeit der Republik kam Hindenburg jeden Sommer her, er wohnte im Schloß. Die Schulkinder brachten ihm unter Leitung des Herrn Lehrers ein Ständchen, er hob dankend die Hand und ging in den Wald spazieren. Manchmal setzte er sich zu den Bauern auf die Hausbank. Dann ließ er Hitler regieren und starb. In der Nähe des Dorfes ließen sich zwei Koryphäen des Tausendjährigen Reiches nieder. Sie fuhren mit ihren schnittigen Wagen durchs Dorf und hoben grüßend die Hand. Manchmal ließen sie sich mit den Bauern in Gespräche ein. Die Bauern saßen des Abends in der Wirtschaft und sonnten sich in der Erinnerung an diese Gespräche. Zehn Kilometer weiter in einem anderen Dorf steht ein Stuhl. Auf diesem Stuhl hatte Hitler höchstpersönlich gesessen. An diesen Stuhl wurde eine Serviette gehängt, mit der er sich höchstpersönlich die Hände getrocknet hatte, und auf diesen Stuhl durfte sich niemand mehr setzen. Die Bauern kamen aus der Umgebung zusammen und starrten ergriffen den Stuhl an.

Jetzt rast die Entnazifierungswelle durch die Dörfer. Die Bauern fragen sich gegenseitig: »Was hast du gekriegt?« – Niemand will es gewesen sein. Niemand hat die zwei Koryphäen auch nur gekannt. In deren Häusern sitzt jetzt die Militärregierung. Der Stuhl ist plötzlich verschwunden. Der Hindenburgkopf von Thorak, den die eine der Koryphäen am Schloß anbringen ließ, wurde vom Landrat entfernt. Im Dorfbach schwimmt das Schild »Hier wird mit Deutschem Gruß gegrüßt!« Der Bürgermeister mußte gehen, der Lehrer mußte gehen, die »Großen« sind entweder interniert oder mit Geldbußen bestraft. Aber so träge fließt der Strom der Umwälzung, daß der neue Bürgermeister – es ist der frühere Kanzleischreiber – den alten immer noch mit »Guten Morgen, Herr Bürgermeister!« begrüßt. Das ist die Macht der Gewohnheit. Wenn sich die Leute über etwas ärgern, dann darüber, daß sie aufs falsche Pferd gesetzt haben.

Das politische Gesicht des Dorfes verändert sich scheinbar. Die Menschen verändern sich nicht. Hier wehten einst, wie überall, viele Fahnen, und die Jugend spazierte in Uniformen herum. Kein Mensch könnte jetzt sagen, wo die Fahnen hingekommen sind. Geschimpft wird wieder wie vor dreiunddreißig – wozu haben wir die Demokratie? Manchmal ist am Sonntag Tanz. Die Jugend versammelt sich in ihren bunten Trachten und tanzt jodelnd Schuhplattler. Das Bier ist schlecht, das ist richtig, aber sie platteln trotzdem. Die Ortsfremden tanzen schüchtern mit. Manche von ihnen wohnen schon über ein Jahr da, aber sie haben immer noch nichts mit den Dörflern gemein. Sie werden nie etwas mit ihnen gemein haben. Es sind keine Ortsansässigen. Ist das nicht genug?

Die Menschen aus Schlesien und aus dem Sudetenland fühlen nur zu deutlich, daß sie nicht gern gesehen sind. 510 Menschen in einer Gemeinde! Wen interessiert es, daß sie nicht freiwillig gekommen sind, daß sie ärmer als Kirchenmäuse sind? Vielleicht haben sie, als sie das Dörfchen vor sich sahen, gedacht: Die Menschen, zu denen wir gehen, haben das Grauen dieses entsetzlichen Krieges nicht erlebt, es sind Deutsche wie wir, sie werden uns entgegengehen, sie werden uns hilfreich die Hände entgegenstrecken! – Das haben sie vielleicht gedacht. Hier und da ist auch einer, der es tut. Aber in der Regel drehen ihnen die Bauern den Rücken zu. Man duldet sie. Man muß sie dulden. Man wünscht aber, sie wären wieder dort, woher sie gekommen sind.

Im Sommer grasen die Kühe auf den Feldern, ihre Glocken läuten melodisch. Des Abends klingt von den Höfen Harmonikamusik, in der Ferne erglüht der Gipfel der Zugspitze. Am Sonntag gehen die Menschen in ihren kleidsamen Trachten zur Kirche, des Abends sitzen die Bauern im Wirtshaus und spielen Karten. Es sieht alles so aus, als wäre nichts geschehen. Der reiche adlige Herr sitzt auf seinem Schloß und wartet auf die Jagderlaubnis, die Bauern sitzen sicher auf ihren Höfen. In dem einen winzigen Zimmer wohnt die fremde Frau aus Schlesien mit ihren drei Kindern. Zwischen zwei Betten ist gerade so viel Platz, daß man darin stehen kann. In der Ecke blakt ein rauchiger Ofen. Das Zimmer ist erfüllt von Essens- und Windelgerüchen.

Wie kommt die Frau in diesen idyllischen oberbayerischen Winkel? Es ist doch etwas geschehen! Der Krieg ist verloren – Millionen Menschen haben keine Heimat mehr! Nein, die Natur hat sich nicht verändert, und die Häuser haben sich nicht verändert, aber die Menschen darin sind andere. Von weit her kamen die neuen Bewohner, müde und hungrig, noch immer die Schrecken der Erlebnisse in den Gesichtern. Sie wollen nicht viel, sie fragen nur nach Unterkunft und Verständnis. Das, was sie nicht verstehen können, ist die Gleichgültigkeit der Menschen, deren Gastfreundlichkeit sie in Anspruch nehmen müssen. Was sie schmerzt, ist die Verständnislosigkeit der anderen ihren Problemen gegenüber. Die Umstände haben sie gezwungen, die alte Heimat zu verlassen und eine neue Heimat zu suchen. Jetzt sitzen sie hier unter Fremden und fühlen sich wie Ausgestoßene. Sie sind in ein fremdes Land geraten – nicht nur die Landschaft sieht anders aus als zu Hause. Sie wollen nichts als eine neue Heimat haben. Eine neue Heimat – das ist sehr viel verlangt! Ist es zuviel verlangt?

101/20.12.1946

1947

1.1. Vereinigung der britischen und der amerikanischen Zone zu einer Wirtschaftseinheit (Bizone).

3.2. Die CDU verabschiedet ihr »Ahlener Programm«, das auch Verstaatlichung von Industriebetrieben vorsieht.

10.2. Unterzeichnung der Pariser Verträge zwischen den Alliierten und ihren ehemaligen Gegnern Finnland, Italien, Ungarn, Rumänien, Bulgarien.

25.2. Der Alliierte Kontrollrat löst das Land Preußen auf.

12.3. Verkündung der Truman-Doktrin: die USA bieten allen Staaten, die sich in ihrer Freiheit bedroht fühlen, ihre Hilfe an.

15.3. General Lucius D. Clay übernimmt das Kommando über die amerikanischen Streitkräfte in Europa.

2.4. In Polen wird Rudolf Höß, ehemals Kommandant von Auschwitz, wegen millionenfachen Mordes an Häftlingen zum Tode verurteilt.

22.4. Gründungskongreß des Deutschen Gewerkschaftsbundes in Bielefeld. Erster Vorsitzender wird Hans Böckler.

30.5. 48 zum Tode verurteilte Mitglieder der Wachmannschaften des KZ Mauthausen werden in Landsberg/Lech hingerichtet.

5.6. Das European Recovery Program (ERP) wird von Außenminister Marshall in Harvard erläutert. Dieser Marshall-Plan soll den kommunistischen Einfluß in Europa bremsen.

6.6. Konferenz der Ministerpräsidenten aller deutschen Länder in München. Nach Weigerung der westlichen Delegationen, über eine deutsche Zentralregierung zu beraten, reisen die Vertreter der SBZ ab.

26.6. Deutscher Wirtschaftsrat für die Bizone in Frankfurt gegründet.

30.9. Kominform (Kommunistisches Informationsbüro) zur einheitlichen Politik-Regelung der kommunistischen Parteien gegründet.

16.10. Veröffentlichung der abschließenden Demontage-Liste in der Bizone. Gegenüber früher ist sie viel kleiner ausgefallen.

25.11. Beginn der sechsten Außenministerkonferenz in London, auf der auch ein Friedensvertrag mit Deutschland beraten werden soll.

Karl O. Paetel

Heimkehr?

Die deutsche politische Emigration hat zwölf Jahre lang, verstreut über fast alle außerdeutschen Länder, nicht aufgehört, im Namen eines »anderen Deutschland« die Stimme zu erheben. Und wo ihre Wortführer nicht erstarrt waren in Partei- oder Gruppendenken, hat sie wirklich versucht, dabei so etwas wie ein Sprachrohr der zum Schweigen verurteilten, im Reich ihren Alltag lebenden Deutschen zu sein.

In dem Jahr, das dem Zusammenbruch des Hitlerregimes folgte, haben sich langsam, zögernd, unter den Einschränkungen, die einer ihrer Souveränität beraubten Nation gemäß sind, in deutschen Zeitungen und Zeitschriften (und in den ersten Büchern) diejenigen zu Wort gemeldet, die in Deutschland selbst als Antinationalsozialisten gelebt und gearbeitet haben.

Und allmählich kommt es zu einer Wiederbegegnung: die ersten Bücher exilierter Schriftsteller erscheinen im Reich; die ersten publizistischen Zeugnisse des nachhitlerischen Deutschlands kommen in unsere Hände, die wir jenseits der Grenzen als deutsche Antifaschisten das letzte Jahrzehnt erlebt haben. Exil und innere Emigration begegnen sich – und beide sind sich selbst nicht ganz klar darüber, ob diese Begegnung auch ein Sichwiederfinden bedeutet. Betriebsame »Racheengel« am Ende der deutschen Emigration haben mit großem Stimmenaufwand begonnen, allein schon die Tatsache der Nichtemigration als belastend für Tausende und aber Tausende deutscher Intellektueller in Deutschland zu erklären; auf der andern Seite hat sich in deutschen Zeitungen ein nicht minder gefühlsmäßiges Mißtrauen Daheimgebliebener denen gegenüber gezeigt, die scheinbar den besseren Teil der Tapferkeit dem Ausharren im gemeinsamen deutschen Schicksal vorgezogen haben.

Hier ist – leider – ein Wort zu der bekannten Antwort Thomas Manns auf die Aufforderung Walter von Molos, nach Deutschland heimzukehren, notwendig.

Die Polemik um diesen Briefwechsel hat der organischen Wiederbegegnung der Exilierten und der Daheimgebliebenen einen Unterton von Bitterkeit und Ungeduld verliehen, der aus Verschiedenheiten Gegensätze zu machen droht und die Fragestellungen gefährlich simplifiziert. –

Zuerst muß einmal mit aller Deutlichkeit festgestellt werden: Thomas Manns eindeutige Absage an den Gedanken der Rückkehr und der künftigen Mitarbeit an den innerdeutschen Aufgaben ist in keiner Weise repräsentativ für die deutsche politische Emigration. Thomas Mann hat sich – vor allem durch eine Reihe überpointierter, unglücklich gereizter Formulierungen – mit seinem Antwortbrief an von Molo von der überwiegenden Anzahl deutscher Exilierter völlig isoliert. Ich habe Gelegenheit gehabt, im Laufe des letzten Halbjahrs mit vielleicht 120 Angehörigen der deutschen politischen Emigration über diesen Brief zu sprechen oder zu korrespondieren: wenn man 10 Prozent der Gesprächspartner als ihm zustimmend annimmt, hat man vermutlich noch recht entgegenkommend geschätzt. Die Ablehnung, vor allem der von ihm benutzten Begründungen, war fast einmütig. –

Das heißt keinesfalls, daß nicht auch uns andern die Frage der sofortigen Heimkehr nach Deutschland schlaflose Nächte bereitet. Auf unsern Schreibtischen häufen sich in erschreckender Weise Briefe von nahen Freunden, die uns beschwören, die Rückkehr nicht zu übereilen, sondern vielleicht erst einmal den Versuch, zu helfen, von hier zu unternehmen. – *Die meisten von uns wollen heimkehren!* – Was wir uns aber immer wieder fragen, wenn wir die täglichen Berichte über die deutsche Situation in den Zeitungen verfolgen, ist: Wo gibt's für uns einen sinnvollen Ansatz? Wo können wir wieder nützliche Arbeit tun? Will man uns denn überhaupt? Werden wir, nach zwölf Jahren Exil heimkehrend, denn überhaupt von dem Volk, dem unsere Liebe nie aufgehört hat, zu gehören – noch als dazugehörig angesehen? Wird das böse Wort von den »Quislingen« nicht jede Tätigkeit eines rückkehrenden Exilierten untergraben und unmöglich machen?

Gibt es wirklich ein Sichwiederfinden – wenn zwölf Jahre wesentlichster Erlebnisse und Erfahrungen, bei uns und bei denen, die Deutschland nie verließen, sich in zwei Welten abspielen, die hermetisch voneinander abgeschlossen waren?

Man mißverstehe uns nicht falsch: wir haben kein schlechtes Gewissen. Es gab Zeiten, in denen deutscher Antifaschist im Ausland zu sein, nicht weniger gefährlich war als Antifaschist in Deutschland. Die, von denen wir hier sprechen, haben Deutschland erst verlassen, als langjähriges Zuchthaus oder Emigration durch glückliche Umstände in letzter Minute noch zur »Auswahl« stand. Und die Emigration hat Not, Leid und Gefahr genug im Gefolge gehabt – insbesondere, als Hitlers Blitzarmeen den Kontinent überschwemmten und mancher von uns wußte, daß es um Tod und Leben ging, als die SS auf unsere Spur gesetzt war.

Und dennoch: wir haben Stalingrad und El Alamein nicht mitgemacht, wir haben in keiner der 49 ausgebombten deutschen Großstädte gesessen, als die Vergeltung für Coventry, für Amsterdam und Warschau die deutsche Bevölkerung traf. –

Wird nicht die Andersartigkeit unseres Erlebens uns wie mit einer Mauer scheiden von denen, die Deutschlands Not und Untergang erlebten, als wir den zähen Kampf um das eigene Überleben kämpften oder aber einfach auf der »andern Seite« der Kriegsfront standen? Vielen von uns sind das Fragen, auf die wir keine Antwort wissen – auf die ihr drüben in der Heimat – vielleicht – die Antwort wißt! –

Wenn wir heute hier nachhitlerische deutsche Zeitschriften durchblättern, ist uns manches fremd – weshalb es leugnen? –; vermutlich geht es ihnen dort drüben ebenso mit vielen Manifestationen des deutschen Exils. – Gibt es dennoch eine Basis für einen gemeinsamen Neuanfang? Diejenigen von uns, die es ernst mit der Wiederbegegnung meinen, sind bereit, hinzuhören und zuzulernen, was eure Erkenntnisse und Erfahrungen anlangt. Seid ihr es auch mit den unseren? *Viele von uns wollen die Heimkehr! Wollt Ihr die Heimkehrer?*

1/4.1.1947

Ludwig Erhard

Freie Marktwirtschaft oder Planwirtschaft?

Äußerlich will es scheinen, als wäre in den deutschen Ländern die Entscheidung über unsere künftige Wirtschaftsverfassung bereits im Grundsätzlichen und in dem Sinne gefallen, daß uns die überkommenen materiellen und sozialen Zustände bedingungslos zur Fortführung einer Planwirtschaft zwingen. Diese weitverbreitete Auffassung erweist sich bei näherer Betrachtung als ein grundlegender Irrtum.

Wenn wir auch im Augenblick zu einer Zwangswirtschaft verurteilt sind, die die Lenkung der Produktion und der Verteilung wie alle wichtigen wirtschaftlichen Entscheidungen der behördlichen Verwaltungsbürokratie überantwortet, so sollte man nicht vergessen, daß dieser Notstand des Augenblicks mit unseren wirtschaftlichen Vorstellungen und Zielsetzungen nichts zu tun hat. Diese Problematik greift weit über eine deutsche Entscheidung hinaus, denn die Kriegswirtschaft aller Länder mußte immer mehr den Charakter einer staatlichen Befehlswirtschaft annehmen. Alle kriegführenden Nationen haben sich deshalb mit der Frage auseinanderzusetzen, ob sie das System der staatlichen Planwirtschaft auch zum Prinzip der künftigen Friedenswirtschaft erheben oder wieder zu einer marktwirtschaftlichen Ordnung zurückkehren wollen.

Nirgends wird sich der Übergang vom Krieg zum Frieden völlig reibungslos vollziehen. Der deutschen Aufgabe gibt die völlige Verzerrung der Wirtschaft auf dem unsicheren Grunde einer kranken Währung das Gepräge. Während zum Beispiel die Vereinigten Staaten hoffen dürfen, durch preis- und steuerpolitische Maßnahmen zu einer Bereinigung ihres Geldwesens und des Staatshaushalts zu gelangen und damit zu einem wirtschaftlichen Gleichgewicht zurückzufinden, kann die deutsche Wirtschaft nur durch einen währungspolitischen Eingriff wieder gesunden. Diese Einsicht bewahrt vor dem Trugschluß, daß mit der organisatorischen Anpassung an die materiellen Verhältnisse und an die Währungssituation bereits das künftige Wirtschaftssystem festgelegt wäre. Tatsächlich tragen alle wirtschaftlichen Maßnahmen heute nur allzu deutlich den Stempel der Improvisation und der beweglichen Anpassung an die sich vorwiegend nach der politischen Seite hin ständig verändernden Umweltbedingungen. Dieser Zustand mag als unbefriedigend empfunden werden, aber nur diese Politik ist realpolitisch vertretbar; es wäre kurzsichtig, wenn die derzeitige deutsche Wirtschaftsführung aus dogmatischer Bindung heraus bereits heute endgültige Formen und Normen der wirtschaftlichen Ordnung konstituierend festlegen wollte.

Es bedeutet eine völlig falsche Problemstellung, die gegenwärtigen wirtschaftlichen Zustände zum Anlaß zu nehmen, die Frage der Wirtschaftsordnung aufzurollen und zur Auffassung zu kommen, eine marktwirtschaftliche Ordnung aufzurichten sei im Augenblick nicht möglich. Wenn daraus sogar die Konsequenz gezogen wird, daß wir also gewissermaßen endgültig zur Planwirtschaft gezwungen wären, dann ist dieser Schluß gefährlich. Die Nutzanwendung muß vielmehr dahin lauten, daß, wenn wir die Planwirtschaft nicht aus ideologischen Gründen bewußt wollen, alle Anstrengungen zu machen sind, um das Nazi- und Kriegserbe der Zwangswirtschaft zu überwinden. Es muß als ein Versuch am untauglichen Objekt erscheinen, jene besondere Spielart der staatlichen Befehlswirtschaft von ihren Mängeln heilen zu wollen. Daß die unter dem Zwang der Stunde stehende staatliche Wirtschaftsverwaltung Mißstände zu beseitigen suchen muß, bedarf keiner Erwähnung, aber es bleibt Phantasten vorbehalten, zu glauben, durch organisatorische Maßnahmen allein das tiefwurzelnde Übel eines mit dem wirtschaftlichen und politischen Zusammenbruch in kausalem Zusammenhang stehenden moralischen Verfalls tilgen zu können.

Die Frage nach dem anzustrebenden Wirtschaftssystem muß, losgelöst von der Problematik des derzeitigen wirtschaftlichen Notstandes, zu einer klaren Entscheidung kommen, denn ohne diese Klarheit werden jene Kräfte obsiegen, die die Zwangswirtschaft möglichst geräuschlos in die totale Planwirtschaft – und das ist zugleich auch immer staatliche Befehlswirtschaft – überleiten wollen. Alle Formen der staatlichen Befehlswirtschaft haben bisher nur ihre Eignung für die Rüstungs- und Kriegswirtschaft bewiesen, aber in keiner Weise ihre Tauglichkeit für eine der menschlichen Wohlfahrt dienende Friedenswirtschaft erhärtet. Vom ökonomischen Standpunkt aus gesehen, ist nichts simpler als eine Kriegswirtschaft, nichts dagegen komplizierter als eine stark differenzierte Friedenswirtschaft. Der Unterschied ist nicht so sehr ein quantitativer denn ein qualitativer, und deshalb muß auch hinsichtlich der Anwendung und Brauchbarkeit der ökonomischen Mittel eine grundsätzlich unterschiedliche Bewertung Platz greifen.

Die letzten zwölf Jahre haben gelehrt, daß die staatliche Planwirtschaft zwecks Verhinderung des Ausbruchs der aus ihrer Unelastizität herrührenden Störungen auf immer weitere und artfremde Bereiche übergreifen muß, bis schließlich die gesamte Wirtschaft ihrer Reagibilität und Anpassungsfähigkeit an den tatsächlichen gesellschaftlichen Willen und Bedarf verlustig gegangen ist. Es ist darum zu überlegen, ob die Entscheidung über das Was und Wieviel der gesellschaftlichen Produktion der Preisbildung im freien Markt als einer Funktion aller privaten Willensentscheidungen oder dem Diktat einer Planungsbehörde überlassen werden soll und ob es überhaupt denkbar ist, daß eine Behörde Quantität und Qualität der Produktion mit der spezifischen Struktur der Nachfrage unter sich ständig verändernden Bedingungen in Übereinstimmung halten kann. Die freie Preisbildung kann durch kein Wissen einer Behörde und durch keine irgendwie geartete Marktforschung ersetzt werden. Daneben ist leicht nachzuweisen, daß freie Preisbildung und Planwirtschaft sich gegenseitig ausschließen, denn der prästabilisierte Nutzen der letzterwähnten Ordnung kann sich nicht durch die Preisbildung dauernd Lügen strafen, und ohne sich selbst aufzuheben, kann sich auch die Planungsbehörde nicht von ihren vorgefaßten Plänen abbringen lassen. Mit anderen Worten, keine staatliche Lenkungsbehörde ist vorstellbar, deren Handlungen sich mit den Willensentscheidungen der Wirtschaftsgesellschaft decken und auch keine, die die Fehlleitungen einsieht, ohne das Prinzip selbst preiszugeben. Da aber im Rahmen der staatlichen Befehlswirtschaft die Ursachen der Störungen nicht sofort erkennbar und auch nicht meßbar sind, muß die behördliche Lenkungsstelle geradezu ängstlich darauf bedacht sein, durch immer neue Eingriffe die Reaktionen zu unterbinden, bis die Spannungen schließlich zu eruptivem Ausbruch drängen. Damit soll nicht etwa gesagt sein, daß jede Art der Planwirtschaft a priori scheußliche Züge tragen müßte oder daß die Träger der Planwirtschaft nicht besten und reinsten Wollens sein könnten. Das ist sogar um so mehr anzunehmen, als sie meist durch die berechtigte Kritik an Mißständen der kapitalistischen Wirtschaft auf den Weg der Planwirtschaft geführt wurden. Insoweit liegt dieser Entscheidung sogar eine gewisse Folgerichtigkeit zugrunde, wenn es dann auch wieder überraschen muß, daß die Erfahrungen der letzten Jahre nicht hinreichten, um zu der höheren Erkenntnis durchzudringen, daß im besten Falle die Planwirtschaft eine stärkere Konstanz der Wirtschaft nur um den Preis der Aufgabe menschlicher Freiheit und Freizügigkeit – auf wirtschaftlichem Felde insbesondere durch die Unterbindung der freien Berufs- und Konsumwahl – erkaufen kann. Jede Planwirtschaft muß notwendig einer zentralistischen Staatsordnung und Staatsgewalt zuneigen, während allein die freie Marktwirtschaft durch den Leistungswettbewerb einen organischen und gerechten Ausgleich der Interessen auf föderativer Staatsgrundlage gestattet. Dieses Bekenntnis zur Marktwirtschaft soll jedoch keine Empfehlung des schrankenlosen Liberalismus mit all seinen sozialen Schäden und Ungerechtigkeiten ausdrücken. Der Verfasser ist schon wiederholt für die Auflösung wirtschaftlicher Machtballungen und die Beseitigung gesellschaftlicher Privilegien eingetreten. Es wäre abwegig, den Kapitalismus, der nur als eine historische Phase des zeitlich unbegrenzten marktwirtschaftlichen Systems zu begreifen ist, mit dem Typus der höheren Ordnung schlechthin zu identifizieren. Auch der Feind der kapitalistischen Wirtschaft kann durchaus Anhänger der Marktwirtschaft sein, wie andererseits auch der Sozialist die Planwirtschaft nicht bedingungslos bejahen muß. Eine wirklich soziale und aktive Wirtschaftspolitik wird sich nicht darin erschöpfen dürfen, in Abschätzung des mutmaßlichen Bedarfes nach Prioritäten und Dringlichkeiten die Produktion zu planen sowie das Produkt nach wirtschaftlichen und sozialen Gesichtspunkten möglichst gerecht und rationell zu verteilen, weil dieses einer Mangelwirtschaft angemessene Verfahren mit jeder möglichen Ausweitung und Verbesserung der Wirtschaft immer komplizierter wird und am Ende völlig scheitern muß. Die Wirtschaftsführung, die sich dieser Zusammenhänge nicht bewußt ist, wird in jener entscheidenden Phase, da sich mit der Währungsbereinigung völlig neue Wege einer wirtschaftlichen Entwicklung eröffnen, nicht nur wegen unzureichender geistiger Vorbereitung versagen, sondern auch deshalb zur Fortführung einer staatlichen Befehlswirtschaft gezwungen sein, weil sie während des Notstandes der Zwangswirtschaft die Kräfte einer Marktwirtschaft wach zu erhalten verabsäumt hat. Einer sozialen und aktiven Wirtschaftspolitik stellt sich heute die Aufgabe, möglichst gleiche Startbedingungen für alle Wirtschaftsindividuen vorzubereiten, die Wirtschaft von Vorzugs- und Machtpositionen zu reinigen, durch bewußte Pflege des Handwerks und des kleinen und mittleren Gewerbes der Verproletarisierung des Volkes entgegenzuwirken.

Je nach der Einstellung zu diesem Problem ergibt sich hinsichtlich der wirtschaftspolitischen Betätigung und Aktivität noch ein weiterer charakteristischer Unterschied. Der Planwirtschaftler muß selbstverständlich daran glauben, daß sein Plan gut und auch erfüllbar ist, solange das Rechenexempel auf dem Papier aufgeht. Zwar wird er zu spüren bekommen, daß er es mit lebendigen Menschen zu tun hat, deren triebgebundenes Verhalten und Handeln sich rationaler Erfassung weitgehend entzieht. Aber das wird ihn nur um so sorgfältiger planen, immer energischer gegen planwidriges Verhalten der Wirtschaftsindividuen vorgehen lassen, bis die Strafen so drakonisch werden müssen, daß sie zu dem Delikt in keinem Verhältnis mehr stehen und so nicht nur die wirtschaftliche, sondern auch die gesellschaftliche Ordnung im ganzen unterhöhlen. Da dieser Planwirtschaftler eines eigentlichen wirtschaftlichen Maßstabes, wie ihn die freie Preisbildung darbietet, entbehrt, wird er darauf angewiesen sein, den sich häufenden Symptomen der Störung nachzugeben, was ihn zuletzt dazu verurteilt, ständig dem Leben und der Wirklichkeit nachzurennen, ohne sie jemals erreichen zu können. Der erfahrene Wirtschaftspolitiker braucht die Folgen einer gestörten Wirtschaft nicht an den Symptomen abzulesen, um sich der Lage bewußt zu werden, aber gerade deshalb wird er auch darauf verzichten, nur an ihnen herumzukurieren, sondern er wird sich den Ursachen der Erscheinung zuwenden. Diese liegen in dem Erbe eines fluchwürdigen totalitären Staatssystems begründet, das die Planung der Wirtschaft bis zur letzten Konsequenz geübt und die Wirtschaft zu Tode gelenkt hat. Der so Denkende wird nicht glauben, daß das Übel wieder durch organisatorische Maßnahmen zu heilen sein wird, er wird vielmehr seine Anstrengungen darauf richten, Schritt für Schritt, aber ehrlich den zwar steilen, aber zuletzt allein erfolgreichen Weg einer mählichen Überwindung unserer Not zu gehen.

28/7.4.1947

Bruno E. Werner

Die neuen deutschen Briefmarken

I.

Als der Brief mit der neuen Marke kam, herrschte bei Böhlers große Aufregung. Der zehnjährige Fritz schrie begeistert: »Au fein, aus den Kolonien!« Die Mutter kam aus der Küche gerannt, weil sie dachte, ein Eßpaket wäre aus dem Ausland gekommen. Der ältere Bruder Karl sagte: »Du Dussel, da steht doch ›Deutsche Post‹ darunter!« Und Onkel Theobald betrachtete die neue Marke von der Seite und sagte: »Vermutlich alte Bestände vom Vierjahresplan.« So können Familien sich irren.

II.

Die neuen Briefmarken sind das Ergebnis eines öffentlichen Wettbewerbs. Denn zum erstenmal nach dem Zusammenbruch soll wieder eine einheitliche Marke für ganz Deutschland geschaffen werden. (Nach den Notbriefmarken des Jahres 1945/1946 gab es bisher die bekannten Zahlenmarken und daneben die Marken der französischen Zone.) Der Wettbewerb wurde am 20. Dezember 1945 in allen Besatzungszonen ausgeschrieben und dauerte vier Wochen. Die Künstler mußten sich also ziemlich ranhalten. Die Jury war ein Viermächteausschuß, der sich aus einem Postsachverständigen jeder Besatzungsmacht, einem politischen Berater und einem Kunstsachverständigen zusammensetzte. Das sind fünf gegen einen.

III.

Als Themen waren gestellt: die Befreiung Deutschlands durch die Alliierten, die Bemühung der großen demokratischen Mächte um die Befreiung Deutschlands, eine Darstellung des Weltfriedens, schlichte Entwürfe ohne jede Symbolik. Die Jury war jedoch politisch sichtlich gut beraten. Sie entschloß sich für keines der ursprünglich vorgesehenen Themen, ließ nur den Weltfrieden als bescheidenes, mit Liebe frisch eingepflanztes Ölzweiglein sichtbar werden und wählte im übrigen symbolische Darstellungen des Wiederaufbaus. Fünf Entwürfe wurden preisgekrönt.

IV.

Deutschland hat keine glückliche Hand mit Briefmarken. Das ist ein altes Leiden, obwohl in Zeiten von Thurn und Taxis die ersten Marken erschienen und obwohl eine Partei der Philatelisten in ein kommendes Parlament vermutlich mit absoluter Mehrheit einziehen könnte. Bereits die alte Germania, um deren Kaiserkrone, Gelock und Brünne sich die Papierschlange des Jugendstils rankt, machte die Zeitgenossen nicht glücklich. Nach 1918 gab es einen künstlerischen Auftrieb. Man veranstaltete einen allgemeinen und dann einen engeren Wettbewerb, bei dem das Preisgericht zur Hälfte aus Künstlern bestand. Es kamen gute Zahlenmarken heraus, ferner Schmiede, Bergleute und Schnitter. Nach der Stabilisierung der Mark besann man sich auf die großen Deutschen (deren Entwürfe künstlerisch bereits belangloser waren), dann kamen Hindenburg und Ebert. 1934, als Ebert längst verschwunden war, erhielt der Feldmarschall einen schwarzen Rand und wurde dann rücksichtsvoll aus dem Verkehr gezogen. Der Kopf mit dem kleinen Bärtchen beherrschte sämtliche Werte. (Die Philatelisten mögen diesen summarischen Rückblick verzeihen.)

V.

Wir reden von den laufenden Gebrauchsmarken der Reichspost. Nicht von denen des Landes Bayern, das sein ausbedungenes Recht auf die »stammeseigene« Marke bis zuletzt mit einem durchgehend hohen gebrauchsgraphischen Niveau künstlerisch durchaus legitimierte. Wir sprechen auch nicht von den Marken, die für einen besonderen Anlaß gedruckt wurden. Unter den Sondermarken der Reichspost gab es gelegentlich vorzügliche Entwürfe. Vermutlich wurden aber diese nur deshalb geduldet, weil sie so rasch wieder verschwanden. Ein gutes Beispiel dafür waren die drei Werte, die man für die Nationalversammlung in Weimar druckte. Man sieht ihre Themen heute nicht ohne Rührung: ein Eichenstrunk, aus dem vier Zweige wachsen, eine nackte knieende Jünglingsgestalt mit Ziegeln und Maurerkelle …

VI.

Jetzt ist es wieder einmal so weit. Nur fangen wir diesmal ganz von vorn an. Anscheinend auch künstlerisch, soweit man dieses Wort auf die neuen Marken anwenden kann. Man kann es am ehesten noch bei dem Entwurf des Mannes, der den Ölzweig einpflanzt. Jedoch in völlig liebloser Weise schneidet die Überschrift »Deutsche Post« ihm den Schädel durch, während sinnloserweise das unwichtige Wort »Pfennig« noch größer und in technisch ungekonnter Schrift über seine Knie läuft. – Dann gibt es wieder einmal einen Sämann (o charmante Säerin der République Française von der Jahrhundertwende!). Hinter ihm stehen Häuschen und Bäumchen, das Wort »Pfennig« stößt etwas hilflos mit »Deutsche Post« zusammen, während die Wertzahl immerhin die Freundlichkeit hat, als Sonne die Szene und den fliegenden Samen anzustrahlen. Es folgt die 12-Pfennig-Marke, die den Kopf eines Meunier-Arbeiters mit Hammer zeigt, wobei im Hintergrund ein trauliches Giebelhäuschen sichtbar wird.

VII.

Man kann über diese drei Entwürfe diskutieren. Der vierte schmückt die am häufigsten gebrauchte 24-Pfennig-Marke. Er war es auch, der bei Familie Böhler eine kleine Aufregung erzeugte. Fritz hat natürlich unrecht und kränkt, ohne es zu wissen, die Leute am Kongo und in der Südsee. Dort gibt es sehr hübsche Briefmarken. Selbstredend irrt auch Onkel Theobald. Er hielt anscheinend den Mann mit der Maurerkelle infolge seines Kragens und des unverkennbaren Koppels für einen SA-Mann, weil Maurer im allgemeinen anders auszusehen pflegen. Er übersah die kleinen Hemdknöpfchen, aber das ist verzeihlich, da er mit dem Maurer zusammen die Arbeitsdienstmaid mit dem Kornbündel erblickte, also ein durch und durch heroisches Paar, Garanten einer zukünftigen Heldenrasse. Indessen in einem wird der Irrtum Onkel Theobalds deutlich: die Briefmarken des vergangenen Regimes waren drucktechnisch besser.

VIII.

Dafür kann natürlich weder die Jury noch die Deutsche Post. Sie standen vor der Aufgabe, mit den bescheidenen Möglichkeiten der ehemaligen Reichsdruckerei Briefmarken herzustellen. Aber hatte man mit diesem Entwurf vielleicht die Absicht, den deutschen Volkskörper zur Bildung von Antitoxinen anzuregen? Denn wie anders wäre es zu verstehen, daß man diesen Entwurf für die am häufigsten gebrauchte Marke wählte und daß man diese Marke in *dieser* Farbe druckte – in jenem für alle Lebenden unvergeßlichen Amtswalterbraun.

IX.

Aber ist diese Therapie nicht etwas hart? Wir sind hier zwar unter uns, und es besteht eine bescheidene Hoffnung, daß die 75-Pfennig-Marke für Auslandsbriefe (wir sahen sie bisher nicht) etwas milder ausfällt. Man schämt sich so ungern vor seinen ausländischen Freunden. Oder besteht vielleicht gar die Hoffnung, daß diese Marken bald vergriffen sind? Und daß dann ein neuer Wettbewerb mit den erforderlichen längeren Terminen ausgeschrieben werden kann? Und daß vielleicht in der Jury auch die Künstler und die Kunstsachverständigen entscheidend mitzureden haben?

Es wäre schön und vielleicht wichtiger, als es jenen scheinen mag, die der neuen Briefmarke nicht die gleiche Aufmerksamkeit entgegenbringen wie der kleine Fritz. Die Briefmarke ist die Visitenkarte eines Volkes. Es gibt kleine Staaten wie Liechtenstein oder San Marino, die dabei etwas hochstapeln. Aber um so tief zu stapeln, sind wir eigentlich nicht groß genug.

30/14.4.1947

Erich Pfeiffer-Belli

Am Grab des Lärms

Es sind das jetzt jene Abende, in denen die ganze Kammermusik des Frühjahrs mit ihren Melodien voll von Melancholie, verheißungsvoller Heiterkeit, sehnsüchtiger Schwermut der Verliebten und dem hoffnungslosen, wohltuenden Schmerz müde und weise gewordener Herzen zu klingen scheint. Der Himmel ist von einem feuchten, wie von Tränen übergossenen Blau, um die Bäume steht sichtbar und unfaßlich eine blasse Aura wolkigen Pollendufts: pastellgrün, gelblich, ein Hauch nur und eine Verkündigung kommender Dinge. Hinein singen, noch ein wenig zaghaft, die Vögel. Und die aus voller Ahnungslosigkeit Liebenden, die noch jungen, ungeschickten und noch nicht ernstlich geprüften, sie wähnen, ihre Einsamkeit sei zu zweien leichter zu überwinden, und von diesem Irrtum besessen, halten sie sich umfangen, bis nicht nur der kühle Wind von den ersten Sternen herab sie erschauern macht und sie nach Hause gehen läßt.

Ein, allenfalls zwei Stunden nach Mittag ist die Sonne am stärksten: die in der Frühe noch nachtfeuchten Straßen liegen trocken und staubig: es ist der Staub, der aus den unergründlichen Reservoiren der Trümmerstadt aufsteigt, Amphoren, denen der Weihrauch der Vergänglichkeit entquillt, gelöst und gemischt aus verbranntem Stein und aus all dem, was er umschloß: Staub der in schwarzer Flamme aufgegangenen Bücher, Staub von geschmolzenem und rätselhaft klein gestoßenem Kristall, von im Gluthauch aufgeflatterten Briefen: Staub, der einmal eine bauchige Laute war oder eine Geige von der Farbe dunkelbraunen Bernsteins, Staub, einmal ein Kinderkleid, eine Photographie, die uns mehr wert deuchte als ein unwiederbringlich verlorenes Schmuckstück. Vom Frühlingswind aufgescheucht, wirbeln Staubsäulen durch tote Straßen, oder sie wehen als lange, heftig flatternde Fahnen hinter knatternden jungen Automobilen drein, an deren Steuer unbeschwert Ahnungslosigkeit lacht.

Ganz nahe bei meinem Haus ist eine Stelle, die ich den Friedhof des Lärms nennen möchte, so abgeschieden, so überstill, so abgründig schweigsam ist es hier, als habe man alles Laute da zu Grabe getragen. Vielleicht war dort einmal ein enger, von Häusern umstellter Großstadtgarten; die fast farblosen Grasbüschel lassen den Schluß berechtigt erscheinen, Bäume, dieses in Blattgeflüster sich auflösende und sänftigende Brausen der göttlichen Stimme, leben ihr geheiligtes Dasein nicht mehr; wie Totenbretter in den Boden gerammt starren ihre zerspellten Stümpfe. Der fast plane Platz ist von Sandsteinmauern eingefaßt, hinter denen Häuser aufragen, die alle leer sind, leer vom Keller bis hinauf zum ehemaligen Speicher. Wolken und Himmel sind nun ihre Dächer, in ihre Leere ist die Leere des Weltraums tonlos hineingestürzt.

In diesen seltsamen Garten gehe ich manchmal, und es ist, als ertaube man in seinem Geviert, die Stille geht wie auf Zehenspitzen durch ihn hin, und nur das lautlose Neigen des starren Grases kündet von ihrem Vorüberschreiten. Es scheint ein Ort, auf dem die makabren Phantasien des Herrn Sartre ganz selbstverständlich Gestalt annehmen könnten, niemand wäre erstaunt, wenn durch die mittäglich angewärmte Luft jener formlose Fetzen Fleisches eilig wie ein Schmetterling einhergegaukelt käme oder wenn unsere nach Worten suchende Zunge sich in jenen spitzigen Tausendfüßler Sartrescher Erfindung verwandeln könnte, der doch nichts anderes ist als das Sinnbild herzzerreißenden, gnadenlosen Schreckens, der Vorreiter letzter menschlicher Hilflosigkeit. Es könnte, sage ich, all dies geschehen, mir allerdings kaum, denn ich glaube nicht an die Unheilslehre Sartres, der aus dem Faßreifen seiner Riesenbrille hervorschaut wie ein intelligentes Insekt, das giftigen Honig aus Blüten saugt, die gewiß nicht Gott, möglicherweise aber der Maler Dalí entworfen hat. Fast sieht es so aus, als paßten beide hierher, der surrealistische Maler und der Existentialphilosoph, hierher an diesen stillen, ja totenstillen Ort.

Man sieht, alles in allem ist dieser Platz, Friedhof des Lärms, Stätte beklemmenden Schweigens, wo der Föhn in den Pfeifen, von den ausgebrannten Häusern erstellt, orgelt, oder wo ein Stadtwind sich raschelnd dreht; der Platz ist nicht dazu angetan, anheimelnd zu wirken, und doch gehört ihm meine Neigung.

Ich sehe die Häuserreste, die löchrig versteinerten Schwämmen gleichen, die Trauer ist in sie eingeflossen und durchspült sie wie Meerwasser ein auf den Grund der See herabgesunkenes Korallenriff, und die Hoffnungslosigkeit weht wie eine kaum wahrnehmbare Strömung durch sie hin, und ich spüre ihr kühles, fremdes Fächeln flüchtig auf der Stirn. Daß kein Leben mehr hier ist, kein gutes Lärmen, kein Fenster sich öffnet, damit eine alte Vettel einem greisen Vagabunden das Spülicht ihres Gekeifs über den kahlen Schädel schüttet, daß eben nichts, gar nichts ist, scheint mir so sinnbildhaft für unsere Tage, Wochen und Monate. Dieses Panorama der Stille kann nicht mehr über- oder unterboten werden, hier scheint das Nichts zu Hause zu sein, nichtiger, leerer ist kein Mondkrater. Es gibt eine Höhe – oder Tiefe – des Schmerzes, hinter der die Bewußtlosigkeit (oder die brennendste Helle der Einsicht) steht und hinter ihr entweder der Tod – oder dann anderer, abebbender Schmerz und damit neues Leben! Nicht anders hier. Entweder man verliert unter dem blinden Blick des Nichts jeden Glauben, jede Hoffnung, jedes Ziel. Oder man gewinnt all dies und mehr zurück, nachdem der Anblick so vollendeter exakter Zerstörung, so über alles erfaßbare Maß hinausgehender starrstummer Sinnlosigkeit den Betrachtenden tief in den Staub niedergebeugt hat. Das Rätsel des Daseins öffnet belebend die Augen. Der Flecken hier ist eine Wasserscheide, ein Grat.

Ein Wegweiser müßte hier stehen mit zwei zum Kreuz gereckten Armen: dieser zeigte ins Wesenlose, Entmenschte, ins Eisig-Dunkle, in eine Hölle ohne Gott (gibt es das?), der Weg führte ans Ende, ins Nichts. Der andere lenkte den Schritt durch Wüstenei und Chaos, über Trümmerstätten, scheinbar noch ohne Trost, durch dieses ganze furchtbare Fegefeuer, in dem dennoch dem Fühlenden das Göttliche offenbart wird, das große, edelste Rätsel andeutungsvoll sich sichtbar macht: dieser Zeigearm wiese uns ins Leben, von dem wir wissen, daß seine Schwere erst es ist, die uns seinen Wert und immanente Schönheit bewirkt; das, mit dem Dichter zu sprechen, gut ist, wie es auch sei. Und dessen tiefster Sinn sein mag, die Frage nach dem Warum nicht hier beantworten zu wollen.

Eilige, nicht zum Verweilen gewillte Füße haben einen Pfad quer durch den Friedhof des Lärms getreten. Keiner hat bislang hier verharrt, aber ich fand neulich ein wenig blühenden Seidelbast dort hinter dem verfaulenden Gartenhaus und ein paar allerdings recht armselige Anemonen.

35/2.5.1947

Alfred Kerr
Fünf Tage Deutschland

I.

... griff mitten in die paar bekritzelten Tagebuchblätter – da stand es: Fünf Tage Deutschland.

Das muß an die Spitze des Aufsatzes, wenn er gedruckt erscheint. Aber ganz unpathetisch. Sogar möglichst aufgekratzt.

Denn ich habe vor keiner Art Heiterkeit Angst – in einer Welt, die doch niemand mehr ernst nimmt.

II.

Fünf Tage waren mir amtlich erlaubt, als ich von der Schweiz (der PEN-Club tagte damals) nach Deutschland wollte.

Also bloß ein Blick, für diesmal.

(Aber: bloß für diesmal.)

III.

Der Amtsbescheid für die Einreise ließ noch etwas warten. Daher traf ich indes einen lieben Menschen weiblichen Geschlechts laut Vereinbarung in Kreuzlingen: dort ist die Grenze.

Alles klappte genau.

Wir rollten aufeinander zu, der eine mit der Schweiz im Rücken, die andere mit Deutschland hinter sich: dazwischen ein Schlagbaum.

IV.

Es gibt in Kreuzlingen sogenannte »Tagesscheine«; die gestatten einen begrenzten Grenzverkehr zwischen den Anliegern. In dringenden Ausnahmefällen – doch hier bestand kein dringender Ausnahmefall: und war ich ein Anlieger?

(Jetzt, crescendo: Keine Lösung? Alles umsonst?... Pause.)

V.

Ein Ausweg trat in Kraft.

Auf Grund eines weiblichen Vorschlags.

Wenn jenes Auto, worin das Freundliche, Stürmische von München her an die Schranke gebraust war, jetzt bei gehobenem Schlagbaum genau in der Grenzmitte stand, mit uns darin, in einem mathematischen Niemandsland – was war einzuwenden?

Kein Wachtmeister irgend einer Volkheit kann gegen logische Naturgewalten an.

Der Schlagbaum ging mitten durch uns hindurch. Theoretisch gesprochen. Vielmehr: durch die Mitte des Autos, dessen einer Teil in Richtung Uri, Schwyz und Unterwalden, dessen andrer in der deutschen Republik, französische Zone, stand.

Wir schwatzten drei Stunden lang, wie wir wollten (spannender gesagt: nach Herzenslust), – schwatzten, bis, fern von Kreuzlingen, auf dem PEN-Club in Zürich der Abschiedsball begann.

VI.

Dies war mein erster Versuch, Deutschland wieder aus der Nähe zu sehen.

Danach fuhr jedes zurück: einer zur Limmat, eine zur Isar. (Beziehungsweise sogar zur Pegnitz.)

Das Ganze war etwas, woran ein harmloser Mensch auf dieser brustkranken Erdkugel nicht ungern zurückdenkt.

VII.

Tagebuch. – Man lebt in einer Welt des Verbots; des umständlichen Erlaubtseins; des Visums; des Passes; des abgezählten Reisegelds; des lauernden Kurses; des Zollgeschnüffels; und was noch?

Unser Dasein heute scheint verkürzt und entwürzt. Neulich, die Fahrt von London südwärts, war voll boshafter Unterbrechungen durch Ämter und sonstige Menschenfeinde. Das Leben jetzt ist beschränkt und beengt; gedämmt und gehemmt. Dies alles anno 1947.

»Wie schön, o Mensch, mit deinem Palmenzweige…« (Schiller).

VIII.

Tagebuch. – Heut kam die Erlaubnis zur Einreise. Bin dankbar und froh. Kann jetzt mit dem ganzen Körper nach Deutschland hinein. Nicht nur die Teilstrecke von unlängst.

Schließlich: fünf Tage sind fünf Tage.

Fuhr zum zweitenmal nach Kreuzlingen. Jetzt glatt über die Grenze.

IX.

Tagebuch. – Hier in Deutschland überrascht den Zwangsgewanderten ein unbestimmbares Gefühl.

Bin heut, seit vierzehn Jahren zuerst wieder, in dem Land meiner Liebe, meiner Qual, meiner Jugend. Und meiner Sprache.

Diese Trottel wollten mir blitzdumm die Zugehörigkeit absprechen.

Ich werde nicht wehleidig… Aber wie kommt man sich vor, nach allem Vergangenen?

Nicht wie ein nachtragender Feind – wahrhaftig nicht. Sondern wie ein erschütterter Gefährte.

Erschüttert… aber mißtrauisch.

(Man soll die Wahrheit ermitteln, sie feststellen – und dann sie sagen.)

Also: mißtrauisch, doch weich… Nein: viel eher weich als mißtrauisch… Und trotzdem – etwas mißtrauisch…

Genau so ist es.

Zuletzt behält der romantische Begriff »Deutschland« die Oberhand. Es ist ja doch nicht auszurotten, was man so lange belacht und geliebt hat.

Und eines steht fest: Über dem Ganzen dämmert die innigste Hoffnung für ein heut unglückliches Land.

X.

Widersprüche ... Stimmungen, die sich kreuzen ... Will ein Heimkehrer alles vergessen? Nein. Das eben soll er durchaus nicht. Das nie. Es müßte sogar ein Gedenktag angesetzt werden, ein Trauertag der Welt, wegen des Unglaubhaften, dennoch Wirklichen, das einmal durch Deutsche geschah –: damit es nicht vergessen werde.

Jeder kann hier nur für sich sprechen. Jeder nur für sich empfinden, was er beim Wiedersehen empfand.

Und er wird auf die Erkenntnis stoßen, daß er, eins ins andre gerechnet, doch um vierzehn Lebensjahre bestohlen ist. Das sind gewiß Bagatellen im Vergleich zu dem furchtbaren Rest. Hier spricht jedoch kein lächerliches Selbstmitleid. Sondern eher ein Nicht-vertuschenwollen.

Vielleicht ein Bekennen – für alle.

XI.

Man grübelt und sucht einen Halt. Das geht bis zu dem Wunsch, übertrieben gerecht zu sein. Ungefähr so:

Vielleicht war manches für manchen sogar ein Zuwachs. Ohne den erpreßten Ausflug wären die Kinder nett in Berlin geblieben; sie hätten niemals Französisch wie Franzosen, niemals Englisch wie Engländer gesprochen – neben ihrem eingewurzelten Deutsch: mein Sohn hätte niemals im Lycée Michelet den »prix d'excellence«, in England niemals die hohen scholarships für Cambridge gekriegt: er wäre nicht gegen die Schänder Deutschlands Fliegeroffizier in der Royal Air Force gewesen, vier Jahre lang. Meine Tochter hätte niemals, elfjährig, zwischen Eiffelturm und Triumphbogen gesagt: »Pappi, es ist herrlich, ein Flüchtling zu sein.« Ich selbst wäre (wenngleich in dem sehr geliebten Grunewaldhaus) stets in dem selben Zusammenhang mit der selben Zeitung geblieben, bis zum neunzigsten Geburtstag, und hätte dann auf einem Bankett scheu die Ehrungen abgewehrt.

Aber ich hätte niemals in Paris Not gelitten (mit Wonne), und in England hernach ...

XII.

Trotzdem – dies Wanderleben war keine Belustigung. Und nochmals: vierzehn Jahre glatt gestohlen. Wer weiß, wie die sich gestaltet hätten ...

Kleinigkeiten spielen mit. Der Mensch will nicht, selbst in dem wahrhaft ethischen London, ewig Hammelfleisch essen – und nie, wenn es ihm paßt, Eisbein mit Sauerkohl. (Hammel und Eisbein, meine Lieben, sind hier symbolisch ausgedrückt.) Alle diese Stimmungen rumoren (sie haben schon vorher oft rumort).

Und in dieser (höchst konfliktigen) Erschütterung liegt wahrscheinlich nichts andres als das Faktum unlösbaren Verbundenseins.

XIII.

Widersprüche ... Klar sind sie dem Leser kaum. Mir auch nicht.

Aber ... Sie könnten eines Tages klar sein, wenn folgendes einträte.

Ich denke hier bestimmt nicht an bare, zahlenmäßige Gutmachung. Ihr müßt zuerst aus dem Hunger heraus. Doch wie wär' es dann: wenn diese, zumal durch deutsche Schuld heruntergekommene Welt justament durch Deutsche wieder hochgebracht würde?... Nicht nur im durchschnittlichen, pflichthaften Reihentrott, sondern durch deutsche Seelenstreiter weit vor der Linie. Deutsche, sichtbar vor allem Volk ...

(Nicht lachen! Nur nicht lachen!)

Wie wäre das: wenn ihr künftig den Überschuß der großen Kraft hieran wendetet? Sobald die gröbste Not vorüber ist.

Eine Leistung wäre dies, nicht rein körperlich zu bewerten ... Sondern, gewissermaßen, die Erfüllung eines Gelübdes ... Könnt ihr das?

Ihr könnt es. Ihr habt das Zeug dazu. Sogar dazu.

Dann würde (nicht lachen!), was heut Widerspruch ist, euch und allen licht sein, eine Klarheit, die Luft entgiftet, und der verwünschte Zweifel über Bord.

Los!

XIV.

Tagebuch. – In fünf Tagen sah ich drei deutsche Städte: München. Nürnberg. Frankfurt.

Was hiervon im Auge haftet, und was inseits in einer schattenhaften Nische – darüber ist noch zu berichten.

57/18. 7. 1947

I.

München ... Nürnberg ... Frankfurt ...

Alles zugleich kann ein eben Hineingeschneiter nicht sehn – doch überwiegt der Eindruck: München ist keineswegs hoffnungslos.

II.

Du erkennst jedenfalls die Straßen, wo sie gewesen sind. Du rufst: »Da ist ja die liebe Feldherrnhalle, da ist sie ja ... Wo damals die Flucht der Erscheinungen in die Geschichte einging – nach verschiedenen Richtungen ... Da ist ja der Franziskaner – wenn er auch kein »Franziskaner« mehr schenkt; (ja sind denn historische Erinnerungen gar nichts?) ... Lag hier nicht irgendein Siegestor? Doch! ... Und hier ist man bestimmt in der Kaufingerstraßn.

Weißt, mit die Schaufenster ... Hier sogar ein extra-billiger Woolworth: mit Viertel- und Achtelpreisen – für die deutsche Bevölkerung.

Sie drängt hinein.

III.

Im Ernst – trotz schlimmer Einbuße bleibt das Gefühl: München wird auferstehn.

Schon darum: weil hier weniger wichtig die Baulichkeiten gewesen sind als der Geist (hätt' ich fast gesagt ...). Vielmehr der Ortsgeist. Das frohe Herz. Das allgemein Phäakische. Oder, um gebildet und doch verständlich zu reden: die Atmosphär'.

IV.

Aber die Atmosphär' hat sich geändert. Es scheint, daß ein gewisses Maß von Bitterkeit einriß. Was Unfreundliches. Was leise Verbocktes.

Zum Revoluzz reicht es nicht. Kaum zum sichtbar am Hut getragenen Groll. Doch unterschwellig ist es da.

So wenigstens empfindet es der frisch Zugereiste ... Aber wer wird das schon sein? Ein Schlawiner aus Picadilly.

V.

Die peinliche Stimmung stammt gewiß vom Überfülltsein mit Fremden. Du hörst ja kaum ein süddeutsches Wort. Man stößt auf brummige Balten, verirrte Rabbiner, ungemütliche Sachsen. Sie hatten vermutlich keine Wahl. Wollten gern irgendwo untergebracht sein. Sollen die sich aufhängen? Bloß um einer herzlich beliebten Stadt das vertraute Bild ihrer Wesenheit zu belassen? Sozusagen für den Baedeker – und ein vormaliges Hofbräuhaus?

Keine Sorge: das kommt sowieso wieder. München wird auferstehn.

VI.

Tagebuch. – Gestern, als ich über die Grenze bin, und das Auto noch stillsteht, aß ich einiges vom Bahnhof in Zürich Mitgebrachte. Ein deutsches winziges Bübchen kommt näher und fragt lächelnd: »Schmeckt's?«

Ich weiß nicht, warum, aber ich habe Lust, loszuheulen – obwohl das Kind vielleicht eingelernt ist.

Mit dem Empfangenen wandert er ab. Kommt nach sehr kurzer Zeit zurück und fragt wieder – lächelnd.

VII.

Tagebuch. – Nachmittags bei einem Gang durch die Stadt kommt mir der Gedanke: »Ich muß unweigerlich das Bier kosten, das hier gebraut wird...«

Leser, es hat sich nicht gelohnt. Ich trank ja sowas schon einmal, in Amerika, vor zwei Jahrzehnten.

Aber da war Prohibition...

VIII.

Nachtrag. – Ich forderte späterhin, des Vergleichs halber, in London ein »Mild Ale« Die Bufettfrau zwinkerte mir warnend zu (mit fast verzerrter Backe): »Dann wenigstens ein ›Ale-and-Bitter‹!« So zwinkerte sie.

Und sie dachte gewiß an den deutschen Pastor, der beim Verhandeln über eine Hochzeitsreise warnend sprach: »Ich habe ja auch eine zu fünfundzwanzig Mark – aber dazu kann ich Ihnen selber nicht raten ... « Sie hatte nicht zwecklos gezwinkert.

Und dabei winselt dieses London täglich über den Schwund von Hopfen und Malz. Und was sie sonst noch hineintun (»Nur Helios vermag's zu sagen, der alles Irdische bescheint.«)

Man lebt in apokalyptischen Zeiten, überall.

In München arten sie zu einem Frevel aus.

IX.

Hier in München ist der Herstellungsort einer mir liebgewordenen Zeitung. Ich sage nicht von welcher. Um keinen Preis. Cordelia ist ein Hund gegen mich.

Was unsereinen von fern oft erquickt hat, sah ich nun im lebenden Betrieb.

Hier war, in all dem Weltjammer, allemal bißl was angenehm Europäisches – nämlich Amerikanisches. (Das wird ja immer verwechselt.)

Hier war auch der Freund. Der Leiter. Den ich jetzt kennenlernte. Man denkt gern an fünf Tage zurück…

X.

Nach getaner Arbeit hausen etliche hier (weitab vom gedruckten Wort, vom gedruckten Bild, von der druckenden Maschine) im Abendgarten ihres Hauses.

Hier ist hängendes Grün, altes Gebäum, vor der weiten Rasenflur. Und am Hause sind rastvolle Steinplatten. Mittendrin ein steinumsäumter Weiher – mit schlafenden Seerosen…

Die Freunde arbeiten noch, unten in der Stadt. Heut abend bin ich allein hier.

XI.

Ein verspäteter Photograph schlüpft oder hüpft herein…

Nach einer Weile sagt er: »Und jetzt vielleicht etwas zu den Seerosen gebeugt.«

»Zu den Fischlein.«

Er sagt: »Es sind Kaulquappen.«

Ich (etwas verletzt): »Kaulquappen sind auch Fischlein.«

Er denkt jetzt: »Wenn Kaulquappen auch Fischlein sind, hätte der Schubert statt der ›Forelle‹ vielleicht die ›Kaulquappe‹ komponiert.«

Er sagt es aber nicht.

XII.

Jedenfalls flitzen die wendigen kleinen Geschöpfe sowohl auf und ab als auch dahin…

Hauptsache, daß man noch flitzt…

Der Tag geht zu Ende.

Also, warum streiten? Um Kaulquappen? Kameraden sind wir, Abendkameraden.

Der Tag geht zu Ende.

XIII.

Nahm der Photograph still Abschied? Er scheint nicht mehr dazusein.

Und was tun die Regenwürmer jetzt? Einer ringelt sich im Gras vor mir: ein ganz geübter, mit rascher Kopfbewegung. Guten Abend, Sir.

Ich denke gern an fünf Tage…

Friede herrscht: – fern von »der Welt Unfläterei«, wie ein Dichter (diesmal nicht ich) es genannt hat.

Schlafen Kaulquappen nachts? … Die Wasserrosen sind bereits geschlossen – und halb untergetaucht.

Ich denke gern an …

Und nicht ungern an München selbst.

Dieser Stadt schlägt die Totenglocke noch lange nicht.

XIV.

Aber Nürnberg … Aber Nürnberg …

Was hier gewesen ist, lebt gleichfalls fort, doch wie ein kurioser Doppeltraum: – ein schöner von einst – und ein übler von jüngst.

Nur von dem schönen Traum wird zu sprechen sein.

Und von einer Schutthalde.

61/1.8.1947

I.

Nürnberg …

Das war eine Stadt: und ist eine Schutthalde. Das war gemütlich-bürgerlich: und ist ein Grauen.

Ein Grauen ohne Tragik: nur noch was Unangenehmes.

Eine Ruppigkeit. Eine Häßlichkeit. Eine Trostlosigkeit … Eine Schutthalde.

In den »Meistersingern von Nürnberg« klang es behaglich, friedvoll: »Wie duftet doch der Flieder …«

Es hat sich ausgeduftet.

II.

Die Lorenzerkirche steht noch. Auch ihr Gegenstück: die mit dem wundervollen Sebaldusgrab. (Ist es noch vorhanden?)

Der Weg zwischen beiden bleibt eine Seelenfolter. Du siehst kaum andres als Geröll. Irreführend wäre das Wort »Ruinen« – da denkt man immerhin an gewesene Hausungen: dies aber ist dem Staub viel näher als der billigen Vorstellung zerrissener Wände.

III.

So daß im ersten Augenblick der Gedanke nicht abwegig scheint: dies Trümmertal seinem Zustand zu überlassen – und ein neues Nürnberg nebenan zu erbauen.

Sind das Wahnbilder … Traumideen? …

Das alte Nürnberg wäre dann eine Sehenswürdigkeit … wie Pompeji: wie Rothenburg: oder wie das erschütternde Timgad in Nordafrika.

Ein Pilgerziel für die Fremden.

IV.

Alles das bleibt mit einem Gran Phantasie zu verstehen…

Aber warum?

Man könnte die zwei Kirchen, dazu einen der wohlerhaltenen Brunnen abtrennen von dem umgebenden Dreck: sie befreien – und dies ganze Geheg umgittern wie einen Schutzpark… zu immerwährendem Gedenken. Zur Erinnerung an die Stätte, die einst Nürnberg war.

V.

Der Plan wäre vorläufig (wie Lessing es ausdrücken würde) – »nur ein Problem sozusagen« – doch er müßte das nicht immer sein…

Die Phantasie spinnt fort…

Was den Raum zwischen dem kostbaren Überrest zu füllen hätte, wären Blumen. Blumen. Blumen.

Heitere. Farbige. Alles gewissermaßen in dem unbefangenen Stil dieser außerordentlichen Kleinbürger von damals. (Sie schmückten ja das Grab eines ihrer Heiligen arglos mit gemeißelten Bübchen, die bei dem Toten mit gemeißelten Händen spielen.) … Laßt es fröhliche Landblumen sein.

VI.

Was vorläufig in Nürnberg drückender ist als Nürnberg, sind die Nürnberger. Frische Gesichter wie in München sah ich nicht. Eine Last liegt auf den Leuten. Vielleicht ist ihr allzu williges Ergebensein die Folge davon.

Diesen Eindruck (ist er falsch – um so besser) hat ein Außenseiter von ihrem tonlosen Gehab'. Es ist, als lebten sie in einer unteren Stadt mit der stumpfen Empfindung, daß es eine obere gibt – von deren Vorhandensein sie immer wissen.

Ja, als ob sie mit halbem Ohr immer auf etwas horchten: ohne das zu merken.

Es horcht in ihnen.

VII.

Die Kleinigkeiten der Gewohnheit bleiben hiergegen unwichtig. Es ist belanglos, daß sie ihren Tabak selber machen. Sie bekommen dazu (amtlich geliefert) eine »Beize«.

Wir taten es nach dem Ersten Weltkrieg ohne Beize. Und es ging.

Einmal, als ich bei Einstein war und wir rauchten, sah ich ihn etwas Papier dem Pfeifenkopf beifügen – was ich dann auch tat.

Aber alles vollzog sich damals noch nicht in so lichtlosem, spaßlosen Trübsinn, wie erst ein Fortschritt in der allgemeinen Verdummung es ermöglicht.

VIII.

Den ernstesten Schlag empfing ich in Nürnberg, als auf der Straße die denkmalhafte Dürftigkeit des vegetabilisch Vorhandenen sichtbar wurde.

Ein Satz fiel mir ein, den ich in Seattle, der nordwestamerikanischen Stadt, vormals geschrieben; er hieß:

»Ich geh' in der Welt immer gern auf die Märkte, morgens, wo das Leben sanftschwer quillt; wo das Genie des Alltags fischig, selcherhaft, knödelsam und mit Gemüsebergen fluscht.«

Es fluschte nicht.

Liebes Nürnberg …

IX.

Zwischendrin fragt sich der Besucher: Neckt einen diese Stadt? Spuckt es? Macht sie Anspielungen? Heimliche Hinweise?

Die Sebalduskirche beherbergt (hoffentlich noch heut) das berühmte »Gericht«, von dem alten Bildhauer Adam Krafft … Und was ragt warnend oben auf dem Brunnen hier? Die »Justitia« mit der Waage. (Schon wieder was Anzügliches?) … Und vor allem: hier in Nürnberg schuf ja der Albrecht Dürer sein unvergeßbares Griffelwerk – das hieß: »Nemesis« …

Nemesis …! Dürer contra »Führer« …

(Aber glaubisch könnt' man werden.)

X.

Als ich allein das Gerichtszimmer betrat, geschah es mit einer besonderen Erlaubnis. Das Publikum war nicht zugelassen.

Diese Morgenstunde galt der Vernehmung vorgeführter, bekannter Nazis.

Der Ankläger schien mir weit fesselnder als die Angeklagten. Er vollzog sein Amt mit überlegener Meisterschaft – doch keineswegs ohne Menschlichkeit. Sein Ziel war offenbar nicht, Häftlinge scheu zu machen.

Nur sobald sie logen, war er mit einem Donnerwetter des Widerlegens, auch mit Ironie, zur Stelle; datenmäßig, zahlenmäßig, seelisch.

Und sie logen.

Ich empfand kein Triumphgefühl – obschon ich einen sah, der im

»Völkischen Beobachter«, wenn mir recht ist, noch unter der Republik, verlangt hatte, bestimmte, mit Namen genannte Schriftsteller seien »an die Wand zu stellen«.

Andere der Vorgeführten waren weniger literarisch.

Traurige Gestalten?... aber noch gestern hatten sie Trauer verbreitet. Jeder blieb letztens schuld an dem Elend, das über die Welt gekommen ist.

Der Ankläger, so menschlich er war, wußte das. Er handhabte die einzelnen dennoch verschieden, je nach ihrem Wertunterschied. Er kannte die Grade! Seelenkenner hätten an ihm ihre Lust gehabt.

Ich hatte seinen Namen oft gelesen, von seiner tapfer-charaktervollen Art gehört. Jetzt sah ich ihn zum ersten Male.

Er war, wie ich ihn mir gedacht hatte.

XI.

Wovon sprach ich?

Von einem Trümmertal. Von Pompeji. Von leuchtenden Landblumen. Von einer Unterstadt. Von Gemüsebergen in Seattle. Vom deutschen Wald mit »Beize«. Von Albrecht Dürers »Nemesis«. Vom menschlichen Ernst vor Gericht.

Vier von den amtlich erlaubten fünf Tagen waren um. Ich hatte München und Nürnberg, aber noch Frankfurt nicht gesehn...

Da kam ein Soldatenzug mir zu Hilfe; der setzte mich, ob ich wollte oder nicht, in Frankfurt ab – für drei Stunden. Ich hatte drei Stunden Zeit, für diese Stadt eine Hoffnung zu hissen. Nämlich:

Frankfurt wird am frühesten empfangsfähig sein. Es wird am frühesten eine gesellschaftliche Zukunft haben. Sowie eine politische.

Die Anzeichen dafür zu begründen war in der Eile des Prophezeiens schwer. Statt dessen ging ein Zug weiter... nach London, zur Themse, zum Buschwald von Wimbledon – und zu einer französischen Wirtin.

Tagebuch. – Ich weiß nicht, ob ich in fünf Tagen alles richtig gesehen – aber ich weiß, daß ich alles, was ich gesehen, richtig gesagt habe. (Auf das Sagen kommt es an.)

64/11.8.1947

Bruno E. Werner

Romantik und Wirklichkeit. Gedanken über den Wiederaufbau

»Wiederaufbau« ist das in der deutschen Öffentlichkeit immer wieder auftauchende Wort, dem nichts mehr von zündender Kraft innewohnt, das jedoch überall als ein Erfordernis nackter Lebensnotwendigkeit erkannt wird. Auf dieses Wort reagiert die breite Masse skeptisch und ein wenig müde. Müder jedenfalls als im Herbst 1945, als sich mancher Heimkehrer sofort ans Werk machte, bis ihn die Behörden fragten, wo er denn das Baumaterial her habe und ob er eine Bauerlaubnis besitze. Die Menge ist müde. Denn sie sieht, daß zwei Jahre nach Kriegsende in vielen Städten noch nicht einmal der Schutt von den Straßen beseitigt ist und daß die sichtbarsten Veränderungen bisher darin bestehen, daß Häuserblocks und Straßenzüge gesprengt werden, um die Einsturzgefahr zu beseitigen.

Die Menge sieht und hört noch mehr. Nämlich, daß die wenigen Baustoffe, die noch vorhanden sind, »verschoben« werden oder daß zum Beispiel der Metzger sich einen neuen Schuppen errichtet, der Bäcker das obere Stockwerk seines Hauses ausbaut, während andere, die über keinerlei Waren verfügen, nicht in der Lage sind, auch nur einen bescheidenen eigenen Behelfsraum zu errichten.

Natürlich wird eine solche Betrachtungsweise, die im einzelnen durchaus zutrifft, der Gesamtsituation nicht gerecht. Es geschieht zweifellos allerlei, obwohl der Mangel an Baustoffen auch dadurch bedingt ist, daß gegenüber der Vorkriegszeit nicht nur weniger Kohle erzeugt, sondern auch prozentual ein ganz geringer Anteil für die Baustoffgewinnung eingesetzt wird. Dazu kommen die angeordnete Einschränkung der Eisenerzeugnisse, die fehlende Holzeinfuhr und die fehlende Metallproduktion.

Nachdem die Rettung der nackten menschlichen Existenz durch Wohnprovisorien in den ersten zwei Jahren im Vordergrund gestanden hat, setzen sich jetzt die meisten Großstädte, wie Berlin, Hamburg, München, Frankfurt, Stuttgart, Dresden, Köln, Düsseldorf und so weiter, sehr intensiv mit städtebaulichen Fragen auseinander, allerdings aus obenerwähnten Gründen vorläufig nur auf dem Papier. Drei Probleme stehen dabei im Vordergrund: die Stadtplanung, die Wohnraumfrage und die Erhaltung und Wiederherstellung der Baudenkmäler.

Städteplanung und Wohnraumbeschaffung stehen in den Presseveröffentlichungen, Vorträgen, Landtagsdebatten und so weiter im Vordergrund. In der Praxis treten sie aber hinter der Frage der Erhaltung der Baudenkmäler zurück. Es ist eben leichter, Kirchen vor dem Einsturz zu retten als Millionen von Menschen vor der Wohnungslosigkeit.

Scheinbar treten auch die künstlerisch-ästhetischen Fragen in den Hintergrund, was nur allzu berechtigt wäre, denn es geht zunächst nur um die dringlichen Aufgaben der Existenzerhaltung und der Zweckhaftigkeit. Aber wir sagen »scheinbar«. In Wahrheit beherrscht alle Diskussionen der Stadtväter, der Regierungsstellen und zum Teil sogar der Presse ein Thema: Wie erhalten wir oder wie stellen wir wieder unser altes, liebgewordenes Stadtbild her?

Das ist gewiß ein sympathischer Zug. Aber spielt man ihn so nach vorn, so zeigt sich sein bedenklicher, romantisch-retrospektiver Charakter. Dieses Übergewicht einer im Grunde sentimentalen rückblikkenden Haltung ist in den meisten Großstädten anzutreffen.

Stärker als je zuvor scheinen sich die Menschen in Deutschland, nachdem der Hurrikan vorübergegangen ist, an das Stück Vergangenheit zu klammern, das ihnen verblieben ist. Selbst in Gesprächen mit geistig-künstlerisch aufgeschlossenen Menschen fällt auf, daß ihre Blickrichtung meist nach rückwärts geht. Ein revolutionärer Zug, wie er 1918 zu spüren war, fehlt in der architektonischen Planung geradeso wie in der übrigen Kunst. Dies ist zweifellos ein europäisches Gesamtphänomen. In Deutschland kommt jedoch hinzu, daß hervorragende Architekten wie Mies van der Rohe, Gropius und so weiter, die alle vor etwa zehn Jahren emigrierten, den Menschen unter vierzig so wenig ein Begriff sind wie ihre Bauten. Gewiß, in Berlin plant offiziell Scharoun, am Aufbau Rostocks arbeitet Tessenow mit, überall melden sich die besten Kräfte der älteren Generation zu Wort. Es ist auch keineswegs so, daß jener historisierende Stil, wie er in Frankreich nach 1918 überall zu finden war, in Deutschland widerspruchslos hingenommen würde. Aber weit heftigere Empörung würde vermutlich »die strahlende Stadt« Corbusiers hervorrufen, sowie jeder andere Vorschlag, auf Grund der gegebenen deutschen Schutthaufenexistenz eine radikale moderne Gesamtlösung anzustreben.

Auffallend ist auch hierbei die Umkehrung der Generationsmaßstäbe. Es ist nicht die Jugend, die hier temperamentvoll vor einem sentimentalen Traditionsfimmel warnt. Es war der (eben verstorbene) achtzigjährige Geheimrat Clemen aus Bonn, der Nestor der deutschen Konservatoren, der in einer vielbeachteten Rede mutig in die Fanfare stieß. Er zitierte Rodin: »Un art, qui a la vie ne restaure pas les monuments du passé, il les continue.« Er sagte weiterhin. »Man mache sich klar, daß nicht das Jahr 1946 dieser niederdrückenden Fülle von Ruinen gegenübergestanden hätte, sondern eine Zeit um zwei Jahrhunderte zurück, 1746 ... Wie anders würde eine Ruinenwelt wie die heutige unter ihren Händen wiedererstanden sein.« Er weist auf London hin, das nach dem Brand von 1666 durch Christopher Wren wieder aufgebaut wurde – »selbstverständlich in der Sprache seiner Zeit«, und fordert schließlich, daß die großen Künstlerbegabungen der Gegenwart beim Aufbau und der Neuausstattung der verbrannten Baudenkmäler ein entscheidendes Wort mitzureden haben.

Und hier liegt in der Tat die Alternative, vor die die Deutschen heute gestellt sind. Städteplanung im großen, Verwirklichung neuer Stadtorganismen, dies alles verhindert die Armut und die Notwendigkeit, auf dem Gegebenen, das heißt auf den im Boden erhaltenen wertvollen Unterbauten der Straßen und Häuser, wieder aufzubauen. Serienfabrikation, transportable Häuser – dies erfordert Zeit, während die Obdachlosigkeit auf den Nägeln brennt. Aber die entscheidende Frage ist die, ob einem gesunden Gefühl für Bewahrung und Erhaltung der Vergangenheit sich ein gleich starker Wille entgegenstellt, mit den besten baukünstlerischen Kräften der Gegenwart neue architektonische Lösungen zu finden.

Bei einem Gebäude ist der Meinungsstreit besonders heftig ausgebrochen, und hier dürfte es sich allerdings auch um ein Problem von europäischer Bedeutung handeln. Wir reden vom Goethehaus in Frankfurt. Das Elternhaus Goethes am Hirschgraben wurde durch Fliegerbomben bis auf die Grundmauern zerstört. Das Freie Hochstift, die von Professor Beutler geleitete und nicht nur in Deutschland verbreitete Organisation der Goetheverehrer, will eine naturgetreue Wiederherstellung des alten Baues, wobei das Fehlende imitiert werden soll. (Möbel, Bilder, einige Bauteile, Musterschnitte der Tapeten waren vorher geborgen worden, Photos, auch der Stuckdecken und so weiter, Pläne und Maße sind vorhanden.)

Hier scheiden sich nun die Geister. Karl Jaspers, Planck, E. R. Curtius, um Namen der Elite zu nennen, stimmten dem Plan spontan zu. Andere, wie Reinhold Schneider, Leopold Ziegler, der Hamburger Architekt Professor Schuhmacher und Karl Scheffler, wandten sich ganz gegen den Wiederaufbau. Reinhold Schneider schreibt dazu: »Ist es nicht, als ob wir mit einer Lüge uns über unsere Verluste, unsere Schmerzen, das Unheil unserer Geschichte hinweghelfen wollten … Das Goethehaus wäre schwerlich gefallen, wenn wir uns des Dichters ehrfürchtig bewahrenden Sinn, seine Hingabe an die Menschlichkeit bewahrt hätten … Wir können der Frage nicht ausweichen: Wäre eine solche täuschende Nachahmung des Geburtshauses in Goethes Sinn?«

Die Welt selbst, das heißt die Goetheverehrer des Inlandes wie des Auslandes, folgten im ersten Augenblick spontan dem Gefühl, sie hielten sich an den Plan des Freien Hochstifts. Spenden und Stiftungen flossen in so großer Zahl, daß die Kosten der Wiedererrichtung bereits so gut wie gedeckt sind. Es geht jedoch hier um mehr als um Fragen des spontanen Gefühls. Professor Otto Bartning, der hervorragende Kirchenbauer, nimmt in der Heidelberger Zeitschrift »Die Wandlung« auf eine erfreulich konkrete Weise dazu Stellung. Er sagt: In der Diskussion gibt es ein »Sowohl als auch«, für den Architekten oder für den Bauhandwerker gibt es aber nur ein »Entweder-Oder«. Also zum Beispiel: 1. Soll man bei der Wiederherstellung des Goethehauses alles lot- und waagerecht bauen oder etwas altersschief? 2. Die nach Photos mechanisch rekonstruierte Stuckdecke (einst mit der Hand geformt), soll man sie weiß lassen wie zu Vater Goethes Zeiten, etwas angestaubt wie 1832, oder stärker angestaubt wie 1932? 3. Die erhaltene Zimmertür wird eingesetzt: soll die neue Schwelle nun scharfkantig werden oder bereits etwas ausgetreten? 4. Die übrigen Türen mit ihren Schnitzereien werden kopiert; wird man diese Tausendkünstler (im Kunsthandel Fälscher genannt) finden, die solche Nachahmungen täuschend echt zuwege bringen? Und so weiter, und so weiter.

Das Ergebnis solcher Bemühungen, sagt Bartning, wäre ein Pseudo-Goethehaus, in dem man nicht mehr unterscheiden könne, was echt und was »echt-imitiert« ist. Der Wert des Goethehauses lag ja nicht in seinen stilistischen, baukünstlerischen Formen, die man der Gegenwart übermitteln will, sondern er lag in der Atmosphäre, im weihevollen Gefühl, nun jene Schwelle zu überschreiten, die einst Goethes Fuß selber berührt hat.

Bartning schlägt vor, auf dem Fundament des Goethehauses schlichte Räume herzurichten, die den früheren Proportionen und Lichtverhältnissen entsprechen und nun in einer würdigen, neutralen Form die geretteten Möbel, Bilder und Geräte aufnehmen sollen. Alle weiteren Räume, die das Hochstift benötigt, sollen in einfacher Form an dieses Herzstück anwachsen. Bartning schlägt weiter vor, Heinrich Tessenow, den man auch zur Beratung in Weimar herangezogen hatte, die Durchführung dieser Aufgabe zu übertragen.

Daß Persönlichkeiten wie Jaspers, Curtius und so weiter nun doch nach genauerer Kenntnis der architektonischen Konsequenzen den Ausführungen Professor Bartnings zustimmen werden, scheint nicht unwahrscheinlich. Aber worum geht es? Geht es überhaupt um das Goethehaus allein? Hunderte der wertvollsten Baudenkmäler Deutschlands, darunter viele von europäischem Rang, sind völlig vernichtet worden. Werden eines Tages an ihre Stelle Imitationen, Panoptikumstadtteile rücken? Oder wird man den Mut haben, das, was völlig vernichtet ist, einer versunkenen Zeit zu überlassen und statt dessen lebensvolle, neue architektonische Leistungen zu schaffen, die dem Geist der Gegenwart, den neuen Baustoffen, den neuen Aufgaben entsprechen?

59/25.7.1947

Thomas Mann
Die Aufgabe des Schriftstellers

… Aufrichtig, ich finde es generös von Ihnen, daß Sie für die erste Ausgabe Ihres Verbandsorganes einen Gruß, ein »Geleitwort«, einen Segensspruch von mir wünschen. Denn ich war nicht unter Ihnen während der Jahre des Schreckens und kenne nicht nur, sondern verstehe auch vollkommen die gewisse Abneigung derer, die drinnen waren und das ganze Grauen am eigenen Leibe erfahren haben, gegen das Mitredenwollen solcher, die *nicht* dabei waren, der im Grunde Ahnungslosen, die nicht wissen, daß »ja alles noch viel schlimmer war«. Ich mache mir keine Illusionen über das Ansehen von uns Emigranten in Deutschland. In Italien scheinen die Dinge sehr ähnlich zu stehen. So ist Toscanini, als er jetzt sein Land wieder besuchte, nach allem, was man hört, keineswegs so enthusiastisch bewillkommnet worden, wie man es hätte erwarten sollen, und wie er selbst es erwartet haben mag. »Auch wieder da? Nun ja, jetzt ist es vorüber.«

Lassen Sie sich, rein vertraulich, das Folgende erzählen. Vom Mai 1943 bis in dieses Jahr habe ich an einem umfangreichen Roman gearbeitet, der die tragische Lebensgeschichte darstellt eines angeblich

1885 geborenen deutschen Musikers und sich unterderhand viel mit dem Charakter und Schicksal unseres Volkes beschäftigt. Der Verfasser der Biographie bin – wiederum angeblich – nicht ich, sondern es ist ein überlebender Freund und Verehrer des kurz vor der »nationalen Revolution« an Paralyse zugrunde gegangenen Komponisten, ein guter deutscher Mann, Humanist, Gymnasialprofessor in Freising an der Isar, der 1933 aus Überzeugungsgründen sein Amt niedergelegt hat und vereinsamt, voller Gram über den wüsten Wandel seines Landes, während der letzten beiden Jahre des Hitler-Krieges von der Periode vor und nach dem ersten Weltkrieg berichtet. Der Roman hat also eine doppelte Zeit: die, *von* der der fingierte Verfasser schreibt, und die, *in* der er schreibt, und deren Ereignisse bis zur Katastrophe er bei seiner Arbeit laufend registriert. In seinen Kommentaren, Ruminationen und Geständnissen spiegelt sich der ganze vielerlebte und notvolle Widerstreit zwischen natürlicher Vaterlandsliebe und dem moralischen Zwang, die Niederlage des eigenen Landes herbeizuwünschen.

Nun, ist das nicht merkwürdig? Was der gute Professor Zeitblom (so heißt er) schrieb, schrieb ich, hier, in Kalifornien, in seinem Geist und Namen. Für lange Jahre hatte ich mir eine Arbeit ausgedacht, die der wirklichen mir zugefallenen Daseinsform widersprach, die mich nach Deutschland, in eine stille oberbayrische Gelehrtenklause versetzte, mich im Geiste »an Ort und Stelle«, unter Ihnen, mit Ihnen leben und Ihre Erfahrungen teilen ließ. Bedenkt man, wie sehr unsere Arbeit unser wahrer und eigentlicher Lebensraum ist, so kann man zu dem Schlusse kommen, es handle sich um einen psychologischen Trick, eine Kompensation, eine triebmäßige Korrektur der Wirklichkeit, eine Buße fürs Außensein. –

Verzeihung für diese Offenherzigkeiten! Mit einem Beitrage haben sie wenig Ähnlichkeit, und es sieht nicht aus, als ob ich es zu einem solchen noch bringen werde. Ich muß reisen, soll in Washington und New York über Nietzsches Philosophie lesen und darüber, wie sie sich ausnimmt »im Lichte unserer Erfahrung«. Immer noch faszinierend genug, sollte ich denken! Möge auch seine Romantisierung des Bösen uns, die wir das Böse in seiner ganzen Miserabilität kennengelernt haben, wenig mehr sagen, sein heroischer Ästhetizismus überhaupt, den er auf den Namen des Dionysos taufte, uns Zweifel machen. Wir sind Künstler und haben es als solche mit dem »Schönen« zu tun. Aber das will nicht sagen, daß wir Ästheten wären – es heute noch sein könnten.

Zu deutlich empfinden wir, daß die Welt aus einer ästhetischen Epoche (der bürgerlichen) herausgetreten ist in eine moralische und soziale, als daß wir glauben könnten, aus einer ästhetischen Weltanschauung könnte die Lösung der Aufgaben kommen, die jetzt der Menschheit gestellt sind. »Es gibt keinen festen Punkt außerhalb des Lebens«, hat Nietzsche gesagt, »von dem aus über das Dasein reflektiert werden könnte, keine Instanz, vor der das Leben sich *schämen* könnte.« – Was meinen Sie dazu? Hat man nicht das Gefühl, daß doch eine solche Instanz da ist? Und möge es nicht die christliche Moral sein, so ist es schlechthin der Geist des Menschen, die Humanität selbst als Kritik, Ironie und Freiheit, verbunden mit dem richtenden Wort. »Das Leben hat keinen Richter über sich«? Aber im Menschen kommen doch irgendwie Natur und Leben über sich selbst hinaus, sie verlieren in ihm ihre Unschuld, sie bekommen Geist, und Geist ist die Selbstkritik des Lebens.

Er ist dabei *nicht* der Feind des Lebens, wie man in Deutschland eine Weile hat glauben wollen. »Des Lebens Leben« – hat Goethe ihn im Gedichte genannt. Das geistige Werk ist das Leben noch einmal, verstärkt, geläutert, erhöht, durchheitert, – die Apotheose des Lebens ist es im Grunde, denn auch wenn es sich depressiv gibt, sich in Melancholie hüllt, bleibt es das stärkste Tonikum von der Welt, weil ja die Kunst froh ist in sich selbst. Ist der Geist die Instanz, vor der das Leben sich seiner moralischen und ästhetischen Unvollkommenheit schämen muß, so ist er der Liebhaber und Freier des Lebens doch auch; er wirbt darum noch im letzten, bittersten Hohn, den er ihm zu bieten wagt.

Sagten Sie nicht etwas von der »Aufgabe des deutschen Schriftstellers in der Gegenwart«? Lassen wir das nationale Beiwort beiseite: ich glaube, daß die Aufgabe des Schriftstellers heute keine andere ist, als sie es war von eh und je, nämlich ein Richter und ein Befeuerer des Lebens zu sein. In einer Zeit, die zur Verzweiflung, zum Aufgeben, zur Apathie verführen möchte, gebe er, durch das geistige Werk, ein Beispiel der Spannkraft, der Unbeugsamkeit, der inneren Freiheit, des Mutes zur Tat. Dies mag besonders die Obliegenheit des deutschen Schriftstellers sein, und doch fasse er seine Aufgabe nicht zu national. Das volkhaft Charakteristische, wenn es ungewollt und kein Meinen und Schreien, sondern ein Sein, ein Tun ist, bleibt ein Reiz, ein pittoresker Wert, aber ein Wert ersten Ranges ist es nicht länger. Es ist in allen Stücken mit dem bloß Nationalen nicht mehr viel anzufangen.

Was not tut, ist der geistige Typ, der die europäische Tradition als Ganzes repräsentiert. Europa ist machtlos heute; aber als Außenlebender spüre ich sehr wohl den Respekt, den die Welt der Macht noch immer für den erfahrensten Erdteil hegt, und die geistige Führung mag dennoch sein bleiben. Aus »Deutsch-Europa« ist nichts geworden und durfte nichts werden. Aber das deutsche Empfinden muß europäisch sein, damit Europa werde …

77/26.9.1947

Max Bense
Über die Freiheit der Wissenschaft

1. Es gibt nur einen einzigen Fortschritt, den jedermann, der seinen Verstand, die Anstrengung des Begriffs, bemühen will, nachprüfen kann und der also vom Geschwätz verschieden ist, das ist die Vervollkommnung der Wissenschaft. Und diese Vervollkommnung besteht darin, daß die Summe ihrer Einsichten größer, daß die Gewißheit dieser Einsichten unantastbarer und daß die Tieferlegung der Fundamente umfänglicher wird.

2. Der Fortschritt in der Vervollkommnung der Wissenschaft ist der Gradmesser jeder anderen Art von Fortschritt, den man proklamiert. An ihrem Zustand kann die Unfreiheit des Geistes ebenso bemessen werden wie seine Freiheit.

3. Unter den Mindestforderungen, die an einen Forscher gestellt werden müssen, ragt eine hervor, die für Politiker von Interesse ist, weil sie gelegentlich ihr Entsetzen hervorruft: das Unabhängigkeitspostulat. Es sagt aus, daß der Forscher bei der Suche nach neuen Wahrheiten seinen Gegenstand so bearbeiten muß, als ob ihn der Streit der politischen Meinungen nichts anginge. Er muß also seinen Gegenstand unabhängig von einem politischen oder religiösen Druck mit einer Aufmerksamkeit ohnegleichen hin- und herwenden, bis die Erkenntnis eintritt. Die Unabhängigkeit des Forschers besteht also in der äußersten Objektivität.

4. Die Freiheit der Wissenschaft besteht in der Aufrechterhaltung der Unabhängigkeit des Forschers, in der Standfestigkeit der äußersten Objektivität. Sind sie auch nur für einen einzigen Augenblick in der Forschung aufgehoben, dann sind die Freiheit der Wissenschaft und damit die großen Errungenschaften der Aufklärung dahin, und

die Wahrheit wird sich verbergen und in dieser Verborgenheit am Geiste der Welt nagen, bis er wiederum jene Würdelosigkeit erreicht, die wir erlebt haben.

5. Aber auch die Freiheit der Wissenschaft hat ihr unwiderrufliches Kollektiv. Es besteht darin, daß die Erkenntnisse der Wissenschaft allgemeingültig, notwendig und nachpüfbar sein müssen. Die Allgemeinheit einer wissenschaftlichen Wahrheit liegt darin, daß sie für alle Stände, für alle Völker, für alle Menschen eine Wahrheit ist. Die Notwendigkeit liegt darin, daß die Allgemeinheit mit Rücksicht auf den Fortschritt verlangt, die Erkenntnis in das Licht der Welt treten zu lassen. Die Nachprüfbarkeit liegt darin, daß jedermann, der die Anstrengung des Begriffs auf sich nehmen will, diese Wahrheit nachprüfen kann, das heißt, er muß mit der Wahrheit zugleich die Methode in die Hand bekommen, der sie ihre Erkenntnis, ihren Beweis verdankt.

6. Die drei Forderungen der Allgemeingültigkeit, der Notwendigkeit und der Nachprüfbarkeit, die die Freiheit der Wissenschaft begrenzen, unterscheiden ein für allemal den Dogmatiker vom Wissenschaftler. Es sind demokratische Forderungen, die an den Wissenschaftler gestellt werden und die er nur dort erfüllen kann, wo er sie auf der Voraussetzung der Unabhängigkeit und Freiheit erfüllt.

7. Unsere Welt befindet sich in einem Stadium, in dem die Wissenschaft als Korrektiv der Dinge und Handlungen auftritt. Es gehört zu den Voraussetzungen unserer Humanität, daß wir der Wissenschaft diese Rolle des Korrektivs so lange belassen, als sie selbst ihre Grundrechte der Freiheit und Unabhängigkeit und Standfestigkeit pflegen kann.

8. Auch die Wissenschaft erzeugt Gegensätze: Wissende und Nichtwissende. Wissende sind Menschen, die die Anstrengung des Begriffs auf sich genommen haben und in den Besitz der Theoreme gelangen. Nichtwissende sind Menschen, die die Anstrengung des Begriffs nicht auf sich genommen haben und nicht in den Besitz der Theoreme gelangen. Es kann der Fall eintreten, daß die Wissenden nicht die unantastbaren Ethiker sind, die zu sein sie vorgeben. Dann ist der Zustand der Welt, die wir bewohnen, unmittelbar gefährdet. Geheimwissenschaft ist wider unsere Natur und wider unseren Geist. Daraus folgt, daß es zu den unerläßlichen Aufgaben der Wissenden gehört, Wissende zu erzeugen, die quantitative und qualitative Differenz zwischen Wissenden und Nichtwissenden zu vermindern. Man nennt das Auf-

klärung, Aufklärung im Sinne der wissenschaftlichen Humanität. Sie kann nicht darin bestehen, die Wissenden zu diffamieren, sie kann nur darin bestehen, die Nichtwissenden zur Anstrengung des Begriffs zu zwingen.

9. Es ist nicht verborgen geblieben, daß diejenigen, die im Besitz der Theoreme sind, ein Ärgernis bedeuten für diejenigen, die nicht im Besitz der Theoreme sind. Man entgeht einem Ärgernis nicht dadurch, daß man dem Gefühl der Rache ein Recht einräumt, man entgeht einem Ärgernis nur dadurch, daß man sich selber korrigiert.

10. Standfestigkeit und Redlichkeit in der Anwendung seiner Grundrechte der Unabhängigkeit und Freiheit zeichnen den Mann der Wissenschaft aus. Das ist keine Absage an die Politik, es ist eine Grenze. Eine Grenze, an der sich die Frage entzündet, ob der Politiker sich gegen die Wissenschaft begrenzen darf. Und hier tritt nun das Merkwürdige ein: jene Grenze, die der Wissenschaftler gegen den Politiker besitzt, darf der Politiker gegen den Wissenschaftler nicht aufrechterhalten. Gegen den intellektuellen Charakter, gegen den Geist der übersehbaren Schlüsse darf sich der Politiker nicht verschließen. Geschieht es trotzdem, so hat der Politiker jene Instanz verloren, im Namen derer – nämlich der Vernunft – er seine Entschlüsse fassen sollte, und die Politik wird in den Händen derer, die sie ausüben, zu einem Anachronismus.

11. Die Methode der Selbstkorrektur besitzt nur die Vernunft, das heißt die Wissenschaft. Zu den Voraussetzungen ihrer Betätigung gehört das Bewußtsein, daß ein Widerspruch alle falschen Forschungen nach sich zieht. Die Selbstkorrektur der Vernunft und der Wissenschaft schließt die Grundrechte der Standfestigkeit, der Unabhängigkeit und der Freiheit ein.

12. Es gibt nur eine Erziehung zur Vernunft der unwidersprechlichen Selbstkorrektur: das ist die wissenschaftliche Erziehung. Nur dort, wo die Dinge, die man aus einer Erkenntnis heraus vertritt, an einem Korrektiv, das unabhängig und frei ist, gespiegelt werden können, scheint im Rahmen der unwiderruflichen Unzulänglichkeiten dieser Welt die politische Unschuld an den Katastrophen dieser Welt keine infame Lüge zu sein.

77/26.9.1947

Martha Maria Gehrke

Wiedersehen mit einer Insel. Zur Soziologie der Sommerfrische

Sylt, im September

Die Psychologie des Ferienreisenden ist eine Doktorarbeit, die noch geschrieben werden muß. Ihr Leitwort lautet in Kürze: »Für mein Vergnügen ist mir nichts zu anstrengend.« Skeptiker variierten in diesem Jahr das Wort Vergnügen in Mißvergnügen.

Unter diesem Leitwort wandern die Menschen, die über See statt über den Hindenburgdamm zur Insel möchten, in den ersten Morgenstunden zu den Landungsbrücken. Gepäckmarsch ohne Straßenbahn. Um sieben Uhr verläßt das Schiff – der letzte und kleinste der drei Nordseedampfer, die früher die Strecke befuhren – den Hafen. Aber um fünf Uhr sind die Deckstühle bereits vergriffen. Die Deckstühle, die Klappsessel, die traditionelle Sauberkeit – das alles ist geblieben. Dicke Suppen und kleine kalte Platten mit markenfreien Fischpasteten zum ersten Frühstück versuchen in rührender Art den Schatten einstiger Schiffsverpflegung festzuhalten. Im übrigen hat sich an der Gewohnheit, bei Reisen so viel und so ununterbrochen wie möglich zu essen, nichts geändert. Höchstens die Qualität.

Kurz vor Cuxhaven liegt das Boot eine Stunde im Nebel fest. Und sobald wir die Nordsee erreicht haben, steigert sich die Brise auf Windstärke 9. Mit allen Konsequenzen. Was nach dreizehnstündiger Fahrt dann in Hörnum über die abgekämpften »Vergnügungsreisenden« niedergeht, ist wenig erfreulich. Vorzeigen der Fahrkarten (als ob einer auf hoher See unbemerkt hätte zusteigen können) beim Verlassen des Schiffes; Vorzeigen der Personalausweise (Sylt war einmal Festung; die Vergangenheitsform hat sich noch nicht herumgesprochen) beim Betreten der Zollhalle (!); Gepäckstichproben auf Schwarzware. Für unser Vergnügen … Siehe oben.

*

Noch Mitte September kommt es vor, daß Kurgäste ihr Quartier auf Couches und Liegestühlen der Hotelbüros aufschlagen: vor Mitternacht dürfen sie nicht schlafen gehen, um sieben Uhr müssen sie wieder raus. Das ist den ganzen Sommer über so gegangen. Manche haben wochenlang auf den Fußböden geschlafen. Nicht Flüchtlinge, Ausgewiesene – Kurgäste. Sie haben viel Geld dafür bezahlt. Sie waren durchaus zufrieden. Als sicherer Gegenwert wurde ihnen die gute Nordseeluft geboten. Als zusätzlicher die in diesem Sommer durch Monate fast ununterbrochen strahlende Sonne. Der Strand ist bedeckt von Sandburgen und Strandkörben. Frauen und Männer sind mit langen Hosen und leinenen Shorts, mit Badezeug, bunten Tüchern und sonnenbrauner Tönung in die alte glückliche Sommeruniform gekleidet. Die Menschen ändern sich nicht. Weltbrände verglimmen und flackern neu. Aber die Städter gehen in die Sommerfrische. Es wäre lächerlich zu behaupten, nur Alt- oder Neureiche täten es. Es sind sehr viel mehr kleine Leute, die ihr Geld, ihre Lebensmittelmarken, ihre gesparten und gehamsterten Vorräte in den Ferienwochen verjubeln, als Schieber, die von all dem ja zu allen Jahreszeiten unbegrenzte Mengen besitzen. (Vorläufig.) Selbstverständlich gibt es auch hier Schieber, gibt es Schwarzmarkt und – in Westerland – ein paar recht schwärzliche Lokale. Man kann zwischen echter und falscher Eleganz Sekt trinken, zu 400 RM die Flasche. Man kann schwarz kaufen, Ware und Marken. Die Korruption geht durch alle Schichten. Ein Ei kostet etwa doppelt soviel wie der ehrliche Markenhungerer an einem ganzen Tag offiziell im Gasthaus verzehren kann. Es ist der gleiche Krebsschaden, der überall in Deutschland an Stadt und Land zehrt. Das Wort Krebsschaden besagt, daß die Wissenschaft noch kein Gegenmittel gefunden hat… Bloß daß hier die Razzien vielleicht etwas häufiger sind als in der Stadt. Und daß die Kompensationsgeschäfte der Zimmervermieter zu einer offiziellen Einrichtung geworden sind. (Im Gebirge ist es, nebenbei bemerkt, vielerorts genau so.) Es geht, das fiel dem Berichter schon früher auf, in dieser Zone manches viel unverdeckter vor sich. Die Strickwolle liegt auf, nicht unter dem Ladentisch, und der Preis – 1000 RM für ein reichliches Kilo – wird durchaus nicht im Flüsterton genannt, ebensowenig wie 400 RM für eine Ledertasche. Beim Bäcker werden die Buttercremetorten, für die man tags zuvor die entsprechenden Marken abgegeben hat, am hellen Tag abgeholt. (Wie tröstlich, daß daneben der wackere Krämer einen nützlichen Kartoffelschäler für 70 Pfennig verkauft.)

Aber man sieht doch weniger Elendsgestalten als in den Städten. Die Flüchtlinge aus Ostpreußen und Pommern, die 110 v. H. der einheimischen Inselbevölkerung bilden (in Kampen sind es infolge der reichlich vorhandenen, winterfest gemachten ehemaligen Luftwaffen- und Arbeitsdienstbaracken tatsächlich 500 v. H.) – diese Flüchtlinge haben bestimmt kein leichteres Los als anderwärts. Indes, sie haben Arbeit. Die Saison, die heute doppelt so lange dauert wie früher, gibt den Arbeitswilligen Verdienst, der noch für die stille Zeit reicht. Die Strick- und Flickarbeit beschäftigt die älteren, im Haushalt tätigen Frauen. Der alte Kreislauf: die Giftblüte des plutokratischen Luxus, als die man heute den Begriff Sommerfrische zu bezeichnen geneigt sein könnte, hilft das schier hoffnungslose Problem der Flüchtlingsernährung lösen. Temporäre Teillösungen sind besser als gar nichts.

*

Der Chronist hat diese Dinge erwähnt, weil die Frage danach sich aufdrängt. Nicht um sein Gewissen zu beschwichtigen. Dies Gewissen nämlich, ehrlich sei es bekannt, macht Sommerfrische und schläft, eingelullt vom ewigen Rhythmus der Meereswellen. Mit ihm sind die täglichen Sorgen eingeschlafen, die persönlichen Probleme, die übrigen Interessen. Der herbe Zauber von Heide und Düne, Watt und Meer wirkt wie am ersten Tag.

Vieles freilich ist auch hier gründlich verändert. Wo einst ein tief versandeter Fahrweg sich zur Nordspitze der Insel wand, erstreckt sich jetzt ein Asphaltband, eine Autobahn im Kleinen. Gräßlich sieht das aus, wie eine endlose Wunde im Antlitz der Heide. Wo sie endet, steht das Resultat einer Planung. Früher gab es da einmal ein Dutzend Fischerhäuser, ein letztes Thule, das einsamste Dorf auf deutschem Boden; es hieß List. Dann kam das Dritte Reich und plante. Flugzeughallen entstanden, Kasernen für Luftwaffe und Marine, eine Schiffswerft und eine Spielzeugstadt für die Zivilangestellten. An nichts wurde gespart; es wurde sauber, solid und exakt gebaut. Selbstverständlich wurde Rücksicht genommen auf den Charakter der Landschaft, auf die bauliche Überlieferung. Klinkerbauten, Reetdächer, Spitzgiebel über der Eingangstür. Ein Friesendorf aus der Retorte. Es liegt nicht an sandigen Wegen, sondern an tadellos glatten Asphaltstraßen, und es ist ein niederschmetterndes Ergebnis der prächtigen Planung. Es ist unecht in den Maßen, ahnungslos in der Raumaufteilung. Man kann wohl mit viel Liebe und Behutsamkeit ein einzelnes altes Haus nachbauen, und in der gemäßen Umgebung wird die Nachahmung ein wenig vom Reiz des Originals widerzuspiegeln vermögen. Als Reihenprodukt aber wird es zur Imitation, peinlicher fast als die bauliche Abscheulichkeit von Westerland, die nur die Häßlichkeit der Gründerzeit aufweist. In List dagegen lautet das Motto: Was ihr auch baut, es werden stets Kasernen. Gewiß – es ist ein Segen, irgendwo noch moderne, hygienische, feste Wohnhäuser zu haben. Wie dankbar würden wir sie in den Städten begrüßen. Nur hier wendet sich der unverbesserliche Romantiker mit Grausen.

*

Nun, auch für ihn ist gesorgt. Keitum, das alte Dorf auf der Wattseite, war offenbar von keinem strategischem Interesse. Hier wurde nichts hinweggenommen oder hinzugefügt. Die kleinen, alten weißen Friesenhäuser scheinen noch ein Stück tiefer in den Boden eingewurzelt als beim letzten Besuch. Die Bäume behüten sie mit dichter gewordenen Wipfeln. Hier ist die Inselecke der Laubbäume, der Obstbäume sogar, der Büsche und vieler, vieler Blumen vor allen Häusern. Hier ist der Kirchhof dreier Gemeinden, ein wunderschöner wahrer Friedhof, dicht am stillen Watt und unter milderen Winden, als sie an der Seeseite wehen. Hier steht eine Kirche, deren Apsis von vor 950, deren Längsschiff aus dem 11. Jahrhundert stammt. Auch der Altar mit der Figur des hl. Severin, der der Kirche den Namen gab, ist 500 Jahre alt. Die schönen, matt lackierten Kupferleuchter sind flämische Arbeit aus dem späten Barock, die Kanzel Strandgut aus einem dänischen Schiffbruch; sie trägt das Wappen der Rantzaus. Ein Querschnitt aus der Seefahrerzeit der Insel Sylt ist dieses Gotteshaus. Und die neu hergestellte Decke, die sich mit unaufdringlicher Malerei dem Ganzen anpaßt, diese Decke, so berichtet der Küster, hat 1912 der jüdische Maler Katzenstein aus Westerland ausgemalt. Sogar sie hat das Dritte Reich überstanden. Welch ein Wunder!

*

Der Krieg selbst hat der Insel nicht allzu viele Änderungen angetan. Hier und da eine gesprengte Flakstellung am Strand. Hier und da ein Bombenkrater in den Dünen. Ein einzelnes zerstörtes Haus in List. Die trostlosen Baracken, jetzt Zuflucht der Heimatlosen, standen schon vor 1939. Aber die Änderungen der letzten beiden Jahre sind bemerkbar. Gebaut wird nicht mehr: nur abgebaut. Nicht Häuser, sondern Heide. Sie ist das beliebteste Heizmaterial; sie streckt die kargen Torf- und Holzzuteilungen. Überall sieht man Männer und Frauen, unter große Bündel des heuer so leicht brennbaren, sonngedörrten Krautes gebeugt, die Sandwege entlangkommen. Meist wird es mit der Wurzel ausgerissen. Die Heide, sagt man, habe in diesem Jahr kaum mehr geblüht. Selbst hier also, wo es nichts abzuholzen gibt, beginnt die Kohlennot das Bild der Landschaft zu verändern.

Noch ist es kaum merkbar, mehr vorauszuberechnen als zu sehen. Noch herrscht der unfaßbare Zauber dieser Insel. Noch genügen

Minuten Weges, und die Welt der großen und kleinen, der schönen und häßlichen Häuser versinkt. Noch ein Reetdach, ein Friesendach, mit Heckenrosenbüschen bestanden, die neben den letzten Blüten Tausende übergroßer Hagebutten tragen. Dann hört die bewohnte Welt auf. Aus dem Zirpen der Singvögel, dem Wehen des Strandhafers, dem Rauschen der Nordsee setzt sich die Musik der Insel zusammen. Das tiefe Schweigen der Wattwiesen, gelegentlich vom Blöken eines Schafes unterbrochen, gehört mit in die Symphonie. Das Auge hat sein eigenes Konzert der Farben: die tiefe Meeresbläue am sonnigen Mittag, das silbrige Ineinanderfließen von Nordsee, Watt und Himmel gegen Abend. Nicht einmal die Menschen stören mehr in der Horizontweite der Landschaft. Sieh an, da wandert über die Steildünen am Nordseestrand ein Mann dem Meer zu. Wie ihn Gott geschaffen hat. Nur mit einer Sonnenbrille bekleidet. Er pfeift sich eins. Leise, nicht ganz musikalisch, aber mit Inbrunst. Immer die gleichen Töne. Was pfeift er denn? Er pfeift: »Freude, schöner Götterfunken.«

78/29.9.1947

Carl Zuckmayer
Künstler im Dritten Reich

Da es sich in unserem Fall hauptsächlich um die Vertreter künstlerischer oder kunstnaher Berufe handelt – Schauspieler, Regisseure, Dichter, Maler, Musiker, Schriftsteller, Verleger, Journalisten –, muß man sich darüber klar sein, daß man sie charakterologisch, und besonders in ihrem charakterlichen Verhalten während einer Zeit politischer Umschwünge und Katastrophen, anders beurteilen muß als etwa führende Politiker, Industrielle, Militärs, Beamte, Wissenschaftler.

Mehr als anderswo in der Welt war in Deutschland die Auffassung daheim, daß der Künstler eine geringere gesellschaftliche Verantwortung trage als andere Menschen, ja daß er sozusagen außerhalb der politischen, sozialen und ökonomischen Ordnung ein Eigenleben führe, dessen Boden und Firmament eben die überzeitliche Welt der Künste sei, die Ewigkeit, das Universum, ein Traumreich, das nicht einmal einer religiösen Autorität, nur der vom Künstler selbst erfühlten Gottheit, unterstehe. (Wo weiltest du, als ich die Welt verteilte? –

Ich war, sprach der Poet, bei dir!) – Über die Ursachen und Gründe dafür, weshalb diese Auffassung grade in Deutschland weiter verbreitet war als in anderen Kulturkreisen – zum Beispiel den romanischen, in denen gesellschaftliche Form, Lebensform und künstlerische Formung in einem ganz anderen und viel ausgeglicheren Verhältnis stehen –, läßt sich vieles anführen, was hier keinen Platz hat. Tatsache ist, daß eine ganze Reihe der hier zu behandelnden Personen auf dem Standpunkt standen und vielleicht noch stehen, die ganze Schweinerei ginge sie im Grunde nichts an. Sie seien dazu da, ihre Kunst zu machen, und es käme nur darauf an, daß die Kunst gedeihe und weiterlebe – ganz gleich unter welchen äußeren Umständen und unter welchen Bedingungen der Umwelt –, selbst wenn man, um der Existenz des Künstlers, also der von ihm zu schaffenden Kunst willen, mit dieser Umwelt Kompromisse schließen und sich ihren jeweiligen Forderungen und Spielregeln anpassen müsse. Es ist hier auch nicht am Platze, die geistige oder moralische Haltbarkeit dieses Standpunktes zu untersuchen, sondern es ist einfach festzustellen, daß er existiert – und daß man ihn bei der generellen Beurteilung des Verhaltens vieler deutscher Künstler nicht außer acht lassen kann, falls diese Beurteilung menschlich und sachlich gerecht sein soll. Die Existenz dieses Standpunktes ist eine Tatsache, die sich, wie viele Züge der deutschen politischen oder charakterlichen Substanz, erst im Zug einer langen zukünftigen Entwicklung, nicht durch Verurteilung oder Strafdekret, abwandeln ließe.

Schauspieler sind ja nun überhaupt psychologische Zwischenstufen. Ich bin der Ansicht, daß der Schauspielerberuf solche Eigenschaften und Haltungen wie Selbstkontrolle, Verantwortungsgefühl, geistige Klarheit, charakterliche Zuverlässigkeit nicht unbedingt ausschließt, wohl aber häufig vernebelt, untergräbt, doppelbödig macht. (Dies gilt für Männer mehr als für Frauen, denen die Schauspielerei »natürlicher angewachsen« ist und daher ihr inneres Wesen im allgemeinen weniger beeinträchtigt oder verbiegt. »An actor is, always, a little worse than a man. An actress, sometimes, a little better than a woman«, sagt man in England.)

Die meisten Schauspieler neigen zu einer Art von Infantilismus, der ihnen auch die Vorgänge des realen Lebens, die blutige Wirklichkeit, zum Spiel, zur rasch wandelbaren Szene, zur Inszenierung, und ihre eigene Position oder Aktivität darin zur Rolle werden läßt. Viele bedeutende Schauspieler zeigen deutliche Züge von Schizophrenie.

Grade für die Besten der europäischen und besonders deutschen Schauspieler ist ihre Kunst vielfach die Sache einer bis zur Wahnsinnsgrenze besessenen Leidenschaftlichkeit – was man bei angelsächsischen Schauspielern, die mehr oder weniger begabt oder geschickt ihren »job« tun, so bitter vermißt.

Im Fall des Dritten Reiches konnten viele Schauspieler sich einfach ihrer Bewunderung für die Tricks der Regie, den Glanz und die Wirksamkeit der Vorstellung, die dramatische Akzentuierung und den routiniert gesetzten Knalleffekt nicht entziehen, während andere aus unüberwindlichem Erfolgsinstinkt – der noch nicht einmal rein materiell bedingt sein muß – es nicht aushalten konnten, bei so vielen Vorhängen und einem so tobenden Applaus, wie ihn die »Machtergreifung« durch die Nazis mit sich brachte, zu fehlen –, sondern sie mußten, wenn auch als Statisten und ganz im Hintergrund, mit dabei sein. Wieder andere ließen sich wirklich und ernstlich und mit einer geradezu komischen Naivität in eine Wundergläubigkeit hineinbluffen, in der sie bereit waren, den raffiniertesten Demagogen als Kalenderheiligen, ja als Heiland zu sehen und sich eine partielle Blindheit für Tatsachen anzueignen. Natürlich kam als weitere Verlockung hinzu der reiche und glänzende Aufwand, den die Nazis für die äußere Erhaltung ihres Theaterlebens machten – und die organisatorische Geschicklichkeit, mit der sie, auf Gott weiß wessen Kosten, ihre Bühnen zu subventionieren verstanden.

Im großen ganzen glaube ich, daß die meisten Schauspieler, die im Dritten Reich wirkten und sogar Positionen einnahmen, nicht im politischen oder im kriminellen Sinn als »Nazis« bezeichnet werden können. Natürlich kamen hier wie überall die echten, die fanatischen und bösartigen, die unverbesserlichen Nazis, aus den Reihen der Zweitrangigen, der Neidischen und Verbitterten, der Charlatane, die mehr darstellen wollen als sie sind und können. Man hat ja mit Recht im Theaterjargon die ganze Nazibewegung als die »Revolution der Statisten« bezeichnet. Aber in vielen Fällen weicht meine charakterologische Auffassung der einzelnen Personen vom allgemeinen Antinazi-Schema ab. So halte ich zum Beispiel Gustaf Gründgens keineswegs für den abgründigen Bösewicht, als den ihn die Enttäuschung seiner früheren Freunde sieht. Die Brillanz einer hochbegabten Spielernatur, auf dem Theater wie im Leben auf »grand jeu« eingestellt, kann, besonders unter solch labilen und schwankenden Verhältnissen, nach zwei Seiten wirken.

Für Dichter und Schriftsteller, Journalisten, Verleger (denen, soweit uns bekannt, ein besonderes Kapitel zu widmen ist, und vermutlich ein wichtigeres) liegt der Fall etwas anders. Mit dem Mittel der Sprache wächst die Verantwortung. Aber auch hier lassen sich wesentliche Unterschiede machen.

Man könnte – generalisierend – die Künstler und Geistigen im Dritten Reich ungefähr in ein charakterologisches Schema von vier Gruppen einteilen:

1. Aktive Nazis und böswillige Mitläufer. Unter böswilligen Mitläufern würde ich solche verstehen, die gegen ihre Überzeugung und ihr besseres Wissen sich den Nazis angeschmissen und für sie gearbeitet haben, bis zur Denunziation und Gefährdung anderer.

2. Gutgläubige Mitläufer, die sich dem Nazizauber nicht entziehen konnten, oder solche, denen die Nazis ihre berufliche Chance gegeben haben, die aber trotzdem versuchten, persönlich anständig zu bleiben.

3. Indifferente und Hilflose – die ihres Berufs und ihrer Existenz wegen dableiben und das Maul halten mußten, ohne über die äußerlichen »Pflichten« hinaus mitzumachen. Zu dieser Gruppe gehört vermutlich die Mehrheit der Schauspieler.

4. Die bewußten Träger des inneren Widerstands: solche, die ihre Mission darin sahen, dazubleiben und den Versuch zu machen, gewisse Werte des deutschen Kulturlebens durch die Nazizeit hindurch zu retten oder möglichst intakt zu erhalten – und solche, die ihre Position dazu benutzten, zu helfen, auszugleichen, und all denen den Rücken zu stärken, die »auf den Tag« warten. Die Zahl dieser Persönlichkeiten ist vielleicht nicht sehr groß, aber sie können nicht hoch genug eingeschätzt werden, und sie mögen für die Zukunft besonders wichtig sein. Es ist unsere Aufgabe, sie vor den Mißverständnissen durch ein engstirniges und fanatisches Schema zu bewahren, das alle Leute, die unter den Nazis weitergearbeitet oder gar Positionen gehalten haben, in denselben Topf schmeißt.

79/3.10.1947

Philipp Lersch
Über den Nihilismus

Dem Kenner der Geschichte ist es eine vertraute Erfahrung, daß jede historische Epoche Begriffe prägt oder jedenfalls in Umlauf setzt, in denen die geistige Situation der Zeit und die ihr eigene Thematik des menschlichen Daseins ihren Ausdruck finden. So stand das Mittelalter unter dem Zeichen der Gottesidee, die Renaissance unter dem der Natur, und in der Zeit Goethes war es einerseits der Einfluß der Kantischen Philosophie, der »Naturgesetz« und »Freiheit«, zum andern die Anregung Herders und ihre Weiterführung in der Romantik, die »Geschichte« und »Leben« zu weltanschaulichen Grundbegriffen gemacht haben. Auch unsere Zeit hat solche Schlüsselworte, in denen sich ihre Sicht auf die Welt und das Dasein in ihr spiegelt. Existenz und Existentialismus sind nachgerade zu zeitgeschichtlichen Schlagworten geworden, und daneben geht – keineswegs zufällig, sondern in enger Verbindung mit der Thematik des Existentialismus – jene Rede vom europäischen Nihilismus um, die seit Nietzsches »Wille zur Macht« zu einem Grundbegriff moderner Kulturkritik geworden ist. Erfahrungsgemäß bergen solche Begriffe die Gefahr in sich, um so mehr an Klarheit und Bestimmtheit zu verlieren, je populärer sie werden. Deshalb steht jeder, der es mit der geistigen Selbstbesinnung ernst nimmt, vor der Notwendigkeit, sich Rechenschaft darüber zu geben, was mit jenen Worten gemeint ist. Dies soll hier mit der Rede vom Nihilismus geschehen.

Nietzsche, der sich selbst als den ersten vollkommenen Nihilisten Europas bezeichnet, hat die weltanschauliche Pointe des Nihilismus so formuliert: »Das Dasein, so wie es ist, ohne Sinn und Ziel, aber unvermeidlich wiederkehrend, ohne ein Finale ins Nichts ... das ist die extremste Form des Nihilismus: Das Nichts, das Sinnlose ewig!« Nihilismus ist demnach die Überzeugung, daß hinter allem, was der Mensch wollen und vom Leben erwarten kann, die trostlose Leere absoluter Sinnlosigkeit steht. Was dies zu bedeuten hat, wird erst dann recht verstanden, wenn klar ist, was die Rede vom Sinn umschließt. Sinn wird überall dort erlebt, wo der Mensch nicht aufgeht in der Sorge für die Notdurft des Lebens, sondern über sich hinausgerufen wird und vor das Antlitz einer Idee tritt. Nun läßt sich freilich mit den Worten unserer rationalen Sprache nicht erschöpfend angeben, was eine Idee ist. Aber so viel läßt sich immerhin sagen, daß uns jede Idee gegenübertritt als ein Wert, der seine Gültigkeit nicht herleitet aus seiner Dienlichkeit für die äußere Bewältigung des zeitlichen Daseins, für Fortkommen, Geltung und Macht, sondern aus seiner Stellung im Reiche dessen, was den Strom menschlicher Zeitlichkeit und Unruhe menschlicher Daseinsfürsorge überragt und das Bild überzeitlicher Weltfülle und Weltordnung formt. Jede Idee ist Trägerin eines Sinnes; sie hat den Charakter eines Rufes, der den Menschen in der Innerlichkeit seines Herzens trifft und verkündet, daß etwas sein soll, weil es gut ist, daß es gut ist. Und dieser Ruf ist zugleich ein Anruf an den Menschen, mitzuarbeiten an der Verwirklichung der Idee, damit sie sei und gelte. Daraus empfängt sein Leben Sinn, so aus den Ideen der Wahrheit und Gerechtigkeit, des Guten und Schönen, des Heiligen und Göttlichen.

Ist nun der Nihilismus »die radikale Ablehnung von Sinn« (Nietzsche), so ist damit zum Ausdruck gebracht, daß es nichts gibt, worum zu leben es sich lohnt. Denn es gehört zum Wesen des Menschen, daß er nicht wie das Tier aufgeht in der Fristung seines Daseins und der Erhaltung seiner Art, sondern daß er über seine eigene Endlichkeit und Vergänglichkeit hinaus zu fragen und zu suchen vermag. Seit je ist dieses Fragen und Suchen im Menschen lebendig gewesen; es hat seine Antwort gefunden in jenen Schöpfungen des Geistes, die uns als Werte der Kultur in den Weltanschauungsformen von Philosophie und Religion, in den Werken der Dichtung und der Kunst und in den Gebilden des Rechtes überliefert sind. Heute aber, so hat es den Anschein, haben die Ideen ihre Kraft verloren, der abendländische Mensch weiß nicht mehr – nach einem Worte von Ortega y Gasset –, »für welche Sterne er leben soll«. Es ist ihm nichts mehr geblieben als die Sicherung seines äußeren Lebens, die Sorge um Fortkommen, Geltung und Macht, er steht im Zeichen einer völligen Sinnentleerung seines Daseins, die Nietzsche als die »Heraufkunft des europäischen Nihilismus« vorausgesagt hat.

Ihren inneren Widerschein findet diese Situation im Erlebnis der Angst. Menschliches Dasein ist heute wohl mehr als je ein Leben in Angst. Man muß sich an des Wortes ursprünglicher Bedeutung klarmachen, was damit gesagt ist. Angst bedeutet Beengtheit; sie ist das Gegenbild jener Gelöstheit und Weite, die uns etwa in Heiterkeit und Freude erfüllt. Was aber ist es – so wird man weiter fragen, das den Menschen in der Angst bedrängt? Es liegt nahe zu sagen, daß es die Gefährdung dessen sei, was er zur Erhaltung seines Daseins nötig hat.

Aber die Antwort wäre falsch. Sicher steht das Leben der heutigen Menschen auch unter dem Zeichen solcher Gefährdung. Aber das Gefühl, das hierauf antwortet, ist nicht Angst, sondern Furcht. Die Furcht hat immer einen Gegenstand, den wir aus der Erfahrung kennen und in der Phantasie vergegenwärtigen. Die Angst ist gegenstandslos. Sie weiß nicht, wovor sie sich ängstigt. In ihr steht die Existenz des Menschen in der Beschattung des Menschen durch ein namenloses Nichts, dem zu verfallen sie in Gefahr ist. Und in der Angst, die den heutigen Menschen in Fesseln hält, ist es das Nichts, das nihil der absoluten Sinnlosigkeit, in das sein Dasein hineingehalten ist und das dem Nihilismus seinen Namen gab.

Hier offenbart sich nun auch der Zusammenhang zwischen Nihilismus und Existenzphilosophie. Nach der Vorläuferschaft Kierkegaards, dessen Schrift »Über den Begriff der Angst« 1844 erschien, war es Heidegger, dessen Auslegung des menschlichen Daseins von der Angst ihren Ausgang nimmt, wobei gerade er die Angst aus dem Hineingehaltensein ins Nichts interpretiert. Es ist die Meinung Heideggers, daß das, was menschliches Dasein ist und worum es in ihm geht, sich ursprünglich und allein in der Angst erschließt. Das ist insofern richtig, als in der Angst die menschliche Frage nach Sinn gerade in ihrer Bedrohtheit durch das Nichts möglicher Sinnlosigkeit zum Ausdruck kommt. Wenn aber in Heideggers Daseinsanalyse die Angst als die einzige Art des Lebensgefühls figuriert und jene anderen Formen überhaupt keine Berücksichtigung finden, in denen die Welt als eine aus der Hand des Schöpfers empfangene Gnade hingenommen wird, so ist das nur zu verstehen aus der zentralen Bedeutung, die heute die Angst im Leben des Menschen hat. Sie ist der Ausdruck einer bisher unerhörten Sinnverarmung des Daseins, eines totalen Zusammenbruchs aller Sinnwerte.

Man wird sich billigerweise die Frage stellen, worin diese Situation ihre Gründe hat. Nietzsche sieht im nihilistischen Weltgefühl eine Wirkung des Christentums, das dem Menschen seinen Halt in einer fingierten Welt zu geben suchte. Heute – so meinte er – sei die Zeit gekommen, in der der abendländische Mensch reif geworden ist, die Fiktion einer jenseitigen Welt zu durchschauen und die Wirklichkeit zu sehen, wie sie ist: ohne Sinn, der den Menschen über seine irdische Endlichkeit hinaus zu rufen und mit dem Ewigen zu verbinden vermag.

Nun ist es sicher richtig, daß das Christentum an tragender und Richtung gebender Kraft verloren hat. Aber dieses Faktum ist selber nicht Ursache, sondern Wirkung. Es ist nachgerade in das Bewußtsein des abendländischen Menschen eingegangen, daß die Rationalisierung und Technisierung der Welt und des Lebens, die sich seit der zweiten Hälfte des vorigen Jahrhunderts so machtvoll entfaltete, bei allem Gewinn, den sie der Gestaltung des äußeren Lebens brachte, eine Verkümmerung der Kräfte des Herzens verursacht hat. Immer allgemeiner wurde die unter dem Titel des Rationalismus bekannte Einstellung, die in der verstandesgemäßen Begreifbarkeit und Berechenbarkeit der Welt und des Lebens die eigentliche Leistung des Menschen und den Zweck seines Daseins sieht. So wird in der rationalistischen Haltung all das, was als Welt gegenübertritt, aufgefaßt und ausgelegt unter dem Gesichtspunkt des Zwecks und der Zweckmäßigkeit, als ein Feld von Dingen, mit denen man etwas machen, die man benützen, ausnützen und verwerten kann. Wo dies aber geschieht, da macht sich unausweichlich immer mehr eine Sinnentleerung des Daseins breit. Denn in der Verfolgung von Zwecken bezieht der Mensch die Welt auf sich, er nimmt sie in seinen Dienst; im Suchen nach Sinn dagegen bezieht sich der Mensch auf die Welt, er fragt nach dem, was über ihn hinaus ist, um in dessen Dienst zu treten. Die Frage nach Zwecken kommt aus dem Willen zur Macht und dem Kalkül des Verstandes, die Frage nach dem Sinn aus den Kräften des Herzens, aus Ehrfurcht und Liebe. Wenn aber im Nihilismus die Frage nach Sinn von vornherein als sinnlos erklärt wird, so liegt das nicht daran, daß heute die Ideen als Illusionen entlarvt sind, sondern an einer Verödung der Innerlichkeit, daran, daß das geistige Organ verkümmert ist, durch das die Ideen als Anrufe des Ewigen vernommen werden. Denn die Wirklichkeit der Idee ist nicht die des Greifbaren und Begreifbaren, des Meßbaren und Berechenbaren, sondern die des Umgreifenden; sie ist die Wirklichkeit dessen, was über allem einzelnen steht und sich nur jenem Blick erschließt, der das einzelne im Spiegel des Ewigen sieht – so etwa, wie in den Werken der Kunst ein Überzeitliches als Idee sichtbar wird. Und eben dieser Blick ist heute im Zuge der fortschreitenden Rationalisierung erstorben, der moderne Mensch ist eingestellt auf Sachverhalte, aber er ist erblindet für Sinngehalte. Der totalen Versachlichung und Verzweckung der Welt und des Daseins entspricht eine ebenso totale Sinnentleerung. Sie ist es, die im Nihilismus ihre weltanschauliche Formel gefunden hat.

Nun ist aber der Nihilismus nicht nur eine theoretische Meinung, sondern in hervorragendem Maße eine Frage der lebendigen Existenz.

Der Mensch muß ja weiterleben, auch wenn er die Überzeugung hat, daß sein Dasein in dieser Welt sinnlos ist. Denn gegen die letzte Konsequenz des Nihilismus, die totale Verzweiflung, in der sich das sinnlos gewordene Dasein durch die Selbstvernichtung aufhebt, protestiert der Wille des Lebens. So muß denn auch der Nihilist einen Modus vivendi finden. Hier scheiden sich die Wege. Es kann dazu kommen, daß der Nihilist seinen Halt in der traurigen Genugtuung findet, die Sinnlosigkeit des Lebens und der Welt ohne Illusionen zu durchschauen und sich mit einem Lächeln der Ironie und des Sarkasmus über der Bodenlosigkeit des Nichts zu halten. Es hat den Anschein, als ob der Existentialismus J.-P. Sartres von dieser Haltung getragen wird. Ein anderer Weg ist die Auflehnung und Empörung gegen alles Bestehende und Geltende, deren Programm Mephistopheles im Faust entwickelt: »Ich bin der Geist, der stets verneint! / Und das mit Recht; denn alles, was entsteht, / ist wert, daß es zugrunde geht; / Drum besser wär's, daß nichts entstünde. / So ist denn alles, was ihr Sünde, / Zerstörung, kurz das Böse nennt, / Mein eigentliches Element.« Eine Entsprechung hierzu ist der politische Nihilismus im zaristischen Rußland, der zum erstenmal in Turgenjews »Väter und Söhne« (1861) dargestellt wurde und am radikalsten verkörpert ist durch die Gestalt des Pjotr Werchowenski in Dostojewskis »Dämonen«. Aber es gibt noch einen dritten Modus vivendi des Nihilismus, nämlich die Möglichkeit, zur Sinnlosigkeit des Daseins ja zu sagen, sie als Schicksal zu akzeptieren und in einem entschlossenen Trotzdem weiterzuleben. Dies ist der Weg Nietzsches, der von sich sagt, er habe den Nihilismus in sich selbst zu Ende gelebt.

Bei all dem bleibt aber doch die Frage, ob denn der Nihilismus wirklich die Quintessenz einer heute möglichen Weltanschauung ist. Die Frage ist umso beunruhigender, als die geschichtliche Entwicklung der Menschheit heute dem Nihilismus den Boden bereitet. Nicht nur in Deutschland, wo in einer ideologisch verführten Jugend das Mißtrauen geweckt wurde gegen alles, was ihr als Sinn und Ziel gepriesen wird, sondern weit darüber hinaus. Die Zurüstungen des modernen Menschen, seine Erfindungen und Entdeckungen, die er im Namen des Fortschritts macht, haben sich unter seinen Händen in Werkzeuge der Zerstörung verwandelt und einen Abgrund des Nichts aufgerissen, von dem alle Werte des Sinnes verschlungen werden: das menschliche Leben ebenso wie jene Schöpfungen der Kultur, die ehedem als Zeugnisse dessen galten, was das vergängliche Einzeldasein mit dem Dauernden und Ewigen verbindet. Der Wille zur Macht hat sich selbst überschlagen und erwiesen, daß er dem menschlichen Dasein keinen Halt zu geben vermag, sondern es innerlich aushöhlt und einer völligen Sinnentleerung entgegentreibt. Zugleich aber ist klar geworden, daß das, was dem Dasein Halt verleiht, Ehrfurcht und Liebe sind, weil sie allein den Menschen über sich hinaus rufen und nur auf dem Vernehmen dieses Rufes das Erlebnis von Sinn beruht. So ist der Nihilismus der seelische Bankerott an den Kräften der Ehrfurcht und Liebe, der verlorene Schrei nach dem, was den Menschen über sich selbst hinaushebt, er ist, in seiner tiefsten Wurzel, Gottverlassenheit. »Gott ist tot« – das sind die Worte, in die Nietzsche die Situation des europäischen Nihilismus zusammengefaßt hat. Es läßt sich durch keine Voraussage ausmachen, ob die abendländische Menschheit die Kräfte der Ehrfurcht und Liebe und ihren letzten seelischen Grund, die Kraft des religiösen Erlebens, wiedergewinnen wird. Aber ebensowenig ist es erwiesen, daß der Nihilismus wirklich das Ende ihrer Entwicklung bedeutet. Wir wissen – und Goethes Wort vom »Stirb und Werde« deutet darauf hin –, daß im Leben des einzelnen die Verzweiflung zum Fegefeuer werden kann, in dem die letzten Sinngehalte seines Daseins erst zum Durchbruch kommen. Vielleicht ist auch der Nihilismus keine Endphase, sondern nur ein Stadium des Überganges. Vielleicht muß der abendländische Mensch durch das Fegefeuer der Sinnlosigkeit und ihren Affekt, die Angst, hindurchgehen, um aus der Armut und Trägheit des Herzens wieder aufzuwachen und die ewigen Werte der Menschheit in geläuterter Form wiederzufinden.

81/10.10.1947

Arnold Bauer

Zweierlei Sprache. Zum ersten deutschen Schriftstellerkongreß in Berlin

Wenn jemals die biblische Metapher von der babylonischen Sprachverwirrung auf eine Versammlung anwendbar war, dann auf diese. Das ist der vorherrschende Eindruck der Teilnehmer des ersten deutschen Schriftstellerparlaments nach 1945, die sich bemühen, die Sprache ihrer Mitmenschen zu verstehen, die nicht nur ihren eigenen Stimmen fasziniert lauschen und die verhaßte der anderen überhören oder niederschreien. Selten wurde der Urgrund aller Friedlosigkeit so offenbar wie jetzt in Berlin, wo sich nun auch die geistigen Weltmächte im Raume stoßen. Der politische Gegensatz von »Ost« und »West« wäre nur ein recht grobes Differential für einen Zerfall, der sich nun auch im Munde der berufenen und unberufenen »Sprecher der Nation« offenbart. Der Kontrast geht tiefer. Er besteht zwischen den Seelen der Menschen. Die einen, aufgerührt und erschüttert durch den Höllensturz unseres Zeitalters, haben die Leere und Starre laut verkündeter Parolen und Schlagworte erkannt, sie scheuen nicht vor der Qual zurück, eine unteilbare Wahrheit in neuer Begrifflichkeit zu suchen. Sie sind hellhörig geworden gegen große Worte, die einstmals befeuernd klangen und heute nur noch kläglich scheppern. Auf der anderen Seite steht die geschlossene Phalanx derer, die in einer Art Trotzreaktion – oder eines physischen Trägheitsgesetzes – vor einer geistigen Umschichtung und Umwertung die Augen schließen, die sich ebenso erdrutschhaft wie die soziale vollzieht. Ihr Gewissen schläft, wie Rudolf Hagelstange, ein Dichter der dezimierten Jugendgeneration zwischen den Kriegen, erklärte. Das eigentliche Anliegen des Schriftstellers, Gewissen der Nation zu sein, hörte sich wie Selbstspott aus dem Munde eines der dogmatisch festgefahrenen Referenten an, da gerade er und seine Genossen zu denen gehören, die sich laut, stark und heftig gegen die Erforschung ihres eigenen Gewissens sträuben. Wo aber beginnt die Gewissensfrage? Bei dem Schriftsteller mit der sprachlichen Selbstkritik, die sowohl in dem Plan der Tagung wie in der planlosen Diskussion viel zu nebensächlich behandelt wurde.

Die Veranstalter, der »Schutzverband Deutscher Autoren in der Gewerkschaft für Kunst und Schrifttum FDGB«, wie er sich in der Ostzone mit seinem vollen Titel bezeichnet, hatten, soweit sie die politische Doktrin des FDGB vertraten, offenbar den Kongreß als Anlaß für eine politische »Großkundgebung« gewählt. Sie berücksichtigten nicht, daß wohl zum erstenmal nach diesem Kriege die ganze Welt und nicht nur eine machtpolitische Hemisphäre auf Deutsche hört, die jetzt Gelegenheit haben, mit der Kraft ihres Wortes einen geistigen Geltungsanspruch in ihrem Lande zu erheben und die fremden Nationen von einer deutschen Wandlung zu überzeugen. Der Eindruck von einer Parteiversammlung wurde erst aufgehoben, als die Stimmen des freien Gewissens in den Saal drangen, während bei den Reden der anfangs besonders stark hervortretenden Sprecher der marxistischen Konfession die reiche grüne Drapierung der Vortragsbühne fast als Tarnfarbe erschien.

Nach einem würdigen Auftakt im Hebbel-Theater, einer Feier »Tod und Hoffnung«, bei der die Ehrenpräsidentin Ricarda Huch und Günther Weisenborn der Opfer im Kampfe gegen den Nationalsozialismus gedachten, begann bald die Auseinandersetzung zwischen jenen, welche die Sprache ihrer festgefahrenen Begriffe allzu sicher beherrschen, und denen, die in der Sprache der Suchenden reden.

Einen dramatischen Höhepunkt brachte der Zusammenstoß zwischen Rudolf Hagelstange und Gustav von Wangenheim, der erregt und mit großen Gesten die dichterische Metaphorik des »faustischen« Wahrheitssuchers mangelnder Offenheit anklagte und den Lyriker auf eine politische Antithese festzulegen suchte. Ebenso gleichnishaft wurde der Unterschied der beiden Sprachen deutlich, als der eben aus London zurückgekehrte Emigrant Albin Stuebs, der selbst einmal ein Parteikämpfer war, die Revenants der alten Parteien unwirklich, gespenstisch und fratzenhaft nannte und als Repräsentanten einer irrealen Zeitnähe kennzeichnete. Mit Antifaschismus sei es allein noch nicht getan. Es gäbe nur eine Inkarnation des Feindes: die Unmenschlichkeit. Ihm entgegnete mit komödiantischem Schwung Intendant Wolfgang Langhoff. Er warf denen, die sich aus den bestehenden Parteiengruppen lösten, Flucht in die Unverbindlichkeit vor und ereiferte sich leidenschaftlich für die Partei, seine Partei.

Die hin und her wogende Diskussion und die Auswahl guter und mäßiger Referate zu aktuellen und grundsätzlichen Problemen brachte keine Klärung der Begriffe, wohl aber eine Bildung von »Fronten«, so daß als negatives Resultat bis auf wenige versöhnliche Stimmen der große Riß überdeutlich wurde. Vielleicht waren beide Seiten nicht genug bedacht, daß es letztlich um den Menschen und seine Wiederentdeckung geht, wie ein Diskussionsredner sagte. Die Verfechter der Auffassung des Menschen als eines Kollektivwesens empörten sich über die individualistischen Schlagworte von der »Vermassung« und »Entmenschlichung«. Nicht unberechtigt kritisierten sie die oft allzu abstrakte Fassung der herkömmlichen Begriffe von Menschlichkeit und bürgerlicher Humanitas. Doch sollten sie bedenken, daß den Deutschen, die vorläufig ihrer staatlichen Souveränität entraten müssen, in der Konkretisierung ihrer Freiheitsansprüche und ihrer Menschlichkeitsappelle Zügel angelegt sind.

Eine Fremde, freilich eine geborene Deutsche, die Gattin des als Gast anwesenden englischen Philanthropen Professor Brailsford, sprach ganz unprätentiös und mit herzbewegender Offenheit Anliegen aus, die durch die Besatzungsmächte bewirkte aktuelle Härten betraf. Mrs. Brailsford sagte, sie fühle sich für alles, was geschehe, persönlich verantwortlich. Sie unterscheide nicht zwischen Nationalitäten und Kollektiven, sondern kenne nur Mitmenschen. Die wachsende Unruhe, die vibrierende Spannung, die sich der Versammelten bemächtigte, als eine gütige Frau die Hand an offene Wunden legte, wußte der Vorsitzende dieses denkwürdigen Nachmittags, Professor Edwin Redslob, mit klugem Takt zu beschwichtigen, indem er mit den Worten Shakespeares »die Macht der Gnade« anrief. Der Dramatiker Friedrich Wolf fühlte sich zu einer Rechtfertigung gedrängt, die sich auf das Wiederaufflackern nationalsozialistischer Umtriebe im Westen berief.

Noch am nächsten Tage ging die mit Zündstoff geladene Diskussion weiter, die sich durch programmatische Erklärungen der Gäste aus den USA und der UdSSR verschärfte. Der amerikanische Korrespondent Melvin J. Lasky bestritt – unter dem stürmischen Protest von SED-nahen Zwischenrufern – die Existenz einer unabhängigen Literatur und der kulturellen Freiheit in Sowjetrußland. Lasky schloß mit einem Zitat von André Gide, nach dem der Schriftsteller als revolutionärer Kämpfer immer gegen den Strom schwimme. Der sowjetische Dramatiker Valentin Katajew, dessen Stücke Geist und Witz, dessen Erzählungen Güte und Zartheit aufweisen, antwortete leider in einer Form, die diese Qualitäten vermissen ließ. Der Verfasser dieses Berichtes, der die schwierige Aufgabe hatte, nach dieser erregten Debatte mit seinem Referat die Reihe der Vorträge fortzusetzen, suchte die Brücke eines sauberen Kompromisses herzustellen. Er berief sich dabei auf den vortags von Wolfgang Harich wegen seiner angeblichen Inhumanität angegriffenen Denker Karl Jaspers, der unlängst den Deutschen empfahl, sie sollten erst wieder das Miteinanderreden lernen. Niemand besitze die Wahrheit allein. Lösungen könnten nur gemeinsam gefunden werden. Wahrheit ist in der Diskussion.

Aus der großen Zahl der Referate ragten hervor: Alfred Kantorowicz, der die schwierige Situation der Exilierten präzisierte und die umstrittene Formel von der »Flucht in die Innerlichkeit« für die Mehrzahl der im Lande verbliebenen Autoren prägte. Axel Eggebrecht (Hamburg) bejahte – wenn auch mit westlichem Akzent – die vom Osten rhetorisch gestellte Frage, ob der Nationalsozialismus noch »virulent« sei. Dr. Hans Mayer (Frankfurt) gab in knappen Thesen einen pointierten Beitrag zur Soziologie des Schriftstellers.

Ernst Penzoldt (München) verlas einen kleinen, geschliffenen Essay »Haben wir eine Kritik?«, in dem er Unbestechlichkeit, Geist, Wahrheitsliebe, Humor und Furchtlosigkeit als die wesentlichen Eigenschaften des Kritikers postulierte. Der aus Paris zurückgekehrte Rudolf Leonhard plauderte launig über die Sprachverwilderung und fand einen Satz, der eigentlich das Motto des Kongresses sein sollte: »Wer falsch spricht, denkt falsch.« W. E. Süskind (München) ergänzte dieses Referat mit einigen sprachkritisch-fruchtbaren Formulierungen. Er sprach von der »Diktatur des vorgeprägten Wortes«, das die vorgefaßten Meinungen erzeuge. Für die jungen Schriftsteller sprach Stephan Hermlin über das Thema »Wo bleibt die junge Dichtung?«. Von den anwesenden Schrifstellerinnen wußten Anna Seghers und Elisabeth Langgässer Wesentliches zu sagen.

Der allzu laute Ruf nach Einigkeit, der zu Beginn des Kongresses erscholl, hatte die Spaltung nur noch schneller offenbar werden lassen. Wenn sich die Geister scheiden, so kann keine der vertretenen Gruppen allein dafür verantwortlich gemacht werden. Der Zwiespalt ist in der Dynamik unserer Zeit beschlossen. Wenn Johannes R. Becher gegen Ende des Kongresses mit großer Wärme und hohem Ernst zu Frieden und Verständigung mahnte und einen anständigen Ton als Voraussetzung für die Befriedung unter uns ansah, mag ihm Hölderlins Wort von »der Versöhnung in jedem Streite« vorgeschwebt haben. Die Dissonanzen der Welt mögen den ausländischen Gästen, zu denen auch der Generalsekretär des PEN-Clubs, Hermon Ould, gehörte, nicht wenig erschreckend geklungen haben. Doch wurde es in der Geschichte stets von neuem wahr, daß alles Getrennte sich wiederfindet.

81/10.10.1947

Hans Schweikart

Das Lächeln der Klasse

Warum erscheinen Sie mir so oft, morgens in der gefährlichen Stunde vor dem Erwachen? Dreißig Jahre sind vergangen seit unserer letzten Begegnung – was hat mich durch alle Wechselfälle des Geschicks fast magisch an Ihr Bild gebunden?

Sie waren unser Geographieprofessor in der Unterprima, ein gebrechliches Männchen, von durchschnittlicher Lehrfähigkeit, streng und sozusagen korrekt – was begabte Sie, eine Klasse der aufbegehrerischen und verworrenen Jahrgänge in diese atemlose Disziplin zu spannen? Warum konnten wir Jungen den Schrecken, den uns Ihre Herrschaft einflößte, nicht in der üblichen Weise abreagieren – wie es uns bei den anderen Lehrern durch Kritik oder mehr oder weniger harmlosen Spott gelang?

Wahrscheinlich kannten Sie Ihren Spitznamen, den sich Generationen von Schülern weitergereicht hatten. Aber wenn wir Sie unter uns »die Feuerwanze« nannten, so geschah es mit beklommenem Herzen, hilflos und erbittert – ja mit einem Gefühl der Beschämung, das uns quälte, weil es unserer Unreife unerklärlich bleiben mußte.

Und trügt mich mein Gedächtnis nicht, so war dieser Bannkreis des Unerklärlichen und Beängstigenden, der um Sie gezogen war, nicht nur uns Schülern spürbar: denn ich kann mich nicht erinnern, Sie jemals im Gespräch mit einem Ihrer Kollegen gesehen zu haben. Sie gingen allein durch die Spitzbogengänge der Korridore, und wenn Ihnen etwa einer der anderen Lehrer an der Tür des Konferenzzimmers begegnete, so machte er Ihnen mit fast verlegenem Gruß Platz. Und als einmal in Gegenwart eines von uns geliebten Kandidaten, der uns Botanik beibrachte, Ihr Name fiel, erstarrte sein rundes Knabengesicht … und blieb sekundenlang verschlossen und ausdruckslos.

Und vielleicht sind Sie, Herr Professor, deshalb unvergänglich den tieferen Schichten meiner Seele verhaftet, weil Sie mir in meinen jungen Jahren als Urform eines Erlebnisses entgegentraten, welches sich später in unheimlichen Verkleidungen wiederholen sollte.

Sie saßen hinter Ihrem Pult, der schwarze Rücken krumm, das hagere Gesicht von bläulichem Geäder durchzogen, der Vollbart und die Haarbüschel um den weißen Schädel feuerrot. In den zitternden Fingern hielten Sie ein Taschentuch, in das Sie fast fortwährend hineinhusteten und das Sie nach jedem Anfall lange mit unbewegtem Gesicht betrachteten, bis sich die hervorstehenden eisgrauen Augen durch die Gläser der Stahlbrille wieder auf uns richteten.

Sie examinierten uns mit einer Systematik, der sich niemand entziehen konnte, und die Klasse schaffte ihr Pensum: Daten, Fakten, Zahlen, Namen. Im Hinblick auf den Umfang des gedächtnismäßig aufzunehmenden Lehrstoffes waren die Zensuren am Semesterschluß mehr als zufriedenstellend. Aber das auffällige Charakteristikum Ihrer Methode wurde dabei ersichtlich: kein Schüler bot Außerordentliches, und keiner brachte Unterdurchschnittliches, es gab keine großen Schwankungen zwischen den Leistungen der einzelnen.

Aber nicht dieses Resultat war es, was Sie von den anderen Lehrern unterschied, derer wir bessere und schlechtere als Sie hatten. Ihre unbegreifliche Macht über uns lag im Moralischen.

Sie riefen uns rasch der Reihe nach auf. Jeder hatte eine Frage zu beantworten, bis zum letzten. Dann fing es wieder beim Primus an, bis das Tagespensum erledigt war. – Der Schüler Jonas gibt eine falsche Antwort. Feuerwanze starrt ihn an.

»Ach –«, sagt er mit müder Stimme. »– Ach – das ist also Ihre Meinung?«

Eine Pause, in der er den Schüler Jonas ausdruckslos betrachtet. Dann wendet er sich an die anderen, verhalten, als teilte er ihnen eine Neuigkeit mit: »Jonas behauptet, Lima habe 500 000 Einwohner!«

Mit aufgerissenen Augen mustert er alle Gesichter, jedes einzeln – und fast jedes Gesicht lächelt über Jonas, der behauptet, Lima habe 500 000 Einwohner. Dann streckt sich der lange zitternde Zeigefinger aus, die Stimme wird schrill: »Nämlich – wir teilen seine Ansicht nicht. Wir wissen es besser. Wir wissen – Wertmann?« Und Wertmann springt auf und sagt: »Lima hat 300 000 Einwohner, Herr Professor!« »Das wissen wir!« sagt die Feuerwanze befriedigt. Und immer wieder explodiert das »wir« in grotesker Betonung.

Das »Wir« sind alle anderen. Der Professor und alle Mitschüler. Jonas ist allein und außerhalb der Gemeinschaft. Alle wissen es – nur Jonas nicht. Alle stimmen dem Professor bei – am eifrigsten diejenigen, die es selbst nicht gewußt haben.

»Sie haben Ihren Federhalter vergessen – wir haben ihn mitgebracht!« –

Heute weiß ich es. Das »Wir« war Ihre Macht, Herr Professor. Die Methode Ihres Strafvollzugs.

Wer in einer Stunde drei Fragen falsch beantwortete oder gar nicht, der wurde auf dem Podium ausgestellt, ein paar Minuten lang, das Gesicht zur Klasse, während der Unterricht weiterging.

Sie saßen neben ihm, Herr Professor. Sie sahen ihn nicht an. Sie blickten in die Klasse. Gelegentlich machten Sie ironische Bemerkungen über ihn. Sie forderten uns auf, uns über unseren Kameraden lustig zu machen. Dabei entging Ihnen nicht ein Zug in den jungen unreifen Gesichtern vor Ihnen. Sie hatten eine Art, jedem in die Augen zu sehen, hartnäckig, infam, schamlos – bis man lächelte, vage oder völlige Zustimmung ausdrückte oder rot wurde. Dann erst ließen Sie ab.

Wen Sie besonders strafen wollten, den schlossen Sie aus. Sie übergingen ihn demonstrativ in der Reihenfolge der Aufgerufenen. Oder Sie schickten ihn für eine Weile in den Korridor hinaus. In seiner Abwesenheit waren Sie heiter und fast herzlich zu uns anderen, stellten leichte Fragen und gaben jedem durch Aufmunterung das Gefühl, wohlgelitten zu sein und dazu zu gehören. Und kurz bevor Sie den Ausgeschlossenen hereinrufen ließen, machten Sie regelmäßig eine boshafte Bemerkung über ihn. Der Eintretende begegnete einem fast allgemeinen Gelächter, das, wie er wußte, ihm galt – und amüsierten Blicken, denen Sie ihn noch eine Zeitlang auf dem Podium preisgaben.

Das war es: Sie isolierten den Straffälligen!

Das war Ihre Methode, die Sie zu raffinierter Vervollkommnung gebracht hatten. Sie stellten ihn der kompakten Majorität gegenüber. Sie uniformierten uns nicht nur im Leistungsmäßigen, sondern vor allem im Moralischen.

Sie bestraften nämlich, indem Sie den Schuldigen scheinbar durch die Demonstration einer allgemeinen Ablehnung einem Volksurteil unterwarfen – und erniedrigten uns andere, indem Sie die Zeichen unserer Zustimmung erzwangen und uns Ihre Verantwortung zuschoben. So machten Sie uns zu Funktionären Ihres Strafvollzugs an unseresgleichen.

Sie bewirkten, daß wir uns voreinander schämten. Weil wir es uns gefallen ließen, daß Sie uns dem Sünder gegenüber mit Ihrer Autorität identifizierten. Damit vergifteten Sie unsere Kameradschaft und machten uns zu Verrätern aneinander.

Sie schufen Angst und ein schlechtes Gewissen. Sie nahmen dem einzelnen jede Sicherheit – und lockten ihn gleichzeitig in den mächtigen Schutz, welcher die Herde dem sich Einordnenden gewährt. Mit nachtwandlerischer Sicherheit sprachen Sie die uralten, tiefen, schlechten Instinkte an und errichteten darauf die mystische Autorität eines heidnischen Gottes.

Charaktere, die Sie als schwach erkannt hatten, wußten Sie sich hörig zu machen. Beging ein Schüler einen besonders auffälligen Fehler, so wandten Sie sich langsam an eine Ihrer Kreaturen, fragten trocken: »Wofür hielten Sie das eben – für Dummheit oder Frechheit?« – und erlabten sich an der Verlegenheit oder Willfährigkeit des Jungen, der seinen Kameraden zu verurteilen hatte.

Einer Episode entsinne ich mich noch, die nur demjenigen sinnvoll erscheinen wird, der erkannt hat, aus welchen dunklen Gründen

Sie Ihr Machtgefühl bezogen. Zu Beginn einer Unterrichtsstunde war ein älterer Schüler aus einer anderen Klasse erschienen. Er hatte im Auftrag eines anderen Lehrers einen Zettel an Professor Feuerwanze zu überbringen.

Es war ein fremder Junge, uns und Ihnen unbekannt. Kein äußerer Anlaß war gegeben, das Benehmen des Jungen war in keiner Weise inkorrekt – aber Sie begannen an dem Ihre Antwort Erwartenden Ihren Witz zu üben. »Wie stehen Sie denn da? Können Sie die Hände nicht an die Hosennaht bringen? Welche Note haben Sie denn in Turnen?«

Dabei suchten Sie unsere Gesichter, unser Einverständnis. Sie sprachen leise, unbetont, verächtlich. Der Grund war völlig klar: das ist ein Fremder, der gehört nicht zu uns.

Der Schüler sah sich auf unbegreifliche Weise exponiert, dem Grinsen jüngerer Mitschüler bloßgestellt. Erbittert durch Ihre Provokationen, mit rotem Kopf, gab er schließlich eine unbesonnene Antwort: »Ich bin kein Soldat!«

Das war ein Tag großen Triumphes für Sie. Sie verhalfen der Herde zum Sieg über den Fremden – und dem Jungen zum consilium abeundi. Und als Sie ihn hinausgeschickt hatten, fragten Sie den Primus: »War das nun Dummheit oder Frechheit?«

Und die Klasse lächelte – gefangen in einer illusionären Einigkeit, die nur in Ihrem Willen bestand.

Ach nein, Herr Professor, ich habe nichts vergessen in diesen dreißig Jahren. Sie nicht und das Lächeln der Klasse nicht.

Ich konnte Sie nicht vergessen, denn Sie sind mir wieder begegnet.

84/13.10.1947

Peter Suhrkamp

Der 9. November 1938

Der 9. November ist für uns wiederholt ein unheilvolles Datum gewesen, vor allem rufe ich heute die Erinnerung an den 9. November 1938 wach. Da wurde die Ermordung eines Mitarbeiters der Deutschen Botschaft in Paris, des Herrn vom Rath, von der NSDAP und der Reichsregierung zum Anlaß genommen, die organisierte Zerstörung der Synagogen, jüdischen Geschäfte, jüdischen Wohnungen und überhaupt jüdischen Besitzes zu beginnen …

Viele von uns wollen nichts von dem Bösen gewußt haben, das überall in Deutschland geschah, beispielsweise in den Konzentrationslagern. An den Szenen vom 9. November 1938 war jeder bei uns in irgendeiner Form beteiligt. Ob er nun zu einem der Kommandos gehörte, die in der Nacht die Synagogen zu demolieren und Feuer anzulegen hatten, oder zu den Trupps, die vom Morgengrauen bis in die Abenddämmerung vor den jüdischen Geschäften aufzogen, die Schaufensterscheiben zertrümmerten, in die Geschäfte eindrangen und die Waren herauszerrten und umherstreuten, oder zu den kleineren Gruppenkommandos, die an jüdischen Wohnungstüren läuteten, als befangene Gäste eintraten oder frech eindrangen und dann ihr Vandalenwerk an Möbeln und Garderobe vollzogen; ob er als Polizist seinen Revierdienst einnahm und blind und taub war für die Banden, als handelten sie unter einer Tarnkappe; oder als Feuerwehrmann die schrillende Alarmglocke überhörte; oder als Lokalberichter und Redakteur schweigend oder mit ein paar beschönigenden Worten über den »Klamauk« hinwegging. Ob er als Angestellter auf dem Weg ins Büro oder zum Geschäft, zum Einkaufen unterwegs, oder als Passant an den wüsten Szenen vorübereilte oder neugierig, schaudernd oder auch belustigt stehenblieb, als geschähe das alles in einem fremden Lande; oder sich ins Innerste seiner Wohnung verzog, um den Lärm, das Klirren und Krachen nicht hören zu müssen – in einer von diesen Formen war jeder dabei und beteiligt. Anfangs zögernd, mit Befremden, mit Widerstreben, mit verhohlenem Widerwillen – sogar die Täter verrieten solche Regungen –, mit der weiteren Entwicklung aber wuchs in jedem eine geheime oder offene Lust, die quälend sein konnte, aber dennoch eine Lust. Was war es, was da geschah? – Die mühevollen Werke vieler fleißiger, kunstfertiger Hände, Werte der Produktivität mannigfachster Art, die sonst allgemein gehütet, bewacht, gepflegt, in acht genommen wurden, deren geringste Beschädigung ein Unglück war, Schrecken und Schmerz verursachte, deren mutwillige Beschädigung als Vergehen und unter Umständen als verbrecherisch gegolten hätte: Dinge, welche die Grundlage, der Stolz und die Ehre des Volkslebens waren – sie wurden kaltblütig und roh, in Massen zertrümmert, auf die Straße geworfen, unter die Füße getreten, geplündert, verbrannt. Das war der satanische Eingriff des Staates in die Herzen und in das Empfinden seiner Bürger, der Böse in Gut verkehrte und auf solche Weise in den Begriffen, in den Gefühlen und in der Moral des Volkes eine unselige Verwirrung und Unordnung stiftete, die mit der Zeit die Ausmaße einer allgemeinen Erkrankung annahm. Die einen, die Täter, wurden gewöhnt an Handlungsweisen, die gegen das allgemeine Gefühl waren; die anderen, die Zuschauer, wurden gezwungen gutzuheißen, was sie im Kern ihrer Existenz verletzte. Diese systematische Pervertierung des Menschen, die vielfachen Brüche des natürlichen, langsam gebildeten und gewachsenen Gefühls, die vielfachen Brüche des Rückgrats der Menschen stellten das eigentliche Verbrechen gegen die Menschlichkeit dar, das geschehen ist. Wer den 9. November 1938 in Deutschland miterlebte und danach noch der Regierung in irgendeiner Form diente, welche die Parole zu diesem 9. November ausgab, der hat sich dieses Verbrechens mitschuldig gemacht. Was die Menschen bei uns heute so entstellt und gezeichnet erscheinen läßt, das ist nicht allein die Folge von Entbehrungen und Mangel jeder Art, sondern die Entstellung ihres Wesens, die durch diese Methoden erreicht wurde. Kann sich das in der abendländischen Kultur gewachsene Gewissen unverstellt wieder regen und äußern?

Der Antisemitismus konnte für die Vergehen des 9. November 1938 als Nährboden in Anspruch genommen werden; eine unklare und unsaubere Ecke, ein unaufgeklärter historischer Bodensatz des Gefühls. Man darf sich nicht der Täuschung hingeben, dieser atavistische Rest wäre durch das große Unglück, für das er dienen mußte, endgültig ausgebrannt. Kein noch so großes Unglück vermag das Böse zu tilgen. Nur in der Aufklärung, im hellen Licht der Vernunft, in der freien Unabhängigkeit des Weltmannes wird das geschehen. Wie weit sind wir heute alle noch davon entfernt?

90/10.11.1947

Ernst Kreuder

Literatur: Vorher – Nachher

Nach Ausbruch des letzten Krieges wurde ich eines Tages von einer Redaktion gebeten, mich zu der Frage »Welches Buch würden Sie mit an die Front nehmen?« zu äußern. Kurz darauf wurde ich eingezogen. Als ich fünf Jahre später, den Todesmaschinen entgangen, »äußerlich« unversehrt, wieder vor meinen Büchern zu Hause stand, hätte ich mir die Frage »Welche Bücher können nun *danach* noch bestehen?« nicht gleich beantworten können.

Da stand ich also wieder vor meinen Büchern. Wie war das nun mit der Begeisterung, welche sie einst in mir erregt hatten? Albrecht Schaeffer, Hermann Hesse, Kafka, Emil Belzner, Proust, Julien Green, Thomas Wolfe, Joyce und Faulkner, Bernanos und G. K. Chesterton? Das sagte mir zu. Dieser junge Rimbaud, der abends durch die Gassen von Paris hungrig wandert und aus Mülleimern sich sein Abendbrot herausfischt *und* diese enormen Dinge schreibt. Und dieser große Ire, der das schönste Buch über Dickens geschrieben hat.

Aber was hatte sich ereignet, daß mir die »Spitzen« unter meinen Büchern plötzlich stumpf vorkamen? Viel. Weshalb erschien mir der drastische Realismus moderner westlicher Autoren jetzt künstlich und undichterisch, reportagehaft, warum ließ mich die alles und jedes zerfasernde und entblößende Tiefenpsychologie gewisser europäischer Romane gleichgültig? Die phantomische Kahlheit der »ausweglosen« Depressionisten ebenso wie die Selbstherrlichkeit der schizoiden Phantasten? Was war geschehen?

Lag es an meinen »fünf Jahren«? Ich hatte sie mit dem verdreckten, verklebten Zeug, das ich getragen, nicht abgelegt. Kein heißes Bad brachte sie von der Haut ab, sie saßen darunter. Sie saßen beim Lesen in mir, sie waren zugegen. Und mehr als einmal war es nicht nur verschwitztes, verkrumpeltes »Zeug« gewesen, das mir um den Leib schlotterte, sondern eine Art von Totenkittel. Und diesen Kittel hatte ich auch nur äußerlich ausgezogen. Er hatte abgefärbt, auf die Knochen, ins Blut.

Man wird hier einwenden, dies sei keine »normale« Situation, um Literatur zu beurteilen. Ich könnte erwidern, daß unsere heutige in anderer Weise ebenso weit von einer normalen entfernt sei.

Aber wie war es nun eigentlich diesen unglückseligen Dichtern ergangen? Wie waren sie zu ihrem Weltschmerz, zu ihren Verwünschungen des Daseins gekommen? Wie stand es mit ihren Klagen? Wie konnte mir das jetzt nur so unverständlich vorkommen? Warum konnte ich das gar nicht mehr begreifen, der ich im letzten Augenblick noch »einmal davongekommen« war?

Als Ausnahmen ließ ich die »Besessenen« gelten, und jene, die durch Selbstmord oder in Umnachtung geendet hatten. Alle anderen hatten aber auch zweifellos »gelitten«. Unter den »Verhältnissen«? Nicht immer. Unter Schicksalsschlägen? Mitunter. Am meisten eben wohl an ihrem höchst persönlichen, ganz privaten Selbst. Vielen war es verhältnismäßig nicht schlecht gegangen. Aber wie hatten sie gejammert.

Und wie war es mit den krampfigen Schreien unserer einstigen Expressionisten? Einige wenige von ihnen waren dem Wehrbezirkskommando damals nicht entkommen. Welchen von ihnen konnte man nach diesem zweiten motorisierten Kriege wirklich noch ertragen? In der Lyrik keinen außer Heym, Trakl und Benn. Und in der Prosa auch nur die, die im Grunde keine Expressionisten waren.

Von den Ausnahmen, die den vorigen Krieg mitgemacht hatten, abgesehen – unter einigen ganz bestimmten Einwirkungen hatten all diese empfindsamen Dichter nicht gelitten. Nämlich unter dem Äußersten, Grenzhaften: Grauen, grausiger Todesangst.

Ich habe den drastischsten Fall herausgegriffen. Aber schon acht Wochen »Grundausbildung«: es hat sich mehr als einer dabei auf der Latrine erhängt, und es waren nicht immer die Schmächtigsten. Sind wir berechtigt zu sagen, daß es den Dichtern unserer Bücherregale schlechthin nicht möglich war, von gewissen »grenzhaften« Erlebnissen, die wir nun hinter uns hatten, getroffen, heimgesucht zu werden? Und doch, wie haben sie oft ein Leben lang geklagt!

Ihre Klagen, ihre Wehleidigkeit, ihre Misere und ihr gallenbitterer Realismus lassen uns heute ungerührt. Aber nun sollten wir, die wir zwischen den Todesmaschinen gelegen haben, nicht dem Irrtum verfallen, daß es Aufgabe der Dichtung sei, unsere persönlichen Widerfahrnisse »an den Mann« zu bringen. Was wir erlitten und erduldet haben in diesen entfesselten Jahren, wird schon auf jeder Seite, die wir schreiben, als unsichtbare Unterschrift stehen.

Wozu also einen neuerlichen »blutigen Realismus«, der im Aufkommen ist und sich nicht kraß und wüst genug haben kann? Landserjargon und saumäßiges Fluchen sind gewiß drastisch in der Wirkung auf den heute nicht ganz widerstandsfähigen Leser, aber diese Drastik ist keine Tiefe. Rauhbeinigkeit kein dichterischer Ausdruck. Warum lechzt man danach, uns heute, die wir noch im Elend stecken, mit Elendsschilderungen zu versehen? Die Dichtung hatte es im Grunde noch nie mit der Misere einer bestimmten Zeit zu tun. Und die Dichtung, die vor uns heute noch besteht, ist ihrem Wesen nach eher das, was Jean Paul einmal von ihr schrieb, nämlich der »Zauberspiegel der Zeit, welche nicht ist«. Denn die Phantasie schafft, wie in der Musik und in der bildenden Kunst, in der Dichtung, uns erweckend oder beseligend, die Welten, welche nicht sind. Und damit das Unvergängliche.

92/17.11.1947

Ricarda Huch

Der Kampf gegen das Böse

Wenn das Ende der Zeiten naht, wird der Antichrist sich zum Kampfe rüsten. Dann wird eine mörderische Schlacht geschlagen werden zwischen ihm und seinem Anhang und denen, die in Christi Namen kämpfen. So sagt eine alte mystische Verkündung. Der ungeheure Augenblick der Entscheidung, wo der Fürst der Welt sein böses Wesen enthüllt und das göttliche Leben auf der Erde auszurotten sich anschickt, schien gekommen, als Hitler in Deutschland auftrat. Daraus erklärt sich der einzigartige Charakter des Kampfes, der damals begann. Dieser Kampf war kein politischer, obwohl Hitlers Aufstieg aus der politischen Lage Deutschlands nach dem Ersten Weltkrieg zu erklären ist und obwohl Hitler durchaus als politischer Führer sich darstellte. Er hätte nicht eine so zahlreiche, eine so entflammte Anhängerschaft gefunden, wenn nicht das von siegreichen Feinden zu Boden getretene, ermattete deutsche Volk durch ihn sich wieder zu erheben gehofft hätte. Nachdem es jahrelang das Gefühl verachteter Ohnmacht ertragen und die Geringschätzung der Sieger mit unbegrenzter Nachgiebigkeit hatte erwidern müssen, vernahm es plötzlich in seiner Mitte eine stolze, kraftbewußte, ja herausfordernde Stimme. Die Erniedrigten atmeten auf: der Befreier, der Retter war gekommen! Die um Hitler sich bildende Bewegung stellte sich ihnen so dar, als sei ihr Ziel, Deutschland das verlorene Ansehen wiederzugewinnen.

Bald jedoch wurden die Wachsamen durch Drohungen gegen die Juden, durch das Anfachen des fast erloschenen Antisemitismus gewarnt. Das Unreine, das in den werbenden Reden Hitlers mitschwang, wurde deutlich. Wer ihn als politischen Abenteurer belächelt hatte, den der nächste Tag verschlingen würde, fing an, hinter der flachen Erscheinung das Abgründige zu ahnen. Es wurde offenbar, daß es sich nicht um einen politischen Plan handelte, nicht um soziale Absichten einer Partei, nicht um das gewissenlose Unternehmen eines Ehrgeizigen, obschon alles dieses auch vorhanden war, sondern daß ein Spalt aufgerissen war, der Recht und Unrecht, Gut und Böse schied. Um diesen Gegensatz sammelten sich zwei Heerlager in Deutschland, die einander unversöhnlich feind waren. Es gab zwischen diesen Gegnern keine Verständigung. Dieser Kampf erließ keinem das Bekenntnis für oder wider. Er trennte Eltern und Kinder, Mann und Frau, den Freund vom Freunde. Er mußte bis zur gänzlichen Vernichtung geführt werden. Aus dem Wesen des Gegensatzes erklärt es sich, daß die beiden christlichen Kirchen, Hüter des Friedens, opferbereit in diesem Kampf vertreten waren, daß viele von denen, die dabei ihr Leben einsetzten, religiöse Menschen waren und daß er nicht nur unsägliche Leiden, sondern auch etwas wundervoll Erhebendes mit sich brachte. Hier entschied nicht die politische Einstellung, sondern das Gewissen. Darum konnte es geschehen, daß die verschiedensten Elemente, zum Teil gegensätzliche Elemente, sich hochherzig zu diesem tödlichen Kampf vereinigten. Sie fühlten sich dem Bösen gegenüber unter der Führung des lebendigen Gottes. Vor diesem höchsten Namen beugte sich der Eigenwille der Parteien.

Denn da die Kämpfenden Menschen waren, vollzog sich der Kampf nicht nur auf der überirdischen Ebene, wo es sich um Gut oder Böse handelt, sondern zugleich auf der irdischen, wo beschränkte Menschen politische, wirtschaftliche, kulturelle Ziele verwirklichen wollen: wo persönliche und nationale Leidenschaft das Denken und Handeln durchdringt. Es gab unter den Gegnern Hitlers viele, bei denen der Einsatz für die Partei im Vordergrund stand: dies galt für einen großen Teil der Sozialisten und für die Kommunisten, die grundsätzlich von den Nationalsozialisten verfolgt wurden. Viele Angehörige der Wehrmacht bewegte vor allem die Sorge um den Ausgang eines ertrotzten und mit unzulänglichen Mitteln geführten Krieges und die Einsicht in die Fehler der Heeresleitung. Aber auch diese fühlten, daß ihr sittliches Bewußtsein angerufen wurde. Wer mitten im Kriege die Regierung seines Landes zu stürzen wagt, nimmt eine schwere Verantwortung auf sich. Gewissenhafte Menschen, die sich vor eine solche Entscheidung gestellt sehen, wägen ihre Pflicht vor dem Angesicht des höchsten Richters, den der menschliche Gedanke erreichen kann und zu suchen sich gedrängt fühlt. In einer solchen Lage, wo kein irdischer Ausweg mehr war, suchten such solche, denen religiöse Empfindungen fremd waren, Halt im Überirdischen.

Was fast allen Führenden im Kampfe gegen Hitler fehlte, war ein Schuß Höllenfeuer im Blute, das sie den Gegnern ebenbürtig gemacht hätte. An Schlangenklugheit und Schlangengefährlichkeit waren sie Hitler und seinen Genossen nicht gewachsen. Hat das Fehlen der Unbedenklichkeit eines dämonischen Machtbegehrens und Herrscherwillens unsere Helden des Erfolges beraubt, so läßt es ihre Ehrenhaftigkeit um so klarer hervorleuchten.

Ganz ungetrübt erscheint die Reinheit des Kampfes gegen das Böse in der Bewegung der Münchner Studenten, die im Anfang des Jahres 1943 als Blutzeugen fielen.

94/24.11.1947

Wolfgang Borchert
Der Kaffee ist undefinierbar

Sie hingen auf den Stühlen. Über die Tische waren sie gehängt. Hingehängt von einer fürchterlichen Müdigkeit. Für diese Müdigkeit gab es keinen Schlaf. Es war eine Weltmüdigkeit, die nichts mehr erwartet. Höchstens mal einen Zug. Und in einem Wartesaal. Und da hingen sie dann hingehängt über Stühle und Tische. Sie hingen in ihren Kleidern und in ihrer Haut, als ob sie ihnen lästig wären, die Kleider. Und die Haut. Sie waren Gespenster und hatten sich mit dieser Haut kostümiert und spielten eine Zeitlang Mensch. Sie hingen an ihren Skeletten wie Vogelscheuchen an ihren Stangen. Vom Leben hingehängt zum Gespött ihres eigenen Gehirns und zur Qual ihrer Herzen. Und jeder Wind spielte mit ihnen. Der spielte mit ihnen. Sie hingen an einem Leben, hingehängt von einem Gott ohne Gesicht. Von einem Gott, der nicht gut und nicht böse war. Der nur war. Und nicht mehr. Und das war zuviel. Und das war zuwenig.

Vier saßen am Tisch und warteten auf den Zug. Sie konnten sich nicht erkennen. Nebel schwamm zwischen den weißen Gesichtern. Nebel aus Nachtdunst, Kaffeedampf und Zigarettenrauch. Der Kaffeedampf stank, und die Zigaretten rochen süß. Der Nachtdunst war aus Not, Parfüm und dem Atem alter Männer gemacht. Und von Mädchen, die noch wuchsen. Der Nachtdunst war kalt und naß. Wie Angstschweiß. Drei Männer saßen am Tisch. Und das Mädchen. Vier Menschen. Das Mädchen sah in die Tasse. Der eine Mann schrieb auf graues Papier. Er hatte sehr kurze Finger. Der andere las in einem Buch. Der dritte sah die andern an. Von einem zum andern. Er hatte ein fröhliches Gesicht. Das Mädchen sah in die Tasse.

Da bekam der mit den sehr kurzen Fingern seine fünfte Tasse Kaffee. Ekelhaft, dieser Kaffee, sagte er und sah ganz kurz auf. Der Kaffee ist undefinierbar. Ein tolles Getränk. Und dann schrieb er schon wieder. Aber plötzlich fiel ihm was ein, und er sah nochmal auf. Sie haben Ihren Kaffee ja kalt werden lassen, sagte er zu dem Mädchen.

Kalt schmeckt er erst recht nicht. Tolles Getränk. Wenn er heiß ist, dann geht's grad. Aber undefinierbar. Un – de – fi – nier – bar! Das macht nichts, sagte das Mädchen zu dem mit den sehr kurzen Fingern. Da hörte der ganz auf zu schreiben. So hatte sie das gesagt: Das macht nichts. Er sah sie an. Ich will da nur meine Tabletten nehmen, mit dem Kaffee, sagte sie verlegen und sah in die Tasse, das macht nichts, daß er kalt ist. Haben Sie Kopfschmerzen? fragte er sie. Nein, sagte sie wieder verlegen und sah in die Tasse. Sah so lange in die Tasse, bis der Kurzfingrige mit dem Bleistift zu trommeln anfing. Da sah sie ihn an. Ich muß mir das Leben nehmen. Und sie sagte das wie: Ich fahr mit dem Elf-Uhr-Zug. Ich muß mir das Leben nehmen, sagte sie. Und sah in die Tasse.

Da sahen die drei Männer sie an. Der mit dem Buch. Und der mit dem fröhlichen Gesicht. Herrlich, dachte der, eine Verrückte. Sie sind aber komisch, sagte der mit den sehr kurzen Fingern. Weil sie sich das Leben nehmen will? fragte der mit dem Buch und beugte sich interessiert über den Tisch. Nein, weil sie das einfach so sagt. Einfach so, wie man Abfahrt oder Bahnhof sagt, antwortete der andere. Wieso, sagte der mit dem Buch, sie sagt doch nur, was sie denkt. Das ist doch nicht komisch. Das ist doch sehr schön sogar. Ich find das sehr schön. Das Mädchen sah verlegen in die Tasse. Schön? empörte sich der mit den sehr kurzen Fingern und machte ein entrüstetes Fischmaul, schön, meinen Sie? Na, ich weiß nicht. Ich find das! Sehen Sie mich an. Wenn ich nun einfach so sagen wollte, was ich denke. Wie? Was? Ich sollte heut nacht hier fünftausend Brote kriegen. Zweihundert sind nur gekommen. Macht manko viertausend und achtmal einhundert. Und jetzt muß ich rechnen. Er machte sein Fischmaul und hob seinen Schreibblock hoch und warf ihn zurück auf den Tisch. Und wissen Sie, was ich jetzt denke? Das Mädchen sah in die Tasse. Der Fröhliche glotzte und grinste und schwieg. Und der mit dem Buch sagte: Na? Ich will es Ihnen sagen, mein Lieber, ich will es Ihnen sagen. Ich denke dabei, daß viertausendachthundert Familien morgen ihr Brot nicht bekommen. Morgen früh haben viertausendachthundert kein Brot. Morgen haben viertausendachthundert Kinder Hunger. Und die Väter. Und die Mütter natürlich. Aber die merken das nicht.

Das Mädchen sah in die Kaffeetasse. Sie ersäuft sich, dachte der mit dem Buch. Und dann fiel ihm ein, daß die Tasse zu klein war zum Sterben, und er sagte: Dieser Kaffee, kaum zu genießen. Da schlug der mit dem fröhlichen Gesicht mit der flachen Hand auf den Tisch, daß es patschte. Sie ist verrückt, sagte er, und sein Gesicht, das grinste ohne sein Wissen so fröhlich dabei, und er trank mit gierigen Schlucken den Kaffee. Sie ist verrückt, sagte er ganz aus der Puste vom Trinken, man müßte sie glattweg erschlagen, weil sie verrückt ist, sag ich. Na, hör'n Sie mal. Sie sind vielleicht ein Herzblatt! rief der Brothändler. Macht ein Gesicht wie Pfingsten und redet von Totschlagen. Vor Ihnen muß man sich hüten, glaub ich. Macht ein Gesicht wie Pfingsten und redet –. Da lächelt der mit dem Buch ziemlich eifrig. Keineswegs, sagt er, keineswegs. Das ist Dualismus, verstehen Sie? Typischer Dualismus. Wir alle haben ein Stück Jesus und Nero in uns, verstehen Sie. Wir alle. Er machte eine Grimasse, schob das Kinn und die Unterlippe vor, kniff die Augen ganz klein und blähte die Nasenlöcher dazu. Nero, sagte er erläuternd. Dann machte er ein sanftes, sentimentales Gesicht, strich sich das Haar glatt und machte hundetreue Augen, harmlos und etwas langweilig. Jesus, erklärte er dazu. Und: Sehn Sie, haben wir alle in uns. Typischer Dualismus. Hie Jesus – hie Nero. Und er versuchte nochmal blitzschnell die beiden Gesichter zu machen. Es mißlang. Vielleicht war der Kaffee so schlecht.

Wer ist Nero? sagte der Fröhliche mit dummem Gesicht. Oh, der Name spielt keine Rolle. Nero war einer wie Sie und ich auch. Nur, daß er nicht bestraft wurde für das, was er tat. Und das wußte er. So tat er eben alles, was ein Mensch tun kann. Wenn er Briefträger oder Tischler gewesen wäre, hätte man ihn aufgehängt. Aber er war zufällig Kaiser und tat das, was ihm einfiel. Alles, was Menschen so einfällt. Das ist der ganze Nero. Und Sie meinen, ich bin so ein Nero? fragte der Fröhliche. Fifty – fifty, mein Lieber. Sicher können Sie auch Jesus sein. Aber wenn Sie das Mädchen da erschlagen wollen, dann sind Sie Nero, mein Lieber.

Wie auf Kommando nahmen die drei Männer die Kaffeetassen und legten die Köpfe dabei in den Nacken und sahen an die Decke. Aber oben war nichts zu erkennen, und sie kehrten auf die Erde zurück. Und der Brothändler sagte zum siebzehntenmal und zum achtzehntenmal: Der Kaffee ist undefinierbar. Der Kaffee ist un – de – fi – nier – bar. Der mit dem Pfingstgesicht aber wischte sich die Lippen trocken und platzte heraus: Sie sind auch verrückt. Ihr seid alle verrückt. Was geht mich Nero an. Oder der andere. Nichts, sag ich Ihnen, nichts, sag ich. Ich komm ausm Krieg und will nach Hause. Siehste. Und zu Hause will ich mit meinen Eltern morgens auf dem Balkon sitzen und Kaffee trinken. Das hab ich mir den ganzen Krieg lang gewünscht. Morgens aufm Balkon sitzen und mit meinen Eltern

Kaffee trinken. Siehste. Und jetzt bin ich unterwegs. Und da kommt diese Verrückte und sagt einfach, sie will sich das Leben nehmen. Das hält doch kein Mensch aus, wenn man das einfach so sagt: Ich will mir das Leben nehmen.

Das sagte der Soldat. Und der Brothändler nahm seine Augen aus der Unergründlichkeit seines Kaffees hoch und machte eine Na-was-sag-ich-Gebärde und sagte dazu: Das ist ja meine Rede, sagte er, das ist doch dauernd meine Rede. Genau wie mit den Broten. Wenn ich das so einfach hinausposaunen wollte, wie? Morgen haben viertausendachthundert Kinder kein Brot, wie? Wie wird Ihnen denn dabei, wie? Wer soll denn das aushalten. Das hält doch heut keiner mehr aus, meine Herren. Und er sah den mit dem Buch an. Und der Fröhliche, der aus dem Krieg kam, der sah den auch an.

Da stand dieser auf. Mit dem kleinen Finger knipste er ein paar Krümel vom Tisch und sagte dazu: Sie sind mir zu materialistisch, sagte er betrübt. Sie kommen aus dem Krieg nach Hause, um auf dem Balkon Kaffee zu trinken. Und Sie handeln mit Brot. Sie rechnen mit Kindern und Broten. Mein Gott, wer garantiert mir, ob Sie das auseinanderhalten. Wer weiß, ob Sie nicht auch mit Munition rechnen. Gute Nacht.

Da rief ihm der Brothändler nach: Haben Sie schon mal Hunger gehabt, werter Herr? Ohne mein Brot könnten Sie Ihre Bücher gar nicht lesen, das will ich Ihnen nur stecken, ohne Brot nicht, werter Herr! Und er sah den Soldaten dabei an. Und der schoß nun auch noch auf den Buchmann und beugte sich vor, um zu sehn, wie er traf. Wie Nero, dachte der Buchbesitzer und starrte ihn an, ganz wie Nero. Und der Soldat-Nero fuhr ihn an: War'n Sie überhaupt im Krieg. Sie? War'n Sie denn schon mal im Krieg. Wenn Sie erst mal in Krieg kommen, dann wollen Sie nachher auch weiter nichts als aufm Balkon sitzen und Kaffee trinken. Weiter wollen Sie dann nichts, das sag ich Ihnen, mein Lieber.

Der Buchbesitzer sah die beiden an und klopfte sich mit seinem Buch betrübt auf die Lippen. Dann trank er im Stehen die Tasse leer. Und die andern zwei tranken auch. Undefinierbar, sagte der Brothändler und schüttelte sich. Wie das Leben, antwortete der Mann mit dem Buch und verbeugte sich freundlich zurück. Und sie lächelten höflich über ihren Streit rüber. Und jeder war ein Mann von Welt. Und der Buchmann war heimlich für sich der Sieger. Und darüber wollte er lächeln.

Aber da riß er den Mund auf zu einem furchtbaren Schrei. Aber er schrie ihn nicht. Der Schrei war so furchtbar, daß er ihn nicht fertigbrachte. Er blieb ganz tief in dem Buchmann stecken. Nur der Mund stand weit auf, weil ihm die Luft ausging. Der Buchbesitzer starrte auf den vierten Stuhl, wo das Mädchen gesessen hatte. Der Stuhl war leer. Das Mädchen war weg. Da sahen die drei Männer auf dem Tisch ein kleines Glasröhrchen. Es war leer. Und das Mädchen war weg. Und die Tasse, die Tasse war leer.

Ob sie Hunger hatte? fragte der Brotmann die andern dann endlich. Sie war verrückt, sagte der Soldat fröhlich, sie war verrückt, sag ich doch immer. Kommen Sie, sagte er zu dem mit dem Buch, setzen Sie sich wieder hin. Sie war bestimmt verrückt. Der Buchbesitzer setzte sich langsam und meinte: Vielleicht war sie einsam? Sie war sicher zu einsam? Einsam, schimpfte der Brothändler los, wieso denn einsam? Wir war'n doch hier.

Nachtdunst schwamm durch den Bahnhof, Nachtdunst aus Nebel und Not und Atem. Und der war dick wie der undefinierbare Kaffee. Und naßkalt. Wie Angstschweiß. Der mit dem Buch machte die Augen zu. Der Kaffee ist grauslich, hörte er den Brothändler sagen. Ja, ja, nickte er langsam, da haben Sie recht: Ganz grauslich. Grauslich hin, grauslich her, sagte der Soldat, wir haben doch nichts anderes. Hauptsache, er ist heiß.

Er ließ das Glasröhrchen über den Tisch rollen. Es fiel runter. Und war kaputt. (Und Gott? Er hörte das kleine häßliche Geräusch nicht. Ob ein Glasröhrchen zersprang – oder ein Herz: Gott hörte von all dem nichts.)

100/15.12.1947

Alfred P. Hora

Winterreise durch Deutschland 1947. Dreitausend Kilometer mit und ohne Zulassungskarte

Vor vielen Jahren war es einmal möglich, in vierzehn Tagen von der Maas zur Memel, von der Etsch bis zum Belt zu fahren und dabei, immer gut ausgeschlafen, immer rasiert, vom Aachener Dom über die Würzburger Residenz und den Dresdener Zwinger bis zur Danziger Marienkirche all das zu besichtigen, was zu besichtigen die Bildung vorschreibt. Heut muß man zufrieden sein, wenn man in vierzehn

Tagen von Chemnitz nach Koblenz und zurück kommt. Früher hieß es: Dreimal umgezogen gleich einmal abgebrannt. Heut darf man sagen: Einmal gereist gleich dreimal dem Tode entronnen.

Wer sich heut auf eine Reise begibt, zu der ihn niemand zwingt, hat es sich selbst zuzuschreiben, wenn ihm Ellenbogen in die Nase gebohrt, die Strümpfe ausgezogen und Flöhe in die Tasche gesteckt werden. Warum fahren immer noch so viele Leute in deutschen Landen umher? Der Berichterstatter hat, dem journalistischen Trieb, nicht der eigenen Not gehorchend, zwei Wochen lang die Achsen der Reichsbahn belastet, um das herauszubekommen, und er hat eingesehen: Sie reisen, weil sie reisen müssen! Ein Viertel muß aus beruflichen Gründen umherfahren, und drei Viertel müssen wegen des Hungers auf der Bahn sitzen. Reichsbahnleute haben sich in Essen die Menschen angesehen, die mit den Zügen aus Niedersachsen ankommen. Sie haben festgestellt, daß mit jedem Zug nicht nur etwa 2000 Fahrgäste ankommen, sondern mit ihnen auch jedesmal 800–1300 Sack Kartoffeln. Jeder Zug aus Niedersachsen brachte außer der Menschenfracht auch noch den Inhalt von drei Güterwagen mit. In jedem Zug saßen durchschnittlich 1000 Menschen, die nur Begleitpersonen für einen Sack Kartoffeln waren.

Es werden nicht nur Kartoffeln in Schnellzügen transportiert. Die »Hamsterer« nehmen auch gleich die kleinen Rollwägelchen mit, die sie brauchen, um die Kartoffeln vom Dorf zur Bahnstation zu bringen.

Mit Statistikeraugen gesehen, sieht das Reisen heut so aus: Dreimal soviel Reisende wie 1936 bei halb soviel Personenwagen. Allein in diesem Jahr – die Zahlen gelten für die Bizone – ist die Zahl der Fahrgäste von 90 auf 132 Millionen gestiegen. 1936: 32 000 Personenwagen – 1947: 15 000. Eine Personenwagenachse wird heut von sechsmal soviel Menschen belastet wie im Jahre 1936. Im vorigen Jahr hatte ein vierachsiger Schnellzugswagen auf 100 Kilometer zurückgelegter Strecke 152 Menschen zu befördern, in diesem Jahr mußte er schon 200 aufnehmen, und im nächsten Jahr wird er, da Verluste und Abnutzung des Wagenparks während des Krieges sich erst jetzt voll auszuwirken beginnen, noch mehr tragen müssen.

Von den Lokomotiven wären noch betrübendere Zahlen zu melden. Wer sich seine nächste Reise verkürzen will, zähle die zerschossenen, verrosteten Lokomotiven, die auf den Abstellgleisen Schlangen gespenstischer Kriegsdenkmäler bilden, und er wird keine Zahlen mehr verlangen. Was der Krieg an Lokomotiven übriggelassen hat, das macht seit zwei Jahren ununterbrochen Dienst. Das heißt, daß diese auch schon während des Krieges nicht mehr normal gepflegten Maschinen anfangen, den Dienst zu verweigern. Gegenwärtig findet ein erbittertes Rennen zwischen dem – schon nicht mehr schleichenden – Lokomotivsterben und den Reparaturwerkstätten statt, bei dem der Lok-Töter Verschleiß einen klaren Vorsprung hat. Und nach diesem »Engpaß« wird der nächste kommen: Schienen und Schwellen. Schienen haben ein durchschnittliches Lebensalter von fünfzig Jahren, Schwellen leben vierzig Jahre. Die Eisenbahnen der Bizone brauchen jährlich 250 000 Kubikmeter Holz für Schwellen und 28 000 Tonnen Stahl für Schienen. Erhalten haben sie in diesem Jahr von dem einen zehn, von dem anderen acht Prozent.

Daß die russische Zone mit ihren Eisenbahnen noch weit schlechter dran ist, hat sich herumgesprochen. Der Reisende in der Bizone hat wenigstens die Gewißheit, daß er immer noch höher geschätzt wird als irgendeine Ware. In der Ostzone aber hat der Güterzug den absoluten Vorrang vor jedem Personenzug. In der Ostzone kommen auf jeden Personenzug drei Güterzüge, und diese haben nicht nur die besten der noch vorhandenen Lokomotiven, sie haben auch das Vorfahrtsrecht.

Man kann heut auf dreierlei Art durch Deutschland fahren. Erstens ganz fein, mit Beleuchtung, Polstern und Schlafwagen und ohne Verspätungen, Gedränge und Flöhe: in den internationalen Zügen und den Zügen der Besatzungsmächte. Leuten, die angeblich exportieren, gelingt es, in solche Züge hineinzukommen. Übrigens machen in der Bizone die für die Besatzungsmächte laufenden Züge keine zehn Prozent des gesamten Personenverkehrs aus, und die Transitzüge, die wie blaue Träume am deutschen Normalreisenden vorbeischweben, bestehen aus Wagen des Landes, aus dem sie kommen. Außerdem bringen sie Deutschland Dollars. Den Neid kann dies allerdings kaum dämpfen.

Daß es in den deutschen Zügen keine Polsterklasse gibt, liegt nicht daran, daß die Besatzungssoldaten sich in sämtlichen Polsterwagen räkelten, sondern daran, daß die Polster verschwunden sind und vorläufig nicht ersetzt werden können. Und daß nur die Züge der Besatzungsmacht wunderbar beleuchtet einherrollen, liegt auch nur daran, daß die Besatzungssoldaten im allgemeinen keine Glühbirnen stehlen.

Man kann, zweitens, mittelfein reisen. Das sind die sogenannten Diensttriebwagen, die den Besitzern des »grünen Sonderausweises« zugänglich sind. Diesen Ausweis erhalten nur wichtige Leute: Minister,

Staatssekretäre und so weiter, abwärts bis zum – wie weit das abwärts geht, läßt sich so genau nicht feststellen. An den Diensttriebwagen erweist sich, daß Reisen bildend ist – wirtschaftlich bildend. Das Wiegen des mit 100 Kilometer dahinbrausenden Stromlinienzuges läßt familiäre Stimmung aufkommen, und die jungen Herren Referenten aus den Landesstellen plaudern ganz zwanglos mit den schönbestrumpften Damen aus der Exportindustrie. Man erfährt, welche Dienststelle demnächst wieder »Arbeitsschuhe« ausgibt, welches Ministerium zu Weihnachten Wein verteilen wird, welche Landesstelle Zementschecks locker macht, wenn man ihr Offenbacher Lederwaren (für den Dienstgebrauch) anzubieten hat, wo der Staatssekretär seine Winterkohle her hat und wie man die Zulassung eines Privatwagens volkswirtschaftlich einleuchtend motiviert.

Und damit sind wir, drittens, bei der sogenannten beleuchtungslosen oder auch zulassungspflichtigen Reiseart angelangt. Diese hat den Vorteil, jedem anständigen Menschen erlaubt zu sein. Dafür ist sie weder fein noch mittelfein, sondern, um einen Ausdruck des Kasinojargons zu gebrauchen: einfach tierisch. Seit diesem denkwürdigen Sommer der Fahrplankürzungen hat sich eine Umschichtung vollzogen. In allen Zonen sind es nicht sosehr die Schnellzüge, in denen es zugeht, als seien sie bestimmt, eine Fracht von Meuchelmördern zur Hölle zu fahren, sondern die Personenzüge. Die Zulassungskarte hat den Personenzug fernverkehrsfähig gemacht. Man kann fast jede Fernstrecke in Personenzugraten zurücklegen. Um nur ein Beispiel zu nennen: Von Frankfurt nach München kommt man über die Etappen Mainz, Stuttgart und Ulm, wozu man etwa dreißig Stunden braucht. Die Fernfahrer besetzen die Personenzüge schon am Ausgangsbahnhof, und die Arbeiter und Angestellten, die unterwegs zusteigen, müssen mit dem Trittbrett vorliebnehmen. Die Zahl der Arbeiter, die täglich 50 bis 80 Kilometer zur Arbeitsstätte zurückzulegen haben, ist gar nicht klein, und wenn sie diese Strecke auf dem Trittbrett machen, dann haben sie die Hälfte ihrer Arbeitskraft verbraucht, ehe sie am Arbeitsplatz sind.

Es gibt einen »Alpen-Nordsee-Expreß« und einen Interzonenzug. An dem einen ist »Expreß« eine Übertreibung, an dem andern das Interzonale. Der Zug München – Bremerhaven fährt, mit Friedensfahrzeiten verglichen, recht gemütlich, desgleichen sein Genosse München – Hamburg – Altona. Immerhin hat der Alpen-Nordsee-Expreß einen Speisewagen, in dem das Mitropa-Personal musterhaft höflich ist, selbst gegen jene Leute, die ihre triefenden Speckseiten auf das frische Tischtuch legen.

Der Interzonenzug Osnabrück – Berlin macht eigentlich nur kleinen Grenzverkehr, diesseits und jenseits der Grenze je ein kleines Stück. Es hätte beinahe vier Interzonenzüge gegeben: außer dem Zug Osnabrück – Berlin noch einen von Köln nach Leipzig über Helmstedt, einen zweiten von Hamburg nach Berlin über Ludwigslust und einen dritten von München nach Berlin über Propstzella. Die Bizone wollte alles stellen: Wagen, Lokomotiven, Personal und Kohlen. Die Ostzone lehnte nach langen Verhandlungen ab.

Der Interzonenzug ist die bequemste Möglichkeit, schwarz über die Grenze zu gehen. Die russischen Soldaten hauen im Akkord ihre Stempel auf die Pässe, ohne diese eines Blickes zu würdigen. Es soll Leute geben, die ein paßähnliches Papier hinhalten und wie jeder andere den Stempel bekommen. Man kann es noch einfacher machen. Wenn der Zug in Marienborn auf der russischen Seite einläuft, stürzen sich die Fahrgäste aus allen Öffnungen, die der Wagen hat, auf den Bahnsteig, um möglichst vorn in die Schlange vor dem Kontrollhäuschen zu kommen. Das tun sie einmal, um nicht drei Stunden im Nebel und Regen warten zu müssen, und dann deswegen, weil die Platzfledderer am Werk sind. Diese sind Leute, die keine Zulassungskarte bekommen haben und daher mit dem Personenzug bis Helmstedt, der britischen Grenzstation, gefahren, von hier nach Marienborn zu Fuß gegangen sind und dann die Paßkontrolle in aller Ruhe erledigt haben. Dieses Volk wartet nur, bis der leere Interzonenzug visitiert ist, um sich dann die bestgeheizten Plätze auszusuchen. Die später kommenden Besitzer von Zulassungskarten dürfen froh sein, wenn sie noch einen leidlichen Stehplatz bekommen. Wer nun die Paßkontrolle umgehen will, mischt sich unauffällig unter die zwanglos umherwimmelnden Fledderer und besteigt mit diesen den Zug, sobald das Signal dazu gegeben wird.

Der Bahnhof Zoo in Berlin war einst ein Weltbahnhof mit dem Aroma von Internationalität und Globetrottertum. Heut ist er ein Provinzbahnhof und könnte in Bielefeld oder Ulm stehen. Zwar ist er musterhaft sauber (die Münchener Bahnhofsgewaltigen sollten eine Studienreise dahin machen), aber die Züge, die er entläßt, sind bessere Vorortzüge, und ihr Fahrplan hat auf einem Stückchen Papier Platz. Dieser Fahrplan ist handgeschrieben, weil er sich ständig ändert und die Züge immer weniger werden. Zu der gleichen Zeit, da der

Berichterstatter seine Reise machte, war man gerade dabei, den Personenzugverkehr der Ostzone um 75 Prozent zu kürzen.

Man muß von besonderer Gemütsart sein, wenn man in der Ostzone reisen will. Ist man es nicht, dann wird man es zwangsläufig. Der Zug fährt an, und dann schleicht er, mal langsam, mal weniger langsam …

Man bekommt Vorstellungen von einem müden Bauerngaul, und allmählich hört man heraus, daß die Räder unablässig Nitschewo murmeln. Einmal wird man ja ankommen. Vorerst aber hat man Aufenthalte, hier zwanzig Minuten, dort vierzig Minuten. Inzwischen wird es dunkel. Und dann hält der Zug wieder einmal irgendwo im Regen. Und nach einer Stunde kommt ein Eisenbahner und ruft: »Alles aussteigen, Zug endet hier!«

Man verbringt eine Nacht im Wartesaal, zählt die Güterzüge, die vorüberrollen, und kratzt sich. Am nächsten Tag endet der Zug wieder einmal irgendwo, aber bis zum Abend schafft man es doch bis Halle. Man hat sogar Anschluß in Richtung Leipzig, aber 20 Kilometer hinter Halle bleibt der Zug stehen. Die Lokomotive ist ihm abhanden gekommen. Nach Aussagen des Schaffners hat sie sich »der Kommandant« ausgeliehen, weil er sie für eine Fahrt nach Halle brauchte. Die anderen Reisenden finden das nicht auffällig, und auf Befragen erklären sie im Nitschewo-Ton, daß so etwas von Zeit zu Zeit vorkomme. Hier wurde dem Berichterstatter klar, daß der Eiserne Vorhang ganz anders aussieht, als er sich ihn immer vorgestellt hatte.

Trotzdem sitzen die Leute der Ostzone Tag und Nacht, Nacht und Tag in Zügen und Wartesälen, in Regen und Schlamm vor den Bahnhöfen und warten, fahren, warten … Der Hunger zwingt sie in die Züge. Die »Chemnitzer Heringsfänger« sind sprichwörtlich geworden. Sie fahren mit Strümpfen auf die Bremer Heringsbörse und mit Wirkwaren zu den bayerischen Bauern, sie schlagen sich durch alle Kontrollen, Zugausfälle und Razzien – und das meist mit ganzen drei Paar Strümpfen oder zwei Wäschegarnituren.

Es gibt auch Großhändler. Diese benutzen den Interzonenzug oder fahren gar mit travel order im Alliiertenzug. Nach Aussage eines Eisenbahners ist mindestens die Hälfte aller Interzonen-Passagiere in »Geschäften« unterwegs. Er muß es wissen, denn er ist gar kein Eisenbahner, sondern selbst Großhändler, der sich, mit Hilfe bestochener Eisenbahner, in einen Schaffner mit Uniform, Lampe, Knipszange und allem, was dazugehört, verwandelt hat. Im Postwagen ist ein Versteck eingebaut, das den Inhalt eines Schrankkoffers faßt. Jede Woche einmal macht er eine Fahrt nach München, Frankfurt oder Hamburg. Im Zivilberuf ist er Dolmetscher und Inhaber eines Übersetzungs- und Schreibbüros. Seine Geschäftspartner im Westen sind ebenfalls Inhaber von Schreibbüros. Das wäre eine Erklärung dafür, wovon eigentlich die Inhaber der vielen Schreibbüros leben.

Solche Leute Schwarzhändler zu nennen, wäre falsch. Sie machen den interzonalen Güteraustausch, der auf amtlichem Weg nicht in Gang kommen will. Da sitzt einer und nennt die Berliner Geschäfte, in denen er wie jeder andere Käufer – mit Rabatt natürlich – seine Glühbirnen, Gummimäntel, Christbaumlichter, Radioröhren, Kleiderstoffe und sonst was kauft. Und er nennt auch die Firmen im Westen, von denen er ganz regulär die Dinge kauft, die man im Osten braucht. Im Wagen entsteht alsbald eine improvisierte Börse. Man nennt Firmen und Adressen, Preise und Reflektanten, man tauscht, gibt kleine Posten in Kommission – es ist idyllisch. Einer der Herren, gelernter Konditor, später zwölf Jahre Schupo und jetzt in der US-Zone Inhaber einer Lizenz für Kulturfilme, verrät, wie man zu erstklassigen Scheinwerfern und Jupiterlampen kommt: Man gehe auf einen Flugplatz, hole sich dort Aluminiumschrott und gehe damit zu einer bayerischen Fabrik (deren Anschrift eifrig notiert wird), die daraus die Scheinwerfer herstellt. Was man im Alltag 1947 braucht, erfährt man im Interzonenzug: Adressen von Ärzten, die gewisse Eingriffe vornehmen (weil sie mal bei der SS waren), die besten oberbayerischen Skistiefelmacher, Hersteller pornographischer Photos, die Namen russischer oder englischer Grenzposten, die man schmieren kann – und keiner ist im Wagen, der den Kopf schüttelt, alles bleibt sachlich und notiert…

Die Wartesäle sind die Schaufenster der deutschen Not. Wer in einem Wartesaal übernachten muß, tut gut daran, sich schon am Nachmittag einen Sitzplatz zu sichern. Gegen Mitternacht, wenn die letzten Züge ankommen, wird es gefährlich. In Osnabrück setzte sich der Berichterstatter gegen acht Uhr abends in eine gerade noch freie Ecke. Als er drei Stunden später aus dem Halbschlaf erwachte, in dem sich der deutsche Reisende heut durch Deutschland bewegt, war er eingesperrt: Soweit das Auge den riesigen Saal übersehen konnte, lagen, standen, hockten Menschen, dicht an dicht, die Stühle und Tische waren im Meer der grauen Leiber untergegangen, und zum Ausgang zu kommen, hätte bedeutet, über Leiber wandeln zu müssen.

Zuweilen grollte es irgendwo in der dösenden Herde auf. Dann hatte irgendwer einem andern den Schuh aufs Gesicht gelegt.

Die meisten Bahnhofswirte gehörten vor ein Tribunal für Nachkriegsverbrecher. Was sie im Vertrauen darauf, daß sie stets Kundschaft haben, an Speisen ausgeben, und was sie dafür an Marken fordern, ist strafwürdig. Es gibt auch Ausnahmen. In Augsburg beispielsweise besteht ein Bahnhofsrestaurant, dem man sich anvertrauen kann.

Über die Bunkerhotels kann man geteilter Meinung sein. Das Stuttgarter Bunkerhotel im Rathaus darf sich füglich ein Hotel nennen. Es ist nicht nur erstaunlich gut eingerichtet, es hat auch Personal, das sich in seinem Benehmen schon wieder nach der Zeit ausrichtet, da zehn Pfennig Trinkgeld wieder einer Verbeugung wert sein werden. Auch das Hotel im Nürnberger Rathausbunker ist rühmenswert: Man bekommt da eine Kabine, ohne die Chesterfield-Packung hinhalten zu müssen. Von Frankfurt und München ist auf dem Bunkersektor nicht ganz so Erfreuliches zu melden.

Eine Institution, die man mehr von der spaßhaften Seite nehmen muß, sind die Zimmernachweise der jeweiligen Verkehrsvereine. Ein Zimmer braucht man meist für die Nacht und immer dann, wenn sich am Abend nach der Ankunft herausstellt, daß man keinen Zug mehr für die Weiterfahrt hat. Die Zimmernachweise aber machen spätestens um 18 Uhr Feierabend. Nur in Düsseldorf traf der Berichterstatter auf einen Zimmernachweis, der, so unglaublich es klingt, bis 22 Uhr geöffnet war.

Und zum Schluß einen kleinen Salut für die Bahnhofsmissionen. Sie walten still, höflich und immer hilfsbereit ihres Amtes, mit geheizten Aufenthaltsräumen, Schlafplätzen, Decken und heißem Tee und verlangen dafür nur anständiges Benehmen nebst einer Spende für die Sammelbüchse. Auch hier hebt Konkurrenz den Standard, und wo Katholische und Evangelische Mission dicht nebeneinander wirken, da wird der Pilgrim aus der fernen weiten Welt um so gastlicher zur Ruhe gebettet. Weltkinder werden sagen: Sie machen es des Seelenfangs halber. Würden die Bahnhofsmissionen weniger gastfreundlich sein, dann würden die Weltkinder sagen: Seht, das ist ihre christliche Nächstenliebe! Die Fachverbände des Beherbergungsgewerbes würden nicht schlecht daran tun, ihren Mitgliedern zu empfehlen, bei einer christlichen Bahnhofsmission ein paar Wochen zu volontieren. Aber wahrscheinlich wird es so kommen: Die Frau Geheimrat wird die Schlafpritschen der christlichen Bahnhofsmission nur so lange reizend finden, bis die Empfangschefs der Hotels es wieder nötig haben, den Rücken zu krümmen. Dann wird sie finden, daß Bahnhofsmissionen nur für gefallene Dienstmädchen aus Pommern da sind. Und sie wird nicht mehr die Zeit haben, ein Zehnerl für die Sammelbüchse hervorzukramen.

Dreitausend Kilometer in vierzehn Tagen und das Fazit: Die Damen und Herren aus der Export- und Kompensationsbranche schweben in Schlafwagen durch die stillen Lande und trinken morgens im Speisewagen Nes-Kaffee. Die übrigen 99 Prozent des Volkes verbrauchen auf den Schienen Zeit und Kraft und Gesundheit, die sie viel lieber für eine vernünftige Arbeit verwenden würden.

102/03/22.12.1947

Arnold Weiß-Rüthel

Päckchen werden im Bad verteilt. Weihnachten im KZ

Ich habe fünf Weihnachten im KZ miterlebt; miterlitten zu sagen, wäre besser, aber da ich mir vorgenommen habe, die empfindlichen Ohren der nervösen Menschheit nicht mit »Greuelgeschichten« zu beleidigen, lasse ich es bei der schlichteren Wendung und erzähle etwas von dem ersten der fünf Weihnachtsfeste – auf Block 27 im Konzentrationslager Oranienburg-Sachsenhausen bei Berlin. Eigentlich gäbe es gar nicht viel zu erzählen – denn es geschah so gut wie gar nichts, der Tag unterschied sich in keiner Weise von allen anderen Tagen, nur daß er ein wenig kälter war als die Tage vorher und daß vorne auf dem Appellplatz ein großer Weihnachtsbaum mit elektrischen Lichtern stand. Da dieser Baum aber genau an derselben Stelle stand, an der sonst sich der Galgen erhob, gingen wir nicht gern hin, um ihn anzuschauen. Wir hatten also nicht viel von dem schönen Christbaum, den uns die Lagerleitung da in rührender Sorge um unser seelisches Wohlergehen auf den Appellplatz gepflanzt hatte. Daß die Baracke kalt war, konnte man auch wieder nicht als eine ausgerechnet für diesen Tag erfundene Schikane der Lagerleitung ansehen, denn sie war auch vorher nicht geheizt, aber da es keine Instanz gab, die unseren sehnlichsten Wunsch, wenigstens an diesem Tag ein wenig heizen zu dürfen, an die Lagerleitung weitergegeben hätte, mußten wir uns mit jener animalischen Wärme begnügen, die Mutter Natur, die Allgütige, in uns selber erzeugt und die uns mit jener einschläfernden Behaglichkeit beglückt, von der man sich einbildet, man müßte daran ersticken. Es erstickte keiner – das sei zu Ehren des Reichssicherheitshauptamtes ausdrücklich festgestellt. Schon an den Tagen vor dem eigentlichen Festtag wurde darüber debattiert, ob die Lagerleitung uns – trau schau wem – womöglich gar etwas Besonderes zukommen lassen würde – man sprach von einem »Christstollen«, ja ... irgendein gewitzter Bursche wollte gesehen haben, daß Berge von Christstollen aus der Bäckerei in das Lager geschafft worden seien, was sofort zu der Parole Anlaß gab, die Lagerleitung würde uns an diesem Tag, mit Tränen der Rührung in den Augen und einem Christstollen in jeder Hand, beweisen, daß sie sehr wohl wisse, wie erbärmlich ein Mensch daran ist, der in einer kalten Baracke sitzen muß und Sehnsucht hat!

Ich sah im Geiste schon den Kommandanten Loritz als Nikolaus verkleidet durch das Lager schreiten, von Baracke zu Baracke und in jeder einen Sack voll Lebkuchen, Nüssen und Zuckerwerk auf den Boden schüttend. Ich sah ferner im Geiste die Unterscharführer Schubert und Kayser mit Tannenzweigen in den Revolvertaschen vor weichgestimmten Häftlingen knien und sie um Entschuldigung bitten für die vielen Prügel und Genickschüsse, die sie im Laufe des Jahres verabreicht hatten, mit anderen Worten: ich glaubte nicht recht an den Christstollen, aber es ergriff mich doch tief, daß andere daran glaubten, denn daran sah ich, daß es zwar keine sehr gescheiten, aber zweifellos gute Menschen waren, denn ein böser glaubt überhaupt nicht an das Christkind, es sei denn, daß er sich von ihm Beistand in irgendeiner Sache erhofft, von der wir allerdings annehmen müssen, daß es keine gute Sache ist. Ich für meine Person erhoffte also nichts als höchstens einen Brief von zu Hause, den ich dann ja auch richtig erhielt. Aber was sollen alle diese Dinge, gemessen an der Tatsache, daß wir auch noch etwas ganz anderes erhielten, etwas, wovon wir uns in unseren finstersten Nächten nichts hätten träumen lassen! Und das ging folgendermaßen zu:

Etwa drei Wochen vor Weihnachten ging es wie ein Flügelrauschen durchs Lager, die Lagerleitung habe erlaubt, daß sich jeder Häftling ein Zwei-Pfund-Paket von zu Hause schicken lassen dürfe. Solange diese Meldung nur als Flügelrauschen existierte, war ihr nicht recht zu trauen, aber als die Blockältesten, von der Schreibstube kommend, in den Block traten und mit einer unglaublich gewichtigen Miene verkündeten, daß das Flügelrauschen keine akustische Täuschung gewesen sei, sondern volltönende Wirklichkeit, da waren wir fertig. Die Guten sagten: »Sehr ihr, die sind doch nicht so schlecht, sie haben doch ein Herz, ein klein wenig Herz, nicht viel, nur für zwei Pfund etwa, aber immerhin sie haben eines«, aber die Mißtrauischen sagten: »Das ist alles nur Mache, damit die da draußen glauben sollen, es ginge uns gut, damit sie weiter ihren verfluchten Führer anbeten, die Idioten«; einer sagte: »Ich habe eine solche Wut auf meine Frau, daß ich sie jedenfalls verprügeln werde, wenn ich wieder einmal heimkomme, weil sie mir geschrieben hat, sie würde sich beim Führer bedanken, weil er ihr erlaubte, mir ein Zwei-Pfund-Päckchen zu schicken. Ich habe meine Frau sehr gern«, sagte er, »aber ich werde ihr schreiben, daß ich das Päckchen zwar erhalten, aber an einen Kameraden verschenkt habe. Und wenn ich heimkomme, werde ich ihr auch sagen, warum ich es verschenkt habe – weil ich mir nichts schenken lasse, unter solchen Umständen und überhaupt – nein, mich soll der Teufel holen, wenn ich mein Päckchen nicht sofort hergebe.«

Nun, es gab andere, die waren anderer Ansicht, die meinten, es sei ihnen ganz egal, unter welchen Umständen sie zu einem Päckchen kämen, die Hauptsache sei das Päckchen, das heißt, der Inhalt des Päckchens, und jeder teilte mit, was er sich bestellt habe, welche Zigaretten und Kartoffelpuffer und Berliner Pfannkuchen und eine Tafel Schokolade und Bohnenkaffee und Zucker und alles eben!

Unbeschreibliche Aufregung herrschte, als die ersten Päckchen tatsächlich eintrafen – ein ganzer Lastwagen voller Päckchen, zierlich zurechtgemachte Päckchen mit von liebevollen Händen verknoteten Schnüren darum, manchmal mit einem bißchen Gold oder Silber dazwischen oder einem Tannenbruch. Sie kamen in das Bad, alle diese Päckchen, von wo aus sie verteilt werden sollten. Im Bad wurde immer alles verteilt, Prügel und Handtücher, Ohrfeigen und Ordnungsrufe, Häftlingskleider und eiskalte Duschen – und diesmal: Päckchen! – Zwei-Pfund-Päckchen von zu Hause!

10 000 Pakete – vielleicht waren es auch mehr – konnten unmöglich an einem Tag verteilt werden, deshalb wurden sie an verschiedenen Tagen und blockweise verteilt – aber verteilt wurden sie, und wer ein Paket bekommen hatte, der bekam es auch – denn wir waren in einem preußischen Konzentrationslager, wo alles nach der Ordnung

ging, das Totschießen und Durchhauen so gut wie das Verteilen von Päckchen. Also standen Abend für Abend immer ein paar hundert Männer vor dem Bad und harrten des ungewöhlichen Augenblicks, da wieder zehn in den Verteilungsraum treten und ihr Päckchen in Empfang nehmen durften. Sie hatten alle ganz merkwürdige Gesichter, diese Männer, diese Häftlinge in ihren grauen Zebraanzügen: sie standen da in Schnee und Eiswind, aber sie froren nicht, denn es war eine geheimnisvolle Wärme von fernher über sie gekommen. Sie sagten auch kein Wort, aber wenn sich die Tür des Bades öffnete und der Lichtschein von drinnen auf ihre Gesichter fiel, wie ein Strahl aus dem Himmel – dann sah man für einen Augenblick, solange dieses weihnachtliche Leuchten dauerte, auf allen Gesichtern etwas Heiliges, so etwa wie auf den Gesichtern der armen Hirten vor der Tür im Stall zu Bethlehem! Das war ein vom Quell einer verborgenen Hoffnung gespeistes Leuchten, das in diesem Fall, glaube ich, nicht einmal vor dem Kommandanten gewichen wäre, wenn er sich hätte sehen lassen. Aber er ließ sich nicht sehen. Im Inneren der Badebaracke wurden die Pakete von Scharführern ausgegeben: sie zupften ein bißchen an der Verpackung herum und hatten kein rechtes Verhältnis zu den goldenen und silbernen Bändern, dem Seidenpapier, das mit Sternen bedruckt war, und zu den Tannenzweigen, die zwischen den Schnüren steckten, sie brummten manchmal etwas Unverständliches und warfen die Pakete ein wenig herum, damit man sehen konnte, daß sie keine weichen und sentimentalen Menschen waren, aber sie kümmerten sich im Grunde wenig um den Inhalt der Pakete, obwohl es ihre Pflicht gewesen wäre, ihn genauestens zu untersuchen. »Mein Paket hat er überhaupt nicht geöffnet«, sagte da und dort ein Häftling, und es lag ein versöhnlicher Klang in dieser Bemerkung. Wer sein Päckchen hatte, zog ab und rannte damit auf den Block, wo er dann in irgendeinem Winkel mit vorsichtigen Fingern die Schnüre abnahm, mit bewunderungswürdiger Geduld die schwierigsten Knoten löste und schließlich einen Lebkuchen verlegen in der Hand hielt oder einen Nikolaus aus Schokolade. Manche taten recht geheimnisvoll und hatten es gar nicht gern, wenn andere ihnen dabei neiderfüllt zuschauten, sie wollten sich die Freude nicht durch solche Blicke verderben lassen – andere wieder krochen gleich in das Bett, um da im Dunkeln an den Zuckerplätzchen herumzuknabbern. Es wurde viel gekaut in diesen Nächten der Paketverteilung, die übrigens an die vierzehn Tage dauerte. Es war ein Nachteil dieser Päckchen, daß sie viel zu früh verteilt werden mußten und daß am Weihnachtsabend selbst so gut wie keiner mehr etwas hatte von den Schätzen, obwohl die allgemeine Tendenz die war, sich die Sachen aufzuheben bis zum Heiligen Abend, was aber keiner tat, bis auf einen allerdings, der das tatsächlich fertig brachte, nämlich jener, der versichert hatte, daß er sein Paket sofort weggeben werde, aus Protest und weil er sich nun einmal nichts schenken lassen wollte. Der saß an dem feierlichen Abend als einziger an dem Tisch und stopfte sich den Mund mit Schokoladekringeln und kaute heftig. Niemand erinnerte ihn an seinen Schwur, aber man sah deutlich, daß er geradezu darauf wartete und mit jedem neuen Bissen einen ängstlichen Blick tat – aber niemand sagte etwas. Man gönnte ihm sein Paket, und keiner nahm ihm seine Inkonsequenz übel. Im übrigen wirbelte die Geschichte mit den Päckchen viel Staub auf – viel goldenen Staub, möchte ich sagen, denn es zog damit Hoffnung in das Lager, und die Gesamtheit der Häftlinge spaltete sich wieder in mehrere Gruppen, solche, die daran glaubten, daß man uns von nun an besser behandeln würde, und solche, die davon überzeugt waren, daß das alles nur Mache sei – Taktik.

Die Debatte darüber begann gleich am Heiligen Abend, der natürlich gar nichts »Heiliges« hatte, außer dem Schnee, der draußen vor der Baracke lag, und der wahrlich nichts dafür konnte, daß er ausgerechnet in ein Konzentrationslager fallen mußte. Ein alter, sehr müder Häftling, der wohl ahnen mochte, daß dieser Heilige Abend der letzte seines Lebens sein würde, sprach viel und innig von der grundsätzlichen Güte, die jedem Menschen angeboren sei, auch einem SS-Mann, und daß wir das Schlimmste nun überstanden hätten. »Denn wenn sie uns schon Päckchen erlauben«, meinte er weise … »werden sie uns morgen auch nicht mehr prügeln.« Es wollte ihm nicht in den Kopf, daß eine fortschrittliche Menschheit das eine so gut kann wie das andere. Er war ein Romantiker der Schutzhaft, der in seinem gequälten Sklavenherzen eine stille Liebe für seine Peiniger herumtrug. Ich wußte nicht recht, ob ich ihn bedauern oder bewundern sollte! Auf alle Fälle hatte er für mich an diesem Abend etwas vom heiligen Nikolaus, deshalb schenkte ich ihm auch den letzten Apfel, den ich noch hatte. Merkwürdigerweise aß er ihn aber nicht. Wir fanden ihn, völlig verschrumpelt, in seinem Spind, etwa drei Wochen später, als der Alte von der Arbeit nicht mehr in den Block zurückkam. Er hatte die »Besserungen« im Lager nicht mehr erlebt – ein gütiger Gott hatte ihn davor bewahrt!

Drei Tage nach diesem Weihnachtsfest gab es übrigens noch einmal eine Bescherung: Da wurde über die Päckchen verfügt, die für die Juden bestimmt waren, die diese von ihren Angehörigen erhalten hatten. Sie wurden ihnen nicht ausgehändigt, sondern an die Kapos verteilt, die dann noch vier Wochen nach jenem Ereignis gelegentlich einen Schokoladenriegel aus der Tasche zogen, einen kleinen Zuckerstern, und ihn vergnüglich verspeisten.

102/03/22.12.1947

1948

23.2.–6.3. und 20.4.–2.6. Auf einer Konferenz in London beschließen die drei westalliierten Mächte, in Deutschland ein föderatives System aufzubauen.

25.2. Staatsstreich in der Tschechoslowakei: neue Regierung aus Kommunisten und linken Sozialdemokraten.

2.3. Ludwig Erhard in Frankfurt zum Direktor der Wirtschaftsverwaltung ernannt.

17.3. Brüsseler Vertrag über die Westeuropäische Union, der für fünfzig Jahre die Zusammenarbeit zwischen Großbritannien, Frankreich und den Benelux-Staaten regelt.

20.3. Ende des Alliierten Kontrollrats durch Ausscheiden des sowjetischen Vertreters, der gegen die Beschlüsse von London protestiert.

10.4. Todesurteile gegen 14 SS-Offiziere wegen Massenmordes an sowjetischen Juden in Nürnberg.

Mai/Juni Auseinandersetzungen und Entfremdung zwischen Stalin und Tito. Aufbau eines jugoslawischen National-Kommunismus.

20.6. Währungsreform in den Westzonen: Reichsmark werden gegen Deutsche Mark (DM) mit einem Kurs von zehn zu eins getauscht.

23.6. Währungsreform in der Sowjetzone.

24.6. (bis 12.5.49) Berliner Blockade. Abriegelung der Zufahrtswege nach Westberlin durch die sowjetischen Behörden. Versorgung der Bevölkerung über eine Luftbrücke.

3.7. In der SBZ wird die Kasernierte Volkspolizei, die Zelle einer neuen Armee, gegründet.

10.8. Erster Entwurf für ein Grundgesetz auf der Insel Herrenchiemsee/Oberbayern verabschiedet.

18.8. Zusammenschluß verschiedener Nachrichten-Agenturen zur dpa in Hamburg.

1.9. Tagung des Parlamentarischen Rats unter Vorsitz von Konrad Adenauer in Bonn zur Ausarbeitung einer vorläufigen Verfassung für die Westzonen.

30.9. Spaltung Berlins durch Bildung eines eigenen Magistrats für Ostberlin besiegelt.

30.11. Ernennung Friedrich Eberts (Sohn des Reichspräsidenten Ebert) zum Oberbürgermeister von Ostberlin.

5.12. Eröffnungsfeier der Freien Universität Berlin.

7.12. Wahl Ernst Reuters zum Oberbürgermeister von Westberlin.

10.12. In Paris verabschiedet die UNO die Allgemeine Erklärung der Menschenrechte, die – als Lehre aus dem Nürnberger Prozeß – eine überstaatliche strafrechtliche Verfolgung von Massenmord vorsieht.

Wolfdietrich Schnurre
Unterm Fallbeil der Freiheit

Furchtbar ist das mit mir. Immer hab ich das Gefühl, ich bin bloß auf Urlaub zu Hause. Wenn es klingelt oder das Telephon läutet, bekomme ich Herzklopfen. Dauernd hab ich Angst, es könnt einer kommen, der mir die Abfahrt befiehlt oder mich drankriegt, weil ich schon zu lange zu Haus bin. Neulich mußt ich nach München. Ich bin bald wahnsinnig geworden auf der Fahrt. Ich kann keinen Zug mehr sehn. Ich denk immer, ich wach auf und sitze im Fronturlauber Berlin–Lemberg. Diese Unrast macht mich kaputt. Ich zittere um jede Kleinigkeit. Ich bin unfähig, klare Entschlüsse zu fassen. Ich brauche Ewigkeiten, mich zu was aufzuraffen. Die um mich sind, nennen mich haltlos und willensschwach. Das stimmt; aber helfen tut es mir nicht.

Neuerdings zucke ich auch wieder vor Uniformen zusammen. Eine Weile war es weg. Aber jetzt ist es wieder da. Ich kann nichts tun dagegen. Ich bin machtlos gegen den Muschkoten in mir. Ja, er meldet sich wieder. Er hat ausgeschlafen, er war gar nicht tot. Ich merke es, wenn ich mich mit andern Menschen unterhalte; wie er da katzbuckelt und sich mit Wollust an die Wand drücken läßt, der Strolch. Ich hab' dauernd Minderwertigkeitskomplexe durch ihn. Ich bin zum Beispiel unfähig, im andern einen Gleichgestellten zu erkennen. Immer ist er irgendwo Besserwisser und Vorgesetzter: Korporal, Feldwebel, Offizier oder so was. Und der unsterbliche Muschkote in mir preßt vor ihm die Gesäßbacken zusammen und reißt die Hände an die Hosennaht.

Ich bin kein Psychiater. Aber ich will mich auch nicht aufgeben. Ich begehe infolgedessen das Dümmste, was man in so einem Fall nur tun kann: Ich versuche mehr aus mir zu machen, als ich bin. Ich blase mich auf. Hinterher dann könnt ich mich backpfeifen und sterb fast vor Scham. Auf der einen Seite. Auf der andern kapsle ich mich ab. Ich werde menschenscheu. Aus Feigheit. Statt nun aber, wie es logisch wäre, mich selber zu hassen, hasse ich die andern. Vor allem die »Kameraden«, die »Kumpels«, die ewigen »Du-Sager«.

Ich weiß, grade in ihnen sehe ich mich selbst. Außenhin sag ich: Ich will nicht an die Vergangenheit erinnert werden. Aber innen weiß ich: dieser hohlwangige Stoppelbart, dieser zotenselige Einbeinige, dieser schweißstinkende »Weißt-du-noch-Mann« – sie alle sind ja ich. Ihre Unsicherheit ist meine Unsicherheit. Ihre Verkommenheit ist meine Verkommenheit. Ihre Erlebnisse sind meine Erlebnisse. Ich gehör ja zu ihnen.

Aber ich will nicht mehr zu ihnen gehören. Ich will wieder »ich« und nicht dauernd »wir« denken müssen. Ich will ausbrechen dürfen aus der Herde. Ich hab sie satt, die Kameradschaft der Unseligen. Ebenso wie die andern, die auf Hochglanz Geputzten und Heilgebliebenen, vor deren Forschheit mein letzter Rest Selbstbewußtsein zur Farce gefriert.

Mein Gott, und wie hab' ich mich früher danach gesehnt, der Gnade echter Menschenliebe teilhaftig zu werden. Wie wollte ich im andern den Bruder und Nächsten erblicken. Und jetzt? Wie soll ich leben mit diesem chaotischen Haß, dieser fruchtlosen Strenge im Herzen? Ich verbreite nur Bedrückung um mich. Keiner Güte, keiner Freundlichkeit bin ich mehr fähig. Was ich anfasse, wird grau. Was ich sage, klingt schrill. Ich bin dauernd mit mir selber zerfallen.

Ja, wenn man ihn abwürgen könnte, den ewigen Landsknecht, den zählebigen Befehlsempfänger in einem. Aber das ist es ja. Er ist gefeit. Er hat hundert Gesichter. Eins demoliert man ihm, gleich grinst er aus einem Dutzend anderer. Er ist die Unsicherheit, er ist die Prahlsucht. Er ist die Verwahrlosung, er ist die Unsauberkeit. Er ist die Bosheit, er ist die Schwäche. Er ist die Niedertracht, er ist die Feigheit. Wankelmut, Willensschwäche; Grausamkeit, Lüge; Knechtsinn und Herrenallüren –: alles geht auf sein Konto. Ich weiß das, ja. Ich spür ja mein gutes Ich noch. Ich merke, wie es sich wehrt. Aber er saugt es leer, dieser Kasernenhofvampir; er hetzt mir's zu Tode. Immer häufiger werden die Tage, da es zu schwach ist, und nur er mich beherrscht. Dann ist nichts in mir als Chaos; als Chaos und Lieblosigkeit. Die paar Menschen, die mir noch geblieben sind, verscheuche ich dann. Ich quäle sie. Ich schreie sie an. Ich meine mich in ihnen. Doch sich selbst erreicht man nur durch Askese. Oder durch Selbstmord. Aber zur Askese fehlt mir die Zucht. Und zum Selbstmord der Mut.

Kürzlich, da glaubte ich, ich hätt es geschafft, ich wär ihm entkommen, dem Grauen. Ich ging seit Jahren wieder zu einem Mädchen. Wir liefen spazieren zuerst. Es war Wald um uns, mal eine Lichtung, ein Kahlschlag. Eichelhäher schrien. Eine Zeitlang ging alles gut. Es war beinahe die alte, törichte Verzauberung von früher. Aber dann hörte der Wald auf. Wiesen kamen; endlos fast. Da wurde er wach in mir, der Massengrabaspirant. Ich fing an zerstreut zu werden. Ich taxierte plötzlich die Gegend ab nach der Möglichkeit, sich vor Panzerangriffen zu schützen. Ich zählte die Bodenwellen. Ich registrierte Senken und Bachbetten. Aus war's mit dem schönen Wahn. Kein bedeutsames Wort mehr, keine verstohlene Zärtlichkeit. Nichts. Ich hatte Geländedienst. Die Liebe war tot. Vorher schon, ich weiß. Aber ich wollte es nicht wahrhaben. Ich glaubte noch immer, sie könnte mich heilen. Jetzt doppelt. Ich zwang mich zu ihr. Ich gab dem Muschkoten in mir einen Tritt. Ich heuchelte Lust. Aber er kam wieder. Er grinste. Er brachte mir Zoten in Erinnerung. Ich tat es trotzdem: Ich floh ins Begehren. Aber es wurde ein Sturz in den Ekel.

Seitdem bin ich meinen Mitmenschen unleidlicher denn je. Denn ich weiß, wer die Liebe nicht hat, hat auch das Leben nicht. Aber ich will es nicht wahrhaben. Ich betrüge mich selbst. Ich will nicht zugeben, daß ich verloren bin. Und wenn ich es in den Gesichtern der andern lese, schrei ich es nieder. Ich will belogen werden. Ich will, daß man mir sagt, ich bin gut. Ich weiß, ich würde es nicht glauben. Aber es hätte doch mal einer gesagt.

Ganz schlimm ist es in diesen Tagen geworden. Denn da kam noch das andre dazu, das viel Furchtbarere und Würgendere. Den Muschkoten in mir, den schaftstieligen Duckmäuser, ihn kann ich benennen. Aber das andere nicht. Es ist außer mir. Ungreifbar. Allgegenwärtig. Alldrohend. Es fängt an mit dem Schnee. Ich kann seit Stalingrad keinen Schnee mehr sehn. Ich kriege Zustände, wenn ich über einen freien, schneebedeckten Platz muß. Über diesen Plätzen hängt der Himmel genau so bleiern und leichenblaß wie über der russischen Steppe. Er trinkt einen auf, dieser Schneehimmel. Er lastet auf einem mit Zentnergewicht. Man darf nur den Blick heben, und schon ist man dem Sog dieser Geisterglocke verfallen. Ich hab keinen Hut. Niemand kann ich sagen, wie ich darunter leide. Was gäb ich um einen Schirm über den Augen, eine schützende Krempe, die mich dieser dauernden Bedrohung entzöge.

Und dann dieser Nebel, dieser furchtbare Nebel jetzt immer, der einem selbst zwischen Häusern das Gefühl der Geborgenheit nimmt. Nebel – das war draußen das Schlimmste für mich. Nicht wegen der Angst, plötzlich einem Russen gegenüberzustehn. Sicher, die hatte ich auch. Nein: aus Furcht vor der lähmenden Urmacht des Alls, die einen in der Ebene, im Nebel mit Polypenarmen hinaufsaugt. Die einen loslöst vom Festen und hochreißt ins graulastige Nichts. Aus Furcht, ja. Aus Furcht vor dieser gnadenlosen verschwimmenden Gorgofratze. Deren spöttische Augen die Sterne sind. Deren Stimme das Brüllen des Schneesturms im Drahtverhau, aber auch die grenzenlose Stille der horizontweiten Ebenen ist.

Gewiß, in der Stadt gibt es helle Fenster nachts, Laternen, die durch den Nebel leuchten und summende Autos. Aber was nützen die schon. Wen die große Verlorenheit draußen erst mal gepackt hat, den läßt sie auch zwischen Straßenschluchten nicht mehr. Ein einziger unvorsichtiger Blick aus dem Fenster, und sie steigt in die Stube; schweigend riesengroß, und schiebt die Wände ans Ende der Welt. Da hilft kein Buch in den Schneenächten jetzt, keine Schreibarbeit: der Alb der russischen Weite, diese lähmende Grenzenlosigkeit, hängt wie eine riesige, graubauchige Spinne über einem …

Ich weiß nun nicht mehr, wie ich es länger ertragen soll. Ich möchte so gerne leben und teilhaben an der Zuversicht, der Sorglosigkeit anderer. Ich bin kein Pessimist von Haus aus. Ich habe so gerne gelacht früher. Ich war so sehr gerne fröhlich. Und jetzt? Mein Gott, je krampfhafter ich mich an meine umdrohte Käfigexistenz klammere, desto mehr sterbe ich ab. Die Erinnerung höhlt mich aus. Die Furcht tyrannisiert mich. Ich bin paralysiert vom Entsetzen, hypnotisiert vom Grauen. – Ich kann nicht mehr.

1/9.1.1948

Walter Kolbenhoff

Laßt uns Zeit

Die Zeit rast wie mit Siebenmeilenstiefeln: Jetzt sind es zwei Jahre her, daß der Stacheldraht unwiderruflich hinter uns versank. Ein singender schwarzer Soldat fuhr uns zum Bahnhof der kleinen oberbayerischen Stadt, wir kletterten mit unseren Seesäcken vom Truck, und da standen wir in der schwarzen Uniform mit den ölfarbenen Buchstaben PW auf dem Rücken in der Freiheit. Wir waren wieder zu Hause. Deutschland wartete auf uns, man sagte es uns überall. Wir gingen durch seine Ruinen wie durch ein fremdes Land. Wir mußten uns erst an den Albdruck, der seine Bewohner zu ersticken drohte, gewöhnen. Das war vor zwei Jahren.

Vor kurzem schrieb mir jemand: »Bitte äußern Sie sich zu den Fragen: Warum gibt es keine junge Literatur in Deutschland? Was sind die Ursachen des Schweigens?« – Ich mußte beim Lesen dieser Fragen an meinen Freund G. denken, der ungefähr gleichzeitig mit mir aus der Gefangenschaft entlassen wurde. Dieser Junge war früher Schriftsetzerlehrling gewesen, er hatte sich mit eisernem Fleiß eine gewisse Bildung zusammengekämpft, schrieb beachtliche kleine Sachen, wurde im Jahre 1936 wegen Hochverrats eingesperrt und verbrachte ein paar Jahre hinter Gefängnismauern. Es folgten Jahre der Unsicherheit und der Unmöglichkeit, irgend etwas Geschriebenes zu veröffentlichen. Der Krieg kam, er wurde in die berühmte Division 999 gesteckt und nach Afrika verfrachtet. Dann lebte er ein paar Jahre in der Gefangenschaft hinter Stacheldraht und sitzt jetzt in einer dunklen kalten Bude im Norden Berlins und schreibt.

Die ungezählten Eindrücke seines abenteuerlichen Lebens drohen ihn zu zersprengen. Er sagt: Laßt mir Zeit! Jede Minute ist kostbar. Wartet, ich habe allerlei zu sagen –

Man fragt heute überall und bei jeder Gelegenheit: Wo bleibt die junge Literatur? – Ich gestatte mir die Gegenfrage: Wo bleibt denn die alte? – Warum sind denn die Leute so erstaunt, daß, ihrer Meinung nach, immer noch so wenig Entscheidendes von der jüngeren Seite her gesagt wird? Lassen Sie mich Ihnen die Lebensbedingungen eines anderen mit mir befreundeten Schriftstellers schildern. Er wohnt mit seiner Frau in einem winzigen Zimmer. In diesem Zimmer wird gekocht, gewaschen, geschlafen und gearbeitet. Hinter diesem Mann liegen zwölf Jahre illegaler Kampf, die Front und die Gefangenschaft, liegen Todesgefahr, Nervenanspannung, Schmutz, Blut, Läuse und quälende Einsamkeit. Das Zimmer, in dem er jetzt wohnt, ist kalt, und er hat nicht genug zu essen. Wer bringt den Mut auf, ihn zu fragen, wo die junge Literatur bleibt? – Keine Unruhe, liebe Frager, es wird alles kommen. Laßt uns nur Zeit! Vielleicht aber wird diese Literatur anders aussehen, als sie sich die Fragesteller vorstellen. Wir hören es jetzt schon: Wo bleibt die optimistische, die weltweise heitere Note in dem Veröffentlichten, warum seid ihr so bitter, geehrte junge Schriftsteller? – Beruhigen Sie sich: Wir haben dem Tod aus ganz naher Entfernung in die scheußliche Fratze gesehen, wir haben fünfzehn Jahre Hunger und Kampf hinter uns, dieses Leben hat uns nichts geschenkt, wir wissen so ungefähr, wie es aussieht. Wenn wir eines gelernt haben, dann ist es das: die Wahrheit sagen, die Wahrheit ohne Floskeln und ohne romantisches Ausweichen. Das, was wir Optimismus nennen, ist der Glaube an den Menschen. Woran es uns liegt, ist das Wiederbewußtwerden des menschlichen Herzens.

Ich beschrieb vorhin die Bedingungen, unter denen zwei Schriftsteller arbeiten. Vielleicht hilft die Schilderung ihrer Schicksale (es geht den meisten ebenso), die Frage nach dem Ausbleiben der neuen Literatur zu beantworten. Die Bedingungen, unter denen sie leben, sind allerdings keine genügende Erklärung für grelles Schlaglicht auf die Umstände, die in nicht geringen Ausmaßen mithelfen, die Geburt des Neuen zu erschweren. Zwei Jahre bin ich wieder zu Hause, ich bin mit einem nicht geringen Teil der jungen Schriftsteller zusammengekommen und weiß, was in ihnen vorgeht. Wer soll sie anders verstehen als der, der mit ihnen den Karabiner über die Landstraßen Europas schleppte, die Höllen von Sewastopol, von El Alamein und Monte Cassino kannte und an stillen Abenden, zermürbt und müde, durch den Stacheldrahtzaun der Gefangenenlager starrte? Laßt uns Zeit! Was sind zwei Jahre? Alles ist zertrümmert, weshalb sollen unsere Seelen nicht zertrümmert sein?

Im übrigen: Wer hat in diesen vergangenen zwei Jahren denn geschrieben, und bei wem hat das Erlebte dieser Zeit denn seinen stärksten Ausdruck gefunden? Lest die geschliffenen Artikel und Geschichten der »Alten«, es sind funkelnde Perlen, es sind die gekonnten Spitzenleistungen routinierter Literaten. Alle Achtung vor ihrem faszinierenden Können, trainiert und gepflegt in langen olympischen Jahren. Aber ich wage zu behaupten, daß der ehemalige Schriftsetzer aus Berlin in kurzer Zeit Dinge schreiben wird, die unser Herz heftiger ergreifen, unser Gewissen stärker packen werden, als die gleißenden Sätze der anderen. Vergeßt nicht: sie schlichen blutenden Herzens durch die Städte ihres eigenen Vaterlandes, sie krochen durch Schutt und Schlamm, sie fühlten den eisernen Stiefel im Nacken und zerbrachen nicht. Zeit zu literarischen Stilübungen hatten sie nicht – es galt in diesen Jahren des Grauens den Mut nicht zu verlieren und das Leben zu behaupten, sonst nichts. Jetzt sind sie frei und versuchen mit allem Ungestüm ihre berstenden Herzen zu befreien. Vielleicht werden ihre Sätze nicht so funkeln, und doch bin ich überzeugt davon, daß ihnen die Zukunft gehören wird. Sie sprechen die Sprache dieser Zeit, sie werden das ausdrücken, was in dem gemarterten, verirrten, sehnsuchtskranken Volke, dem sie angehören, bisher unausgesprochen geblieben ist.

Aber laßt ihnen Zeit! Wenn ihr immer und immer wieder fragt: Wo bleibt sie eigentlich, die neue Literatur, kann man nichts antworten als: Macht euch keine Sorgen, sie ist da. Sie ist ebenso da, wie die Millionen Menschen da sind in unserem Lande, die Trümmer, in denen sie leben, und der Wille, dieses Leben weiter zu tragen. Der Mensch unserer Zeit, von harten unerbittlichen Faustschlägen in die Knie gezwungen, geblendet und prostituiert, verarmt und einsam, hartherzig und hilflos, verlassen und trotz allem den Funken des Optimismus in sich tragend – die Dichter dieser Zeit leben mit ihm, und sie wollen seine Sprecher sein.

7/25.1.1948

Wolfgang Borchert
Generation am Anfang

Wir sind die Generation ohne Bindung und ohne Tiefe. Unsere Tiefe ist Abgrund. Wir sind die Generation ohne Glück, ohne Heimat und ohne Abschied. Unsere Sonne ist schmal, unsere Liebe grausam, und unsere Jugend ist ohne Jugend. Und wir sind die Generation ohne Grenze, ohne Hemmung und Behütung – ausgestoßen aus dem Laufgitter des Kindseins in eine Welt, welche die uns bereiten, die uns darum verachten.

Aber sie gaben uns keinen Gott mit, der unser Herz hätte halten können, wenn die Winde der Welt es umwirbelten. So sind wir die Generation ohne Gott, denn wir sind die Generation ohne Bindung, ohne Vergangenheit, ohne Anerkennung. Und die Winde der Welt, die unsere Füße und unsere Herzen zu Zigeunern auf ihren heißbrennenden und mannshoch verschneiten Straßen gemacht haben, machten uns zu einer Generation ohne Abschied.

Wir sind die Generation ohne Abschied. Wir können keinen Abschied leben, wir dürfen es nicht, denn unserem zigeunernden Herzen geschehen auf den Irrfahrten unserer Füße unendliche Abschiede. Oder soll sich unser Herz binden für eine Nacht, die doch einen Morgen zum Morgen hat? Ertrügen wir den Abschied? Und wollten wir die Abschiede leben wie ihr, die anders sind als wir und den Abschied auskosteten mit allen Sekunden, dann könnte es geschehen, daß unsere Tränen zu einer Flut ansteigen, der keine Dämme, und wenn sie von Urvätern gebaut wären, widerstehen.

Sagt uns nicht, unser Herz schwiege, unser Herz hätte keine Stimme, denn es spräche keine Bindung und keinen Abschied. Wollte unser Herz jeden Abschied, der uns geschieht, durchbluten, innig, trauernd tröstend, dann könnte es geschehen, denn unsere Abschiede sind eine Legion gegen die euren, daß der Schrei unserer empfindlichen Herzen so groß würde, daß ihr nachts in euren Betten sitzt und um einen Gott für uns bittet.

Wir stehlen uns fort wie die Diebe, undankbar dankbar, und nehmen die Liebe mit und lassen den Abschied da.

Wir sind voller Begegnungen, Begegnungen ohne Dauer und Abschied, wie die Sterne. Sie nähern sich, stehen Lichtsekunden nebeneinander, entfernen sich wieder: ohne Spur, ohne Bindung.

Wir begegnen uns unter der Kathedrale von Smolensk, wir sind ein Mann und eine Frau – und dann stehlen wir uns davon.

Wir begegnen uns in der Normandie und sind wie Eltern und Kind – und dann stehlen wir uns davon.

Wir begegnen uns eine Nacht am finnischen See und sind Verliebte – und dann stehlen wir uns davon.

Wir begegnen uns auf einem Gut in Westfalen und sind Genießende und Genesende – und dann stehlen wir uns davon.

Wir begegnen uns in einem Keller der Stadt und sind Hungernde, müde und bekommen für nichts einen satten Schlaf – und dann stehlen wir uns davon.

Wir begegnen uns auf der Welt und sind Mensch mit Mensch – und dann stehlen wir uns davon. Denn wir sind ohne Bindung, ohne Bleiben und ohne Abschied, weil wir Angst haben vor dem Schrei unserer Herzen.

Wir sind eine Generation ohne Heimkehr, denn wir haben nichts, zu dem wir heimkehren könnten, und wir haben keinen, bei dem unser Herz aufgehoben wäre – so sind wir eine Generation ohne Abschied geworden und ohne Heimkehr.

Aber wir sind eine Generation der Ankunft. Vielleicht sind wir eine Generation voller Ankunft auf einem neuen Stern, in einem neuen Leben. Voller Ankunft unter einer neuen Sonne, zu neuen Herzen. Vielleicht sind wir voller Ankunft zu einem neuen Lieben, zu einem neuen Lachen, zu einem neuen Gott.

Wir sind eine Generation ohne Abschied, aber wir wissen, daß alle Ankunft uns gehört.

30/15.4.1948

Elisabeth Langgässer
Herr Sisyphos in dieser Zeit

Es gilt jetzt, von Herrn Sisyphos zu reden. Herrn Sisyphos gibt es an allen Ecken und in allen Bezirken der Stadt. Die Stadt ist der Tartarus. Ihre Straßen werden von Kellerasseln, von Ratten, Hunden, Sperlingen, Katzen und den Sisyphiden bewohnt. Sie sind voller Geräusche: das Hupen der Autos, das Fahren der Stadtbahnzüge, das Heulen der Bremsen, der Pfiff der Lokomotiven, die Vielfalt der Seufzer, der falschen Schwüre, die Flüche und das wilde Gelächter, das von den Drehtüren kleiner Lokale in die schwarzen Straßen geschwemmt wird, nennen die Sisyphiden »Leben«. Vor allem aber nennt die Familie das Klopfen auf den Backsteinen so – den Takt, den das unermüdliche Hämmern der Sisyphidenfrauen straßauf und straßab hervorbringt, dieses optimistische, flache Geräusch einer stets wiederholten Bemühung, welche in langen, flimmernden Reihen die Backsteine übereinanderschichtet, aneinandersetzt und die Reihen nach dem idiotischen Bauplan einer verstiegenen Hoffnung auf bessere Gräberstätten um alle Ecken führt. Die Sisyphiden lieben nämlich die Steine, sie erwarten von ihren lieben Steinen eine schönere Zukunft und die Befreiung von ihrem harten Los. Sie sagen, je nach Temperament, daß dieses Los und ihr Schicksal von den Göttern verschuldet sei oder von einem mystischen Wesen, das sie »Schicksal« zu nennen pflegen und dem sie sich ebenso dumpf und gefühllos wie der Arbeit an ihren Steinen und dem Hin- und Hermahlen ihrer Nahrung, die aus Sägemehl und Aromen besteht, zu unterziehen pflegen. Könnten allerdings ihre Steine reden, so wäre es um die Ruhe der Stadt und vielleicht sogar um die Ruhe der Göttersöhne geschehen, die in verchromten, blitzenden Wagen den Tartarus durchqueren.

Die Göttersöhne, welche von Osten und Westen oder Nordwesten kamen, werden in dieser seltsamen Stadt fast ebensosehr wie die Steine geliebt oder mindestens angebetet. Weil die Göttersöhne aus Osten vorzüglich im Ostbezirk wohnen, die aus Westen und Südwesten nordwestlich und westlich, und die aus Norden sowohl im Norden wie gleichfalls in dem Nordwesten wohnen, pflegt Herr Sisyphos, der an der Ecke der Landsberger Allee und Petersburger Straße, Herr Sisyphos, der an der Kreuzung der Windscheid- und Kantstraße wohnt; Herr Sisyphos an dem Schnittpunkt von Bad- und Prinzenstraße und Herr Sisyphos da, wo die Laubacher Straße auf den Südwestkorso trifft:

pflegt also jeder der eben Genannten sich den Schutzgöttern seines Sektors irgendwie anzugleichen, indem er, telephonierend, »Hällo« und »Allo« ruft.

Den Verkehr zwischen Göttern und Sisyphiden regelt grundsätzlich das Büro. Es ist der Mittler zwischen den fernen Göttern und den zur Erde und ihren Steinen gebückten Sisyphiden; es nimmt durch seine Entrückung teil an der Natur der ersten, durch seine Allmacht, durch seine Kälte und Unveränderlichkeit – hingegen eignet ihm andererseits eine Art sisyphidischer Ohnmacht und ein ausgesprochener Mangel an Individualität. Dieser Mangel gibt dem fast göttlich entrückten Büro eine Teilhabe an der Natur der einzelnen Sisyphiden, die, um welchen Herrn Sisyphos es sich auch handelt, aus dem gleichen Stoff sind wie das Büro, den gleichen Aggregatzustand zeigen, der zwischen Festem und Flüssigem schwankt, und die gleiche elende Kohäsionskraft, wenn es gilt, sich mit sämtlichen Fliegenbeinen einer Verordnung anzusaugen, die Herrn Sisyphos I eine Registrierung für künstlerisch schaffende Drehorgelspieler, Herrn Sisyphos II eine Beinprothese, Herrn Sisyphos III eine Übersiedlung aus dem einen in den anderen Sektor und Herrn Sisyphos IV die Genehmigung zum Dichtmachen seines Hauses verschafft.

Nun aber ist es Zeit, daß der Dichter, dessen Lied die sisyphidischen Schatten in das geheimnisvoll schreckliche Schweigen des Tartarus begleitet, das Lied von der Stempeljagd singe. Sage keiner, daß dieses Lied von den Stempeln die Irrfahrten und das traurige Los des heiligen Dulders Odysseus an Unwahrscheinlichkeit übertreffe und also mehr in das Reich der Fabeln, Erfindungen oder Lügen gehöre als in die Wirklichkeit – ist doch der Tartarus selbst ein Ort, der nur mit den Mitteln der Dichtkunst beschrieben werden kann. Beginnen wir mit Herrn Sisyphos IV und seinem beschädigten Dach. Da Herr Sisyphos IV schon über zwei Jahre auf eine Festmachung seiner Räume durch das Städtische Baubüro und die Erlaubnis durch seine Sektorengötter, mit der Instandsetzung zu beginnen, vergeblich gewartet hat, beschließt er, ohne diese Erlaubnis, doch gewappnet mit Ausweisen aller Art, sich selbst an das Werk zu machen. Er betritt also wieder das Baubüro und stellt mit Vergnügen fest, daß dort nichts fehlt: es ist frisch tapeziert, die Decke getüncht, die Fenster sind verglast. Man fragt ihn, was er an Unterlagen habe. Ob das Haus durch Mutwillen oder durch Bomben beschädigt worden sei, ob es sein Eigentum oder gestohlen, ob er eingewiesen sei oder als Mieter in diesem Hause wohne? Wieviel Untermieter und wieviel Kinder? Von wieviel bis wieviel Jahren? Seit wann in dem Tartarus? Abmeldung, Anmeldung, auf welchem der Reviere? Nachdem Herr Sisyphos nachgewiesen, daß er lebe, daß er gemeldet sei, die Angestelltenkarte besitze, den Haushaltungsausweis, die Seifenkarte, den Kohlenbezugschein, seiner drei Kinder verbriefte Geburtsurkunden und den Totenschein seiner Schwiegermutter, die infolge des Dauerregens aus dem Zustand einer Lungenentzündung in den einer Ahnfrau ohne Bezugschein, wohnhaft im inneren Ring jener Stadt, übergegangen und also eigentlich keines Stempels außer des letzten bedürftig wäre – wird Herrn Sisyphos gnadenlos kurz eröffnet, daß weder die Voraussetzungen zu einer Sondererlaubnis, das Dach zu reparieren, noch Dachpappe, Ziegel, Teer und Zement dazu vorhanden seien. Aber ob nicht vielleicht Herr Sisyphos IV Schuhsohlen habe, Kernleder, Nägel, um etwa schwarz beschafften Zement, Dachpappe, Ziegel und Teer zu »kompensieren«. Ja oder nein?! Herr Sisyphos, derart aufgerufen, besinnt sich, daß Schwiegervater, der Gute, aus Kötzschenbroda in Sachsen stammt, wo die Nägel zu Hause sind.

Großväterchen also soll Nägel holen, damit das Baubüro Dachpappe hergibt, Ziegel, Teer und Zement. Dafür aber muß Großväterchen einen Fahrtausweis nach Kötzschenbroda haben. Es versteht sich von selbst, daß der alte Mann niemals zurückkehren wird; das heißt, nachdem er – den Rucksack voll Stullen, Klosettpapier, einem Leumundszeugnis und mehreren Schachteln Hustenbonbons – zwei Tage und ebensoviele Nächte vor dem Schalter gewartet und auch am Ende die Fahrkarte glücklich ergattert hat, trifft den Ahnungslosen der Schlag, und sein Hintermann tritt aus der Fahrkartenschlange und rückt um einen vor. Dieser Hintermann ist Herr Sisyphos I, der nun in das Blickfeld kommt.

Herr Sisyphos I (jener Drehorgelkünstler, der als politisch Belasteter an Stelle des Registrierscheins nur eine Fahrerlaubnis mit der Auflage, sich an dem Ort seiner Herkunft entnazifizieren zu lassen, bekommen hat, aber als Beinamputierter außerdem einen Bezugsschein auf eine Gelenkprothese) erleichtert den toten Schwiegervater um sein politisches Leumundszeugnis, gibt die Berechtigung, Leder und Nägel aus Kötzschenbroda zu holen, an den nächsten der fünfhundert Schlangesteher, der ihn beim Fleddern gedeckt hat, ab und nimmt dafür Kaugummi, Zigaretten und ein kleines Fläschchen Methylalkohol zum Hausgebrauch entgegen.

Dieser Hintermann ist Herr Sisyphos III, der nun seinerseits seine Reiseerlaubnis für spätere Verwendungen frei hat und aus der Reihe tritt.

Herr Sisyphos III, man wird sich erinnern, hat die Absicht, aus seinem eigenen Sektor in einen anderen überzusiedeln, und obwohl diese Übersiedelung von der Ecke der Bad- und Prinzenstraße nach einer Ecke der Mittelstraße mit der Straßenbahn leicht zu bewältigen und mithin Herr Sisyphos III einer Karte für die Reichsbahn wohl kaum bedürftig wäre, steht oder stand er vielmehr in der dreimal gewickelten Fahrkartenschlange durchaus nicht ohne Grund. Denn da Sisyphos' Braut in der Innenstadt wohnt, das heißt in dem russischen Sektor, erhält er selber am leichtesten Zuzug, wenn er nicht erst auf dem Umweg über den eigenen herkommt, sondern als Arbeiter aus der Zone, beispielsweise aus Kötzschenbroda, wohin der Großvater fahren sollte, um Leder und Nägel zu holen. Am sichersten also rollt Sisyphos III über Sachsen in die Mittelstraße, wo seine Braut wohnt. Dies zu begreifen, müßte man wissen, daß kein Zuzug möglich ist ohne Abzug, und wiederum kein Abzug ohne Zuzugsgenehmigung. Sitzt also Sisyphos III erst einmal in dem lieblichen Kötzschenbroda, das ihn aufnehmen muß, wenn er nachweist, daß er eigentlich als gelernter Flüchtling, der aus Heiligenbeil in Ostpreußen stammt, nicht in den Tartarus, sondern vielmehr nach Kötzschenbroda gehört, so wird die Abmeldung aus dem Städtchen der Ostzone nach dem russischen Sektor weit weniger schwierig sein. Herr Sisyphos III also, dem es gelang, nach achtundvierzigstündigem Warten mit Hilfe von Kaugummi, Zigaretten und einem Fläschchen Methylalkohol die Fahrkarte einzutauschen, findet bei seiner Rückkehr nach rund sieben Monaten die Verhältnisse nur ganz wenig verändert, die Schlange um eine Kleinigkeit an den Schalter herangeschoben, seine Braut dagegen vor ihrer Entbindung, die in dem Krankenhaus »Mütterfreude« vonstatten gehen wird. Ein Kind wird geboren, das, weil das Entbindungsheim »Mütterfreude« in dem amerikanischen Sektor liegt, die Mutter in dem russischen wohnt und der Vater noch nicht gemeldet ist, einem Porträt von Picasso gleicht, das in mehrere Felder eingeteilt wurde und ein Profilgesicht gegen Osten, ein En-face-Gesicht und ein Scheitelauge, das nach Westen gedreht ist, zeigt.

Verlassen wir dieses kleine Monstrum der Familie Sisyphos III, dessen Mutter, sobald sie aufstehen kann, in dem Kellerladen von Sisyphos II, einem Gemüsehändler, der bereits seit über zwei Jahren einer Beinprothese bedürftig ist, die Säuglingskarte glatt kompensiert, gegen die freie Reiseerlaubnis des Sisyphos I; der dem Sisyphos II sein eigenes Prothesenattest gegen Kartoffeln eintauscht und selber seine Kartoffeln wieder gegen die Säuglingskarte der Familie Sisyphos III.

Mit diesem frischen Prothesenattest humpelt Sisyphos II, der Gemüsehändler, zu dem Gesundheitsamt und ersucht, da es auf »rechtes Bein« lautet, er selber aber eine Prothese für das fehlende linke braucht, den Prothesenschein umzuschreiben. Jetzt kommt der ganze Schwindel heraus, und alles ruft: »Schiebung, Schiebung!« Herr Sisyphos II in seiner Verzweiflung hackt sich das rechte Bein ab, ohne mehr damit zu erreichen als einen Krankenschein; Herr Sisyphos I muß die Registrierung für künstlerisch schaffende Drehorgelmänner herausrücken, und Herr Sisyphos III fährt schleunigst mit seiner entbundenen Braut und dem Kind nach Kötzschenbroda zurück. Herr Sisyphos IV, dessen toter und ehrenwerter Schwiegerpapa auf diese mysteriöse Weise in die ärgerliche Geschichte der ausgetauschten Stempel und kompensierten Bescheinigungen verwickelt worden ist, fängt wieder von vorn an. Er steht in der Schlange, fällt tot auf die Erde, der Hintermann tritt sein Erbe an und kompensiert seinen eigenen Stempel und die Stempel, die er ergattert hat, mit den Stempeln der Witwe von Sisyphos IV, worauf er durch Witwe, Stempel und Schiebung zu einer, allerdings ganz kaputten und reparaturbedürftigen Wohnung ohne Dach, doch mit Schimmelpilz kommt.

So leben in dieser traurigen Stadt die armen Sisyphiden. Sie ballen immer wieder die Fäuste, wie Kinder, welche Schneeballen drehen, und umschließen mit ihren Fäusten doch weiter nichts als Papier. Dieses Papier ist der eigentliche und auf den Gipfel gewälzte Stein, den sie weiterbewegen, und der auf der Höhe ihrer Bemühung wieder hinunterrollt. Aber hätten sie diese Aufgabe nicht, diese immer wiederholte Bewegung, so wären sie längst schon darüber im Zweifel, ob sie eigentlich noch am Leben seien – oder am Ende schon tot ...

31/18.4.1948

Gerhard Szczesny
Überwindung der Kultur

Es gibt Leute, die ernsten Zweifel bekunden, wenn vom Fortschritt des Menschengeschlechts die Rede ist. Obgleich ihre Argumente des Scharfsinns nicht entbehren und ihre Melancholie nicht ohne Witz ist, bedarf es nur geringer Mühe, um ihren abgründigen Pessimismus der Oberflächlichkeit zu überführen. Hält man (was begreiflich wäre) weder das elektrische Klavier noch die Atombombe für einen Fortschritt, dann ist der allgemein menschliche Niveau-Unterschied zwischen einem Athener zur Zeit des Perikles und einem New Yorker zur Zeit Roosevelts möglicherweise nicht sehr bedeutend. Die diese beiden Großstädter trennenden zweieinhalb Jahrtausende sind jedoch noch nicht einmal der in gebräuchlichen Dezimalstellen ausdrückbare Bruchteil einer Weltsekunde, so daß es im Grunde wenig verwunderlich ist, wenn der Mensch sich nach diesem flüchtigen Zeitraum nicht sonderlich verändert zeigt. Will man entscheiden, ob es wirklich so etwas wie Entwicklung gibt, muß schon etwas weiter zurückgegriffen und ein zeitgenössischer Mitteleuropäer etwa neben seinen Vorfahren aus dem Neandertal gestellt werden. Auch bei aller zu fordernden Bescheidenheit wird man nunmehr feststellen können, daß es da doch gewisse zu unseren Gunsten sprechende Unterschiede gibt. Gleichzeitig aber dürfte es auch einleuchten, daß unsere Nachkommen äußerlich und innerlich mit uns nur noch sehr entfernte Ähnlichkeit haben werden.

Angesichts dieses handgreiflichen Tatbestandes ist es einigermaßen seltsam, daß eine bestimmte Kategorie von westlichen Intellektuellen nicht müde wird, den angeblich drohenden Untergang und Verfall der Menschheit zu beklagen. Mit oft sehr großspuriger Emphase wird die »Rückkehr zur Kultur« und die »Wiederherstellung des Menschen« gefordert, wie wenn ausgerechnet jene spezifische Kultur und jenes spezifische Menschentum, das das sogenannte christliche Abendland ausgeprägt hat, den schlechterdings nicht mehr überbietbaren Höhepunkt der menschlichen Entwicklung gebracht hätte und jede Abweichung davon nichts anderes als Barbarei, Degeneration und Häresie sein könne. Es wird immer erstaunlich bleiben, daß die zivilisierte Menschheit, zu der doch schließlich nicht nur europakulturtolle Ästheten gehören, diese snobistische Meinung bisher so gut wie unwidersprochen hingenommen und sich mit einem Urteil zufriedengegeben hat, das man höflich zumindest als Vorurteil bezeichnen muß. Es spricht alles dafür, daß der Erdenbürger des Jahres 15 000 den Erdenbürger des Jahres 1500 nicht gerade für den Gipfelpunkt der Vollkommenheit halten wird. Und es spricht nichts dagegen, daß die Menschheit auf ihrem dornenvollen Wege eines Jahrtausends nicht auch die Stufe der Kultur hinter sich lassen und in einen neuen Entwicklungsabschnitt eintreten muß, der durchaus als Fortschritt anzusprechen sein wird.

Für den, der sich jeder Sentimentalität enthält, deuten alle Anzeichen darauf hin, daß wir uns gerade jetzt in einem solchen prekären Übergangsjahrtausend zwischen zwei Menschheitsstadien befinden und offenbar dabei sind, aus der Ära der Kultur und Kulturen in die Ära der Weltzivilisation hinüberzuwechseln. Alle Re-Kultivierungsversuche sind also im höchsten Grade rückschrittlich und sinnlos, denn um unserer geschichtlichen Aufgabe gerecht zu werden, müssen wir die Entwicklung nicht rückgängig zu machen, sondern voranzutreiben, Kultur nicht zu retten, sondern zu überwinden trachten.

Kultur ist immer an einen bestimmten Raum, eine bestimmte Rasse, ein bestimmtes Klima gebunden; Kultur ist die unverwechselbare Ausprägung eines charakteristischen Typs von Bauten, Literaturen, Mythen, Sitten und Gesellschaftsordnungen; Kultur ist bewußt, beseelt gewordene Körperlichkeit, als eine Naturform gefesselter Geist. Kultur ist kein Gattungs-, sondern ein Artphänomen: die Menschheitskultur wäre keine Kultur mehr. Das Geistige, Allgemeinmenschliche, jeder Art und Rasse gleicherweise Begreifbare führt aus der biologischen Besonderheit und damit aus der Kultur heraus. Natürlich enthält jede Kultur auch bereits intellektuelle Elemente; nicht diese jedoch, sondern ihr eigentümliches Seelentum machen das Kulturvolle an einer Kultur aus. Es gibt deshalb nicht nur eine Kulturlosigkeit unterhalb, es gibt auch eine Kulturlosigkeit oberhalb der Kultur. Von Haus aus ist echte Wissenschaft immer kulturfremd, da sie sich nur mehr noch für »nackte« objektive Wahrheiten interessiert, nicht mehr für die subjektiven Formen, in denen diese Wahrheiten angetroffen und dargestellt werden. Der Philosoph, der sich in seine Zelle zurückzieht, ist Banause aus Überlegenheit; die Kultur läßt er hinter sich. Ohne Einsicht in diesen Zusammenhang läßt sich die neuere europäische Geistesgeschichte überhaupt nicht begreifen; wer die Werte der Kultur für einen absoluten Maßstab nimmt, muß Marx, Nietzsche, H. G. Wells für Narren und Verbrecher halten.

Zwischen dem Künstler, der als erster die Wände seiner Wohnhöhle verzierte, und jenem, der Karton und Leinwand bemalt, besteht kein so wesentlicher Unterschied. Beide – der eine am Beginn, der andere am Ende stehend – gehören sie einer Frühstufe der menschlichen Entwicklung an, die man Kultur zu nennen übereingekommen ist und in der der Mensch, wie man wiederholt und überzeugend nachgewiesen hat, weniger als homo sapiens denn als homo ludens auftritt. Das kulturphilosophische Generalthema des letzten Jahrhunderts ist gewiß nicht zufällig der offenbar gewordene Zwiespalt zwischen dem Ästhetischen und dem Moralischen, zwischen dem Künstlerischen und dem Gesellschaftlichen, zwischen dem Artistischen und dem Politischen. Es wäre naiv, die die Moderne kennzeichnende Politisierung einfach für die Folge der Überbevölkerung und der damit verbundenen sozialen Probleme zu halten. Der Versuch, nun auch Psychologie und Soziologie zu verwissenschaftlichen, die gesellschaftlichen Dinge nicht mehr emotional-artistisch, sondern rational-ethisch zu lösen, ist vielmehr deutliches Symptom eines das Innere des Menschen betreffenden Strukturwandels, der sich langsam, aber unaufhaltsam und vor unser aller Augen vollzieht. Auch eine Welt, in der es keine Arbeitslosigkeit und keinen Bolschewismus mehr gäbe, wird nicht mehr zum Lebensstil des sechzehnten oder siebzehnten oder achtzehnten Jahrhunderts zurückkehren oder zurückzukehren wünschen. Der sich intellektualisierende Mensch entfremdet sich notwendig der Kultur, und es ist anzunehmen, daß wir völlig kunstfremden Jahrtausenden entgegengehen, in denen man die Dinge weder ästhetisch beurteilen noch darstellen wird.

Wie – dies die schärfste Probe aufs Exempel – verhält es sich nun mit der gängigen Ansicht, daß der Mensch ohne Kultur nicht mehr »menschlich«, nicht mehr human leben könne? Sind Kultur und Humanität tatsächlich sich wechselseitig bedingende Begriffe? Auch dies ist ein Vorurteil, wie die sozialen und rechtlichen Zustände zur Zeit der Hochblüte aller bekannten Kulturen zeigen, ist Kultur, wenn nicht amoralisch, so doch moralisch indifferent. An dieser Feststellung ist nichts Befremdliches, denn, wie wir gesehen haben, gehört Kultur wesenhaft dem biologischen Bereich des Lebens an. Ihre Qualität ist also von der Ausbildung emotionaler, nicht ethischer Fähigkeiten abhängig. Wenn unsere Menschlichkeit bisher immer noch sehr unvollkommen war, so liegt das nicht an einem Zuwenig, sondern an einem Zuviel an Kultur. Der blinde und fanatische Eifer, die Kultur, die biologisch-seelische Besonderheit zu bewahren und dem Allgemein-Menschlichen überzuordnen, ist es, der die Humanität immer zu Fall bringt. Der Humanitätswert einer Kultur wächst mit ihrem Gehalt an Zivilisation, an »Kulturlosigkeit«.

Wenn im Menschen Animalisches, Seelisches und Geistiges neben- und übereinander angetroffen werden, dann ist Kultur zweifellos nicht Geistes-, sondern Seelenentfaltung, nicht schon Verwirklichung, sondern erst Ahnung des eigentlich Menschlichen. Das Reich der Freiheit und Gerechtigkeit öffnet sich erst auf der Ebene des Geistigen, der vernunftgemäßen Anschauung und Ordnung der Welt. Wie sich immer wieder zeigt, kann man in einer Welt, die – idealiter und realiter – immer noch nationalistisch und feudalistisch, das heißt kulturrechtlich, angelegt ist, kein Menschenrecht, keine echte Humanität begründen. Nichts ist bezeichnender, als daß gerade die Deutschen eine eigene Philosophie entwickelt haben, um die Kultur zu etwas Heilig-Erhabenem und die Zivilisation zu etwas Billig-Banalem zu machen. Der Nazismus war nicht Verneinung, er war Bestätigung ihrer Kultur, ihrer Verwurzelung im außergewöhnlich widergeistig Seelischen. Er hat den barbarischen Grundzug jeder Kultur bloßgelegt.

32/22.4.1948

Eugen Kogon
Der verbrecherische Idealismus

»Sie können sagen, was sie wollen: ich war kein Verbrecher, sondern ein Idealist.« So in Dutzenden von Briefen früherer SS-Angehöriger und abgewandelt, in Hunderten von Äußerungen ehemaliger Nationalsozialisten, die in Hitlers Bewegung »nur das Ideale« sahen und heute im doppelten Sinne des Wortes betroffen sind.

Karl Anders, der BBC Berichterstatter während des Nürnberger Hauptprozesses, hat ein Buch geschrieben, »Im Nürnberger Irrgarten«; es wird demnächst im Nest-Verlag erscheinen. Die 217 Seiten sind eine Fundgrube für unser Thema. Kaum einer der Angeklagten, der nicht »aus Pflichtbewußtsein«, »aus Liebe zum Vaterlande«, »aus Idealismus«, sogar wider bessere Überzeugung, gehandelt hätte. Adolf Hitler hat den besoffenen Berserker Ley seinen »größten Idealisten« genannt. Höß, der Lagerkommandant von Auschwitz, antwortete, als er im Gerichtssaal gefragt wurde, wie er es mit seinem Gewissen vereinbaren konnte, zwei Millionen wehrlose Menschen umzubringen: »Ich gehorchte dem Befehl des Führers und tat es aus Liebe zu Deutschland.« Im Oktober 1943 sagte Himmler zu seinen höheren SS-Führern: »Von euch werden die meisten wissen, was es heißt, wenn hundert Leichen beisammenliegen, wenn fünfhundert daliegen oder wenn tausend daliegen. Dies durchgehalten zu haben und dabei, abgesehen von Ausnahmen menschlicher Schwächen, anständig geblieben zu sein, das hat uns hart gemacht.« Fritzsche vertrat vor Gericht mit propagandistischem Geschick die These, »daß die Idealisten und die Verbrecher gemeinsam die Bewegung bildeten«. Karl Anders erklärt: »Wo Fritzsche aufhört, fängt das Problem erst an. Nicht nur ›Idealismus‹ und Verbrechen zu trennen, sondern das, was er ›Idealismus‹ nennt, gründlich zu untersuchen, tut not.«

Erörtern wir nicht, daß der Mensch, einem innersten Drang sowohl nach Selbstbehauptung wie nach Selbsttäuschung folgend, dazu neigt, stets hinterher die Beweggründe für seine Taten und seine Unterlassungen im versöhnlichen Lichte der Entschuldigung, ja der Rechtfertigung zu sehen. Die Wahrheit ist unerbittlich, und sie hat oft schmerzliche Folgen; daher weicht man ihr gerne aus. Omnis homo mendax, sagt die Heilige Schrift, durch und durch lügnerisch ist der Mensch, noch die Wahrheit benützt er dazu, sich und andere zu täuschen. Aber er hat auch die Befähigung zur Wahrheit.

Nun, da die »Entnazifizierung« als Formalprozeß so gut wie vorüber ist und bald keine Spruchkammer der Selbsterkenntnis mehr im Wege zu stehen braucht, mag es für manchen wieder möglich sein, Gedanken über den Zusammenhang zwischen Idealismus und Verbrechen mit etwas weniger Voreingenommenheit zu folgen.

Es ist leichter, unangenehme Dinge an anderen zu erläutern als an sich selber. Beginnen wir mit jemandem so Entfernten wie einer literarischen Figur, sie ist »bloß erfunden« und »eigentlich nicht wahr« (obgleich ihre Wirkung aus ihrer Wahrheit kommt, die unsere Wirklichkeit trifft). Dostojewski läßt in seinem Roman »Schuld und Sühne« Raskolnikoff einen Mord begehen: Der mit allen Fasern auf Weltverbesserung Bedachte kommt zu dem Schluß, daß die alte Frau, die er mit einem Beil erschlagen wird, für die menschliche Gesellschaft ohne Wert sei, man müsse Platz für Talente und gesunde Kräfte schaffen.

Der Leser verzeihe, daß ich eine Gestalt von solcher Aktualität herausgegriffen habe; es geschah nicht mit der Absicht, auf Hitlers

»Euthanasie«-Befehl und die Massenmorde deutscher Ärzte in Heil- und Pflegeanstalten unseres Landes hinzuweisen.

Begeben wir uns also lieber, um Klarheit zu schaffen, zurück in lange vergangene Zeiten. Der spanische Großinquisitor Torquemada war ein fanatischer Idealist. Jede menschliche Seele ist nach der Lehre seines Ordensgenossen, des Kirchenlehrers Thomas von Aquin, ein »aliquid a deo«, ein Etwas von Gott, das für die Heimkehr zu Gott bestimmt ist. Nichts Schlimmeres, als dieses Ziel zu verfehlen. Warum sollen nicht alle die radikal ausgeschaltet werden, die es ernstlich gefährden? Hätte er selbst mit häretischen Lehren die Gefahrenzone des geistlichen Gerichtes überschritten, er wäre bereit gewesen, in eigener Person den vom »weltlichen Arm« errichteten Scheiterhaufen zu besteigen – aus Liebe zum Seelenheil der Menschen und aus Verlangen, ihr wahres, ihr ewiges Glück zu fördern. Er hielt daher die zahlreichen Ketzerverbrennungen, die auf sein Urteil hin ausgeführt wurden, nicht etwa bloß nicht für Verletzungen des Geistes und des Gebotes Jesu Christi, sondern sogar für ihre Erfüllung.

Die meisten ehemaligen Anhänger »nordischer Weltanschauung«, die an den Taten des Herrn Himmler als des »Kommissars zur Festigung des deutschen Volkstums« mitgewirkt oder sie gebilligt haben, werden nicht zögern, ein spanisches Inquisitionsgericht von damals gleichwohl als eine Bande von verbrecherischen Dunkelmännern zu bezeichnen.

Bleiben wir, da wir jedesmal so rasch in die Gegenwart gelangen, bei ihr. Kann die Liquidationspraxis des modernen radikalen Klassenkampfes, von der man nicht weiß, ob sie grausiger ist, wenn sie blutig geschieht, oder wenn sie unblutig über längere Zeiträume hin Hunderttausenden Stück für Stück, unter beständiger Androhung plötzlicher Vernichtung, das Dasein abwürgt, nicht von Idealisten befohlen, ausgeführt und als zwingende Notwendigkeit hingestellt werden? Die führenden Bolschewisten sind von der Gerechtigkeit ihrer Sache im allgemeinen nicht weniger überzeugt, als es in den amerikanischen Südstaaten die Plantagenbesitzer waren, denen die Sklaverei als eine heilige Einrichtung galt und »Onkel Toms Hütte« als ein gottloses Buch, dessen Exemplare sie, falls sie ihrer habhaft wurden, öffentlich verbrannten, während die Treibjagdgewehre lustig hinter geflüchteten Negern herknallten und Gelynchte als Wahrzeichen des »rassischen Idealismus« in der Luft baumelten.

Sehr wohl kann man verbrecherischer Idealist sein. Die Weltgeschichte in Vergangenheit und Gegenwart ist voll davon.

Es ist nicht alles ein Ideal, was so genannt wird. Manches Ideal, Teil eines Ganzen, wird zur Barbarei, wenn es aus dem Gesamtzusammenhang der menschlichen Werte gerissen, isoliert, übersteigert, rücksichtslos angestrebt wird. Außerdem gehen die Meinungen auseinander. Schließlich ist es doch sogar so, daß der Mensch für seine Interessen selbst die Wahrheit zu mißbrauchen pflegt (und, je idealgesinnter er ist, es meistens nicht einmal merkt). Gegen diese Gefahr wendet die moderne Wissenssoziologie ihren »Ideologieverdacht« an, immerhin ein gewisser Ersatz für das selbstkritische Gewissen, das sich an festen sittlichen Normen orientiert.

Solche Hinweise werden freilich die wenigsten daran hindern, unter dem Ansturm oft unerkannter Triebe und Interessen allem möglichen Wahn zu verfallen.

Gibt es also überhaupt keine Sicherung?

Die Führerin der Demokratie, das vernünftige Argument, hat leider keine sehr große Anhängerschaft mehr. Das im 17., 18. und 19. Jahrhundert proklamierte »Zeitalter der Vernunft« hat mit einem Labyrinth von Relativitäten und Gangverschüttungen geendet. Während die Vorhut der Wissenschaft es bereits wieder hinter sich gelassen und einen Ausweg gefunden hat, wo sie so vertrauten Gestalten wie Freiheit, Entscheidung, Norm und Tugend begegnete, irren Millionen in den Trümmern der überwundenen Systeme herum, rennen andere Millionen in den Laufhallen neuer Systeme gleicher Art verführerischen Blendlichtern von großer Strahlkraft nach, gehetzt vom nackten Bedarf und von tausend Masken der Angst. Wie sollen sie die wahren Zweckmäßigkeiten erkennen? Der Schrei, daß der totale Kampf aller gegen alle zum Untergang führen muß, jagt nur eben durch das Bewußtsein, er weckt aber nicht den Willen zu Besinnung und Abkehr, zudem der Verstand so vieler führender Geister selbst sich zum Antreiber des Unheils gemacht hat, indem er sehr realen, sehr konkreten Wahninteressen ungeheuerliche technische Vorspanndienste leistet, statt den tödlichen Zauber samt seinen wechselnden Gloriolen aus bluttriefenden »Idealen« zu zerstören.

Der Zustand der Mehrheit des deutschen Volkes ist besonders tragisch. Nach der Himmel-Höllen-Fahrt, die hinter uns liegt, hat es sein seelisches Gleichgewicht verloren; vielen ist das maßgebende Koordinatensystem innerer Werte zerbrochen. Sie kennen sich nicht mehr aus. Die gescheiterte Vergangenheit wird im Bewußtsein verdrängt, obgleich sie uns in Wirklichkeit wie eine Sperrmauer umgibt.

Inmitten eines wirtschaftlichen und politischen Wirrwarrs, der seit 1915, so eng die Verbindung von gräßlichen Ursachen zu gräßlichen Folgen lange noch verbleiben mag, nicht mehr allein auf Adolf Hitler und den Nationalsozialismus zurückgeführt werden kann, sehnen sich viele, verärgert oder verzweifelt, doch nach Aktivität und Erfolg, ohne daß ihnen ein Weg sichtbar wäre. Daher die Kreuz- und Querargumente und die Verworrenheit der Gefühle. Morgen schon, die Machtkonstellation braucht sich bloß ein wenig zu verschieben, kann ein von Ressentiments nur so berstender »Idealismus«, der doch nach Leben, Freiheit und Zukunft verlangt, der Verlockung falscher Angebote erliegen, neuer Gewalt sich zur Verfügung stellen und den Versuch unternehmen, die Sperrmauer von dreißig Millionen Toten, die der verbrecherische Idealismus von gestern gekostet hat, abermals Hekatomben Opfer fordernd, zu überspringen. Die Vergangenheit muß aber, und das ist die Aufgabe des wahren Idealisten, der sein Volk und die Sache der Menschlichkeit liebt, sauber verarbeitet, die Mauer muß abgetragen werden. Das ist nicht möglich ohne den Entschluß zu seelischer Gesundung, zu Würde und zu Geduld.

Wir wenden uns an den einzelnen. Das deutsche Volk besteht aus den einzelnen einer gleichartigen Gemeinschaft, wenn sie nur wollen. »Die Krankheit ging von Deutschland aus«, schreibt Karl Anders in jenem Buch, »könnte nicht auch der moralische Gesundungsprozeß hier besondere Fortschritte machen?«

*

Mag also die Vernunft diskreditiert sein, der praktische Verstand wird, bis sie sich unter anderen, besseren Verhältnissen erholt hat, immer noch aus einer schrecklichen Erfahrung einen zureichenden Rest richtiger Schlüsse ziehen können, die uns die Unterscheidung zwischen Idealismus und »Idealismus« ermöglichen. Und in fast allen von uns lebt wenigstens noch so viel ungebrochenes sittliches Empfinden, daß wir das Menschliche im anderen zu spüren vermögen, der uns ansieht, vertrauend oder ängstlich, uns die Hand entgegenstreckt, abwehrend oder flehend, vor uns dasteht, unterwürfig oder aufbegehrend. Erfahrung und sittliches Empfinden werden uns in jeder Situation, im Kleinen wie im Großen, leiten, wenn schon die Argumente versagen oder gar zu verführen drohen. Selbst vor Gegnern und in harten Konflikten sind jene ein fester Halt.

Auf dem Boden gemeinsamer Menschlichkeit, der eine ungeheure Kraft innewohnt, sogar dem Unmenschlichen gegenüber, findet der Geist zur wahren Ordnung des Seins zurück, in die wiedereingefügt jeder auch seinen berechtigten Vorteil findet. Aus ihr erwächst die Achtung vor dem Rechte des anderen, vor seinem Recht auf Leben, Freiheit, Fortkommen und Sicherheit. Noch in den heftigsten Auseinandersetzungen um Interessen und in unvermeidlichen Kämpfen darf sie uns nicht verlorengehen.

Menschlichkeit ist der Maßstab. Was ihr widerspricht, kann niemals Ideal sein, ist immer und unter allen Umständen falsch. Da sie für sämtliche Völker, Zeiten, Kulturen und Verhältnisse gilt, ist jedes Einzelideal an ihr zu messen. Ist es echt, so kann es ihr nicht widerstreiten. Lebensraum? Gewiß, man wird nur die Form zu finden und also seinen Geist und alle seine friedlichen Fähigkeiten anzustrengen haben; es gibt ein Dutzend andere erfolgreiche Wege als bloß den einen verheerenden territorialer Ausbreitung mit Waffengewalt.

Was die Menschlichkeit als Maßstab vernebelt oder verbiegt oder aufhebt, wo und wann immer es geschehen mag, ist verbrecherisch. Der erfahrene sittliche Mensch hat einen wahren Instinkt gegen diese Gefahr, mit sicherem Gefühl weiß er, bei welcher Partei, bei welcher Presse, in welchem Organ der Öffentlichkeit, mit welchem Akt der Regierung oder der Verwaltung es beginnt. Er wird ihnen widerstehen, von Anfang an, wird gegen sie in Tätigkeit treten, ob von außen her oder innerhalb, und wird, wenn das Verhängnis weitergreift, standhalten, mag kommen, was da will, er wird nicht allein sein, und die Kraft vieler kann es aufhalten oder zumindest die Folgen für die Kinder verhüten.

Alle Verbrechen beginnen mit Kleinigkeiten. Der Kulturmensch entwickelt dagegen ein System von Hemmungen. Nur wer sie spürt, hat Kultur. Wer sie außer acht läßt oder beiseite schiebt, ist ein Barbar. Kein Aufwand noch so idealer Kräfte kann ihn vor dem Urteil, es zu sein, in den Augen derer, die unbestechlich bleiben, retten.

Viele meinen, diese Kräfte machten den Idealismus aus. Sie gehen »mit Begeisterung« an eine Sache heran, mit »Schwung«, ja mit Ungestüm, sie sind beharrlich, sie halten »bis zum letzten« aus, sie nehmen die schwersten Opfer auf sich. Am Ende, wenn sich herausstellt, daß sie für eine schlechte Sache gekämpft haben, sind sie enttäuscht. Wären sie es nur ganz! Denn es ist eine Täuschung, zu glauben, ein Ziel werde gerechtfertigt, weil unsere Beweggründe ideal sind, mehr oder weniger ideal (meist weniger ideal als wir wissen oder uns eingestehen).

Genau so wenig rechtfertigt bekanntlich ein idealer Zweck sonst verwerfliche Mittel. Wie einwandfreie Mittel ein schlechtes Ziel nicht gut machen, sondern, wenn wir bei ihnen verharren, die Schlechtigkeit des Zieles enthüllen, weil sie auf Dauer gar nicht zu ihm passen, so daß wir wach werden, stehen bleiben und uns abwenden, so wird eine gute Sache durch schlechte Mittel verdorben: am Ziel, falls er es erreicht, stellt der verbrecherische »Idealist« fest, daß sich die verletzte Menschlichkeit gerächt hat, indem sie ihm entweder den wahren oder den nachhaltigen Besitz selbst der korrumpierten Sache verweigert. Raskolnikoff hat durch den Mord für kein Talent Platz geschaffen, sondern nur sein eigenes zerstört; Torquemadas Taten sind ein seelenmörderisches Hindernis für die Glaubensbereitschaft von Millionen in Jahrhunderten geworden, der blut- und tränenbefleckte Harmonieglaube aller Unterdrücker erzeugt immer neues, immer noch größeres Unheil. In Wirklichkeit Idealisten sind wir nur dann, wenn wir in unseren Zielen und in unseren Mitteln gleich echt, gleich ehrlich, gleich gut sind. Das heißt nicht, schwächlich oder konfliktfrei sein, aber es heißt in jedem Fall: menschlich sein.

*

Den allermeisten ist heute klar, daß der Nationalsozialismus unmenschlich war. Aber damals! Sie waren eben »Idealisten« und haben nichts gewußt. Nachher waren sie in das Verhängnis verstrickt, da war es zu spät.

Erstens ist es nie zu spät, auf einem verbrecherischen Wege, sobald man nur zur Einsicht kommt, haltzumachen. Die Folgen sind freilich in der Regel um so bitterer, je später man haltmacht. Zweitens aber: Seit wann ist Idealismus gleichbedeutend mit Unerfahrenheit, Unaufgeklärtheit, ja mit Dummheit? Die beiden ersten Entschuldigungen haben nur Jugendliche für sich, wenn sie in den Dingen des Menschseins keine zureichende Erziehung erhalten haben, die letzte bloß Narren und Schwachsinnige. Idealgesinnt sein macht doch nicht wertblind, sofern man eben menschlich ist. Man darf sich nur von vornherein auf nichts einlassen, was, am Maßstab der Menschlichkeit gemessen, verwerflich ist – auf keine Art von Fanatismus, von herrschsüchtiger Unduldsamkeit, von Unterdrückung der Rechte anderer, von totalitärem Wahnsinn. Dann entsteht auch nicht der Wahnsinn jener Bewußtseinsspaltung, in der das Menschliche, damit man mit allen Wunschzielen, Interessen, Kompromissen, schließlich Gemeinheiten und ganz am Ende (oder auch gleich zu Anfang) Verbrechen zurechtkäme, in das sogenannte »rein Menschliche« und in das »Dienstliche« geteilt wird. Der »Idealismus« hat dann, je nachdem, ob er zu verschwinden hat, ob man ihn als Tarnung braucht oder als Ausrede oder als Entschuldigung oder als Antrieb zu »großartigen Leistungen«, sei es im Arbeiten, im Marschieren, im Organisieren oder im Morden, von der einen Bewußtseinsabteilung in die andere hinüber- und herüberzuwechseln. »Das ›Menschliche‹ ist das, was sich anderswo von selbst versteht«, heißt es in der von Erich Kästner unter dem Titel »Gruß nach vorn« herausgegebenen Auswahl der Schriften von Kurt Tucholsky. »Bei uns wird es umtrommelt und zitiert, hervorgehoben und angemalt …« Tucholsky schrieb das lange vor 1933. Wir wissen, was aus dieser Sorte von »Idealismus«, aus diesem »rein Menschlichen«, also abgekapselt Menschlichen, entstellt Menschlichen geworden ist. Tucholsky ist davor emigriert und hat darüber frühzeitig Selbstmord begangen. »Es ist ein deutscher Aberglaube, anzunehmen, jemand könne durch künstliche und äußerliche Ressorteinteilungen seine Verantwortung abwälzen; zu glauben, es genüge, eine Schweinerei als ›dienstlich‹ zu bezeichnen, um auf einem neuen Blatt à conto ›Menschlichkeit‹ eine neue Rechnung zu beginnen, zu glauben, es gebe überhaupt irgend etwas auf der Welt, in das sich das menschliche Gefühl, hundertmal verjagt, tausendmal wiederkommend, nicht einschleiche … Sie haben sich das genau eingeteilt: das ›Dienstliche‹ ist hart, unerbittlich, scharf, rücksichtslos, immer nur ein allgemeines Interesse berücksichtigend, das sich dahin auswirkt, die Einzelinteressen schwer zu beschädigen – das ›Menschliche‹ ist das leise, in Ausnahmefällen anzuwendende Korrektiv sowie jene Stimmung um den Skattisch, wenn alles vorbei ist. Das ›Menschliche‹ ist das, was keinen Schaden mehr anrichtet … Daher alle die Ausreden: ›Sehen Sie, ich bin ja menschlich durchaus Ihrer Ansicht‹ – daher die im tiefsten feige Verantwortungslosigkeit aller derer, die sich hinter ein Ressort verkriechen. Denn wer einem schlechten System dient, kann sich nicht in gewissen heiklen Situationen damit herausreden, daß er ja ›eigentlich‹ und ›menschlich‹ nicht mitspiele … Dient er? Dann trägt er einen Teil der Verantwortung.«

*

Man möchte meinen, daß wir nun endlich gelernt haben. Es sieht zwar in unserer Öffentlichkeit noch keineswegs danach aus. Aber das liegt an jedem einzelnen von uns. Die Entscheidung zwischen dem Weg zu ganzer und wahrer Menschlichkeit und dem Weg zu einem falschen

Idealismus, der mit Verbrechen endet, wird in jedem Augenblick getroffen: in den Parteibüros, in den Landtagen, in den Ämtern und Privatwohnungen der Besatzungsangehörigen, in den Redaktionen, in den Senderäumen, in der Straßenbahn, am Amtstisch, vor und hinter dem Schalter, in der Schule, zu Hause – überall.

33/25.4.1948

Martin Stiebing

Berlin in diesen Tagen (I). Die belagerte Stadt

Soeben wieder Witz und Wendigkeit des Berliners genossen. Der Geldverkehr funktioniert noch nicht, die Post lehnt jede Einzahlung ab. Wie soll die Miete von Wilmersdorf nach Neukölln? Der Schalterbeamte: »Gehen Sie doch zur Konkurrenz, den Roten Radlern.«

Die Briefmarken des Westsektors sind im Ostsektor ungültig. Wer nach dem Dönhoffplatz schreiben will, muß sich erst hinter dem Potsdamer Platz gültige Briefmarken besorgen.

Abends 9 Uhr. Die Telegraphistin vom Postamt kommt persönlich, es waren keine Boten mehr da, und bringt das Blitztelegramm: »Schreiben Sie bis morgen 14 Uhr den Artikel über Berlin.« Ununterbrochen dröhnen Flugzeuge. Auf dem Nachbarbalkon schreien die Kinder, sie haben ein neues Spiel. »Hör mal den Motor, der bringt Rosinen.« »Ach nee, der quirlt doch so durcheinander, das sind doch Nudeln.« Wir leben unter einer dröhnenden Brücke, unter der Luftbrücke.

Es dunkelt, kein Strom. »Auf der ganzen Stromlinie pleite«, sagt der Berliner. Wie bloß im Dunkeln schreiben? Zum Schwarzhändler nach Kerzen, 2 DM das Stück. Langes Verhandeln vor schwer verriegelter Tür. Endlich öffnen. Ein Schäferhund mit grünen Augen, hinter der Tür ein Beil, der Mann einen Gummischlauch in der Hand, die Frau mit einer Ampulle voller Lauge, eingefüllt unter mehreren Atmosphären Druck. Spritzt fünf Meter weit, brennt in den Augen und macht kampfunfähig. Der belagerte Mensch ist in eine sichtbare Phase getreten.

Die Straßen sind völlig finster. Überfälle mehren sich.

*

Bahnhof am Zoo, es regnet. Tausende drängen sich im Bahnhof. Lautsprecher: »Verlassen Sie sofort den Bahnhof, sonst räumt die Polizei.« Polizeiwagen, Unruhe, einige flüchten, meist schiebt sich der Brei nur widerwillig auseinander. Die Menge verteilt sich, sie zieht sich bis zur Gedächtniskirche und dem Kurfürstendamm. Waren gibt es nur gegen DM. Erschreckender Umsatz in Zigaretten. Es müssen in wenigen Wochen schmerzhaft fühlbar für die Wirtschaft Millionen DM-Beträge abfließen, in die Kassen der russischen Verkaufsstellen. In den Kühlhäusern lagert die Butter, unter den Stadtbahnbögen Schweineschmalz, Öl, Marmelade, Zucker. »Gebt die DM raus oder hungert!«

Reger Handel in Ostmark, jetzt zwei zu eins stabilisiert, nachdem die ersten Tage das Ostgeld mit 300 Mark gegen den Dollar gehandelt wurde. Jetzt bröckelt das Ostgeld täglich. Großschieberkurs 2,40 gegen eine DM.

Überall Unruhe auf dem Schwarzen Markt. Zusammenrottungen junger Burschen, fast planmäßig scheint es. Pressephotographen knipsen. Plötzlich bricht die Wut wegen zu hoher Preise aus, alles vergleicht mit den Westzonen, niemand denkt daran, daß bei einer ausgehungerten Festung auch eine Kerze mit Goldstücken bezahlt werden kann. Die Schwarzhändler werden gepackt. Zigaretten und Geld fliegen durch die Luft, die Menge prügelt sich darum. Die Schwarzhändler werden geschlagen. Die Polizei kommt. Ihnen zu Hilfe? Pfiffe. Träge weicht die Menge.

*

Die Belagerung wird offenbar. Kleiner Schwarzmarkt Mommsenstraße. Zumeist Hausfrauen. Alles fragt nach Brot, 4 bis 7 DM der Laib. Butter um 30 DM. Not, Verzweiflung, erschreckte Gesichter, auch Tränen. Heulen und Zähneklappern bei denen, die bislang viel schwarz gekauft haben oder Pakete erhalten. Die Zernierung Berlins offenbart, wer seit Jahren im Training ist und nur auf Karten gelebt hat. Von denen jammert keiner.

Die Kückenliese wieder im Mittelpunkt, ihr Mann ist Angestellter. Das Ei kostet 2,50 DM, feindseliges Murren. Sie ganz in Glanzrolle. »Meine Hühner verdienen mehr als mein Mann.« Kaffee wird fünfziggrammweise verkauft, 3 DM oder 6 Ostmark. Reger Absatz.

Neuer Krach, diesmal wegen Johannisbeeren, die ein Blockadebrecher um eine Mark teurer verkauft als gestern. Weshalb der Aufschlag? Seine Frau, die Gemüse und Obst pascht, war diesmal dabei vergewaltigt worden. Entschlossen glich es der Mann im Preis aus.

Die Läden rings um den Kurfürstendamm. Das Geschäft sucht nach neuen Wegen. Wer Ostgeld annimmt, hat gute Tageskassen, wer nur gegen DM verkauft, grübelt. Die Ausländer fallen weg. Nur wer seine Dollar auf dem Schwarzen Markt gegen 23 bis 27 DM losschlägt, kann einkaufen, aber in viel kleinerem Rahmen als früher. Überall fallen Ausländer im Kurs. Groß kaufen nur die Polen ein, gegen Ostgeld. Als ob sie dieses bald los sein möchten.

Die Buchhändler im Ostsektor verkaufen mit hohen Tageskassen, der Westen beklagt sich, daß ihm das ganze Geschäft weggeschnappt wird. Buchhändler im Ostsektor, die »uffm Kien waren«, kauften in den ersten Tagen Konkurrenten aus, die ihre Preise um den zehnten Teil senkten, und verkauften dann diese Bücher im eigenen Laden um das Drei- bis Fünffache. Mancher wurde seine Bestände los. Das Ostgeld sitzt beim Käufer genau so locker wie die alte Reichsmark.

Wieder ein Berliner, der sich nicht unterkriegen läßt. Ein fixer Junge, etwas über zwanzig, geht von Laden zu Laden und bietet kleine Fläschchen mit Leim und Pinsel an. Reißender Absatz. Alle Geschäftsinhaber brauchen Leim, um die Kupons vom Ostgeld wieder aufzukleben, sie fallen zu leicht ab. »Mir kann keener«, sagt der Junge. »Ick leim die Russen.«

*

Der Friseur will nur DM, aber selbst elegante Frauen rechnen. Rechnung bei einer Schneiderin 10 DM. »Ich krieg doch mein Gehalt nur in Ostgeld.« Kalt: »Dann macht's 20 Mark.«

Wer abends nach acht Uhr Handwerker stört, hat »nich alle Tassen im Schrank« oder ist einfach taktlos. Ab acht Uhr wird geschlafen. Ab Mitternacht bis sechs Uhr früh, solange der Strom geht, wird gearbeitet. Wenige Mieter beschweren sich über den Lärm, die meisten haben ein Einsehen. Sie alle hängen davon ab, daß gearbeitet wird, ganz gleich wie.

Ein Tischlermeister arbeitet in der Wohnung eines Intellektuellen. Zaghaft: »Ich kann Ihnen aber nichts zu essen geben.« Er gibt ihm aber doch mittags Muckefuck und zwei dünne Scheiben Brot, noch dünner die Margarine. Ein unbeschreiblicher Blick des Handwerkers trifft ihn, eher Rührung als Verachtung, ja fast gepeinigt, als wenn ein Reicher einem Armen nichts wegessen und ihm doch die Ehre antun will. Nächster Tag, der Tischlermeister: »Heute hab ich Ihnen mal was mitgebracht.« Zwei dicke Scheiben Brot, dick mit Butter bestrichen, noch dicker die Fleischstücke, garniert mit Ei. »Wissen Se, früher hat man uns Handwerker nich sehr geachtet, aber ick tausch bei Gott nich mit denen« – er tippt sich dabei an die Stirn –, »die soviel hier drin haben. Nun essen Sie man, Se sind ja auch bloß man so'n magrer Hering.«

*

Unterwegs. Auf der Straße drängt sich alles zum RIAS-Wagen, der wegen der Stromabschaltung Nachrichten durch Lautsprecherwagen gibt. Immer mehr fällt auf der Straße und in der Menge der neue Typ des Berliners auf. Gesichter voller Hintergründe treten auf. Der Berliner, in Geschlechtern stets Pionier gegen den Osten, prägt wieder neuen Pioniertyp. »Gib ihm ein Brot und einen Backstein, und er baut sich wieder ein neues Leben auf.« Er ist kühner, unbedenklicher, unternehmender geworden. Gewohnt der Gefahr, verlacht und verspottet er sie. Unruhig, wachsam, hellhörig, weniger verschlafen, scharfsinniger, aufs Zweckmäßige gerichtet, lebensträchtiger, befeuert von der Not, alle Reserven mobilisierend. Eine neue Spezies. Was an geheimer Furcht sich auszehrt, wird weggelacht.

Der wunde Punkt, die Kohle, beschäftigt Arbeiter und Künstler gleichermaßen. »Wenn's sein muß, geh ich freiwillig auf den Flugplatz abladen«, sagt eine 53jährige Souffleuse.

Alle Verkehrsmittel sind scharf eingeschränkt und die Wagen völlig überfüllt. Plötzlich reicht die Schaffnerin einem Fahrgast ihre Buchungstasche. »Halten Sie mal, ich will mir nur eine Einspritzung machen.« Bluse hochgekrempelt, der Arm übersät mit roten Einstichen, ruckzuck eine Injektion, mit schmutzigem Taschentuch abgewischt. »Bis zur Endhaltestelle halt ich es nicht aus. Ich habe Leberkrebs, na ja, der Mann ist tot, die Jungs sind tot. Mir hilft keiner, ich muß arbeiten, um die Krankenkasse zu bezahlen.« Stille. Alles blickt weg.

Die Bahn fährt, ein Mann rennt atemlos hinterher. »Was rennste so«, schreit einer, »dich hat wohl 'ne Frau anjesprochen, und jetzt willste deine Kalorien in Sicherheit bringen.« Atemlos landet der andere in der Traube auf dem Trittbrett. »Du hast ja Dynamit im Maul«, sagt er.

Haltestelle, Blumen, kärgliche Sträußchen für 1 DM werden laut angeboten, viel zu teuer. Aber keiner sagt was, jeder begreift, daß sich einer durchschlagen muß. Ein Mann sagt: »Blumen, was soll ich damit? Ich geh doch nach Hause.«

Oben dröhnen die Flugzeuge. Wir leben unter einer Brücke.

55/11.7.1948

Ruth Andreas-Friedrich

Berlin in diesen Tagen (II). Die Nacht wird zum Tage

Elf Uhr abends. Eine Kerze brennt. Wir sitzen um sie herum und warten auf Strom. Es ist kalt im Zimmer. Es ist kalt in unseren Mägen. In atemlosen Zeiten wird es zur Plage, Bewohner einer elektrifizierten Siedlung zu sein. Um sechs Uhr morgens schaltet man ab. Aus mit dem Licht. Aus mit der Hoffnung auf ein warmes Frühstück. Soll man den Nachtschlaf dem Muckefuck oder den Muckefuck dem Nachschlaf opfern? Wir haben uns für »umschichtig« entschieden. »Umschichtig« läßt es sich leichter ertragen.

Die Stromstunde unter Tag ist Glückssache. Um sie auszunutzen, darf man nicht berufstätig sein. Und wenn man nicht berufstätig ist, muß man seine Plangruppe wissen. »Plangruppe D – wie Dora – schaltet heute ein von elf bis zwölf, Plangruppe C – wie Cäsar – zwischen zwölf und eins…«

Wenn man seine Plangruppe weiß, muß man noch irgendwo im Laufe der letzten vierundzwanzig Stunden eine Zeitung oder eine Rundfunksendung erwischen, in der die Schaltzeiten der Plangruppen mitgeteilt wurden.

Ohne Licht, ohne Radio, ohne Kochstrom. »Gut, daß es Sommer ist«, denken wir jeden Tag. Die Abende sind länger, und es macht nicht soviel aus, wenn man tagelang nichts anderes zu sich nimmt als Margarinebrote, Schnittlauchbrote, Schnittlauchbrote und Margarinebrote. Man könnte auch Wasser dazu trinken. Aber die Kläranlagen funktionieren nicht, und es wurde geraten, Wasser nur in abgekochtem Zustand zu genießen. Abkochen kann man nachts. Wenn es Strom gibt. So sitzen wir und warten. Manchmal kommt er schon um halb zwölf. Manchmal um zwölf. Manchmal erst zwischen eins und zwei. Wir tappen durch die Wohnung wie Blinde. Wir gähnen und reden über die Währungsreform. Über Ostgeld und Westgeld. Ob ein Krieg kommt und ob man Berlin wird halten können. »Man wird Berlin halten«, sagen wir, wenn wir die Abendkerze anzünden. »Es ist eine Energie- und eine Nervenfrage.« – »Man kann Berlin nicht halten«, seufzen wir, während die Kerze herunterbrennt und die Minuten wie Schnecken dahinschleichen. Schlafen, nur schlafen. Noch zwei Wochen so weiter, und wir sind an Schlafmangel eingegangen. Immer lahmer werden die Gespräche. »Es ist eine Nervenfrage!« – Der eine fängt vor Müdigkeit an zu weinen. – »Ah!« rufen wir plötzlich. »Licht!« Alles rennt durcheinander. Man lacht und lärmt, als hätte man Wein getrunken. Zum Schalter, zum Kochherd, zum Radio. Kochen, Strümpfe waschen, ein Hemdchen aufbügeln, Nachrichten hören! Der RIAS sendet stündlich die ganze Nacht. Wir hören Ost, wir hören West, über uns brummen Flugzeuge. Wird nicht gleich die Sirene tuten? Es ist eine Nervenfrage ... Zwischen zwei und vier Uhr nachts fühlen wir uns mit unseren Nerven sehr stabil. Um vier Uhr ist der Tag zu Ende. Um sieben Uhr beginnt der neue. Ohne Licht, ohne Radio, ohne Kochmöglichkeit. »Ob die Alliierten morgen vielleicht etwas früher schlafen gehen, daß wir statt um zwei schon um zwölf Uhr Licht kriegen?« fragt die Nachbarin und der Zeitungsmann an der Ecke...

Straßenbahn nach Moabit. Neben mir sitzt eine ältere Frau. Sie hält eine schwere Einkaufstasche auf den Knien. Behutsam, als hätte sie Angst, etwas aus ihr zu verschütten. Wir kommen ins Gespräch. »Ich will rasch zu Bekannten«, sagt sie. »Man hat uns erzählt, daß der Russe in Moabit das Wasser abgestellt hätte. Da muß ich doch hin und denen ein bißchen Wasser bringen. Daß sie sich wenigstens ihren Kaffee kochen können.« – Wasser nach Moabit. In leeren Essig- und Seltersflaschen. Die Umsitzenden lächeln. Wenn Menschen Kaffeewasser von Charlottenburg nach Moabit tragen, braucht man um das Gemeinschaftsgefühl der Berliner nicht bange zu sein.

55/11.7.1948

Romano Guardini

Das unentrinnbare Schicksal

Sobald ich das Wort »Schicksal« ausspreche, fühle ich, das, was damit gemeint ist, geht mich ganz nahe an, kommt aber von sehr weit her. Es gehört zu meinem Eigensten und ist mir zugleich fremd. Aus innerster Beteiligung kenne ich es; will ich es aber fassen, dann entgleitet es mir. Es richtet sich genau auf mich, hat aber weit weg ansetzende Wurzeln; ja es ist im Grunde das Ganze des Daseins überhaupt. Es ist das Persönlichste, worin ich ganz allein, unvertretbar und unverdrängbar stehe, und doch wieder das, was mich mit allem verbindet ...

Schicksal ist in unserer Erfahrung das Nichtzuändernde, Unentrinnbare, Zwingende … Schicksal bedeutet einmal Zumessung und Zuweisung; es gibt dem Menschen den Ort im Dasein, Stoff und Maß des Lebens, Möglichkeit und Grenze für Erfüllung und Versagung. Es bedeutet aber auch Aufgabe für das eigene Handeln und Schaffen. … Nur als Person vermag er (der Mensch) sich dem Anruf zu stellen und ihm zu genügen – aber auch sich zu entziehen und die Möglichkeiten zu verlieren. Dann ist, soviel an ihm lag, »Welt« verspielt …

Mannigfach wie die Weisen, das Schicksal zu erfahren, sind auch die Versuche, es zu bewältigen … Auch der Humor bildet eine Weise, wie der Mensch mit dem Schicksal fertig zu werden sucht. Wer Humor hat, bemüht sich nicht, das Dasein umzudeuten, sondern sieht es, wie es ist, mit allen seinen Härten, Seltsamkeiten, Verworrenheiten. Was er nur irgendwie verstehen kann, versteht er, und er versteht viel. Im Nichtverstandenen ahnt er einen verborgenen Sinn. Am Sonderbaren und Vertrackten hat er Vergnügen – und nicht nur als an Originellem und Interessantem, sondern weil es ihm sein eigenes, widerspruchsvolles Wesen bestätigt. Er sehnt sich nach einer geordnet-harmonischen Welt; wenn sie ihm aber gegeben würde, könnte er es in ihr nicht aushalten. Daher nimmt er die Widersprüche und anscheinenden Sinnlosigkeiten nicht nur hin, sondern räumt ihnen, so sich selbst bestätigend, ein seltsames Recht ein. Damit erhebt er sich über das Weltgeschehen wie auch über sein eigenes Wesen hinaus, einem nicht nennbaren Ort des Friedens entgegen.

Der humorvolle Mensch traut dem Schicksal Gutes zu, wundert sich aber auch nicht über das Gegenteil; und nicht mit Verachtung, sondern indem er mit seltsamer Weitherzigkeit feststellt, so sei es eben. Er leidet, oft sehr tief, bringt es aber fertig, nicht bitter zu werden, sondern zu tun, was – zusammen mit den echten Tränen – eine der letzten Ausdrucksformen des Menschlichen darstellt, zu lächeln. Darin ist Kraft, Unabhängigkeit, Weisheit, Schmerz und überwindende Duldung. Ja darin ist Liebe; Liebe zum Dasein, wie es ist – und es ist zum Ganzen nur der Vorbehalt zu machen, ob dieser Humor ohne Erlösung möglich sei? Nicht der Witz, der aus liebearmem Herzen kommt, oder eine Waffe im Kampf des Lebens bildet; auch nicht das grimmige Lachen über die Dummheit und Furchtbarkeit des Daseins, auf dessen Grund Verachtung und Verzweiflung liegen; und noch einmal nicht die Ironie, welche ein Idealismus ist, der sich geniert – nein, wirklicher Humor mit seiner Freiheit und Liebe, seinem Schmerz und seiner verborgenen Freudigkeit? Vielleicht gibt es ihn tatsächlich nur in jenem Raum, den die Erlösung geschaffen hat.

... Die Schicksalserfahrung hat in einer mythisch empfindenden Zeit einen anderen Charakter als in einer rationalisierten, im Norden einen anderen als im Süden, beim bäuerlichen Menschen einen anderen als beim städtischen – eines bleibt jedoch in ihr immer gleich: das Bewußtsein von einer äußersten Instanz, welche das Dasein bestimmt, selbst aber jedem Einfluß des Menschen entzogen, ja endgültigerweise nicht einmal an erkennbare Maßstäbe des Gemäßen, Gerechten, Guten gebunden ist.

Die Aussichten des Menschen, zu überwinden oder auch nur zu bestehen, liegen innerhalb ihres Wirkraumes, als ein Mehr oder Weniger an Glück, Kraft, Gesundheit, Besonnenheit, Härte; gegen sie selbst vermag er in Wahrheit nichts. Er kann die Sinnzusammenhänge des Schicksals nicht durchdringen und seine Gewalt nicht bezwingen; nicht nur, weil es zu verborgen oder zu groß wäre, sondern weil es vom Wesen, als Numinosum, jedem Zugriff entzogen ist. Nun hat er zwar selbst ebenfalls einen numinosen Kern; kann ihn zu aktuieren und von ihm aus ein wirksames Verhältnis zur Geheimnismacht des Schicksals zu gewinnen, diese durch Gesinnungsbildung und Konzentration, Kult und Magie zu beeinflussen suchen. Letztlich aber kommt er gegen sie nicht auf, da sie noch hinter allen von ihm entdeckbaren empirischen, metaphysischen oder numinosen Gestalten steht.

Das Schicksal ist ein »Es«. Ja es ist »das Es« schlechthin. Wenn der Mensch aus dem Unwillkürlichen heraus »es« sagt, meint er das Schicksal und die Preisgegebenheit an dessen Macht, welche im Letzten weder Gerechtigkeit noch Weisheit, weder Ehrfurcht noch Güte kennt; auf deren Grund Kälte, Gleichgültigkeit, Sinnlosigkeit, ja das Böse selbst zu liegen scheinen. Das Gefühl davon drückt als dumpfe Last im Gemüt. Es bildet den innersten Kern der Schwermut.

Dieses Schicksal gibt es im Raum der Offenbarung nicht. Sobald im Leben des Menschen der christliche Glaube mächtig wird, wandelt sich das Schicksalsgefühl. Sobald der Mensch an Christus glaubt, wird in seiner Daseinsführung aus dem Schicksalsbezug der der Vorsehung. Darin ist er in das Verhältnis, welches zwischen dem Vater und dem menschgewordenen Sohn besteht, durch Gnade hineingenommen. Das geht nicht plötzlich vor sich. Die Schicksalshaltung gehört zum unerlösten Dasein, bildet vielleicht dessen tiefsten Ausdruck; so findet sie sich als Haltung des »alten Menschen« zunächst auch im Glaubenden. Ihm geschieht aber, was das Neue Testament »die Einsetzung an Sohnes Statt«, die »Aufnahme in die Kindschaft Gottes« nennt. Das bedeutet kein bloßes Gefühl der Geborgenheit in Gott oder das Vertrauen auf ihn, sondern eine neue Existenzform, samt der Kraft, sie zu verwirklichen ... Wo im Schicksalsglauben eine ungreifbare, »es«-hafte Macht war, erscheint die Person des Vaters.

Damit ändert sich der ganze Charakter des Daseins. Was dem Menschen geschieht, wird verantwortet. »Das Schicksal« ist verantwortungslos. Parzen und Nornen, Moira und Ananke stehen für das, was sie fügen, nicht ein. Sie wissen nicht einmal, was sie tun, denn sie sind keine Personen, sondern Mächte, Elemente des Weltdaseins. Zu den Grundwahrheiten der Offenbarung hingegen gehört die Gewähr, daß alles, was geschieht – wenn es erlaubt ist, so zu sagen –, von Gott verantwortet wird ...

Allerdings kann der Mensch dieses ganze Verhältnis auch ablehnen. Er kann die Welt allein wollen, ohne Christus und ohne den Lebendigen Gott. Dann bricht der alte Zustand wieder durch; da das Auge des Menschen im gleichen Maße, als es von Christus abfällt, wieder verdirbt, sieht der verdorbene Blick diesen Zustand wiederum als Schicksal. Doch so ist es noch nicht richtig gesagt; in Wahrheit ist der Zustand viel gefährlicher. Durch die Erlösung ist die ganze Situation der Welt auf eine absolut höhere Ebene der Werte und Entscheidungen gehoben und steht dort, ob sie will oder nicht ...

Das aufrechtzuerhalten und lebend zu vollbringen, ist schwer, denn die Wahrheit sieht durchaus nicht so aus, als ob die Botschaft Christi zuträfe. Nach dem Eindruck, den sie macht, hat der Schicksalsglaube recht, und alles andere ist Märchen. Die Offenbarung ist aber gegeben, und nicht nur als Trost, sondern als Aufgabe.

67/21.8.1948

Ungez.
Brathendl und Flohzirkus.
D-Mark belebt auch Münchener Oktoberfest

Die Münchener »Wiesn«, die sich auch in diesem Jahr noch schüchtern »Herbstfest« nennt, nähert sich erstmals wieder einem echten Oktoberfest. Vom 11. bis 26. September ist die Theresienwiese wieder vom Tingeltangel der Spielorgeln, dem Gröhlen der Ausrufer und Gewirr der Tausenden von Menschenstimmen erfüllt.

Nach den »Nachrichten«, die während der letzten Tage zwischen den wieder von Brathendl- und Schweinswurstdüften erfüllten Buden kursierten, war zu befürchten, daß die Bierleichen, die allabendlich herumliegen, -schleichen oder -stolpern, bald wieder aussterben würden. Den Anordnungen des Kontrollrates, des Zwei-Zonen-Amtes und des Wirtschaftsrates zum Trotz hatten es sich die Brauereien Münchens nicht nehmen lassen, für das Oktoberfest »anständiges« Bier zu brauen.

Die Gesetzgeber zeigten jedoch für den Münchener Starkbierdurst anfangs wenig Verständnis und bestanden auf der Durchführung der Dünnbierbestimmungen. Erst eine Woche nach Beginn des Oktoberfestes, am 17. September, gab das Zweimächte-Kontrollamt in Frankfurt bekannt, daß ab sofort wieder normales, wenn auch noch kein Starkbier hergestellt werden darf.

Außer dem großen Bierzelt, in dem während der »Dienststunden« dicht nebeneinander gedrängt etwa vier- bis fünftausend Personen sitzen und schwitzen, ist der größte Andrang überall dort, wo sich andere lächerlich machen. Hunderte stehen vor der Rutschbahn oder schauen bei dem »Allotria« zu, wo ein starker Mann Frauen und Mädchen über einem Windgitter festhält, das ihnen die Röcke hochbläst.

Vor einer kleinen Bude ruft ein Herr im dunklen Anzug in ein Mikrofon: »Wer nie hier drin war, war nicht auf dem Oktoberfest!« Der Einladung folgend, betritt man einen Flohzirkus. »Alles jubelt, alles lacht, wenn der Geist die Runde macht! Kommen Sie herein ins Geisterschloß!« heißt es daneben. »Den Scherenschnitt nicht vergessen! Ein Geschenk zum Andenken. Fünf Minuten stehen, dann ist's geschehen«, ruft eine Vollbusige. An der Peripherie der Wiese werden Gebrauchsartikel angepriesen: »Seit acht Jahren stehe ich hier und verkaufe Rasierklingen. Vieles hat sich inzwischen geändert, aber eines ist geblieben: Immer noch wächst uns der Bart.«

In einer »Haremsschau« reizt ein Schild »Für Jugendliche verboten!« Erwachsene zur Besichtigung der »Schwebenden Jungfrau« an. Nach dem Ruf des Magiers: »Erhebe dich in die horizontale Lage, schwebe empor!« schwebt sie. Bei einer anderen Schau stellt eine wenig bekleidete Dame die »Sehnsucht nach dem Geliebten« und die »Jagd nach dem Glück« dar.

An kulinarischen Genüssen können die Besucher wieder Brathendl zu acht bis fünfzehn Mark sowie »Steckerlfische«, Heringe und Eis ohne Marken kaufen. Für alles andere, Süßigkeiten, Lebkuchen, belegte Brötchen, Bock- und Bratwürstl müssen jedoch immer noch Marken abgegeben werden.

77/18.9.1948

Oda Schaefer
Gespräch mit einer fliegenden Prinzessin

Allabendlich, wenn ich vor dem Einschlafen noch ein wenig lese, wird mein Fenster bestürmt. Es pocht draußen im Dunkeln, es weht, es flattert, es stößt mit dicken Köpfen gegen das Glas – vergebens. Ich halte das Fenster geschlossen, obwohl ich die kühle Nachtluft als Anregung zum Nachdenken vermisse, und öffne es erst, wenn ich die Lampe gelöscht habe. Meine Erfahrungen sind nämlich ziemlich schlimm gewesen. Neulich erst tobte eine Horde in mein Zimmer hinein. Unter dem Vorhang quoll die nächtliche Meute hervor: behaart, bepelzt, mit fransenbesetzten Plüschhosen, schreckliche Masken und lange Fühler auf dem Kopf und allesamt mit furchterregenden Tupfen, Streifen und magischen Mustern bemalt wie Fetischtänzer. Es war die wilde Jagd der schweifenden Junker, der Nachtfalter und Motten. Wahnsinnig vor Leidenschaft stürzten sie sich auf die Lampe in dem einen einzigen Wunsch: den Flammentod zu sterben. Es brannte jedoch nur eine elektrische Birne und nicht die Kerze, die sie zu ihrer metaphysischen Vermählung ersehnten.

Das Taumeln, Flattern und Pochen geschah nun dicht neben mir, bemehlte Flügel streiften mich, plumpe Körper fielen auf mein Kopfkissen und drehten sich dort im Kreis. Ich redete den Eindringlichen gut zu, aber sie wollten mich nicht verstehen, sie waren besessen von ihrem Trieb zur höheren Begattung. Zuletzt wurden sie derart zudringlich, daß ich sie mit der Hand einfangen und einzeln aus dem

Fenster werfen mußte, zurück in die dämmernde Dunkelheit, die von der Fledermaus in zackige Streifen zerschnitten wurde.

Nur die fliegende Prinzessin blieb übrig. Da sie keinen Lärm machte und sich dezent benahm, ließ ich sie im Zimmer. Zudem schien sie sich nach einer Aussprache zu sehnen, man nennt es im Volksmund »Ansprache haben wollen«. Höchst anmutig schwebte sie auf und nieder, aufrecht in der Luft stehend und ihre beiden Hinterbeine als Schleppe benützend. Sie war die hochgezüchtete Schneiderspinne, mit ähnlicher Entwicklung wie der Mensch aus dem Affen. Sie hatte das Fliegen erfunden, ein Wieland, ein Dädalus unter den Spinnen. Auch sie besitzt nur einen winzigen, gänzlich fettlosen Körper und wirkt schwerelos, äquilibristisch. Die Flügel sind nicht groß und sehr zart, durchsichtig, sie machen kein Geräusch.

In jedem Zoll eine Prinzessin, schwebte sie umher. Ich ließ mich nicht stören und las weiter. Aber vielleicht brachte sie eine Botschaft aus der anderen Welt. Ich kannte diese Methode schon vom Geisterbeschwören her: man stellt ein Glas auf ein großes Stück Papier mit den vierundzwanzig Buchstaben und läßt es vermittels Spiritismus so lange tanzen, bis die berührten Buchstaben irgendeinen Sinn oder Unsinn ergeben. Hier tanzte die Prinzessin. Ab und zu entflog sie in jene Höhen, wo ein vergessenes Spinnennetz hing, und kehrte wieder, sobald ich Warnungsrufe ausstieß. Der Kontakt war also hergestellt. Und dann ließ sie sich, manchmal auf dem rechten, manchmal auf dem linken Hinterbein ausruhend, auf die Zeilen nieder, die ich gerade las, und ich versuchte, ihre Mitteilungen zu verstehen.

Das Buch enthielt die moralischen Regeln des Epiktet. Der alte Stoiker, der ein Sklave gewesen war und auch nach seiner Freilassung nicht mehr als eine Bank, ein Kissen und eine Lampe besitzen wollte, schien sich in der fliegenden Prinzessin manifestiert zu haben. Erstaunlich, was sie mir zu sagen hatte. Zuerst tippte sie auf diesen Satz: »Das Bedürfnis des Körpers ist der Maßstab für den Besitz, wie der Fuß der Maßstab für den Schuh ist. Wenn du einmal das Bedürfnis des Fußes überschreitest, so kommt erst ein vergoldeter, dann ein pupurner, dann ein gestickter an die Reihe. Denn alles, was einmal über das Maß hinaus ist, hat keine Grenzen mehr.«

»Ach, liebe Prinzessin, wem sagen Sie das«, erwiderte ich, »das ist eine alte Geschichte. Wie mit dem Auto, das man sich kauft. Es bleibt nicht allein bei dem neuen Wagen, alles muß erneuert werden, die Kleider, die Hüte, die Schuhe, die Gewohnheiten, das Auftreten –

ja, ich weiß schon, was Sie erwidern wollen«, sie tanzte sehr aufgeregt, »nur der innere Mensch wird nicht erneuert, vielleicht ist er dann sogar noch schlampiger als vorher. Ich habe es gut, ich bin all dieser Skrupel enthoben, ich besitze so wenig, daß es mich nicht belastet.«

Die fliegende Prinzessin beschrieb nachdenklich einen Kreis, dann berührte sie mit dem rechten Hinterfuß wieder zart eine Zeile und setzte sich auf den Lampenschirm, wo sie in graziösen kleinen Kniebeugen ein wenig auf und nieder wippte. Ich las bestürzt: »Wenn du an eine einfache Lebensart gewöhnt bist, so sei nicht stolz darauf. Bedenke, wieviel kümmerlicher die Armen leben und wieviel sie ertragen.«

Beschämt ließ ich das Buch sinken. Ich hatte wohl eine ganze Menge und Epiktet erwartet, aber keine direkten Hinweise auf meinen Charakter, wie sie mir jetzt die Prinzessin gab. Nun rief ich sie zum Orakel: »Bitte, kommen Sie noch einmal hierher, ich werde jetzt blättern, und Sie können etwas Passendes aussuchen.« Wir hatten dieses Verfahren früher oft geübt, und zwar mit der Bibel (mit schlechtem Gewissen sei es gestanden). Damals nannten wir es Bibelstechen, denn wir stachen mit dem spitzen Finger in irgendeine Seite hinein. Man konnte auch ein Papiermesser nehmen. Die Hinweise auf das Dritte Reich und auf Hitlers Ende waren immer großartig gewesen, aber ich hatte meine Freunde im Verdacht, daß sie in ihrem tranceähnlichen Zustand sehr genau wußten, auf welchen Seiten die Apokalypse stand.

Draußen klopften die Nachtschwärmer wieder ans Fenster, eigensinnig, wie sonst nur Betrunkene und Verliebte sein können. Ich beschwor die Prinzessin bei der Musik dieser Dschungeltrommeln und geriet in eine Stimmung, die ebenso durchsichtig war wie ihre Flügel. Als Nächstes bot sie mir folgendes: »Die Art des Nichtphilosophen ist die: er erwartet nie Vorteil und Nachteil von sich, sondern immer von den äußeren Dingen. Die Art des Philosophen ist: er erwartet jeden Nutzen und Schaden von sich selbst.«

Das war entschieden richtig. Wenn man bedenkt, daß die vier philosophischen Tugenden Beständigkeit, Mäßigkeit, Tapferkeit und Gerechtigkeit heißen, dann kann man wohl wünschen, daß die Stoiker in unserer Zeit Mode würden. Trotzdem rief ich aus: »Liebe Prinzessin, mir ist da noch etwas unklar, wollen Sie sich bitte genauer ausdrücken.« Ich war unersättlich wie bei der Kartenschlägerin, wenn man Allerpersönlichstes erwartet. Sie ließ sich wirklich noch einmal herab, im wahrsten Sinne des Wortes, denn sie klebte gerade an der Decke, und zeigte mir die Sätze: »Nicht die Dinge selbst, sondern die Meinungen über dieselben beunruhigen die Menschen. (Hier stört mich das Wort »dieselben«, aber daran war nicht sie, sondern der Schweizer Übersetzer schuld.) So ist der Tod an und für sich nichts Schreckliches – vielmehr die vorgefaßte Meinung von ihm, daß er etwas Schreckliches sei.« Und weiter? Die Prinzessin, von der Séance schon etwas erschöpft, kroch über die Zeilen: »Sprich nie von einer Sprache: ich habe sie verloren, sondern: ich habe sie zurückgegeben. Dein Gut ist dir entrissen worden, es ist zurückgegeben.«

Niemals hätte ich allein diese Weisheiten herausfinden können, die wie eine Nußschale den Kern unserer Zeit umschließen. Nur lag jetzt die Prinzessin, alle sechs von sich gestreckt, auf dem Papier. Die Berührung mit dem Papier wird also nicht nur Schriftstellern und Malern gefährlich. Hierbei entdeckte ich, daß die zwei Hinterbeine länger waren als die vier anderen Beine. Wahrscheinlich ermöglichten sie ihr das aufrechte Schweben in der Luft. Man muß es sich für die Aeronautik merken. Wie hübsch wäre zum Beispiel ein Flugzeug, das aufrechtstehend fliegen kann … natürlich ganz langsam und gemütlich. Indem ich die Prinzessin mit spitzen Fingern aufnahm und zum Schlafen auf ein violettes Stiefmütterchen bettete, das zusammen mit orangefarbener Kresse und rosa Nelken, mit purpurnem Löwenmaul und weißem Phlox einen halb weltlich, halb geistlich anmutenden Strauß auf meinem Tisch bildete, entdeckte ich noch die schöne, abschließende Sentenz, die sie mir in die Träume hinein als Mitgift gab: »Wenn du in der Weisheit vorwärtskommen willst, so ertrage es geduldig, wegen äußerer Dinge für unverständig oder dumm gehalten zu werden.«

85/7.10.1948

Max Hermann Maier

Führt ein Weg zurück nach Deutschland?

Ich will die Antwort auf diese Frage möglichst allgemeingültig geben. Ich weiß, daß die überwiegende Mehrheit der Emigranten die Frage eindeutig verneint, aber die Gründe sind verschieden. Gerade auf die Gründe aber kommt es an, weil sie die Antwort erst ins rechte Licht setzen.

Es gibt allgemeine Gründe. Schon Jakob Burckhardt hat vor mehr als einem halben Jahrhundert darauf hingewiesen, daß der Emigrant nicht geeignet sei, Lehrmeister der Verbliebenen zu sein, weil das Ressentiment derer, die alles im Land selbst miterlebt haben, gegen die Emigranten stark sei. Die Beobachtung ist richtig, doch für sich allein nicht ausschlaggebend. Wie zutreffend sie ist, beweist der unfruchtbare Streit, der sich bereits erhoben hat, wer schwerere Leiden erduldet habe, »die innere oder die äußere Emigration«. Auf beiden Seiten sind diejenigen, die das Schwerste erlitten haben, für immer verstummt, soweit nicht ihre Worte zu den Überlebenden sprechen. Der Vergessenheit darf nicht anheimfallen, daß neben Tausenden von unbekannten Emigranten, die in der Fremde den Tod fanden, mehr als fünfzehn von den prominentesten fünfundzwanzig Dichtern und Schriftstellern, die ausgewandert sind, in jungen Jahren gestorben sind, von ihnen acht freiwillig, so Walter Hasenclever, Kurt Tucholsky, Ernst Toller, Stefan Zweig.

Man kann die Schwere der Leiden und der Not nicht abmessen. Der innere Emigrant mußte verstummen, wenn er nicht die Kraft und Opferbereitschaft besaß, sich an einem aktiven Widerstand zu beteiligen. Der äußere Emigrant verlor im allgemeinen alles, an dem sein Herz hing: Heimat, Beruf, Freunde und Angehörige. Die meisten standen zunächst im fremden Land vor dem Nichts, beschwert mit der Sorge um zurückgebliebene Menschen. Die Verfemung der Juden hat auch nicht an den deutschen Landesgrenzen haltgemacht, sondern wurde durch die überall gebildeten deutschen Zellen des Nationalsozialismus im Ausland verbreitet.

Sicher ist, daß die andere Art des Erlebens eine Kluft zwischen denen drinnen und draußen erzeugt hat, die zwar einzelnen gegenüber zu überbrücken ist, die aber der Menge gegenüber bestehen bleibt. Gewiß läßt sich gegenseitiges Verständnis anbahnen, insbesondere wenn der jüdische Rückkehrer erfaßt hat, daß es nicht sein persönliches Verdienst war, Deutschland den Rücken gekehrt zu haben. Doch dieses ist schwer, denn es verlangt meistens einen Verzicht auf Gefühle, die dem Emigranten bei seiner Auswanderung Halt gegeben haben und ihm eine Stütze in der Fremde waren. Die Auswanderung war ein Akt in Schmerz und Leid. Meine Frau und ich haben oft gesagt: Unsere Behandlung durch die SS in Emmerich hat uns das Heimweh ausgetrieben. Was zu bedeuten hatte: Unter solchen Menschen zu leben, die ihren Nebenmenschen nicht als Menschen, sondern nur als Objekt teuflischer Befehle empfinden, ist die Hölle. Viele dieser kleinen und großen Teufel leben und wirken noch in Deutschland. Auf Kommando werden sie sogar Gutes und Nützliches tun. Können sie aber von ihren Opfern – und hierauf kommt es letzten Endes an – wirklich beeinflußt werden? Ich glaube nicht daran. Ich bin hier vielen deutschen Anhängern und Mitläufern Hitlers begegnet, die den Nationalsozialismus nur aus den verlogenen nazistischen Darstellungen kannten, die mitunter an edle Gefühle appellierten. Wahrheitsgetreue Berichte jüdischer Emigranten wurden von den meisten Deutschen im Ausland als Greuelmärchen abgetan. Eine wirkliche Wandlung dieser Nationalsozialisten ist nicht durch den Zusammenbruch des Hitlerismus eingetreten, zu eindringlich war die vorausgegangene Propaganda, sondern allmählich durch den Zustrom innerdeutscher Nachrichten über das wahre Gesicht des Nationalsozialismus und über die von ihm begangenen Verbrechen. Nicht Thomas Mann, Feuchtwanger und Werfel, nicht Rauschning, Toller und Renn haben den Wechsel der Gesinnung bewirkt, sondern Galen, Wiechert und vor allem Kogon sowie einige Deutsche, die nach dem Krieg herausgekommen sind und aus eigenem Erleben erzählten.

Es gibt ferner noch besondere Gründe, aus denen die Rückkehr jüdischer Emigranten wenig sinnvoll erscheint. Ich muß auf alte geschichtliche Erfahrungen zurückgehen. Als die Juden nach der Zerstörung des ersten Tempels in Jerusalem nach Babylonien verschleppt wurden, hat ihnen der zurückgelassene Jeremias eine Botschaft geschickt, in der er sie aufforderte, gute Bürger im neuen Land zu werden, Häuser zu bauen, Gärten zu pflanzen, sich zu mehren und für das Wohlergehen des neuen Landes zu arbeiten und zu beten. Von da ab ist die Lehre eine stärkere Bindung für die Juden geworden als das Zusammenleben des Volkes. Ein ähnlicher Ruf ist an die Emigranten unserer Zeit ergangen. Ihre geistigen Führer, ihre Zeitschriften und sie selbst haben den Willen gestärkt, in der Fremde heimisch zu werden, insbesondere ihre Kinder in die Lebensformen des Gastlandes einzugliedern, in Formen, die vielfach weit weniger Brüche und Reibungen mit ihren religiösen Überzeugungen erforderten als die neuen in Europa entstandenen. Der Riß, der infolge der Entwurzelung aus dem heimatlichen Boden durch das Leben aller erwachsenen Emigranten zieht, kann, kaum vernarbt, nicht erneut aufgetan werden.

Jenen Emigranten, die Aufgaben und Berufe in der Fremde gefunden haben – ich brauche nicht immer wieder zu betonen, wie mühselig dies oft war –, ist meines Erachtens nicht zuzumuten, ihre Arbeit abzubrechen, neue Freunde zu verlassen und sich und ihre Kinder einer ganz ungewissen Zukunft auszusetzen, die auf lange Zeit auch den Verlust unmittelbarer Verbindung mit der Welt außerhalb Deutschlands bedeutet. Auswanderung ist bei älteren Menschen eine Art Sterben, ein Vorgang, der nicht rückgängig gemacht werden kann. Die Liebe zur Heimat, den alten Freunden, den Stätten der Jugend, der Ausbildung, des Berufs und die Liebe zu den unvergänglichen Werken deutscher Kultur leben fort. Die Rückkehr ist versagt, Auswanderung ist Tragik. Schon 1933 hat der in Darmstadt geborene und ebenfalls vertriebene Dichter Karl Wolfskehl, dessen profundes Wissen um deutsche und jüdische Art und Geschichte, um seelische Vorgänge im allgemeinen mir aus persönlicher Freundschaft mit ihm bekannt ist, den Juden zugerufen:

»Schaut nicht zurück,
Was säht ihr auch,
Was war, ist Rauch,
Ihr schreitet frank
In Morgens Hauch.
Grollt nicht zurück!
Was war – verzeiht.
Holt aus befreit,
Winkt mit der Hand
Gen Abend weit.
Wollt nicht zurück.
Jung lenzt das Land.
Was war, ist Tand,
Ist Tod – ihr seid
Im Wanderkleid:
Fortgehn ist Leid,
Fortgehn ist Glück –
Bleibt nicht zurück!«

Zurückkehren und mitarbeiten dürfen, wenn es Sinn haben soll, nur Menschen, die reinen Herzens kommen, nicht mit Bitternis und Anklage. Ist dies jüdischen Emigranten möglich, den Vertriebenen, Ausgestoßenen, Ausgebürgerten, den Leidbeladenen? Hierauf kann ich nur mit einem klaren Nein antworten.

Zwar wissen die Emigranten, daß die Pogrome 1938 und die systematische Vernichtung von Millionen Juden durch die Nazis in Europa nicht einem »spontanen Volkswillen« entsprungen sind. Aber gerade weil sie keine Akte des Affekts, sondern Ausgeburten eines durchdachten Vernichtungswillens waren, ist das Erschauern der gesitteten Welt um so gewaltiger. Normales Denken kann sie nicht erfassen, und menschliche Gefühle versagen, solches Ausmaß des Leidens nachzuempfinden. Den überlebenden Emigranten verbleibt nur Trauer, namenlose Trauer. Doch Tatsache ist, daß Deutsche mit erschreckender Brutalität oder in völliger moralischer Stumpfheit die Befehle ausgeführt haben. Ein solcher sklavischer Gehorsam ist schwer zu erklären. Er hat einen Nährboden vorgefunden in dem von dem deutschen Militär, beachtlichen Teilen der Studentenschaft und von politischen Parteien seit den achtziger Jahren des vorigen Jahrhunderts gepflegten Antisemitismus. Hitler und seine Horde haben ihn zum Rassenwahn breiter Volksmassen gemacht. Es führt eine direkte Linie vom Hofprediger Stöcker, dem »Rektor aller Deutschen« Ahlwardt über Liebermann, von Sonnenberg und Böckel zu Ludendorff und Hitler, »dem Führer aller Deutschen«. Hitler hat dann den Rassenhaß gepredigt, der nationale Einheiten nicht festigt, sondern zerreißt, und er hat für die deutsche »Rasse-Elite« einen Herrschaftsanspruch angemeldet, der andere Völker und Gruppen zu Parias stempelte. Daß ihm auch »Gebildete« willig und halbwillig folgten, findet meines Erachtens seinen Grund in den in Deutschland weit verbreiteten, wissenschaftlich verfehlten Rassetheorien Gobineaus und Houston Stewart Chamberlains, dessen »Grundlagen des 19. Jahrhunderts« zu meiner Studentenzeit um 1910 ein vielgelesenes Buch waren. Ernsthafte anthropologische und psychologische Werke, die das Wesen der Rasse wissenschaftlich behandeln, wie die von Friedrich Ratzel, Johannes Ranke, Luschan und Wilhelm Wundt, wurden von dem großen Publikum nicht gelesen. So kam man dazu, von einer »instinktiven Abneigung« gegen die Juden zu sprechen, und merkte gar nicht, daß die Abneigung nicht auf Instinkt, sondern auf dem entschiedensten Gegensatz, auf Dressur, beruhte. Diese Dressur erreichte unter Hitler ihren Höhepunkt und hat die Jugend und große Teile des Volkes mit Vorurteilen gegen die Juden und mit Lügen über das Wesen des Judentums erfüllt. Schwer werden sie zu dem abgeklärten, durch Forschung und Weltreisen gefundenen Urteil Alexander von Humboldts zurückfinden: »Es gibt bildsamere, höher gebildete, durch geistige Kultur veredelte, aber keine edleren Volksstämme.«

Natürlich hat die Ethik des Judentums in den mehr als dreitausend Jahren seit der Gesetzgebung durch Moses Entwicklungen durchgemacht. Doch finden wir in dem etwa zweihundert Jahre vor der Geburt Jesu niedergeschriebenen Weisheitsbuch des Josua ben Sira die deutliche Warnung vor Haß. »Vergib deinem Nächsten, was er dir zuleide getan hat, und bitte dann, so werden dir deine Sünden auch vergeben.«

Der einzelne kann und muß vergeben. Schwerste Überwindung des eigenen Ichs, wenn es nicht bei einem leeren Lippenbekenntnis bleiben soll. Nicht vergeben ist Handeln gegen Gott; wer aber vergibt, beweist sich als Kind Gottes. Um solches Vergeben muß die Seele des einzelnen ringen. Vergeben bedeutet aber nicht Zurücktreten in den alten Kreis.

Solcher Entscheidung der Rückkehr steht auch noch eine gewichtige seelische Not entgegen: die Treue zu den Opfern. Sie besteht – was laut und klar zu bekennen ist – gewiß nicht in der Saat von Haß, denn aus Unverstand und Haß sind die Opfer gequält und vernichtet worden. Aber es darf auch nicht ein Fünkchen von Anschein erglimmen, aus dem sich schließen ließe, die Opfer sind vergessen. Vor seiner Seele, vor Gott steht der Mensch allein, zur Versöhnung steht er vor dem anderen, seinem Nebenmenschen. Da kommt es auch auf dessen Haltung an. Es bedarf kaum einer Erwähnung, daß die Emigranten mit den Gegnern des Nazismus im Lande immer versöhnt waren und daß sie die Kämpfer und die Opfer des inneren Widerstands verehren. Aber die Haltung der anderen ist zur Zeit zu zweifelhaft, um ihnen die Hand zur Versöhnung zu reichen. Den Menschen aufrichtiger Umkehr, die nach jüdischer Auffassung vor Gott mehr gelten als die vollkommen Gerechten, soll sie freudigen Herzens gegeben werden – denn immer und überall bleibt es ein Wunder, wo sich Gott offenbart. Wir sind hier im Ausland solchen Menschen begegnet.

Versöhnung ist auch zugleich ein Rechtsspruch zwischen Menschen über das Vergangene in einer Form, die ähnlich wie ein Vergleich von den Betroffenen selbst geschaffen wird. Dieser Spruch kann nicht einseitig getroffen werden, er ist nur möglich, wenn die Beteiligten sich im vollen Bewußtsein des Geschehenen über das Urteil einig sind. In Deutschland ist das Urteil über das Vergangene noch umkämpft. Ja, es ist mir zweifelhaft, ob die entschiedene Absage an die Nazivergangenheit nicht fast ausschließlich aus den Kreisen kommt, die immer Gegner des Nazismus waren, oder zumindest nur schwach von ihm berührt worden sind. Die Sinne des Emigranten müssen in dieser Beziehung wach bleiben.

Es kommt noch ein besonderer Umstand hinzu. Deutschland ist unfrei. Alle Entschlüsse werden unter Zwang gefaßt. Was dies bedeutet, weiß der Emigrant zu genau, und deshalb soll er gar keine anfechtbaren Entscheidungen herbeiführen. Mir erscheint die Zeit zu einer Rückkehr noch nicht reif.

103/18.11.1948

Gustav René Hocke

Streifzüge durch das neue und alte Hamburg. Verfall und Aufstieg einer Weltstadt

Im Morgengrauen fuhr der Zug durch die Vorstädte, und es verschlug mir zunächst den Atem, wirre Einöden zerrissenen Gesteins zu sehen, bis der Zug in eine leidig heile Halle voll hastigen Lebens drang, wo winzige, hell erleuchtete Geschäfte Luxus und Genuß aller Art feilboten, und ich dann, von einem beflissenen Taxifahrer gelenkt, in eine deutsche Innenstadt gelangte. Sie trat mir so imposant entgegen, daß ich meinte, in eine Metropole des Auslands geraten zu sein.

Die Paradoxie des heutigen Hamburg begegnet einem gleichsam ante portas. Es ist die erregende Paradoxie einer Art Zwischenwelt, einer strahlenden, energischen, wohlerhaltenen City, die von melancholischen Ruinenstädten umgeben ist, eines spürbaren, selbstbewußten unternehmerischen Optimismus neben einer Anmut, die an Bilder des Mittelalters erinnert oder an den verzweifelten Totentanz von Wolfgang Borchert in seinem »Draußen vor der Tür«. Schifffahrt im Hafen, doch keine eigenen Schiffe, zertrümmerte Lagerhallen neben funkelnagelneuen Betonschuppen, üppig quellende Mengen von Obst und Gemüse in der Markthalle und alte Leute, die halbverfaulten Abfall auflesen. Zwischen dem noch nachwirkenden Verfall und einem kommenden Aufstieg, wie keine andere Stadt ihn kennen mag, zwischen zwei Zeiten, zwei Stimmungen, zwischen einer halbbetäubten und einer sich energisch aufraffenden Schicht von Menschen, bewegt sich dieses neue Hamburg, aber der erste Eindruck ist der, daß jenes Brio des Aufstiegs bereits die Tristezza des Verfalls überwindet. Wie viele kleine Zeichen gibt es dafür, bevor man daran geht, mit wohlüberlegten Fragen herumzuforschen, um dieser verwirrenden Paradoxie ordnend Herr zu werden!

Während ich am Alsterufer frühstückte, blickte ich nicht nur auf glanzvolle Geschäfte, auf instandgesetzte Büros großer Gesellschaften und auf Schilder ausländischer Konsulate. Ich sah am Jungfernstieg vor einem äußerlich reizend anspruchsvollen Pavillon, Café oder Restaurant, Palmen in frischgestrichenen grünen Kästen. Blumen auf mattgelb gestrichenen Tischen. Später fielen mir Ordnung und Tätigkeit in Gärten und Parks auf. Als ich dann Anreger und Hüter dieses durchaus angenehmen Sinns nicht nur für städtische Ästhetik, vielmehr auch für bekömmliche Ozonwirkung befragte, erfuhr ich, daß bis zum Frühjahr 1947 in Hamburg bereits rund 1 300 000 Pflanzen und Bäumchen wieder angepflanzt worden seien.

Läßt man einmal die heillos zerstörten Vororte wie Barmbek und Rothenburgsort außer acht, so hat man den Eindruck, daß überall gebaut wird, und die vielen Gerüste verstärken eine Atmosphäre von guter Laune, Höflichkeit und von jener vielgenannten Hamburger soliden Zuversicht, der man fast allenthalben begegnet. Es gibt kaum Arbeitslosigkeit im Stadtstaat Hamburg – trotz oder gerade wegen der Währungsreform. Im Bauwesen bereiten vielfach Facharbeiter am Wochenende die Arbeiten vor, damit minder erfahrene Kräfte sie die Woche über im einzelnen leisten können. Da dieser Auftrieb vor allem »privaten Charakter« hat, soll schon demnächst mit einem großzügigen »Gemeinbau« begonnen werden, für den der Senat bereits zwanzig Millionen genehmigt hat, denn fast 50 v. H. aller Wohnungen sind zerstört, die Stadt zählt heute etwa anderthalb Millionen Einwohner, Tausende kehren allmonatlich irgendwoher zurück …

Und die Lebensmittelgeschäfte, das Erstaunlichste für Norddeutschland in der Zeit vor Juni 1948, bieten, man darf sicher sagen, alles, was man sich wünschen mag, ebenso die Restaurants und die allerdings noch recht seltenen Hotels … Doch die Preise veranlassen selbst relativ Sorglose zu ärgerlichem Stirnrunzeln, und man ahnt durch diese wohltuenden Impressionen hindurch rasch wieder den doppelten Charakter, den auch Hamburg wie die meisten deutschen Städte hat, einmal jenen pionierhaften raschen Aufstieg, sodann aber die neuentstandene Not, die Wehen einer ungewöhnlichen gesellschaftlichen Umschichtung … Alte Arme und neue Reiche, einstige Reiche und neue Arme, es geht durch alle Schichten, kreuz und quer, und es mag als besonders bezeichnend gelten, daß relativ spät nach der Währungsrefom für eine Aufführung des »Barbier von Sevilla« in der Oper nur vierzehn Karten verkauft wurden.

Es versteht sich somit, daß die Kenner der Verhältnisse zwar mit berechtigter Genugtuung die Zeichen des Aufstiegs anerkennen, jedoch auch mit Sorge vor voreiliger Verallgemeinerung warnen. Das entdeckt man überdies sehr rasch auch selbst. Hinter den Geschäftsstraßen mit ihren reichen Auslagen und den ersten Lichtreklamen, die abends wieder am Jungfernstieg so lustig funkeln, daß man für wenige Sekunden wenigstens glaubt, man befinde sich am Paradeplatz in Zürich, hinter diesen Straßen entdeckt man die Armut, das zergrübelnde Rechnen mit den D-Mark-Scheinen, die immer weniger einbringen; und dort ist auch das Kopftuch noch nicht von dem neuen, schnittigen Hut verdrängt worden; dort herrscht vor allem das Elend der Alten, denn sie haben nicht mehr jene Hoffnung, die ein Vierzigjähriger kundgab, als ich mit ihm ins Gespräch gekommen war, nachdem ich beobachtet hatte, wie er einen Zigarettenstummel aufhob. Er war Hilfsarbeiter und hatte drei Kinder. »Ich komme jetzt mit meinem Verdienst nicht aus«, sagte er; »aber hier rollt das Geld. Das hat sich nur noch nicht ausgependelt. Wenn die letzten Schieber auf dem Trockenen sitzen und wenn hier überall wieder so sauber gearbeitet wird wie früher, dann ist gerade hier rasch alles wieder klar. Ich war früher Janmaat, jetzt bin ich Packer in einer Textilfabrik. Bis alles ausgependelt ist, bin ich entweder Vorarbeiter, oder ich hab' meine Heuer wieder. Da können Sie sich drauf verlassen.«

»Auspendeln«, das ist das magische Wort dieser Zwischenwelt, nicht nur in Hamburg. Es bezeichnet die allgemeine Hoffnung auf einen gleichmäßigen Aufstieg für alle; aber in Hamburg spürt man sehr genau, daß dieses Auspendeln stärker der Gleichgewichtslage näher ist als anderswo.

Kritiker an den Verhältnissen in Hamburg neigen dazu zu sagen, die Stadt verdanke ihren Aufschwung einer Art von Binnenhandel auf Kosten des Hinterlands, einem »Tauschhandel«, um es wohlwollend auszudrücken, der in geschickter, aber nicht immer fairer Weise den alten Überseehandel ersetzt habe. Was auch immer in Einzelfällen geschehen sein mag, diese Auffassung ist nicht nur dilettantisch; sie ist falsch. Das hohe Steueraufkommen erklärt sich zum Teil aus der Tatsache, daß viele bedeutende Gesellschaften der erhaltenen City wegen ihren Sitz dort aufgeschlagen haben. Hamburg ist ferner ja nicht nur eine Stadt, sondern ein Stadtstaat. Außerdem wird in Hamburg – schlicht gesagt – mit hergebrachter kaufmännischer Umsicht gearbeitet. Darüber belehrte mich vor allem eine Hafenfahrt.

Die Barkasse gleitet zunächst durch eine Szenerie, die ebenso romantisch wie grauenerregend ist; es ist, als tauchten die Umrisse eines zerstörten Atlantis aus den schwarzgrünen Fluten auf. Berge von Schrott, zerdehnte, abgebrannte Schuppen, aufgesplitterte Dückdalben ohne Schiffe, geborstene Quaimauern gleiten unter erstarrten Kränen vorbei, die wie gelähmte Hände am grauen Himmel hängen. Eine Werft liegt brach. In einer Ecke dösen dickleibige tschechische Schlepper, die der sowjetischen Sperre wegen seit Wochen festliegen.

Öde, Stille, Tod, über denen Möwen kreischen ... Das ist der alte Hafen, wo das Bombengewitter am schlimmsten prasselte.

Je länger man fährt, desto stärker wandelt sich das Bild, und die Paradoxie des ersten Eindrucks wiederholt sich. Im modernen Hafengebiet recken sich zahlreiche Gerüste, Quaimauern werden nicht nur repariert, sondern eines größeren Tiefgangs wegen modernisiert. Neue Schuppen aus Stahl und Beton entstehen in langer Reihe. Ist die Werft von Blohm und Voß tot, so wird in der »Deutschen Werft« wieder gearbeitet, vorerst noch Reparaturen, man hofft jedoch auf Bauaufträge, für das Ausland wenigstens. Im Fischereihafen herrscht fast Friedensbetrieb, obwohl die Schiffe arg veraltet sind. Auch Neubauten sieht man, adrette, zweckmäßige, hypermoderne Anlagen. Aus der Tabula rasa wird allmählich ein Modellhafen des 20. Jahrhunderts, Produkte der schöpferischen Phantasie der Erbauer und eines unermüdlichen Fleißes der Arbeiter. Nach der Währungsreform, so erklärte mir ein Eingeweihter, sei die Arbeitsleistung um 75 Prozent gestiegen.

Allerdings sieht man nicht allzuviele große Schiffe, und deutsche so gut wie nicht. (Im Potsdamer Abkommen wurden fünfhundertelf Schiffe mit rund zweihunderttausend Tonnen Tragfähigkeit für ausreichend erklärt. Die gegenwärtige deutsche »Flotte« setzt sich vorwiegend aus Küstenmotorschiffen zusammen, die zweihundert bis dreihundert Tonnen im Durchschnitt groß sind. Dazu kommen noch einige Dampfer und Tanker. Hundertzwölf Schiffe mit fünfzehntausenddreihundert Tonnen sind sogenannte Wattfahrer, die nur zwischen dem Festland und den ostfriesischen Inseln verkehren können. Fahrten ins Ausland sind fast ausnahmslos verboten.) Da die Einfuhr nach Deutschland auf ausländischen Schiffen herangetragen wird, sieht man meist amerikanische oder englische. Obwohl Hamburg die Hälfte seines Hinterlands durch die östliche Sperre verloren hat (Blockierung des Mittellandkanals), ist die Frequenz durch die ERP-Einfuhren etwas gestiegen, so daß der Hafen heute rund dreißig bis vierzig vom Hundert der früheren Frequenz hat. Auch die Ausfuhr hochwertiger Güter nimmt zu. Dennoch bleibt die Lage des Hafens, dieses kostspieligen Zuschußunternehmens, noch immer höchst prekär, weil die ERP-Einfuhren und die Ausfuhren noch keinen normalen wirtschaftlichen Vorgang ergeben, weil der Osten blockiert bleibt und – weil eine eigene Seefahrt fehlt, auf die nicht nur die fünfzig- bis fünfundfünfzigtausend ausgebildeten Seeleute der Waterkant noch immer sehnsüchtig warten. Die meisten arbeiten jetzt in anderen Berufen als Gelegenheitsarbeiter oder auch in Häfen beim Aufbau sowie in der Kleinschiffahrt. Immerhin steht noch immer ein großer Teil dieser Menschen, ferner alle Hafenarbeiter, viele Angestellte, viele Geschäftshäuser und so weiter, mit dem Hafen als nährendem Organismus in Verbindung.

Eine Panikstimmung entstand daher, als man befürchten mußte, daß dieser letzte, mühsam erhaltene Teil des Umschlags nun noch vermindert werden sollte, da man einen hohen Prozentsatz nach belgischen und holländischen Häfen umleiten wollte. So sehr der Wunsch dieser Länder nach einem Ausgleich insbesondere hinsichtlich der amerikanischen ERP-Lösungen verständlich erschien, die ernsthaft diskutierte Quote schien unfaßbar. Erst als ein annehmbarer vorläufiger Kompromiß erzielt wurde, glaubte man aufatmen zu dürfen. Lahmlegung des Aufbaus und Arbeitslosigkeit katastrophalen Ausmaßes waren zunächst wieder vermieden. Eine Normalisierung auf gesunder Grundlage erhofft man sich jedoch für die Zeit, wenn ein gesundes Export-Import-Geschäft sich wieder entwickelt hat. (Von amerikanischer Seite wird der Stand von 1936 als Grundlage für die Zukunft genommen, das heißt rund zwei Millionen Dollar Export bei größerem Import.)

Wenn man Hamburger Bürger trifft, sei es in der Teestube einer Buchhandlung, in einem Geschäftshaus, im Foyer eines Theaters oder in den Amtsstuben des so solid wirkenden Rathauses, so hat man das gleiche Gefühl, das sich recht zwanglos ergibt, wenn man die Rechenschaftsberichte der leitenden Männer des Senats seit 1945 liest: das der für Hamburg sprichwörtlichen Gediegenheit, zweifellos die echteste Wurzel dieser schon jetzt ansehnlichen Leistung bis 1948. Wie der Hamburger Arbeiter, so ist auch der Hamburger Bürger durch eine gewisse gänzlich unprovinzielle Weitläufigkeit, was auch immer man von seiner früheren gesellschaftlichen Erstarrung erzählen mag, liberal, tolerant und ganz und gar nicht doktrinär. Es heißt, er verstehe sich deswegen besonders leicht mit dem britischen Okkupanten. Sicher ist, daß eine sachliche und zugleich phantasievolle Einstellung gegenüber dem Problem des Aufbaus besteht, eine bestechende Mischung, die ebenfalls viel erklärt, so wahr es ist, daß auch dort unfruchtbare Parteistreitigkeiten bestehen, die aber – wie dies das sang- und klanglose Absterben des überdoktrinären Kulturrats zeigt – nicht zu demagogischer Halsstarrigkeit verführen.

Es nimmt daher nicht wunder, daß auch viele Intellektuelle heute Hamburg schätzen, obgleich sie es nicht gerade für ein neues Florenz halten. Viele Verleger, mehr als ein halbes Dutzend Zeitungsredaktionen, Agenturen aller Art, auch Künstler und Schriftsteller, gute Theater und Konzertgesellschaften geben dem heutigen Hamburg ein Gepräge, das – was Angeregtheit, lebendige Problematik, Modernität und ideologische Unbefangenheit angeht – etwas an das frühere Berlin erinnert. »Wissen Sie, was Hamburg heute so anziehend macht?«, erklärte mir ein Bildhauer. »Das ist der ständige kluge Ausgleich von allzu radikalem Jakobinertum und allzu sprödem Konservatismus.« Auch das ist ein Auspendeln eigener Art. Es handelt sich um eine Auswirkung des Hamburger Common Sense. Niemand wird behaupten dürfen, die Stadt leide darunter.

106/25.11.1948

Geno Hartlaub

Wie 'n Engel …

Ich heiße Victor Geyer. Mein Vater ist Beamter. Er hatte das Stadtbauamt unter sich, und weil weiter nichts vorlag gegen ihn damals, war er geblieben. In den ersten Wochen stellte er noch, wo er hinkam, das Radio ab, mitten in den Führerreden. Bis ihn eines Tages der Schwung hinriß, der Auftrieb, wie er es nannte. Man kann wieder arbeiten, sagte er und war begeistert. Meine Mutter war es auch. Und das schon im ersten Jahr. Mir aber gefielen die Lieder nicht, die sie sangen. Außerdem hatte mich mein Klassennachbar, der jetzt der größte Heilschreier war, früher mal verhauen. Darum war ich dagegen, wie das so kommt.

In unserer Klasse war damals ein Judenjunge, der noch eine Weile nachher allein in einer Bank am Fenster saß und während des Unterrichts oft nach dem Hof mit den Kastanienbäumen hinaussah. Eines Tages war er plötzlich verschwunden. Wir vergaßen ihn bald.

Später, es war schon Krieg, und ich, gerad im ersten Urlaub, zu Hause, geh' mit meinem Vater in unserem Vorgarten auf und ab. Wir reden von den Lebensmittelmarken und vom russischen Vormarsch – so weit war's damals schon. Da seh' ich einen beim Kellerfenster stehen zwischen den Sandkisten. Obwohl er sich sehr verändert hat, kenn' ich ihn gleich wieder. Die Augen sind größer geworden, und die Lippen haben so was Fasriges, Zerzupftes bekommen. Ganz durchsichtig ist er vor Blässe. Ich schicke erst den Alten fort, linse schnell 'n paarmal um die Straßenecke und geh' wieder zurück. Warum ist er gerad zu mir gekommen, denk' ich, und das frag' ich ihn auch. »Du bist doch immer dagegen gewesen«, sagt er, und ich tipp' mir an die Stirn, als hätt' ich das ganz vergessen gehabt. »Ja, richtig«, sag' ich.

Es war das Jahr, in dem sie hier die Juden abschoben. Sein Vater war damals schon in 'nem Lager im Osten, Mutter und Schwester hatten sie am Tag vorher abgeholt. Er war polizeilich nicht gemeldet und hat sich versteckt gehabt. »Kann ich heut nacht bei dir bleiben?«, fragt er, sieht dabei aber ganz gleichgültig aus, als würd' die Antwort ihn schon nichts mehr angehen. Ich will schon das Übliche sagen, daß ich Rücksicht nehmen muß, mein Vater Beamter und so weiter. Da fällt mir ein, daß das doch alles saublöde Ausreden sind und daß die Nacht schließlich auch mal vorbeigeht. Was er später vorhat, ist seine Sache, danach frag' ich ihn nicht. Ich hol' mir also den Schlüssel und sperr' ihn ein in so 'ne Nebenkammer von unserem Luftschutzraum. Auch was zu essen bring' ich ihm und 'ne Matratze. Bevor ich geh', sag' ich noch schnell, daß er kein Licht machen soll wegen der Leute vom Oberstock. Da schaut er mich so sonderbar an, als ob er gar nicht mehr wüßt', was das ist: Licht. Und er legt sich auch gleich auf die Matratze.

Ich schlafe schlecht in der Nacht. Jetzt sitzt das Unglück im Keller drunten, denk' ich, jetzt hat's dich richtig erwischt. Solang man nichts Genaues davon weiß, nur so was vom Hörensagen, lebt sich's ganz gut, denk' ich, man kann immer noch glauben, daß alles Gerücht und übertrieben wär. Aber jetzt hast du einen von denen im Haus.

Und wie ich noch so überleg', heult schon die Sirene los: der Zwei-Uhr-Alarm. Ich krieg' Herzklopfen, der kalte Schweiß bricht mir aus. Ich renne runter, immer zwei, drei Stufen auf einmal. Aber im Keller hat der Luftschutzwart schon alle Türen aufgeschlossen, auch die von der Nebenkammer, was er sonst nie tut. Und die Schneiderin vom ersten Stock mit ihrer Schwägerin und Tante ist auch schon da. Haben brennende Kerzen in der Hand, weil das Elektrische nach so 'n paar Zuckungen ausgegangen ist. Und alle stehen sie um den Schlafenden auf der Matratze herum, der gar nichts gemerkt hat und wie 'n Säugling die Luft durch die runden Lippen einzieht, und so 'n Frieden liegt über dem Gesicht, daß mich gerad das Heulen packt. Und die Frau vom ersten Stock verschränkt die Arme über der Brust und meint: »Wie 'n Engel.«

Da blendet der Luftschutzwart ihn mit seiner Quietsch-Taschenlampe mitten ins Gesicht. Und auf einmal geht ein Ruck über seine Züge, nie werd' ich's vergessen, so 'n leerer Schrecken, noch bevor er ganz bei sich ist. Dann reißt er die Augen auf, ganz weit, und die bewegen sich nicht mehr, nicht mal die Lider zucken. Und kaum haben die Leute die Augen gesehen, da fangen schon welche zu kreischen an. Und die, die eben noch »wie 'n Engel« gesagt hat, das ist die Allerschlimmste. Die ruft in einem fort: »Das ist ja 'n Judenbengel!« Und der Luftschutzwart schaut einen nach dem anderen von der Hausgemeinschaft an und sagt: »Den muß doch jemand reingelassen haben.« Da geht ein Flüstern, Seufzen und Zittern an. Und keiner weiß recht: Ist's, weil man oben schon die ersten Einschläge hört und die Flak so mörderisch bellt, oder weil einer mit im Keller ist, der nicht dazu gehört? Und ich lehn' an der Wand. Speiübel ist mir. Wenn er mich nur nicht anschaut, denk' ich, wenn er mich nur nicht verrät. Und ich hör', wie der Schlosser, der gerad zu Besuch bei der Schneiderin ist, sagt: »Mann, hauen Sie ab, so schnell wie Sie können. Da kommt gleich die Kontrolle vom Blockwart nebenan, wenn der Sie findet, da ist's zappenduster.« Da fangen sie alle wieder zu kreischen an: »Raus, raus!«

Dann ist's 'ne Minute still, und man hört 'ne Bombe runtersausen. Und mein Vater, der am Verbandskasten steht, der sagt mit seiner tiefen Bierstimme: »Unverschämtheit, bringt uns alle in des Teufels Küche.« Und ich denk': wenn der Mensch nur keinen Vater hätt', und schäm' mich so furchtbar. Heiß und kalt wird mir. Ich glaube auf einmal, die Glocken schlagen, ich hör' lauter Glocken schlagen, helle und dunkle, die Ohren fallen mir zu. Mein Herz hämmert irgendwo im Hals oder an den Schläfen, und ich sag' mir: Jetzt mußt du was tun. Dies ist die Stunde, zu der bist du auserwählt. Jetzt heißt's tapfer sein. Das, was du draußen erlebt hast bisher, das ist nichts, wenn man auch dafür 'nen Orden kriegt, das tun die anderen auch, und einer brüllt dazu, und man ist überhaupt halb besoffen dabei. Aber, was ich jetzt tu, das ist was.

Und da geh' ich schon 'nen Schritt von der Wand weg und dann noch 'nen Schritt. Alle sehen sie mich an. Es entsteht so was wie 'ne Gasse, und ich tu noch 'nen dritten und 'nen vierten Schritt. Dann steh' ich ganz dicht vor dem bei der Matratze, der aufgestanden ist. Die Arme hängen ihm so an den Seiten herunter. Wie ich vor ihm steh', seh' ich für 'nen Augenblick ein Licht in den schwarzen Augen. Und der Arm, der eben noch so lose runtergehangen ist, wie ausgerenkt, der hebt sich auf einmal, und die Hand ist ganz dicht vor mir. Ich seh' sie noch heut: schmal ist sie gewesen und ganz dreckig vom Kohlenstaub. Und ich bin so verwirrt, daß ich gar nicht merke, daß der mir die Hand geben will, um sich zu bedanken, daß ich zu ihm halt'. Und ich weiß überhaupt nicht mehr, warum ich dasteh' und was ich eben noch Großes tun wollt'.

Da sagt der Luftschutzwart hinter mir zur Schneiderin ganz laut: »Die kennen sich ja.« Und ich hör' die Stimme von meiner Mutter, die ist ganz weit weg und bringt nur noch so 'n »Oh« raus wie bei 'nem Ohnmachtsanfall. Bei dem »Oh« packt mich die Angst. Die Knie werden mir weich, unter den Achseln sticht's, in der Kehle würgt's, und im Mund hab' ich auf einmal so 'nen bitteren Geschmack und viel Wasser, viel Speichel, so furchtbar viel, daß ich ihn gar nicht mehr halten kann. Und da ist's schon geschehen. Da hab' ich gespuckt, vor ihm auf den Boden ausgespuckt. Und die Hand mit den Kohlenflecken ist noch immer da vor mir, er hat's vergessen, sie zurückzuziehen, und hält sie vor mich hin wie vorher. Und ich spuck' noch mal, damit er was merken soll, und diesmal bekommt auch die Hand was ab. Und hinter mir der Luftschutzwart lacht, und der Schlosser brummt: »Das is 'ne Viecherei.«

Plötzlich komm' ich zu mir, tu die Hand vors Gesicht und beiß' ins Fleisch, um das Heulen wieder reinzustopfen, 's klingt wie 'n Hustenanfall. Und wie ich mich umschau', ist der von der Matratze schon an die Kellertreppe gegangen, steigt die Stufen rauf, ganz gerade hält er sich dabei. Und die Einschläge, die kommen immer näher, und die Flak böllert. Aber der scheint davon nichts zu hören. Er schlägt schon die Haustür hinter sich zu. Im Keller ist's still geworden. Keiner hat mehr »Raus« gerufen, als er die Treppe hinaufgegangen ist. Und die erste, die redet, ist wieder die Schneiderin, die »Wie 'n Engel« und »Das ist ja 'n Judenbengel!« gesagt hat. Und jetzt schluchzt sie in die Schürze hinein und meint: »Das wär' doch nicht nötig gewesen, gerad jetzt, wo's am schlimmsten ist!« Meine Eltern, die stehen hinterm Verbandschrank versteckt. Die schämen sich wegen mir, wegen ihm und daß sie überhaupt da sind. Ich schluchze und huste immer noch, aber in dem Krach fällt's nicht weiter auf.

Nach der Entwarnung kommt dann der Blockwart von nebenan und fragt, ob hier einer 'ne Ahnung hätt', wer der Mann da drüben im Sprengtrichter wär'. »Hat 'nen Splitter auf den Kopf bekommen. Muß sich ganz unvorschriftsmäßig benommen haben. Während 'nem

Angriff mitten auf der Straße rumbummeln, und dann noch nicht mal 'nen Ausweis mitnehmen, daß man ihn nicht mehr identifizieren kann. So einem ist nicht zu helfen. Möcht' nur mal wissen, wozu die Kurse da sind –. Na, guten Abend, wenn Sie auch nicht Bescheid wissen.« Er gähnt, schließt das Haustor ab.

Das wär' eigentlich alles. Nur daß die Alten mich nachher noch getröstet haben, als ich mich gar nicht mehr aufrappeln wollt'. »Der wär' sowieso ins KZ gekommen, der hat sich vieles erspart. Und schließlich ist er ja von selber gegangen, gezwungen hat ihn keiner dazu.« Davon, was ich getan hatte, sagen sie nichts. Vielleicht hätten sie gerad nicht hingesehen. Nur meine Mutter meint: Für 'nen Augenblick hätt' sie geglaubt, ich kenne den Jungen. Aber dann hätte sich das ja aufgeklärt. Aufgeklärt nannte sie das.

110/4.12.1948

Herbert Taube

Ein Besuch im »Hamburg des Ostens«

Wie sieht es im polnisch-sowjetischen Stettin aus?
Man sieht es den breiten, auf Repräsentation angelegten Straßen und Plätzen an, daß sie nach einem Friedrich oder einem Wilhelm, Königen und Kaisern der Hohenzollern, benannt waren, und der alte Baedeker von Nordostdeutschland, der für eine Reise durch das heutige Polen unentbehrlich ist, bestätigt es. In den neueren Stadtteilen, die sich vor dem ehemaligen Königs- und Berliner Tor ausbreiten, herrscht das Bild bürgerlichen Wohlstands: Gärten und Villen, schöne Anlagen, stille Alleen. Hie und da starrt eine Ruine dazwischen. Alles ist wieder bewohnt, und die Anlagen auf dem ehemaligen Kaiser-Wilhelm-Platz sind schön hergerichtet. Eben marschiert ein Trupp junger Russen in Uniform vorbei. Ihre breiten, goldnen Achselplatten glänzen; sie sind gut im Schritt und singen ein melodisches Lied.

Die Standbilder der preußischen Könige sind verschwunden, aber die für die Kunst sehr verständnisvollen Polen haben den schönen Barockbau des Königstors, auf dem sogar noch eine deutsche Inschrift von der huldvollen Gesinnung Friedrich Wilhelm I. gegenüber seinen treuen Stettinern spricht, stehen gelassen. Sonst aber sind mit einer geradezu blitzartigen Geschwindigkeit alle deutschen Straßenaufschriften gegen polnische ausgewechselt worden. Eine kühle und darum erträgliche Neogotik aus roten und dazwischengestreuten buntglasierten Backsteinen ist der herrschende Stil an Kirchen und Verwaltungsgebäuden. Dazwischen kühlere und echtere Anklänge an Barock und Klassizismus des 18. Jahrhunderts, wogegen die hitzigen Manifestationen des Wohlstands der Gründerjahre mit ihrem Überschwang an Kariatyden und Girlanden, Säulen und Pilastern eher selten sind.

Von der Hakenterrasse sehen wir auf die Oder hinab, die sich durch die Ebene gegen das Meer hinzieht. Die eine Seite, manchen Kilometer lang, dient als Hafen. Ein schmaler Uferstreifen ist mit Kränen und Verladerampen, Geleisen, Lagerhäusern und auch schon mit Industriegebäuden besetzt. Am jenseitigen Ufer wird der große, schwarze, malerische Block eines ausgebrannten Getreidesilos bald von der grünen Wildnis des Erlen- und Weidengebüsches abgelöst. Jenseits sind in der Ebene eine Menge von künstlichen Hafenbassins eingeschnitten. Die Sowjetrussen, die hier einen wichtigen Stützpunkt für den Verkehr mit der Sowjetzone Deutschlands besitzen, haben sich hier festgesetzt, und ein großer Teil des Geländes, in dem noch viele deutsche Kriegsgefangene und Zivilisten für die Russen arbeiten, ist auch für die Polen abgesperrt. Hingegen dürfen wir frei das Gelände besichtigen, wo die aus einem wichtigen Teil des Hafens hinauskomplimentierten Polen in fieberhafter Eile und mit einem bewunderungswürdigen Schwung eine neue Verladerampe und ein neues breites Gleisnetz in dem weichen Riedboden anlegen. 5000 Arbeiter sind hier in Schichten Tag und Nacht beschäftigt. Lange Betonpfeiler werden von Dampfhämmern ins Erdreich gestampft, Güterzüge mit gelbem Sand werden über dem sumpfigen Gelände ausgeschüttet. Das sind große Investitionen, mit denen die Polen nicht nur das aufholen, was ihnen die Russen weggenommen haben, sondern auch zeigen, daß sie in Stettin oder »Szcecin«, wie sie es nennen, zu bleiben hoffen. Etwas flußabwärts liegt eine Insel, die den Tschechen zur Verfügung gestellt wird, damit sie sich dort selbst einen Freihafen bauen können.

Die alte Stadt ist zerstört. Man geht durch öde Gassen, zwischen ausgebrannten Häusern. Da und dort hängen noch deutsche Aufrufe aus der Kriegszeit. Ein Mann wird gesucht, der in der Nacht eines »Terrorangriffs« einen anderen mit einem Finnendolch ermordet hat. 1944, ein ausgelöschtes Blatt. Ein leeres Bürgerhaus mit schönen gotischen Fenstern fällt durch eingesetzte Glasscheiben auf: die sorgliche

Hand des Konservators sucht hier den weiteren Verfall aufzuhalten. Zwischen den Trümmern, durch die wir klettern müssen, um diese gotische Fensterfront zu sehen, liegen ausgebrannte Reste von Musiknoten. In den engen Gassen sieht man noch Barrikaden. Eine kleine Bedürfnisanstalt war durch aufgeschichtete Ziegel in ein Fort verwandelt worden, unweit davon durchläuft ein Graben die Gasse. Es wurde hier verzweifelt gekämpft. Von der großen Jakobikirche, in der einst die Handschuhe Wallensteins zur Erinnerung an die vergebliche Belagerung Stralsunds aufbewahrt wurden, ist das Langhaus eingestürzt: nur ein kleines Fragment des Gewölbes und der hohe Turm halten sich noch. Ein Wiederaufbau wäre zu kostspielig. Das Ganze soll als Ruine inmitten der Stadt erhalten werden, man verspricht sich davon nicht mit Unrecht eine malerische Wirkung, wie sie das antike Gemäuer in Rom ausübt.

Das klotzige, schmucklose alte Schloß starrt von seinem Hügel mit blinden zugemauerten Fenstern auf die Ruinen. Im großen Schloßhof sehen wir, obwohl es Sonntag ist, eine Menge behäbiger älterer Herren mit Pickel und Schaufel den Boden aufwühlen. Es sind die Wirte der Stadt, die freiwillige Sonntagsarbeit leisten. Einer von ihnen hat als Hinweis auf frühere patriotische Leistungen seine Legionärsuniform aus dem Ersten Weltkrieg angezogen, und seine Orden pendeln bei jedem Spatenstich. In einer Ecke haben sie schon eine ganze Menge Gemäuer, offenbar uralte Reste, freigelegt. Eine halbe Stadt liegt noch in Trümmern, aber hier wird schon munter Archäologie betrieben, ja man hat sogar von der Unordnung profitiert und einen Teil des Erdreichs einfach in eine nahe noch nicht von den Trümmern befreite Gasse geworfen! Ein Geschichtsassistent erläutert uns, man habe hier den alten Bau der slawischen Fürsten von Pommern freigelegt. Er persönlich sei damit noch nicht zufrieden. »Das alles muß noch weg«, sagt er, mit einer kleinen Handbewegung auf das zyklopische Gemäuer weisend – und wir denken unterdessen, wieviel Arbeitsbrigaden das kosten wird –, »denn ich bin Vorgeschichtsforscher und möchte sehen, was noch hinter diesen Resten ist. Da muß es noch einen älteren Holzbau geben. Es wird nun auf einer Konferenz von Geschichtsforschern ausgemacht werden, ob man das wegschaffen darf.« In einem ebenerdigen Raum des Schlosses stehen einige große plumpe Kisten aus Zink mit kleinen vergoldeten Zieraten. Das sind die Sarkophage der pommerschen Herzöge. Im ganzen sind es vierzehn, versichert uns ein Herr, der dort steht. Man hat schon nach Krakau geschrieben, wegen der Restaurierung. Dies wird Millionen kosten, und es wird leider voraussichtlich nur zur Restaurierung von zehn Sarkophagen kommen. In einer kleinen Holzkiste liegen schwärzliche, zerknüllte Fetzen. »Das sind die Reste der Kleider, die man auf den Leichen gefunden hat. Das wird alles sorgfältig gesichtet, und wir hoffen, ein Complet für Ausstellungszwecke zusammenzubringen.«

Angesichts dieser zwei Herren, die so eifrig ihr Hobby pflegen und in den Dienst dieser signorilen Leidenschaft sogar die bolschewistische Institution der Arbeitsbrigaden zu spannen wissen, wird es uns am deutlichsten bewußt, daß diese kühle preußische Stadt tatsächlich polnisch geworden ist und neuen Lebensgesetzen untersteht. Unser nüchterner demokratischer Instinkt, der inmitten der zertrümmerten Altstadt eher nach Wohnungen und Möbeln für das Volk als nach fragmentarischen Fundamenten und restaurierten Sarkophagen verlangen würde, muß sich vor dieser in der Sonne einer ungehinderten Diktatur aufschießenden edlen Leidenschaft entschieden geschlagen geben.

Ganz edel und interesselos ist das Beharren der beiden Herren übrigens nicht. Die Archäologie muß beweisen, woran kein Geschichtskundiger je gezweifelt hat: daß in Stettin, bevor es erst von Schweden und dann von Preußen erobert wurde, einst slawische Geschlechter herrschten. Sie muß aber darüber hinaus dem naiven Betrachter die Schlußfolgerung nahelegen, daß die Vertreibung der Deutschen zu Recht vollzogen worden sei, da sie nur ein vor Jahrhunderten geschehenes Unrecht »gutmache«.

Die Archäologen graben, wie die Psychoanalytiker, nach vergangenen, längst vergessenen Dingen. Aber im Gegensatz zu diesen wühlen sie das Erdreich nicht darum auf, um es nachher um so klarer auszugleichen oder die alten Reste für den neuen Bau zu verwerten, sondern umgekehrt, um zu all den Ruinen, die schon den Weg versperren, noch andere aus Urzeiten hervorzugraben und hilflos stehen zu lassen. Und was noch schlimmer ist, mit den Altertümern wird auch der Haß, aus den uralten, verschollenen Tragödien, von denen sie zeugen, wieder ausgegraben, damit die schon vergessene Feindschaft der Jahrtausende die neue, von gestern und heute, nähre und bestätige.

112/9.12.1948

Klaus Nonnenmann
Auf Staatskosten …

Da die Eltern das Geld für Schreibfedern und Schulhefte nicht auftreiben konnten, wurden dem Jungen alle Schulkosten aus öffentlichen Mitteln bestritten. War ein Heft vollgeschrieben oder brach eine Feder ab, mußte er das verbrauchte Material abliefern. Es wurde registriert und durch neues ersetzt. Er gewöhnte sich bald an diese Ordnung und überwand das anfängliche Gefühl erlittener Demütigungen. Er war ein überdurchschnittlicher Schüler – der Stolz des Lehrers und der Familie. Ein Stipendium ermöglichte ihm den Besuch des Gymnasiums. In leihweise überlassenen Büchern lernte er Cäsars Gallischen Krieg kennen und begriff das Wesen des Differentialquotienten. Er stählte seinen muskulösen Körper, las Schillers Tell und trug bei Schulfeiern Anackers Gedichte vor. Montags hißte er im Schulhof die Fahne – er war der Stolz des Herrn Direktors und der Familie. Die Partei schenkte ihm eine Uniform, Manchesterhose, Hemd und Lederzeug. Einen Dolch mit Blut und Ehre gewann er sich durch eine Mutprobe beim Nachtgeländespiel. Allmählich verdrängten Lagerfeuer und der Einfluß des Turnlehrers sein Interesse am tragischen Problem der Antigone – er nahm als bleibenden Erwerb seiner Schulzeit die Erinnerung an die Turnhalleninschrift mit ins Leben, wonach eine gesunde Seele nur in einem gesunden Körper wohnen könne. Und trug bald Käppi und Kluft der Junker der Ordensburg. Er sprang ohne Zögern vom Burgturm Sonthofen in das Sprungtuch und bestätigte dadurch erneut die Gesundheit seiner Seele. Er las Hitlers Kampf und lernte Pflichtartikel des unverstandenen »Mythus« auswendig – und war bald gebildet genug, um berechtigte Aussicht auf den Posten eines Kreisleiters zu hegen. Sein Taschengeld erhielt er pünktlich, alte Wäsche wurde freitags abgegeben.

Freiwillig meldete er sich zur Königin aller Waffen und ertrug diese unterste Kulturstufe aus Schweiß, Leder und Fußlappen im Bewußtsein seiner geschichtlichen Sendung. Waren die Klamotten zerrissen, holte er sich neue von der Kammer, es war ein gewohnter Gang. Gab es Schwierigkeiten, zerriß er das Zeug »glaubwürdig« und unterstützte damit instinktiv das Wesen staatlich gelenkter Ordnung. Er war bald Besitzer einer Dauerurlaubskarte für Unteroffiziere (bis zum Wecken) und benützte sie in Warschau, Oslo, Paris und Brüssel. Von der Akropolis schrieb er eine kostenlose Karte an seinen alten Professor im Griechischen. Einige Verwundungen heilten in Erholungsheimen an der Atlantikküste. Er verstand die Kosenamen fast aller europäischen Sprachen und lernte die furchtbarsten Flüche in Rußland – und eine Ahnung von der Vergänglichkeit des Angenehmen, Zeitlosen. Auf der rechten Oderseite übernahm wiederum staatliche Ordnung seine Betreuung – er war schon achtundzwanzig – und wurde noch Schreiner, Holz-, Feld- und Erdarbeiter. Zuletzt noch Kumpel. Längst hatte er gemerkt, daß staatliche Gewalt sich dann am intensivsten mit ihm beschäftigte, wenn es ihm schlecht ging. Sie beschäftigte sich zwei Jahre sehr intensiv mit ihm. –

In Frankfurt übernahm ihn das Rote Kreuz. Und dann die Tuberkulosefürsorge. Nebenbei erfuhr er, daß man seine Angehörigen auf öffentliche Kosten bestattet habe, da sie »im Zuge der Kriegshandlungen« umgekommen seien – und lernte bald, in Geduld zu liegen. Die Wäsche wurde samstags getauscht und antiseptisch gewaschen. Fünfzig Pfennig erhielt er täglich als Taschengeld. Etwas später sägte man ihm einige Rippen ab, genau an der Stelle, an der sein Eisernes Erster gesteckt hatte. Er versuchte, in Arbeitstherapie hölzerne Katzenköpfe anzumalen und Knöpfe zu färben, und spürte an allmählich intensiverer Betreuung, daß es ihm schlecht ging. Die letzten Tage war er verhältnismäßig frei – Moribunde unterstehen bereits einer Höheren Ordnung und dürfen unter wohlwollender Duldung mit Urinflaschen schmeißen. Er wußte, was sich gehört, und machte keinerlei Schwierigkeiten. Innerhalb einer Stunde lag er in der »Pathologie« und wurde seziert. Er diente staatlich finanzierter Forschung, fast die Hälfte der umstehenden Studenten lernten als Stipendiaten. Zwei Tage später lag er im Krematorium. Ergriffen von bislang ungekannten ästhetischen Tendenzen, hatte er in seinen letzten Tagen wiederholt um eine Feuerbestattung gebeten und sein Taschengeld gespart. Seine Tuberkollegen sammelten eine kleine Summe, die sich jedoch danach als unzureichend erwies. Man schaffte ihn wieder in die Leichenhalle und beerdigte ihn auf »normale« Weise – und auf Staatskosten. Es ist gar nicht so einfach, mit seinem Tod ein neues Leben anzufangen ...

121/22/31.12.1948

1949

25.1. Gründung des Rats für gegenseitige Wirtschaftshilfe (COMECON) in Osteuropa als Reaktion auf den Marshallplan.

10.2. Erster Besuch eines prominenten Politikers in Frankreich nach dem Zweiten Weltkrieg: Außenminister Schuman empfängt den Westberliner Oberbürgermeister Ernst Reuter.

19.3. Volksrat in Ostberlin ratifiziert die Verfassung der Deutschen Demokratischen Republik.

4.4. Nordatlantikpakt (NATO) vorläufig für zwanzig Jahre beschlossen.

8.4. Vereinigung der drei Westzonen zur Trizone.

5.5. Europarat gegründet.

8.5. Der Parlamentarische Rat nimmt mit 53 gegen 12 Stimmen das Grundgesetz an. Anschluß Westberlins unter dem Vorbehalt des Besatzungsstatuts.

12.5. Aufhebung der Berliner Blockade durch die Sowjets.

15./16.5. Wahlen auf Grund von Einheitslisten für den Dritten Volkskongreß in der Sowjetzone.

24.5. Grundgesetz in Kraft getreten.

8.8. Soforthilfe für Vertriebene und Flüchtlinge, Kriegssach- und Währungsgeschädigte sowie politisch Verfolgte im »Gesetz zur Minderung sozialer Notstände« geregelt.

14.8. Wahlen zum Ersten Deutschen Bundestag, die von der CDU/CSU mit knappem Vorsprung vor der SPD gewonnen werden. Die übrigen Stimmen teilen sich neun weitere Parteien und zwei Parteilose.

12.9. Die Bundesversammlung wählt Theodor Heuss (FDP) zum ersten deutschen Bundespräsidenten.

15.9. Der Bundestag wählt Konrad Adenauer zum ersten Bundeskanzler. Regierung aus CDU/CSU, FDP und DP (Deutsche Partei) gebildet.

7.10. Der Deutsche Volksrat bestimmt sich als Provisorische Deutsche Volkskammer und setzt die Verfassung der DDR in Kraft.

11.10. Wilhelm Pieck (SED) zum ersten Präsidenten der DDR gewählt, einen Tag später wird Otto Grotewohl zum ersten Ministerpräsidenten ernannt.

12.–14.10. Deutscher Gewerkschaftsbund (DGB) gegründet. Erster Vorsitzender wird Hans Böckler.

22.11. Im Petersberger Abkommen wird das Besatzungsstatut durch die Westmächte erleichtert, die Demontagen werden eingestellt.

15.12. Die BRD tritt dem Europäischen Wiederaufbauprogramm (Marshallplan) bei.

Theodor Plivier
Abkehr von der Resignation

Für das Wort, das mir hier auf Ihrer unter dem Zeichen »de l'internationalisme d'esprit« stehenden soirée erteilt wird, sage ich den Einberufern – dem »Rassemblement Démocratique Révolutionaire« – und Ihnen allen meinen tief empfundenen Dank, insbesondere dafür, daß ich meine Ansprache in deutscher Sprache abhalten kann, daß hier inmitten einer großen Pariser Öffentlichkeit die deutsche Sprache wieder als ein Mittel gegenseitiger Verständigung Anerkennung findet.

Erlauben Sie mir, zuallererst jener französischen Frauen und Männer zu gedenken, die als Opfer der deutschen Besetzung für die Sache der Unabhängigkeit Frankreichs und damit für die Sache der Freiheit fielen. Und wenn ich der gefallenen Märtyrer gedenke, darf ich Ihnen allen versichern, daß ich nicht nur für mich selbst spreche, daß ich die Erschütterung und das echte Mitgefühl vieler freiheitsliebender und zukunftsgläubiger Deutscher zum Ausdruck bringe, deren Anschauungen, Wünsche und Hoffnungen nicht so sehr verschieden von den Anschauungen, Wünschen und Hoffnungen der freiheitsliebenden und zukunftsgläubigen Franzosen sind.

Wenn ich einem verständnisvollen Zusammenwirken zwischen Deutschland und Frankreich das Wort rede, so weiß ich, daß ich damit auf Traditionen zurückgreife, die bis in die Jahre nach 1918 und noch weiter zurückreichen; und ich weiß zugleich, daß in Deutschland die Bereitschaft zu solcher Verständigung heute viel breiter und tiefgehender ist – viel breiter, als es nicht nur die Sache einer Gruppe von Intellektuellen und von fortschrittlichen Teilen der Arbeiterschaft ist, und tiefgehender, als diesem Verständigungswillen eine wirklich umwälzende geistige Katastrophe zugrunde liegt. Letzteres gilt insbesondere für große Teile der deutschen Jugend, die während des letzten Krieges in Waffen stand, die 1945 mit dem Bankrott Hitlers zugleich den Zusammenbruch ihres anerzogenen Weltbildes und ihnen anerzogener falscher Vorstellungen von anderen Völkern und den Beziehungen zwischen den Völkern erlebte.

Es ist das eine Jugend ohne Pathos, ohne Illusionen, skeptisch gegenüber allen Parteirichtungen und weltanschaulich in einem Niemandsland … sie steht noch immer im Schatten des Grauens, und soweit es schon wesenlose Vergangenheit wurde, ist doch das Grauen gegenüber der Sinnlosigkeit ihres Opfers geblieben; eines aber – auf Grund vieler Gespräche und vieler erhaltener Briefe darf ich das behaupten: – den Traum einer deutschen Vormachtstellung hat diese Jugend nicht nur begraben (das wäre wenig), in dem deutschen Vormachtstreben hat sie den fundamentalen Irrtum und die Ursache des Unglücks ihres Landes und Volkes erkannt und als zukünftige Gegebenheit für irgendeinen fernen Tag aus ihrem Denken verbannt. Diese Jugend, die einmal in ihrem Glauben bis zum Tode mißbraucht wurde, fällt heute auf keine Phrasen mehr herein. Den eigenen deutschen Politikern gegenüber ist sie zurückhaltend, weil sie nur zu deutlich empfindet, daß jeder deutschen Politik heute ein großer Teil ohnmächtiger Resignation anhaftet.

Deutschland hat sich heute mit bitteren Maßnahmen abzufinden. Krieg und Nachkrieg haben die ganze Nation pauperisiert und jedes einzelne Individuum tributpflichtig gemacht für die verbrecherische Politik eines zerbrochenen Staates; dieser Nachkriegszustand trifft die Jugend mit voller Wucht. Dennoch ist es Tatsache, daß dieses massenhafte, armselige und hoffnungslose Dasein kaum Haß und Chauvinismus hervorrief, dafür war der Zusammenbruch des einmal Gewesenen viel zu endgültig, und dafür war die darin enthaltene Lehre viel zu umwälzend.

Die nur zu verständliche Apathie der ersten Jahre scheint heute überwunden zu sein, und trotz der Abstinenz hinsichtlich Parteizugehörigkeiten ist ein echtes politisches Interesse und nüchternes Beobachten der Weltereignisse und Weltmeinungen ganz offensichtlich. Ehrlich gegen sich selbst, möchte diese Jugend offen nach allen Seiten sein, bringt es aber im allgemeinen nur zu einem beobachtenden Schweigen. Was aber wichtig und das wirklich Hoffnungsvolle ist: die Bemühungen um weltweites Verständnis, ebenso die Bereitschaft zu einer realen internationalen Politik und für weite internationale Lösungen sind groß, und in diesem Zusammenhang wird auch die Wichtigkeit eines Vertrauensverhältnisses zwischen Frankreich und Deutschland voll eingeschätzt; aber auch darin ist ein guter Teil Resignation enthalten und eine Zurückhaltung, die so argumentiert, daß es mit Recht als sehr billig eingeschätzt werden könnte, wenn von seiten der besiegten Nation an internationale Lösungen gedacht wird.

Aber, meine Damen und Herren, Sie werden es mir zugute halten, wenn ich eine solche Resignation nicht teile, und ich bin Ihrer Zustimmung gewiß, wenn ich sage, daß es keinen anderen Weg als den enger internationaler Zusammenarbeit gibt. Und wenn ich hier unter den hellen Lichtern der »Salle Pleyel« als eine Stimme des schweigenden Deutschlands vor Ihnen stehe, will ich meine Ehre in voller und rückhaltloser Wahrhaftigkeit suchen, und ich glaube Gründe zu haben, die mir gestatten, nicht nur als Deutscher, sondern zugleich als Europäer zu Ihnen zu sprechen.

Wir schweben nicht mehr über einem Abgrund, so hätte man von Europa etwa im Jahre 1912 sagen können. Inzwischen haben wir zwei Erschütterungen durchlebt, und der Abgrund hat sich bereits geöffnet.

Wohin kann es führen, heute noch an eine europäische Vormachtstellung zu denken, oder wohin kann es führen, an Sicherheiten zu denken, die im nationalen Ausmaße nichts als gefährliche Illusionen wären und die nur in internationalen Maßnahmen und als Nebenprodukt einer neuen übernationalen Ordnung zu erlangen sind – mit solchem aus einer vergangenen Epoche stammendem Denken und entsprechendem Handeln können Völker heute nur alles verlieren! Sie können aber anderes, nämlich das heute Notwendige tun und sich von der Machtpolitik, für die innerhalb Europas kein Raum mehr ist, abkehren und die bisherige Politik: »Jeder gegen Jeden« ablösen durch eine Politik gegenseitiger Hilfe; und sie können statt jenes überholten Nebeneinanders und Gegeneinanders der Nationen ein Füreinanderleben setzen. Sie können europäisch denken, europäisch wirtschaften, europäisch handeln, und damit werden sie sich selbst und alle anderen retten.

Eine so umfassende und alle schöpferischen Kräfte des Kontinents mobilisierende Organisation kann aber nur in einer Atmosphäre gegenseitigen Vertrauens gedeihen, und es kann sich nur um eine Völkervereinigung handeln, in der alle Teile Selbständigkeit besitzen und Gleichberechtigung genießen. Und ich spreche nicht nur meine persönliche Meinung aus, und ich weiß mich einig mit hervorragenden Stimmen Frankreichs und mit der Auffassung hervorragender Geister auch aus anderen Ländern, wenn ich betone, daß Frankreich und Deutschland nach Herkommen und Bedeutung und gemäß ihrer kontinentalen Lage den Kern eines vereinigten Europas zu bilden haben. Deutschland kann nicht ohne Frankreich leben, und Frankreich kann nicht ohne Deutschland leben, und beide können nicht in Antagonismus leben; aber in gegenseitiger Achtung ihrer Interessen und in gemeinsamer Anstrengung werden sie eine Quelle der Sicherheit und des Glückes nicht nur für ihre eigenen Völker, sondern für alle Völker unseres Kontinents sein. Eine deutsch-französische Allianz wäre der Beginn eines neuen Europas, und ein geeintes, seiner selbst gewisses, in sich selbst ruhendes Europa, ohne Zollgrenzen, ohne Paßgrenzen, mit seinen reichen Bodenschätzen, mit einer harmonisch ineinandergreifenden Wirtschaft und seinen wiedererweckten Traditionen der freien Wissenschaften und Künste, mit respektierten Freiheiten seiner Bürger wird stark genug sein, aus dem Eigenen leben zu können; es wird der Gefahr eines abhängigen Vasallendaseins entronnen sein und sein gewichtiges Teil beitragen, die Völker aus ihrer Furcht vor einem drohenden Sklavendasein und aus ihrer Kriegspsychose zu erlösen.

Nicht für den Osten und nicht für den Westen hat Europa sich zu entscheiden, für sich selbst hat es sich zu entscheiden. Nicht Osten oder Westen ist das Dilemma, sondern ein anderes. Entweder in Zersplitterung, Ohnmacht und Armut zur Beute überdimensionaler Mächte werden – oder aus der Summe seiner Entwicklung heraus alle Kräfte in Freiheit und Gleichheit zusammenfassen, um sich zu einer neuen kontinentweiten schöpferischen Einheit zu erheben.

Die bestehende Gefahr wird deutlich genug erkannt. Aber auch die Bereitschaft für umfassende Lösungen ist vorhanden, hier in Frankreich, ebenso in anderen Ländern, und von Deutschland kann ich versichern, daß breite demokratische Kräfte vorhanden sind, die sich aus ganzem Herzen einer den Frieden der Welt begründenden Neuordnung Europas zuneigen.

Der Weg ist vorgedacht. Er braucht nur beschritten zu werden.

1/4.1.1949

Alfred Weber

Fluch und Segen der Bürokratie. Wie stark ist Deutschland überbürokratisiert?

Deutschland ist ein überbürokratisiertes Land, neben der Sowjetunion wohl das überbürokratisierteste der Erde. Das kommt nicht nur davon, daß es zuviel Beamte hat. Es gibt heute in allen zivilisierten Ländern eine Tendenz, die zu wachsendem Funktionärstum für ihre großräumig rationale Organisation führt. Gesteigert wird diese Tendenz durch die Eingriffsnotwendigkeiten in den seit der allgemeinen Krise durcheinandergeratenen Lebenskreislauf. Inmitten dieser zur allgemeinen Hypertrophie treibenden Tendenzen marschiert Deutschland aus besonderen Gründen weitaus an der Spitze. Es ist unrationell durch Auseinanderlegung in Länderkompetenzen auch für solche Gebiete aufgespalten, die in einem gesunden Föderalismus einheitlich und darum menschensparender behandelt werden. Es hat dann noch überländermäßige Instanzen erhalten, die ihrerseits wieder sonst nur für ein einheitliches Deutschland notwendig gewesene Verwaltungsstellen aufgebaut haben. Schon dadurch hat es in vielem eine doppelte Verwaltung. Es bedarf außerdem, infolge der durch den Zustrom der Ostvertriebenen und Ostflüchtlinge und seiner eigenen Massenverarmung gesteigerten Tendenz zu einer Renomadisierung der Bevölkerung, noch eines besonderen, ungewöhnlich aufgeblähten Regelungsapparates für allgemeine Ordnungszwecke. Sein so entstandener Verwaltungsapparat hat dabei außerdem noch die zweite Front der Auseinandersetzung mit den Verwaltungsorganen der Besatzungsmächte zu bewältigen, die sich gewissermaßen als Tertiärschicht über ihn gelagert haben. Kurz, man kann sagen, gut die Hälfte seiner Arbeit gilt heute nur der bloßen Ermöglichung seines eigentlichen Arbeitens.

Schon vor und nach dem ersten Weltkrieg hatte sich aus auch in anderen Ländern vorhandenen Gründen die Bürokratisierung so entwickelt, daß von 1882 bis 1939 die Zahl der Beamten und Angestellten von 1,7 auf 6,8 Millionen anwuchs, während sich die Zahl der Arbeiter nur von 6,7 auf 17,3 Millionen erhöhte. Die nazistische Regierung setzte neben das öffentliche Funktionärstum noch ihr parteipolitisches. Trotzdem diese gesamte Aufblähung sich innerlich verschoben hat, ist sie in einer Art fröhlicher Gedankenlosigkeit nach dem Zusammenbruch in dem angedeuteten Rahmen fortgetrieben worden. Ein Zwei-

Zonen-Wirtschaftsamt, das in Minden aufgebaut werden sollte, wollte nach seiner eigenen Planung eine Parade über 200 Angestellte abhalten können. Der Stab des früheren Reichswirtschaftsministeriums umfaßte etwa 600 Menschen. Jeder deutsche Einzelstaat aber braucht für sein separates Wirtschaftsministerium wahrscheinlich eine Angestelltenzahl, die schätzungsweise zwei Drittel jener 600 betragen mag.

Man denke sich diese Multiplikation auf nicht wenige andere Gebiete ausgedehnt, man mache sich die Fragebogenmasse und den Korrespondenzwust deutlich, der aus diesem Apparat herausquillt. Man statte den gesamten Mechanismus mit dem sturen Denkmangel aus, der ihm in seinen unteren Instanzen unentrinnbar eigen und mit dem Amtsdünkel, der in den mittleren und höheren immer noch gegenwärtig ist; man erlebe die dichte Nebelwolke von invertiertem Autoritätsgebaren, das von früheren Zeiten sich heute noch in weitaus den meisten Büroräumen ausbreitet – dann wird man eine Vorstellung, eine Empfindung davon erhalten, was mit dem Ausdruck »Überbürokratisierung« eigentlich gemeint ist.

Wenn man hierzu Stellung nehmen will, nicht nur unter dem Gesichtspunkt des Fortbestehens, sondern der wünschenswerten inneren Gestaltung, so ist sorgfältig zu unterscheiden zwischen dem Gesamtphänomen als solchem und einer als etwas Besonderes vielleicht auch wieder vorhandenen Hypertrophie des Berufsbeamtentums. Auch wenn man dieses Berufsbeamtentum einschränkt – und es muß stark eingeschränkt werden –, so ändert sich an dem Gesamtphänomen zunächst gar nichts. Der Bürokrat als Angestellter, der dann wahrscheinlich an seine Stelle tritt, ist nicht besser, er ist meist schlimmer als sein Vorbild. Er ist es meist genau so, wie der Feldwebel den ins Unerbittliche abgekürzten Hauptmann darstellt. Der Amtsdünkel wird dann »usurpiert«, und es fehlt die Kontrolle einer allgemein verpflichtenden Tradition.

Wie steht es nun mit dieser Tradition in Deutschland? Was kommt bei dem angedeuteten Negativen auf das Kerbholz des Beamtentums im engeren Sinne? Ganz gewiß nicht wenig, aber man muß das geschichtlich ansehen. Das preußisch-deutsche Berufsbeamtentum, mit dem wir es dabei zu tun haben, ist in die zwei Stufen des früheren sogenannten subalternen Beamtentums ohne und des höheren mit akademischer Bildung gegliedert. Es ist eine besondere Ausprägung des beamtlichen Funktionärstums, das als solches über ganz Kontinentaleuropa ausgebreitet ist.

Das akademisch gebildete Beamtentum ist ursprünglich ein Produkt der Stadtstaaten der Renaissance, die ja überhaupt den Prototyp des modernen Staates entwickelt haben. Dies Beamtentum, das auf der Grundlage des römischen Rechtes aufbaute und über Bologna und Padua nicht ganz ohne Berührung mit der alten byzantinischen Tradition blieb, ist bekanntlich zusammen mit dem stehenden Heer die Grundlage des kontinental-europäischen Territorialstaates geworden. In England und der angelsächsischen Welt, die auch das römische Recht nicht rezipiert hat, fehlt ein eigentliches Berufsbeamtentum bis weit ins 19. Jahrhundert. Als man ausführlich vorgebildete berufliche Beamte brauchte, hat man dort den in England vorgebildeten Typ des Clerk entwickelt, der gar keine »Amtsweihe« besitzt und als rein technisches Glied der Exekutive gewohnheitsmäßig auch nicht in die Legislative wählbar ist.

Gerade jene »Amtsweihe«, die in der angelsächsischen Welt fehlt, erhielt das Beamtentum des Kontinents allmählich in höchstem Maße, vor allem im staatlichen Verwaltungskörper und hier durch die Ausstrahlung des Gottesgnadentums. Der festangestellte staatliche Hochschullehrer und der Richter nahmen erst in gewissem Abstand an diesem Glanze teil. Beide blieben zum Teil auch recht selbständig. Man denke an die Rolle der richterlichen Parlamente vor der Französischen Revolution. Auf die Volksschullehrer, die, im ganzen proletarisiert, gleichzeitig Kantoren und Organisten des gleichfalls staatlich angestellten Pfarrers waren, strömte nichts davon hinunter. Der Glanz konzentrierte sich vor allem auf den heutigen sogenannten Verwaltungs- und politischen Beamten. Und das nirgends mehr als in Preußen-Deutschland. Dessen Beamtentum hat verschiedene Stadien durchlaufen, in denen seine positiven und negativen Qualitäten jeweils dominierten. Die positiven waren persönliche Integrität und der Sache angemessene Tüchtigkeit. In der Zeit des aufgeklärten Absolutismus und während der liberalen Welle des 19. Jahrhunderts haben sich auf dieser Grundlage neben stockkonservativ und autoritär verbleibenden Teilen auch andere Spielarten entwickelt. Dies vor allem in Süddeutschland, wo der bayerische und badische Typ angesichts der dortigen liberalen Herrscherhäuser tatsächlich in liberalem Geist verwalteten.

Es gab also Nuancen, die man aber nicht überschätzen darf. Denn das Allgemeine war doch die unbedingte, so gut wie kritiklose Gehorsamspflicht. Sie ist in Verbindung mit dem Verschwinden des traditionellen fürstlichen Hintergrundes, dem man sich in persönlicher Treue verpflichtet fühlte, diesem ganzen Beamtentum dann zum Verhängnis geworden, als es galt, sich in einer urplötzlich demokratisch gewordenen Umgebung ohne solche persönliche Treuepflicht zu orientieren. Den ersten autoritär-reaktionären Stoß durch den Kapp-Putsch hat daher dieses Beamtentum noch in einem Gefühl einer anderen, neuen Treueverpflichtung überwunden. Es sind im wesentlichen die Ministerialdirektoren gewesen, die ihn praktisch zu Fall brachten. Schließlich aber spülte das Ressentiment gegen die von den neuen demokratischen Regierungen hineingesetzten, womöglich sozialistischen Beamten, ja gar Landräte, und die gesamte aus der verkehrten Versailler Nachkriegspolitik resultierende nationalistische Gefühlswelle jeden Rest von demokratischem Verpflichtungsgefühl weg. – Und das in den eigentlichen Verwaltungsbeamten mindestens so sehr wie in den anderen Graden bis hinunter zum Volksschullehrer.

Das Unerhörte, das dann eintrat, bestand darin, daß dieses sauber und rechtlich gewesene Beamtentum sich in seiner Gehorsamswilligkeit zum Handlanger des wohl schmutzigsten und ekelhaftesten Regimes in der Geschichte gebrauchen ließ. Und das muß prinzipiell verstanden werden. Wenn man ein fachlich vorgebildetes Berufsbeamtentum mit lebensgesicherter Anstellung vertreten will, dann kann man das nur für ein solches Berufsbeamtentum, das grundsätzlich anders ist als das alte. Es muß der Träger einer neuen Tradition sein. Es muß sich, bei gehöriger Vorbildung, aus allen Schichten der Bevölkerung rekrutieren, jeder Amtsdünkel sollte ihm ein Greuel sein. Es sollte in der Verwaltung ein Hilfsglied der Demokratie sehen und keine überflüssigen Amtsgeheimnisse besitzen, es sollte sich zur weitergehenden Informationspflicht gegenüber der Presse verpflichtet fühlen. Es sollte zu einem täglichen Hüter der Verfassung dadurch erzogen werden, daß es die Anordnungen höherer Stellen auf ihre Verfassungsmäßigkeit zu prüfen hat und verpflichtet ist, gegen jede verfassungswidrige Anordnung Widerstand zu leisten.

Ein neues Berufsbeamtentum also! Soll man es überhaupt beibehalten? Ich persönlich antworte: Ja. Denn was wird gewonnen, wenn man es überall in Angestelltentum verwandelt? Wie mir scheint, nichts. Im Gegenteil. Denn in den fest angestellten, vorgeschulten und für ihre Tätigkeit, wo es nötig ist, juristisch vorgebildeten Beamten hat man Menschen, denen ein demokratisches Handeln wirklich zur Existenzpflicht gemacht werden kann. Sie haben ihre gesamte

Existenz auf die Stellung, die sie einnehmen, ausgerichtet und dafür eine lange Vorbildung mit persönlichen und meist pekuniären Opfern auf sich genommen. Sie sind zudem Menschen, die meist ein sachlich durchgebildeteres Urteil haben, als man es durchschnittlich irgendeinem heute eingestellten und morgen vielleicht wieder entlassenen Angestellten zutrauen kann. Ein solches Berufsbeamtentum könnte der Träger einer neuen Tradition werden.

Soll man diesen Beamten, anders als in den angelsächsischen Ländern, auch die Wählbarkeit in die Parlamente belassen? Ich sage wiederum ja. Es ist ein Skandal, wenn heute etwa im Landtag von Württemberg-Baden 48 Prozent der Abgeordneten Beamte sind, also die Legislative nur ein verlängerter Arm der politischen Exekutive zu werden droht. Dieser Skandal würde aber nicht behoben, wenn statt der Beamten auf denselben Plätzen täglich kündbare Angestellte säßen. Er würde vielmehr nur verschlimmert. Man hat in den hervorgezauberten deutschen Ländern das Listenwahlrecht zugelassen; man hat außerdem das politische Blocksystem, das will sagen: die Kartellierung der Interessenten aller Parteien bei der Verteilung der politischen Macht begünstigt. Man hat damit den eigentlichen Regulator der Demokratie, die Opposition, ausgeschaltet. Darf man sich deshalb wundern, wenn, wie in einem gegenseitigen Einverständnis aller Parteien, die in der allgemeinen Geldnot am leichtesten Abkömmlichen, eben die Beamten mit ihren sicheren Bezügen, in die Legislative abgeordnet werden? Denn die »Abgeordneten« werden ja bei der Listenwahl nicht vom Volke, sondern von den Parteibüros in das Parlament entsendet.

Es ist klar: Den Beamten in dieser Lage die Wählbarkeit entziehen, hieße das Pferd am Schwanze aufzäumen. Sie haben ja vielleicht doch noch ein besseres Durchschnittsniveau und vor allem mehr Möglichkeiten einer eigenen Meinung und Stellungnahme ohne unmittelbare Existenzgefahr. Für die bei dem Listenwahlrecht sonst mit Sicherheit an ihre Stelle tretenden Angestellten gilt das keineswegs im gleichen Maße.

Nur das Personalrecht kann hier helfen. Man muß aber den Mut haben auszusprechen: Auch bei ihm wird man, wenn auch hoffentlich in sehr viel beschränkterem Umfange, Beamte für die Parlamente heranziehen müssen. Die Zahl der Abkömmlichen im heutigen Deutschland ist nach zwei Inflationen und zwei sehr gründlichen Vermögenskassationen sehr gering. Denn nur wenige werden bei den geringen

Ersatzmöglichkeiten, wie sie heute nun einmal vorliegen, in der Lage sein, ihre Stellung für die Politik aufzugeben. Man wird eben deshalb auf Lehrer, Richter und dergleichen als Abgeordnete nicht verzichten können. Daß man aber Beamten der eigentlichen politischen Verwaltung künftig die Wählbarkeit entzieht, halte ich zur Trennung von Legislative und Exekutive für selbstverständlich.

»Bürokratie in Deutschland« aber sollte heute heißen: drastische Kostverkürzung für den gegenwärtigen Verwaltungsleviathan, so daß er aus einem Ungeheuer zu einem möglichst schlanken, schönen Rößlein wird. Das erfordert also Abbau der Planwirtschaft in den Grenzen, die heute möglich sind – allerdings nicht mit dem leichten Anhauch von sozialer Frivolität, der Professor Erhard eigentümlich ist. Ich sage das als Sozialdemokrat, denn ich bin für freien marktwirtschaftlichen Sozialismus mit in optimalen Grenzen möglichst kleinen Sozialunternehmen, die auch ein Mittel – und zwar ein sehr günstiges – des Abbaus von Bürokratie und der Erziehung zur Demokratie bedeuten würde. Eine solche Erziehung hat auch unsere so tüchtige Arbeiterschaft noch durchaus nötig.

Beamte aber, auch juristisch gut vorgebildete, gehören in verengerten demokratischen Grenzen dorthin, wo die Sachkenntnisse es erfordern.

3/8.1.1949

Arnold Bauer

München im Fasching. Von einem Zugereisten

Wer in diesen Tagen aus dem fernen Osten in die ländliche Hauptstadt an der Isar kommt – meinetwegen aus dem Wüstenfort Berlin –, fühlt sich wie ein Mondsiedler, der aus den Wolken gefallen ist.

Gewiß, kaputte Häuser auch hier. Doch abgesehen davon, daß diese eingestürzten und teilweise schon applanierten Häuserzeilen auch von einem Erdbeben herrühren könnten, erinnert kaum etwas im Bild der Stadt an Krieg und Katastrophen. Die Konturen sind erhalten: die Zwiebeltürme der Frauenkirche, die nach der Meldung der Narrenzeitung »Süßdeutscher Mucker« im Übereifer des Aufbauwillens um einen dritten vermehrt werden sollen, und auch die barocken Kuppeln der Theatinerkirche sowie das stolze Wahrzeichen neubayerischer Staatsherrlichkeit, das in alter Pracht wiedererstandene Maximilianeum, in dem der blau-weiß firmierte Landtag wohnt.

Der Kern der Einwohnerschaft scheint auch von jedem Strukturwandel verschont geblieben zu sein. Doch zum Leidwesen der steinzeitlichen Urbayern gibt es nun auch Hunderttausende von Neubayern. Diese sind so zahlreich, daß das überfremdete Volk bereits um seine Muttersprache bangt, weshalb auch nicht länger geduldet werden soll, daß Radio München noch weiterhin als die »Stimme Preußens« fungiert. Der Mann jedoch, der mit seiner ihm voranflatternden Starkbierfahne um eine Auskunft gebeten wurde, beherrschte die Ursprache unverfälscht.

»Woher san's denn?« fragte er, und auf die Antwort »aus Berlin« hob er seine Stimme in patriotischem Protest: »Wann's aus Berlin san, was wolln's dann in München?« Auch der Wohnungseigner, bei dem der spät eingetroffene Gast um Obdach in dem möblierten Zimmer seines Freundes bat, erwies sich als gut antipreußisch bis auf die Knochen. Er knurrte wie ein bissiger Hund und wies den müden Wanderer von der Schwelle: »Wir haben kein Hotel, schaun's, daß Sie weiterkommen!«

Das fängt gut an, dachte der verstörte Fremdling. Aber es wurde besser.

Man darf den grimmigen Ernst der Münchener nicht allzu tragisch nehmen, zumal es zu den nationalbayerischen Charaktereigentümlichkeiten gehört, massiven Humor von Fall zu Fall mit einer Leichenbittermiene zu tarnen. So wie Karl Valentin, der als Fremdenführer durch sein angeschlagenes München einmal befriedigt feststellte, daß die Bombentrichter immerhin im Isarwasser keine Spuren hinterlassen hätten. Der Humorist mit dem Fallbeil – das ist bajuwarischer Lebensgeist, gemischt mit Todesverachtung. Mit dem unbeirrbaren Entschluß, alles Bitterernste, ja Bitterböse, heiter zu ertragen, und auch in aller Lustbarkeit den traurigen Rest nicht zu vergessen, stürzte sich der Zugereiste in den nach zehnjähriger Kirchhofstille wieder ausgebrochenen Fasching. Er fügte sich schmunzelnd dem unwirschen Befehl eines Torschildes »Haxen abkratzen!« und begab sich auf das Parkett eilig improvisierter Ballsäle.

Der erste Karneval nach dem Tage X. Laut aufrauschende Nächte in himmlischen und höllischen Gefilden! Das hatten Künstler und Kunstbeflissene schwungvoll inszeniert. Die Juryfreien hatten sogar eine Art Vorhölle eröffnet: In dem gekachelten Bad eines zwischen gestern und morgen filmberühmt gewordenen Hotels war die Tanzfläche – oder besser Tanzgrube, in der sich die tanzenden Körper der armen Seelen drängten und zwängten. Dem Gerücht, die Ruhebetten in den Nischen seien durch eine sittenfreundliche und vergnügungsfeindliche Polizei entfernt worden, wurde von der Hoteldirektion widersprochen.

In diesen Tagen wurden auch volksbewußt die karnevalistischen Schäffler-Tänze wieder belebt. Mit verbissenen Mienen, unter den feierlichen Klängen eines bayerischen Militärmarsches, zogen die Rotkostümierten auf und formten mit grün-belaubten Reifen Tanzfiguren. Auch eine Krone war dabei – am Ende die bayerische? Nur die Narren dazwischen und rundherum trieben Allotria und beschmierten, sich durch die Menge schlängelnd, die Gesichter der Zuschauer mit Ruß, wie vor hundert und noch viel mehr Jahren zwischen der kleinen Pest von damals und der großen von gestern.

Der staatlich konzessionierte und durch die Teilnahme der »Spitzen« der Behörden und der Gesellschaft sanktionierte Höhepunkt war der Film- und Presseball im Haus der Kunst (früher »Palazzo Kitschi« oder auch »Brauner Kunstbahnhof« genannt). Der Faschingshimmel war dort mit Tausenden von Sternen besät. Jupiterlampen und Blitzlichter flammten über prominenten und unprominenten Gästen auf. In dem großen Saal war ein Gedränge wie in der Trambahn nach Feierabend, zumal vor den Logen der Filmgötter, die da statuarisch posiert saßen wie auf Opferaltären. Die Temperaturgrade der Zivilisationsbarbarei stiegen bis zur Siedehitze, und so manche der vorschriftsmäßigen und sogar vorgeschriebenen steifleinenen Frackhemden dürften binnen kurzem aufgeweicht gewesen sein wie in einem Waschzuber.

Überraschungen waren angesagt worden. Außer dem Regen der Starphotos, der auf Häupter und Schultern niederrieselte, überraschte den staunenden Fremdling ein soziales Faktum: der neue Reichtum beginnt sich zu formieren und zu präsentieren. Die Tage des deutschen Selbstmitleids scheinen wenigstens in diesen Kreisen gezählt. Die Träger von Rang und Reichtum wechselten, die Masken blieben. Jetzt sind sie neuen Gesichtern angewachsen, angeklebt und angegossen, Leuten, die ihr Geschäft als Kunst betreiben, und Leuten, die aus der Kunst ein Geschäft machen. Auch die Zaungäste der D-Mark-Prosperity sind schon da, die aus den Neigen der Sektkelche nippen, derangierte Faune und abgedankte Cäsaren in komischen Verkleidungen. Auch die Modephilosophie zeigte sich in bizarrem

Karnevalskostüm: schwarzer Pilgerhut mit überdimensionaler Krempe, gestülpt auf das zu einer Hälfte kalkweiß, zur anderen bronzebraun geschminkte Antlitz, koketter Kinnbart über wallendem Gewande, der linke Arm in einem hohlen Frauenbein aus Gips. Dazwischen würdige alte Herren im Frack und mit echten Halsorden angetan. Zu ihrer Rechten ergraute Damen im Queen-Mary-Stil.

War im Haus der Kunst Champagner das »Volksgetränk«, so ist es auf den Faschingsfesten der Künstlerkneipen der Schnaps, das Glas für eine D-Mark. Dort geht es nicht weniger drangvoll, dafür wohl etwas herzhafter zu. Jünglinge und Mädchen, mehr oder auch weniger bekleidet, tanzen ihren Traum vom Swing und »Boogie Woogie« in komischen Verrenkungen; darunter gelegentlich auch ein echter Exote mit der Grazie subtropischer Zonen. Und selbst jene schwer bestimmbaren Wesen werden da und dort geduldet, die von jenem merkwürdigen Zauber umwittert sind, den Hermann Hesse im »Steppenwolf«, seinem Anti-Spießer-Traktat, als »hermaphroditische Magie« bezeichnet.

Die alten Bohémiens, die Größenwahnsinnigen von einst im Café Stephanie (aus Ruinenschutt neu erstanden) geben sich oft mit gewollter Biederkeit. Der Preis sei dem als Klo-Frau ausgestopften Alten zugesprochen, der mit Bürste und Papier am Rockbändel vergnüglich hantierte. Von dem individuellen und oft recht kultivierten Geschmack ihrer Gastgeber bestimmt sind die Nächte in den Ateliers der Maler und Bildhauer. Mitunter scheint es so, als wolle man dort den »Neo-Bourgeois« von 1949 schockieren und erschrecken. Schließlich soll auch dem deutschen Restbürger das gute Recht unbestritten bleiben, sich moralisch zu entrüsten. Zu einer langsam gesundenden Gesellschaft gehört als korrespondierender Gegensatz die Bohème. Die soziale Welt ist nur dann intakt, wenn sie auch die Parasiten ertragen kann. Zum Grand-Hotel gehört der Schampus – und unter die rote Laterne der Abschaum. So will es das Moralgesetz.

Der gesellschaftliche Verfall in diesem Lande hatte zunächst alle mit sich gerissen. Jeder einzelne gehörte zu den Outlaws der Welt. Die beginnende Neuformung drängt den Außenseiter wieder in die Isolation. Das bringt der Fasching an den Tag – der Fasching in München, dieser deutschen Stadt, die wohl die wenigsten Hungernden und ganz gewiß auch die meisten Schlawiner und Kunstzigeuner in ihren neu erstehenden Mauern und in ihrem alten Schwabing birgt. Babylon ist hin – es lebe Schwabylon!

18/12.2.1949

Nicolaus Sombart
Der Mann in der Zelle

Jede Epoche birgt in dem Gefüge ihrer geschichtlich-gesellschaftlichen Wirklichkeit Situationen, die, ins Bewußtsein gehoben, den Rang von Symbolen gewinnen, an denen der Zeitgenosse sein Dasein sinnfällig begreift. Es sind die Schlüsselsituationen, die das Selbstverständnis des Menschen entzünden. Sie gehören zur Alltagserfahrung Unzähliger; aber nicht Begriffe fassen ihr Geheimnis. Sie wirken mit der Kraft des Bildes.

Ein Bild dieser Art, jahrhundertelang gültig und von strahlender Evidenz, war das Bild des Reiters. Die konkrete Erfahrung des berittenen Mannes lag ihm zugrunde; eine in sich vollkommene Daseinsweise mit bestimmten Vorstellungen von Freiheit und Weite. »... und so reite ich in alle Ferne, über meiner Mütze nur die Sterne.« Alle Nuancen eines herrischen Lebensgefühls flammen darin auf. Goethe gehörte zu den letzten, die wirklich noch darum wußten. Heute ist es vergangen. Ein Sternbild. Wir erinnern uns: »Langsam nennt es die Klage: Hier siehe den Reiter...« (Rilke)

Zu den erregendsten geistigen Ereignissen unserer Gegenwart gehört es nun zweifellos, daß es gelungen ist, eine der Schlüsselsituationen unserer aktuellen Wirklichkeit zum Bilde zu erheben, zu einem Bilde von tiefem hermeneutischem Wert. Es ist das Bild des »Mannes in der Zelle«.

Das Dokument, in dem es in seinem gewaltigen Umriß deutlich vor Augen tritt (und das dadurch seine Bedeutung erhält und die Gewißheit zu überdauern), ist Günther Weisenborns »Memorial«. Doch gibt es auch andere Zeugnisse dafür. So wird man bald erkennen, daß die Größe eines Buches, wie das berühmte »Darkness at Noon« von Arthur Koestler, nicht in seiner philosophisch-politischen Problematik liegt, sondern in der Tatsache, daß das Bild des »Mannes in der Zelle« darin mit großer Präzision gezeichnet wurde, daß es mit dem Satz beginnt: »Die Tür der Zelle schlug krachend hinter Roubachoff ins Schloß.«

Der »Mann in der Zelle« ist der isolierte Einzelne. Es ist nicht der Mann im Kerker, nicht der Mann auf der Galeerenbank, den auch andere Epochen kannten, sondern der Inhaftierte eines modernen, mit aller Perfektion der Technik eingerichteten, geräuschlosen Mustergefängnisses. Er büßt auch keine Strafe ab. Vielmehr ist er der

Gefangene einer Gewalt, von der einfach zu sagen ist, daß sie schlechterdings herrscht.

Weil er mit dieser Herrschaft uneins ist, hockt er in der Zelle. Ob zu Recht oder als Opfer blanker Willkür, ist nicht auszumachen, und doch ist das die einzige Frage, die ihn beschäftigt. Sollte er falsch gelebt haben?

Jetzt wird ihm der Prozeß gemacht. Jeden Augenblick muß er gewärtig sein, zum Verhör geholt zu werden. Mit Vorliebe reißt man ihn nächtens aus dem Schlaf. Dabei sind ihm alle seine Feinde unbekannt. Sie tragen die Schreckensmaske der Anonymität. So ist es besonders unerträglich, daß ihr Auge ständig über ihm wacht: In der Tür der Zelle ist ein Guckloch angebracht!

Dieses Verhör! Es erfüllt den »Mann in der Zelle« bis zum Wahnsinn. Es zerstört jede Muße. Es macht Sammlung unmöglich. Getrieben geht er in seinen vier Wänden auf und ab, wälzt sich auf seiner Pritsche, denn er muß versuchen herauszubekommen, was man von ihm will. Was wird er gefragt werden? Was kann, was soll er antworten, um richtig Antwort zu geben? Von der Geschicklichkeit, nicht der Wahrheit seiner Antworten hängt ab, ob er je wieder frei sein wird.

»Frei sein – Was ist das?« Durch das Gitter in seinem Fenster erscheint ein Stück Himmel, ein Baum … Dort draußen, dort wäre man »frei«! Dort ist das eigentliche Leben, das zu leben sinnvoll wäre. Dort ist echte Wirklichkeit. Dort sind die »Dinge«, die bunten Länder, die Kinder; sind Frauen … Vor allem aber dies: Dort draußen ist Auftrag, sind erfüllende Bezüge. Jetzt hat man nur eine ungewisse Erinnerung daran, sehnsüchtige Träume; Freiheit wäre, wenn die Träume sich plötzlich verwirklichen würden und Erinnerungen Zukunft hätten.

Es ist ein Irrtum zu meinen, der »Mann in der Zelle« sei frei, wenn er betet. Er wäre es genausowenig, wenn er mit dem Kopf gegen die Wand rennen würde, um sich zu töten. Die Hilflosigkeit seines Hierseins würde in solchen Verzweiflungstaten nur offenbar.

Er muß den Prozeß gewinnen. Darauf kommt alles an. Bevor dies nicht gelingt, sitzt er gefangen. Gott steht in keiner Weise zur Diskussion. Überlegt der »Mann in der Zelle« es sich genau, so befindet er sich in einer Auseinandersetzung mit den Instanzen seiner Geschichtlichkeit. Von ihnen ist er ergriffen und hier in diese Zelle geworfen, und vor ihnen muß er bestehen. »Draußen«, die Welt, das ist sein Jenseits.

Es ist nicht der Prozeß Kafkas, wohlbemerkt, in den der »Mann in der Zelle« verwickelt ist; der war eine zwar etwas gespenstische, doch im Grunde durchaus harmlose Veranstaltung; er spielte noch in den Kulissen der bürgerlichen Welt. Das neue Verfahren ist phantasieloser. Sein Ort ist die Verfallenheit des Menschen selbst.

Die Zeit verstreicht. Sie ist gleichgültig – aufgehoben. Die Tage sind Striche an der Wand. Sie zu zählen hat nur den Sinn, sich das Verzweifelte seiner Lage vor Augen zu führen.

Der Raum ist unbegrenzt. Man durchmißt ihn in der Einheit von fünf Schritten – hin und zurück – und läuft so Strecken ab, die nach Kilometern zählen. Man kann sich ausrechnen, wie oft man um die Erde wandert.

Man ist allein. Rechts und links sind andere »Männer in der Zelle«. Man kennt sie nicht, aber es gibt Kommunikation mit ihnen. Unvollkommen allerdings, durch Klopfzeichen. Nach kurzer Zeit weiß man genau, wer der unbekannte Nebenmann ist, der Fremde. Man hat eine Vorstellung von ihm und ist sehr zufrieden damit. Mehr will man gar nicht.

18/12.2.1949

Ernest Landau

Ende des jüdischen DP-Problems. Heimkehr nach Israel noch in diesem Jahr

Rund 90 000 Juden begeben sich auf die Reise; der größte Teil von ihnen heim nach Israel. Das ist das Ergebnis einer vor wenigen Tagen beendeten Konferenz des Rates der befreiten Juden in der amerikanischen Zone Deutschlands, der höchsten, demokratisch gewählten Körperschaft der hier lebenden jüdischen DP's.

Mit diesem Ergebnis hat ein Problem sein Ende gefunden, das der Welt noch vor vier Jahren geradezu unlösbar schien. Im Sommer 1945 wurde der überwiegende Teil der bisher in Deutschland befindlichen Juden aus den verschiedenen Konzentrationslagern, in denen sie Jahre hindurch geschmachtet hatten, befreit. Andere stießen später, auf der Flucht vor den Pogromen in Polen, Rumänien und anderen osteuropäischen Ländern, zu ihnen, als es sich herumzusprechen begann, daß die amerikanische Armee bereit war, allen freiheitsliebenden Menschen ein vorübergehendes Asyl zu gewähren. Denn immer nur als vorübergehender Aufenthaltsort, als Wartesaal für die endgültige Reise in die Freiheit, wurde Deutschland von den hier befreiten oder hierher zugezogenen Juden betrachtet. Das wurde besonders deutlich, als bereits im Januar 1946 im Münchener Rathaus der erste Kongreß der befreiten Juden zusammentrat, an dem als wichtigster Gastredner auch der heutige Ministerpräsident des Staates Israel, David Ben Gurion, teilnahm. Das Resultat dieses ersten Kongresses war eindeutig. Es hieß: »Öffnet die Tore Palästinas!« Dieser Ruf sollte nicht mehr verhallen.

Es fehlte damals nicht – insbesondere von britischer Seite her – an Stimmen, die den in Deutschland befindlichen Juden rieten, sich in Deutschland anzusiedeln, und auf die Möglichkeit einer raschen Eingliederung in die deutsche Wirtschaft hinwiesen. Bemerkenswerterweise wurde diesem Ansinnen jedoch von jüdischer Seite eine ablehnende Antwort zuteil. Wiewohl es 1945 (und auch später noch) für die meisten jüdischen DP's ein Leichtes gewesen wäre, in deutsche Städte zu ziehen, Wohnungen zu bekommen und auch wirtschaftlich seßhaft zu werden, wurde dieser Weg nur von den wenigsten beschritten. Die meisten der eben Befreiten blieben in den DP-Lagern, in der Erkenntnis, auf diese Weise schon durch ihre bloße Existenz ein Problem darzustellen, dessen Lösung auf das engste mit der Palästinafrage verknüpft bleiben mußte.

Schon kurz nach der Befreiung begannen die jüdischen DP's, sich durch die Gründung des Jüdischen Zentralkomitees ein politisches Instrument zu schaffen. Es folgte die Einflußnahme auf die Anglo-Palestine Commission und auf die UN-Sonderkommission für Palästina, UNSCOP, deren Eindrücke in Deutschland gewiß auch eine der Ursachen für die am 29. November 1947 von der UN-Vollversammlung in Lake Success verkündete Teilung Palästinas in einen jüdischen und einen arabischen Staat waren. Dazwischen lag die Teilnahme an unzähligen gemeinsamen Beratungen mit jüdischen Führern des Auslandes, am Zionistenkongreß 1947 in Basel und am Jüdischen Weltkongreß 1948 in Montreux; dazwischen lag aber auch eine ungeahnte tägliche Kleinarbeit, die das Jüdische Zentralkomitee vom Anfang seines Bestehens auf sich genommen hatte, weil es erkannte, daß konstruktive Leistungen notwendig waren, wenn aus einer ursprünglich anomal zusammengewürfelten Gesellschaft wieder ein Volk und produktiv arbeitende Bürger eines Staates werden sollten.

Galt es zunächst eine rein fürsorgerisch-soziale Tätigkeit zu entfalten, um den vollkommen besitzlosen Menschen über die erste Not hinwegzuhelfen, so wurden diese ursprünglichen Aufgaben bald von anderen überschattet, die notwendig wurden, als sich herauszustellen begann, daß der Aufenthalt in Deutschland immerhin ein paar Jahre in Anspruch nehmen würde. Jüdische Spitäler wurden errichtet; in Zusammenarbeit mit dem American Joint Distribution Committee wurde ein Wohlfahrtswerk auf die Beine gestellt, das alle Juden umfaßte; schließlich Schulen, Kindergärten, Arbeitsplätze und Lehrstellen geschaffen, um in erster Linie der drohenden Gefahr einer physischen und psychischen Demoralisierung der jüdischen Jugend zu begegnen.

ORT, die »Organization for Reconstruction by Training«, trat auf den Plan. Hunderte von beruflichen Fortbildungskursen wurden für Männer und Frauen geschaffen; in jedem DP-Lager, in jeder Gemeinde, in der Juden wohnten. Fast alle Arten von Handwerk wurden gelehrt, und nicht weniger als 37000 Schüler haben in den seit der Befreiung aus den KZ's liegenden dreieinhalb Jahren solche Berufsschulen zum größten Teil mit dem Erfolg einer vollendeten Abschlußprüfung besucht.

Allmählich nahm auch die Selbstverwaltung in den DP-Lagern breiteren Umfang an. Alle Arbeiten, Verwaltungsgeschäfte und anderen Programme wurden von den DP's selbst ausgeführt. Auf diese Weise sollten die in den Lagern lebenden Menschen in jeder Hinsicht für ihre späteren Aufgaben als Bürger eines Staates geschult werden.

Nun hat die Auswanderung begonnen; die Liquidation der DP-Lager und die Fahrt nach Israel. Zwei Drittel der in der US-Zone Deutschlands lebenden Juden dürften bis Ende Juni 1949 Deutschland verlassen haben, da auf Grund einer Erklärung der Jewish Agency for Palestine Israel in der Lage ist, alle einwanderungswilligen jüdischen Menschen bis Ende 1949 aufzunehmen und die in Deutschland, Österreich und Italien lebenden DP's (nach dem Abschluß der Einwanderungsaktion aus Cypern) den Vorrang genießen.

Die Einwanderungsaktion nach Israel wurde in den letzten Tagen auch noch dadurch erleichtert, daß das Präsidium der IRO in Genf seinen früheren Beschluß aufhob, demzufolge es keine Geldmittel für die Reisekosten von Männern im militärpflichtigen Alter von 17 bis 45 Jahren nach Israel zur Verfügung gestellt hatte.

Damit ist das Signal zum Aufbruch gegeben. Die »Operation Journey's End« hat begonnen. Der Wartesaal Deutschland leert sich.

29/10.3.1949

Kurt Hiller

Es kommt auf Leben an. Aus meinem Kalikobuch, neue Folge

Je älter man wird, desto dümmer kommt man sich vor, nicht zwar im Punkte der Lebenserfahrung, um so mehr aber in dem der Welterkenntnis. Weltgefühl – es sprießt im Alter so oft wie in der Jugend, vielleicht sogar öfter noch, aber es ist stets (und das war in der Jugend anders) das Gefühl von der absoluten Undurchdringlichkeit des Dunkels allen Daseins.

*

Wenn die Deutschen kollektiv einen Irrsinn begangen haben (etwa die Wahl ihres ungebildetsten Wachtmeisters zum Reichspräsidenten oder die Ermächtigung ihres ruchlosesten Verbrechers zu... was immer ihm Spaß macht) und die Umwelt renkt diese Nation einigermaßen unsanft wieder in den Vernunftzustand, dann glauben die Erwachenden, die ganze Menschheit sei von Dämonen besessen gewesen. Sie deuten ihre eigne Krise als Krise der Welt; und tun dies übrigens nicht ohne Stolz auf die metaphysische Ehre, die ihnen zuteil ward, am radikalsten von der Krise gerüttelt worden zu sein. Wer diesen Stolz nicht teile, sei ein platter Rationalist, der nie lernen werde, wo Gott wohnt. Es ist, als wenn in einer Irrenanstalt, nach leidlich geglücktem shock treatment, der Exverrückte zwar zutreffendermaßen sich selber, aber zugleich auch (und eigentlich in erster Linie) den gesamten Stab der Ärzte und Pfleger für eben genesende Psychotiker hält.

*

Eher noch ist der Durchschnittsdeutsche bereit, in mystischer Zerknirschung seine Nation als Ganzheit für eine Verbrecherin zu halten, als für individuelle Verbrecher diejenigen seiner Landsleute, die es wirklich waren oder sind.

*

Sie entdecken den Balken im eignen Sehorgan nicht und diagnostizieren den Glanz im fremden Auge als Splitter.

*

Als die schärfste Antithese innerhalb der geistigen Welt erscheint mir nicht der Gegensatz zwischen irgendwelchen Doktrinen, Ideologien, Systemen, Stilen, Ismen, sondern der Kontrast zwischen unabhängigen Geistern und angestellten.

Nachdem Tollheit die Nation in den Abgrund gestürzt hat, sollte man meinen, daß Vernunft hoch im Kurse stünde. Das Gegenteil ist der Fall. Selbst in der Presse des Liberalismus und der Linken Neudeutschlands unterhält der Obskurantismus seine fünfte Kolonne, Haß auf die Vernunft, Schmähungen und Hohn auf die Reinlichkeit autonomen kritischen Denkens, alles zugunsten einer schlammigen Instinktelei, einer »chthonischen Aftertiefe«, die als »Metaphysik« verkleidet auf den philosophischen Maskenball zog – noch nie tobte die schmutzige Orgie des Illuminismus sich in diesem Lande so wüst aus wie heute, wo selbst protestantische Kreise sich nicht scheuen, Ignatius von Loyola zu feiern und Giordano Brunos Verbrennung kompliziert zu rechtfertigen. Wie lange noch, und der Scheiterhaufen als amtliches Reagieren auf Ketzereien wird die große Mode! Das gebrannte Kind schreit nach dem Feuer.

*

Der bedeutende Kopf, der mittelmäßige Kopf – scharfe Spannung. Der unabhängige Kopf, der angestellte – eine noch viel schärfere. Da nun ein unabhängiger Kopf durchaus mittelmäßig, ein bedeutender leider angestellt sein kann, so ist die Diagnose in jedem Einzelfall höchst verwickelt.

*

Seneca: »Noch keinen großen Geist gab es ohne eine Beimischung von Verrücktheit.« Der Satz ist wahr in Ewigkeit. Doch ebenso wahr bleibt, daß auf Flaschen gezogene Verrücktheit allein (wie sie zum Beispiel gewisse Schulen der modernen Malerei und Graphik anbieten) kein Merkmal eines großen Geistes bildet.

*

Freundschaft mit Schriftstellern hat manchen Reiz, aber den ungeheuren Nachteil, daß man sich gezwungen findet, ihre Bücher zu lesen.

*

Ein Staat ist dann in Ordnung, wenn seine Wirklichkeit im wesentlichen dem Inhalt jener sittlichen Ideen entspricht, die von den großen Religionen und Philosophien der letzten dreitausend Jahre übereinstimmend gelehrt werden. Solch ein Inordnungsein wird weder durch die Hoffnung auf politische Genies, die auftauchen und die Macht ergreifen könnten, gewährleistet noch durch ein System, mittels dessen die Mehrheit von Abstimmenden jeweils zur unumschränkten Herrin des Volkes wird. Das Genie kann ausbleiben oder ein Pseudogenie sich zum Führer aufwerfen; eine Mehrheit kann irren; beide können, als Despoten, ihr Volk ins Entsetzen treiben und in den Abgrund regieren: dessen muß man mit den Erfahrungen von 1933, nein, schon von 1789, eingedenk sein. Es genügt aber auch nicht das fromm abwartende Vertrauen auf die Gnade des Schicksals; Vernunft kann der Gnade nachhelfen. Eine vernünftig organisierte Menschheit ist, in gewissen Grenzen, ihr eigenes Schicksal; Vernunft, zwar keine Garantin ungemischter allgemeiner Glückseligkeit, hat dennoch die Kraft, das Tragische im Sein der Menschheit (...) einzuengen.

48/26.4.1949

Cornelia Hellmer
Sommer-Mode 1949

Je mehr die Schrecken des Krieges verdämmern und das normale Leben wieder an Geltung gewinnt, desto mehr erwächst uns auf modischem Gebiet die Verpflichtung, uns in den Rhythmus der übrigen Welt einzuordnen.

Es geht darum, nicht eine speziell deutsche, sondern eine zumindest kontinentale Mode zu schaffen. Die Mode, eines der sensibelsten Gebiete, muß sich ebenfalls der allgemeinen Entwicklung anpassen, die über die Nationalstaaten hinweg zu einer kontinentalen Einheit drängt. Das spielerisch-feminine Grundelement der Mode sollte uns nicht über den Ernst des Problems hinwegtäuschen, das sich keineswegs in der Befriedigung des weiblichen Geschmackes erschöpft, sondern auch wirtschaftlich äußerst wichtig ist. Das Deutschland von heute ist auf Tod und Leben mit dem Export verbunden, aber auf dem Gebiet der Mode sind wir nur dann exportfähig, wenn wir kontinentales Niveau erreichen. Und wir können es erreichen. Bevor uns die Hitlerei auch den Geschmack verdarb oder, besser gesagt, unterdrückte, waren die deutschen Frauen auf dem besten Wege, als die elegantesten Europas zu gelten. Die Fähigkeit ist also da, sie muß nur gepflegt und an der inzwischen ungehindert fortschreitenden Auslandsentwicklung reorientiert werden.

Vergessen wir nicht, daß eine ganze Generation inzwischen aufgewachsen ist, die niemals mit den großen Zentren des Geschmackes und der Geschmacksbildung direkt in Berührung kommen konnte.

Den Eindrücken, die jetzt von dort her auf uns einstürmen, soll diese Generation weder mit bornierter Ablehnung noch mit kritiklosem Beifall gegenüberstehen. Wägen und wählen in dem Bewußtsein, daß man viel zu lernen, aber auch ein eigenes Urteil beizutragen hat. Das sollte die Parole sein!

In diesem Sinne sollten wir auch die Sommermode des Jahres 1949 werten. Was also gibt es Neues?

Für den Vormittag: praktische und schöne Kostüme aus geripptem Waschsamt oder Leinenrips. Einfarbige Röcke. Die Blusen sind ebenfalls einfarbig und wiederholen die Farbe des Jackenkleides oder des Rockes. Die lose hängende Jacke des Frühjahrs hat eine interessante Rivalin bekommen, und zwar die »Schwalbenflügel-Jacke«, wie Fath, Paris, sie taufte. Dieses kleine Gebilde sieht aus wie die zusammengelegten Flügel der Schwalbe, ist schulterbreit, auf der Brust mit zwei nebeneinanderliegenden Knöpfen geschlossen, kurz wie ein Bolero und läuft hinten spitz zu. Es hat nicht sehr weite, aber lange Ärmel. – Für etwas kühle Vormittage nimmt man am besten leichtere Wollstoffe in zarten Unifarben und ergänzt ein solches Kostüm mit einer der verspielten Dinger von Blusen, die Valencienneeinsätze, Rüschen, Falbeln und Knöpfe haben.

Für den Nachmittag: Die Farbe der sommerlichen Nachmittagskleider weist die neuen Töne Süßlila, Maud, Haselnußbraun und gedämpftes Maisgelb auf. Es werden auch wieder Streifen getragen, deren Zusammensetzung die Modefarben zeigen, und zwar spiegeln sich hier die zwei modischen Kontraste des Jahres: starke, reine Farben wie Rot-Blau, Grün und Gelb, hart nebeneinander, oder nur Pastelltöne wie Bleu-Rosé-Lila. Aber auch Schneeweiß ist wieder beliebt.

Die Form der sommerlichen Kleider bringt eine Abkehr von der allzu großen Weite der Röcke, Kleider und Mäntel, und auch in der Länge ist ein Wechsel eingetreten: fünf- respektive dreiunddreißig Zentimeter Abstand vom Boden. Die gesamte Silhouette hat sich von Paris her im wesentlichen dahingehend geändert, daß man von einer den Körper wieder mehr »zusammenfassenden« Linie sprechen kann, einer Linie, die von nicht zu breiten, oft sogar abgerundeten Schultern zur Hüfte laufend sich verengt – mit weiten Fledermausärmeln, die vier- oder dreieckig eingesetzt sein können – und dann in einem fast hosenrockähnlichen Rock endet. Diese Modelle eignen sich für Nachmittagskleider aus weichem Material speziell für schlanke Figuren außerordentlich gut und, so neuartig und ungewohnt der erste

Eindruck auch sein mag, so schnell erkennt man die wunderbare Schlichtheit und Eleganz dieser Form.

Ich sah ein weißes Ripskleid mit engem Rock, der lediglich vorn durch zwei Taschen etwas Weite andeutete. Es hatte ein hochangeschnittenes Gürtelteil, dreiviertellange, halbweite Ärmel in Raglanschnitt und einen spitz bis zum Gürtelbeginn auslaufenden Brustlatz aus doppeltem Stoff. Ein großer, rundköpfiger Hut aus grasgrünem Rips, halblange Handschuhe und gezogene Tasche aus gleichem Material ergänzten das alles. – Aus Paris kam ein Kleid aus korallenroter Seide mit kleinem Sternenmuster. Das Rückenteil war blusig-locker geschnitten, endete in einem breitgefalteten, im Oval schräg gehaltenen Gürtelteil, das das in der Mitte weite Teil des Rockes zusammenhielt. Das Kleid hatte einen lose fallenden großen Kragen. Der weiche, nicht mehr allzu weite Mantel bestand aus sahnefarbiger, leichter Wolle. – Ferner ein Kleid aus mauvefarbener Uniseide, halbärmelig, mit spitzem, tiefem Ausschnitt. Der Verschluß rückwärts schräg auf der linken Schulter wiederholt sich am Rock mit einer über engem Rock lose fallenden Stoffbahn. Knöpfe aus dem Kleidmaterial. – Aus den Staaten kommt ein besonders schönes Modell aus dunkelblauem Material. Der Rock ist eng, hat aber eine in der Mitte liegende, hohe knöpfbare Gehfalte. Das Blusenteil fällt gerade, aber blusig, ist ärmellos und hat dafür seitwärts zwei breite, weiße Ripsstreifen, bis zum Gürtel gehend, eingesetzt. Dieses Kleid ist sportlich und apart zugleich.

Für den Abend: Die Kleider für Sommerabende und Festlichkeiten haben keine Schultern- und keine Achselbänder, und die Korsage triumphiert über alles Wenn und Aber. Weißer Tüll um eine schlanke Taille gefaltet, der Tüllrock meterweit auf einem Unterkleid aus starrem Taft, die Schultern, nackt und rund, erinnern an die klassischen Bilder der Pawlowa. – Ich sah ein schwarzes Kleid aus fließender Seide mit fledermausartigem Oberteil, einem spitzen, tiefen Ausschnitt, der mit einer Brokatkordel verschnürt war. Der Rock hatte die ganze Weite vorn, so daß die Figur von der Seite schlank und graziös erscheint.

Für Garten und Badestrand: Schöne rückenfreie Modelle, die zum Teil auch schulterfrei sind, gibt es für den Garten und Ausflüge ins Freie. Man trägt kurze Jäckchen darüber, entweder den klassischen Bolero oder die sportlich-gerade Form. Das Material für diese sportlichen Kleider besteht meist aus reinem oder Seidenleinen, aus handgewebtem losem Stoff oder aus bedruckter Baumwolle. Der Ausschnitt trägt oft eine derbe Klöppel- oder Spitzenstickerei. Die Röcke sind vorn, aber auch hinten von oben bis unten aufknöpfbar. Zu diesen Kleidern sind die aus Amerika zu uns gekommenen Sandalen à la Griechenland sehr hübsch. Sie haben zwei und mehr Knöchelriemen und ganz flache oder halbhohe Absätze. Sie sind aus weißem und farbigem Leinen, bequem, preiswert und, wie gesagt, sehr hübsch.

Bezaubernd sind einige Strandanzüge, die ein neu angeschlagenes Thema in der Pelzmode – die Stola – lustig variieren. Blauweiße oder rotweiße Streifen werden quergenommen, mit Fransen besetzt und armfrei als Strandanzüge gearbeitet. Ein längsgestreifter, körperlanger und breiter Schal ist am rechten Schulterblatt befestigt und kann, je nach Laune, um Hals oder Körper drapiert werden. – Es gibt dreiviertellange Leinenhosen mit Umschlag – aber bitte nur für die jugendlich Schlanken – aus grobem Leinenmaterial, dazu eine königsblaue Bluse und halblange Jacke. Auch hierzu ein königsblauer, breiter Schal!

Die Badeanzüge sind noch immer zweiteilig, das Neueste auf diesem Gebiet ist ein Anzug aus gummistoffartigem Goldbrokat. Aber auch die hand- und maschinegestrickten wollenen Anzüge in starken, reinen Farben kehrten wieder und mit ihnen ebenso starkfarbige, schöne Bademäntel aus Frottee, Baumwolle und dickem, leichtem Wollflausch.

Mit der Wiederentdeckung des Typisch-Weiblichen in der Mode dieses Jahres ist auch die phantasievollste und kapriziöseste unter allen Modeschöpfungen, der Hut, wieder in den Vordergrund gerückt. In der Zeit der langen Locken war es das Haar, das als Rahmen des Gesichtes dominierte. Jetzt, da die langen Locken den kurzen Löckchenfrisuren gewichen sind, da Kopftücher und Bänder als unangenehme Reminiszenzen an Krieg und Notzeit mehr und mehr verschwinden, kommt der Hut wieder zur Geltung.

Und wie das so üblich ist, wuchert er zunächst über alle Grenzen! Es fällt schwer, überhaupt noch von einer durchgehenden Mode auf diesem Gebiet zu sprechen, denn es ist schlechthin alles erlaubt, und es liegt nun mehr denn je bei den Käuferinnen, durch ihre Auswahl von sich aus die Hutmode in vernünftige Bahnen zurückzulenken. Es ist eine verantwortungsvolle Aufgabe für die modische Elite unter den Frauen, denn der Durchschnitt wird zunächst der verführerischen Vielfalt erliegen, und wir werden anfangs allerhand schreckliche Entgleisungen auf den Straßen zu sehen bekommen.

Was gibt es alles? Kleine Schuten, Kinderhüte, Cloches, Canotiers, wippende Florentiner, Jägerhütchen, Hüte von der Größe eines Wagenrades bis zum winzigen »Sahnebaiser« mit abstehendem Schleier. In Amerika hat man dafür einen neuen Ausdruck geprägt: »Hat crazy« – hutverrückt!

Was mir gefiel: ein geranienroter, winziger Kinderhut mit lustigkarierter Taftschluppe; ein maisgelber Jägerhut mit Fasanenfeder; eine Cloche aus schneeweißem Rips mit dunkelblauem Band eingefaßt und seitwärts hängender, ausgefranster Schleife; eine winzig-kleine Schute aus gestreiftem, hochglänzendem Atlas, die vier kühn zusammengestellte Farben zeigte: Grün-Rot-Weiß und Schwarz. – Sehr originell und hübsch fand ich ein Breton-Modell, das einen etwas verlängerten vorderen Rand hatte. Das Material war grober, schwarzweiß-gestreifter Rips und als Garnitur ein Bündel Fliegenpilze. Ein feinmaschiger schwarzer Schleier lag darüber und wippte der Trägerin über das halbe Gesicht.

Sehr kleidsam sind auch die ganz aus der Stirn gerückten Canotiers, die halb aus Stroh und halb aus Filz sein können. Aus Stroh oder Filz sind aber auch die dekorativen großen Hüte. Ich sah einen solchen aus altrosa Rips mit schwarzen Tupfen, der zu einem schwarzen Nachmittagskleid einen schlichten, eleganten Abschluß bot. Wie man aber sieht, ist alles sehr gewagt und – hart an der Grenze! Der Hut dieses Sommers: eine Feuerprobe des Geschmacks –.

Die Kirschen brauchen nicht unerreichbar in Nachbars Garten zu hängen, sondern man kann sie sich in Herzform oder dicken, schwarzroten Kugeln an den Kostümaufschlag heften oder auf die Handtasche stecken. Auch Weintrauben und Johannisbeeren gibt es als Vervollkommnung der riesigen Auswahl von Clips, die man sich für alle Gelegenheiten anstecken kann. Selbst Fliegenpilze als Glücksembleme sind von der Mode nicht verschont worden und sehen lustig aus. Für die Frisuren sind goldene, silberne und starkfarbig lackierte Metallspangen neu, die auch im Nacken getragen werden, in dem Löckchenkranz, der nun der Lockenfülle gewichen ist. Die Ohrläppchen sind durch die kurzgeschnittenen Haare mehr als früher sichtbar geworden, und so werden Blüten und Blätter in allen Farben, in jedem Material – auch in durchsichtigem Plexiglas – getragen. Zu den im Sommer braungebrannten Gesichtern sehen diese Ohrclips in den meisten Fällen hübsch aus.

60/21.5.1949

Horst S. Rauch

Ein Krieg, der nicht erklärt wird. Phantasie, die von der Vergangenheit lebt

Durch die Weltpresse geistern von Zeit zu Zeit Nachrichten von fürchterlichen Waffen, mit denen ein kommender Krieg geführt würde. Dem Leser, besonders dem europäischen und asiatischen, der die Schrecknisse, die materielle und geistige Not des letzten Krieges noch klar vor Augen hat, läuft dabei ein Grausen über den Rücken. In pakkenden, zum Teil grausig-konkret illustrierten Artikeln wird ihm ein Bild von der unwiderstehlichen Wucht jener unheimlichen neuen Waffen entworfen: Atombomben, Bakterien, Todesstrahlen, künstliche Erdsatelliten, die unseren Planeten umkreisen und als Abschußbasis verwendet werden sollen.

So heilsam und warnend-ernüchternd all diese Neuigkeiten auf das Denken jener Menschen einwirken dürften, die auch nach der letzten Weltkatastrophe einem neuen gewaltsamen Abenteuer nicht abgeneigt scheinen, so gefährlich sind diese Meldungen zugleich, da sie die Wachsamkeit vor einer konkreten Gefahr einschläfern. Sie sind nämlich dazu geeignet, den Blick für die Wirklichkeit zu trüben, für die Tatsache nämlich, daß der eventuelle *Dritte Weltkrieg* durchaus nicht eine bewaffnete Auseinandersetzung im herkömmlichen Sinne zu sein braucht, in diesem Sinne darf man nicht die Möglichkeit übersehen, daß der dritte Weltkrieg nicht erst kommen wird, sondern vielleicht schon da ist.

In den friderizianischen und napoleonischen Kriegen des 18. und zu Beginn des 19. Jahrhunderts war die Reiterei die Waffe, die oft die entscheidende Wendung einer Schlacht herbeiführte. Ein anschauliches Beispiel gibt der unwiderstehliche Ansturm jener Dragonerschwadronen, die in der Schlacht bei Hohenfriedberg die österreichische Armee zu heller Flucht zwangen.

Nach jener Zeitepoche waren in den einzelnen Ländern die Reiterregimenter der Stolz der Armee. Man glaubte, für kommende Auseinandersetzungen gut gerüstet zu sein, wenn man eine starke Kavallerie entwickelte. Der Deutsch-Französische Krieg von 1870/71 widerlegte diese Anschauung. Neue Waffen waren inzwischen entwickelt worden, und bei Mars-la-Tour und Vionville verbluteten französische Elite-Reiterregimenter im vernichtenden Schnellfeuer preußischer Gewehre und Geschütze.

Und wieder glaubte man für einen neuen Krieg gut vorbereitet zu sein, indem man die zuletzt aufgetauchten neuen Waffen bis zur Vervollkommnung entwickelte. Weit gefehlt auch diesmal! Der Erste Weltkrieg war wiederum eine ganz andere Art von Krieg als seine geschichtlichen Vorgänger. Granaten, Schrapnells, Maschinengewehre, die ersten Militärflugzeuge – all die neuen Waffen nützten in ihm wenig, denn die Kämpfer wühlten sich tief in die Erde hinein, sie bauten Unterstände und konnten mit verhältnismäßig geringen Verlusten abwarten, bis ein tagelanges Trommelfeuer vorüber war und der Gegner zum eigentlichen Angriff ansetzte.

Diese improvisierten Schützengrabenlinien baute man nun – als »Vorbereitung« für den nächsten Krieg – in höchster Vollendung aus. Man rechnete mit einem neuen Stellungskrieg und konstruierte Mammut-Befestigungslinien. Es erstanden die *Maginot-Linie* und der erste *Westwall,* später der *Atlantikwall.* Sie alle waren im zweiten Weltkrieg sinnlos. Dieser wurde nämlich ein Blitzkrieg. Im Nu waren die Befestigungslinien – mit Hilfe neuer Gewaltwaffen – durchstoßen, die Forts in der Flanke und im Rücken gepackt, der Feind im Lande. Ob es dabei manchmal einige Tage oder Wochen länger als ein anderes Mal dauerte, spielt dabei keine Rolle. Der neue Krieg war anders als der alte.

Bombenflugzeuge, Jagdbomber, Jagdflugzeuge, Riesenbomben, Atombomben, und eine Kette »wissenschaftlicher« Waffen sind aus dem zweiten Weltkrieg als »wahrscheinliche« Waffen eines kommenden Krieges hervorgegangen. Was ist – nach jenem geschichtlichen Rückblick – von ihrer Verwendungsmöglichkeit im kommenden Krieg noch zu halten?

Dieser Krieg, so wurde eingangs angenommen, könnte aber schon da sein. Er wäre der *Bürgerkrieg.* Nicht Armeen stünden in ihm gegenüber, sondern Sie und ich und unsere Nachbarn und deren Freunde und Feinde. Die gewaltigen Waffen nützten in einem solchen Ringen nicht viel, ja, es braucht in diesem Krieg nicht einmal geschossen zu werden. Dafür um so mehr gekämpft.

Ein politisches System, das seine Ideen allen Menschen aufzwingen will, ist täglich und stündlich an der Arbeit. Der von ihm vorgetragene Bürgerkrieg ist ebenfalls nicht ein Bürgerkrieg im herkömmlichen Sinn. In jedem Betrieb, in den Straßenbahnen, auf Versammlungen, im Rundfunk, in der Presse geht der Kampf ständig um Geist und Körper der Menschen, die bezwungen werden sollen. »*Kalter Krieg*«

als Bezeichnung dafür ist vielleicht fehl am Platze. Denn es könnte eben »der Krieg überhaupt« in Gegenwart und Zukunft sein. Sogenannte »heiße Kriege« – wie zur Zeit in Griechenland, Indonesien, Indochina, China – wären dann eigentlich nur eruptive Ausbrüche dieses allumfassenden Kampfes und vielleicht dadurch zu erklären, daß die Menschen eben noch in den althergebrachten geistigen Vorstellungen vom Krieg leben.

Jenes System, das den weltumspannenden Bürgerkrieg auf seine Fahnen geschrieben hat, will vielleicht auch gar nicht einmal jene »Heißen Kriege«. Zwar stehen sie auch in seinem Konzept, denn mannigfaltig sind die Methoden, mit denen es die Oberherrschaft erstrebt, und in diesem Sinne hat es keinen Zweck, die Wachsamkeit vor der Möglichkeit kriegerischer Auseinandersetzungen alten Stils einschlafen zu lassen.

Doch darf keinesfalls die rege Tätigkeit jener *Illegalen* unterschätzt werden, die mit dem Gesetz kaum zu fassen sind und die man die *»Fünfte Kolonne«* getauft hat. Streiks und Unruhen, Protestdemonstrationen und Scheinkundgebungen für den Frieden, Blockaden und Einflüsterungen an den Straßenecken, Unterminierung des Widerstandswillens der Armeen und des Volkes, Ausnutzung von Not und Unzufriedenheit, um damit den geistigen und moralischen Widerstand zu brechen – das sind einige der Methoden jenes Systems. Anpassungsfähig wie das Wasser sind sie, der Weg des geringsten Widerstandes ist ihre Lieblingsstraße. Wo es mit bloßen Streiks nicht mehr weitergeht, erfindet das System eine neue Taktik. In *Italien* nennt man sie »non-collaborazione«, Nichtzusammenarbeit. Nicht ganze Betriebe treten in den Ausstand, sondern jeweils Teilbelegschaften, manchmal nur wenige Stunden. Doch dann haben andere Teile der Fabrik wieder das Material nicht, welches jene streikenden Sektionen hätten herstellen sollen. Im Getriebe des Gesamten ist Sand, das Endziel des Systems – Zusammenbruch, Chaos, dann Machtübernahme – rückt näher.

Dieser jetzt und überall drohenden Gefahr muß entschlossen entgegengetreten werden. Ein *Abwarten* etwa aus dem Grunde: »die anderen sind auch nicht besser, denn sie sollen uns erst einmal mehr Essen geben und bessere Kleider«, ist ebenso sinnlos wie katastrophal. Untätiges Abwarten ist Zeitverlust, und Zeitverlust durch Untätigkeit arbeitet für das System. Bewußt muß ihm *entgegengearbeitet* werden, es müssen durch Mitarbeit eines jeden einzelnen jene Zustände geschaffen werden, die dem System seinen natürlichen Nährboden entziehen.

Wann der angenommene »Dritte Weltkrieg«, der neuartige Bürgerkrieg, beendet wäre und wie die Lösung sein würde? Ein *Datum* läßt sich nicht angeben. Vielleicht dauert er Jahre oder Jahrzehnte. Beendet wäre er dann, wenn er sich selber ad absurdum geführt hätte. Wenn das System eines Tages würde erkennen müssen, daß eine freie, widerstandsfähige und am eigenen höheren Lebensstandard und an der damit verbundenen gesteigerten Lebensfreude gesundete Welt keinen Appetit mehr hat auf seine dunklen, nivellierenden Verlokkungen. Wenn die gesunde Synthese zwischen Individualismus und Gleichheit gefunden ist.

Die Frage nach der praktischen Lösung ist leichter und genauer zu beantworten. Eine internationale Gemeinschaftsarbeit ist notwendig.

Die Anfänge dazu sind gemacht. Es gibt ein *ERP* und eine Organisation der *UN,* und diese befaßt sich durchaus nicht nur mit politischen Tagesfragen. Ein *»Fair Deal für die Welt«* wurde von US-Präsident Harry S. Truman vorgeschlagen. Zahlreiche internationale Organisationen caritativer, wirtschaftlicher, kultureller, technischer, verkehrstechnischer Art sind an der Arbeit. Wenn dieses friedliche Wirken im Laufe der Jahre seine Früchte trägt und wenn jeder einzelne Mensch seinen in Begriffen des Nationalismus und der staatlichen Souveränität gefangenen Geist emanzipiert und das Gefühl für die Notwendigkeit weltweiter Zusammengehörigkeit und Zusammenarbeit in sich aufnimmt, dann würden die Gespenster der Atombombe und des Bakterienkrieges eben Gespenster bleiben und der angenommene Bürgerkrieg würde ein Ende finden, weil sich einfach keine Bürger mehr fänden, die einander bekriegen wollen.

66/4.6.1949

Otto Stolz

Die ausgelöschten Erinnerungen. Eine Zeit, von der niemand mehr etwas wissen will

Vergessen ist Gnade und Gefahr zugleich. Diese Feststellung ist nicht neu. Noch niemals aber war sie von so brennender Bedeutung für die Entwicklung und Zukunft eines Volkes wie gerade im Augenblick für die Deutschen. Jeder, der im öffentlichen Leben steht und auch sonst berufsmäßig mit Menschen zusammenkommt, wird bestätigen können, daß vieles, was vor zwei oder drei Jahren noch fest im Bewußtsein des einzelnen verankert war, heute oft wie weggelöscht ist. Wir stehen vor dem merkwürdigen, wenn auch psychologisch verständlichen Vorgang, daß ein Volk, dessen Handeln in starkem Maße seit jeher von historischen Erinnerungen bestimmt wurde, im Begriff ist, ein Jahrzehnt seiner jüngsten Entwicklung einfach aus dem Buch der Geschichte zu streichen. Das ist schon vom Grundsätzlichen her ein bedenklicher Vorgang.

Man hat aber heute den Eindruck, daß wir vor einer geistigen Situation stehen, die zu der Feststellung berechtigt, daß in den Hirnen Unzähliger die Tatsache des Dritten Reiches einfach nicht mehr registriert wird. Die Psychologen aller Länder haben diesen Vorgang mit Verdrängungskomplexen und anderen Schlagworten wissenschaftlich zu definieren versucht. Damit ist aber nichts für die Gegenwart selbst gewonnen. Unter dem Eindruck der Not und des Elends, des Grauens und des Schreckens, die Millionen Deutsche während des Krieges und während der Nachkriegszeit betroffen haben, ist außerdem die gefährliche Auffassung entstanden, daß demgegenüber das nichts mehr bedeute, was während des Dritten Reiches geschehen ist. Die bequeme, aber gefährliche Auffassung hat Platz gegriffen, daß eigene Schuld durch fremde kompensiert werden könne.

Eine Bestätigung gleichsam für diese Auffassung ist das, was sich in den letzten Monaten und Wochen vor deutschen Spruchkammern ereignet hat. Es gibt nun wohl keine Zeitung mehr in Deutschland, die nicht mit der begeisterten Zustimmung weiter Leserkreise rechnen wird, wenn sie mit Nachdruck auf die grundsätzliche Fehlerhaftigkeit der von den Alliierten verkündeten Denazifizierungsbestimmungen hinweist. Sehr viel weniger populär ist aber schon die Feststellung, daß es in der Hand der Deutschen selbst gelegen hätte, weniger den Wortlaut als vielmehr den Geist dieser Bestimmungen wirksam werden zu lassen. Denn durch sie war nicht mehr und nicht weniger beabsichtigt, als zu verhindern, daß diejenigen noch einmal Einfluß auf die Gestaltung des deutschen Lebens bekommen könnten, die an der Herbeiführung und an der Wirksamkeit des Dritten Reiches maßgeblich beteiligt waren.

Wenn man aber heute das Ergebnis der Verhandlungen, soweit sie überhaupt schon stattgefunden haben, gegen ehemals führende Persönlichkeiten des Dritten Reiches zu werten versucht, dann wird man sich des beklemmenden Eindrucks nicht erwehren können, daß es offenbar niemals irgendwelche bewußten Verfechter des Nationalsozialismus gegeben hat und daß das auch die Überzeugung unbezweifelbarer Gegner des Regimes ist. Niemand war dafür, alle waren dagegen, vom Reichsjugendführer bis zum SS-Obergruppenführer. Niemand wollte angeblich, was geschehen ist, alle wollten sich einem unentrinnbaren Zwang gegenübergesehen haben.

Mit Logik ist offenbar dem Geschehen nicht mehr beizukommen. Eine Spruchkammer findet keine Belastungszeugen und -momente für einen Reichsjugendführer. Sie ist dem Prozeß des Vergessens so weit anheimgefallen, daß es ihr unwesentlich scheint, daß dieser Mann das Leben Hunderter junger Menschen zwischen 14 und 16 Jahren auf dem Gewissen hat, die er in den letzten Tagen des Kampfes von Berlin sinnlos in russische Maschinengewehre jagte. Polizeipräsidenten, die als Handlanger Himmlers fungierten, sind minderbelastet oder werden überhaupt entlastet. Es ist möglich, daß eine Zeitung heute in Deutschland ernsthaft eine Schlagzeile drucken kann, in der es heißt: »Wird Schacht Wirtschaftsminister?«

Es gibt keine Nutznießer mehr, die politisch und wirtschaftlich während des Dritten Reiches – und nur durch das Dritte Reich – profitierten. Ein Renommier-Generalfeldmarschall Görings wird demzufolge entlastet. Der Komponist der Todesmärsche für unzählige Millionen, der seit 1933 Mitglied der NSDAP war – wird Mitläufer. Die Zusammentragung des Belastungsmaterials gegen ehemalige Gauleiter dauert Jahre. Aber der Begriff des Hauptschuldigen, an sich klar genug umrissen, existiert nicht mehr. Selbst auf Gauleiter oder ihre Stellvertreter, die doch nun zweifellos zum engsten Kreis der NS-Hierarchie gehörten, findet er keine Anwendung. Es ist bereits heute schon so, daß ein Generaloberst der deutschen Armee, der bis zum letzten sinnlosen Schuß kämpfte, als besonders attraktiver Wahlredner erachtet wird. In wenigen Jahren, so steht zu befürchten, werden die Deutschen völlig vergessen haben, und es wird sich keine Hand mehr rühren, wenn jene Männer erneut führende Positionen einnehmen. Aber diese Männer selbst werden nichts vergessen haben. Es kann sogar als sicher angenommen werden, und ihr Verhalten vor den Spruchkammern beweist es, daß sie auch bis dahin noch nichts hinzugelernt haben werden. Gibt es einen überzeugenderen Beweis dafür als die Anmaßung jener Hitlerjugendführer, die sich nach 1945 plötzlich wieder als kompetent für das Wohlergehen jener Jugend betrachteten, die sie ins Unglück gestürzt hatten?

Für die Zukunft aber ist es notwendig, das Geschehene nicht zu vergessen, sondern es als wirkenden Faktor einzusetzen. Denn so, wie die Deutschen nicht vergessen wollen und werden, was ihnen beispielsweise im Osten widerfuhr, genausowenig können die anderen Völker vergessen, was ihnen durch Deutschland geschah. Tatsache aber ist, daß unzählige Deutsche das heute nicht mehr wahrhaben wollen, sondern es als bösartige Propaganda betrachten. Nur so ist es möglich, daß in einer Frankfurter Zeitung ein Mann erklären konnte, ein »anständiger Mensch« hätte auch während des Dritten Reiches niemals in der Gefahr geschwebt, ins Konzentrationslager zu kommen.

Die Deutschen fordern heute von den anderen, daß sie handelten, als sei das Vergangene nicht gewesen. Man muß nicht der Meinung sein, daß die Demontagen beispielsweise unbedingt im Rahmen dessen lägen, was heute politisch und wirtschaftlich vernünftig ist. Wäre aber die Erinnerung an ihre Ursachen noch vorhanden, dann könnte man sich sehr wohl vorstellen, daß man auf sie anders und damit auch erfolgreicher reagieren würde. Wir sind aber heute in einer Situation, in der wir von allen anderen Verständnis für Deutschland fordern, ohne selbst bereit zu sein, den anderen Verständnis entgegenzubringen.

Der Bewußtseinsschwund, der das begünstigt, erstreckt sich sogar auf historisch eindeutig festliegende Tatbestände. Die *Neue Zeitung* brachte vor einiger Zeit (Nr. 65 vom 2. Juni 1949) einen Aufsatz über die Rolle der Stahlhelm-Organisation während der Weimarer Republik. Dutzende von empörten Briefen ehemaliger Stahlhelmangehöriger waren die Folge, die heute alle den Stahlhelm als eine antihitlerische Organisation werteten, deren Gedächtnis aber völlig die Tatsache der »Harzburger Front« entfallen war. Ebenso liegt es auf anderen Gebieten. Es ist eine Tatsache, daß gar nicht wenige Deutsche der Meinung sind, 1942 habe Amerika an Deutschland den Krieg erklärt. Aus jedem Archiv der NS-Presse selbst aber läßt sich nun wirklich eindeutig nachweisen, daß diese Kriegserklärung durch Deutschland erfolgte. Dieser Verdrängungskomplex führt schließlich zu der Erscheinung, eine eigene Verantwortung nicht mehr anzuerkennen, sondern sie auf andere abzuwälzen. Bei manchen Deutschen hat man den Eindruck, daß sie Fehler der Alliierten geradezu herbeiwünschen, weil das willkommene Argumente liefert.

Das alles hat nichts mit einem Bekenntnis zur Kollektivschuld der Deutschen zu tun. Es soll auch nicht bedeuten, daß die Deutschen nunmehr in Sack und Asche einhergehen und sich selbstanklagend ihre Schuld immer wieder vor Augen führen müßten. Es soll lediglich daran erinnern, daß Geschehenes nicht weggelöscht werden kann und daß es sehr gefährlich wäre, wenn sich innerhalb eines hoffentlich recht bald geeinten Europa starke Diskrepanzen zwischen den Vorstellungen der anderen und denen der Deutschen darüber, was das Dritte Reich wirklich war, ergeben sollten.

Man sollte endlich die Besorgnis der Umwelt verstehen, die angesichts dieser Entnazifizierungspraxis vor der Wahrscheinlichkeit steht, eines Tages wieder mit denen verhandeln zu müssen, die einmal das Dritte Reich repräsentierten. Niemandem in Deutschland wäre damit gedient, wenn alle diese fehlgeschlagenen Entnazifizierungsverhandlungen noch einmal aufgerollt würden. Aber eines sollte zumindest als gesichert betrachtet werden können: Die deutsche Zukunft muß ohne die Vielzahl dieser nominell Entlasteten, in Wahrheit aber schwer Belasteten, gestaltet werden. Das aber kann nur geschehen, wenn die Erinnerung wach bleibt an das geschehene Unheil und diejenigen, die es brachten. Nur so wird der Blick in die Vergangenheit fruchtbar für die Zukunft werden.

74/23.6.1949

Egon Jameson

Setzt endlich die letzten Opfer der Gestapo frei!

»Stimmt es, daß nach Aufhebung des mittelalterlichen Arbeitsdienstes Ihr Recht auf Verhängung von Sicherheitsverwahrung noch immer besteht?« frage ich den zuständigen Oberregierungsrat im hessischen Justizministerium von Wiesbaden. »Stimmt es ferner, daß Gefangene, die ihre gesetzmäßig festgelegte Strafe bereits abgesessen haben, unter gewissen Umständen lebenslänglich weiter eingekerkert bleiben, ohne daß sie in der Praxis die Möglichkeit haben, mit Hilfe eines Anwalts ihre Freilassung zu erreichen? Stimmt es außerdem, daß selbst die besten deutschen Kriminalisten dieses System als inhuman ablehnen und daß sie das früher angewandte Verfahren, unsichere Elemente nach Verbüßung ihrer Strafen unter Polizeiaufsicht zu stellen, für erzieherisch wirksamer ansehen?«

»Es besteht eine Verfügung, mein Herr, nach der es mir verboten ist, Ihnen eine Auskunft zu erteilen.«

»Strafanstalt Ziegenhain. Abteilung für Männer. Sehr geehrter Herr! Wenn ich Ihnen auch nur andeutungsweise sagen wollte, was ich auf dem Herzen habe, käme ich über den Anfang nicht hinaus. Ich muß mich daher darauf beschränken, Sie flehentlich zu bitten: besuchen Sie mich so bald wie möglich. Es würde sich sogar ein größerer Umweg für Sie lohnen. Sie beschreiten kein ausgetretenes Geleis, sondern im Gegenteil: Neuland. Hans Kirchhoff.«

Daran hängt ein Schreiben des Anstaltsdirektors: »Zum beiliegenden Brief bemerkte ich, daß zum Besuche von Insassen nur Familienangehörige und sonstige nahe Verwandte zugelassen sind.«

»Kommen Sie, kommen Sie! Helfen Sie mir! Man hat mich vergessen! Ich weiß keinen anderen Weg mehr. Ihr Walter Eiling, Strafanstalt Ziegenhain, Bezirk Kassel.«

Daran hängt ein Schreiben des Anstaltsdirektors: »Zum beiliegenden Brief bemerke ich, daß zum Besuche von ...« Siehe oben.

Was tue ich? Man darf also diese Strafanstalt nur besuchen, falls man in der glücklichen Lage ist, einen Verbrecher in der Familie zu haben. Wie armselig man sich vorkommt. Ich habe niemand. Jedenfalls bisher nicht.

»Wo sind Ihre Akten, Herr Eiling?«, forsche ich in einem Schreiben. »In der Strafanstalt Straubing in Bayern.«

Oberregierungsrat Dr. Weber, der Vorstand dieser Anstalt, bedauert: »In der hiesigen Registratur befindet sich leider nur eine Karteikarte, aus der zu ersehen ist, daß Walter Eiling am 22.4.1942 durch die Staatsanwaltschaft Kassel beziehungsweise das dortige Gericht am 1.5.1942 wegen Verbrechen gegen die Volksschädlingsverordnung zu acht Jahren Zuchthaus und zu zehn Jahren Ehrverlust verurteilt wurde.«

Ich forsche weiter. Hier ist, was ich im Falle des Walter Eiling trotz aller Riegel, die die Justiz vorschiebt, zwischen Kassel, Frankfurt und Straubing bisher zu ermitteln vermochte:

Es ist der 21. April 1942. Kurz vor Mitternacht. An der Wohnungstür des zweiten Stocks in der Herderstraße 15 in Frankfurt am Main klopft es: »Öffnen!« Der Bewohner tut's. »Sind Sie der Koch Walter Eiling?« – »Ja.« – »Mitkommen!« Drei Gestapobeamte bringen ihn ins Polizeigefängnis, fahren mit ihm am Morgen um 6 Uhr in einem Gefangenenzug nach Kassel, sperren ihn ein, holen ihn um 12 Uhr zur Vernehmung in ein Zimmer: »Sie arbeiten im Restaurant Hohenzollern in der Hohenzollernstraße als Kellner und Buffetier?« – »Ja.« – »Sie sind mehrfach vorbestraft?« – »Ich habe einmal ein Jahr für den Ankauf eines Pfundes Butter bekommen. Ein anderes Mal 18 Monate, weil ich zwei angeblich gestohlene Autoreifen weiterverkauft habe. Aber diese Strafen sind längst erloschen.« – »Halts Maul! Gestehe, daß Du zu Weihnachten eine Gans, eine Ente, drei Hühner und zehn Pfund gesalzenes Fleisch von einem Stammgast gekauft hast!« – »Ja, aber ich gab ihm die Marken.« Ohrfeigen. Fußtritte. »Halts Maul! Gestehe, daß Dein Stammgast in Deiner Stube einen Nachschlüssel gefeilt hat!« – »Nein. Nie. Fragen Sie ihn doch selbst!« – »Der Lump spricht nicht mehr. Den haben wir heute früh hingerichtet. Und Du folgst, Du Schurke!«

Um 1 Uhr schon steht er vor einem Sondergericht. Als Volksschädling. Wegen Vergehens gegen die Kriegswirtschaftsbestimmungen. Ohne Verteidiger. Ohne weiteres Verhör. Ist er etwa Mitglied der Partei? Nein. Desto besser. Das ist ein guter Fall zur erneuten Abschrekkung aller Schwarzmarkthändler. Walter Eiling will etwas erwidern. Halt's Maul! Urteil: Acht Jahre Zuchthaus, zehn Jahre Ehrverlust. Anschließend Sicherheitsverwahrung. Wozu hat man denn Konzentrationslager!

In Wehlheiden bei Kassel wird der Mann, der eine Weihnachtsgans, eine Ente, drei Hühner und zehn Pfund gesalzenes Fleisch gekauft haben soll, eingekerkert. »Getreten, geschlagen, mit zehntausend Läusen behaftet, die allein das Leben zur Hölle machen, leide ich unendliche Qualen. So hilf mir doch!«, schreibt er seinem Freunde, dem Frankfurter Techniker Hans Breidenweg, Camillo-Sitte-Weg 36.

Drei Tage bevor die alliierten Truppen die Stadt Kassel besetzen, werden die Insassen seiner Anstalt auf Gewaltmärschen nach Straubing in Bayern verlagert. Hier endlich setzen seine Familie, eine verheiratete Tochter und sein Sohn, sowie sein Freund, der Frankfurter Techniker, durch, daß er sich einen Rechtsbeistand, den Anwalt

Dr. Alfons Prager aus Straubing, Ludwigsplatz 40, beschaffen kann. Der Jurist erreicht, daß sich der damalige Ministerpräsident von Bayern, Dr. Wilhelm Hoegner, in seiner Eigenschaft als Justizminister dieses Falles annimmt. Doch bevor er eine Entscheidung trifft, versetzt man den Verurteilten eines Hitler-Sondergerichtes aus Bayern in eine hessische Strafanstalt nach Ziegenhain bei Kassel. Dr. Hoegner macht nunmehr seinen zuständigen hessischen Kollegen auf dieses noch immer gültige, denn doch wohl viel zu strenge Urteil einer überstandenen Epoche aufmerksam. Selbstverständlich verfügt der hessische Justizminister Georg August Zinn sofort die Erlassung der Reststrafe. Der Kasseler Oberstaatsanwalt beeilt sich, dem Eingekerkerten die freudige Nachricht zu übermitteln. Famos.

Was nicht famos ist, ist der Umstand, daß der hessische Justizminister nicht die peinliche Genauigkeit kennt, mit der sein Apparat zu arbeiten pflegt. Laut seiner Verfügung ist zwar die Strafe erlassen, aber die Sicherungsverwahrung keinesfalls aufgehoben. Der Begnadigte bleibt im Zuchthaus. Eiling schreibt an den hessischen Justizminister nach Wiesbaden, Gutenbergstraße 4, bittet um Auskunft, was denn ein Gnadenerlaß für einen Sinn habe, wenn er trotzdem nach wie vor in seiner Anstalt bleiben müsse. Seine Anfrage wandert einen kurzen Dienstweg, das heißt, sie endet im Aktenbündel des Anstaltspolizeiinspektors Burghard. So geht's allen Briefen, allen Gesuchen an Anwälte, Behörden, Ministerien. Lebendig begraben.

Sein Frankfurter Freund wendet sich hilferufend an den hessischen Justizminister: »... und so bitten wir Sie alle nochmals, Ihren Gnadenerweis zu vollenden, indem Sie eine endgültige Entlassung veranlassen. Eiling, der mir persönlich bekannt ist, ist ein anständiger, gerechtigkeitsliebender Mensch, der seine Meinung offen ausspricht. Wie er mir mitteilte, hat er sich durch unbedachte Äußerungen vermutlich die Ungnade eines Vorgesetzten in Ziegenhain zugezogen. Er schrieb, seine Entlassung sei von dem leitenden Beamten nicht befürwortet worden, weil die Befürchtung naheliegen würde, daß er sich erneut dem Schwarzhandel zuwenden würde. Wenn diese fadenscheinige Begründung, hochverehrter Justizminister, stichhaltig wäre, dann dürfte ja niemand mehr aus der Haft entlassen werden, denn man könnte ja genausogut bei jedem andern befürchten, daß er wieder rückfällig werden würde. Ich persönlich bin der Auffassung, daß man sieben Jahre Freiheitsentzug in einem deutschen Gefängnis sein ganzes Leben nicht vergißt und sich immer als Warnung dienen läßt.«

Ergebnis? Keine Antwort. Einmal erscheint ein Polizist. Fragt nach, ob denn der Mann auch da wohnen könne? Ja.

Wieder schreibt Eiling an seinen Justizminister. Wieder erfährt er, daß das Schreiben nicht weiterwandert. Aus Protest verschluckt er Messer und Gabel und andere metallene Gegenstände. Das einzige, was dieser Protest mit sich bringt, ist, daß er, ein Mann von 57 Jahren, zur Strafe in Absonderung kommt, und daß man ihn, als er vor Schmerzen nicht mehr liegen kann, in das Gefängnislazarett Wehlheiden einliefert.

Operieren? Unsinn! So ein Volksschädling! Diät? Ja, die Fachärzte verordnen es. Die Anstaltsleitung verbietet es. 22 Monate leidet er, bis die Gegenstände auf natürlichem Wege verschwinden. Nun schreibt er ein Entlassungsgesuch an die Berufungskammer 4 in Kassel. Entscheidung: Nein! Der Mann ist noch nicht arbeitsfähig, außerdem ist er, so urteilt der Anstaltschef, »überheblich«.

Ein Jahr später wiederholt Eiling seine Bitte. Entscheidung: Nein! Der Mann ist zwar arbeitsfähig, aber sein Charakter, so urteilt der Anstaltschef Papke (er ist inzwischen selbst wegen schwerer Vergehen bestraft und entlassen worden), sein Charakter ist »labil«.

Der überheblich labile Eiling beschwert sich. Man habe sich gegen ihn verschworen, schreibt er, weil er in einem Prozeß gegen Beamte dieser Anstalt wegen Kriegsverbrechen und unmenschlicher Behandlung von Gefangenen durch eine eidesstattliche Erklärung etwas Nachteiliges über seine Bedrücker auszusagen gewagt habe. Seine Eingaben werden weitergeleitet. Die gleichen Richter, die das Opfer hitlerischer Schnellkriegsjustiz trotz ausdrücklichem Gnadenakt ihres Justizministers nicht freilassen, weil er Gefahr laufen würde, auch weiterhin Schwarzhandel zu betreiben, diese gleichen Richter unterschreiben in einer Zeit, in der fast die ganze Nation direkt oder indirekt vom Schwarzhandel lebte, die Ablehnung seiner Beschwerden über ihre eigenen Entscheidungen.

»Ja, auch ich bin der Meinung, daß hier etwas geschehen müßte«, versichert der Pfarrer Adameck aus Ziegenhain, der den Begrabenen gelegentlich besucht. »Der Nervenzustand des Gefangenen ist so erschüttert, daß es schon aus menschlichen Gründen geboten erscheint, ihn endlich aus der wohl unberechtigten Sicherheitsverwahrung zu entlassen.«

Was ist geschehen? Nichts. Eiling ist noch immer sicher verwahrt.

Ist sein Fall der einzige?

Zum Schluß etwas ganz, ganz anderes: Der Verleger des pornographischen »Stürmers«, der seinem Lande überall in der Welt einen nicht wiedergutzumachenden Schaden zugefügt und sich selbst zum vielfachen Millionär gemacht hat, wurde von einer Spruchkammer zu einer Geldstrafe mit Bewährung verurteilt.

89/14.7.1949

Axel von Harnack
Lernen die Völker aus der Geschichte?

»Was die Erfahrung aber und die Geschichte lehren, ist dieses, daß die Völker und Regierungen niemals etwas aus der Geschichte gelernt und nach Lehren, die aus derselben zu ziehen wären, gehandelt hätten.«

Der bisherige Verlauf der deutschen Geschichte scheint die Richtigkeit dieses Satzes des Philosophen Hegel zu bestätigen. Innerhalb eines Menschenalters ein verlorener Krieg und sodann nach dem Verlust eines zweiten, noch gewaltigeren, ein vollständiger Zusammenbruch unter Austilgung des Reiches in seiner staatlichen Souveränität – drängt sich da nicht der Schluß auf: Das deutsche Volk hat die Lehren der Geschichte nicht genutzt! Mußte nicht gerade der erste Weltkrieg als Mahnmal vor den Augen der Herrschenden stehen?

Dem Hegelschen Ausspruch liegt die Vorstellung zugrunde, daß die Geschichte ein Ziel habe, welches man erreichen oder verfehlen könne, daß sie gewissermaßen ein gigantischer Lehrstoff zur Erziehung der Völker sei. Lernend, so meint man den Philosophen zu hören, lernend vermögen die Völker aufzusteigen; sie streben Schülern gleich einem von der Vorsehung gesteckten Klassenziel zu.

Nun, es gibt Völker, deren Entwicklungsgang den Satz in der Tat als richtig zu erweisen scheint. Die englische Geschichte zeigt viele Jahrhunderte hindurch zunächst Selbstbehauptung, sodann Auf- und Ausbau eines Weltreichs ohne schwere Rückschläge, stets in folgerichtiger Anknüpfung an das von der vorangehenden Generation Geschaffene. An England erweist sich alles zutreffend, was der Freiherr vom Stein nach den Freiheitskriegen schrieb: »Allein dadurch, daß man das Gegenwärtige aus dem Vergangenen entwickelt, kann man ihm eine Dauer für die Zukunft versichern.« Amerikas Geschichte als Großmacht ist noch nicht zweihundert Jahre alt, und als Weltmacht tritt die Union erst zu Ende des neunzehnten Jahrhunderts auf; aber auch hier ist ein beständiges Vorwärtsschreiten bei zielklarem Ausbau im Inneren und politischer Expansion zu beobachten. Die Schweiz hat während der letzten drei Jahrhunderte die außerordentliche Leistung vollbracht, sich zwischen drei Machtpolitik betreibenden Nachbarvölkern zu behaupten, ihr Staatswesen so auszubauen, daß es schweren inneren und äußeren Krisen trotzen konnte, und es in mancher Hinsicht vorbildlich zu gestalten.

Aber wurden alle diese Leistungen dadurch erzielt, daß die Völker in den Büchern der Geschichte lasen und die Lehren anwandten, die sie dort fanden? Spielt nicht bei England die glückliche geographische Lage die entscheidende Rolle, bei Amerika die eigentliche ethnische Zusammensetzung der Bevölkerung und der außerordentliche Reichtum des Erdteils an natürlichen Hilfsmitteln? Und bei voller Würdigung des von der Schweiz geleisteten Beitrags zur allgemeinen Kultur darf man fragen: Verdankt dieses Land seine Unabhängigkeit und seinen Wohlstand nicht gerade der Rivalität dreier Völker, von denen keines dem anderen die Beherrschung der Alpenpässe gönnt? Ist nicht jedem der Nachbarn die Existenz eines neutralen Kleinstaates gerade an diesem neuralgischen Punkte Europas aus sehr verschiedenen Gründen erwünscht?

Das deutsche Volk ist spät zur Einigung und Selbständigkeit gelangt und hat diese beiden hohen Güter wieder verloren. Polen und Juden erfreuen sich heute des Besitzes unabhängiger Gemeinwesen – aber erlangten sie diese, weil sie aus ihrer eigenen oder der Geschichte fremder Völker gelernt hatten? Zum Eintreten der Konstellationen, welche die Gründungen des polnischen Staates und des Staates Israel ermöglichten, haben diese Völker selbst nicht den entscheidenden Anstoß gegeben. Aus dem Verlauf ihrer seit Jahrhunderten, ja zwei Jahrtausenden, von anderen abhängigen Geschichte konnten sie höchstens Antriebe, keine Vorbilder schöpfen. Daß sie die Selbständigkeitsbewegungen anderer Völker zum Vorbild genommen hätten, erweist ihr heutiger Zustand nicht.

Vor dem Jahre 1914 hätte man in Deutschland voll Selbstgefälligkeit sagen können – und man hat solche Stimmen auch gehört: »Ja, wir haben aus der Geschichte gelernt, indem wir uns langsam zur Einheit durchgekämpft und von den Erfahrungen aus unserer Geschichte und von den Einigungsbewegungen anderer Völker den besten Gebrauch gemacht haben. Ohne sie wäre der Erfolg nicht möglich gewesen. Nun kann es uns an nichts mehr fehlen.« Ein heute abzugebendes Urteil hierüber müßte ganz anders lauten, wenn man auf dem Standpunkt steht, der Zusammenbruch Deutschlands habe seine tiefe Ursache in dem Außerachtlassen geschichtlicher Erfahrungen. Italien überwindet die völlige Niederlage, die es im zweiten Weltkriege erlitten, leichter als Deutschland.

Richtig ist dagegen der Hegelsche Satz insofern, als einzelne einschneidende Ereignisse der Vergangenheit vor den Augen der Handelnden oft als Vorbilder oder Warnungen gestanden haben. Bismarck hat sich an einem Wendepunkt seines Lebens des Schicksals König Karls I. von England und seines Ministers Strafford deutlich erinnert und sich daran orientiert.

Aus der Geschichte in elementarer Weise lernen kann man nur, wenn man an feste Gesetze glaubt, die aus ihr sicher ablesbar sind. Solche auf weite Zukunft unerschütterlich aufzustellen und als allgemeinverbindlich bei den Politikern einzuführen, ist aber noch nie gelungen, sooft man es auch versucht hat. Schon eine Voraussage des geschichtlichen Verlaufes in skizzenhafter Weise auf Grund von Analogien scheitert schnell und pflegt den, der sie unternommen, in peinlicher Weise bloßzustellen. In der Gegenwart verbietet sie sich besonders angesichts der außerordentlichen Schnelligkeit der technischen Fortschritte. Im Zeitalter der Atombomben nach Maßstäben aus dem neunzehnten Jahrhundert zu fragen und zu prophezeien, ist sinnlos.

Erfolg in der Geschichte haben heißt für ein Volk, sich selbst behaupten. Offenbar spielt nun die Verwertung geschichtlicher Erfahrungen nicht die entscheidende Rolle; viel wichtiger ist bei einzelnen Völkern eine spezifisch staatenbildende Fähigkeit und politischer Sinn. Die Völker sind ihrer Anlage nach keineswegs gleichwertig – genausowenig wie in ihrer Entwicklungsfähigkeit auf künstlerischem oder wissenschaftlichem Gebiet. Dazu kommt, daß einzelne durch geographische Lage und wirtschaftliche Verhältnisse besonders günstige Grundlagen für Selbstbehauptung und Wachstum besitzen und dadurch entschieden im Vorteil sind.

Das Wissen um die Vergangenheit und klare Vorstellungen davon, wie es zu dem heute bestehenden Zustand gekommen ist, spielen unbewußt bei den politisch erfolgreichen Völkern eine bedeutende Rolle. Sie machen nicht täglich Bilanz, aber bis in die Fingerspitzen verfügen sie über ein feines politisches Tastgefühl. Bei den Deutschen ist es schwach, bei den Engländern stark entwickelt.

Ein häufig zitiertes politisches Schlagwort spricht von den Menschen, die bei tiefgreifenden Umwälzungen »nichts gelernt und nichts vergessen haben«. Aber wie der Hegelsche Satz bedarf auch diese Charakterisierung der Korrektur. Liegt hier nicht ein Widerspruch vor? Man erwartet zu hören: »Sie lernen nichts und vergessen alles.« Denn in jedem »Nicht-Vergessen« steckt doch ein Stück Lernen. Nur wer etwas gelernt hat, kann etwas vergessen. Eine geistvolle Definition des Begriffes »Bildung« lautet: »Bildung ist das, was übrigbleibt, wenn man alles vergessen hat, was man gelernt hat.« Zur Bildung gehört also nicht das vergeßbare tatsächliche Wissen, sondern die Fähigkeit, den nicht wägbaren Teil des Wissens festzuhalten, Neues aufzunehmen und zu verarbeiten. Mit dem Wissen der Völker um die Vergangenheit steht es ähnlich.

Lernen die Völker nun auch nicht in elementarer Weise, so vergessen sie andererseits auch nicht, was sie erlebt haben. Ihr Gedächtnis ist wach – aber es dosiert je nach ihrer politischen Begabung und Reife in recht verschiedener Weise. In der Frühzeit halten Sagen, Lieder und Märchen die Vergangenheit wach, später eine Geschichtsschreibung, die sich im Laufe von Jahrhunderten in mannigfaltiger Weise von echter Historie bis zu niederer Tendenzliteratur und reiner Propaganda aufspaltet. Es besteht eine eigentümliche Spannung zwischen nichtrealisiertem Wissen und Vergessen. Dem Vergessen fallen – zum Schaden der Völker – in erster Linie die Mißerfolge, Niederlagen und Zusammenbrüche anheim. Wie der einzelne die Schmerzen von Krankheit und Geburt am schnellsten vergißt, so auch die Völker. Zweifel und Unsicherheit regen sich; es besteht die Neigung zur Legendenbildung, sobald eine Katastrophe eingetreten ist. Nicht von ungefähr kam nach dem ersten Weltkrieg in Deutschland eine politisch höchst folgenreiche Kontroverse über die doch im Grunde offen zutage liegenden Ursachen der deutschen Niederlage auf. Und heute bereits ist die äußerlich erfolglos gebliebene Widerstandsbewegung gegen das Dritte Reich in ihrer Bedeutung bei uns umstritten. Das Gedächtnis der Völker haftet an den Höhepunkten nationalen Lebens und an den zu ihnen hinführenden Zeiten des Aufbaus. Sie werden festgehalten. Die Siege Napoleons und sein Reich haben in ihrem Fortwirken das geistige Leben Frankreichs länger als ein Jahrhundert auf das tiefste beeinflußt. Weit zurück trat hinter ihnen die Tatsache, daß der Kaiser schließlich besiegt und aus dem Land verbannt worden war.

Wenn überhaupt unmittelbarer Gewinn aus der Geschichte zu ziehen ist, dann aus den Niederlagen. Das Gedächtnis trügt aber auch hierbei und stellt die Vergangenheit verzerrt vor Augen.

Scheint mithin der Hegelsche Satz der Ergänzung zu bedürfen, so ist er doch wertvoll, weil er auf die Bedeutung hinweist, die für die Völker in der Kenntnis der geschichtlichen Tatsachen liegt. Freilich eine absolute, eine »richtig« aufgefaßte und allgemeinverbindlich zu übernehmende Geschichte gibt es nicht. Man erinnere sich des Wortes des griechischen Philosophen Epiktet: »Die Menschen werden nicht durch die Tatsachen erregt, sondern durch die Meinungen über die Tatsachen.« Die Kenntnis des Verlaufes der Weltgeschichte im großen ist allgemeiner, gesicherter Besitz aller Kulturvölker, aber eine Übereinstimmung über die Bewertung der Ereignisse und Tatsachen wird nie zustande kommen – nicht einmal innerhalb eines Volkes und innerhalb der gleichen Epoche.

Wieder sei des Beispiels vom Ende des ersten Weltkrieges gedacht. Die deutsche Geschichte, so geschrieben, wie sie vor den Augen der Erfinder und Nutznießer der Dolchstoßlegende stand, kann uns gar nichts helfen. Und wie grundverschieden erscheint unsere nationale Geschichte dargestellt von alldeutschen Federn im Vergleich zu der, wie sie Ranke gezeichnet und wie sie bis in die Gegenwart etwa von Friedrich Meinecke fortgebildet wurde. Man verhehle sich nicht: die Völker pflegen ihre Vorstellungen von der eigenen Geschichte rein opportunistisch nach ihrem jeweiligen Wohlergehen zu formen. Erfreuen sie sich eines Erfolges, geht es ihnen gut, meinen sie auf dem rechten Wege zu sein und erklären, ihre ganze Vergangenheit und die Taten ihrer großen Männer strebten von jeher auf den heutigen Zustand hin. Sind sie im Unglück, machen sie es umgekehrt. Sie suchen die Schuld in der Vergangenheit und biegen diese so zurecht, daß die Taten der Väter gewissermaßen Urheber der gegenwärtigen unheilvollen Zustände werden. So ist es zu erklären, wenn Friedrich der Große und Bismarck jetzt bei uns in sehr dunkler Schau auftreten, ja wenn man heutige Zustände auf Fehler zurückführt, die im Mittelalter gemacht wurden.

Wird es der Geschichtsschreibung auch nie gelingen, sich von jeglichen verfälschten Tendenzen freizuhalten, so ist sie damit noch nicht entwertet. Schon im Streben nach Unparteilichkeit und Gerechtigkeit liegt ein hoher Wert. Die Historie tut recht daran, die nihilistischen Zweifel an ihrem Sinn zurückzuweisen. Eine Geschichtsschreibung, die ihre Pflichten, Möglichkeiten und Grenzen erkennt, muß immer wieder daran erinnern, daß niemand weiß, wann Gott die Zeche macht, und daß es mit einem schulmäßigen Lernen aus der Geschichte ebensowenig getan ist, wie andererseits ihre Vernachlässigung aus Überheblichkeit Schaden bringt. Die Geschichte ist kein Lehrbuch, aus dem die Völker in elementarer Drastik Kernsätze für ihr politisches Leben nur zu entnehmen brauchen, um den rechten Weg zum Aufstieg und zur Beseitigung ihrer Widersacher zu finden, vielmehr ist sie ein Lernbuch für Wissende, ein Erkenntnisquell, der nur demjenigen zum Vorteil strömt, der sich beim Versenken in die Vergangenheit seines eigenen Verstandes und seiner Charakterkräfte bedient, für den es kein Einschlafen wie kein Sich-einschläfern-Lassen angesichts der eigenen Vergangenheit gibt.

91/16.7.1949

Ernst Beutler

»Der einzige gesunde Geist«. Bemerkungen zum Goethe-Jahr

Gegen die Feiern dieses Jahres zum Andenken Goethes sind Einsprüche laut geworden. Sie entstammen, je nachdem, verschiedensten Motiven. Man erinnert sich mit Unbehagen vom Jahre 1932 her der Verquickung von Geschäft und Festtermin, vielleicht auch mancher Geschmacklosigkeit, und fürchtet die Wiederholung. Andere wollen überhaupt Distanz halten; sie sind nicht gerne dabei, wenn das Volk feiert. Wieder andere fürchten die Begegnung. Denn eine solche Feier ist echte Konfrontierung. Hier der Gefeierte, dort die ihn feiern. Kann man bestehen? Die geistige Welt Goethes ist anspruchsvoll. Vielleicht ist unsere Zeit zu oberflächlich, auch zu gehetzt, zu versorgt, um sich der Erscheinung des Dichters zu stellen und mit ihr auseinanderzusetzen.

Trotzdem, man feiert. Und zwar nicht nur in Deutschland, sondern rings über die Welt. In den Vereinigten Staaten hat eine dreiwöchige Veranstaltung stattgefunden, in den Rocky Mountains, in einem Höhenkurort, der einmal vor einem Jahrhundert eine Bergstadt mit reichem Gewinn von Silber war. Der Widerhall ist überraschend groß gewesen. Der Dichter erobert sich eine Stellung im amerikanischen Bewußtsein. Die Engländer meinen, wäre Goethe ihres Stammes, man könnte zweifeln, ob sie es für nötig hielten, ihm zweihundert Jahre nach seiner Geburt mit einem Goethejahr zu huldigen. »Haben wir je so viel für Shakespeare getan?«, fragen sie, und erinnern sich dabei, daß dieser Name ein Jahrhundert lang in England vergessen und seine Stücke von den Bühnen verschwunden waren. Und doch haben sie selbst in London eine Zeitschrift »The Goethe Year« gegründet, die zwölf Monate lang erscheinen und das Weltecho sammeln wird. Die geistesgeschichtliche Bedeutung der Emigration offenbart sich hier. Was für uns gefährlicher Verlust ist, kommt den anderen zugute. Davon abgesehen, die Europäer rücken zusammen. Abendland, das wird uns täglich mehr als ein kulturgeschichtlicher Begriff. Es wird Heimat. Ob man aber in England recht hat, wenn man schreibt: »Die Deutschen sind immer schneller bereit gewesen, ihre großen Männer auf ein Piedestal zu stellen als ›wir‹«, das kann man bezweifeln. Hat nicht Viktor Hehn 1849 schreiben müssen: »Das hundertste Jahr nach Goethes Geburt bezeichnet den tiefsten Stand seines Ansehens in der Nation. Es war von der Nichtachtung fast bis zur Verachtung gesunken!«

»Fast bis zur Verachtung gesunken«, ein hartes Wort. Tatsächlich haben wir es dem Engländer Lewes zu danken, daß Goethe in Deutschland mit seinem Werk und Leben wieder zu Ehren gekommen ist. Seine Goethebiographie, 1855 erschienen, stand noch um 1900 in den Bücherschränken unserer Eltern und Großeltern. Wie verkrustet aber auch heute noch die alten Ansichten in den Gemütern sitzen, hat ein Bericht der *Neuen Zeitung* bestätigt: Einer der Arbeiter, die das Haus des Dichters am Großen Hirschgraben wiederaufbauen, erklärte, da er in seiner Jugend in der Gewerkschaft gelernt, Goethe sei Fürstenknecht gewesen, ginge ihn der Dichter nichts an. »Fast bis zur Verachtung gesunken«, – 1949 das Vorurteil von 1848! Und hat nicht erst kürzlich der öffentliche Streit führender Gelehrter bewiesen, wie schwierig es sein muß, über den Dichter zu einem gerechten und abgeklärten Urteil zu kommen?

»Hermann und Dorothea« freilich und der Erste Teil des »Faust«, die hatten immer ihren Platz in den Herzen des Volkes. Auch »Iphigenie« stand in Ehren und der »Tasso«, »Götz« und »Egmont« und wegen »Mignon« auch »Wilhelm Meister«, dazu eine ganze Reihe Lieder und Gedichte vor allem aus der Frankfurter Zeit und dem ersten Weimarer Jahrzehnt.

Und dann trat, etwa um 1860 herum, das Bild des klassischen, des harmonischen Goethe in Erscheinung, unbewußt von der Nation als

Gegengewicht gegen die Stürme von 1848 innerlich gutgeheißen, ein Vorbild der Ruhe und des Maßes, des Friedens mit sich selbst und mit anderen, dabei vom Licht der Schönheit übergossen und von einer reinen Menschlichkeit durchwärmt. Viktor Hehn war sein hauptsächlichster Verkünder, der Balte, dem die Südsehnsucht im Blute lag. »Wo die Zypresse beginnt, da beginnt das Reich der Formen, der ideale Stil, da ist klassischer Boden«. Goethe in Rom, der Erbe Winckelmanns, dem er 1805 eine Biographie gewidmet, ein Goethe, der, wie Hehn es tat, alles an Homer zu messen schien, diese Dichtergestalt fügte sich trefflich in das Kulturbild ein, das an den deutschen Schulen gelehrt wurde. Deutsche Bildung ward damals in den Gymnasien geprägt. Auch Hermann Grimm, in seinen berühmten Goethevorlesungen von 1874/75, feiert im Grunde nur den klassischen Goethe. Noch 1908 hat Richard Dehmel, als er durch eine Vorlesungsreise gezwungen sich in Goethe vertiefte und plötzlich den disharmonischen Goethe entdeckte, gegen den Olympier öffentlich protestieren zu müssen geglaubt.

Reichlich spät. Schon längst waren die Voraussetzungen gefallen. Der Traum des glücklichen Griechentums war verblichen. Der prähomerische Gegensatz von Apollo und Dionysos, die dunkle Erlösungssehnsucht der alten Mysterienkulte, das Wissen um die alexandrinische Gnosis und ihre Weltfeindlichkeit, die noch den Tenor des Johannesevangeliums bestimmt, hatten die Vorstellung von der in sich selbst seligen Antike gründlich zerstört. Und dann waren allmählich so viel Dokumente über Goethes Leben ins Licht getreten, Briefe, Gespräche, daß niemand sich mehr verhehlen konnte, wie sehr dieses scheinbar so glückliche Leben Leiden gewesen war. Hatte es nicht schon Thomas Carlyle an Emerson geschrieben? »Eines Tages werden Sie einsehen, daß dieser sonnig dreinschauende, freundlich höfliche Goethe in sich verschleiert ein Prophetenleid trug, tief wie das Dantes. Kein Mensch kann so sehen, wie er sah, der nicht gelitten und gekämpft hat wie selten ein Mensch.«

Und so trat an die Stelle des gelassenen Olympiers das Bild des jungen Goethe. Vor allem bei der Jugend. 1875 war eine Publikation erschienen, die in drei Bänden zum erstenmal, zum guten Teil nach Handschriften in Privatbesitz, die Werke der Frankfurter Jahre mit etwa dreihundert Briefen des Dichters vorlegte. Da war alles, was die Zeit fühlte. Das jüngste Deutschland, der Naturalismus, erkannte sich selbst. Goetheworte wie dieses: »Natur. Das Auge des Künstlers findet sie überall. Er mag die Werkstätte seines Schusters betreten oder einen Stall, er mag das Gesicht seiner Geliebten, seine Stiefel oder die Antike ansehen, überall sieht er die heiligen Schwingungen und leise Töne, womit die Natur alle Gegenstände verbindet«, solche Worte klangen wie vom Tage, gültig für die Literatur, gültig für die bildende Kunst. Wenn Goethe von seinen Stiefeln redete, nun gut, van Gogh hatte in einem ergreifenden Bilde ein Paar müde, ausgetretene Bauernschuhe gemalt. Das Freiheitsgefühl des jungen Goethe, sein unmittelbarer Zugriff ins Leben hinein, sein Mitgefühl für den Gedrückten, für den einfachen Mann, wie es aus dem »Götz« und »Werther« entgegenklang, das alles empfand man der eigenen Zeit verwandt. Heinrich und Julius Hart spielten den jungen Goethe gegen den klassischen aus. »Unser Ideal ist nicht die Harmonie der Formen, sondern die Liebe, die ins Innerste der Kreaturen hinabsteigt und auch das Elend, auch das Siechtum zu verklären weiß.« Der Frankfurter Goethe hatte einen Prometheus gedichtet, Gerhart Hauptmann schrieb sein Promethidenlos. Florian Geyer ist ohne den Götz nicht denkbar. Rose Bernd, die Kindsmörderin, nimmt Gretchens Schicksal auf. Man muß die ersten Jahrgänge des Goethekalenders nachlesen, den Otto Julius Bierbaum 1906 schuf, um zu sehen, was gerade der junge Goethe dieser Generation bedeutete.

Bis Stefan George seinen Bannstrahl gegen den Naturalismus richtete und damit auch andere Maße für das Goethebild ausgab.

Der volk- und götterlose große Einzelne, ohne den Hintergrund seiner Zeit, ohne den Wurzelboden seiner Umwelt, das ward für den Kreis um Stefan George der Dichter. Das Goethebild, das jetzt entstand, das Gundolfs (1916), ist an dem Idealbild Stefan Georges gemessen. In Gundolfs Werk, wie in den etwa gleichzeitigen von Simmel und Chamberlain, ging es um die Ganzheit Goethes, um die Idee seiner Existenz, wie sie aus seinem Schaffen zu fassen war.

Aber indem das wirkliche, gelebte Leben mit Absicht übergangen wurde, nur um das zur Wortkunst gestaltete gelten zu lassen, wurde gerade die erstrebte Ganzheit nicht erfaßt. Goethes Leben ist vielleicht kein Kunstwerk, aber eine Schöpfung, ist die großartigste repräsentative Gestaltung des menschlichen Daseins, die das Abendland gesehen hat. »Teilen kann ich nicht das Leben« – dies Wort gilt auch hier. Leben und Dichten, ihm waren sie eins. Die Hauptfragen, die gerade in diesem Jahr in der Öffentlichkeit erörtert wurden: wie stand der Dichter zum Leid? wie zur Wirklichkeit des Bösen, wie verhielt er sich zum Mitmenschen? – das sind ja gerade keine Fragen des Ästhetischen, sondern des Ethischen, des Religiösen. Er hat keine dieser Fragen zu scheuen. Daß sie erhoben werden, beweist, daß uns Goethe viel mehr ist als ein Dichter. Man will ihm nicht nachleben, aber man will sich an ihm orientieren. Wir ahnen, hier ist irgendwie Führung, und darum muß geprüft werden, ob man sich der Führung überlassen kann. Deshalb sind diese Erörterungen gut. Noch einmal sei ein Satz aus einem Briefe Carlyles an Emerson angeführt: »Ich will Ihnen mit einem Worte sagen, warum ich Goethe liebe: er ist der einzige gesunde Geist, der seit Generationen in Europa erstanden.«

Darum laßt ihn uns ruhig feiern! Wir brauchen ihn. Wir haben ihn nötig.

109/6.8.1949

Karl Krolow

Lob des Regens

Wir dürfen dabei nicht an die schweren Regen denken, die die östlichen Landschaften wochenlang unter Wasser setzen und mit Schlamm überziehen, schlimme Naturereignisse und hartnäckig wiederkehrende Katastrophen, denen Mensch, Tier und Gerät nahezu hilflos ausgeliefert sind, nicht an die hitzigen Tropengüsse und an Regenzeiten, die wie die Monsume und Passate kommen, wie der Wechsel von kalter und warmer Luft, wie erwartete Geschicke und gefährliche Seuchen.

Aber das uns gnadenhaft geschenkte Naß eines kurzen Schauers, das von den Pflanzen das Fieber der Trockenheit nimmt und die kommende Erquickung eines leise aus den Wolken fallenden Regens ankündigt, ist wohl des Lobes wert, der befreundete Regen, der wohl tut und wie ein Bad ist, wie milde Arzneiwässer, der melodisch durch die Traufen stürzt und in die Buchen und bauchigen Tannen tropfenselig rinnt und himmlische Fülle ist, die der Erde wie das süße Licht und der aromatische Wind gespendet wurde. Für ihn wollen wir unsere Stimme erheben und ihn wie die redenden Blätter preisen, die er tränkt, das schwitzende Gemüsebeet, die dürstenden Blumen und kleinen Kräuter. Ihm gelten das schwermütig unaufhörliche Rufen der Amseln und Wacholderdrosseln, der lockende Hänflingston und der zierliche Grasmückensang im triefenden Busch. Er ist der Regen der Bauern und Gärtner, der die Dürre aus den Furchen treibt und die duftenden Sträucher besprengt. Das Pulver der Wege saugt ihn und die nährende Krume. Er wäscht den Staub aus den Salaten und blitzt wie ein Schalk im bekümmerten Menschengesicht. Er rauscht in Wäldern und streift die Parks. Er hebt das zertretene Gras des Rasens und begießt die Rabatten. Nichts läßt er aus. Überall findet er hin und schickt den unhörbaren Pfiff seiner Tropfen.

Er ist wundertätig. Ihm geraten am Kohl die bläulichen Rosen und die starken Triebe des Rettichs. Aber er erzieht sich auch den lebhaften Geist der Tulpe und das edle Profil der Monatsrose. Er erregt Düfte und zauberische Erscheinungen der Farbe. Er läßt gedeihen und verwirft das Ungute, das sich am Durste und ziehenden Staub mästet. Zornig verbindet er sich mit dem Windstoß und reißt in den Haaren der Weide und gilbenden Schlehe, schlägt die tauben Früchte ab und trifft verspätetes und hochmütiges Blühen. Oder er fällt geduldig ins Leere und ist von wahrer Langmut über Distel und Nessel, spritzt fürsorglich in die offenen Tuben der Päonien und bebraust den violetten und den weißen Flieder mit feinen Strahlen. Er legt sich als Tau auf die Kelche und trocknet mit dem wachsenden Sonnenlicht unmerklich ins zarte Pflanzenfleisch hinein oder verdunstet als Nebel und umhängt die Alleen und rauchenden Äcker.

Er ist auch den Städtern dienstbar, wenn er ihren Asphalt blank putzt und die Geranien der Balkone und das Weinlaub der alten Häuser oder einen Streifen Grün belebt, die roten Ziegel leuchten läßt und ihnen den Geruch von Benzin und Ausdünstungen der Laboratorien ein wenig nimmt. Jedoch vor der Stadt, in Wald und Garten und Feld zeigt sich erst das eigentlich Wohltätige, Belebende und Schöpferische seines einfachen Daseins. Hier erst wird er zur Notwendigkeit und erhalt Atmosphäre. Hier erst beginnt jene eigentümlich schöne und nützliche Regenwelt, die ihre besonderen Züge hat, die nur ihr zukommen. Dazu gehören die mannigfachen Wolkenbildungen, die wilden und zarten Konturen, die lustigen und dämonischen der Himmelsfahrer, ebenso wie das unaufhörliche Geräusch der Regenfäden, die durch das Laub ziehen und einen Ton hergeben, der sich nicht verbraucht. Dazu gehören die wehenden, feuchten Schleier, die um die Zäune drehen, der nasse, nahrhafte Boden, der unter dem Schuh ächzt, das Schmatzen der schwärzlichen Ackerrillen und der Blumensamen, der schwer ins Gesicht stäubt. Dazu gehören das Spreizen der prallen Triebe und das Rollen eines langen Donners und wieder und immer wieder das behutsame Plätschern, das achtsame Rieseln, das Kreiseln der Tropfen auf Pfützen und prahlenden Rhabarberblättern, ihr Klopfen auf den Hutrand und ihr jäher Sprung in den Nacken.

Die Küchenkräuter haben ihre eigene Weise zum Lobe der nassen Luft, die sie umspielt, eine andere die wilden Gemüse, die Wiesenblumen und das erholte Getreide. Estragon gibt einen strengen Ton, einen milden der Mennig, voll rauschen die Kressen und der gewichtige Feldsalat, versonnen musizieren Rade und Distel, und die Maiskolben lärmen vor Saft.

Immer wieder muß es gesagt werden, wie der Teich Blasen wirft, nach denen die blauen Schleie schnappen und die Wasserjungfern vor der Regenböe segeln, wie die Steine gefleckt werden, wie die Nüstern der Stiere mit den feuchten Schwaden dampfen und die Schimmelfohlen jauchzend den Lattich mit den Hufen treten. Der Regen gab ihnen etwas von der rätselhaften Unbändigkeit der Wildtiere, und nun zittert die Erde unter ihnen. Ihre Mähnen fegen wie die letzten, raschen Wolkenfetzen, die durch den Dorn und über den Klee schleifen, ehe das siegreiche Gestirn die großen Feldulmen anzündet und sich das himmlische Licht, das neu erstandene, in sieben Farben übers Land biegt.

151/24.9.1949

Hermann Rahskopff

Hans Fritzsche. Ein Märtyrer mit Gedächtnisschwund. Besuch bei einem Unbelehrbaren

»Von den 30 Gefängnissen und Lagern, in denen ich seit 1945 untergebracht war, ist dies hier das schlimmste«, erklärt der Mann im dunkelblauen Trainingsanzug entrüstet und dreht sich dabei sorgfältig eine Zigarette und fügt gleich als verzuckerte Besänftigungspille für den anwesenden Lagerleiter hinzu: »trotzdem hier alles für uns getan wird, aber selbst bei den Russen, in der Moskauer Lubjanka, war die Haft leichter zu ertragen.«

Wenn man die sprachliche Mauserung des früheren Allgewaltigen im Großdeutschen Rundfunk nicht schon in den Nürnberger Prozessen erlebt hätte, würde man Hans Fritzsche heute mit seinem reinen Hochdeutsch und so ganz ohne Goebbels-Imitation sprachlich kaum wiedererkennen. Aber das scheint auch die einzige Wandlung zu sein, die Fritzsche seit seiner Glanzzeit im Dritten Reich durchgemacht hat, wenn man von seiner schwarzen Hornbrille absieht.

Von den vergitterten Fenstern des geräumigen, hellen Zimmers im zweiten Stockwerk des freundlichen Sandsteinbaues schweift der Blick weit über die in der Oktobersonne leuchtenden Dächer und Türme der alten Reichsstadt Eichstätt, über Wälder und Berge. Gegenüber dem Bahnhof Eichstätt-Stadt liegt dies »Arbeits- und Festhaltelager Eichstätt«. Aber lediglich die vergitterten Fenster des Gebäudes, das schwere Eichentor außen und eine hohe, eiserne Gittertür im Innern sowie der Stacheldraht um Gemüsegarten und Liegeplatz erinnern daran, daß den Insassen der Weg in die Freiheit bis auf weiteres versperrt ist.

Unten das Verwaltungszimmer, der Raum für den Pförtner, in dem auch das große Rundfunkgerät steht, von dem aus Lautsprecher in allen Zellen und Gemeinschaftsräumen »ferngesteuert« werden. Gegenüber das mit allen neuzeitlichen Instrumenten und Geräten ausgestattete Ordinationszimmer des Stadtmedizinalrates, dem die ärztliche Betreuung der Internierten obliegt, sofern sie nicht in schweren Fällen in ein Krankenhaus übergeführt werden. Daneben das Besuchszimmer, hell, freundlich, Aschenbecher auf den viereckigen Tischen – Rauchen ist den Insassen erlaubt –, Stühle darum. Zweimal im Monat können die Internierten hier ihre nächsten Angehörigen für zwei bis drei Stunden empfangen. Wöchentlich ist ihnen das Schreiben von drei Briefen im Umfange von einem DIN-Bogen erlaubt, doch verfährt man von Seiten der Lagerleitung auch hierin sehr großzügig. Dagegen unterliegt ankommende Post, ebenso wie der Empfang von Paketen keinerlei Beschränkungen. Allerdings ist die aus- als auch die eingehende Post einer Zensur unterworfen. Ebenso blitzblank wie alles übrige ist auch die modern eingerichtete Küche. Die hier zubereitete Kost ist besser als die sonst übliche Gefängniskost, wie auch der wohlgenährte Zustand der Insassen bezeugt. Daneben haben sie im oberen Stockwerk noch einen eigenen Raum, in dem sie sich auf elektrischen Kochplatten selbst noch Tee usw. zubereiten können.

Überhaupt ist die Bewegungsfreiheit der Internierten innerhalb des Gebäudes, wie im ganzen Lagergelände, in keiner Weise beschränkt. Schlüsselbewehrte und -rasselnde Gefängnisbeamte nach dem Vorbild des guten Frosch aus der »Fledermaus« gibt es hier nicht, denn an den Zellen sind keine Schlösser vorhanden, dagegen Bade- und Duschräume, anständige Toiletten sowie Gemeinschaftsräume. In einer gerade auf dem Hof erstellten großen Holzbaracke finden Filmvorträge und Vortragsabende statt. Eine Bibliothek von rund 3000 Bänden – »alles von Internierten gestiftet, allein 5000 Bände haben wir bei der Auflösung von Langwasser noch Nürnberger Instituten gestiftet«, erklärt Fritzsche dazu sehr selbstherrlich – umfaßt alle Gebiete der Literatur. Auf Kosten des Sonderministeriums wurden im April dazu Bücher moderner Autoren angeschafft, nach denen die Nachfrage naturgemäß am größten ist. »... aber selbst in der Moskauer Lubjanka war die Haft leichter zu ertragen«, charakterisiert Hans Fritzsche Eichstätt mit der ihm eigenen Unverfrorenheit! Etwa zehn »Festgehaltene«, die ihrem Spruchkammerverfahren noch entgegensehen, befinden sich unter den 46 männlichen Insassen, die Eichstätt gegenwärtig beherbergt, während die vier weiblichen Internierten, unter ihnen die berüchtigte Schwester Pia, im Nebenlager Eppdorf in einem gemeinschaftlichen Raum untergebracht sind. Unter den Verurteilten nur wenig »Prominente« – wie könnte es auch anders sein! Und die übrigen in der Hauptsache Denunzianten, auch die drei anderen weiblichen Häftlinge. »Kleine Leute«, betitelt sie der Vertrauensmann ihrer Wahl, Hans Fritzsche, mit einem wegwerfenden Achselzucken. »Die haben eben aus Dummheit oder purer Unkenntnis die Wahrheit gesagt!« Das hat man natürlich bei ihm niemals zu befürchten. Dafür hat er aber hier in Eichstätt auch wieder den guten Job als Vertrauensmann erwischt, geistert im Haus herum oder sitzt in dem freundlichen, großen Zimmer an der Schreibmaschine und verfaßt oder tippt die Anträge und Beschwerden der »kleinen Leute«, seiner Mitinsassen, für ein Tagesentgelt von einer Mark. Und arbeitet so tatkräftig mit am Wiederaufbau.

... Dies hier ist das schlimmste Gefängnis. Hier hat anscheinend den früheren Spezialisten für Volksnarkose das Gedächtnis wieder einmal leicht im Stich gelassen. Denn in dem im letzten Herbst in der Schweiz erschienenen Memoirenwerk des Wahrheitsfanatikers »Hier spricht Hans Fritzsche«, in dem es so schön heißt: »Was ich zur Aufklärung über diese Wahrheit tun konnte, das habe ich getan«, sieht sein Lubjanka-Aufenthalt doch ein bißchen anders aus als das gegenwärtige Leben in Eichstätt. Doch zu seinem Glück ist das Buch weder in der Lagerbibliothek unter den »modernen Autoren« vorrätig, noch hat einer seiner Kameraden oder Bewacher das Prachtwerk gelesen, auf dessen schwarz-rotem Umschlag das Konterfei des Verfassers vor dem Mikrophon prangt. Bei einem Verkaufspreis von 13.50 Schweizerfranken hat sich die Umgehung des Berufsverbotes der Spruchkammer schon gelohnt, um so mehr, als jetzt auch eine italienische Ausgabe erscheinen soll. »Die wird natürlich eine bedeutend höhere Auflage haben«, behauptet Fritzsche mit der ihm eigenen Bescheidenheit.

Als Märtyrer, als unschuldig Verurteilter fühlt er sich, genau so wie die übrigen Insassen, die sich alle gegenseitig an ihrer Unschuldshypnose gütlich tun. Der Hinweis, daß heute Millionen von Flüchtlingen unter unvergleichlich härteren Bedingungen vegetieren müssen – ohne jeden »Komfort« und rührende Umsorgung durch den Staat –, daß Tausende von Arbeitslosen in Westdeutschland eine solche »Freiheitsbeschränkung« wie in Eichstätt gerne in Kauf nehmen würden, wenn sie dagegen eine derartige Unterkunft, Verpflegung und Arbeit im Lager oder auf einem Außenkommando in der Landwirtschaft gegen Taschengeld eintauschen könnten, daß viele Heimkehrer für einen solchen »Job« dankbar wären, stößt auf keinerlei Verständnis: Vielleicht, weil es sich nach Ansicht dieses Lautsprechers des Großdeutschen Reiches auch hier nur um »kleine Leute« handelt, die es eben nicht besser verdienen.

Gewußt hat er natürlich ebensowenig wie alle anderen Prominenten von den Verbrechen des Nazisystems. Als man ihm dann vorhält, daß ein Mensch, der immerhin nur gelegentlich in verschiedenen Ministerien vorsprach, im Kriege mehr von diesen üblen Dingen wußte, als bisher auch nur einer dieser Prominenten zu wissen vorgab, behauptet Fritzsche ganz harmlos: »Natürlich habe ich alle Auslandsnachrichten über diese Dinge gekannt. Aber bei Rückfragen, wie beispielsweise über Auschwitz, hat mir Obergruppenführer Glücks, der Inspekteur der KZ, im Beisein von Höß, dem inzwischen von den Polen hingerichteten Kommandanten von Auschwitz, die Dinge so geschickt dargestellt, Kleinigkeiten offen zugegeben, daß ich von seinen Darlegungen überzeugt war. Sie kamen dagegen vom ›Berliner Tageblatt‹ her«, will er seine indanthrenbraune Einstellung verteidigen, »und haben solchen Berichten gegenüber von vornherein gleich eine andere Einstellung gehabt!« Man wird bei diesen Worten unwillkürlich an einen Passus in seinem Buch über den Röhm-Putsch erinnert: »Damals stand ich am Tor der Erkenntnis und ging nicht hindurch. Ich will diese Dinge, wenn ich danach gefragt werde, ganz offen schildern, selbst auf die Gefahr hin, daß es Ausländern unbegreiflich erscheint, daß es prinzipiellen Gegnern ein Triumph ist und daß es Besserwissern ein Thema billiger Kritik bietet, daß ich den entscheidenden Schritt durch das Tor damals nicht tat...«

Fritzsche hat diesen Schritt auch heute noch nicht getan! Genausowenig, wie einer der übrigen Internierten auch nur im geringsten zur Einsicht gelangt ist, welch gerütteltes Maß von Schuld am einzelnen und an einem ganzen Volk, nein, an vielen Völkern, sie alle auf sich geladen haben. Eine Schuld, zu deren Sühne der Aufenthalt im Lager Eichstätt höchstens als disziplinarische Ahndung gewertet werden kann.

Und so wie diese Eichstätter Lagerinsassen, 46 von mehr als 600 000 Verurteilten in der ganzen amerikanischen Zone, so sind sie alle heute nur noch unschuldsvolle Märtyrer oder verkannte Widerstandskämpfer, denen lediglich daran liegt, daß das Gedächtnis all der Millionen von außenstehenden »kleinen Leuten« über Hitler- und Nachkriegskatastrophen, über Ursache und Wirkung in bezug auf die gegenwärtige Lage genauso schwindet, wie das dieser sonderbaren Heiligen von eigenen Gnaden anscheinend durch Selbsthypnose und gegenseitige Vernebelung entschwunden ist. Nichts kann diesen Zustand besser illustrieren als die Worte von Hans Fritzsche, dem Vertrauensmann im Lager Eichstätt, der sich gleichzeitig wieder einmal als Lautsprecher, wenn auch jetzt nur für Internierte, betätigt: »Wenn ich noch einmal die zwölf Jahre durchleben sollte, dann würde ich wieder genauso handeln«, betont er nachdrücklich. »Am besten, Sie schreiben nichts über Eichstätt«, sind seine Abschiedsworte. »Es kommt nichts dabei heraus.«

Es kommt wirklich nichts heraus bei diesem Märtyrer mit Gedächtnisschwund, der sich da schuldlos in Eichstätt inhaftiert wähnt und diesen Aufenthalt heute schlimmer findet als jene Zeit vor vier Jahren, da er noch in täglicher Erwartung eines Todesurteils in der Lubjanka Tag und Nacht nicht unterscheiden konnte. Freilich hatten sich zu jener Zeit seine heutigen Mitmärtyrer in Deutschland noch in Mauselöcher verkrochen. Märtyrertum und Gedächtnisschwund setzten erst ein, als keine Gefahr mehr drohte. Auch bei Hans Fritzsche.

165/11.10.1949

1950

2.3. Die Regierung der DDR fordert, daß für gesamtdeutsche Wahlen alle amerikanischen und englischen Truppen abziehen und alle Massenorganisationen der DDR auch in Westdeutschland zugelassen werden sollen.

7.3. »Berlinhilfegesetz« verabschiedet.

8.3. Adenauer schlägt eine Union mit Frankreich vor.

22.3. Bundesregierung schlägt Wiedervereinigung auf der Grundlage freier gesamtdeutscher Wahlen vor.

30.3. Die BRD wird dem Europarat assoziiert.

1.5. Ende der Rationierung von Lebensmitteln in der BRD (erstmals seit elf Jahren).

9.5. Der französische Außenminister Robert Schuman verkündet den Plan der Montanunion, eines westeuropäischen Zusammenschlusses von Bergbau und Stahlindustrie.

17.5. Die westdeutsche Großindustrie wird gemäß den Beschlüssen der Siegermächte entflochten.

6.6. Der stellvertretende Ministerpräsident der DDR, Walter Ulbricht, erkennt in Görlitz die Oder-Neiße-Linie als deutsche Ostgrenze an. Die Bundesregierung erklärte das Abkommen am 9.6.50 für null und nichtig; erst am 7.12.70 wurde im Warschauer Vertrag die polnische Westgrenze von der BRD anerkannt.

19.6. Das Heimkehrergesetz gewährt ehemaligen Kriegsgefangenen besondere Rechte und Vergünstigungen.

25.6. Beginn des Koreakrieges.

8.7. Die BRD tritt dem Europarat als assoziiertes Mitglied bei.

20.–24.7. Auf dem III. Parteitag der SED wird Ulbricht zum Generalsekretär ernannt.

5.8. In der Charta der Heimatvertriebenen verzichten die ostdeutschen Landsmannschaften auf Rache und Vergeltung.

Deutscher Akademischer Austauschdienst gegründet.

7.8. Erörterungen über deutsche Wiederbewaffnung auf der Tagung des Europarats.

17.8. Auflösung des I.G.-Farben-Konzerns durch die Alliierten Hochkommissare.

1.9. Der erste Fünfjahresplan wird in der DDR verabschiedet.

12.–18.9. Auf einer Konferenz in New York vereinbaren die Außenminister der USA, Großbritanniens und Frankreichs den Alleinvertretungsanspruch der BRD für alle internationalen Angelegenheiten bis zur Wiedervereinigung. Wiederbewaffnung Westdeutschlands im Grundsatz besprochen.

13.9. DDR-Behörden geben bekannt, daß die Verfolgung von NS-Straftätern abgeschlossen sei.

19.9. Mitglieder verfassungsfeindlicher Organisationen sollen aus dem öffentlichen Dienst in der Bundesrepublik entfernt werden.

9.10. Bundesinnenminister Heinemann tritt zurück, weil er eine Wiederbewaffnung Deutschlands ablehnt. Der erste Rücktritt eines Ministers nach dem Krieg.

15.10. Regierung Grotewohl in der DDR nach Wahl mit Einheitslisten bestätigt.

20./21.10. Auf der Prager Außenministerkonferenz wird Verzicht auf Wiederbewaffnung der BRD und eine deutsche Zentralregierung gefordert.

29.10. Die »Dienststelle Blank« wird gegründet und Adenauer direkt unterstellt. Sie befaßt sich mit der »Vermehrung der mit alliierten Truppen zusammenhängenden Fragen«.

30.11. Grotewohl schlägt paritätischen Rat zur Bildung einer deutschen Zentralregierung vor. Westmächte und Bundestag fordern Zusage von freien Wahlen als Vorbedingung für weiteren Dialog.

Ilse Aichinger

Der Junge auf dem Plakat. Erzählung

»Du wirst nicht sterben!« sagte der Mann, der die Plakate klebte, und erschrak über seine Stimme, als wäre ihm in der flirrenden Hitze sein eigener Geist erschienen. Dann wandte er den Kopf vorsichtig nach links und rechts, aber da war niemand, der ihn für verrückt halten konnte, niemand stand unter seiner Leiter. »Du wirst nicht sterben!« wiederholte der Mann verbittert und spuckte von der Leiter. Ein Flecken Blut blieb auf den hellen Steinen. Der Himmel darüber schien plötzlich vor Schreck erstarrt, als wäre er selbst zum Plakat geworden und stünde nun grell und groß wie die Werbung für ein Seebad über der Station. Der Mann warf den Pinsel in den Eimer zurück und stieg von der Leiter. Er fiel mit dem Rücken gegen die Mauer, hatte aber gleich darauf den Schwindel überwunden, nahm die Leiter über die Schulter und ging.

Der Junge auf dem Plakat lachte schreckerfüllt mit weißen Zähnen und starrte geradeaus. Er wollte dem Mann nachschauen, hatte aber keine Möglichkeit, den Blick zu senken. Seine Augen waren aufgerissen. Halbnackt, die Arme hochgeworfen, im Lauf festgehalten wie zur Strafe für Sünden, von denen er nichts wußte, stand er im weißen Gischt, über sich den Himmel, der zu blau, und hinter sich den Strand, der zu gelb war, und lachte verzweifelt auf die andere Seite der Station, wo das Kind vor sich hinsang und die Frau verloren und sehnsüchtig zu ihm herübersah. Er hätte ihr gern erklärt, daß es eine Täuschung war, daß er nicht die See vor sich hatte, wie das Plakat glauben machen wollte, sondern ebenso wie sie nur den Staub und die Stille der Station und die Tafel mit der Aufschrift: »Das Betreten der Schienen ist verboten!«

Der Junge auf dem Plakat hätte niemals auf solche Ideen kommen dürfen, aber nun saß ihm die Auflehnung hinter dem erstarrten Lachen wie das unsichtbare Land hinter der gelben Küste. Schuld daran war der Mann mit der Leiter, der gesagt hatte: »Du wirst nicht sterben!«

Der Junge hatte keine Ahnung, was sterben hieß, wie sollte er auch? Über seinem Kopf stand in heller Schrift, schräg wie eine vergessene Rauchwolke über den Himmel geworfen, das Wort »Jugend«, und zu seinen Füßen in dem täuschenden Streifen giftgrüner See konnten alle lesen: »Komm mit uns!« Es war eine der vielen Werbungen für ein Ferienlager. Der Junge auf dem Plakat sah, wie der Mann nun genau ihm gegenüber die Leiter aufstellte und von neuem über die Wände zu streichen begann. Die da drüben waren an der Reihe, überklebt zu werden. Der Junge konnte es deutlich sehen, und er sah, wie sie freundlich und wehrlos das Furchtbare mit sich geschehen ließen. Er wollte schreien, doch er schrie nicht. Er wollte die Arme ausstrecken, um ihnen zu helfen, aber seine Arme waren hochgeworfen. Er war jung und schön und strahlend, er war festgehalten in der Mitte des Tages, er hatte das Spiel gewonnen. Doch den Preis hatte er zu bezahlen. Der Junge hatte keine Ahnung, was Sterben war, aber es brannte jetzt wie ein Wunsch in ihm. Sterben, das hieß vielleicht, die Bälle fliegen zu lassen, sterben hieß, von dem Plakat zu springen, sterben – das war es – sterben mußte man, um nicht überklebt zu werden.

Die Frau mit dem Kind war näher gekommen. Das Kind hatte sich aber von der Hand der Mutter losgerissen und drehte sich im Kreis. »Da!« rief es und zeigte mit der Hand hinüber, als gefiele ihm der weiße Schaum und die See, die zu grün war. Der Junge lachte beschwörend. Er hatte keine Macht, den Kopf zu schütteln, er hatte keine Macht zu sagen: »Nein, das ist es nicht!« Aber hinter seiner Stirn begann es zu rasen: Sterben – sterben – sterben! Ist das Sterben, wenn die See endlich naß wird, ist das Sterben, wenn der Wind endlich weht? Was ist das: Sterben?

Das Kind streckte seinen Fuß ein wenig vor, als wollte es tanzen. Dann ging es an den Rand, betrachtete die Schienen und lächelte hinunter, ohne die Tiefe zu messen. Es hob den Fuß ein Stück ins Leere und zog ihn wieder zurück. Dann lachte es zu dem Jungen hinüber, als wollte es mit ihm spielen. Aus der Ferne hörte man das Anrollen des nächsten Zuges. Wieder hob es den Fuß über den Rand, den einen – den anderen – den einen – den andern, aber der auf dem Plakat konnte nicht tanzen. »Komm!« rief das Kind. Niemand hörte es. »So!« lächelte es noch einmal. Der Zug raste um die Kurve. Die Frau neben der Leiter fühlte ihre freie Hand und griff nach dem Saum eines Kleides, als wollte sie den Himmel greifen. »So!« rief das Kind zornig und sprang auf die Schienen, bevor der Zug das Bild verdecken konnte. Es wollte tanzen.

In diesem Augenblick begann die See, die Füße des Jungen zu netzen, wunderbare Kühle stieg in seine Glieder, spitze Kiesel stachen in seine Sohlen. Der Schmerz jagte ihm Entzücken in die Wangen. Zugleich fühlte er die Müdigkeit in seinen Armen, breitete sie aus und ließ sie sinken. Gedanken falteten seine Stirn und schlossen seinen Mund, der Wind begann zu wehen und trieb ihm Sand und Wasser in die Augen, das Grün der See vertiefte sich und wurde undurchsichtig. Und mit dem nächsten Windstoß verschwand das Wort »Jugend« vom blauen Himmel und löste sich auf wie Rauch. Der Junge hob die Augen, doch er sah nicht, wie der Mann von der Leiter sprang, als stieße ihn jemand zurück, er legte die Hände hinter die Ohren, doch er hörte nicht das Schreien der Menschen und das grelle Hupen des Rettungswagens. Die See begann zu fluten.

»Ich sterbe!« dachte der Junge und atmete tief, zum ersten Male atmete er. Er stieß sich ab, kam wieder zurück und stieß sich wieder ab. »So« – hatte das Kind gesagt – »so!« Ein Windstoß kam von der Brücke. Der Junge sprang und riß die Küste mit sich. Die See stürzte auf die Schienen. »Ich sterbe, ich sterbe, wer will mit mir tanzen?«

Niemand beachtete es, daß eines der Plakate, das schlecht geklebt worden war, sich losriß, auf die Schienen wehte und von dem einfahrenden Gegenzug zerfetzt wurde. Nach einer halben Stunde lag die Station wieder leer und still. Schräg gegenüber war zwischen den Schienen ein heller Flecken Sand, als hätte es ihn vom Meer herübergeweht. Der Mann mit der Leiter war verschwunden, kein Mensch zu sehen.

Schuld an dem ganzen Unglück waren die Züge, die um diese Zeit so selten fuhren, als verwechselten sie Mittag mit Mitternacht. Sie machten die Kinder ungeduldig. Aber nun senkte sich der Nachmittag wie ein leichter Schatten über die Station.

105/4.5.1950

Hans Eckstein
Immer noch NS-Baustil?

Kein Einsichtiger, der sich der Bedeutung von Vorbild, Überlieferung und Lehre im Bauen bewußt ist, konnte erwarten, daß der Sturz des Hitler-Regimes einer weiteren Auswirkung der nationalsozialistischen Architektur und Baulehre sofort das Ende bereite. Man muß bedenken, daß der mit Polizeigewalt durchgesetzte Historizismus in allen Spielarten vom schalen Aufguß des Klassizismus bis zur Biederkeit des Heimatstils der großen Masse der Architekten, die um 1930 »traditionsverbunden« und »bodenständig« bauten, nicht contre cœur war. In den neuen Formen, die nicht nur umstritten, sondern auch mit den unsachlichsten politischen und rassetheoretischen Argumenten bekämpft wurden, baute nur eine relativ kleine Gruppe von Avantgardisten.

Die vielen aber, die zwischen den Extremen standen und sich dem Neuen mindestens nicht grundsätzlich verschlossen, vermochten nach 1933 die Mission, die ihr bei freiem Spiel der Kräfte zugefallen wäre, nicht zu erfüllen: das um 1930 noch eifervoll Umkämpfte zur selbstverständlichen Erscheinung werden zu lassen – ein Prozeß, der sich in anderen Ländern vollzog, während Deutschland sich um die Verewigung der Irrtümer des 19. Jahrhunderts bemühte. Den »modernen« Architekten, die sich zu Kompromissen nicht verstehen wollten, blieb nur Untätigkeit, Emigration oder Flucht in die Industriebau-Büros; denn auf die Gestaltung des Industriebaus nahm der Nationalsozialismus keinen Einfluß. Diese Flucht aber konnte nicht allen gelingen und setzte eine Reife und Klarheit der Einsicht und des Willens voraus, die vor allem die jungen Architekten, die auf den Hoch- und Bauschulen der nationalsozialistischen Lehre und Propaganda ausgesetzt waren, nicht haben konnten.

Gewiß haben die Monumentalbauten des Schiffssalondekorateurs und ersten Hitlerschen Hofarchitekten Troost und seiner Nachfolger und die Brutalität, mit der Hitler seine Monumentalklötze in die Städte hineinsetzte, scharfe Kritik auch bei »traditionsgebundenen« Architekten gefunden. Die Schultze-Naumburg und Schmitthenner, die zu der allgemeinen Begriffsverwirrung in den Baufragen doch Erkleckliches beigetragen hatten, waren bald schwer enttäuscht, daß sie den Vertretern jenes brutalen Monumentalismus gegenüber nicht recht zum Zuge kamen. Darüber aber darf man nicht übersehen, daß die nationalsozialistische Baudiktatur dem Historizismus und Monumentalismus, dem auch viele ihrer Kritiker huldigten, absolute Geltung verschaffte. Sie verlängerte die Lebenskraft des Erbes des neunzehnten Jahrhunderts. Völlig ausgestorben wäre dieses Erbe freilich auch ohne Drittes Reich nicht – auch in anderen Ländern ist es noch nicht ganz verlorengegangen –, aber ohne die diktatorischen Eingriffe spielten das historistische Bauen und der Blubo-Stil auch in Deutschland eine sehr viel bescheidenere Rolle.

Die Befangenheit in der historisierenden und monumentalisierenden Formensprache des Dritten Reichs trägt wesentlich Schuld an dem Denkmalpflegergeist, der den deutschen Wiederaufbau beherrscht, und vor allem auch an dem so spürbaren Absinken des deutschen Formniveaus. Die historisierenden Formen stehen nicht nur im Widerspruch zu den praktischen Bedürfnissen, dem modernen Lebensgefühl und auch zu der deutschen Armut (auf die sich unsere Behörden, Stadt- und Länderparlamente stets so gern berufen, um gute Planungen als utopisch zu verwerfen). Ihre Verwendung als schmückende Attrappe, die sich mit der architektonischen Struktur und Substanz nur locker verbindet, ist vielmehr auch ein bedenkliches Symptom für die Dekadenz der architektonischen Vorstellungskraft: Material, Konstruktion und Form werden nicht mehr als Einheit zusammengeschaut.

Wer öfter Gelegenheit hatte, die zu den seit 1945 ausgeschriebenen öffentlichen Wettbewerben eingegangenen Arbeiten zu sehen, weiß, wie viele den Idealen des Dritten Reichs so ganz und gar gemäße Monumentalentwürfe dabei jedesmal paradierten und nicht selten sogar gnädige Augen unter den Preisrichtern fanden. Greifen wir aus der Fülle einige Beispiele heraus, die vom Nachleben der großmannssüchtigen Stadtbauideen und des Monumentalwahns des Nationalsozialismus zeugen! (Sie ließen sich unschwer vermehren.) Als 1949 in Frankfurt anstelle von Eugen Blanck, eines früheren Mitarbeiters von Ernst May, der Stadtbaurat Wolff gewählt wurde, setzte sofort unter dessen Führung eine öffentliche Polemik gegen das Neue Bauen und die Mayschen Siedlungen ein, die an die Kämpfe zu Beginn des Dritten Reichs erinnerte. Es tauchte ein (freilich bald wieder aufgegebenes) Projekt auf, anstelle der zerstörten Frankfurter Altstadt ein repräsentatives Regierungsviertel mit einer Prachtstraße vom Römer zum Dom zu bauen. – Ein Architekturprofessor der Stuttgarter Hochschule (Tiedemann) stellte im Frühjahr 1949 als Diplomaufgabe die Ausarbeitung eines Entwurfs für den Palast eines ostafrikanischen

Herrschers: etwa 100 000 Kubikmeter sollten umbaut werden, und als Anhaltspunkt für die Raumgrößen sollte der Thronsaal von 300 Quadratmeter gelten! – Als in München die »Ehrentempel« am Königsplatz gesprengt waren, beeilte sich Bayerns Oberste Baubehörde, auf den Fundamenten neue tempelartige Bauten nach Entwürfen eines ihrer Architekten zu errichten, die Entwürfe hätten auch im Atelier von Troost entstanden sein können. Der Bau ist dann unterblieben, die bereits aufgeführten Mauern wurden wieder abgetragen.

In Frankfurt wird der bei Kriegsbeginn kaum über die Fundamente hinausgewachsene Bau der Messehalle nach dem Projekt von 1939 mit Säulen, Gesimsen und allen Requisiten aus dem Arsenal des martialischen Klassizismus der dreißiger Jahre fertig gebaut. – Bei dem in die Ruinen des Maximilianeums in München 1947 eingebauten Plenarsitzungssaal für den Bayerischen Landtag ist bei aller Bemühung um Schlichtheit der Versuch zum Repräsentativen doch stark in die Tonart der nationalsozialistischen Architektur geraten. – Ein Projekt von Schmitthenner für den Stuttgarter »Olgabau«, ein Geschäftshaus am Schloßplatz, ist in seiner zweckwidrigen Monumentalität mit zwei Geschoß hohen Arkaden und in seiner starren Axialität ein Nachkomme der Architektur des Dritten Reichs, der Schmitthenner selbst mit Kritik begegnete. Der Deutsche Werkbund hat gegen das Projekt zahm, Bonatz entschiedener protestiert. Mit den gebauten oder nicht gebauten Monumentalplänen des Nationalsozialismus hat der Schmitthennersche Vorschlag auch die Brutalisierung eines der schönsten Stadtplätze Süddeutschlands gemein, was im besonderen die Kritik von Bonatz herausgefordert hat. Für Geschäftshausbauten hat der Nationalsozialismus zwar keine direkten Vorbilder geliefert. Man möchte aber bezweifeln, ob heute in Deutschland so viele Kaufhäuser mit dem Betonskelett zur Straße vorgeblendeten Barock- oder anderen Stilfassaden im Widerspruch zu allen praktischen Bedürfnissen gebaut würden, wäre nicht die Renaissance des Historizismus, die der Nationalsozialismus heraufgeführt hat, voraufgegangen. (Ein sehr markantes Beispiel für diesen historizistischen Geschäftshausbau ist das Münchener Loden-Frey-Haus.)

Man verstünde die deutsche Situation ganz gewiß falsch, wenn man annähme, alle diese Nachwirkungen der nationalsozialistischen Vorbilder und Lehren seien der Ausdruck einer klaren Entscheidung für die von soviel Propagandalärm begleitete »Baukunst des Dritten Reichs«. Sie zeugen vielmehr von einer schweren Verlegenheit in einer wahrhaft tragischen Situation: die Architekten sehen sich vor Aufgaben gestellt, zu deren zeitgemäßer Lösung ihnen die nötige Unbefangenheit fehlt – Unvoreingenommenheit dem Historischen gegenüber, die andere Länder durch eine kontinuierliche Entwicklung im freien Spiel der Kräfte und »Richtungen« längst gewonnen haben. Es fehlt gar nicht so sehr an ernsthaften Bemühungen um eine ehrliche Baugestaltung und bei der jungen Generation nicht an aufrichtigem Willen, rückblickend kritischen Abstand zu den Irrtümern zu gewinnen, deren Opfer sie geworden ist. Aber die nationalsozialistischen Vorbilder und Lehren sind viel wirksamer, als es den meisten bewußt ist. Denn Gewohnheiten legt man schwer ab, auch wenn man erkannt hat, daß sie schlecht sind. Gewohnheiten aber sind Bauformen noch in viel stärkerem Maße als alle anderen Formen der Kunst. Darum wirkt auch der nationalsozialistische Monumentalismus und Blubo-Stil stärker nach als jene Malerei und Plastik, die das Dritte Reich propagierte und seinen Zwecken dienstbar machte. Die Maler und Bildhauer waren zwar in die Katakombe verdammt, soweit sie als »entartet« galten; was sie dort schufen, aber unterstand keiner Kontrolle, wenn auch nur vorerst noch; denn das Ziel des Nationalsozialismus war weiter gesteckt. Die freie Entwicklung der öffentlichsten Kunst, des Bauens, war jedoch wirklich unterbrochen. In der Katakombe kann man keine Häuser bauen. Die Zahl der Architekten, die mit dem Neuen Bauen der zwanziger Jahre so eng verbunden waren, daß sie diese junge Tradition nach 1945 weiterbilden können, ist sehr klein. Alle anderen aber, die Masse der sogenannten traditionsgebundenen Architekten und die der anderen, zwischen den Extremen stehenden, war naturgemäß den Einflüssen der nationalsozialistischen Bauart um so stärker ausgesetzt, als die kulturelle Isolierung Deutschlands die Distanzierung sehr erschwerte.

Noch sind innerhalb Deutschlands Vorbilder anderer Art, des Neuen Bauens, vereinzelt. Sie werden zum Teil auch durch ungenügende Informiertheit und Voreingenommenheiten der Bauherren, durch die Baupolizei und eine sogenannte Bauberatung, die manchenorts zur ästhetischen Baudiktatur ausgeartet ist, verhindert. Aber auch sie werden zunehmend wirksam werden, nicht weniger auch der wieder mögliche Blick über die deutschen Grenzen. Es fehlt Deutschland nicht an guten Kräften. Aber es wäre wohl wichtig, daß unsere öffentlichen Bauämter, die bisher selten mit gutem Beispiel vorangingen, die Gewohnheit des Dritten Reichs ablegten, über die Gestaltung der Bauten aus öffentlichen Mitteln diktatorisch zu entscheiden, und daß sie durch Anruf der freien Architektenschaft das einer Demokratie gemäße freie Spiel der Kräfte förderten. Nur der freie Wettbewerb kann die Leistung, die architektonische Qualität steigern, das heißt aber auch die Nachwirkungen des Nationalsozialismus im Bauen eindämmen und schließlich überwinden.

180/1.8.1950

Luise Rinser
Erster Brief aus der neuen Wohnung

Lieber Freund, nun endlich, endlich habe ich eine neue Wohnung. DIE Wohnung! Groß, hell, »mit Komfort«; niemand wohnt über mir und niemand übt Klavier. Die Kinder haben ein eigenes Zimmer, am andern Ende des langen Korridors, sie brauchen nicht mehr in der Küchenecke zu spielen. Wie viele Jahre habe ich mir eine solche Wohnung gewünscht! Ach, seit dem Tag, an dem mich ein widriges Geschick aus meiner reizenden kleinen Braunschweiger Wohnung auf unstete Wanderschaft getrieben hat: in die kalte, öde Parterre-Etage im winterlichen Rostock (sie wurde von Bomben verzehrt); dann als Evakuierte ins Riesengebirge und (im selben Jahr drei Umzüge!) von Mißgunst aus Krummhübel verjagt, zurück in die oberbayerische Heimat, in das arme, kleine, einsame Haus an der Salzach, das Du kanntest; ohne elektrisches Licht, mit Pumpbrunnen und dem »Häuschen« halb im Freien; im Winter wuchs Schimmel an den Wänden, im Sommer war der Brunnen am Versiegen und brachte nur mehr trübes, untrinkbares Wasser zutage. Doch hielt es mich erstaunlich lange, bis ich endlich nach München zog, in die enge, vollgepfropfte, gänzlich unkomfortable Wohnung, die so viele Besuche aus so vielen Ländern gesehen hat, obgleich sie, von Bombenschäden noch nicht geheilt, ein Jahr lang nur auf einer Treppe zu erreichen war, die halb im Freien lag, im Winter von Schnee bedeckt, und auf der Du Dir beinahe den Fuß gebrochen hättest. Und nun endlich also habe ich die Wohnung gefunden. Sie fiel mir in den Schoß, als ich, nach vielen Anstrengungen, die Hoffnung aufgegeben hatte. Mein altes Lebensgesetz, Du weißt.

Und jetzt, jetzt bin ich glücklich. (Glaubst Du das?) Ich will es genauer formulieren: Ich weiß, daß ich glücklich bin, eine solche

Wohnung zu haben. Es war herrlich, einzuziehen, zu stellen, aufzuhängen; jetzt aber ist alles fertig eingerichtet. Warum bedrängt mich beim Anblick dieser hübschen Räume Melancholie? Ist es jene Trauer, die mich leicht befällt, wenn mir endlich ein langgehegter Wunsch erfüllt wird? Eine metaphysische Trauer über die Unzulänglichkeit jeglicher Wunscherfüllung, auch wenn das Geschenk das Erwartete übertrifft; die Trauer über die Unmöglichkeit einer »Erfüllung« überhaupt? Oder ist es die Trauer beim Anblick einer Perfektion, die mir nicht gemäß ist? Ich liebe die Ordnung, aber ich hasse sie auch. Im allzu Ordentlichen verbirgt sich Unfruchtbarkeit. Ich liebe das Provisorische, die Improvisation, die absichtslose, die lebendige Ordnung, die auch der Schlamperei ihr Recht läßt. Meine alte Wohnung hatte diese Schlamperei, sie hatte sie notgedrungen; aber sie war mir lieb geworden. Hier ist alles durchleuchtet, alles aufgeräumt, selbst das Kellergerümpel ist übersichtlich geordnet. Wo nistet hier das Geheimnis? Doch Du erinnerst Dich an Frau M. Genau so ist meine Wohnung: geheimnislos, modern, klar, vernünftig, frei von Träumen und überaus hygienisch. Weißt Du, wie wir von Frau M. sagten: sie hat keine seelische Rumpelkammer, darum hat sie keine Phantasie? Man braucht diese Rumpelkammern, diese schlampigen, dämmrigen Winkel unter den Treppen, die ungeregelten Wünsche, die ungedeuteten und undeutbaren Träume. Das »Unhygienische«, es ist ein Teil des Lebens. Freilich ist meine weiße, moderne Küche schön. Aber um wieviel interessanter war die vollgepfropfte Küche meiner Großmutter mit dem Riesenherd, den immer dampfenden Töpfen, den Hunden und Katzen, dem Essensgeruch, »unhygienisch« gemischt mit dem strengen Geruch nach Pferd, Leder und Schweiß, nach Milch, Stroh und Mist, den Knechte und Mägde mitbrachten.

Vielleicht ist mir diese Wohnung allzu hübsch? Du kennst meine unausrottbare und ernsthafte Sehnsucht nach einer kahlen Zelle, vorhanglosen Fenstern, einem Tisch, der mir nicht gehört, und dem Blick auf einen stillen Klosterhof.

Du glaubst nicht, daß diese romantische Sehnsucht der tiefere Grund meiner Traurigkeit ist? Denkst Du, es ist meine Angst vor dem Behagen, diesem so unzeitgemäßen Gefühl? Vielleicht hast Du recht. Kann man denn heute noch seines »Besitzes«, seines »Heims« froh werden? Haben wir die wilde Erfahrung der Fragwürdigkeit allen Besitzes (und bestünde er auch nur aus einigen Möbeln in einer gemieteten Wohnung) schon überwunden? Sie gehört zu unsrer Zeit wie die

Angst zu ihr gehört. Das bürgerliche Behagen in der Sicherheit, es ist für immer zerstört (ich trauere ihm nicht nach). Wie soll ich mich freuen über einen Besitz, der nur mit knapper Not der völligen Zerstörung entging, und zwischen Bedrohung und neuer Bedrohung ein provisorisches, ein von Gefahr unterminiertes Dasein führt? Besitz ist Last. Das möblierte Zimmer, das Hotelzimmer, der Reisekoffer, das ist's, was für uns flüchtende Nomaden paßt. Ich will nicht gebunden sein an Sorge um Hab und Gut. Und wenn die Kinder nicht wären – (wieder: die Klosterzelle! Du lachst nicht, ich weiß. Du kennst mein Puritanertum).

Aber zurück zu meiner Melancholie. Ich will Dir rundheraus sagen, was mich erschreckt. Siehst Du: in all den Jahren, in denen ich im Improvisierten und Ärmlichen hauste (und darunter litt, weil es mir aufgezwungen war), dachte ich: »Wenn ich einmal eine schöne Wohnung habe, werde ich glücklich sein und endlich zur Ruhe kommen.« Nun habe ich diese Wohnung. Und bin ich nun »zur Ruhe gekommen«? Mit Staunen und Erschrecken sehe ich: das Gefühl des Improvisierten verläßt mich nicht; es hängt nicht an der oder jener Wohnung, es ist ganz und gar unabhängig von dem, was ich besitze oder nicht besitze; es wandert mit mir, es ist in mir. Ich selbst, ich bin das Provisorische. Ich bin mein eigener Gast. Ich gehe durch diese Wohnung und versuche zu denken: Meine Wohnung, meine schöne Wohnung. Ich denke es, aber ich empfinde es nicht. Ich habe eine Wohnung, aber ich habe kein Heim. Ich werde nie mehr ein Heim haben. Nun gut: so werde ich mich also in der Heimatlosigkeit einrichten. Nie mehr werde ich denken können: »Wenn ich einmal eine schöne Wohnung haben werde.« Ich bin ein wenig erschrocken, und auch, fürs erste, ein wenig melancholisch, aber schon meldet sich ein anderes, ein stärkeres Gefühl, ein heftiges Glücksgefühl: jede verlorene Illusion ist Gewinn, ist Zuwachs an Einsicht und Leichtigkeit. Und darauf, nicht wahr, darauf kommt's an: zu »haben, als hätte man nicht, und nicht haben, als hätte man«, wie die Chinesen sagen. So kannst Du mir also ruhig Glück wünschen zu meiner neuen Wohnung.

215/11.9.1950

Gunter Groll
Deutscher Nachkriegsfilm – Klamauk oder Welträtsel

Es gibt, so scheint es, drei Arten deutscher Nachkriegsfilme. Die einen spiegeln die Zeit, die eben verflossene zumeist, und sind infolgedessen traurig. Die anderen fliehen aus der Zeit in weniger traurige Zeiten und sind, infolge künstlerischer Heiterkeit, auch sehr traurig. Die dritten entschweben der Zeit in ein Traumland jenseits aller Zeiten und sind, infolge Fahnenflucht aus der Realität, zumeist viel trauriger, als sie tun.

Es gibt, gottlob, die Ausnahmen. Es gab einen Film, der alle drei Elemente vereinigte, zeitspiegelnden Realismus, zeitlos-spielerische Heiterkeit und zeitsprengenden Traumland-Ton: »Berliner Ballade«. Panorama der Zeit als gleichsam heiteres Jammertal. Hier schien sich der deutsche Film aus seinen eisernen Schablonen zu lösen. Kaleidoskop einer filmischen Bildersprache, die wir seither nicht mehr vernahmen. Sein Nachfolger, der Film »Herrliche Zeiten«, besichtigte ein halbes Jahrhundert mit Hilfe des entfesselten Wochenschau-Archivs und war sehr amüsant. Doch dort, wo er, als Zeitsatire, erst richtig einsetzen mußte, nach 1945, dort setzte er aus und verabschiedete sich verlegen. Man ist zu schüchtern bei uns.

Wenn das Stichwort »Zeitnaher Film« fiel in diesen Jahren, stellten sich automatische Assoziationen ein: Trümmer, Bunker, alles kaputt, aber dann, auf einmal, Hau-Ruck, Aufbau, Demokratie, Erneuerung ... Die Darsteller: bekannte Stars, die sich bemühten, möglichst schäbig und möglichst erneuert auszusehen. Der Nachwuchs: selten und schwach. Ein neues Klischee. Bald mochte es niemand mehr sehen.

Zeitnaher Film oder nicht? Es kann nur die schlichte Antwort geben: wenn er gut ist – ja. Wenn er schlecht ist – nein. Ob er gut oder schlecht ist, hängt nie allein vom Thema ab, nie allein von der äußeren Aktualität. Sondern von der Gestaltung. Der gute Film, ob zeitnah oder nicht, ist immer aktuell.

Doch so dachte man nicht. Des zeitnahen Films überdrüssig, fiel man ins andere Extrem. Hinfort sollte nichts mehr schäbig und elend sein, sondern alles fein und fidel. Die Marrakesch-, die Gabriela-Epoche brach an. Samt den vielen, kleinen Harmlosigkeiten, die jeder kennt und deren Bilder sich gleichen. Von der Klagemauer zur Schwank-Dekoration. Vom Ersatzkaffee zum Frühstücks-Sekt. Leidenschaftlich kämpft Deutschlands Film seitdem um das Recht auf Kitsch. Keiner bestreitet es ihm (Film hat viele Funktionen), doch vielen scheint es allmählich zuviel des Marrakitsches, zuviel der munteren Harmlosigkeit, zuviel des routinierten Mittelmaßes. Wo blieb und wo bleibt der echte, der gute deutsche Nachkriegsfilm?

Wir kommen auf ein gutes Dutzend guter Filme in diesen Jahren. Da war jene »Berliner Ballade«. Da waren »Ehe im Schatten«, »Die Mörder sind unter uns« und »Affaire Blum« – die vielzitierten. Da war, nicht ganz gelungen, doch von ungestümer Eindringlichkeit: »Der Ruf«. Die Filme Käutners: zwischen Traumkabarett (allzu konstruktiv in »Der Apfel ist ab«) und aphoristischem Zeitfilm (»In jenen Tagen«); »Königskinder« war ein Absturz. Ein neuer Mann, Eugen York, Gestalter der leidenschaftlichen Zeitballade »Morituri«, sank rasch in raffinierte Kolportage. Der »Prätorius« von Curt Götz: von souveränem Witz und insofern rühmenswert, doch zu dialogbesessen, zu unfilmisch (die Gesetze des Films haben sich mittlerweile herumgesprochen), das erlaubt der künstlerische Film nicht. Das Ausland schüttelte den Kopf, wo wir schallend lachten oder selig lächelten. Weit filmgerechter: das heiter bayerische Barock des »Brandner-Kaspar«. Sympathisch und sauber: Liebeneiners »Des Lebens Überfluß«. Entkrampft gegenüber seiner »Liebe 47«. Doch auch von ihm kam nicht der Film, auf den wir warten.

Ein Nachkriegsfilm, der bleiben wird, einer der besten, der lange nachhallt (wiewohl er überladen ist mit Problematik): Harald Brauns »Nachweis«. Mit ihm wäre die Bilanz des Positiven zu schließen. Kein anderer hat ihn auf seinem Gebiet erreicht oder zu erreichen versucht. Man tendiert heute im ganzen mehr zu »Schwarzwaldmädel«.

Ein gutes Dutzend guter Filme – das ist, nach fünf Jahren Arbeit, wenig. Zu wenig. Woran fehlt es bei uns? An Schauspielern? Gewiß nicht. An Regisseuren und Autoren? Zum Teil. Doch gibt es genug Autoren wie Regisseure, die etwas können (und meist nicht können, wie sie wollen) An Geld? Ohne Zweifel. Ein weites Feld. Doch die Ursachen, scheint mir, liegen tiefer.

Wie der Literatur, wie dem Theater, fehlt es dem deutschen Film an Freiheit, an Souveränität, an zupackender Kraft und überdies an Form. Auch die guten deutschen Filme sind beladen mit Ressentiment. Durch viele, durch die meisten, spukt die Angst, das Gespenst dieser Zeit. Angst von gestern, von heute, von morgen. Die Angst gelingt ihnen am besten. Sie sind, zum guten Teil, gequält: also wirken sie quälend. Sie bemühen sich mit deutscher Gründlichkeit. Sie hängen an alles die Bleigewichte ihrer Problematik. Sind sie einmal verspielt, so sind sie's so gründlich, so schwitzend sozusagen, daß es schon kein rechtes Vergnügen mehr ist. Sind sie vergnügt, so wird es Klamauk, und sie treiben den Klamauk auf die Spitze. Sie haben kein Maß. Erst wollten sie belehren, erziehen, umschulen, rechtfertigen – mit dem Zeigestock ihrer Thesen in der unsicheren Hand. Nun wollen sie amüsieren – aber das grundsätzliche, das totale Amüsement wird schal und leer. Was sie auch tun, sie übertreiben es.

Sie übertrieben auch früher, in den avantgardistischen Stummfilmzeiten. Doch damals waren sie von filmischen Formproblemen gebannt. Heute wollen sie, je nachdem, betäuben oder die Welträtsel lösen.

Freiheit des Blicks, der Aussage, des Spiels, der Kamera Echtheit, Mut, Heiterkeit und Gelassenheit. Illusionslosigkeit, frei von Furcht und von falscher Hoffnung … nur die Zeit kann das allmählich bringen. Lernen kann man's nicht. Was man lernen kann (von den Franzosen, von den Filmen der deutschen Frühzeit, von den besten Amerikanern, Engländern, Italienern): die Beherrschung wenigstens der filmischen Stilmittel. Daß das aufrüttelndste Filmthema ohne filmische Form so sinnlos ist wie die raffinierteste Form ohne den starken, den zwingenden Stoff. Vor allem: daß die alten Konventionen, die alten Klischees verbraucht sind.

Nichts gegen die harmlose Unterhaltung der Kinos (Film hat viele Funktionen), sofern sie bescheiden bleibt, sofern sie nicht selbstherrlich wird. Aber alles gegen den Herrschaftsanspruch der bunten Narkose. Er droht den guten Film zu ersticken. Wir haben es schwer, in einem armen Land, das so tut, als ob es reich wäre. Im Schnittpunkt der unterdrückten Angstpsychosen von gestern und morgen. Filme, die eben daraus ihre Kraft beziehen, Filme wie etwa »Der dritte Mann«, sind uns noch nicht gelungen. Vielleicht werden sie kommen.

Der Kitsch, unter vielen Masken, wird ewig leben. Die wechselnden Zeiten werden ihre Dummheiten machen, jede die ihre, und der Film wird sie spiegeln. Aber auch die guten Filme, so ist zu hoffen, werden nicht aussterben. Das Jahrhundert des Films (er wurde um die Jahrhundertwende geboren) hat mit ihm, seinem Lieblingsspielzeug, noch einiges vor. Warum nicht auch bei uns, warum nicht gerade bei uns? Denn Deutschlands Wort zur Zeit, sein neues, sein Schlüssel-Wort (im Film wie in der Literatur), ist noch nicht gesprochen.

229/27.9.1950

Hermann Kesten

Meine Reise durch Israel

Ich, der ich den Nationalismus für die Revolte des achtzehnten, die Krankheit des neunzehnten und das Verbrechen des zwanzigsten Jahrhunderts halte, kam als neugieriger Tourist nach Israel, mit vierzig Vorurteilen und den freundlichsten Erwartungen. Von der ersten Stunde an, im orientalisch langsamen Zollhaus von Haifa bis zur letzten Stunde im selben schicksalsschwangeren Zollhaus, ja schon vorher auf dem Schiff nach Israel mit predigenden Touristen und tanzenden Einwanderern und nachher auf dem Schiff, das mich nach Europa zurückbrachte, mit kopfschüttelnden Touristen und enttäuschten Heimkehrern ins paßlose, heimatlose Nichts, erlebte ich jede Art von Überraschung. Ich ging kontinuierlich vom Befremden zum Entzücken oder zur Ablehnung, von Verzweiflung zur Erheiterung, und von einem Staunen ins andere.

Ich wußte nie genau, was ein Jude war. Weder Religion noch Rasse, weder semitische noch antisemitische Merkmale, weder der Geist noch der Ungeist, weder die Herkunft noch die Zukunft waren bestimmende Eigenschaften eines Juden. Nicht einmal auf die Verfolgung konnte man sich als untrügliches Symptom verlassen.

Aber welchen Begriff, welche Vorstellung oder Erfahrung man immer nach Israel bringt, hier werden sie hinfällig. Die Einwohner dieses neuen Staates sind keine Juden mehr. Sie sind nicht einmal, wie ich am ersten Tage annahm, »wilde« Juden. In der Tat, sind sie etwas Neues, Israelis, wie sie sich mit Stolz heißen. Hier wiederholt sich in einer bunteren und umfassenderen Weise der amerikanische Schmelztiegel – the melting pot. Hier mischen sich Menschen aus allen Völkern und Zonen (Juden zwar), schwarze und weiße und gelbe, Philosophieprofessoren aus Heidelberg und Lastträger aus Marrakesch, Pharmazeutinnen aus Detroit und Troglodyten aus Yemen, DP's aus Dachau und Chaluzim aus Rio de Janeiro. Hier lernen Menschen aus hundert Ländern und mit hundert Sprachen eine aus Büchern neuerweckte Sprache sprechen, die neuhebräische, mit der sie, eben da hundert Nationen sich hier vermischen und sich auslöschen, eine Art chinesischer Kultur-Mauer ums Land errichten.

Schon in den vier Wochen, in denen ich von einem Ende des Landes zum anderen fuhr, schien mir, als sehe ich von Tag zu Tag, von Woche zu Woche entscheidende Veränderungen. Wie in Kalifornien waren Städte im Begriff neu zu entstehen (oder eben abgerissen zu werden). Wie in Sowjetrußland wechseln Verordnungen täglich, und Fünfjahrespläne erscheinen, die hier allerdings in zwei Jahren abgewickelt werden. Rechtsanwälte wurden Polizisten, Kinder und halbwüchsige Mädchen wurden zu Kampfführern und Veteranen. Yemenitische Einwanderer, die eben den Gebrauch von Messer und Gabel nicht kannten, werden Traktorenführer oder Straßenarbeiter. Harvard-Studenten arbeiten im Kibbuz an Sägemaschinen oder in Tabakfeldern. Menschen, die man für internationale Kulturagenten hielt, für die Schrittmacher moderner Kunst und Literatur, beneiden hochverdienende Chauffeure und Fensterputzer oder gehen als Mitglieder der Kibbuzim in diese landwirtschaftlichen oder industriellen Gemeinschaftssiedlungen, wo das Individuum weder Geld noch Handlungsfreiheit, noch die Verfügung über seine Kinder behält und in seiner Gemeinschaft wohnt, arbeitet, genießt, ißt, lebt, abstimmt, kämpft und stirbt.

Ich hieß auch nicht mehr, scherzhaft, die Israelis die »Preußen des Orients«. Ich vergaß meinen lächelnden Schrecken der ersten Tage, als aus jedem Kaffeehaus in Tel Aviv, Haifa oder Jerusalem, hinter jedem Busch und Baum im Galil oder Emek wildfremde Menschen kamen, die Kesten hießen, Verwandte, wie sie versicherten, und alle waren Helden (und Opfer), alle Veteranen (und heroisch), alle schwärmten von Israel, als seien sie Realitätenagenten und Parzellenverkäufer, alle schworen, nur hier lebe ein Jude ohne die Pein des Antisemitismus (sie vergaßen die bewaffneten Antisemiten rund um das Land). Alle erwarteten von mir, ich würde das Land nie mehr verlassen wollen, sie schauderten, als ich gestand, ich sei ein Tourist, so reiselustig wie der Ewige Jude, und ich fände New York eine hübschere Residenz als Tel Aviv.

Ich vergaß alles Erfreuliche (und Unerfreuliche). Ich sah am Vormittag mitten in der Steppe, in Zelten, auf dem Grasboden, 20 000 Juden mit Weibern und Kindern aus Polen und Ungarn, Bulgarien und Tunis, Paris und Schanghai und hundert KZ-Lagern, und manche zogen schon dreißig Jahre lang durch die Wüste der Judenverfolgung oder durch die Steppen der Gleichgültigkeit christlicher Völker, sie hatten ihr Weib oder ihr Kind verbrennen sehn, die Eltern oder die Schwester, und noch saßen sie in armen Zelten und in Lagern und erhielten das Notdürftigste, mitten in der Steppe, und warteten seit Wochen oder neun Monaten inmitten von Israel auf eine Wohnung oder Stellung, einen Herd oder eine Hütte, kurz auf das Gelobte Land, auf den wahren Eintritt in Israel, das moderne, verheißene, mitsamt seiner austerity, seinen hohen Steuern, seinen höheren Sorgen und seinem riesigen Geldbedürfnis, in einem Land, wo vor zwei Jahren eine halbe Million Juden lebten, wo heute eine Million Juden lebt und vor dessen Toren Millionen weiterer Juden warten, Einwanderer wie sie; denn laut Gesetz dürfen alle Juden in Israel einwandern.

An die hunderttausend Juden kamen in den letzten zwei Jahren aus Yemen, wo sie Bürger zweiter Klasse sind und auf einem tieferen Niveau als die armen Araber leben. Man bringt sie per Flugzeug (»auf Adlersflügeln«, sagen sie, wie es in den Heiligen Büchern verheißen war) von Yemen nach Israel. Man gibt ihnen Betten, sie schlafen unterm Bett; sie kennen den Gebrauch des Bettes nicht. Man gibt ihnen Schuhe, sie gehn wie in Kähnen. Monatelang wanderten sie durch Steppen und Wüsten zum Roten Meer. Sie wohnten in den Höhlen oder Steppen von Yemen, manche waren Troglodyten, andere Nomaden. Wer ein Haus besaß, konnte in Israel vom Entgelt drei Wochen leben. Sie langen barfuß an, in Fetzen, mit wunden Füßen und kranken Kindern von zwei oder drei Frauen; meistens haben sie eine alte und eine junge Frau. Israel muß sie kleiden, nähren, umerziehen, lehren, Wohnstätten für sie errichten, Arbeit für sie suchen, sie Lesen, Schreiben und ein Handwerk lehren, ihre Kinder erziehen, sie von der Vielweiberei abbringen. Das kostet Mühe und Geld. Israel ist ein kleines Land, noch angewiesen auf die Stiftungen der Juden in anderen Ländern.

Die besten Räume in dieser Lager-Stadt behausten die Schulklassen, wo nebeneinander die Kinder und die Frauen und die Männer Hebräisch lernen, oder ein Handwerk, das ihnen neu ist, oder eine Methode, wie sie ihre traditionellen Stickereien und Silberarbeiten zu gängigen Artikeln und Waren machen, wobei sie freilich ihre handwerkliche Originalität einbüßen und etwa Silberschmiedetechniken verlieren, die von den Zeiten der alten Römer nur bei ihnen bewahrt blieben.

In Ain Schemer traf ich den Schneider von Bagdad.

Er war Vater von sieben Kindern, hatte eine runde, hübsche Frau, war noch ein junger, eleganter Herr und sprach fließend französisch. Obwohl er schon seit drei Tagen in einem der Zelte auf der Erde schlief, waren seine wunderbar geschnittenen Hosen exakt gebügelt, sein seidenes Hemd war blitzsauber, sein schwarzer gekräuselter Bart duftete nach Eau de Cologne, sein Lächeln war sanft, sein Benehmen von ruhiger Würde, seine Stirne heiter.

»Mußten Sie aus Bagdad fliehen?« fragte ich.

»Keineswegs. Ich hatte ein Haus, ein Auto und sieben Freunde in Bagdad. Ich nähte für den Minister. Ich war der erste Schneider von Bagdad.«

»Warum verließen Sie alles?«

»Ich bin Jude«, erwiderte er mit seinem sanften Lächeln, als wäre das eine Erklärung.

»Und da gingen Sie, um in der Steppe mit Ihren Kindern in einem Zelt zu schlafen, auf der nackten Erde und im bloßen Wind?«

»In meinem Haus fühlte ich mich fremd. Und wenn ein Kunde mir nicht zahlen wollte, so fragte er: Bist du nicht ein Jude? und ging mit meiner Ware lachend davon. Ich war reich, aber ich hatte kein Ansehen. Ich war ein Bürger zweiter Klasse ...«

»Sehen Sie?« fragte unser junger Führer, ein Propagandist des Presseamts in Israel. »Dieser Schneider ist begeistert. Sie werden lieber jede fremde Arbeit annehmen, Steine klopfen, nicht wahr? Oder Straßen bauen ...?«

»Meine Verhandlungen stehen vor dem Abschluß«, erwiderte der Schneider und klopfte ein Stäubchen von seinen eleganten Hosen und lächelte sanft. »Man gibt mir eine Wohnung in Haifa, ein Atelier, in einigen Tagen verlasse ich das Lager und eröffne meinen Betrieb. Ich schmeichle mir, in einem Jahr werde ich für den Ministerpräsidenten von Israel nähen.«

»Sie kennen ihn wohl nicht«, sagte ich, »und sahen nie seine Hosen?«

Der Propagandist schüttelte mißbilligend den Kopf. Der Schneider blickte zuversichtlich. Gegenüber hielten die Lastwagen mit verfolgten, flüchtenden Juden, die mit müden, staubigen Augen umherblickten, bereit, durch neue Lager zu gehen, zu neuen Hoffnungen ...

»Haben Sie auch Platz für so viele Juden?« fragte ich.

»Raum?« erwiderte der junge Herr vom Presseamt (er war vor zwei Jahren aus Edinburgh gekommen, um in einem Kibbuz ein neues Leben zu beginnen). »Wir haben Berge und Täler, wir bauen neue Städte, wir trocknen Sümpfe aus, wir haben ganze Wüsten, um sie fruchtbar zu machen. Raum genug für Millionen! Wir brauchen nur Geld!«

239/9.10.1950

Friedrich Luft
Über die Berliner Luft

Wo einmal das Romanische Café stand, in dem Roda Roda mit Waldemar Bonsels Schach spielte und auch sonst Literarisches getrieben wurde, breitet sich heute ein geordnetes Brachfeld aus. Ich stolperte, vom lärmenden Oktoberfest aus dem Zoo kommend, darüber hin. Steine. Geplättete Häuserreste, recht ein Gebäude zum Beinebrechen in der halben Dunkelheit. Zuweilen faßt der Fuß festeren Boden. Man geht über die erhaltenen Fliesen eines Hauseinganges, von dem eben nur noch die Fliesen zeugen von der kalten Pracht eines wilhelminischen Entrees in eine Berliner Mietskaserne. So muß Pompeji sein oder Ninive.

Aber hebt man den Blick von dem strauchelnden Fuß – liegt Berlin da. Liegt da in sonderbarer Verschiebung und neuer Sicht die Gedächtniskirche. So sah man sie nie, die pseudoromanische Ruine, die schöner geworden ist im Verderben. Als alles noch intakt war, erwog der Architekt Poelzig oft, ob man die Kirche nicht hätte versenkbar bauen sollen: bei Tag unter der Erde verborgen, denn sie war häßlich. Nachts aber, wenn die Lichter sie umspielten, sollte man sie hervorhieven aus dunklem Schacht. Dann wäre sie schön.

Jetzt spielen die Lichter schon wieder. Und die Ruine umkreisend findet auch etwas Verkehr statt. Aus dem Zoo kommt gedämpft das Rummsen der Festwiesenmusik. Drüben auf der Tauentzien bauen sie noch bei Nacht. Und eine Männerstimme ruft hallend herüber, seine heißen Wiener seien die besten. Abend über Berlin. Man steht auf dem aus Ziegeln gebröckelten Brachfeld und atmet Berliner Luft. Ab und zu muß man sie genauer atmen. Sie ist würzig und trocken und sonderbar. Ein unverwechselbarer Ozon.

Städte können riechen. Bremen riecht nach Kaffee, Hamburg riecht nach Teer und nach Meer. London nach Nebel und Kohle. Paris riecht silbrig nach Frauen. Berlin riecht nach Berlin.

Das ist wie ein Treibstoff. Wenn einen an anderen Plätzen die Müdigkeit ankommt, atmet man hier noch Energien ein. Die Regsamkeit, der oft ruchlose Optimismus dieser Stadt, ihre Heftigkeit in der Betätigungslust, ihre Ausdauer am manchmal Hoffnungslosen – es liegt wohl in der Luft. Es liegt wohl in der Luft, an dem sonderbaren Gemisch aus trockener Unbedingtheit und kräftiger Skepsis. Der Mensch, der sie atmet, wird angesteckt.

Wo gibt es das so resolut? – Fünf Jahre zurück: wie da einer vor seinem zerschossenen Hause am frühen Morgen stand. Die Etage war durchlöchert von Einschlägen. Er wandte sich ab und äußerte nur, er wolle jetzt schlafen. Es sei zu furchtbar. Es sei alles vorbei. Und da die Stimme eines Nachbarn, selbst um Habe und Haus gebracht, wie der dem ohne falsche Tröstlichkeit fast entrüstet auf die Schulter hieb und ganz ernsthaft sagte: »Mann, machense doch keene Faxen. Jehn Se ruff. Machense Ordnung. Jetzt jeht's doch wieder los!«

Hier geht es immer wieder los. Die Atmosphäre dieses Ortes war nie der Patina günstig. Der Staub der Geschichte setzt sich hier nicht fest. Traditionen werden nicht alt. Diese Stadt, in welchem Jahrhundert immer, blieb jung, blieb keß, aggressiv, flegelhaft oft, zugegeben. Aber von einer fröhlichen Rastlosigkeit, veränderungsfroh, neuerungssüchtig und ewig betriebsam, daß es anderen Städten im Vergleich oft auf die Nerven ging. Aber dann – sie atmeten ja auch nicht unsere Luft.

Ich kenne einen, unlängst aus der Emigration zurückgekehrt, einen alten Berliner, der allabendlich durch die Straßen geht und für sich den Fortschritt an jedem Neubau oder Wiederaufbau registriert. Trifft man ihn, sagt er besorgt: »Schön – der Hochbau am Innsbrucker ist ja nun fertig. Aber, wissen Sie, am Südwestkorso draußen – verfolgen Sie das? – geht's doch reichlich langsam.« Und dann zieht er die Stirne in Falten, als wär's ein Stück von ihm. Als sei es seine Verantwortung mit.

Das macht wohl die Berliner Luft, nach der er sich so lange Jahre sehnte. Eben jene aktivierende Mischung, die durch die Lunge geht und offenbar direkt zum Herzen findet.

Besucher, die ihr hier weilt zu Geschäft, zu Verwandtenbesuch oder Lustbarkeit, haltet inne zuweilen! Steht, wie ich jetzt da stehe auf dem Brachfeld des alten Romanischen Cafés, oder wo sonst es euch ankommt, steht und bedenkt den einsamen Mut der noch verminderten Stadt und atmet mit Bewußtsein ihre Luft! Und dann wundert euch nicht, wenn euch bei einer beiläufigen Auseinandersetzung ein Berliner anfährt: »Mensch, halten Sie die Luft an!« Ein Rat unter Berliner Brüdern. Halten Sie sie an. Sie ist köstlich.

241/11.10.1950

Ernst Gall
Das Schicksal des Berliner Schlosses

Wer Aufmarschplätze im Zentrum Berlins sucht, müßte sich raumbeherrschende Wände wie die des Schlosses erbauen, wenn sie nicht da wären! Statt dessen will man eine im Laufe der Jahrhunderte gewordene Platzordnung, an der so geniale Meister wie Schlüter und Schinkel gewirkt haben, zerstören und zerstört dabei nicht nur das Schloß und eben dieses Ganze, sondern auch noch jedes seiner Teile, denn um ihre Wirkung wird auch die noch erhaltene Fassade des »Alten Museums« gebracht. Sie ist in ihrer heiter-offenen und doch so würdevollen Erscheinung mit glücklich empfundenem künstlerischen Feingefühl als edle, »Apollo und den Musen geweihte Stätte« auf die räumlichen Verhältnisse des alten Lustgartens und die ihr gegenüber sich erhebende Schloßfassade abgestimmt. Fällt das Schloß, so fällt mit ihm auch der breit gelagerte, massive Baublock, der in gegensätzlicher Wirkung der plastisch gelockerten Säulenfront des Museums ihren vornehmen Besitz sicherte, eine platte Leere wird sich auftun, die alles verschlingt bis auf den in aufdringlicher Geschmacklosigkeit sich erhebenden Dom. – Die ägyptische Pyramide, der griechische Tempel, das römische Pantheon, die gotische Kathedrale – sie alle sind Denkmale begrenzter weltanschaulicher Denkformen, als Kunstwerke reichen sie jedoch weit darüber hinaus. Ihr zweckgebundenes Dasein im Sinne ihrer Erzeuger ist seit langem erfüllt, aber geblieben ist das geheimnisvolle Leben ihrer gestalteten Form, schöpferisches Vermögen ausstrahlend, das in verwandelter Gestalt sich immer neu gebiert. Schlüter löste, als er die plastisch durchgegliederten Fassaden des Berliner Schlosses schuf, hohe Aufgaben aus idealem Bereich, dahinter stand nicht nur der zeitlich beschränkte und realistisch gebundene Wille seines Auftraggebers, sondern auch die größere Idee der geistigen Erhöhung menschlichen Daseins – mag sie ihm bewußt geworden sein oder nicht –, denn in ihr wurzelt sein Künstlertum. Auch wenn der neue König nur Macht und Prunk gesucht haben sollte, Schlüter baute in höheren Sphären. Jeder wird das verstehen, der einmal ein Konzert im »Schlüterhof« gehört hat: Ton und tektonische Form vermählten sich in einer gesteigerten Gefühlswelt, denn jede groß gedachte Architektur versetzt uns in einen dem gewöhnlichen Tagestreiben entrückten Bereich seelischer Wirklichkeit. Wir beten nicht zu Zeus oder Hera, wenn wir innerlich ergriffen vor ihren Tempeln stehen, denn es gibt eine Schönheit und allgemein menschliche Sinnbezogenheit der Form, die sich über den anfänglichen Zweck erhebt.

Zerstört man das Berliner Schloß, so vernichtet man eines der gestaltreichsten baulichen Kunstwerke, die unsere Welt nach so vielen Verlusten heute noch ihr eigen nennen darf. Aus dieser Zeit um die Wende des 17. und 18. Jahrhunderts gibt es in Europa wenig, was diesen Bau in der Kraft und in der eindringlich plastischen Klarheit seiner Fassadengliederung übertreffen könnte. Stadt- und Gartenseite tragen einen sehr unterschiedlichen Charakter zur Schau; die Fronten an sich sind zwar gleichartig behandelt, aber durch die abweichende, meisterhaft abgestimmte Bildung ihrer Portale ist jede von eigenem Leben erfüllt; machtvoller Ernst spricht gewaltig aus der Stadtseite, während gelöste Feierlichkeit und weltoffene Anmut über der Gartenseite walten. Und dann der »Schlüterhof«! In der ganzen Welt wüßte ich nichts Vergleichbares an eigenwilliger Originalität zu nennen: nicht sehr groß in den Abmessungen, aber voll großartiger Gestaltung in der kraftvollen Gliederdichte seiner in den gewagtesten Gegensätzen aufgebauten und gerade dadurch zu raumbindender Struktur geformten Schauseiten, denen wieder die Portale mit ihren wuchtigen Säulenstellungen und reich durchfensterten Risaliten sowie dem krönenden Schmuck ihrer Figuren rhythmische Ordnung voll unvergeßlicher Feierlichkeit verleihen. Hier steht wahrhaftig zeitlos große Form vor uns, auch aus der Ruine spricht sie noch laut und eindrucksvoll zu uns.

275/20.11.1950

1951

10.1. Eröffnung der UNO-Zentrale in New York.

15.1. Adenauer lehnt Grotewohls Vorschlag für einen paritätisch besetzten Gesamtdeutschen Rat ab

26.1. Senator Joseph R. McCarthy, berüchtigt wegen seiner Aktionen gegen angebliche Kommunisten, wird zum Vorsitzenden der Kommission zur Untersuchung »unamerikanischer Umtriebe« ernannt. Höhepunkt der Hexenjagd auf vermutete Linke.

31.1. Nach Intervention des amerikanischen Hochkommissars McCloy werden alle wegen ihrer NS-Beteiligung verurteilten Industriellen freigelassen.

12.2. Höhepunkt des (angeblich deutschen) Fräuleinwunders: der Schah von Persien, Reza Pahlewi, heiratet Soraya Isfandiary, die achtzehnjährige Tochter eines persischen Stammesführers und einer Deutschen.

6.3. Revision des Besatzungsstatuts für die BRD. Die Alliierte Kommision verzichtet auf die Überwachung der Gesetzgebung

16.3. Gesetz über den Bundesgrenzschutz führt zu einer Sonderpolizei des Bundes.

3.4. Beschränkungen der deutschen Industrie durch Alliierte Hohe Kommission aufgehoben.

18.4. Gründung der Europäischen Gemeinschaft für Kohle und Stahl (Montanunion).

2.5. Aufnahme der BRD als vollberechtiges Mitglied in den Europarat, am 16.5. in die Weltgesundheitsorganisation (WHO), am 21.6. in die UNESCO.

7.6. Sieben deutsche Kriegsverbrecher in Landsberg gehängt.

14.6. Erster offizieller Auslandsbesuch des deutschen Bundeskanzlers: Adenauer reist nach Rom zu Papst Pius XII. in den Vatikan.

30.6. Vertreter aus 34 Ländern gründen in Frankfurt/M. unter Vorsitz von Kurt Schumacher die Sozialistische Internationale (SI).

9.7. Großbritannien und Deutschland beenden formell den Kriegszustand; ihnen folgen am 13.7. Frankreich und am 19.10. die Vereinigten Staaten nach.

10.8. Beitritt der BRD zum Allgemeinen Zoll- und Handelsabkommen (GATT).

27.9. Einstimmiger Beschluß des Bundestags zur Wiedergutmachung an den Juden.

28.9. Gründung des Bundesverfassungsgerichts in Karlsruhe.

27.11. Rudolf Slánský, ehemaliger Generalsekretär der KP und stellvertretender Ministerpräsident der ČSR, wird in Prag als Staatsfeind verhaftet und am 3.12.1952 umgebracht.

Wolfgang Hildesheimer
Ich schreibe kein Buch über Kafka

Böse Zungen – oder vielmehr deren Besitzer – behaupten – und ich sehe ihr hämisches Lächeln dabei –, ich schreibe an einem Buch über Kafka. Diese Anschuldigung weise ich zurück, denn ich schreibe an einem Buch über Golch. Ehrlichkeitshalber möchte ich zugeben, daß ich mich vor langer Zeit einmal mit dem Gedanken trug – wie schließlich jeder sensible Intellektuelle –, ein Buch über Kafka zu schreiben. Durch diese Phase muß man nun einmal hindurch, und man braucht sich später ihrer nicht zu schämen. Was mich damals allerdings davon abhielt, war weniger eine Abkehr von dem Thema als der Umstand, daß meine sämtlichen Bekannten bereits an einem Buch über Kafka schrieben. Aus irgendeiner Tücke des Schicksals heraus, die ich allerdings jetzt nicht mehr bedauere, hatten sie alle früher damit angefangen – ich habe mich verhältnismäßig spät entwickelt –, und nun war für mich kein Aspekt mehr übrig, im Lichte dessen ich Kafka hätte deuten können. Deshalb spielte ich eine kurze Zeit mit dem Gedanken, einen der bedeutenderen Kafka-Biographen herauszugreifen und ein Buch über ihn zu schreiben, aber auch diese Idee hatte mir ein anderer, der wie ich sozusagen zur Verteilung der Gesichtspunkte zu spät gekommen war, vorweggenommen.

Nun beschloß ich, mir ein neues Feld zu suchen, und fand eines. Ich schreibe, wie gesagt, an einem Buch über Ekkehard Golch. Für diejenigen, denen dieser Name kein Begriff ist – und es gibt noch allzu viele –, möchte ich seine Persönlichkeit kurz umreißen.

Golch, der im Jahre 1929 sechsundachtzigjährig gestorben ist, war zeit seines Lebens – abgesehen von einer äußerlich übrigens ebenso ereignislosen Jugendzeit – Studienrat in Altmünzach, einer Stadt, in welcher Schnellzüge nicht halten. Dieser Tatsache wohl und seiner Indolenz in äußeren Dingen ist es zu verdanken, daß er diese Stadt niemals verlassen und sein Leben mit unermüdlicher Konzentration seinem Werk gewidmet hat. (Mein Kapitel »Innere Reisen« befaßt sich mit diesen Gedankengängen.)

Hier also lehrte Golch an der Töchterrealschule – denn eine solche gab es dort erstaunlicherweise – Englisch und Deutsch. Nach einigen analytischen Versuchen, die als Frühwerke anzusprechen sind, von denen vielleicht »Körners Frauengestalten« der stärkste ist, aber wegen der Zeitgebundenheit des Themas heute kaum noch Beachtung finden dürfte, widmete er sich seinem magnum opus, welches Leben und Werk James Boswells, des bedeutenden Biographen Samuel Johnsons, des unsterblichen Lexikographen, behandelt. Es ist dies ein Werk nicht nur von großer psychologischer Dichte, sondern es übertrifft an Umfang – es umfaßt neun Bände – das Lebenswerk Boswells sowie Johnsons.

Ich will meinem Buch hier nichts vorwegnehmen, möchte aber – der Leser wird mir hier eine gewisse Selbstsicherheit verzeihen – betonen, daß es mir in meinem Werk, welches inzwischen bis auf das Schlußkapitel »Über das Wesen der Biographie« im Manuskript vorliegt, nicht nur gelungen ist, das starke Boswell-Erlebnis meines Helden in zwingender Weise zu schildern, sondern ich auch umgekehrt Boswell im Lichte Golchs beleuchtet habe, bei welchem Vorgang ich den eigenwilligen Doktor Johnson hinwiederum durch Boswells Brille gesehen habe (metaphorisch gemeint: Boswell trug keine Brille), wie er, durch Golch gedeutet, nun mir erscheint; gewissermaßen also eine dreifache Überblendung der Kernpersönlichkeit (in diesem Sinne ein von mir geprägter Begriff, hat nichts mit der Jungschen Deutung zu tun) Doktor Johnsons.

Mein Buch ist gut, daran ist kein Zweifel. Ich möchte sogar die Voraussage wagen, daß meine solide literarische Kennerschaft und das Vermögen, mich in die Mentalität anderer zu versetzen, welche beide Tugenden sich in diesem Buch manifestieren, dereinst einen Biographen dazu bewegen werden, mir in meiner Eigenschaft als Golch-Biograph zumindest einen ausführlichen Nachruf zu widmen …

15/18.1.1951

Hermann Kasack

Man kann nicht mehr so schreiben wie vor 50 Jahren. Die literarische Situation in Deutschland

Was sich heute als Profil der deutschen Literatur abzeichnet, läßt sich nicht aus einer strömenden Vielfalt ablesen, sondern aus Arbeiten von wenigen einzelnen, die zumeist zur Generation um die Fünfzig zählen. (Ich sehe hier ab von den Leistungen der Emigranten und beschränke mich auf die in Deutschland verbliebenen Autoren.) Zunächst scheint beachtenswert, daß nach 1945 keine wesentlichen Schätze auf dramatischem Gebiet gezeigt wurden, die etwa in Vergleich zu Brecht oder Zuckmayer gestellt werden könnten. Bei der Lyrik wäre zu sagen, daß in den ersten Nachkriegsjahren eine geradezu beängstigende Fülle an kleinen Bändchen bekannter und neuer Namen erschien, so daß man fast von einer Inflation der Lyrik und vor allem des Sonetts sprechen konnte. Inhaltlich häufig religiös bestimmt, meist zeitabgewandt, als ob sich die Katastrophen der letzten Jahre außerhalb des Betrachters abgespielt hätten, weisen jene Gedichte – wenn ich verallgemeinern und von Ausnahmen absehen darf – eine große eklektische Kunstfertigkeit auf, die über Artistik und gereimte Reflexion kaum hinausgelangt. In der Prosa schließlich behauptet sich neben feuilletonistischer Reportage eine nahezu rückständig anmutende konventionelle Note. Einstweilen wäre also festzuhalten:

für das Drama eine Fehlanzeige;
für die Lyrik eleganter Eklektizismus;
für die Prosa Reportage oder Rückkehr in überlebte Konvention.

Wie ist diese allgemeine Nivellierung der literarischen Produktion zu erklären? Nun, sie zeigt sich nicht erst seit 1945, sondern schon in dem Jahrzehnt zuvor. Sie ist wahrscheinlich eine Folgeerscheinung des verhängnisvollen Nazismus – wie auch die Verschluderung der Sprache, der man immer wieder und immer noch begegnet, eine Folge der braundeutschen Vokabulatur ist.

Die geistige Knebelung und Isolierung eines Jahrzehnts genügen, auf dem Gebiete der Dichtung für längere Zeit eine Wüste zu hinterlassen. Ich will damit sagen, daß die schöpferische Kontinuität unterbrochen ist. Es ist vielleicht gar nicht der Mangel an Talenten als der Umstand, daß diese mit ihrem Talent nichts Rechtes anzufangen wissen. Sie dichten, bestenfalls, ins Blaue hinein. Und weil die Gegenwart so gestört, so zerstört erscheint, die Zukunft so fragwürdig und katastrophenreif wirkt, darum gedeiht wohl jene Vogel-Strauß-Poesie, die in ein romantisches Vorgestern fliehen möchte. Geistige Unordnung, die Gefährdetheit oder auch die wirtschaftliche Lage allein erklären nicht die vorwiegend provinzielle Note der deutschen Literatur seit 1945.

Hält man Ausschau, so sind es nur wenige Namen, deren dichterische Werke nach 1945 über den deutschen Sprachraum vorgedrungen sind und einen Anschluß an die europäische Epik herzustellen versuchen. Ich denke an die letzten Arbeiten von Ernst Kreuder, Hans Henny Jahnn, Hans Erich Nossack und die unlängst verstorbene Elisabeth Langgässer. Auch jüngere Erzähler wie Arno Schmidt, Friedrich Rasche, R.A. Böttcher, Heinrich Böll, Walter Jens, Karl Waßmannsdorff – nicht alle lassen sich aufzählen – tragen dazu bei, die rückläufige Tendenz, die provinzielle Note mit kühnen, interessanten Versuchen zu überwinden.

Zweierlei läßt sich bei aller Unterschiedlichkeit der Bemühungen erkennen: einmal steht im Vordergrund das Erlebnis des Todes und die existentielle Frage, also die Seinskrise; zum anderen die Forderung nach einer metaphysischen Transzendenz als Voraussetzung der gegenwärtigen Dichtung. Wenn man will, also eine Synthese der poésie engagée und der poésie pure, was nun zugleich bedeutet, daß sich neue Inhalte nicht in alte Formen fügen lassen, sondern daß die Form bei aller Wahrung der Tradition aus dem gegenwärtigen Zeit- und Lebensbewußtsein neu gefunden werden muß, aus den Erfahrungen der veränderten Umwelt und aus der Reaktion darauf. Man kann nicht mehr so schreiben wie vor fünfzig Jahren, das wäre der Weg zur Idylle, zur Pseudoromantik, zur Plüschliteratur, nach der zwar das breite Publikum zu allen Zeiten verlangt – aber der Dichter muß zur Bestimmung des neuen Weltbildes antreiben. So wird ein adäquater, den Bedürfnissen von 1950 entsprechender Ausdruck zu gewinnen sein. Dies ist für die Prosa, für die neue epische Form schlechthin entscheidend.

Die Situation selbst, das allgemeine Zeitgefühl wird zum Thema. Allenthalben wird Gegenwart dargestellt in der Form einer scheinbaren Utopie, einer scheinbaren Irrealität, um die absolute Gültigkeit deutlich zu machen, einer Methode, die ich selbst in meiner »Stadt hinter dem Strom« angewendet habe. Die visionär geschaute Realität wird zum Gleichnis für überzeitliche Werte. Aus dem Verlust der menschlichen Substanz, dem Mangel an geistiger Einordnung bildete sich die Atmosphäre der lautlosen Angst, der Schutzlosigkeit, Unsicherheit, der zunehmenden Mechanisierung, des Leerlaufs, der Gestik, des Massen-Ichs. Wenn diese Atmosphäre unter deutschen Verhältnissen vielleicht am unmittelbarsten zu spüren gewesen ist, so wurde die Unsicherheit, die insecuritas humana überall, selbst in Amerika, auf überraschend ähnliche Weise als Ahnung wahrgenommen. Dies läßt sich aus der Literatur ablesen, die uns in Deutschland erst viel später bekanntgeworden ist. Die Problematik des Todes, das Ausgesetztsein der Existenz und die Fragwürdigkeit des Lebens spiegeln beispielsweise Werke von Sartre und Anouilh wider, Wilders »Wir sind noch einmal davongekommen« und »Die kleine Stadt«, der Vergil-Roman von Hermann Broch, die »Pest« von Camus, selbst der Reiseroman von Werfel, »Stern der Ungeborenen«. Es hat demnach den Anschein, als ob der gleiche Prozeß eines vom Tod gepeinigten Seinsbewußtseins nicht nur für die deutsche Situation allein bestand, sondern als Ausdruck eines allgemeinen Zeitbewußtseins aufzufassen ist, dem keine nationalen Grenzen gesetzt sind.

Wenn in der deutschen Nachkriegsliteratur der Hang zur Reflexion und zur Romantik noch immer eine Gefahr bildet und den Willen zur Gestaltung abzulenken droht, so gibt es genügend Beispiele dafür, daß Dichtung sich gegenwärtig weder im subjektiven Bekenntnis noch im formalen Realismus erschöpfen darf. Wir sollten gelernt haben, daß die Zeiten der ästhetischen Lebensanschauung vorüber sind. Um die Mitte des zwanzigsten Jahrhunderts hat der Dichter, wie mir scheint, mehr denn je wieder die Verpflichtung, die Aufgabe des großen Moralisten zu übernehmen.

16/19.1.1951

Peter Coulmas

Das Ende des Grandseigneurs. Eliten ohne Privilegien?

Gespräche über »die Elite« kranken oft daran, daß zwei entscheidende Veränderungen zu wenig beachtet werden: erstens gibt es nicht mehr eine Elite, sondern eine Vielzahl von Eliten nebeneinander, zweitens sind aus den Privilegieneliten Fach- und Leistungseliten geworden, deren Vorrechte allmählich zusammenschmelzen.

In der bisherigen Geschichte, von der wir nach Alfred Webers bedachtem Wort Abschied nehmen müssen, erwuchsen Kulturgemeinschaften ausnahmslos unter der Vorherrschaft einer einzelnen, homogenen Führungsschicht. Im Mittelalter herrschten der Adel und der adlige Klerus, in China die Literatenbeamten, in Preußen eine Offiziers- und Beamtenhierarchie. Die Oberschicht stand konkurrenzlos an der Spitze der Gesellschaftspyramide. Ihre Angehörigen waren sowohl die Mächtigen wie die Reichen, die politischen wie die geistlichen, die militärischen wie die intellektuellen Führer. In der modernen Gesellschaft hingegen stehen viele Eliten gleichwertig nebeneinander, teils einander ergänzend, teils miteinander konkurrierend: Industrielle, Politiker, Gelehrte, Militärs, Parteifunktionäre, Künstler, Techniker. Sie alle – nicht nur die Politiker – sind maßgeblich an der Gestaltung des öffentlichen Lebens beteiligt. Sie alle – nicht nur die Intellektuellen – prägen die öffentliche Meinung. Sie alle – nicht nur die Offiziellen – repräsentieren die Gesamtheit. Die Frage heißt also heute nicht: wie werden wir eine neue Elite bilden, sondern: wie können die bestehenden Eliten miteinander leben und arbeiten?

Ein anderer Unterschied zwischen einst und jetzt betrifft die soziale Legitimation der Eliten. Die alte Oberschicht leitete ihre Führungsposition von einem transzendenten Auftrag ab, sie besaß die Macht »von Gottes Gnaden«, und zwischen ihr und der Unterschicht bestand qualitative Distanz. Darum war es natürlich, daß die Oberschicht besondere Vorrechte genoß, vor allem ökonomische. Sie besaß die entscheidenden Vermögenswerte, ihr gehörte fast immer der Grund und Boden des Landes. Der Besitz warf Erträge ab und ermöglichte einen großzügigen Lebensstil. Aufwand gehörte zu ihrem Dasein, ein Aufwand, der von dem Lebenszuschnitt der ärmeren Schichten abstach. Als größten Luxus konnte es sich die Oberschicht leisten, nicht oder wenig oder nur nach Geschmack zu arbeiten. Körperliche Arbeit etwa oder Arbeit für Geld war meist verpönt. Davon ausgehend, hat der amerikanische Soziologe Veblen den Begriff leisure-class geprägt, Schicht des Müßiggangs. Der Lebenszuschnitt der alten Oberschichten war mit einem Wort grandseigneural.

Die modernen Eliten haben eine andere Stellung in der Gesellschaft. Sie stehen an der Spitze nicht kraft eines transzendenten Auftrags, sondern um persönlicher Verdienste willen oder wegen einer sozialen Aufgabe, die sie erfüllen. Es sind Fach- und Leistungseliten, und ihre sozialen Vorrechte erscheinen nicht mehr als berechtigt. Die Distanz zu den unteren Schichten besteht nur noch auf dem jeweiligen Spezialgebiet: nur als Physiker excelliert Einstein, nur als Dirigent Toscanini. Was früher unmöglich war: ein Mensch kann heute zu gleicher Zeit verschiedene soziale Rangstufen einnehmen. Als Arbeiter ist er dem Betriebsleiter unterstellt, als Gemeinderatsmitglieder stehen sich beide gleich, als Mannschaftsführer im Fußball schließlich kann der Arbeiter seinem »Chef« übergeordnet sein. Man gehört zur Elite nicht als Person, sondern nur mit einer Eigenschaft, nur kraft einer Position.

Die alten sozialen Privilegien haben ihren Sinn verloren. Die alten Ehrenvorrechte, Namensprädikate, Kleidervorzugsordnungen – nur der Standesherr darf einen roten Absatz und eine weiße Feder am Hut tragen – sind lange verschwunden. Gegenwärtig erleben wir, daß auch der Besitz als elitebildender Faktor entwertet wird. Früher: keine Machtstellung ohne Besitz – heute: selbst die einflußreichsten Eliten sind oft vermögenslos: die Politiker, die Manager, die Techniker und Organisatoren, die Militärs. Ich sage nicht, daß sie arm sind. Aber in ihren Händen befinden sich nicht die entscheidenden wirtschaftlichen Werte.

Die modernen Eliten sind keine leisure-classes mehr, im Gegenteil, sie arbeiten heute vielfach mehr als die unteren Schichten. Die Arbeiter und Angestellten haben sich den Acht-Stunden-Tag erkämpft, Überstunden müssen bezahlt werden. Der Direktor hingegen, der Staatssekretär, der Gewerkschaftsführer, der Theaterintendant leisten täglich Überstunden ohne Bezahlung. Bis 1914 arbeitete der Herr Hofrat von zehn bis eins im k. und k. Ministerium, speiste zu Mittag bei Sacher, und nachmittags unterzeichnete er noch eine Stunde Briefe. Heute spricht man scherzhaft von Industrie- und Ministerialwitwen, deren Ehemänner von ihrem Beruf aufgesogen werden.

Viele fragen sich: Elite ohne Distanz, Elite ohne persönliche Privilegien, Elite ohne transzendenten Auftrag – ist das überhaupt noch eine Elite? Sind solche Eliten imstande, die Gesellschaft politisch, sozial, kulturell zu leiten und zu repräsentieren? Ich glaube, daß sich der moderne Elitetyp durchsetzen wird, weil er ja seine Legitimation aus seiner sozialen Aufgabe bezieht. Diese Eliten sind zwar nicht religiös, wohl aber sozialethisch gebunden. Sie herrschen nicht »von Gottes Gnaden«, aber sie arbeiten zu ihrer Mitmenschen Nutzen. Ihre soziologische Funktion scheint mir eine gute Basis.

32/7.2.1951

Martin Kessel

Wir falschen Fünfziger. Abrechnung mit mir und meiner Zeit

Was war das früher ein stolzer Tag, wenn jemand aus der Gilde der eigenen Familie die runde numinöse Fünfzig erreichte! Da versammelte sich die ganze Bekanntschaft, und der Seniorchef der Schriftstellerei, sein neuestes Romanprodukt unter Arm, trat auf den Balkon und verbeugte sich feierlich vorm aufgeregt wallenden Hin und Her seiner Verehrer.

Seht, er ist der Zeit Erhalter,
mag er heißen, wie er will:
Ottfried, Bernhard oder Walter,
Felix, Egon oder Bill.

Es war der Künstlerklub »Heil dir, Winnie!«, der es dem Lorbeerbekränzten entgegensang, und jedermann wußte Bescheid. Gewiß, die Hälfte daran war bloß Theater, das wußte man auch, aber im Hintergrund stand die Familie, diese vielgliedrige Privatpartei, und die galt es zu respektieren. Die Familie nämlich feierte mit, indem sie ihrem, wenn auch durch Seitensprünge schon arg lädierten Oberhaupt und Versorger, das nötige Quantum Moral ins Rückgrat hauchte, damit er entsprechend repräsentierte. Man mußte das überstehen, ganz Jubilar. Die Devise hieß: »Haltung bewahren!« oder sie lautete: »Trotzdem!« Schließlich hatte man Handschuhe an, eine weithin leuchtende Weste, eine gut gestärkte Hemdbrust und die Erbschaftsnadel im Schlips.

Das war die Fassade. Dahinter allerdings sah es doch oft bedenklicher aus. Da war beispielsweise das Bankkonto. Nun, es war zwar in Ordnung, aber eigentlich nur auf Grund einer von Onkel Eberhard überschriebenen Hypothek. Und dann hatte man Tante Tina am Hals, diese leidige Trutschel. Sie war nicht ganz richtig im Kopf, und man wußte nicht recht, wohin mit ihr, also versteckte man sie am besten gleich hinterm Schrank. Mit Friedesinchen indessen stimmte es auch nicht. Hatte man sich nicht gezwungen gesehen, sie ins Kurbad zu schicken, wo sie nun, sozusagen auf blumigen Wiesen, ein Kind austrug, dessen Herkunft skandalöserweise höchst zweifelhaft war? Und zuallerletzt, um das auch noch zu sagen, vegetierte da noch das ganz schwarze Schaf, Vetter Oskar, der Wechselfälscher, der Schandfleck, dessen Orgien man einfach nicht mehr mitansehen konnte.

Gott sei Dank, daß er endlich weit weg, in Australien, war! Das Gras, das er dort fraß, das ließ man hier wachsen. Und siehe, es wuchs. Es wuchs und wuchs, und es rauschte der Wind des Vergessens. »Vorn ist alles Fassade, aber hinten knirschen wir mit den Zähnen!« sagte Vetter Oskar, als er unter Hitler als Sturmbannführer und Auslandsdeutscher wiedererschien.

Wenn ich mir das so betrachte, so ist mir wahrhaftig, als könnte man sich auch heute noch nicht entschließen, dieses beliebte Schaubild zu liquidieren. Wie wäre es sonst zu verstehen, daß man sich unserer Fünfzigjährigen noch immer so liebevoll annimmt? Gewiß, man feiert sie nicht, man nimmt nur Notiz von ihnen. Sie zu feiern, dazu hält man diese Sorte wohl doch für zu schmächtig. Aber andererseits läßt man sich's auch nicht nehmen, sie aufzustöbern, und sei's auch nur, um zu beweisen, daß sie nun nicht mehr zum Nachwuchs gehören. Lange genug hat's gedauert. Man kramt ein wenig in ihrer Bibliographie, nennt ein paar Titel. Aber was ist das? Denn was da zum Vorschein kommt, ist nicht gerade ermutigend. Wie es scheint, ist es altes verstaubtes Zeug, halb unbekannt geblieben, zerfleddert oder zerbombt. Enthüllt ihn, den Torso, aber werft bald wieder den Mantel der Nächstenliebe darüber!

Fünfziger sollen das sein? sagt da wohl mancher. Was ist das für eine Valuta? Ist die denn echt? Und da sich niemand bereit findet, es nachzuprüfen, denn wer hätte soviel Zeit oder Gewissen, seufzt man erleichtert, sobald man den Fünfziger wieder los ist. Außerdem sieht er auch nicht so aus, als ob er ein halbes Jahrhundert repräsentierte; dazu fehlen ihm mindestens noch zehn Jahre, und es fehlt auch am nötigen Ernst. Welch ein Unsinn also, ihn unters Joch der Statistik zu beugen und öffentlich anzuprangern!

Es ist wirklich vertrackt, daß ich leider nun gleichfalls zu dieser Gattung gehöre. Jedenfalls besteht die Gefahr, daß man's behauptet. Ich muß sagen, ich hätte das nie für möglich gehalten.

Bisher war es immer mein Stolz gewesen, jeweils ein Jahr jünger zu sein als mein Jahrhundert. Dieses eine Jahr war mein Trost, es war ein unverrückbarer Vorsprung, der mich beflügelte, der mir das Gefühl eingab, daß mich die Zeit nie einholen könne. Als sie Krieg machten, ging ich zur Schule; als sie Revolution machten, ging ich in die Tanzstunde und tanzte mit Fräulein Ria; als sie uns in der Inflation das Geld wegnahmen, heiratete ich, sie nannte sich Bob und wog zwei Zentner; als sie abermals Krieg spielten, besann ich mich darauf, mir schon als

Kind ins Auge geschossen zu haben als unfreiwilliger Held, und das genügte; als sie uns politisierten, machte ich Liebesgedichte, und als man uns russisch kam, war ich gerade, angeregt durch einen Freund, mit Swinburne beschäftigt. Nein, dieses Jahrhundert konnte mich nicht verleiten, ihm nachzulaufen, ich war ihm um eine Nasenlänge voraus, irgendwie gewitzter, jünger, elastischer, frischer. Oh, ich war nicht so dumm, es abzulehnen oder zu hassen! Ich nahm alles mit. Ich versöhnte den Sport mit der Kunst, die Stadt mit der Landschaft, die Technik mit dem Spiel, die Liebe mit der Politik, den Krieg mit dem Risiko, die Misere mit der Weisheit, die Verzweiflung, wovon es eine Unmenge gab, mit der Komik und das Finanzamt mit meiner Mittellosigkeit. Ich wurde nicht älter, ich wurde nur reicher, gelöster und freier. Als sie uns mit ihren öden Trümmer- und Heimkehrergeschichten aufwarteten, mit ihrer larmoyanten Existentialität, ihrer windigen Surrealität, machte ich Aphorismen über die Weiblichkeit, über Lebenserfahrungen und Musik. Ein Schulfreund war tot, also erzählte ich seine Geschichte, sie war humoristisch; später stellte sich heraus, daß er noch lebte. Die Ferne stand wieder offen, also besang oder analysierte ich sie. Es war Morgenluft rings, trotz Dreck, Hunger und Staub, und wahrhaftig, meine Nase war groß genug, sie zu wittern.

Aber was nun? Ein fürchterlicher Hammer sauste auf mich herab. Ich bin ein Fünfziger oder soll es zumindest sein. Wird man mir's verübeln, wenn ich erkläre: das ist unmöglich? Es ist es erstens, weil man so lange jung ist, als man bereit ist, sich zu verrechnen. Und ich verrechne mich noch ganz gern, den pedantischen Bilanzenziehern, diesen Buchhaltern der Phantasielosigkeit, zum Trotz. Es ist es zweitens, weil uns unser Kunsttapezierer, das zynisch-neurasthenische Halbtalent aus Braunau, Herr Hiedeler, um reichlich zehn Jahre unseres Lebens und Schaffens betrog, und weil wir um dieses Jahrzehnt ohnehin jünger sind, ohne uns deshalb entschuldigen zu wollen. Es ist es aber auch drittens, weil merkwürdigerweise alle Welt jünger oder vielmehr jugendlicher ist, so daß die altgewohnte Vorstellung von der Frau von Dreißig und dem Mann von Fünfzig sich kaum noch mit dem inneren Befinden der Wirklichkeit deckt. Es liegt also nicht der geringste Grund vor, uns zu beachten, geschweige uns aufzubahren. Im Gegenteil, man lasse uns sein, was wir sind: ein falscher Fünfziger. Vielleicht stellt sich noch einmal heraus, daß auch ein falscher was wert ist. Wer kann das, bei der Relativität der zeitgenössischen Mathematik, denn wissen?

Ich hoffe, ich habe es kurz gemacht, so sachlich wie möglich. Nichtsdestoweniger liegt mir noch etwas am Herzen, das ich gern loswerden möchte.

Nicht nur unsereiner ist ja fünfzig geworden. Ein halbes gelebtes Jahrhundert liegt da und ist es gleichfalls. Es ist ein literarischer Zeitraum, eine ziemlich bewegte Epoche. Man sollte also denken, daß sich die Öffentlichkeit dessen bewußt wäre, daß sie erfüllt ist vom Geist der Neuentdeckung, der Nachprüfung, der Umwertung, der Wiederaufnahme, also vom Geist einer Tradition, die ein Vulkan ist, ein feuerflüssiges, unterirdisches Grollen, vom Geist einer Tradition, in der das dichterische Werk kein Museumsstück ist, sondern ein Ding der Lebendigkeit, der spannungsgeladenen Polarität. Was aber erlebt man statt dessen? Plattfüße haben sie sich gelaufen bei ihren Wanderungen durch eine ausgewälzte Romanwelt, und nun lallen sie vor sich hin, unbefleckt von jeder Erkenntnis. Das Verstaubteste oder das Neueste, es ist ihnen alles recht, wenn nur nicht das Schlimmste verlangt wird: Selbstkritik und Sinn für Qualität. Autoren, deren Anfänge einst begrüßt und betreut wurden, dämmern so hin, zugedeckt mit Klischees, auch mit Klischees des Ruhmes, in Literaturgeschichten mumifiziert, aber keinesfalls als das, was sie in Wirklichkeit sind und bedeuten. Es fehlt ganz einfach an kritisch-lebendiger Auseinandersetzung mit der guten und schlechten Gesellschaft.

Da reden sie jetzt von Kafka. Aber ob sie von ihm auch redeten, wenn sein Nachruhm nicht aus Amerika käme? Und ob sie ihn wirklich auch lesen, trotz seiner eigentümlichen Blutleere? Schließlich war Kafka seit Jahrzehnten vorhanden. Die Sache mit Kafka ist ja nicht alles, der Fall liegt viel komplizierter. Es liegt nämlich geradezu ein fünfzigjähriger Schutthaufen da, dessen Material überhaupt noch nicht bis aufs letzte durchleuchtet und nachgeprüft wurde. Ist jemand im Bilde darüber, daß beispielsweise (um es nur anzudeuten) »Der greise Freier« von Wedekind ein nach wie vor beachtliches Stück Erzählung ist? Kann mir jemand verraten, ob die Novellen von Georg Heym etwas taugen? Wie steht es mit den Gedichten von Dauthendey, ist das nur Kunstgewerbe? Ist Hofmansthal, jener der »Prosaischen Schriften« und der »Berührung der Sphären«, ein die allgemeine Geisteshaltung und damit das geistige Niveau mitbestimmender Faktor? Bemüht sich jemand darum, jene teilweise sogar mit Nobelpreisen bestrahlten Luftballons aufzustechen, die noch immer vorüberschweben, geglaubte Phantome des Ruhmes? Unsere literarische

Öffentlichkeit kümmert das wenig, sie ereifert sich lieber an der Frage, ob in England jetzt vorwärts und in Frankreich rückwärts gehustet wird, wenn sie nicht einfach zurücksackt ins Dumpf-Behäbige. Nichts wäre nötiger, als diesen Schlendrian abzustellen. Aber wer kann es, wer tut es? Es ist eine Sisyphusarbeit, es ist ein Reinemachen im eigenen Haus. Oh, ich weiß, wie undankbar das sein kann. Ich habe es einmal mit Wedekind versucht, das Ergebnis war gleich Null, und die alten Klischees wucherten feuchtfröhlich weiter. Das ist das Dilemma des kritisch-lebendigen Geistes in Deutschland, das Dilemma seiner Wirkungslosigkeit, seines nahen Nichtvorhandenseins. Am Schutthaufen dieser fünfzig Jahre tritt das in schlechthin sarkastischer Weise zutage.

So lebt man also, so dichtet und denkt man, ein Fragezeichen der Gesellschaft. Aber ich werde morgen aufs Standesamt gehen und auf die Frage nach meinem Begehren antworten: meine Geburt rückgängig machen. Daß ich geboren wurde, ich nehme es nicht mehr zur Kenntnis, und daß ich fünfzig sein soll – mag sein; aber außerdem auch ein Fünfziger – wer sagt das? Ich hab' noch allerhand auf dem Kasten und auch darin.

87/13.4.1951

F. K.

Vom geschwollenen Daherreden. Die neue Vorliebe für geometrische Wendungen

Es wäre ein interessantes Thema für eine Doktorarbeit, im einzelnen den Einflüssen nachzuforschen, die in den letzten Jahrzehnten von verschiedenen Sachbereichen auf die deutsche Umgangssprache ausgeübt worden sind. Zu Beginn des Hitlerregimes etwa überschwemmte die militärische Ausdrucksweise das Alltagsdeutsch und hinterließ darin manche dauernden Spuren, ohne daß man sich heute bei Wendungen wie »Ausrichten«, »In Angriff nehmen« und dergleichen noch der Herkunft klar bewußt wäre. Ein anderer, sehr wesentlicher Einstrom erfolgte von der Technik her, namentlich von der Elektrotechnik, die sich mit mannigfachen Abwandlungen des »Schaltens« im Sprachgebrauch der Laien einnistete, seit ihnen der Knipser an der Wand und der Knopf am Radio zu gewohnten Handhaben geworden sind.

Die neueste Sprachmode, deren Zeugen wir jetzt sind, treibt den mit dem Einfluß der Technik schon eingeleiteten Prozeß der Abstraktion weiter voran. Es beginnen sich Wendungen einzubürgern, die, auf ihre Abkunft befragt, sich als Erzeugnisse eines Denkens in geometrischen Formen erweisen. Hatte etwa das aus der kriegswirtschaftlichen Notzeit vertraute Wort vom »Engpaß« noch den Vorzug dreidimensionaler Anschaulichkeit, so werden nun Ausdrücke verallgemeinert, die rechtmäßig und sinnvoll nur im zweidimensionalen Bereich anwendbar wären. Wer ein halbwegs feines Gehör besitzt, dem mußte es sehr auffallen, als neuerlich plötzlich in den verschiedensten Daseins- und Tätigkeitsweisen »Sektoren« entdeckt wurden, und er mußte sich sagen, ein solcher Vorgang lasse auf ein mechanisch trennendes Denken schließen, welches das Gegenstück zu der die Gegenwart beherrschenden Atomisierung natürlicher Lebenszusammenhänge bildet.

Der dernier crie dieser Sprachmode ist das Wort »Ebene«, dem man jetzt auf Schritt und Tritt begegnet und das bezeichnenderweise seinen Siegeszug über den politischen Jargon begonnen hat. Welcher Journalist oder Reporter käme sich heute nicht rückständig vor, wenn er einfach von Maßnahmen des Bundes oder der Länder berichtete? Auf der Höhe der »Jetztzeit« fühlt er sich erst, wenn er von Maßnahmen »auf Bundesebene« oder »auf Länderebene« spricht. Und wenn etwa ein von Diplomaten vorbereiteter Meinungsaustausch von den Ministern selbst übernommen wird, wer genierte sich nicht, das anders mitzuteilen als durch die Wendung, das Gespräch werde nun »auf höchster Ebene« fortgesetzt? Dabei müßte doch jeder, dessen Sinn für dic Anschaulichkeit sprachlicher Ausdrücke noch intakt ist, dabei vermuten, die Gesprächspartner stiegen ins Hochgebirge oder mindestens auf den Dachboden.

Mit Spott allein wäre indessen der neuen Sprachbildung nicht beizukommen. Denn solche Bildungen sind nie von ungefähr, und die Richtung, in die sie weisen, verdient Aufmerksamkeit. Auffallen muß, daß die Vorliebe der Umgangssprache für geometrische Wendungen zeitlich zusammenfällt mit dem endgültigen Triumph des mathematischen Denkens in den theoretischen Naturwissenschaften. Mit ihm vollendet sich eine Entwicklung, die mit der Verherrlichung des »mos geometricus« im 16. und 17. Jahrhundert begann und inzwischen zum gänzlichen Verzicht auf die Anschaulichkeit in den neuesten Weltdeutungen geführt hat. Diese sind dadurch zu einer Art von

Geheimwissenschaft geworden, deren volle Verständlichkeit sich auf einen kleinen Kreis von Eingeweihten beschränkt und die bei den Draußenstehenden jenes ehrfürchtige und etwas schreckhafte Staunen wecken, das Unbegreifliches leicht erzeugt. Liegt nun nicht die Vermutung nahe, die neue, unverkennbar so befremdliche wie »geschwollene« Redeweise stelle einen Versuch dar, sich, gelenkt von unbewußten Wünschen, dem Geheimnis des »mos geometricus« anzunähern und sich dabei den Anschein zu geben, »eingeweiht« zu sein? Es spiegelte sich dann in ihr der Nimbus wider, der heute den großen Naturforscher umgibt und an dem auch nur von ferne teilzuhaben ebenso verlockend erscheinen mag wie einst das Bemühen, sich sprachlich etwas von dem Ansehen des forschen Militärs oder des präzisen Technikers anzueignen.

135/12.6.1951

Eduard Trier

Das Kunstwerk als Büro-Ärgernis? Bilder und Plastiken in den Arbeitsräumen der Bundesregierung

Um die künstlerische Ausstattung der Bundesbehörden auszukundschaften, bedarf es sportlichen Ehrgeizes und diplomatischer Überredungskünste, denn die Ministerien liegen weit auseinander und behandeln so ausgefallene Themen wie moderne Kunst mit äußerster Reserve.

Abgesehen von Leihgaben westdeutscher Museen und seltenen Erwerbungen in eigener Regie stammen die meisten Kunstwerke aus einem einmaligen Großeinkauf, dessen Ergebnis leider nicht übersehen werden kann, weil das Bundesfinanzministerium die Inventarliste geheimhält. Ich vermute, man wollte mehreren namhaften Künstlern die peinliche Mitteilung ersparen, daß ihre Bilder und Skulpturen auf einem ministeriellen Dachboden herumstehen, weil sie keinem Bundesbeamten »gefallen« haben. Damit berühren wir den wunden Punkt des gutgemeinten Mäzenats der Bundesregierung.

Als die Ministerien sich in Bonn einrichteten, wurde der großzügige Plan gefaßt, die künstlerische Ausstattung mit einem Querschnitt zeitgenössischer deutscher Kunst zu verbinden. Aus allen Ländern wurden Kunstwerke nach Bonn gesandt und von Experten auf

Qualität (nicht Stil) juriert. Nach einigen Kompetenzschwierigkeiten fand sich das Finanzministerium bereit, die von der Jury anerkannten Kunstwerke (134 Gemälde, 24 Skulpturen und zahlreiche Graphik) für DM 175 136,88 anzukaufen. Nur Nolde wurde abgelehnt, weil er zu teuer war. Der Geldgeber ließ dann nach einem Schlüssel die Kollektion aufteilen. Bis dahin hatte das Unternehmen einen durchaus öffentlichen Charakter. Mit der Auslese erhielt es jedoch private Züge, denn die Minister und Beamten wählten nach persönlichem Geschmack. Gegen dieses Auswahlprinzip läßt sich kaum etwas einwenden, denn welche Maßstäbe sollten Laien sonst anlegen? Es fragt sich nur, ob es bei einer »Staatsaktion« auf individuellen Geschmack ankommt oder auf Sachkenntnis und Urteilsfähigkeit. Wenn ein Ministerium Verwaltungsprobleme zu lösen hat, beruft es seine Fachleute. Nur in der bildenden Kunst wird dem Dilettantismus gehuldigt, obwohl es sich hier nicht um ein Privatvergnügen, sondern um die offizielle Vertretung der deutschen Gegenwartskunst am Regierungssitz handelt. Dem kann entgegnet werden, daß man niemandem ein Kunstwerk als Büro-Ärgernis zumuten darf. Aber gibt es nicht »neutrale« Zonen – Korridore und Vorhallen –, um Bilder aufzuhängen, die dem Geschmack der Beamten unzuträglich sind? Diese Stätten gähnen sowieso vor Leere. Und muß man nicht auch auf die Besucher aus dem In- und Ausland Rücksicht nehmen, deren Geschmack nicht unbedingt dem beamteten gleicht? Soll denn die deutsche Kunst in Bonn exklusiv vor Beamten repräsentiert werden oder vor der Öffentlichkeit, die sich zwar nach Meinung eines zuständigen Herrn nicht um die Ausstattung der Ministerien zu kümmern hat, aber immerhin die Bilder bezahlte?

Der Auswahl durch den mehr oder weniger guten Geschmack ist es zu verdanken, daß etwa zwanzig »extreme«, das heißt expressionistische und abstrakte Bilder und mehrere Skulpturen (unter anderem von Nay, Faßbender, Kadow, Pankok, Kluth, Spangenberg, Herkenrath und Jaekel) als unerwünscht versteckt bleiben, während in den Dienstzimmern sich bis auf wenige Ausnahmen eine mittelmäßige Konvention breitmacht. Von einem echten Querschnitt kann daher nicht mehr die Rede sein.

Meistens gab neben dem Geschmack der Inhalt den Ausschlag: Heimatbilder, persönliche Erinnerungen oder einschlägige Sujets, wie die Postkutsche beim Postminister. Von den planlos zusammengewürfelten Ausstattungen der Fachministerien unterscheiden sich die

Repräsentationsgebäude des Bundespräsidenten und des Bundeskanzlers. Dort spürt man eine gestaltende Hand. Der Bundespräsident hat sich mit gemäßigt modernen Werken umgeben. Die musealen Leihgaben sind den ausgesprochenen Empfangsräumen vorbehalten. Das Bundeskanzleramt bevorzugte dagegen historische Kunst. Das Arbeitszimmer Dr. Adenauers wird von kostbaren Bildern der altkölnischen Malerschule aus dem Wallraf-Richartz-Museum geschmückt, zu denen er als ehemaliger Oberbürgermeister von Köln ein persönliches Verhältnis hat. Auch Kinderbilder und alte Standuhren sind Lieblingsobjekte des Kanzlers.

Da das junge Auswärtige Amt auch im Kanzleramt repräsentiert, ist es um seine eigene Ausstattung schlecht bestellt. Es besitzt noch nichts. Der Innenminister hat außer den fünfzehn vom Finanzministerium beschafften Bildern vier Niederrheinlandschaften in Düsseldorf erstanden, die nun in seinem Zimmer mit E. Scharffs schöner Tierzeichnung konkurrieren müssen. Außerdem kauft das Ministerium Farbdrucke, für die es zwei Drittel des geringen Kunstetats ausgibt, da man so mehr Wandschmuck für das gleiche Geld erhält. Ob W. Imkamps abstrakte Komposition »Kühl und gemessen« zufällig ins Bundeskriminalamt geriet oder gewünscht wurde, wäre reizvoll zu wissen.

Das Vertriebenen-Ministerium, als einziges verfassungsrechtlich mit kulturellen Aufgaben betraut, steht aus Geldmangel der krassen Not der vertriebenen Künstler hilflos gegenüber. Einmal durfte es sechsundfünfzig Bilder für DM 15 000 ankaufen. Da die Summe innerhalb von vier Tagen ausgegeben werden mußte, richtete man sich mehr nach der Bedürftigkeit als nach der künstlerischen Leistung. Das Resultat ist entsprechend dürftig.

Auch das Ministerium für gesamtdeutsche Fragen veranstaltete zweimal mit DM 2000 beziehungsweise 3000 eine Künstlerhilfe für Berlin. Dennoch scheint Jaenischs »Luftbrücke« im Hause unbeliebt zu sein. Dafür legte mir der Portier den naturgetreuen »Tiger« beim Finanzreferenten warm ans Herz. Platzmangel und fehlende Nachfrage verbannten mehrere Bilder (Pechstein, Kaus und andere) in den Abstellraum, doch sollen sie nun den Städtischen Kunstsammlungen in Bonn ausgeliehen werden.

Das Verkehrsministerium erhielt sechs Bilder zugeteilt und verzichtete daher auf geplante Ankäufe. Als unerkannter Lotteriegewinn fiel ihm das Blumenstilleben (1911) von August Macke in den Schoß.

Ein Rundgang durch die übrigen Ministerien und das Bundeshaus läßt vorläufig nicht den Eindruck künstlerisch anspruchsvoller Ausstattung aufkommen. Selbständige kulturelle Aktivität und ein geschmackliches Programm lassen sich kaum entdecken, dafür aber Reise-Prospekte, Geweihsammlungen und viele, viele Bilder mit Naturstimmung. Die spärlichen Ankäufe wurden bisher unter dem Gesichtspunkt amtlicher Wohltätigkeit erledigt. Man vermißt eine produktive Beschäftigung der Künstler an den großen Regierungsbauten. Eine »Kann-Verfügung« sieht zwar 1 v. H. der reinen Bausumme für künstlerische Ausstattung vor. Aber bisher blieb es bei den Plänen. Ein Mangel wurde vor allem bei der kritischen Besichtigung des Verhältnisses der Regierung zur bildenden Kunst sichtbar: es gibt kein Bundes-Kultusministerium. Vielleicht liegt darin die Wurzel des Verdrusses, der den Malern und Bildhauern durch das offizielle Desinteresse bereitet wird.

199/25./26.8.1951

Reinhard Lettau
Versuch über das Schachspiel

Auf allen Schlachtfeldern der Welt stehen einander zwei seltsame Monarchien gegenüber. Sie werden seit einem guten Jahrtausend immer wieder gegeneinander geführt. Ihren Königen sind – wie allen Königen während der Schlacht – Beobachtungsposten am Rande zugewiesen. Es geht um sie, deshalb hält man sie weit vom Schuß. Das Spiel versinnbildlicht das Treffen zweier gleichstarker Heere mit dem Ziel, dem feindlichen König den großen Konjunktiv des »Schach Matt« – »Der König ist tot« – zu erklären, der an sich bedeutet: »Bedroht, wie du jetzt bist, kannst du dich nicht bewegen, ohne immer erneut bedroht zu sein.« Am Schluß jeder Partie findet man auf jeden Fall beide Könige noch auf dem Brett; das Spiel endet, wenn einer der beiden im nächsten Zug verschwinden müßte. Dieser »letzte Zug«, die Beseitigung des besiegten Königs, wird bezeichnenderweise nie ausgeführt. Das ist nicht einmal so sehr ein Verzicht auf die handgreifliche Demonstration des Sieges – es läßt vielmehr den konjunktivischen Charakter des Schachspiels erkennen; jede Partie endet mit einer Todesdrohung ad infinitum, einer Art prolongiertem Exitus.

Freilich kommt es nicht immer dazu. Es gibt jene ohne Zorn und Eifer hingehaltenen Endspiele, Partien, die vorsichtig von Austausch zu Austausch gespielt werden und nicht zuletzt die beiden Könige allein auf den Feldern zurücklassen – gescheiterte, tragische Figuren, die wir bemitleiden müssen. Ohne Volk und mit viel zuviel Raum können sie nichts miteinander beginnen, als die Einöden ihrer sterilen Besitztümer abzuschreiten – einander grüßend, wenn sie sich von weitem sehen, und auf ewig ihr Remis verwaltend.

Es gibt keine Wunder im Schachspiel. Die Könige werden sich hüten, ihren Leuten welche zu versprechen. Es gibt auch keine verborgenen Angriffe – es ist lediglich so, daß dem Verstand des Gegners offen vorbereitete Angriffe verborgen bleiben können. Zwischen gleichwertigen Gegnern kommt es überhaupt nie zu Angriffen, sondern zu einem Wechsel angedeuteter Angriffsmöglichkeiten, aneinander gesteigerter Drohungen. Je geistreicher dies Spiel mit dem Konjunktiv, um so »absoluter« die Partie, weil von beiden Spielern die möglichen Zugfolgen weit vorausberechnet werden. Fast hört das Spiel auf, Spiel zu sein, und wird frostig klare Wahrheit. Jeder Zug ist das Resultat einer langen Reihe durchdachter, pittoresker Möglichkeiten; das »absolute« Spiel könnte gar nicht über den ersten Zug hinauskommen, weil beide Parteien zu ergründen suchten, auf welche Weise ein Angriff zu beginnen sei, der jeden möglichen Gegenzug des Partners berücksichtigt: daher eine bestimmte Anzahl verbindlicher Eröffnungen, die entweder auf schnelle Entwicklung der Figuren oder auf eine Sicherung wichtiger strategischer Punkte hinzielen. Das »absolute« Spiel gibt es nicht – einmal wird immer ein Fehler gemacht, der bei manchen Partien übrigens nie zu finden ist. Das Schachspiel bleibt ein Spiel – seine Gesetze haben noch Platz für Mut oder Feigheit, Intuition oder Einfallslosigkeit gelassen. Ein Spiel, das in lächelnder Nachbarschaft mit der Mathematik lebt, die man nicht spielen kann. Seine 64 Felder mit ihren 32 Figuren bedeuten eine Welt; man überblickt sie nur mit großer Konzentration. Sie ist ein Abbild unserer großen Welt, in der man auch nicht aneinander vorbeigeht, ohne sich zu bedrohen. Ihre Algebra ist die des Kampfes, des Opfers, des Impulses, der Verwegenheit, der Macht und auch der Noblesse – ein Abbild der Welt im Spiel, die Wahrheit als Spiel.

210/7. 9. 1951

Sechs Jahre Totenchronik von Sowjetopfern in Weimar

Das Tagebuch der Friedhofsverwaltung verzeichnet 58 Gewaltverbrechen

1.

21.10.45 wurde eine unbekannte Frau hinter dem russischen Friedhof im Park erschossen. Die sowjetischen Täter konnten entfliehen.

2.

8.11.45 wurde der Baumschulbesitzer Zarmkovics in seiner Baumschule erschossen aufgefunden. Vorher hatten vier sowjetische Soldaten die Baumschule »durchsucht«.

3.

13.11.45: Unbekannter Mann bei Oberweimar nackt durch zwei Kopfschüsse getötet aufgefunden. Er wurde von einem sowjetischen Flugzeug auf einer Wiese abgesetzt.

4.

23.11.45: Zwei unbekannte Männer bei Ramsla geknebelt und erschlagen in einer Ackerfurche verscharrt. Dem Aussehen nach waren es entlassene Soldaten.

5.

27.11.45: Frau Meusel aus Schöndorf am Ettersberg vergewaltigt und erschossen.

6.

15.12.45: Herr Schröder-Eichelborn war dort, um etwas zu besorgen. Er wurde auf der Straße von einem sowjetischen Soldaten angehalten und erschossen.

7.

17.12.45: Ein Herr Dungs, Sohn des inzwischen verhafteten und verschwundenen Pfarrer Dungs, wurde im Fichtenwald an der Autobahn bei Niedergründstedt tot aufgefunden. Er war mittels eines Schweineschlagbolzens von sowjetischen Soldaten erschlagen worden.

8.

17.12.45: Ein Herr John war in Bad Berka zur Erholung und wurde im Walde von sowjetischen Soldaten nach kurzem Wortwechsel erschossen. Die Täter waren flüchtig.

9.

4.1.46: Ein Frl. Elisabeth Knappe aus Mellingen bei Weimar wurde am Horn in ein Haus getrieben und nach Vergewaltigung von einem sowjetischen Offizier erschossen.

10.
10.1.46: Ein Frl. Elisabeth Lehmann, deren Wohnung sich im Schloßturm des Schlosses zu Weimar befand, wurde von einem sowjetischen Offizier verfolgt, vergewaltigt und mittels eines Seidenschals erwürgt.

11.
31.1.46 wurde ein Heinz Kirst, von Beruf Musiker, in der Kipperquelle, einem Gasthaus in Ehringsdorf, nachdem er dort musiziert hatte, von einem sowjetischen Soldaten auf dem Sofa sitzend erschossen, weil er seine Lederjacke nicht herausgegeben hatte. Der Vater des Heinz Kirst ist Bahnbediensteter in Weimar.

12.
12.2.46 kam ein Anruf der Kriminalpolizei, wir sollten einen Toten im Sauckel-Lazarett abholen. Wir fuhren hin, bekamen dort einen nackten, erschossenen Mann, der Felkahl heißen sollte.

13.
14.4.46: Ein Frl. Martha Kallisch, wohnhaft in der Neugasse 6 in Weimar, wurde von einem sowjetischen Offizier bis zu ihrem Zimmer verfolgt, dort vergewaltigt und erschossen.

14.
31.5.46: Ein Herr Günther Mückendorf, Weimar, Harzstr. 30, in der Wohnung eines Sowjetsoldaten erschossen. Grund unbekannt.

15.
7.6.46: Ein Herr Alfons Linz aus Weimar war zu Besuch in Eisenach und wurde beim Spaziergang von einem sowjetischen Soldaten durch Genickschuß erschossen.

16.
20.6.46: Eine Frau Böttger aus Weimar wurde erwürgt in einem Getreidefeld am Galgenberg unmittelbar an der dort befindlichen Kirschplantage, nachdem sie vergewaltigt worden war.

17.
3.8.46: In den oben erwähnten Fichten bei Niedergrünstedt wurde von Kindern ein menschliches Skelett, mit reichlich Fleisch durchsetzt, gefunden. Nachdem wir die Leiche geholt hatten, stellten wir fest, daß die Person mittels Genickschusses erschossen worden war.

18.
9.8.46: Ein Herr Erich Palm, wohnhaft Jakobsplan, wurde in Nöbdenitz, wo er zu Besuch weilte, von einem sowjetischen Soldaten auf der Straße erschossen.

19.
8.10.46 wurde ein Herr Willi Klein, wohnhaft im RAD-Lager, erschossen, nachdem zwei sowjetische Soldaten seine Wohnung durchwühlt hatten.

20.
18.12.46: Ein Hermann Dehnhardt, Weimar, Kurzstr. 9, in seiner Wohnung von einem sowjetischen Soldaten erschossen. Grund unbekannt.

21.
10.7.47: Ein Wachtmeister Goldau an der Zonengrenze von zwei sowjetischen Soldaten erschlagen. Grund unbekannt.

22.
17.2.47: Ein Frl. Franke, Weimar, Schützengasse 12, wurde von einem sowjetischen Offizier in ihrem Bett erschossen.

23.
8.1.46: Eine Frau Walter, Kirschbachstraße 9, 3 Treppen, wurde in ihrer Wohnung im Bett erwürgt und die Wohnung ausgeraubt. Wie die Kriminalpolizei festgestellt hat, hatte Frau Walter ein Zimmer ihrer Wohnung an einen sowjetischen Staatsangehörigen vermietet. In diesem Raum fanden dauernd Sitzungen statt mit anderen unbekannten Personen. Nach Aussagen der Kripo waren das GPU-Angehörige.

24.
28.1.46: Ein Frl. Scheppan, Weimar, Sophienstraße 4, von einem sowjetischen Offizier in ihrem Zimmer am Tisch erschossen.

25.
14.2.46: Ein Herr Spanich, Weimar, Heinrich-Heine-Straße 18, Beruf Uhrmacher, wurde von einem sowjetischen Staatsangehörigen erwürgt und die Werkstatt ausgeraubt. Die Hausbewohner sahen ihn die Treppe herunterkommen.

26.
6.3.46: Eine Frau Gluba, Weimar, Ettersberger Straße 104, wurde von einem sowjetischen Staatsangehörigen in ihrer Wohnung erwürgt und das Zimmer durchwühlt.

27.
11.3.46 wurde ein Dr. Joachim Gräve aus Weimar, Kurzstraße 2, von einem Krankenbesuch zurückkommend, von Gellmerode aus am wilden Graben von zwei sowjetischen Staatsangehörigen vom Rad heruntergeschossen.

28.
11. 3. 46: Ein Herr Bodo Hanemann aus Weimar, Meyerstraße 14, wurde von einem sowjetischen Staatsangehörigen von der Straße aus, aus dem Fenster sehend, erschossen.

29.
15. 3. 46 wurde ein Frl. Henning, aus Erfurt stammend, im Weimarhallen-Park von einem sowjetischen Offizier vergewaltigt und erschossen.

30.
28. 3. 46: Ein Herr Srobel in Weimar, Gartenkolonie Tongrube, unmittelbar am sowjetischen Flugplatz, von einem sowjetischen Soldaten in seiner Gartenlaube erschossen.

31.
20. 4. 46: Eine Frau Thienemann, Weimar, Brähmestr. 28, I., wurde in ihrer Wohnung erschossen aufgefunden. Die Federbetten waren mit Messern aufgeschnitten, die ganze Stube glich einem Federmeer. Alle Schränke und Kästen waren aufgebrochen. Ein an dem Tatort angesetzter Polizeihund lief zum Bahnhof und blieb vor dem Wartesaal der sowjetischen Besatzungsmacht stehen. Ein weiteres Eingreifen seitens der Polizei war unmöglich.

32.
6. 5. 46 wurde wiederum ein Herr Vogel nackt aus dem Sauckellazarett abgeholt. Derselbe ward erschossen.

33.
29. 4. 46: Ein Frl. Langer aus Possendorf bei Weimar wurde auf der Straße von zwei sowjetischen Staatsangehörigen verfolgt und mitten im Dorf erschossen.

34.
9. 5. 46: Ein Herr Herbig bei Machdalle unmittelbar bei Weimar mit Absicht auf der Straße totgefahren, Augenzeugen bestätigen dies.

35.
7. 7. 46: Ein Herr Alois Flügel in Weimar, Naumannstraße, von einem sowjetischen Oberst erschossen. Grund unbekannt.

36.
5. 8. 46: Ein Frl. Senf wurde in Asbach unmittelbar an der Weimarhallen-Mauer nackt und erwürgt aufgefunden. Unmittelbar am Tatort fanden wir mehrere Wodka-Flaschen.

37.
10. 8. 46: Eine Frau Wilke, An der Falkenburg 3, wurde von sowjetischen Offizieren in ihrem Hause verfolgt. Sie sprang daraufhin in ihrer Not

aus dem Fenster in den Vorgarten, stürzte aber unglücklich auf einen Tomatenpfahl, der in den Unterleib bis zur Magenmitte drang und somit einen furchtbaren Tod herbeiführte.

38.

23.8.46 wurde ein Herr Schubert in Klein-Obringen im Feld erschossen aufgefunden. Bei der Sezierung wurde festgestellt, daß derselbe mittels Schrotschuß mitten in den Bauch erschossen worden war. Am Tage zuvor hielten sowjetische Staatsangehörige in der Gegend eine Treibjagd ab.

39.

18.6.46 wurde ein Baumschulbesitzer Walter aus der Bechstedtstraße im Bett mit dem Beil erschlagen. Ungefähr sieben sowjetische Staatsangehörige waren, da das Gebäude abseits liegt, in das Gehöft eingedrungen und hatten alles zerschlagen und aufgebrochen.

40.

16.10.46: Ein Herr Grünewald aus Groß-Rudestedt wurde unmittelbar vor Weimar an der Ettersburger Straße absichtlich totgefahren. Diese sowjetischen Soldaten wurden von einem sowjetischen Offizier gestellt, und man stellte fest, daß sie vollständig betrunken waren.

41.

22.10.46: Ein Herr Focke, in seinem Garten wohnend, und zwar in der Tiefurter Gartenkolonie, wurde von zwei sowjetischen Staatsangehörigen erschossen.

42.

8.11.46: Ein Fräulein Bestel, wohnhaft Weimar, Schützengasse 8, wurde in der Amalienstraße in dem Hof der Tankstelle Bischof erwürgt mit Kopf und halber Schulter in einem Abfluß zu einem Kanal steckend aufgefunden. Die Kleider waren ihr über den Kopf gefallen, und der übrige Körper war nackt. Nachdem wir sie herausgezogen hatten, waren Gesicht und Schulter vollständig voll stinkenden Schlamms und sehr aufgedunsen. Ein Zeichen dafür, nach Aussagen des Gerichtsarztes bei der Sezierung, daß Fräulein B. noch gelebt haben muß, als sie in den Kanal gesteckt wurde. Hausbewohner sahen Fräulein B. mit einem sowjetischen Staatsangehörigen auf der Straße stehen.

43.

29.1.47 mußten wir einen Herrn Heun aus Schwerstedt bei Weimar, welcher sich dem Lager Buchenwald genähert hatte, erschossen abholen.

44.

21.4.47 nach Anruf der Kriminalpolizei fuhren wir mit dem Leichenwagen an den Ettersberg an der Buttelstedter Straße. Waldbesucher hatten dort eine weibliche Leiche gefunden, die bestialisch zugerichtet war. Wir luden dieselbe auf den Wagen, und in dem gleichen Moment wurde die Kriminalpolizei, welche sich bei uns befand, 500 Meter weiter von diesem Tatort gerufen. Dort befand sich eine zweite weibliche Leiche, welche erschossen war. Da die beiden Leichen keinerlei Papiere hatten, wurde die Polizei alarmiert, und es stellte sich heraus, daß die beiden Mutter und Tochter mit Namen Treuner aus Daasdorf bei Buttelstedt seien. Die Kripo nahm dort eine Haussuchung vor, fand ein sowjetisches Soldatenbild, und der Vater erklärte ihnen, daß seine Tochter von diesem sowjetischen Soldaten schwanger sei. Der Soldat wäre in der Flakkaserne stationiert. Daraufhin nahm die sowjetische Staatsanwaltschaft eine Mannschaftsbesichtigung vor und hat tatsächlich den Täter ermittelt. In dem darauf folgenden Verhör stellte es sich heraus, daß der betreffende sowjetische Soldat mit drei anderen Mutter und Tochter in die Pferdeställe der Lützendorfer Kaserne gelockt hatte und mit seinen Kameraden die Mutter erschossen und die Tochter mittels Messer bestialisch zerschnitten hatte. Nach der Tat wurden beide Leichen auf einen kleinen Pferdewagen geladen und an den oben bezeichneten Stellen abgeworfen.

45.

1.4.47: Ein Herr Gertig aus Oberweimar wurde nach Arbeitsschluß, er war Koch im »Haus der Stadt Weimar«, im Park von zwei sowjetischen Staatsangehörigen überfallen und erstochen und sodann in die Ilm geworfen.

46.

13.5.47 rief die Kripo an, und wir fuhren mit dem Leichenwagen zum Ehringsdorfer Schießstand (Schießstand der Ettersberg-Schützen). Dort sahen zwei Füße aus der Erde heraus. Meine Leute fingen an zu graben und holten nach und nach nicht die eine, sondern vier Leichen heraus. Weiter konnten wir feststellen an noch vorhandenen Füßen, daß es sich um ein Massengrab handelte. Wir zählten rund 20 bis 23 Leichen. Dieselben waren noch vollständig mit Fleisch durchsetzt und sehr gut angezogen. Papiere wurden nicht gefunden bei den inzwischen ausgegrabenen vier Leichen. Die Kripo bekam Bedenken und stellte die Ausgrabungen ein, fuhr zur GPU und meldete den

Vorfall. Die GPU erschien und stellte mittels einer Karte, in welcher Einzeichnungen vorhanden waren, fest, daß es sich um ein bereits bekanntes Massengrab handle. Wir mußten aufhören, das Massengrab zu schaufeln. Die vier ausgegrabenen Leichen wurden aufgeladen, eingeäschert und die Asche vernichtet. Über diesen Vorgang wurde ein Schreiben angefertigt, in welchem das größte Stillschweigen verlangt wurde und sämtliche Beteiligte ihre Unterschrift leisten mußten. Ein Duplikat dieses Schreibens habe ich am Fehrbelliner Platz abgegeben.

47.

23.5.47 mußten wir einen Herrn Steigerwald und ein Frl. Charlotte Graf in der Windmühlenstraße in Weimar abholen. Beide lagen erschossen in ihren Betten. Am Abend hatten dieselben sowjetischen Besuch.

48.

7.8.47: Ein Frl. Gertraude Diersch aus München-Bernsdorf wurde von uns an der Autobahn in dem Gebüsch erwürgt aufgefunden. Das Mädchen hatte laut Aussagen von Augenzeugen ein Auto angehalten, um mitzufahren. In dem Auto befanden sich sowjetische Staatsangehörige.

49.

13.11.47: Ein Herr Fritz Ortbl wurde an der Autobahn bei Klettbach mit Kopfschuß tot aufgefunden. Demselben war sein Personenkraftwagen entwendet worden. Nach Aussagen von Dorfbewohnern sollen drei sowjetische Staatsangehörige an dem Auto gestanden haben.

50.

4.5.48: Mir unterstanden in meinem Dienstbereich auch die sowjetischen Friedhöfe in Weimar. An genanntem Datum rief mich der Vorarbeiter des sowjetischen Friedhofs im Belvedere an, es waren von den Sowjets zwei Särge gebracht worden, wovon der eine geschlossen sei. Ich gab dem Vorarbeiter Anweisung, den geschlossenen Sarg zu öffnen, und er sagte mir, daß eine weibliche Leiche darin läge. Ich verständigte sofort die Kriminalpolizei, und diese stellte fest nach einer vorgenommenen Fahndung, daß es sich um ein Frl. Margit Matsche handle aus Plötzsch bei Halle. Die Leiche wurde zu meinem Friedhof gebracht, dort eingeäschert und die Asche nach Halle übergeführt. Eine Todesursache konnte nicht festgestellt werden. Was die sowjetische Staatsanwaltschaft unternommen hat, ist uns unbekannt.

51.
25.10.48 wurde ein Herr Johann Süßmann erschossen im Park aufgefunden. Er hat einen Streit mit zwei sowjetischen Staatsangehörigen gehabt. Die Leiche wurde nach Arnstedt übergeführt.

52.
7.1.1949: Ein Herr Heider, welcher in der Bechsteinstraße, die von sowjetischen Staatsangehörigen bewohnt wird, Obstbäume verschnitt, von einem sowjetischen 16jährigen Jungen mit einer Tesching vom Baum heruntergeschossen.

53.
30.3.49 wurde ein Frl. Marta Ritter, Polizistin, mit dem Riemen ihrer Tasche erwürgt in der Fasanerie im Gebüsch aufgefunden. Diese hatte öfters Verkehr mit Sowjets.

54.
23.8.49: Ein Herr Otto Pfotenhauer und Frl. Charlotte Ammon aus Schloßvippach bei Weimar wurden in ihrem außerhalb des Dorfes gelegenen Gebäude erschossen aufgefunden. Durch das Dorf fahrende Sowjets hatten sich zu dem Gehöft begeben.

55.
19.4.51: Ein Herr Max Mehlow und ein Frl. Frieda Hanisch wurden unmittelbar am Flugplatz Nora von einem sowjetischen Posten in ihrem Garten außerhalb des Grenzbereiches erschossen. Grund dafür ist unbekannt. Ein Verschulden der Obengenannten konnte nicht nachgewiesen werden.

56.
10.4.51 holten wir hinter dem Lager Buchenwald 7 unbekannte Leichen, alle mit Kopfschüssen und noch sehr stark mit Fleisch durchsetzt, also höchstens zwei Jahre liegend.

57.
15.6.51 wurde ein Frl. Adelgunde Maibom von einem sowjetischen Offizier in der Hausknechtstraße erschossen. Der Täter wurde von einem sowjetischen Überfallkommando gefaßt. Die Mutter, in Rostock wohnend, kam nach Weimar, um ihre Tochter zu sehen und die Asche mitzunehmen. Beides wurde ihr untersagt. Sie durfte die Leiche nicht sehen, und ehe die Frau etwas erfuhr, mußten wir auf Befehl der Sowjets die Leiche einäschern und in einem kleinen Urnenplatz auf dem Weimarer Friedhof beisetzen. Dies wurde der Mutter nachträglich bekanntgegeben.

58.
23.7.51 fand im Weimarer Park ein Doppelmord statt. Ein Volkspolizist Klaus Grigutsch und ein Frl. Roswitha Hoffmann wurden im Park an ihrem Sitzplatz von zwei sowjetischen Staatsangehörigen überfallen. Grigutsch wurde auf der Stelle erschossen, und Frl. Hoffmann wurde 200 m weit fortgeschleppt ins Gebüsch, dort auf bestialische Weise vergewaltigt und anschließend erschossen. Täter waren zwei sowjetische Staatsangehörige.

215/13.9.1951

Alfred Berndt

Kann Fernsehen eine Kunst werden?

Eine roh zusammengenagelte Bühne, Kulissen, Requisiten, Lampen, Kameras und davor, zur sofortigen Kontrolle, die Empfangsgeräte, die ein klares, flimmerfreies Abbild zeigen: Goethes »Vorspiel auf dem Theater«, die erste Fernsehsendung des NWDR-Berlin, beginnt, zugleich der erste öffentliche Rechenschaftsbericht über die Ergebnisse einer monatelangen, mühsamen und kostspieligen Versuchsreihe. Und augenblicklich, schon nach den ersten Minuten, sind alle Bedenken und Vorurteile vergessen. Die Bedenken gegen ein neues Mittel der Gedankennormung, der geistigen Vermassung; die Erfahrungsberichte aus Amerika, die von einer negativen Beeinflussung der Jugend schreiben; die wirtschaftlichen Vorbehalte, die Einwände von Theater und Film, die das Schreckgespenst leerer Häuser fürchten – alles dies verblaßt vor der Tatsache, daß die technischen Probleme des Fernsehens gelöst sind, daß das Fernsehen also da ist, von keinem Einwand mehr aus der Welt zu schaffen. Nun beginnt die Arbeit vor der Kamera, es beginnen die Diskussionen über das, was man mit dieser neuen Mitteilungsform wird machen können. Wird es auch Kunst sein?

Kunst zu produzieren, stellt das Fernsehen vor die gleiche Aufgabe, der sich vormals der Rundfunk unterziehen mußte. Vor die Aufgabe nämlich, unbeirrt nach den künstlerischen Möglichkeiten innerhalb der eigenen Gegebenheiten zu suchen, also – wie der Rundfunk das Hörspiel schuf – das Fernsehspiel zu entdecken. Wie wird dieses Fernsehspiel beschaffen sein? Was wird man an eigenen Möglichkeiten und Beschränkungen erfahren – welche Formprobleme wird man zu bewältigen haben?

Die Probesendung, das »Vorspiel auf dem Theater«, zeigte folgendes: Erstens ein unerträgliches Pathos der Schauspieler, die – von den neuen technischen Gegebenheiten ohnehin verwirrt – jede Filmerfahrung infolge des Bühnentextes vergessen und viel zu großgebärdig und übertrieben agieren. Zweitens fällt auf, daß das der Lebendigkeit und Orientierung wegen notwendige filmische Mittel, mit zwei Kameras zugleich aufzunehmen und so ständig von der einen auf die andere Schauspielergruppe überzublenden, zu albernen Pseudoaktionen, zu sinnlosen Gebärden führt. Der lange Monolog des von der einen Kamera aufgenommenen Theaterdirektors kann beispielsweise den von der zweiten Kamera photographierten Dichter nicht davon entbinden, unaufhörlich bei- oder abfällig zu nicken oder den Kopf zu schütteln – ein überbetontes Nebenspiel, auf welches die Bühne verzichten kann, weil der jeweils agierende Darsteller alle Aufmerksamkeit beansprucht. Drittens ergeben sich Probleme beim Blenden. Anstelle der im Film möglichen Schnitte kann das ununterbrochen gesendete Fernsehen nur Blenden setzen; diese Blenden folgen nicht mehr der bildlichen, also ästhetischen Notwendigkeit des Schnitts, ergeben sich nicht mehr aus »Anschlußbewegungen«, wie der Filmmann sie nennt, sondern sie springen völlig willkürlich, oder sie kommen immer um den Bruchteil einer Sekunde zu spät, jenen Bruchteil, der vergeht, bis der Mann am Blendenpult, im Falle eines sich zufällig ergebenden »Anschlusses«, seine Chance zum Blenden erkennt.

Das sind drei gravierende Probleme in einer nur fünf Minuten dauernden Probeszene! Und ihre Nutzanwendung? Erstens: Wie im Funk und Film ist es unmöglich, Bühnentexte zu verwenden. Man muß seine Texte selber schreiben. Zweitens: Das Fernsehen wird jeden längeren Monolog zu vermeiden haben, und das dann noch verbleibende Nebenspiel wird eher genau zu erproben sein, das ist bei längeren Sendungen eine Aufgabe, die einen sehr differenzierten Aufnahmeplan benötigt; nicht nur die Einstellungen mehrerer Kameras muß dieser Plan nämlich enthalten, nicht nur jedes Wort und jede Bewegung des jeweiligen Hauptdarstellers, sondern auch jede Bewegung sämtlicher Nebenfiguren. Drittens: Dieser Aufnahmeplan muß, entsprechend der Bewegungsfixierung, auch eine genaue Blendenaufstellung verzeichnen, die dem Mann am Blendenpult ermöglicht, gleichsam »blind« zu blenden. Er muß die eine Bewegung sehen und wissen, daß jetzt die andere kommt, die ihm die Blende erlaubt, und er muß im selben Augenblick auch tatsächlich blenden können, ungeachtet dessen, daß er diese zweite Bewegung noch kaum erkennen kann. Erst wenn eine derartige Präzision erreicht ist, wird auch er wieder richtig blenden, wird er den beim Film entwickelten Schnittgesetzen folgen können – ein bei künstlerischen Sendungen unumgängliches Erfordernis.

Fernsehapparaturen sind Filmapparaturen, denen gewisse Möglichkeiten fehlen. Akustisch über die gleichen Möglichkeiten verfügend, sind die optischen der Fernsehkamera sehr viel beschränkter. Ihr Kamerablick als solcher, also die Möglichkeit, in bestimmten Ausschnitten zu sehen, angefangen von der Totale bis zur Großaufnahme, ist mit dem der Filmkamera identisch. Der Unterschied zwischen Fernseh- und Filmkamera liegt in folgendem: Die Fernsehkamera kann erstens nicht »schneiden«, ist also sämtlicher Ausdrucksmittel der »Montage« beraubt, von der Pudowkin einmal sagte, daß sie die Grundlage des künstlerischen Films sei. Zweitens kann sie nur mit sehr abgeschwächter Wirkung fahren und schwenken. Sowohl die Fahrt als auch das Schwenken verbrauchen sich nämlich für Unwichtiges infolge des Zwanges, unaufhörlich aufzunehmen, und behalten für einen pointierten Einsatz keine Möglichkeit mehr. Drittens sind der Fernsehkamera, soweit es der Verfasser beurteilen kann, abgesehen von der simplen Nacheinanderblende, alle Arten von Blenden verwehrt, einschließlich Trickblenden. Viertens ist die Fernsehkamera, teils aus technischen, teils aus wirtschaftlichen Gründen, in ihrer Beweglichkeit ganz allgemein beschränkt. Sowohl der technische Zwang der ununterbrochenen Sendung als auch der wirtschaftliche, für ein höchstens zwei- oder dreimal sendbares Fernsehspiel nicht entfernt die gleichen Summen ausgeben zu können, die sich der Film erlauben darf, setzt allen Projekten eine Grenze, Fernsehspiele müssen notgedrungen »Kammerspiele« bleiben. Das neo-realistische Fernsehspiel von der Straße wird kaum möglich sein.

Mit anderen Worten: Schon die flüchtige Überlegung läßt mehr Beschränkungen als Möglichkeiten erkennen. Was also bleibt uns noch? Das Fernsehspiel muß sich szenisch auf wenige Schauplätze konzentrieren und muß kameramäßig mit Mitteln arbeiten, deren Wirkungsmöglichkeiten sehr beschränkt sind – eine Kunstform, die dem Film sehr ähnlich, aber unterlegen ist. Will es ihm in seinen Ergebnissen gleichkommen – und das wird es, um ernsthaft konkurrieren zu können, versuchen müssen –, so wird es gezwungen sein, alles, was dem Film an Vielfältigkeit gegeben ist, durch Intensität zu ersetzen. Jede Einstellung, Bewegung, Blende und Ausleuchtung, jedes Wort, Requisit und Geräusch – nichts davon wird es dem Zufall überlassen dürfen, sondern alles so lange durchdenken und ausprobieren müssen, bis es die einzige Form, den einzigen Ort, den einzigen Zeitpunkt und damit die Ausdrucksfähigkeit gefunden hat, die das Ganze zur Vollendung benötigt. Alles wird im Fernsehspiel Gesetz sein müssen. Es wird aus seiner Mittellosigkeit genauso eine Tugend machen müssen, wie der Stummfilm den fehlenden Ton zur Tugend machte. Das Fernsehspiel wird – wenn es tatsächlich Kunst produzieren will – sich so schnell und so eingehend wie nur möglich der Erfahrungen des Stummfilms bedienen müssen. »Der blaue Engel« zum Beispiel, die eindrucksvollste Spitzenleistung aus der Übergangszeit vom Stummfilm zum Tonfilm, zeigte mit seinen Schauplätzen, einem Kirchturmglockenspiel, einem Arbeitszimmer, einem Klassenraum, einer Gassenpassage, dem Innenraum des Lokals und Lolas Garderobe, lediglich sechs Komplexe und kannte nur einen Bruchteil der Möglichkeiten für die Kamera, die heute zum täglichen Brot des Films gehören. Er wäre also sofort und genau so, wie er ist, auf die Fernsehbühne zu stellen und wäre auch dort ein Meisterwerk!

Das Fernsehspiel als Nutzanwendung der Stummfilmerfahrungen! Das ist das künstlerische Problem, vor dem wir stehen, und gleichzeitig die künstlerische Chance. Schlechte Kräfte werden nicht einmal das Problem erkennen und »unfernseherische« Theatersendungen machen. Gute werden die Chance zu nutzen versuchen und schwache Filmsendungen erreichen. Die besten Kräfte werden also nötig sein. Und sehr viel Besessenheit und Geduld auch bei den verantwortlichen Auftraggebern.

245/18.10.1951

René König

Neue Wege der Sozialwissenschaften. Zur Wiedererrichtung des Instituts für Sozialforschung in Frankfurt

Wie wir in einem Teil der Auflage schon meldeten, ist der Neubau des Sozialforschungsinstitutes in Frankfurt in einem feierlichen Akt eröffnet und seiner Bestimmung übergeben worden. Der Direktor dieses Instituts ist Professor Max Horkheimer, der gleichzeitig zum neuen Rektor der Universität Frankfurt gewählt wurde.

Diese beiden Vorgänge müssen jeden, der am Schicksal der Sozialwissenschaften, speziell der Soziologie und der empirischen Sozialforschung, Anteil nimmt, mit Genugtuung erfüllen. Wird doch damit sowohl diesen Wissenschaften eine neue Wirkensstätte eröffnet, wie gleichzeitig durch die Übergabe der Würde des Rektorats an Horkheimer ihre akademische Bedeutung gebührend herausgestrichen. Es steht zu hoffen, daß den Sozialwissenschaften in Deutschland damit ein neuer Impuls verliehen wird, der es ihnen vielleicht ermöglicht, mehr als bisher den Aufgaben des Tages gerecht zu werden, an denen wahrhaft kein Mangel besteht.

Gewiß ist nun der Name dieses Instituts nicht ganz neu; gewiß besteht auch eine Rückverbindung zu jenem alten Institut gleichen Namens, das 1933 aufgelöst wurde, während die Mitarbeiter in die Emigration verwiesen wurden. Aber das Verhältnis des heutigen Instituts zu dem alten ist doch nicht so eindeutig, wie es scheinen mag. Da sich aber dahinter Entscheidungen verbergen, die für die Entwicklung der Sozialwissenschaften sehr wichtig sind, muß wohl sachlich noch etwas weiter ausgeholt werden, als es bisher in der Öffentlichkeit geschah.

Als im Jahre 1931 Max Horkheimer das Institut für Sozialforschung als Direktor übernahm, begann dies erst eigentlich eine Form zu zeigen. Vorher war der Charakter des Instituts noch nicht sehr ausgeprägt, wie überhaupt die Stellung der Sozialwissenschaften in Deutschland. Diese Ära dauerte jedoch nur knapp zwei Jahre. Dann verließen Leiter und Mitarbeiter Deutschland und ließen sich zunächst in Genf nieder, wo bereits seit 1931 (unter dem Einfluß von Albert Thomas, dem unvergleichlichen Leiter des Internationalen Arbeitsamtes) eine Zweigstelle bestanden hatte. In der Folge kamen die Mitarbeiter des Instituts zunächst nach Paris, wo ihnen vom »Centre de Documentation« Asyl gewährt wurde und wo auch eine große

Publikation erschien, die insbesondere in der Familiensoziologie eine wesentliche Wendung einleitete (Autorität und Familie, Felix Alcan 1936). Schließlich übernahm die Universität Columbia in New York das Institut, wo es bald eine reiche Tätigkeit zu entfalten begann. Soweit die äußeren Daten.

Wesentlicher aber scheint uns die innere Entwicklung, die sich teils vorher, teils auf diesem Wege, teils aber in der Folgezeit anbahnte. Hatte Horkheimer schon früh betont, daß sich die Soziologie mehr als bisher der empirischen Sozialforschung zuzuwenden habe, ohne darum die sozialphilosophischen Voraussetzungen der Sozialwissenschaften außer acht zu lassen, so brachte jetzt die enge Berührung mit der amerikanischen Soziologie gerade am Beginn der dreißiger Jahre sowohl eine außerordentliche Erweiterung der empirischen Optik mit sich, wie eine besondere Vertiefung der verschiedenen Methoden der empirischen Sozialforschung. Umgekehrt ist jedoch nicht abzuleugnen, daß von den verschiedenen Mitarbeitern des Instituts ein ebenso starker Einfluß auf die amerikanische Soziologie ausging, der sich bereits in vielen Werken bemerkbar macht und gemeinsam mit anderen Einflüssen eine wichtige Neuorientierung in der heutigen Forschung eingeleitet hat.

Die Wiedererrichtung des Instituts für Sozialforschung in Deutschland bedeutet also einmal die Garantie für eine vollkommen sachgetreue Vermittlung der amerikanischen Sozialforschungsmethoden; andererseits sind diese durch die traditionelle deutsche Soziologie und Sozialphilosophie innerlich durchleuchtet worden. Wir weisen übrigens darauf hin, daß seit 1933 auch die philosophische Linie der deutschen Soziologie abgerissen war, da nahezu ihre sämtlichen Vertreter in die Emigration gingen, sofern sie nicht vorher schon gestorben waren. So erfüllt also heute das Institut für Sozialforschung gleichsam eine doppelte Aufgabe.

Darin liegt zugleich der Anlaß für die Behauptung, daß man wohl kaum im strengen Sinne von einer nicht abgerissenen Kontinuität mit dem alten Institut sprechen darf, sondern daß es sich doch mehr um eine Neugründung handelt, selbst wenn von 1931 bis heute eine ziemlich starke personelle Kontinuität gewaltet haben sollte. Daneben haben sich aber auch ganz neue Gelehrte dem Kreis um Horkheimer angeschlossen, wie auch manche seiner einstigen Mitarbeiter heute bedeutende Stellungen an amerikanischen und anderen ausländischen Universitäten bekleiden.

Die weiteren Eigenarten des Instituts haben sich ebenfalls erst im Laufe der genannten Periode herausgebildet, wie zum Beispiel die ungemein bedeutsame Annäherung der Psychoanalyse an die Soziologie, die beiden Beteiligten sehr zum Heile ausgeschlagen ist. An sich hatte Horkheimer schon früh darauf hinwirken können, daß in Frankfurt ein psychoanalytisches Institut begründet wurde; aber es bedurfte einer längeren gegenseitigen Auseinandersetzung (die heute noch bei weitem nicht abgeschlossen ist), damit der interdisziplinäre Brükkenschlag verwirklicht werden konnte. Diese Synthese zwischen verschiedenen Verfahrensweisen der Forschung fügt sich ein in eine heute immer mehr vordringende Strömung, die bereits außerordentlich wichtige Ergebnisse hervorgebracht hat. Sie bedeutet gleichzeitig eine Befreiung von vielen herkömmlichen Scheidungen der Wissenschaften, die meist nur Lehrtraditionen erwuchsen, und eine innere Zuwendung zur Sache selbst.

Die wesentlichste Erweiterung jedoch, welche die Arbeitsweise des Instituts in den vergangenen Jahren erfahren hat, bezieht sich auf die Anwendung quantitativer Methoden in der Auswertung der Ergebnisse der sozialen Forschung. Diese Arbeitsweise begegnet heute noch immer den gröbsten Mißverständnissen, und man muß sogar zugestehen, daß es noch lange nicht allgemein klar ist, welche sachliche Bedeutung diese methodische und technische Schwenkung eigentlich besitzt. So hat man etwa lange diskutiert um einen vermeintlichen Gegensatz zwischen »empirischer« und »verstehender« Sozialforschung, wobei diese jede Quantifizierung ausschließen soll. Unseres Erachtens liegt hierbei überhaupt kein Gegensatz, sondern eine grundsätzliche Verkennung der Möglichkeiten der Sozialforschung überhaupt vor. Wenn ich etwas »verstehen« will, muß ich es ja zuerst als Gegenstand in den Griff bekommen können. Und dies ist einzig möglich auf dem Wege empirischer Forschung. Wenn ich diesen Weg dagegen vermeide, dann artet das Verstehen allzu leicht in »tiefsinnigen« Unsinn aus, der bei »Gelegenheit« irgendeines Gegenstandes mehr oder weniger literarische Phrasen stilisiert. In diesen wird dann weder etwas erkannt (denn durch Hereinnahme des Gegenstandes in den persönlichen Erlebensbereich ist ja eine »objektive« Erkenntnis an und für sich unmöglich gemacht) noch sogar etwas »verstanden«, das über die persönliche Gleichung des Betreffenden hinausginge (da sich die Grundfigur des Verstehens ihrem Wesen nach kreisförmig im Erleben des Verstehenden selbst beschließt).

Wenn das gesagt werden kann, soll aber keineswegs gleichzeitig behauptet werden, daß ein solches empirisches Vorgehen letztlich in reine »Beschreibung« ausarten müßte (auch die Statistik kann – nebenbei gesagt – nur ein Mittel der Beschreibung sein). Empirische Sozialforschung und »Soziographie« sind nicht identisch. Vielmehr liegt das Schwergewicht der Forschung auf der Bildung von Hypothesen und ihrer Kontrolle. Ein wichtiges Mittel der Kontrolle (neben vielen anderen) ist dann die quantitative Analyse und damit auch die statistische Auswertung. Denn diese Methode erlaubt uns, die Gewichte der einzelnen Erscheinungen gegeneinander abzuwägen. Ich erfahre auf diesem Wege also an sich nicht viel mehr, als ich vorher schon vermutete und in meiner Hypothese ausdrückte; aber ich weiß es genauer als vorher – das ist der entscheidende Unterschied. Die wesentlichen Vorkehrungen, die beim Ansatz dieser Methoden zu treffen sind, laufen dann darauf hinaus, daß wir Sicherungen einbauen, die jenseits der zu prüfenden Hypothesen unter Umständen ganz neue Einsichten zutage treten lassen. Obwohl solche Neuentdeckungen nicht selten sind, muß hervorgehoben werden, daß in der durchschnittlichen Forschung das Schwergewicht auf der Kontrolle der Hypothesen liegt.

Diese von der amerikanischen Soziologie seit reichlich fünfundzwanzig Jahren zu immer größerer Sicherheit ausgebildeten Methoden in der Soziologie und der allgemeinen Sozialforschung haben nun Horkheimer und seine Mitarbeiter zugleich auf ganz neue Forschungszweige übertragen, vor allem auf die Psychoanalyse, wie aus dem bedeutenden Werk über die autoritäre Persönlichkeit ersehen werden kann (New York 1950). Daneben aber muß gesagt werden, daß einem solchen Verfahren grundsätzlich alle Gebiete offenstehen, mit denen sich die traditionellen Sozialwissenschaften befaßt haben, wenn auch immer neue noch hinzuerobert werden müssen. Man denke nur an die sehr speziellen Probleme, die mit der Radiohörer-Forschung aufgestanden sind (mit der sich das Institut ebenfalls beschäftigt), und überhaupt an die Untersuchung und Zergliederung der allgemeinen Beziehungen bestimmter kultureller Gebilde zu den Massen des Publikums in Literatur, Musik, bildender Kunst und so weiter. Erst wenn wir konkrete Aufschlüsse werden geben können über die Art, wie die Gebilde der Kultur durch die Massen rezipiert werden, wird eine wirkliche Diskussion der Frage angebahnt werden können, welches Gewicht der »Kultur« als solcher der sozialen Wirklichkeit zukommt, die ja zunächst aus den Massen des Publikums besteht. Wir wollen nicht sagen, daß das Kunstwerk jenseits des Erlebnisses durch den Betrachter »nichts« sei; wohl aber läßt sich behaupten, daß es zu seiner integralen Wirkung erst kommt, wenn es sich im Erleben einzelner oder gar vieler Menschen spiegelt. So tut sich hier ein völlig neues Forschungsgebiet für die empirische Sozialforschung auf, das in Zukunft sicher nicht vernachlässigt werden wird.

Am erfreulichsten will uns jedoch erscheinen, daß das Institut für Sozialforschung kein staatliches Institut ist, wenn auch sein Leiter eine Professur an der Universität Frankfurt innehat. Im wesentlichen ist das Institut unabhängig. Dies drückt sich auch in der Finanzierung aus. Der Neubau wurde etwa zur Hälfte aus dem McCloy-Fonds gedeckt, zu einem Drittel aus Mitteln der »Gesellschaft für Sozialforschung« und der Rest schließlich aus einer Zuwendung der Stadt Frankfurt und aus verschiedenen privaten Stiftungen. Eine erfreuliche Initiative also, von der nur zu hoffen ist, daß sich ihr in Zukunft weitere zugesellen werden. Denn es ist nun einmal nicht von der Hand zu weisen, daß die Sozialwissenschaften, insbesondere aber die empirische Sozialforschung, nur dann zu fruchtbarer Arbeit werden kommen können, wenn sich einmal ihre Stellung in der Öffentlichkeit weiter festigt, vor allem aber, wenn als Beweis dieser Festigung private Mittel bereitgestellt werden, um diesen Arbeiten mit der gleichen Intensität nachgehen zu können wie die Naturwissenschaftler. Wir glauben sogar sagen zu können, daß eine solchermaßen betriebene Sozialwissenschaft vielleicht mehr als manche andere Wissenschaft zu heilen versteht und damit die aufzuwendenden Kapitalien reichlich verzinsen wird.

272/19.11.1951

1952

1.3. Helgoland wieder unter deutscher Verwaltung.

10.3. Stalin bietet in einer Note an die drei Westmächte Verhandlungen über einen deutschen Friedensvertrag und die Wiedervereinigung an. Bedingung ist die Neutralität Deutschlands und die Anerkennung der im Potsdamer Abkommen festgelegten Grenzen.

9.4. Deutschlandnote Stalins: die Sowjetunion erklärt ihre Zustimmung zu »freien gesamtdeutschen Wahlen« unter Vier-Mächte-Kontrolle; Voraussetzung ist die Neutralität Deutschlands. Die Westmächte lehnen das Angebot Stalins ebenso wie Adenauer ohne Prüfung ab.

2.5. Das »Lied der Deutschen« von Heinrich Hoffmann von Fallersleben wird nach einem Briefwechsel zwischen Heuss und Adenauer zur deutschen Nationalhymne erklärt. Es soll bei offiziellen Anlässen nur die dritte Strophe gesungen werden.

16.5. Lastenausgleichsgesetz: Renten, Darlehen, Beihilfen und Entschädigung für Kriegs- und Vertreibungsfolgen.

26.5. Deutschlandvertrag unterzeichnet: Gleichberechtigung der BRD in der Gemeinschaft der westeuropäischen Völker. Als Folge werden die innerdeutsche und die Sektorengrenze in Berlin hermetisch abgeriegelt.

27.5. Unterzeichnung des Vertrags über die Europäische Verteidigungsgemeinschaft (EVP). Am 30.3.1954 durch die BRD ratifiziert, aber am 30.8. von der französischen Nationalversammlung abgelehnt.

17.7. Betriebsverfassungsgesetz verabschiedet: ein Drittel der Aufsichtsräte bei Aktiengesellschaften soll mit Arbeitnehmern besetzt werden.

22.7. Polen zur Volksrepublik erklärt, neue Verfassung.

25.7. Aufhebung des Ruhrstatuts und damit Beseitigung der Kontrollen und Zugriffe durch die Westmächte.

10.9. Wiedergutmachungsabkommen mit Israel: Zahlung von 3 Milliarden DM, auf zehn Jahre verteilt.

2.10. Von der Volkskammer wird ein Gesetz verabschiedet, das die Wiedereinsetzung von Angehörigen der NSDAP und Offizieren der Wehrmacht in ihre staatsbürgerlichen Rechte vorsieht.

23.10. Verbot der rechtsradikalen, antisemitischen »Sozialistischen Reichspartei« (SRP).

1.11. Zündung der ersten Wasserstoffbombe durch die USA im Pazifik.

4.11. General Dwight D. Eisenhower als Nachfolger von Harry S. Truman, der nach zweimaliger Amtszeit nicht mehr kandidieren durfte, zum neuen Präsidenten der USA gewählt.

25.12. Start des regelmäßigen Fernsehbetriebs durch den NWDR für die Benutzer von rund 4000 Geräten.

Ernst Robert Curtius
Das verlöschende Licht von Hellas

Bruno Snell, der derzeitige Rektor der Hamburger Universität, hat in einer kürzlich veröffentlichten Rede »Theorie und Praxis im Denken des Abendlandes« behandelt; geistvoll und, wie das heute gefordert wird, »zeitnah«. Von den Gegenwartsproblemen schlägt er die Brücke zur Antike, die schon vor 2500 Jahren den Widerstreit zwischen Theorie und Praxis erwogen habe. Er gibt auch eine Buchreihe »Antike und Abendland« heraus.

Seit einem halben Jahrhundert ist die klassische Philologie ja bemüht, nachzuweisen, wie »modern« das Altertum eigentlich war. Das geschieht in verschiedenen Höhenlagen und Tonarten. Was haben wir nicht alles über antiken »Sport«, antike Technik und so weiter zu hören bekommen. In Hans Lamers beliebtem »Wörterbuch der Antike« kann man erfahren, daß die Antike Aborte mit Wasserspülung kannte, aber auch Antisemitismus, Artillerie, Aufzüge, Giroverkehr, Goldplomben, Reißzeuge, Schlafwagen (aber das Pulver haben die Griechen doch nicht erfunden, sondern die Chinesen).

Es ist fraglich, ob man mit solchen Nachweisen dem Humanismus neue Freunde gewinnt. Kommt man diesem Ziel näher, indem man die antiken Grundlagen der abendländischen Geisteskultur aufweist? Auch das wage ich zu bezweifeln. Es sind jetzt gerade zwanzig Jahre her, daß ich eine kleine Kampfschrift unter dem Titel »Deutscher Geist in Gefahr« veröffentlichte, die sich gegen die drohende Nazibarbarei richtete. Sie schloß mit einem Bekenntnis zum Humanismus. Es entsprang der Erschütterung, der Empörung, der Sehnsucht. Noch einmal sollten die geliebten Urbilder beschworen werden. Die Not war damals, Anfang 1932, schon schlimm. Sie würgte mich an der Kehle. Es liegt in der Natur der Sache, daß solche Manifeste nicht auf Wirkung hoffen können. Sie brauchen darum doch nicht sinnlos zu sein. Der Kampf für eine verlorene Sache ist nicht unwürdig. Es gibt Augenblicke, da muß man Zeugnis ablegen – »auch wenn die Welt voll Teufel wär«. Die schmachvolle Selbstpreisgabe der deutschen Universitäten im Frühjahr 1933 zeigte mir dann, wie verloren der Posten schon war, den ich zu halten suchte.

Wenn ich aber heute aufgefordert würde, zum Thema Humanismus wieder etwas zu sagen, würde ich ablehnen. Die Abkehr von Hellas und Rom hat in diesen zwanzig Jahren ein rapideres Tempo angenommen als je zuvor. Nietzsche ist der letzte deutsche Denker, George der letzte deutsche Dichter gewesen, denen Griechenland menschliche Vollendung bedeutete. In seiner Rede »Nietzsche – nach fünfzig Jahren« (1950) sagt Gottfried Benn: »Seine Verherrlichung des Griechischen ist uns ferngerückt. Seine existentielle Verbundenheit mit den Griechen lebt in uns nicht mehr.« Und Ortega erklärt: »Eine griechische Statue scheint mir vollkommen, aber diese griechische Vollkommenheit läßt mich unbefriedigt. Und das, was mir passiert, passiert allen Leuten, obwohl fast niemand zu sehen versteht, daß es ihm passiert.«

Das sind zwei gewiß nicht unverächtliche Zeugnisse. Aber braucht man überhaupt noch Zeugnisse? Spürt man das Ende des Humanismus nicht in der Luft? In unseren Schulen und Universitäten? Unseren Parlamenten und Kunstausstellungen? Unserer Literatur und Philosophie? In dem Mißtrauen gegen Goethe und gegen die Renaissance? Humanismus ist vielleicht verstreuten Einzelnen noch geliebter Besitz, aber er bildet keine Elite mehr, er wird nicht mehr geglaubt und nicht mehr gelebt. Es hat keinen Zweck, sich zu täuschen. Keinen Zweck, das, was uns entschwunden ist, künstlich beleben zu wollen und für eine lebendige Gegenwart, die dahin ist, Ersatz in akademischen Debatten zu suchen. Ich habe seit 1945 einige solche gelesen – sie waren alle matt und kraftlos.

In Deutschland ist die Situation des Humanismus trübseliger als in West- und Südeuropa, weil Engländer, Franzosen, Italiener einen Sinn für Tradition haben, der uns abgeht. Auch haben diese Völker nicht die lange Reihe blamabler Schulexperimente durchgemacht, mit denen man seit 1919 das deutsche Gymnasium so planvoll unterhöhlt hat, daß es dann zur leichten Beute der Hitlerei wurde. Aber auch in den Westländern geht es mit dem Humanismus reißend bergab. Als der jetzt 86jährige Gilbert Murray, der Nestor der englischen Altertumsforscher, 1941 den Verdienstorden (Order of Merit) erhielt, der dem Pour-le-Mérite entspricht, schrieb die »Times«, der große Gelehrte und Übersetzer habe »Das Licht von Hellas erfolgreich einer Generation vermittelt, die im Begriff ist, die griechische Sprache zu vergessen«.

Nein, man kann heute nicht mehr für den Humanismus plädieren, so wenig wie für die Wiedereinführung des Spinnrades oder für die Abschaffung des Rundfunks. An Absterbendes und Abgestorbenes soll man keine Energien wenden. Die antike Kultur ist heute so schön, wie sie immer war und immer sein wird, aber sie ist nicht mehr »mit Libido besetzt«, wie die Psychoanalytiker sagen. Und das ist begreiflich, denn wir stehen in einem Zeitalter, in dem sich ein kultureller Austausch und Ausgleich zwischen Europa und Amerika vollzieht; und wir treten in ein anderes, in dem die euroamerikanische Kultur den großen Kulturen Asiens begegnen wird.

Toynbee hat in einem Zukunftsgemälde die Etappen dieses Prozesses angedeutet, der Jahrtausende umspannen wird. Den Vereinigten Staaten dürfte dabei eine wichtige Rolle zufallen. Ein deutscher Freund von mir, der an einer kalifornischen Universität Griechisch lehrt, klagte mir einmal melancholisch über das mangelnde Interesse seiner Studenten. Er bedachte nicht, daß von der pazifischen Küste aus die Welt anders aussieht als von der atlantischen. Wie sehr man in den USA über diese Dinge nachdenkt, zeigt das Buch des Philosophen F. S. C. Northrop, »Begegnung zwischen West und Ost«, das jetzt in deutscher Übersetzung vorliegt. Aber auch wir müssen aus dem engen Europäismus heraus, und das spüren auch die Vertreter des Humanismus. Ich finde es sehr bezeichnend, daß Snell sich in der erwähnten Rede genötigt sieht, Seitenblicke auf chinesische und indische Philosophie zu werfen.

Wie schattenhaft heute der Begriff Humanismus schon geworden ist, ersieht man daraus, daß sich die meisten Leute nichts Bestimmtes mehr darunter vorstellen können. In der ersten Nachkriegsphase – vom Waffenstillstand zum Währungsschnitt – wurden wenige Schlagwörter in der öffentlichen Diskussion so abgegriffen wie Humanismus. Hinz und Kunz gaben vor, das Publikum damit beliefern zu können. Wie viele Erasmusse gab es damals in Deutschland. Man soll diejenigen respektieren, die es schon immer waren und sich dazu bekannt haben. Aber ihrer waren wenige unter den neuen Konjunkturhumanisten. Werbend rief sogar Sartre in die Sprachverwirrung hinein: »Der Existentialismus ist ein Humanismus!« Hat sich das bewahrheitet? Dem Humanismus ging es damals gerade so wie der Demokratie. Das heißt bekanntlich Volksherrschaft. Aber wir sind inzwischen belehrt worden, daß es neben der gewöhnlichen Demokratie noch eine Volksdemokratie gibt. Sie ist ihrer älteren Schwester sehr unähnlich. Der alte Humanismus und der neue, sei er nun existentiell oder ... volksdemokratisch, sind feindliche Brüder.

Das Wort Humanismus ist eine Schöpfung der Geschichtswissenschaft des 19. Jahrhunderts. Goethe kannte es noch nicht. Wenn er von der Sache sprechen will, sagt er in schlichtem Deutsch: »Möge das Studium der griechischen und römischen Literatur immerfort die Basis der höheren Bildung bleiben.« In einem Satz ist das Wesentliche gesagt. Dieser Satz enthält eine Begriffsbestimmung, der nichts hinzuzufügen ist, aber er ist in die Form eines Wunsches gekleidet, als ahnte Goethe, daß der Fortbestand dieses Bildungsideals bedroht sei.

Die Begegnung mit den asiatischen Kulturen, von der die Rede war, hat Goethe in ihren ersten Anfängen noch miterlebt, ja er hat sich daran beteiligt. Aber wieviel näher, wieviel fordernder dringen sie heute auf uns ein. Das bedeutet eine kaum zu ermessende Ausweitung unseres geschichtlichen Weltbildes. In dem gleichen Sinne wirkt die Einbeziehung der Vorgeschichte in die Geschichte, die sich vor unseren Augen vollzieht. Das sind neue, mächtige Wellen des Stromes von Historismus, der seit Herders Zeiten immer mächtiger anschwillt und zu den faszinierendsten Vorgängen des heutigen Geisteslebens gehört.

Das Studium der griechischen und römischen Literatur wird aus unseren öffentlichen Zuständen verschwinden. Aber was heißt das? Es kann zu einem geheimen Schatz werden. Wer den Schlüssel suchen will, kann ihn immer finden.

49/27. 2. 1952

Georg Berkenhoff

Vertriebenen-Schicksal vor der Entscheidung – Politische Extremisten, resignierende Unterstützungsempfänger oder vollwertige Staatsbürger?

Nimmt man den optischen Eindruck, so scheint das Vertriebenen-Problem gelöst. Das Flüchtlingselend ist, rein äußerlich gesehen, von der Straße verschwunden. Die Lager liegen meist außerhalb des Weichbildes der Städte und Gemeinden. Auch der Kleidung haben sich die Neubürger angeglichen. »Aber wissen Sie auch, auf welche Weise?« fragte auf einer Vertriebenen-Versammlung ein früherer Verwaltungsangestellter, der heute als landwirtschaftlicher Hilfsarbeiter sein Brot verdient und einen wesentlichen Teil seines geringen Wochenlohnes zur Abzahlung seines neuen Anzugs verwenden muß, so daß ihm für seine sonstigen Bedürfnisse nur ein minimaler Betrag verbleibt. Einheimische Geschäftsleute bestätigen, daß sie Abzahlungsgeschäfte am liebsten mit Heimatvertriebenen abschließen: Diese verpflichten sich zwar nur zu kleinen Raten, bringen dann aber meist mehr, um nur ihre Schuld recht bald loszuwerden.

Mit dem optischen Verschwinden ist das Flüchtlingselend weder beseitigt noch gar die Eingliederung vollzogen, vielmehr beides noch erschwert, weil die übrige Bevölkerung nun leichter vor der Dringlichkeit der weiteren Hilfe die Augen verschließen kann. Trotz (oder wegen?) der Besserung der allgemeinen Lage ist es heute schwieriger, 100 000 Menschen innerhalb Deutschlands umzusiedeln als vor sechs Jahren eine Million, heute schwerer, ein Zimmer für Vertriebene freizumachen als damals eine ganze Siedlung zu beschlagnahmen.

Die seelische Eingliederung aber setzt nicht nur Arbeit und Wohnung voraus, sondern auch den Willen zur Eingliederung. Dieser wird heute vielfach durch sich bewußt absondernde Gruppen geschwächt, die jeden als »Verräter« betrachten, der sich erfolgreich der neuen Heimat einfügt. Der innere Widerstand ist meist bei der älteren Generation am stärksten, deren Selbstwertgefühl auf ihrer Stellung in der alten Heimat basiert, die ihnen in der zeitlichen und räumlichen Entfernung verklärt erscheint, was Einheimische sehr zu Unrecht als Angeberei bezeichnen. Die Jüngeren erinnern sich vorwiegend der letzten, schlechteren Zeiten der alten Heimat, der Tage der Besetzung, der Vertreibung, Beraubung und Mißhandlung. Diese Jugend will sich in der neuen Umwelt durchsetzen. Sie spricht vielfach den Dialekt der neuen Heimat besser als den der alten und spielt eine wichtige Rolle in dem Strukturwandel, den die Gesellschaftsordnung der Aufnahmeländer in einem erstaunlichen Tempo durchmacht.

Stark gefährdet aber ist gerade diese Jugend dort, wo sie nach der Schulentlassung keine Ausbildungs- und keine befriedigenden Arbeitsmöglichkeiten findet, also in den entscheidenden Entwicklungsjahren tatenlos in einem deprimierenden Zuhause herumsitzt, das Bild eines scheinbar gesicherten und wohlhabenden Bürgertums, wenn nicht gar der Luxusentfaltung gewisser Kreise vor Augen. Daraus entwickelt sich eine geradezu revolutionäre soziale Spannung, die offenbar von den meisten Politikern und Wirtschaftlern noch weit unterschätzt wird. Besonders gefährlich ist die Entwicklung, wo man die Intelligenz der Vertriebenen unbeschäftigt, als abgeschrieben, in Lagern und auf dem Lande sitzen läßt. Sie ist der politische Sprengstoff.

Überall dort, wo die Vertriebenen fernab von allen erreichbaren Arbeitsplätzen Jahr um Jahr verstreichen sehen, ohne eine greifbare Aussicht auf Besserung, neigen sie dazu, jeweils der Partei nachzulaufen, die ihnen am meisten verspricht. Das wird in der Regel eine radikale Flügelpartei sein. Völlige Umschwünge von Wahl zu Wahl sind möglich. In dem von Flüchtlingen überfüllten Ostseebad Timmendorfer Strand hatte die Deutsche Partei die Mehrheit – jetzt gehören 14 von 19 Gemeinderäten dem BHE an, und ein geschickter rechtsradikaler Redner könnte bei der nächsten Wahl vielleicht einen neuen völligen Umschwung herbeiführen.

Dieses Problem findet sich nicht nur in den drei Hauptflüchtlingsländern Schleswig-Holstein, Niedersachsen und Bayern, sondern überall dort, wo die Vertriebenen 1946 oder auch durch eine verfehlte Umsiedlung in den letzten beiden Jahren ohne Rücksicht auf vorhandene oder in absehbarer Zeit zu erwartende Arbeitsmöglichkeiten nur nach dem vorhandenen Wohnraum untergebracht wurden. Es ist so gut wie nicht vorhanden in Nordrhein-Westfalen, wo es praktisch keine Arbeitslosigkeit gibt und wo die Ruhrkumpels von jeher zu einem großen Teil aus den deutschen Ostgebieten, ja selbst aus Polen kamen und mühelos assimiliert wurden – ein Verschmelzungsprozeß, der heute in einem atemberaubenden Tempo weitergeht. Die in Bayern auf Grund einer Repräsentativerhebung aufgestellte Faustregel, daß ein Drittel der Vertriebenen eingegliedert sei, ein Drittel um die Eingliederung ringe und das letzte Drittel als verloren bezeichnet werden müsse, hat daher allenfalls regionale Bedeutung.

Als besonders wichtig für die Eingliederung erweist sich neben Arbeit und Wohnung die Art der Aufnahme durch die einheimische Bevölkerung. Es ist kein Geheimnis, daß im großen und ganzen in Süddeutschland eine größere Reserviertheit gegenüber Neubürgern besteht als in Norddeutschland, und auf dem Lande mehr als in der Stadt. Dies drückt sich auch in der verhältnismäßig geringen Zahl der Ehen aus, die gerade von einheimischen Bauern und Bäuerinnen mit Vertriebenen geschlossen werden, während sonst der Grad der Verschwägerung – jedoch vorwiegend in den unteren sozialen Schichten – erstaunlich hoch ist. So waren in Schleswig-Holstein im Jahre

1950 nicht weniger als 33 v. H. der Heiraten Ehen zwischen Heimatvertriebenen und Einheimischen. Dabei waren die weiblichen Heimatvertriebenen weitaus stärker beteiligt als die männlichen. Soweit sich das von außen beurteilen läßt, verlaufen diese Ehen im Durchschnitt nicht schlechter als andere. Nur wenn eingesessene Bauernsöhne heimatvertriebene, aufs Land verschlagene Stadtmädchen heirateten, wurden daraus meist doch nicht die richtigen Bäuerinnen.

Nicht nur wirtschaftliche, sondern auch seelische Hemmnisse einer Eingliederung der Vertriebenen liegen in der unglücklichen Verteilung auf die verschiedenen Größenklassen von Gemeinden. Nach einer von Dr. Martin Kornrumpf bearbeiteten Statistik des Instituts für Raumforschung hat die Bevölkerung im Bundesgebiet von 1939–1949 um 8 Millionen zugenommen, und zwar in vollem Umfang in den Gemeinden unter 20 000 Einwohnern. Gewinn und Verlust in den größeren Orten gleichen sich insgesamt aus. Das ist zum kleineren Teil eine Folge der Evakuierungen, zum größeren der Flüchtlingseinweisung vorwiegend auf dem Lande.

In Bayern wohnen noch über zwei Drittel aller Heimatvertriebenen, die Lagerinsassen noch nicht einmal mitgerechnet, in Gemeinden unter 5000 Einwohnern, was oftmals gleichbedeutend ist mit schlechten Verkehrsverbindungen und Arbeitschancen. Immer aber mit dem Fehlen vieler Dinge, die dem früheren Stadtbewohner, wenn er sich wohlfühlen soll, unentbehrlich erscheinen. Die Zahl von zwei Dritteln gibt jedoch den Umfang der Milieuveränderung noch nicht annähernd wieder, denn auf den Dörfern sitzen ja heute nicht gerade jene Vertriebenen, die auch früher in Landgemeinden lebten, sondern vielfach gerieten bei der schematischen Einschleusung gerade die Bauern in die Städte und die Städter auf die Dörfer.

In diesem besonderen Falle liegen einmal die Verhältnisse in Schleswig-Holstein einigermaßen günstig. Sowohl unter den Einheimischen als auch unter den das Hauptkontingent der Heimatvertriebenen stellenden Pommern und Ostpreußen herrschen die Landbewohner vor. Beide Bevölkerungsteile sind auch ein bedächtiger, ruhiger Menschenschlag. Nur diesem glücklichen Zufall ist es wahrscheinlich zu verdanken, daß in dem unter Überdruck stehenden Kessel das Verhältnis zwischen Alt- und Neubürgern verhältnismäßig gut ist. Zog da ein pommerscher Bauer, der vorher auf einem Hof verhältnismäßig ordentlich wohnte, freiwillig in einen nassen, schlechten Bunker: »Ich konnte doch nicht immer dem Bauern durch sein gutes

Zimmer laufen.« Und die Fälle sind gar nicht so selten, wo ein Holsteiner Bauer dem ostpreußischen Neusiedler eine Kuh hinstellte: »Die Kälber kannst du behalten!« Strandhotels und Pensionen gaben verschiedentlich den ausziehenden Heimatvertriebenen die Möbel mit, in denen sie bisher gewohnt hatten.

55/5.3.1952

Kurt Kusenberg

Nichts ist selbstverständlich. Lob einer Elendszeit

Gemeint ist die Zeit nach dem letzten Krieg, die sogenannte RM-Zeit: die darbende, abgerissene, frierende, verelendete, gefährliche Zeit. Wer an sie zurückdenkt, tut es mit Schrecken oder gar mit Abscheu. Ich aber will diese Elendszeit loben, weil sie wie eine Zerreißprobe dem Menschen das Äußerste abverlangt hat. Damals konnte man sehen, was Menschliches an ihm sei: in seinen Hungeraugen, in den Falten seines mageren Gesichts und seines fadenscheinigen Anzugs stand es geschrieben. Von denen, die »alles hatten«, durch ihre Schlauheit, ihre Rücksichtslosigkeit, ist hier nicht die Rede. Indem es ihnen »gut« ging, ging ihnen eine Erfahrung verloren – eine sehr leidvolle, aber auch eine sehr elementare. Indem sie – Fettaugen auf einer dünnen Suppe – am Schicksal aller anderen nicht teilhatten, lebten sie an ihrer Zeit vorbei, und das ist nie ein Gewinn.

Die Elendszeit war schon darum keine so üble Zeit, weil sie so übel war, daß sich die Dinge nur zum Besseren wenden konnten, nicht zum Schlechteren; das immerhin hatte sie unserer Gegenwart voraus. Der absolute Nullpunkt war erreicht: Chaos, Trümmer, Hunger. Von hier aus gab es, bei aller Angst, nur Hoffnung. Man hatte eine Katastrophe überlebt; würde es einem gelingen, auch das Elend zu überleben? Aber nicht bloß an sich selber dachte man. Schon begannen unsere Hände, zaghaft das zerrissene Netz der menschlichen Beziehungen neu zu knüpfen. Wer, den man gekannt hatte, lebte noch? Wohin, wenn er noch lebte, mochte es ihn verschlagen haben? Wie erreichte man ihn? Post war damals so etwas wie Flaschenpost.

Nichts war selbstverständlich. Daß man ein Dach über dem Kopf hatte, ein warmes Bett oder gar ein warmes Zimmer, daß man zu essen hatte, zu rauchen: es war nicht selbstverständlich – es war Glück, und die Empfindung dafür, daß es Glück sei, haben wir inzwischen eingebüßt. Viel zu vieles ist wieder selbstverständlich geworden. Ein jeder meint, ihm stehe ein gesichertes, auskömmliches Dasein zu, und er beschwert sich ärgerlich, sobald ihm etwas vorenthalten wird, das er für unentbehrlich ansieht. In Wahrheit steht niemandem etwas zu, ob er auch fleißig und rechtschaffen sei, und was entbehrlich ist, bestimmt die Not, nicht die Fülle. Unser Leben ist immer bedroht, denn Not und Tod sind Weltelemente.

Man erinnere sich, wie das war: die Schaufenster, kleine Guckkästen in großen Bretterverschlägen, boten den Erwachsenen »Essenzen« an oder Aschenbecher aus Munitionsmetall, den Kindern hölzerne Enten – sonst nichts. Die Essenzen waren fauler Zauber; sie dufteten nach Dingen, die es nicht zu kaufen gab, nach Marzipan, Obst und Likör. Sie waren schlimmer als der berüchtigte Ersatz, denn sie ersetzten nichts, sondern lieferten bloß dürftige Illusionen, in einer Zeit, die allen Illusionen abgeschworen hatte. Sie waren lächerlich und niederdrückend zugleich. Der Brotkorb hing so hoch, daß man ihn kaum noch erkennen konnte, und die Aufgabe lautete: nicht zu verhungern, aber auch nicht die Haltung zu verlieren. Eine Mutter stahl der Tochter ein Tütchen Zucker. Dafür teilte ein Gastgeber mit dem Gast das letzte Quentchen Fett, unbekümmert darum, wovon er sich am nächsten Tag nähren werde. Gutes zu tun, war schwerer als heute, doch viel beglückender. Jede Gabe war ein Griff in die eigene Substanz; man schenkte nicht ein Ding her, sondern einen Teil seiner selbst. Der heilige Martin ging um. Anstand schloß freilich Findigkeit und List nicht aus – nicht einmal den Mundraub. Aber in diesem Halbräuberleben gab es eine Räuberehre, die vielleicht moralischer war als das gußeiserne Gewissen mancher Gerechter von heute.

Zum physischen trat der psychische Hunger – kein Wunder, denn man hatte die Nation ja zwölf Jahre lang geistig unterernährt. Die Menschen jagten einem Pfund Butter nach, aber auch einem guten Buch. Sie dachten in Kalorien, doch sie drängten sich auch in eiskalte Säle, um Theater zu sehen, um Musik oder einen Vortrag zu hören. In all dem Elend zählte das Schöne, das Geistige zum täglichen Brot. Man ließ das Radio nicht sinnlos plärren, man hörte genau hin. Man verfolgte, diskutierte die politischen Ereignisse und begriff: da entsteht unsere Zukunft. Heute? Die Künste sind wieder zum Zierat herabgesunken, und Politik interessiert nur am Rande, obwohl sich in ihr – nicht anders als damals – unsere Zukunft entscheidet. Übersättigung hat allenthalben den Hunger abgelöst. Träge Herzen, verfettete Seelen beherrschen das Feld.

Die Presse des Auslandes meldete damals, Deutschland sei in Lethargie, in Apathie versunken. Es schien nur so: der Baum war kahl, auch etwas angesengt und angesplittert, doch drinnen stiegen seine Säfte. Das Leben machte sich klein und unscheinbar, es kroch in dunkle Schlupfwinkel, es igelte sich ein. Jeder saß in seiner Höhle und auf seinen Schätzen: einem lächerlich kleinen Mundvorrat und sechs Briketts. Aber viele Höhlen waren, wie ein Kaninchenbau, miteinander durch unterirdische Gänge verbunden, und in mancher Höhle trafen sich Verschworene zu heimlichen Festen. Kindern gleich, entdeckten sie erneut die Genüsse der Welt, wie Brot, wie Fleisch, wie Wein schmeckt. Sie fingen wieder ganz von vorn an.

Eine Reise war ein Abenteuer. Man wußte: der Zug wird überfüllt, fensterlos, ungeheizt und unbeleuchtet sein, aber man wußte nicht: fährt er überhaupt, gelange ich hinein, erreicht er sein Ziel? Stehplatz war die Regel, und man konnte nur hoffen, einen guten zu erdrängeln, zu erkämpfen, denn es gab auch sehr grausame Stehplätze. Die Gespräche der Reisenden, gereizt, bitter, doch nicht ohne Galgenhumor, reichten tiefer als heute – besonders nachts, in der Dunkelheit. Der Nächste war einem näher, weil man ihn nicht sah. Kam man dann, nach mancherlei Prüfungen und Fährnissen, bei seinen Freunden an, so wurde man empfangen wie ein Bote aus einer anderen Welt. Das Elend war ein gewaltiger Mischkessel. Fast jedermann lebte damals so, wie noch heute viele Flüchtlinge leben müssen, weil die Begünstigten dabei sind, die Benachteiligten zu vergessen.

Ja, der Lehnstuhl des Vergessens spendet dem Geist Bequemlichkeit. Die Gegenwart ist zwar ungemein rührig und tüchtig und fruchtbar, aber sie hat zuviel vergessen. Sie hat die große Lehre der Elendszeit: daß nichts selbstverständlich sei, aus ihrem Bewußtsein verdrängt. Sie ißt und trinkt, aber nicht mit der Leidenschaft des Hungrigen und des Durstigen. Sie ist gastlich, doch nicht eigentlich gesellig. Sie tut alles aus halbem Herzen. Sie hat Angst und blickt trotzdem der Gefahr nicht ins Auge. Sie tritt auf der Stelle. Sie ist lau und flau. Sie täte gut daran, sich öfter einer Zeit zu erinnern, in der man nicht wußte, ob man am nächsten Tag zu essen, zu rauchen haben und ob der Zug sein Ziel erreichen werde.

66/18.3.1952

Rudolf Krämer-Badoni
Der Zweite Weltkrieg ist verarbeitet

Die ästhetische Forderung an die Dichter, sie sollten einen gerade verflossenen Krieg »verarbeiten«, ist ungefähr zwanzig Jahre alt. Sie ist aus der Tatsache entstanden, daß nach dem Ersten Weltkrieg »Kriegsbücher« geschrieben wurden. Damals ist auch der Begriff der »Reportage«, so wie er heute gang und gäbe ist, entstanden. (Die ganze Wortklasse des »Reports« ist erst zu Ende des vorigen Jahrhunderts aus dem Englischen ins Deutsche gedrungen.) Bessere ältere Herren unter den Literaten nehmen statt dessen den Begriff der »Zeugenschaft« für sich in Anspruch. Aber wer berichtet, muß selbstredend Zeuge gewesen sein; so oder so dreht es sich um die faktische Richtigkeit des Berichts. Riesige oder unerhörte Begebenheiten – und die riesigste ist ein moderner Krieg – sind der natürliche Stoff für Zeugenschaft und Bericht, lies Reportage, alle anderen Begebenheiten müssen künstlich interessant gemacht werden. Das bloße Berichten etwa vom Leben in einer Glühbirnenfabrik oder in einem Narrenhaus wurde erst möglich, nachdem sich das Genre der Reportage eingebürgert, das Kriterium der faktischen Richtigkeit aus der historischen Dokumentation oder aus der zeitgenössischen Zeitungsnachricht in die Literatur eingeschlichen hatte.

Eine Katastrophe von mindestens ebenso starker Bewußtseinserschütterung wie die modernen Kriege war für die damalige Bevölkerung der Dreißigjährige Krieg. Er brachte keine Reportagen, keine Zeugnisse zwecks Bericht hervor, sondern Zeugnisse zwecks Klage: Moscherosch und Grimmelshausen, die beide gründlich »dabey gewesen, da man einander das Weiße in den Augen beschaute«, weiten beide ihre Dichtung so sehr ins Phantastische aus, daß ein moderner Zeugnisberichter sich fragen müßte, was diesen Leuten denn ihre Zeugenschaft genützt habe. Wo aber die Kriegsgreuel in nackter Wahrheit geschildert werden, da stellt Grimmelshausen, und nicht von ungefähr, den »Zeugen« als einen einfältigen Pinsel hin: damit wird das, was über menschliche Fassungskraft geht, einem geradezu außermenschlichen Spiegel anvertraut. Auch den Homer, der den Trojanischen Krieg besingt, wird man sich schwerlich als einen Reporter vorstellen, der Zeugenschaft und Bericht auf seine ästhetische Palette gedrückt hätte. Er wird schon irgendwo »dabeigewesen« sein, aber vor allem ist er »bei« einer ganz anderen Sache: er stößt von einem Faktum aus zur Typik menschlicher Möglichkeiten unterm heiligen Äther vor. Und damit geben wir eine grundsätzliche Erklärung ab: ein Kunstwerk entsteht nur dann, wenn es typischen menschlichen Möglichkeiten unter einem heilen Himmel Raum schafft.

Heil heißt nicht süßlich rosarot, heil wird naturhaft groß und naturhaft schrecklich sein, aber nie außer- und unnatürlich, nie gespenstisch, nie dämonisch. Von eh und je hat die humane Erde dämonische Zeiten gesehen, aber keine dieser Zeiten hat sich unmittelbar in einem großen Kunstwerk niedergeschlagen. Man denke nur an eine der jüngsten dieser Epochen, an das zehn Jahre lang strömende Blut des französischen Adels und an die viehische Henkerschaft, die an der Wiege unseres bürgerlichen Zeitalters steht: in der großen Kunst – nichts darüber. Soweit von modernen Ereignissen gilt oder gelten soll, daß sie die Fassungskraft des Menschen übersteigen, soweit müssen sie außerhalb der Kunst bleiben. Soweit nämlich sind sie nicht verarbeitbar. Das schließt unter anderem die These ein, daß wir vergeblich hoffen, das Dämonische unseres Zeitalters in einem gültigen Kunstwerk gedeutet zu bekommen. Was zu »verarbeiten« ist, ist verarbeitet; es ist wenig im Vergleich mit der großen Fratze dieser Zeit.

Übrigens ist es nichts weiter als lächerlich, wenn wir eine große Schar kleiner Leute das Antlitz der Dämonen beschwören sehen. Wenn die Wörter der Wortfamilie »Dämon«, die in den letzten Jahren gedruckt worden sind, gezählt würden – man würde in Gelächter ausbrechen. Ein Mann wie Goethe wußte sehr wohl, warum er über das Dämonische – schwieg. Wenn jeder Primaner heute Umgang mit Dämonen hat, wird ja wohl niemand annehmen, Goethe sei davon nichts bewußt gewesen. Aber da gibt's nichts zu gestalten und nichts zu bereden, nur schweigend wegzublicken. Wohin? Die dämonische Schlammfratze – dies an die großen und kleinen Malapartes, die das Grausige wie ein Hors d'œuvre, Mets principal und Dessert servieren –, die dämonische Schlammfratze der Menschheit wühlt in der großen Kunst nur stets den Grund auf, der bewegte Meeresspiegel aber glänzt nur immer vom Entwurf eines aurorisch großen und ganzen Menschen wider. Schmerz genug, daß der große Mensch nicht wirklich, nur »möglich« ist, Schmerz genug, daß Größe das Leben und Leben die Größe kostet. Über dem Eingang jedes Theaters müßte der Satz stehen: Laßt uns für diesen Abend groß sein! Und über dem Ausgang: Geht getrost ins zweideutige Leben zurück! – Solange Antigone für uns stirbt, dürfen wir leben. Die Kunst rettet den Menschen. Sie weiß: der Mensch ist größer als der Mensch.

Darum sind die Werke, in denen dieser letzte Krieg »vorkommt«, bezüglich der grauenvollen Geschehnisse so merkwürdig unvollständig oder, wie manchen vorgeworfen wird, so sonderbar privat, einzelmenschlich, undokumentarisch. Entweder sind solche Werke in der Tat keine Kunstwerke, weil die Autoren, und mögen sie noch so geschickte Erzähler sein, nicht genügend gescheite Menschen sind und mit ihrer Existenz nicht in den Grund ihrer Zeit reichen; dann werden aber ihre Werke auch dort, wo sie nicht vom Krieg handeln, oberflächliche Machwerke sein und früher oder später ihre Autoren entlarven – oder aber diese Werke sind dennoch Kunstwerke, lassen aber das Dämonische unter dem dünnen Boden, der über dem Keller gespannt ist, rumoren und streben, die letzten oder schon wieder ersten Gesichter von Menschen zu bilden; und dann sind alle an der »Reportage« gemessenen Vorwürfe unberechtigt.

So lange es Menschen gibt, werden einige das große, das mögliche Bild des Menschen schmerzlich einbilden können, und das heißt: so lange wird es Kunstwerke geben. So lange es Kunstwerke gibt, solange wird es aber auch Menschen geben; von beidem übrigens nur immer ein paar. Kein Probierstein aber wird die Bezeugung über- und unmenschlicher Grausigkeit sein; im Gegenteil wird diese Gattung, sollte sie überhandnehmen, die echte und große Kunst immer mehr erstikken und nichts weiter als eine trübsinnige Begleitmusik zu allen möglichen Untergängen sein. Völker und Reportagen des Grausens gehen gemeinsam unter; Völker aber, die eine Ilias und einen Simplicissimus hervorbringen, haben noch Hoffnung, weil noch ganze, heile Menschen unter ihnen arbeiten und bilden.

Erwarten wir nichts weiter über den Zweiten Weltkrieg. Was den bisherigen Werken, die ihn einbeziehen, an menschlicher Großheit fehlt, das fehlt der Fratze selbst. Das Auge der Kunst geht an fratzenhaften Epochen vorüber.

151/30.6.1952

Hans Erich Nossack

Warum ich protestiere. Zum »Gesetz über den Vertrieb jugendgefährdender Schriften«

In den letzten Tagen bin ich von vielen nichtliterarischen Leuten gefragt worden, weshalb ich gegen das »Gesetz über den Vertrieb jugendgefährdender Schriften« protestiere. Sie lächelten dabei verlegen, was mich vermuten läßt, daß sie mich für einen heimlichen Pornographen halten. Sie glauben mir nicht, wenn ich ihnen versichere, daß ich »Schund und Schmutz« schon deshalb ablehne, weil er mich langweilt – ebensosehr langweilt wie die unzähligen illustrierten Zeitschriften, die nicht als Schund und Schmutz gelten, obwohl sie ein völlig verkehrtes Bild von unserem heutigen Leben geben und dadurch irreführend auf einen naiven Betrachter wirken können.

Viele unserer schönsten Kindermärchen sind von einer blutigen Grausamkeit. Die Befürworter eines »Schund-und-Schmutz«-Gesetzes müßten sie folgerichtig verbieten, da die Gefahr besteht, daß jemand durch sie verleitet werden könnte, seine Stiefmutter in ein Faß mit Nägeln zu stecken und den Berg hinabzurollen. Man müßte auch die Bibel verbieten, weil allzu viele Stellen darin vorkommen, die nicht für Knaben geschrieben sind. Und was alles müßte man noch verbieten, nicht nur auf künstlerischem Gebiet, sondern in den Schaufenstern, auf den Anschlagsäulen, im Anzeigenteil der Zeitungen. Kinder sind ja so listig; sie hören und sehen immer gerade das, was sie nicht hören und sehen sollen.

Die Jugendkriminalität mit der Lektüre von Gangster-Geschichten erklären zu wollen, ist nichts als ein advokatorischer Trick. Und zwar ein Trick von einer beinahe unfehlbaren Wirkung. Normalerweise nämlich fühlt sich ein Erwachsener für das Verbrechen eines Jugendlichen schuldig, und das ist lästig. Wie einfach aber wird plötzlich alles und wie sehr entlastet es das Gewissen, wenn der Herr Verteidiger uns erzählt, daß sein junger Mandant von sich aus keinerlei Begabung zur Schlechtigkeit habe, sondern es nur der bösen Literatur zu verdanken sei, daß er ein Bankräuber wurde.

Was mich jedoch wundert, daß auch Gesetzgeber auf diesen billigen Trick hereinfallen. Es betrübt mich sogar, denn ich möchte die Gesetzgeber meines Landes so nüchtern und so objektiv wie möglich sehen. Sollten sie wirklich nicht wissen, daß der Fall genau umgekehrt liegt? Daß die Herstellung und der Vertrieb anrüchiger Schriften nur darum so zugenommen hat, weil der kriminelle Bazillus in uns allen, nicht nur in den Jugendlichen, in einem solchen Maße virulent geworden ist, daß es sich für die Geschäftemacher lohnt, zweifelhafte Drogen auf den Markt zu bringen. Wäre es nicht ehrlicher und männlicher zuzugeben, daß unser wirtschaftlicher und gesellschaftlicher Rahmen nicht intakt ist, statt mit einem moralischen Tüchlein an einem kleinen Schmutzfleck auf dem Bilde herumzureiben? Was würden wir wohl zu einem Arzt sagen, der die Krankheitserscheinungen überschminkt und diese Methode als Heilung ausgibt!

Ich kann mir jedoch nicht denken, daß die Gesetzgeber meines Landes dies nicht ebensogut wissen wie ich. Wenn also trotzdem an einem Schund- und Schmutzgesetz herumgetiftelt wird, so liegt der Verdacht nahe, daß andere Motive dahinterstecken, bewußt oder unbewußt. Ich wage die Diagnose, daß es sich um verdrängte Machtkomplexe handelt, die sich auf diese Weise abzureagieren suchen.

Stellen Sie sich vor, in Ihrer Stadt gebe es eine Polizeiverordnung, die das Tragen eines unsauberen Kragens mit Strafe belegt. Nun gut, denken Sie, es kann meiner Stadt nur zum Ruhme gereichen, wenn alle Einwohner saubere Kragen tragen. Außerdem betrifft es mich nicht, da ich sowieso darauf zu achten pflege, daß mein Kragen sauber ist. Aber es betrifft Sie doch, mein Lieber. Denn es könnte geschehen, daß diese erste unschuldige Verordnung, die Ihre Billigung fand, dem Polizeigewaltigen eine Handhabe bietet, in einem Anfall von schlechter Laune das Tragen von roten Schlipsen zu verbieten. Wiederum denken Sie vielleicht: Rote Schlipse sind mir zu extravagant und kleiden mich nicht. Also meinetwegen. Aber dann folgt eine Vorschrift über die Länge der Frauenröcke. Oder über den Busenausschnitt, und damit wird die Sache bedenklich. Und das nächste Mal…

Doch wozu die Geschichte erzählen! Wir haben sie doch erlebt. Und wenn Sie dann eines Morgens aus Protest einen unsauberen Kragen anlegen, wird man Sie auffordern, Ihr Leben in einem Konzentrationslager zu beschließen.

Wenn wir, die man schöpferische Menschen nennt, uns gegen das »Gesetz über den Vertrieb jugendgefährdender Schriften« empören, so tun wir es nicht allein um der Freiheit der Kunst willen, womit man unseren Protest vielleicht abzutun versuchen wird, sondern weil wir nicht vergessen haben, daß solche Maßnahmen, die sich zu Anfang so harmlos geben, ein erster Schritt zur Uniformität und damit zur Sterilität unseres gesamten Lebens sein können.

237/8.8.1952

Ursula von Kardorff

Zug über gesprengten Viadukten. Ein Gespräch im Speisewagen

»Da steh ich also«, sage ich zu Nick, der mir im Speisewagen gegenübersitzt und Mokka trinkt, »in meinem schottischen Kleid aus dem Futter eines alten Mantels, mit den zu schweren und zu großen Kommißstiefeln und dem überdimensionalen Rucksack auf dem Buckel. Es ist jetzt genau sieben Jahre her. Christa und ich reisten von Augsburg nach Berlin.«

»Na und?« sagt Nick und versteht nichts, weil er damals in Amerika war.

»Wir kamen ziemlich schnell hin, brauchten nur acht Tage.«

Er sieht mich wie eine Irre an.

»Es gab damals weder Eisenbahn noch Post, wir wußten nicht, ob unsere nächsten Angehörigen noch am Leben waren.«

Wie ich da im Speisewagen sitze, kommt mir einen Augenblick lang selbst alles absurd vor: Nicks gutmütiges Gesicht, das internationale Sprachengewirr um uns herum, die schweinslederne Mappe auf dem Gepäcknetz…

»Zuerst versteckten wir unseren Begleiter Erwin mit den Rucksäcken hinter einem Gebüsch, die Jeeps hielten leichter, wenn sie nur uns sahen. Später hielten sie überhaupt nicht mehr, Militärpolizei verbot es. Wir übernachteten den ersten Abend in einer Ludwigsburger Fabrik, den zweiten im Wanzen-Massenquartier bei Frankfurt, den dritten in einem Eschweger Gasthaus, zu dem Christa Beziehungen hatte, den vierten im Stroh beim thüringischen Grenzbauern.«

Ich lehne mich zurück, strecke die Beine aus und fasse das weißgestärkte Tischtuch an – es ist alles so fragwürdig plötzlich, so unreal.

»Wir nahmen jedes Gefährt, mal Pferdewagen mit Mehlsäcken, mal Dreiradwägelchen, mal saßen wir auf Milchkannen und mal auf dem Stroh eines Ochsenwagens.«

»Was willst du als Apéritif«, fragt Nick, »italienischen oder französischen Wermut, der französische ist trockner.«

»Wir fuhren durch unwahrscheinliche Landschaften, kein Surrealist hätte solche Bilder malen können: zerfetzte Straßen, gesprengte Viadukte, die Wüste zerstörter Städte, Behelfsbrücken, stacheldrahtumzäunte Gefangenenlager mitten auf den Plätzen. Manchmal saßen wir als schwitzende Landstreicher im Straßengraben und haßten die Autos.«

»Oder möchtest du russische Eier als Vorspeise?«

»Du bist ein guter Mensch, Nick. Damals beim Grenzbauern zogen wir für 100 Mark Führerlohn in aller Frühe um fünf Uhr los. Natürlich goß es in Strömen. Aus einem Schäferkarren schnarchte uns der amerikanische Posten entgegen. Aber kurz darauf schoß es. Wie Fledermäuse tauchten in olivfarbenen Regencapes die Russen aus der Dämmerung auf. Natürlich ging es im Trab wieder zurück. Nun schoß auch der aufgewachte Amerikaner. Am meisten fluchte ich auf den Rucksack, er zerrte mir fast die Schilddrüse aus dem Hals und schnitt die Schultern wund.«

Der Zug hält jetzt, ein Kellner schraubt die Fenster herunter, vom Bahnsteig werden heiße Würstchen, Zeitschriften, Bier und Zigaretten angepriesen.

»Bis unsere Kleider beim Bauern wieder trockneten, war es erneut Abend. Dann gelang es uns – mit Schnaps.«

»Muß mühsam gewesen sein«, sagt Nick, »trink mal den Wermut, er ist leider ziemlich süß.«

»Wie wir da hockten – Christa und ich allein, Erwin hatte sich auf dem Bauch kriechend vorgepirscht –, in einem Brennesselgestrüpp, ich drehte mir, wie jeden Abend, die Locken auf Wickel, worüber Christa einen hysterischen Lachanfall bekam. Ab und zu übergossen suchende Scheinwerfer kalkweiß das Tal. Von den Höhen erklangen besoffene Gesänge, es war Samstag, und die Posten feierten auf beiden Seiten, ab und zu knallte es. Einen Tag zuvor hatten sie eine alte Frau erschossen. Ein junger Russe führte uns verabredeterweise; als wir Erwin wieder trafen, holte er seinen Chef. Der leuchtete uns mit der Taschenlampe ab. Übersetz ihm, Erwin, rief Christa mit angstgepeitschter Stimme, übersetz ihm, daß zwei kleine Kinder drüben auf mich warten! Es war frei erfunden. Ich habe auch Kinder, sagte der Chef mit Donkosaken-Baß, ihr könnt gehen. Wir lagen dann, da Sperrstunde war, am Walde. Käuzchen schrien, hin und wieder der raschelnde Tritt von Grenzgängern. Es war kalt. Der Mond stand schief, und die Sterne flimmerten grünlich und rötlich auf. Einmal fiel eine Sternschnuppe.«

Der Zug fährt wieder an. Die Kellner flitzen mit schaukelnder Höflichkeit und beladenen Silberplatten durch den Gang. »Willst du noch mal Gemüse?« fragt Nick.

»Noch grauenhafter war die sechste Nacht. Auf dem Bahnhof in Erfurt. In der russischen Zone fuhren nämlich die Züge. Flüchtlinge mit Bündeln, zusammengefallene Geschöpfe, kleine, graue, schlappe Kinder, zu müde, um ungezogen zu sein. Ich saß auf meinem Rucksack auf einer Treppenstufe, die Knie knackten, die Wirbelsäule ächzte, der Kopf wie Blei so schwer. Um mich herum dröhnte der Lärm, kreiste und kreiste, formte sich zu einer Glocke ... Und dann Halle. Wir gelangten, auf Puffern sitzend, dorthin, überschüttet vom glühenden Aschenregen der Lokomotive. Die heimkehrenden Soldaten, hohlwangige Gespenster in schmutzigen Steppjacken, Schwären an Hals und Händen, die geschwollenen Füße mit Lappen umwickelt, Spuren von Ruhr entlang den Schienen. Oder unser Nachtquartier in Wittenberg. Wir lagen auf dem Zementboden eines Bunkers, alle Stunden von russischen Soldaten geweckt. Es passierte nichts. Aber dieses unbeschreibliche Gefühl des Ausgeliefertseins. Christa zitterte jedesmal so heftig, daß wir sie Zitterrochen nannten, obwohl sie das nicht komisch fand.«

Nick streichelt meine Hand. »Schau mal, wie modern und adrett die Fabrik dort drüben aussieht! Willst du einen Kognak?«

»Nach Berlin fuhren wir auf der Kante eines leeren Güterwagens. Erwins Frau hatte sich umgebracht, nachdem sie Kalmücken in die Hände gefallen war. Christas Vater lag im Sterben, eine der letzten Granaten hatte ihn getroffen, dazu Hungerödem. Wir kamen mit unseren Bauern-Rucksäcken für ihn zu spät. Meine Familie fand ich später in Hannover wieder. Wir wohnten in Christas Haus in Zimmern ohne Vorderwand, wie in einer Loggia. ›Sperlings Lust‹, hieß das in Berlin. Im Sommer ging es ja.«

»Das alles ist nun sieben Jahre her«, sagt Nick und bestellt sich einen Whisky.

204/30., 31.8.1952

Max Horkheimer
Wenn heute von Bildung gesprochen wird

Diejenigen unter Ihnen, welche heute ihr Studium beginnen, tun gut daran, für einen Augenblick darüber nachzudenken, was sie von diesem Studium sich erwarten. Im Vordergrund steht wohl zumeist der praktische Zweck, sich die Vorkenntnisse für bestimmte Berufe anzueignen, die akademischen und staatlichen Diplome zu erwerben, an deren Nachweis manche, ja allzu viele Laufbahnen heute gebunden sind. Zuweilen mag die Tradition der Familie eine Rolle spielen, der Umstand, daß freie und gelehrte Berufe in ihr heimisch sind, das Vorbild oder der Wille des Vaters, der Druck der Verhältnisse. Zu solchen Momenten tritt jedoch eine Vorstellung, die manche unter Ihnen vielleicht nicht sehr deutlich zu bezeichnen vermöchten, von der ich aber glaube, daß sie in verschiedenen Graden des Bewußtseins allen jungen Studenten eigen ist, auch wenn die Härte des Lebens sie davon abhält, sich ihr hinzugeben. Es ist der Gedanke, daß das Studium an der Universität nicht bloß bessere wirtschaftliche und gesellschaftliche Möglichkeiten erschließt, nicht bloß eine Karriere verspricht, sondern zur reicheren Entfaltung der menschlichen Anlagen, zu einer angemesseneren Erfüllung der eigenen Bestimmung die Gelegenheit bietet.

Der Begriff, der sogleich sich darbietet, wenn diese Vorstellung sich aussprechen will, ist der der Bildung. Erwarten Sie nicht, daß ich ihn definiere. Es gibt Bereiche, in denen es vor allem auf saubere und eindeutige Definitionen ankommt, und die Rolle von Definitionen in der Erkenntnis soll gewiß nicht unterschätzt werden. Wenn man aber dem Wesentlichen und Substantiellen nachgehen will, das in Begriffen sich anmeldet, dann muß man versuchen, des ihnen einwohnenden Lebens, ihrer Spannungen und Mehrdeutigkeiten inne zu werden, auf die Gefahr hin, daß man dabei auf Widersprüche stößt, ja, daß man sich selbst der Widersprüche schuldig macht. Definitionen mögen widerspruchslos sein, die Wirklichkeit aber, in der wir leben und die von den Begriffen getroffen werden soll, ist widerspruchsvoll. Eine Weise der Erkenntnis, die davon nicht Zeugnis ablegte, ließe ihrem Gegenstand selbst keine Gerechtigkeit widerfahren. Man soll nicht aus dem Bedürfnis intellektueller Sicherheit, nur um ja keinen Fehler zu begehen, mit Ideen wie mit Spielmarken hantieren, sich auf das definitorische Verfahren festlegen.

Seien Sie mißtrauisch gegen jenes übertriebene intellektuelle Sauberkeitsbedürfnis, das da bei jeder Diskussion vorweg verlangt, man müsse erst einmal genau wissen, was mit einem Begriff gemeint sei, ehe man ihn überhaupt verwenden könne. Der Prozeß der Klärung und Bestimmung der Begriffe ist nicht etwas, was der Erkenntnis vorangeht, die Begriffe sind nicht Instrumente, die man recht scharf schleifen muß, damit sie schneiden, sondern eben jener Prozeß vollzieht sich nur, indem Sie die Begriffe selber auf Gegenstände anwenden und Akte der urteilenden, inhaltlichen Erkenntnis selbst vollziehen.

Das gilt auch für den Begriff der Bildung. Er ist dem des Geformten verwandt. Ungebildet nennen wir gewöhnlich einen Menschen, wenn er uns als ungeschliffen erscheint, wenn er Natur darstellt, die nicht gesellschaftlich gestaltet, nicht gesellschaftlich vermittelt ist. Nicht nur das deutsche Wort »Bildung« weist auf Bilden, auf Formen eines Naturstoffes hin, sondern die meisten Ausdrücke in den verschiedensten Sprachen, welche die Sphäre überhaupt bezeichnen; so heißt das lateinische *eruditio*, der altüberlieferte Ausdruck gerade für die gelehrte Bildung, daß ein Mensch aus dem Zustand der Roheit herausgenommen sei; und das Wort »Kultur« selbst kommt von *colere*, pflegen, und bezieht sich ursprünglich auf den Ackerbau als eine regelmäßige und geordnete Praxis, der die blinde Produktivität des Bodens unterworfen ist. Bildung wäre danach die Umformung der ungeformten, primitiven Natur; der Mensch wird Herr über das, was ihm draußen und drinnen als befremdlich und bedrohlich erscheint. In der Bildung besteht Natur als solche fort, doch sie trägt die Züge der Arbeit, der menschlichen Gemeinschaft, der Vernunft. Je mehr eine Natur durch die Bedürfnisse der menschlichen Gemeinschaft geformt war und sich zugleich als Natur in dieser Form erhielt, wie im Brot der Geschmack des Korns, die Traube im Wein, der bloße Trieb in der Liebe, der Bauer im Bürger und Städter, desto mehr scheint der Begriff der Bildung im ursprünglichen Sinn erfüllt.

An solcher überkommenen Bestimmung des Begriffs Bildung heute festzuhalten, scheint uns aus vielen Gründen verwehrt. Ich weise nur auf einen einzigen hin: die Änderung in der Beziehung von Gesellschaft und Natur, die in den letzten hundert Jahren sich vollzogen hat. Die Lebensbereiche, die von der Gesellschaft unabhängig sind, das ist auch Ihnen bewußt, schrumpfen immer mehr zusammen. Es gibt nichts Unbetretenes mehr. Es sieht so aus, als wäre überhaupt kein Stückchen unerfaßter Natur mehr übrig, weder draußen noch drinnen. Symbolisch für das Draußen scheint mir ein Bericht aus Innerafrika, daß die dort dank vieler Schongesetze noch nicht ganz ausgerotteten wilden Tiere eine Störung der Flughäfen bildeten und die Sicherheit gefährdeten. Wir brauchen aber nicht an Afrika zu denken. In Europa, von Amerika ganz zu schweigen, erhält bald jedes Dorf genügend Elektrizität und Rundfunk, um seinen technischen Voraussetzungen nach in Kürze dem zu widersprechen, was die Neu-Romantik an Naturverbundenheit dort aufzuspüren behauptet.

Symbolisch für das Drinnen ist die Tendenz des Großbetriebes, die menschlichen Beziehungen bis ins kleinste zu regulieren. Nicht bloß werden Verkäuferinnen im Lächeln ausgebildet und der Betriebsleiter in Menschenbehandlung, sondern es wird gang und gäbe, das mühsam gelernte, wohl gar durch Psychotherapie bewirkte, unverpflichtende, neutrale Wesen, das durch Bekundung von Affekten sich keine Schwierigkeiten schafft und mit den Spielregeln der Gesellschaft auf gutem Fuße steht, als das Natürliche anzusehen – und das Natürliche in seiner Befangenheit als unnormal. In alldem kündigt sich ein Zustand an, in dem Natur von der Gesellschaft nicht bloß aufgesogen, sondern zunichte gemacht, nicht gehegt, sondern negiert, nicht als Wertvolles gepflegt, sondern als Material verwertet wird. Es ist, gegenüber dem früheren Wesen der Arbeit, der durch die Technisierung, den Industrialismus gesetzte Unterschied. Der Prozeß der Bildung ist in den der Verarbeitung umgeschlagen. Die Verarbeitung – und darin liegt das Wesen des Unterschieds – läßt dem Gegenstand keine Zeit, die Zeit wird reduziert. Zeit aber steht für Liebe; der Sache, der ich Zeit schenke, schenke ich Liebe; die Gewalt ist rasch. Man könnte also vertreten, dem Begriff der Bildung wäre im wörtlichsten Sinn seine Substanz dadurch entzogen worden, daß es nichts Ungebildetes, keine unbeherrschte Natur im menschlichen Bereich überhaupt mehr gibt, die zu bilden wäre, und daß es vielleicht eher darauf ankommt, an diese, an das noch nicht ganz von menschlicher Planung und Selbstdisziplin Bewältigte zu mahnen, als das Reich der Bildung auszudehnen, das ohnehin total zu werden scheint.

Die Ausmerzung der Natur, ihre Vernichtung zu bloßem Material, führt in die Krise der Bildung, von der so viel die Rede ist. Das alte lateinische Sprichwort, auch wenn man die Natur mit der Forke austriebe, sie kehre stets wieder – naturam expellas furca, semper revertitur –, gehört offenbar im Gegensatz zu dem, daß Handwerk einen goldenen Boden habe und daß der Krug so lange zum Brunnen gehe, bis er bricht, zu denjenigen, die noch nicht außer Kurs gesetzt sind. Die moderne Psychologie hat mit großem Nachdruck entwickelt, daß die unterdrückte Natur, die zivilisatorisch gewaltsam zurückgedrängten Triebe, nicht einfach verschwinden, sondern in andere Energien sich umsetzen, und zwar proportional zum Anwachsen des Drucks gerade in zerstörerische. Diese bedrohen den Bau selbst. Wenn ich es paradox ausdrücken soll, so produziert der industrielle Prozeß zugleich auch ein neues und vielleicht ungeahntes Maß an Barbarei. Dies gilt sowohl für den einzelnen Menschen unserer Zeit, hinter dessen beherrschter, selbstsicherer, routinierter Haltung nicht selten die destruktive, hämische, verzweifelte Geste bereitsteht, als von der ganzen Gesellschaft. Auch in dieser ist die Unbildung keineswegs auf ländliche Bezirke beschränkt, auf die der Begriff des Rohen ursprünglich von den mittelalterlichen Städtern gemünzt war.

Die fortgeschrittenen Schichten sind nicht die am wenigsten anfälligen. Man wird Zweifel daran hegen, ob ein Bauer aus dem neunzehnten Jahrhundert wirklich soviel ungebildeter war, als ein Jüngling es ist, der seine »Freizeit« – so nennt man das heutzutage – damit verbringt, sich in einem Strandbad systematisch braunbraten und dazu sein Radio dudeln zu lassen. Wenn auch die scheinheilige Ansicht, daß gerade das Ländliche und Bodenständige die Kultur garantiere, eine romantische und schließlich totalitäre Fälschung ist, so können wir darum der Humanität der Verkehrshauptstädte uns keineswegs für versichert halten. Die durch den eiligen Fortschritt sich verstockende Natur ist allenthalben bereit.

Wir müssen uns überhaupt hüten, jenen Prozeß der universalen Vergesellschaftung, jenes Geformt- und Erfaßtwerden eines jeglichen einzelnen durch die Totalität, allzu buchstäblich und simpel uns vorzustellen. Gerade das Tempo, das die technische Entwicklung und mit ihr die Durchorganisierung der Gesellschaft während der letzten Dezennien angenommen hat, bewirkte, daß immer weitere Sektoren des Lebens und der Menschen in diesen Prozeß hineingerissen wurden, die ihrer eigenen geschichtlichen Entwicklung nach nicht reif dazu waren. Unendlich viel Krudes und Ungeformtes wird von der allgegenwärtigen Formung dünn übersponnen. Der Widerspruch zwischen diesem Übersponnensein und dem Darunterliegenden, im weiten Maße Formlosen, hat seine verhängnisvollen Aspekte: Die alten traditionalistischen Bildungselemente werden aufgelöst, ohne daß der neue Zustand des Geistes bereits am Bewußtseinsstand der Subjekte seine Stütze hätte, und so wächst tatsächlich heran, was Spengler den modernen Höhlenmenschen nannte.

Wenn wir heute von der Problematik der Bildung, ihrem Umschlag ins Gegenteil, sprechen, dürfen wir dabei nicht den Rückstand des Ungebildeten, Nichtmitgekommenen, im buchstäblichen Sinn Rohen, vergessen, der von der jüngsten Phase der Zivilisation mitgeschleppt, jedoch keineswegs der eigenen Substanz nach durchdrungen ist. Die geistige Urteilsfähigkeit der Bevölkerung, die in so schreiendem Mißverhältnis zum hohen Stand der Wissenschaften und der Technologie sich befindet, die Versuchung zum Betrug, den dieser intellektuelle Zustand der Massen ständig für skrupellose Mächtige bedeutet, sind gerade den industriell fortgeschrittensten Völkern gemeinsam, und die jüngste Geschichte kennt die Folgen, die in der zugleich totalen und oberflächlichen Vergesellschaftung des modernen Lebens angelegt sind. Lassen Sie uns hoffen, daß Ihre Generation nicht noch weitere und neue zu tragen hat, daß sie die Kraft – und vor allem die Zeit – findet, Einsicht zu gewinnen in das Wesen des anscheinenden Verhängnisses, und schließlich die Macht, es abzuwenden, ehe sie in es hineingezogen wird. Das ist die Bildungsaufgabe, zu der wir gegenwärtig, an deutschen Universitäten, aufgerufen sind.

276/22./23.11.1952

Theodor Heuss

»Tapfer gegenüber der Wahrheit«. Ansprache bei der Einweihung des Mahnmals in Bergen-Belsen

Verehrte Anwesende!
Als ich gefragt wurde, ob ich heute, hier, aus diesem Anlaß ein Wort zu sagen bereit sei, habe ich ohne lange Überlegung mit Ja geantwortet. Denn ein Nein der Ablehnung, der Ausrede, wäre mir als eine Feigheit erschienen, und wir Deutschen wollen, sollen und müssen, will mir scheinen, tapfer zu sein lernen gegenüber der Wahrheit, zumal auf einem Boden, der von den Exzessen menschlicher Feigheit gedüngt und verwüstet wurde. Denn die bare Gewalttätigkeit, die sich mit Karabiner, Pistole und Rute verziert, ist in einem letzten Winkel

immer feige, wenn sie, gut gesättigt, drohend und mitleidlos, zwischen schutzloser Armut, Krankheit und Hunger herumstolziert.

Wer hier als Deutscher spricht, muß sich die innere Freiheit zutrauen, die volle Grausamkeit der Verbrechen, die hier von Deutschen begangen wurden, zu erkennen. Wer sie beschönigen oder bagatellisieren wollte oder gar mit der Berufung auf den irregegangenen Gebrauch der sogenannten »Staatsraison« begründen wollte, der würde nur frech sein.

Aber nun will ich etwas sagen, das manchen von Ihnen hier erstaunen wird, das Sie mir aber, wie ich denke, glauben werden, und das mancher, der es am Rundfunk hört, nicht glauben wird: Ich habe das Wort Belsen zum ersten Male im Frühjahr 1945 aus der BBC gehört, und ich weiß, daß es vielen in diesem Lande ähnlich gegangen ist. Wir wußten – oder doch ich wußte – Dachau, Buchenwald bei Weimar, Oranienburg, Ortsnamen bisher heiterer Erinnerungen, über die jetzt eine schmutzig-braune Farbe geschmiert war. Dort waren Freunde, dort waren Verwandte gewesen, hatten davon erzählt. Dann lernte man früh das Wort Theresienstadt, das am Anfang sozusagen zur Besichtigung durch Neutrale präpariert war, und Ravensbrück. An einem bösen Tag hörte ich den Namen Mauthausen, wo sie meinen alten Freund Otto Hirsch »liquidiert« hatten, den edlen und bedeutenden Leiter der Reichsvertretung deutscher Juden. Ich hörte das Wort aus dem Munde seiner Gattin, die ich zu stützen und zu beraten suchte. Belsen fehlte in diesem meinem Katalog des Schreckens und der Scham, auch Auschwitz.

Diese Bemerkung soll keine Krücke sein für diejenigen, die gern erzählen: Wir haben von alledem nichts gewußt. Wir haben von den Dingen gewußt. Wir wußten auch aus den Schreiben evangelischer und katholischer Bischöfe, die ihren geheimnisreichen Weg zu den Menschen fanden, von der systematischen Ermordung der Insassen deutscher Heilanstalten. Dieser Staat, dem menschliches Gefühl eine lächerliche und kostenverursachende Sentimentalität hieß, wollte auch hier tabula rasa – »reinen Tisch« – machen, und der reine Tisch trug Blutflecken, Aschenreste – was kümmerte das? Unsere Phantasie, die aus der bürgerlichen und christlichen Tradition sich nährte, umfaßte nicht die Quantität dieser kalten und leidvollen Vernichtung.

Dieses Belsen und dieses Mal sind stellvertretend für ein Geschichtsschicksal. Es gilt den Söhnen und Töchtern fremder Nationen, es gilt den deutschen und ausländischen Juden, es gilt auch dem deutschen Volke und nicht bloß den Deutschen, die auch in diesem Boden verscharrt wurden.

Ich weiß, manche meinen: War dieses Mal notwendig? Wäre es nicht besser gewesen, wenn Ackerfurchen hier liefen und die Gnade der sich ewig verjüngenden Fruchtbarkeit der Erde verzeihe das Geschehene? Nach Jahrhunderten mag sich eine vage Legende vom unheimlichen Geschehen an diesen Ort heften. Gut, darüber mag man meditieren; und Argumente fehlen nicht, Argumente der Sorge, daß dieser Obelisk ein Stachel sein könne, der Wunden, die der Zeiten Lauf heilen solle, das Ziel der Genesung zu erreichen nicht gestatte.

Wir wollen davon in allem Freimut sprechen. Die Völker, die hier die Glieder ihres Volkes in Massengräbern wissen, gedenken ihrer, zumal die durch Hitler zu einem volkhaften Eigenbewußtsein schier gezwungenen Juden. Sie werden nie, sie können nie vergessen, was ihnen angetan wurde; die Deutschen dürfen nie vergessen, was von Menschen ihrer Volkszugehörigkeit in diesen schamreichen Jahren geschah.

Nun höre ich den Einwand: Und die anderen? Weißt du nichts von den Internierungslagern 1945/46 und ihren Roheiten, ihrem Unrecht? Weißt du nichts von den Opfern in fremdem Gewahrsam, von dem Leid der formalistisch-grausamen Justiz, der heute noch deutsche Menschen unterworfen sind? Weißt du nichts von dem Fortbestehen der Lagermißhandlung, des Lagersterbens in der Sowjetzone, Waldheim, Torgau, Bautzen? Nur die Embleme haben sich dort gewandelt.

Ich weiß davon und habe nie gezögert, davon zu sprechen. Aber Unrecht und Brutalität der anderen zu nennen, um sich darauf zu berufen, das ist das Verfahren der moralisch Anspruchslosen, die es in allen Völkern gibt, bei den Amerikanern so gut wie bei den Deutschen oder den Franzosen und so fort. Es ist kein Volk besser als das andere, es gibt in jedem solche und solche. Amerika ist nicht »God's own country«, und der harmlose Emanuel Geibel hat einigen subalternen Unfug verursacht mit dem Wort, daß am deutschen Wesen noch einmal die Welt genesen werde.

Und waren die Juden das »auserwählte Volk«, wenn sie nicht gerade auch zu Leid und Qual auserwählt waren? Mir scheint, der Tugendtarif, mit dem die Völker sich selber ausstaffieren, ist eine verderbliche und banale Angelegenheit. Er gefährdet das klare, anständige Vaterlandsgefühl, das jeden, der bewußt in seiner Geschichte steht, tragen wird, das dem, der die großen Dinge sieht, Stolz und Sicherheit geben mag, ihn darum aber nicht in die Dumpfheit einer pharisäerhaften Selbstgewißheit verführen darf. Gewalttätigkeit und Unrecht sind keine Dinge, die man für eine wechselseitige Kompensation gebrauchen soll und darf. Denn sie tragen die böse Gefahr in sich, im seelischen Bewußtsein sich zu kumulieren; ihr Gewicht wird zur schlimmsten Last im Einzelschicksal, ärger noch, im Volks- und Völkerschicksal. Alle Völker haben ihre Rachebarden oder, wenn diese ermüdet sind, ihre Zweckpublizisten in Reserve.

Es liegen hier die Angehörigen mancher Völker. Die Inschriften sind vielsprachig, sie sind ein Dokument der tragischen Verzerrung des europäischen Schicksals. Es liegen hier auch viele deutsche Opfer des Terrors, und wie viele am Rande anderer Lager? Aber es hat einen tiefen Sinn, daß Nahum Goldmann hier für alle sprach. Denn hier, in diesem Belsen, sollten gerade die Juden, die noch irgendwo greifbar waren, vollends verhungern oder Opfer der Seuchen werden. Goldmann hat von dem schmerzvollen Weg des jüdischen Volkes und seiner den Geschichtskatastrophen trotzenden Kraft gesprochen. Sicher ist das, was zwischen 1933 und 1945 geschah, das Furchtbarste, was die Juden der Geschichte gewordenen Diaspora erfuhren. Dabei war etwas Neues geschehen. Goldmann sprach davon. Judenverfolgungen kennt die Vergangenheit in mancherlei Art. Sie waren ehedem teils Kinder des religiösen Fanatismus, teils sozialökonomischer Konkurrenzgefühle. Von religiösem Fanatismus konnte nach 1933 nicht die Rede sein. Denn den Verächtern der Heiligen Schriften des Alten und des Neuen Bundes, den Feinden aller religiösen Bindungen war jedes metaphysische Problem denkbar fremd. Und das Sozialökonomische reicht nicht aus, wenn man nicht bloß an Raubmord denkt.

Aber das war es nicht allein. Im Grunde drehte es sich um etwas anderes. Der Durchbruch des biologischen Naturalismus der Halbbildung führte zur Pedanterie des Mordens als schier automatischer Vorgang, ohne das bescheidene Bedürfnis nach einem bescheidenen quasi-moralischen Maß. Dies gerade ist die tiefste Verderbnis dieser Zeit. Und dies ist unsere Scham, daß sich solches im Raum der Volksgeschichte vollzog, aus der Lessing und Kant, Goethe und Schiller in das Weltbewußtsein traten. Diese Scham nimmt uns niemand, niemand ab.

Mein Freund Albert Schweitzer hat seine kulturethische Lehre unter die Formel gestellt: »Ehrfurcht vor dem Leben«. Sie ist wohl richtig, so grausam paradox die Erinnerung an dieses Wort an einem

Orte klingen mag, wo es zehntausendfach verhöhnt wurde. Aber bedarf sie nicht einer Ergänzung: »Ehrfurcht vor dem Tode?«

Ich will eine kleine Geschichte erzählen, die manchen Juden und manchen Nichtjuden mißfallen mag. Von beiden Seiten werden sie sagen: Das gehört doch nicht hierher! Im ersten Weltkrieg sind 12 000 junge Menschen jüdischen Glaubens für die Sache ihres deutschen Vaterlandes gefallen. Im Ehrenmal meiner Heimatstadt waren auch sie in ehernen Lettern mit den Namen aller anderen Gefallenen eingetragen. Kamerad neben Kamerad, »als wär's ein Stück von mir«. Der nationalsozialistische Kreisleiter ließ die Namen der jüdischen Toten herauskratzen und den Raum der Lücken mit irgendwelchen Schlachtennamen ausfüllen. Ich spreche davon nicht, weil Jugendfreunde von mir dabei ausgewischt wurden. Das war mein schlimmstes Erkennen und Erschrecken, daß die Ehrfurcht vor dem Tode, dem einfachen Kriegstode, untergegangen war, während man schon an neue Kriege dachte.

Das Sterben im Kriege, am Kriege hat dann die furchtbarsten Formen gewählt. Auch hier an diesem Ort Belsen hat der Krieg dann mit Hunger und Seuchen als kostenlosen Gehilfen zur Seite gewütet. Ein zynischer Bursche, ein wüster Gesell möchte sagen: In der Hauptsache waren es ja bloß Juden, Polen, Russen, Franzosen, Belgier, Norweger, Griechen und so fort. Bloß? Es waren Menschen wie du und ich, sie hatten ihre Eltern, ihre Kinder, ihre Männer, ihre Frauen! Die Bilder der Überlebenden sind die schreckhaftesten Dokumente.

Der Krieg war für dieses Stück Land hier im April 1945 vorbei. Aber es wurde als Folge von Hunger und Seuchen weitergestorben. Britische Ärzte haben dabei ihr Leben verloren. Aber ich bin in den letzten Tagen von hervorragender jüdischer Seite gebeten worden, gerade in dieser Stunde auch ein Wort von diesem Nachher zu sagen, von der Rettungsleistung an den zum Sterben bestimmten Menschen, die durch deutsche Ärzte, durch deutsche Pfleger und Schwestern im Frühjahr und Frühsommer 1945 vollbracht wurden. Ich wußte von diesen Dingen nichts. Aber ich ließ mir erzählen, wie damals vor solchem Elend Hilfswille bis zur Selbstaufopferung wuchs, ärztliches Pflichtgefühl, Scham, vor solcher Aufgabe nicht zu versagen, christliche, schwesterliche Hingabe an den Gefährdeten, der eben immer »der Nächste« ist. Ich bin dankbar dafür, daß mir dies gesagt und diese Bitte ausgesprochen wurde. Denn es liegt in dieser Bewährung des unmittelbar Rechten und Guten doch ein Trost.

In den Worten des englischen Land Commissioners ist Rousseau berufen worden. Rousseau beginnt eines seiner Bücher mit der apodiktischen Erklärung: »Der Mensch ist gut«. Ach, wir haben gelernt, daß die Welt komplizierter ist als die Thesen moralisierender Literaten. Aber wir wissen auch dies: Der Mensch, die Menschheit ist eine abstrakte Annahme, eine statistische Feststellung, oft nur eine unverbindliche Phrase; aber die Menschlichkeit ist ein individuelles Sich-Verhalten, ein ganz einfaches Sich-Bewähren gegenüber dem anderen, welcher Religion, welcher Rasse, welchen Standes, welchen Berufes er auch sei. Das mag ein Trost sein.

Da steht der Obelisk, da steht die Wand mit den vielsprachigen Inschriften. Sie sind Stein, kalter Stein. Saxa loquuntur, Steine können sprechen. Es kommt auf den einzelnen, es kommt auf dich an, daß du ihre Sprache, daß du diese ihre besondere Sprache verstehst, um deinetwillen, um unser aller willen!

288/6./7.12.1952

1953

12.1. In Bordeaux wird der Prozeß gegen Mitglieder der SS-Division »Das Reich« wegen des Massakers in Oradour (am 10.7.1944) eröffnet.

26.1. Die durchschnittliche tägliche Rate an Flüchtlingen, die über den Ostsektor Berlins in den Westen kommen, wird mit 2000 Menschen beziffert.

27.2. Im Londoner Schuldenabkommen erkennt die BRD eine Zahlungsverpflichtung von 14,3 Milliarden DM an.

5.3. Josef W. Stalin, Führer der Sowjetunion, gestorben. Malenkow wird sein Nachfolger als Vorsitzender des Ministerrats (1955 Bulganin), Nikita Chruschtschow als Sekretär des ZK der kommunistischen Partei. Berija, der berüchtigte langjährige Chef des Geheimdienstes, wird erschossen.

16.,17.3. Arbeiteraufstand in der DDR. Niederschlagung durch Panzer der Roten Armee, Todesurteile und Haftstrafen gegen viele Aufständische. Die Erhöhung der Arbeitsnormen wird zurückgenommen.

7.4. Erster offizieller Besuch Adenauers in Washington.

9.4. Kulturabkommen zwischen den USA und der BRD unterzeichnet.

19.5. Das Bundesvertriebenengesetz regelt die rechtliche Eingliederung der Vertriebenen und Flüchtlinge.

2.6. Krönung der 27jährigen Thronfolgerin Elizabeth aus dem Hause Windsor in der Westminster Abbey zur Königin von Großbritannien und Nordirland.

19.6. Die angeblichen Atomspione Julius und Ethel Rosenberg werden in Sing-Sing auf dem elektrischen Stuhl hingerichtet.

6.9. Wahlen zum zweiten Bundestag. Große Mehrheit für die CDU/CSU, Adenauer als Bundeskanzler wiedergewählt.

27.10. Hans Globke, in der Nazizeit im Innenministerium tätig und Verfasser eines Kommentars zu den Nürnberger Rassegesetzen, wird Staatssekretär im Bundeskanzleramt.

Schafft neue Perspektiven!
Eine Literatur-Prognose deutscher Schriftsteller

KASIMIR EDSCHMID

Ich glaube:

daß der Dämonenkult und die Verherrlichung der Angst in unserer Zeit eine Mode geworden ist;

daß vergangene Epochen nicht weniger Grund hatten, sich vor Kriegen, Seuchen und Zusammenbrüchen zu fürchten als die heute lebende Menschheit;

daß diese These leicht zu beweisen ist, wenn auch nicht auf beschränktem Raum;

daß trotz radikal zerstörter Städte, trotz Vernichtung von Staaten und Völkern, trotz phönizischen, sarazenischen, mongolischen Angriffen auf das Abendland Europa immer entschlossen positiv gehandelt und gedacht hat. Und daß meine Hoffnung dahin geht, daß auch die Literatur wieder zu einer gelassenen Heiterkeit zurückfindet, die selbstbewußt und weise ist.

RUDOLF HAGELSTANGE

Ich würde mir wünschen, daß die abendländische Literatur sich nicht mehr bei der angelegentlichen Betrachtung ihres eigenen Nabels aufhielte, als unbedingt nötig ist. Ich wünschte mir, daß sie weit weniger im Stilistischen auf die Schreibweise, zum Beispiel der Amerikaner, achtete als vielmehr auf die weltoffene Thematik, die den besten Yankees eigen ist. Das gilt wohl nicht nur für den Roman, sondern ebenso auch für das Drama.

Der Begriff »abendländisch« ist dabei freilich etwas verschwommen. Die literarische Situation der europäischen Länder unterscheidet sich gewiß in vielfacher Hinsicht. Aber in einem Punkte berühren sich die Literaturen vielleicht: sie sprechen zuviel vom Gewesenen und Gegenwärtigen und zuwenig vom Zukünftigen oder Beständigen. Mit dem Zukünftigen meine ich nicht die Utopie, sondern das Zukunftsträchtige. Pessimismus ist nicht weniger flach als Optimismus.

Die Literatur hat nicht unzulängliche Philosophie zu sein, sondern gestaltetes Motiv. Resignation kann eine edle Haltung sein, die weckt und fördert. Als Weltanschauung führt sie ins fruchtlose Lamento. Schafft neue Perspektiven!

ERNST HEIMERAN

Goethe sagte einmal, die Deutschen hätten sehr viele literarische Talente, die aber beständig das Thema verfehlten. So könnte er heute zur ganzen abendländischen Literatur sprechen, und ich hoffe daher, daß sich diese darauf besinnt, daß das richtige Thema für jeden Schriftsteller nur das ist, von dem er innerlich erfüllt ist, nicht eines, das man ihm als zeitgenössisch (oder gar politisch) einredet, und schon gar nicht eines, das er spekulativ ergreift, um damit Ruhm oder Geld zu erwerben. Dies aber tun die allermeisten, und wo diese Verlogenheit nicht aufhört, da ist nichts Bleibendes zu erwarten.

HANS ERICH NOSSACK

Als Schriftsteller kann man eigentlich nur sagen: Was für ein Buch erwarte ich von mir?

Nun gut. Wir hatten in den letzten Jahren Grund genug, unsere sogenannte Wirklichkeit zu bezweifeln. Nichts scheint mir heute erstaunlicher zu sein, als daß wir trotz dieser selbstzerstörerischen Haltung noch da sind. Ob es nicht an der Zeit ist, sich zu dieser ganz schlichten Tatsache zu bekennen, und zwar ohne restaurative Schönfärberei, sondern eher wie ein Rekonvaleszent, der sich vorher für kugelfest hielt und den seine Krankheit bescheidener und dankbarer dem Leben gegenüber gemacht hat, an dem er trotz allem noch teilnehmen darf? Möge ein anderer Abendländer ein solches Buch schreiben, da ich vielleicht zu verdorben bin, um diesen Wunschtraum verwirklichen zu können.

LUISE RINSER

Ich erwarte, daß die abendländische Literatur sich abwenden wird von den »Trümmern«, daß sie es aufgibt, nur Verfall zu sehen und Zerstörung, daß sie den Mut zum Positiven gewinnt, daß sie den Ansatz neuer Ordnungen zu erkennen vermag, oder, wenn sie ihn nicht zu erkennen vermag, ihn von sich aus zu setzen wagt; daß sie alle »heißen Eisen« anfassen wird, das heißt: die großen religiösen und sozialen

Probleme unserer Zeit, und daß sie sich ihrer außerordentlichen Verantwortlichkeit wieder bewußt wird.

Aber dies alles wird wenig nützen, wenn nicht einige wirklich starke künstlerische Potenzen sich erheben, »Naturen« (um mit Goethe zu reden), fernab von aller Intellektualität und Nachahmungssucht, zugleich gescheit und naiv.

Solche Dichter, und seien es nur zwei oder drei, wünsche ich der abendländischen Literatur, dann wird sie nicht untergehen.

WERNER VON DER SCHULENBURG

Ich erwarte ein paar gut geschriebene Romane, die sich mit der Seele des Menschen beschäftigen, in einem interessanten Milieu spielen, aber Krieg und weltanschauliche Betrachtungen vermeiden. Von diesen Gebieten haben wir mehr als genug gehört; sie machen das Kunstwerk zu einer Tendenzschrift, umgehen aber allzu häufig das eigentliche Wesen der Kunst, das Schöpferische.

Obgleich ich als Bühnenautor früher große Erfolge gehabt habe, interessiert mich das Theater heute nicht mehr. Das deutsche Theater vermeidet ja bekanntlich die Aufführung lebender deutscher Autoren, und deshalb kann ich für seine Bestrebungen keine Sympathie aufbringen. Ich erwarte von ihm nichts weiter als die Darstellung von Übersetzungen. Die ausländischen Theater kenne ich nicht.

Die Lyrik, die hoch entwickelt ist, wird wahrscheinlich noch einige beachtenswerte Leistungen zeitigen.

WALTER JENS

Ich erwarte von der abendländischen Literatur, daß sie – endlich – wirklich abendländisch sein wird, daß sie aufhört, drittklassige amerikanische Romane und Dramen als vorbildlich anzusehen; daß sie sich auf sich selbst besinnt, statt einen ihrer nicht würdigen Kult des Ungebrochen-Primitiven, eine Anbetung des Bizeps amerikanischer Provenienz zu pflegen. Sie soll nicht bei den mißratenen Enkeln, sondern bei den Vätern lernen: nicht bei Tennessee Williams, sondern bei Strindberg, nicht bei Frederick Buechner, sondern bei Sigmund Freud. (Die hysterische Anbetung von Werken, die nur abgeschriebene Aufsätze aus unseren eigenen Gesetzesbüchern sind, hindert uns außerdem, das wahrhaft Große, das die Neue Welt zu bieten hat, recht zu erkennen: etwa Hemingways »The Old Man and the Sea«.)

Ich erwarte, daß sich die abendländische Literatur auf ihr gemeinsames Erbe besinnt statt in nationaler und provinzieller Eigenbrötelei zu machen. Ich erwarte vor allem, daß die abendländische Prosa den Rang wieder gewinnt, den sie einmal, als Robert Musil noch lebte, besaß.

Der abendländischen Literatur ist ein Thema aufgegeben, das nur sie allein gestalten kann: Wert und Würde des Menschen der Spätzeit. Die abendländische Literatur wird im nächsten und den kommenden Jahren den Stil finden müssen, der diesem Thema adäquat ist: kunstvoll und klug, im Zeichen dreitausendjähriger Kultur und doch so einfach und zwingend wie am Anfang.

ERNST KREUDER

Es hat den Anschein, daß heute nur noch in der Lyrik künstlerische Entdeckungen gemacht werden. Eine abendländische Literatur von Rang sollte sich nicht zu entscheiden haben zwischen dem thematischen Wurf und dem sprachlichen Kunstwerk, sie sollte beides in ihren Werken vereinen. – Wenn Dichtkunst noch einen Sinn hat, dann diesen, den einzelnen zur metaphysischen Entscheidung zu führen. Das bedeutet, ihn in seinem Verhalten zu ermutigen, das durch die alten dichterischen Einsichten bestimmt werden sollte: Wir haben den Lebensgrund verloren, Mächte, Wesenheiten und »Götter« haben sich uns entzogen, wir haben die Wirklichkeit vergrämt mit dem Erfolg, daß uns die elementarische Wirklichkeit flieht, eine überkonfessionelle, »religiöse« Verpflichtung ist daher nötig. Nur so darf Nietzsches Wort von der Kunst als der vielleicht »letzten metaphysischen Tätigkeit des Menschen« gedeutet werden.

HORST LANGE

Ich erwarte nichts, aber ich erhoffe mir einiges.

Zunächst: eine fortschreitende Überwindung der Reportage, die, besonders in Deutschland und gefördert durch das Prinzip der illustrierten Zeitschriften, um jeden Preis aktuell zu sein und den herrschenden Zeitströmungen keinerlei Widerstand entgegenzusetzen, die Wirkungsmöglichkeiten des »echten« Romans aufs stärkste einengt. (Beispiel Pliviers »Moskau«, ein Buch, das, so geschickt es auch gemacht ist, in zahllosen Details nicht stimmt!)

Zweitens: eine Verringerung der politischen und konfessionellen Last, die gegenwärtig auf der Literatur liegt (siehe das Gesetz der

Bundesrepublik »Gegen Schmutz und Schund«) und sie in solche Bahnen ablenken möchte, die mit Notwendigkeit in einer Art von neuem Biedermeier enden müßten.

Drittens: ein Auftauchen junger und starker Begabungen aus jener Generation, die den Krieg noch am eigenen Leib erlebt hat.

20/24./25.1.1953

Ossip Kalenter
Späte Lesung aus eigenen Werken

Der Schriftsteller war schon sehr alt. Nur selten kaufte man eines seiner Bücher. Sie standen in den Regalen der Buchhandlungen, unberührt und verstaubt; und man hätte nicht einmal sagen können, daß er vergessen war; er war nie sehr bekannt gewesen, und der laute Erfolg war ihm versagt geblieben. Wer hätte auch Bücher kaufen sollen, die so stille und unauffällige Titel trugen wie »Hinterm Berg«, »Friedliche Streiter« oder »Goldene Abendsonne«?

Und nun, da er schon weißes, schütteres Haar hatte, nun endlich war der Erfolg gekommen: in Gestalt eines Briefes der Literarischen Gesellschaft seiner Heimatstadt, die ihn einlud, einen Vortragsabend aus eigenen Werken zu geben.

Die Literarische Gesellschaft bat ihn, die Adressen von Interessenten anzugeben, von Freunden und Bekannten, die man zu seinem Abend einladen könnte; und die nächsten Tage verbrachte er damit, während er das Programm für seine Vorlesung zusammenstellte, eine Liste mit Namen aufzusetzen, deren er sich erinnerte und die ihm lieb und teuer oder zumindest vertraut waren von dieser oder jener Begegnung her – bis zu dem Zeitpunkte, da seine Vereinsamung begonnen hatte. Den Übersetzer Franziskus Falk ließ er einladen, die feine, kritische, kühle Pianistin Maria Kämmerer, an die er schon jahrelang nicht mehr geschrieben hatte, den büchersammelnden Dr. Hohlbaum – nicht zu vergessen die einzige, die ihn je um ein Autogramm gebeten hatte: Frau Therese Vonderwies – und so war bald eine Liste von dreißig Namen beisammen.

Der Abend kam heran. Der Schriftsteller legte seinen dunklen Anzug an, räusperte sich noch einmal vorm Spiegel und ging zu dem Lokal, in dem die Vorlesung stattfinden sollte. Es war ein Lokal in der Altstadt. Am Eingang roch es nach Braten, Zwiebeln und kalten Pommes frites. Im Restaurant empfing ihn der Präsident der Literarischen Gesellschaft, ein noch verhältnismäßig junger Mann mit freundlichem Gesicht, rosigen Backen und einer goldbügelgehaltenen Hornbrille, seines Zeichens Bibliothekar an der Städtischen Museumsbibliothek. Der jugendliche Präsident und der alte Schriftsteller wechselten einige verlegene Höflichkeiten und tranken, zur Anfeuerung und Hebung der Stimmung, einen Cognac, der dem Schriftsteller (der kaum je Alkoholisches trank) gräßlich die Schleimhäute ätzte. Dann begaben sie sich, die hohe, schmale und wenig beleuchtete Holzstiege hinauf, in den Gesellschaftssaal, der ebenfalls halb im Dunklen lag und den der Schriftsteller – so aufgeregt war er – kaum wahrnahm.

Es schien ein alter, nicht sehr großer, holzgetäfelter Saal zu sein, stellte er fest, als er im engen Lichtkreis der Lampe am Vortragstisch saß und nicht aufzublicken wagte, während der junge Bibliothekar, leise und merkwürdig tonlos, die einleitenden Worte sprach. Der Einführende verstummte, und nun war er an der Reihe. Und er begann: »Ich lese zunächst…«

Er las ein Kapitel aus dem Roman »Hinterm Berg«, den er damals, als junger Mensch, in einem herrlichen, verheißungsvollen Sommer im Hochgebirge geschrieben hatte. Dann einen Abschnitt aus den »Friedlichen Streitern«, in dem seine Auffassung von Leben und Welt, Historie und Gegenwart – freilich schon ein wenig gestriger Gegenwart – enthalten war: ein rundes, schönes Bekenntnis zur Humanität, wie sie Geister wie Boethius, Komenský und Keller aufgefaßt hatten.

Er saß wie in einer Mandorla: um ihn her hätte vorgehen können, was wollte, es hätte ihn nicht berührt. Es kam ihm vor, als ob er allein im Saal wäre, nicht anders, als läse er sich selber seine Geschichten vor (wie er es manchmal an seinen einsamen Abenden tat, wenn er den Wortlaut und den Klang des Geschriebenen prüfte)… Und als er sich am Ende erhob, um den Applaus entgegenzunehmen, und zum erstenmal in den Saal blickte, merkte er, daß er tatsächlich allein war. Er hatte vor leeren Stuhlreihen gelesen. Einzig der Präsident der Literarischen Gesellschaft saß neben ihm und stammelte nun etwas, das die Situation erklären und entschuldigen sollte. Die Mitglieder der Gesellschaft, meist junge Leute, seien offenbar nicht gekommen, weil der Name des alten Schriftstellers ihnen unbekannt war. Bis zuletzt habe er jedoch gehofft, der oder jener werde noch kommen. Darum habe er angefangen und die einführenden Worte gesprochen, obwohl niemand da war...

»Und die Einladungen, die Sie nach meiner Liste verschickt haben? Ist denn niemand auf die Einladungen erschienen?« fragte der Schriftsteller bekümmert.

»Die Einladungen«, sagte der Präsident und senkte die Augen hinter der goldbügelgehaltenen Hornbrille, »sind leider zurückgekommen. Sie trugen – bis auf einige, auf denen ›Unbekannt‹ stand – alle den Vermerk: ›Adressat verstorben‹...«

26/31.1./1.2.1953

Heinrich Böll

Lieder an Theodora. Eine Erzählung

Immer, wenn ich die Bengelmannstraße entlanggehe, muß ich an Bodo Bengelmann denken, dem die Akademie den Rang eines Unsterblichen zuerkannt hat. Auch wenn ich nicht die Bengelmannstraße betrete, denke ich oft an Bodo, aber immerhin: sie geht von Nummer 1 bis 678, führt aus dem Zentrum der Stadt, an den Leuchtreklamen der Bars vorbei bis ins ländliche Gefilde, wo die Kühe abends brüllend darauf warten, an die Tränke geführt zu werden. Diese Straße trägt Bodos Namen quer durch die Stadt, in ihr liegt das Pfandhaus, ich gehe oft in »Beckers billigen Laden«, oft genug, um an Bodo erinnert zu werden.

Wenn ich dem Beamten des Leihhauses meine Uhr über die Theke schiebe, er die Lupe vor die Augen klemmt, die Uhr taxiert, sie mit einem verächtlichen »Vier Mark« über die Theke zurück auf mich zuschiebt; wenn ich dann geknickt, den Zettel unterschrieben, die Uhr wieder über die Theke geschoben habe; wenn ich zur Kasse schlendere und dort warte, bis die Rohrpost meinen Pfandschein herüberbringt, habe ich Zeit genug, an Bodo Bengelmann zu denken, mit dem ich oft genug an dieser Kasse gestanden habe. Bodo hatte eine alte Remington-Schreibmaschine – auf der er seine Gedichte – mit jeweils vier Durchschlägen – ins reine schrieb. Fünfmal haben wir vergeblich versucht, auf diese Maschine ein Darlehen des Städtischen Leihhauses zu bekommen. Die Maschine war zu alt, klapperte und ächzte, und die Verwaltung des Leihhauses blieb hart, vorschriftsmäßig hart. Bodos Großvater, der Eisenhändler, Bodos Vater, der

Steuerberater, Bodo selbst, der Lyriker – drei Generationen von Bengelmanns hatten zu oft auf dieser Maschine herumgehämmert, als daß sie eines städtischen Darlehens (monatlich 2 Prozent) würdig gewesen wäre.

Jetzt freilich gibt es eine Bengelmann-Gedächtnisstätte, in der man einen rötlichen zerkauten Federhalter aufbewahrt, der unter Glas liegt, mit der Aufschrift versehen: »Die Feder, mit der Bodo Bengelmann schrieb.«

Tatsächlich hat Bodo nur zwei von seinen fünfhundert Gedichten mit diesem Federhalter geschrieben, den er seiner Schwester Lotte aus dem Ledermäppchen stahl. Die meisten seiner Gedichte schrieb er mit Tintenstift, manche direkt in die Maschine, die wir an einem Tage äußerster Depression für ihren bloßen Schrottwert von sechs Mark achtzig einem Mann verkauften, der Heising hieß und nichts von der unsterblichen Lyrik ahnte, die ihr entquollen war. Heising wohnte in der Humboldtstraße, lebte vom Althandel und ist von Bodo in dem Gedicht »Kammer des kauzigen Krämers« verewigt worden.

So ist Bodos wirkliches Schreibgerät nicht in der Bengelmann-Gedächtnisstätte zu finden, sondern dieser Federhalter, der die Spuren von Lotte Bengelmanns Zähnen zeigt.

Heute lebt Lotte vom lyrischen Ruhm ihres Bruders; sie hat zwar einen Mann geheiratet, der Hosse heißt, nennt sich aber nur »Bodo Bengelmanns Schwester«. Sie war immer gemein. Sie verpetzte Bodo, wenn er dichtete, denn Dichten gehörte zu den Dingen, die man bei Bengelmanns für zeitraubend, deshalb überflüssig hielt.

Bodos Qual war groß. Es drängte ihn einfach, war sein Fluch, reine Poesie von sich zu geben. Aber immer, wenn er dichtete, Lotte entdeckte es, ihre kreischende Stimme ertönte im Flur, in der Küche, sie rannte triumphierend in Herrn Bengelmanns Büro, schrie »Bodo dichtet wieder!«, und Herr Bengelmann – ein furchtbar energischer Mensch – rief: »Wo ist das Schwein?« (Der Wortschatz der Bengelmanns war etwas ordinär.) Dann gab es Senge. Bodo, sensibel wie alle Lyriker, wurde am Wickel gepackt, die Treppe heruntergezerrt und mit dem stählernen Lineal verprügelt, mit dem Herr Bengelmann Striche unter die Kontoauszüge seiner Kunden zog.

Später schrieb Bodo viel bei uns zu Hause, und ich bin Besitzer von fast siebzig unveröffentlichten Bengelmanns, die ich mir als Altersrente aufzubewahren gedenke. Eins dieser Gedichte beginnt »Lotte, du Luder, latentes …« (Bodo gilt als der Erneuerer des Stabreims.)

Unter Qualen, völlig verkannt, häufig verprügelt, hat Bodo sein siebzehntes Jahr vollendet, ist in den hohen Genuß der mittleren Reife gekommen und zu einem Tapetenhändler in die Lehre gegeben worden. Die Umstände begünstigten seine lyrische Produktion: der Tapetenhändler lag meistens betrunken unter der Theke, und Bodo schrieb auf die Rückseite von Tapetenmustern. Einen weiteren Auftrieb erhielt seine Produktion, als er sich in jenes Mädchen verliebte, das er in den »Liedern an Theodora« besungen hat, obwohl sie nicht Theodora hieß.

So wurde Bodo neunzehn, und an einem ersten Dezember investierte er sein ganzes Lehrlingsgehalt von fünfzig DM in Porto und schickte dreihundert Gedichte an dreihundert verschiedene Redaktionen, ohne Rückporto beizulegen: eine Kühnheit, die in der gesamten Literaturgeschichte einmalig ist. – Vier Monate später – noch keine zwanzig Jahre alt – war er ein berühmter Mann. Einhundertzweiundfünfzig von seinen Gedichten waren gedruckt worden, und der schweißtriefende Geldbriefträger stieg nun jeden Morgen vor dem Bengelmannschen Hause vom Fahrrad.

Das Weitere ist nur eine Multiplikationsaufgabe, bei der man die Anzahl von Bodos Gedichten mit der Anzahl der Zeitungen, dieses Zwischenergebnis mit vierzig zu multiplizieren hat. Leider genoß er nur zwei Jahre seinen Ruhm. Er starb an einem Lachkrampf. Eines Tages gestand er mir: »Ruhm ist nur eine Portofrage« – flüsterte weiter: »Ich habe es doch gar nicht so ernst gemeint«, brach in heftiges, immer heftiger werdendes Lachen aus – und verschied. Das waren die einzigen Sätze in gültiger Prosa, die er je äußert: Ich übergebe sie hiermit der Nachwelt.

Nun ist Bodos Ruhm in der Hauptsache begründet worden durch seine »Lieder an Theodora«, eine zweihundert Gedichte umfassende Sammlung von Liebeslyrik, die an Inbrunst ihresgleichen noch sucht. Verschiedene Kritiker haben sich schon essayistisch an dem Thema versucht »Wer war Theodora?«; einer identifizierte sie schamlos mit einer zeitgenössischen, noch lebenden Dichterin, bewies es triftig, peinlich genug für die Dichterin, die Bodo nie gesehen hat, nun aber fast gezwungen ist, zuzugeben, daß sie Theodora ist. Aber sie ist es nicht: ich weiß es genau, weil ich Theodora kenne. Sie heißt Käte Barutzki, steht in »Beckers billigem Laden« an Tisch 6, wo sie Schreibwaren verkauft. Auf Papier aus »Beckers billigem Laden« sind Bodos sämtliche Gedichte ins reine geschrieben; oft genug habe ich mit ihm am Tisch dieser Käte Barutzki gestanden, die übrigens eine reizende Person ist: sie ist blond, lispelt ein wenig, hat von höherer Literatur keine Ahnung und liest abends in der Straßenbahn »Beckers billige Bücher«, die den Angestellten zum Vorzugspreis verkauft werden. Auch Bodo wußte von dieser Lektüre: es tat seiner Liebe nicht den geringsten Abbruch.

Oft haben wir vor dem Laden gestanden, haben Käte aufgelauert, sind ihr gefolgt, an Sommerabenden, in herbstlichem Nebel sind wir diesem Mädchen nachgeschlichen bis in den Vorort, in dem sie heute noch wohnt. Schade, daß Bodo zu schüchtern war, sie jemals anzusprechen. Er brachte es nicht fertig, obwohl die Flamme heftig in ihm brannte. Auch als er berühmt war, das Geld nur so floß, kaufte er immer nur in »Beckers billigem Laden«, um nur oft dieses hübsche Mädchen zu sehen, die kleine Käte Barutzki, die lächelte und lispelte wie eine Göttin. Daher kommt so oft in den »Liedern an Theodora« die Wendung »Zaubrischer Zungenschlag, zahmer…« vor.

Noch oft gehe ich abends zu »Beckers billigem Laden«, und ich habe festgestellt, daß Käte neuerdings von einem jungen Mann abgeholt wird, der offenbar weniger schüchtern als Bodo – und – seiner Kleidung nach zu urteilen – Autoschlosser ist. Ich könnte mich dem Forum der Literaturgeschichte stellen, könnte beweisen, daß diese Käte mit Bodo Bengelmanns Theodora identisch ist. Aber ich tue es nicht, weil ich um Kätes Wohl, das Glück des Autoschlossers zittere. Nur manchmal gehe ich zu ihr, wühle in Flitterpapier, krame in »Beckers billigen Büchern«, suche mir einen Radiergummi aus, blicke Käte an und spüre, wie der Atem der Geschichte mich anweht.

65/18.3.1953

Theodor W. Adorno

Musik auf dem Verordnungswege

Das Auseinandertreten von musikalischer Produktion und Publikum ist keine »Schuld« der Komponisten, welche diese nach dem Satz des ertappten Portokassenjünglings: »Und ich werde mich bemühen, meinen Charakter Ihrem Wunsch gemäß zu ändern«, abzubüßen hätten. Die Gründe liegen bei der gesellschaftlichen Totalität – nicht beim Publikum, das sich der Arbeitsteilung nicht erwehren kann, Berlin auch nicht bei denen, die, wie immer ohnmächtig, dem Druck der Verhältnisse widerstehen.

Kompliziertheit an sich ist weder schlecht noch gut: ihr Recht oder Unrecht hängt von der künstlerisch zu realisierenden Sache ab. Die gegenwärtige Unfähigkeit der Massen jedoch, Kompliziertes zu verstehen, Erbschaft ihres Ausgeschlossenseins von der Bildung, wird heute von der Kulturindustrie verstärkt, die sie prägt, und von ihrer eigenen Mechanisierung im Arbeitsprozeß. In ihrer sogenannten Freizeit sind sie kaum fähig, etwas anderes aufzufassen, als was diesem Arbeitsprozeß gleicht, auf bloße Reflexe des Hörers und Betrachters abzielt und in ihrem Bewußtsein den Zustand nochmals hervorbringt, in dem sie ohnehin existieren. Der heute allgegenwärtige Haß gegen das Komplizierte an sich ist ein Symptom gesteuerter Rückbildung. Je weniger die Massen fähig und willens sind, die Anstrengung des Verstehens auf sich zu nehmen, um so unbarmherziger werden sie zu bloßen Registraturapparaten dessen herabgesetzt, womit die Büros sie füttern. In der scheinbar massenfreundlichen Forderung des Einfachen verrät sich unverschämte Geringschätzung der Massen, der hämisch-behagliche Glaube an ihre naturgegebene Primitivität, die doch selbst nichts anderes ist als der Inbegriff alles dessen, was von je, und stets aufs neue, den Massen widerfuhr. Deren eigener Haß auf das Komplizierte aber birgt als innerstes Geheimnis die von ihrem Objekt abgelenkte Empörung, daß Glück ihnen vorenthalten wird. Sie hassen, was sie nicht lieben dürfen.

Gerade dieser alles eher als natürlichen Primitivität aber sollen die Komponisten es gleichtun; sie sollen, so heißt es, »einen Ausweg aus ihrer Tendenz zum extremen Subjektivismus finden, so daß Musik der Ausdruck der neuen und großen fortschrittlichen Ideen und Emotionen der breiten Massen und alles dessen, was fortschrittlich in unserer Zeit ist, werde ...«

Genau besehen handelt es sich hier um einen Kompromiß zwischen Spezialisten der Verwaltung und solchen des Handwerks. Man habe zwar saubere, gut komponierte, in sich einwandfreie Musik zu liefern, müsse aber in jedem Augenblick des Mandats derer eingedenk bleiben, für die sie geschrieben wird. Wie wenn das auf dem Verordnungsweg sich durchsetzen ließe, was seit hundert Jahren den fähigsten und verantwortungsvollsten Künstlern sich versagte; wie wenn sie nur etwas von den Ansprüchen an sich selbst nachzulassen brauchten, es sich nur recht leicht zu machen hätten, um ins Gelobte

Land des seligen Einverständnisses mit der Gemeinschaft zu gelangen...

Funktion der Kunst ist es nicht, ein Zahnrad im Getriebe abzugeben, sondern eines Zustands sich zu erwehren, in dem alles nur für irgend etwas »funktioniert«. Unter administrativer Kontrolle, dem Eingriff rancuneerfüllter Zensoren ausgeliefert, wird Kunst gerade durch ihre vollendete Zweckmäßigkeit zwecklos, durch ihre reibungslose Vergesellschaftung gesellschaftlich falsch.

In einer solidarischen Gesellschaft wären Ermahnungen zur Lossage vom Subjektivismus nicht notwendig. Verwirklichte Solidarität wäre zugleich die Substanz der Künstler an sich: diese brauchten nur sich selber auszudrücken und wären schon die Stimmen der freien Menschen, mit denen vereint sie lebten. Wenn die Idee der Französischen Revolution durch Beethovens Musik hindurchrauscht, so darum, weil Humanität den spontanen Gehalt dessen, was ihn zur Gestaltung drängte, die innerste Zusammensetzung seiner Form ausmachte. Er hatte keine und vertrat keine »revolutionäre Ideologie«, sondern war Fleisch und Geist von 1789, auch als er die Eroica Napoleon widmete oder den Prozeß um ein imaginäres Adelsprädikat führte. Wären die progressiven Ideen im Bewußtsein und Unbewußtsein der Künstler bis in ihre tiefsten Reaktionsweisen hinein ebenso substantiell, so müßten sie in den Werken aus eigener Schwerkraft sich darstellen, ohne daß die Künstler indoktriniert und überwacht würden. Bedarf es dessen, so ist etwas faul.

Zwar mögen die Künstler, die befürchten müssen, sonst keine materiellen und intellektuellen Schlupfwinkel im Glashaus der Diktaturen zu finden, sich gleichschalten und zu Hofpoeten erniedrigen lassen, aber was sie leisten, wird um kein Gran authentischer, als wenn sie Narren auf eigene Faust blieben.

Wird eingewandt, genau daran müsse man sie wegen ihres bornierten und politisch gefährlichen Spezialistentums verhindern, so ist zu entgegnen, daß die Bürogewaltigen, welche sie an die Kandare nehmen wollen, keineswegs weniger expertenhaft, sondern hochspezialisiert, »Propagandakünstler« – wie Herr Goebbels es nannte – sind, gewiß nicht weniger beschränkt als die Experten für Kontrapunkt und sicherlich gefährlicher durch den Widerspruch zwischen ihrem Bewußtseinsstand und ihrer Macht. Ahnungslos allem gegenüber, was nicht in ihr Ressort fällt, sind sie auf genau jenen Abhub des banalsten Vergnügens geeicht.

Wird weiter eingewandt, die Freiheit des Künstler sei selber bloß Ideologie, und gerade die authentischen Kunstwerke hätten stets in gewisser Weise unter sozialer Kontrolle, dem Willen der Auftraggeber oder dem Richtspruch des Marktes gestanden, so ist das sophistisch. Selbst wenn es schon immer so schlecht gewesen wäre, wäre das keine Rechtfertigung dafür, das Schlechte bewußt am Leben zu erhalten. Zudem aber verschleiert der Einwand entscheidende Unterschiede. Der beschränkte Kreis feudaler Auftraggeber erhob zumindest Anspruch auf Kennerschaft und erkannte damit die Unabhängigkeit des Künstlers wie des Handwerkers an, der »etwas versteht«. Und der anonyme Markt der bürgerlichen Zeit ließ dem Künstler Raum genug, um abzuweichen, und er honorierte sogar in gewisser Weise die Abweichung als Siegel der Genialität. Die bedrohliche kommissarische Verordnung ist mit der besseren Einsicht des Künstlers unvergleichlich viel weniger vereinbar noch als die Einmischung des Grafen, der auf Verwendung von Waldhörnern besteht, oder das Premierenschicksal einer Oper der italienischen Tradition, in der Komponist und Hörer gar nicht so schlecht sich verstanden.

Das fraglose Element von Schein in aller künstlerischen Freiheit legitimiert nicht die Absicht, aus der Kunst alles zu verscheuchen, was an das Entfesselte, die wahre Freiheit mahnt. Heute ist die sogenannte junge Generation von Konformismus, verbohrter Sehnsucht nach Sicherheit, von Schlamperei und von der Bereitschaft zum Mitmachen viel mehr bedroht als von dem Gespenst des »extremen Subjektivismus«.

117/10.5.1953

Ungez.
Der Schrei nach Freiheit

Nach den jüngsten Meldungen haben die Sowjets sich entschlossen, den Aufruhr der Ostberliner Arbeiter mit militärischer Gewalt niederzukämpfen. Zu der Zeit, da diese Zeilen gedruckt werden, läßt sich nicht übersehen, wie die Aktionen der auf über hunderttausend geschätzten Menge von Berlinern und Einwohnern der Sowjetzone enden werden, was für ein Erfolg dieser atemberaubenden Demonstration für die Freiheit beschieden ist. Was indessen schon jetzt feststeht, ist, daß die Vorgänge in Ostberlin von größter, im einzelnen noch nicht übersehbarer Bedeutung sind.

Das Geschehen in der Regierungszitadelle der von Moskau eingesetzten, ohne Macht des Volkes schaltenden Machthaber, der Sturm der Empörung, die am Dienstag einige hundert Bauarbeiter erfaßte und dann lawinenartig anschwoll, alles, was der Draht seit Dienstag an Nachrichten von Berlin nach der Bundesrepublik und in die freie Welt schickt, ist von einer überwältigenden Dramatik und geht jeden unmittelbar an. Die Protestbewegung wurde durch den angestauten Unmut verursacht, der besonders in der Arbeiterschaft über die befohlene Erhöhung des Leistungssolls bei gleichbleibenden Löhnen herrscht. Entscheidend aber ist, daß der Marsch der Bauarbeiter auf das Regierungsviertel in Ostberlin zum Sturmzeichen für eine Erhebung geworden ist, die, einem Naturereignis, einer gewaltigen Flutwelle gleich, bis zur Stunde alle Kanalisierungsversuche zum Scheitern gebracht hat. Der SED und den Behörden ist es, wie die Dinge zur Zeit liegen, nicht gelungen, die Friedhofsordnung, die sonst mit bleierner Schwere über ihrem Machtbereich lag, wiederherzustellen. Weder im Guten noch mit Gewalt konnten die Rufe: »Wir wollen keine Sklaven sein, wir wollen endlich frei sein, wir fordern freie und geheime Wahlen!« zum Verstummen gebracht werden. Bedrohlich staute sich eine unübersehbare Menschenmenge in den Straßen rings um die Regierungsgebäude und schrie das in die Welt, was sie jahrelang in erzwungener Stummheit an Ablehnung, ja an Haß gegen ihre kommunistischen Unterdrücker aufgespeichert hatte: die Forderung nach einem Rücktritt der Pankower Regierung.

Diese Bedingungslosigkeit des politischen Wollens, diese offenbar die Gefahr blutiger Zusammenstöße mit den schußbereit aufmarschierten Volkspolizei-Einheiten und den aufgefahrenen sowjetischen Panzertruppen mißachtende Konsequenz der Haltung der Bevölkerung sind es, die nicht verfehlen werden, überall in der Welt stärksten Eindruck zu hinterlassen. Politisch ausschlaggebend ist daran, daß jene in einem für mitteleuropäische Verhältnisse beispiellosen Maße unterdrückten Menschen in einer ganz anderen Weise auf die Kursänderung der Kommunisten reagiert haben, als Moskau es vermutete. Die Erleichterungen, die in bescheidenem Maße gewährt wurden, die winzigen Rationen an Freiheit, die man aus taktischen Gründen zu verteilen für gut fand, die Geschenke, welche die Diktatoren berechnend verstreuten, die Annullierung einiger Willkürmaßnahmen, die

Wiedergutmachung einigen Unrechts – all das hat nicht etwa dazu geführt, daß die Bevölkerung in Ostberlin und in der Sowjetzone sich darauf beschränkte, aufzuatmen und sich zu bescheiden. Man ist nicht in den Ruf nach Verhandlungen, nach Kompromissen zwischen West und Ost, ausgebrochen, sondern man will Schluß machen mit der Unterdrückung und dem Regime, das die Unterdrückung zum System erhoben hat. Schneller als jemals angenommen werden konnte, hat sich die Überlegung als richtig erwiesen, daß das Prinzip der Freiheit, einmal auch nur in größter Verdünnung angewandt, selbst in einer Diktatur wie ein Funke von Mensch zu Mensch springt und den latenten Willen zur Rebellion weckt.

Jedenfalls haben die protestierenden Massen, die den bewaffneten Organen der Besatzungsmacht und den Polizeiketten mit den Rufen: »Freie Wahlen!« und »Nieder mit der SED!« entgegengetreten sind und rote Fahnen zerrissen oder verbrannt haben, bewiesen, daß sie die Chance, die ihnen eine günstige außen- und innenpolitische Konstellation geboten hat, nutzen wollen. Mit diesem Mut und mit dieser Festigkeit haben sie – ganz gleich wie die turbulenten Ereignisse in Ostberlin auch ausgehen mögen – all denjenigen eine Lehre erteilt, die da meinten, die sogenannten sowjetischen Konzessionen bedeuteten eine ernsthafte Abkehr der Sowjets von ihren bisherigen Grundsätzen. Nichts zeigt tragischer als die Schüsse, die auf die Freiheitsrufer abgefeuert wurden, daß eine solche Haltung unberechtigt wäre. Sie ist dem Willen der deutschen Bevölkerung im kommunistischen Machtbereich entgegengesetzt. Das Prinzip der Freiheit ist unverkäuflich. Die Forderung nach freien und geheimen Wahlen im sowjetischen Besatzungsgebiet ist so elementar, daß sich niemand darüber hinwegsetzen kann.

Diese Erkenntnis ist unabweisbar geworden. Die Volkserhebung, die Menschenopfer, die schon jetzt zu beklagen sind, haben in tragischer Weise die Politik der Staatsmänner sanktioniert, die seit jeher es sich nicht anfechten ließen, die Forderung nach freien Wahlen für ganz Deutschland und die Bildung einer freien gesamtdeutschen Regierung als unerläßliche Voraussetzung für eine friedliche Regelung des Verhältnisses zwischen Ost und West zu bezeichnen. Niemand, der Respekt vor dem Mut der demonstrierenden Arbeiter und all der anderen von allen Seiten spontan herbeieilenden und sich ihnen anschließenden Menschen empfindet, wird es nun noch unternehmen können, sich auf kommunistische Abschlagszahlungen auf die Freiheit einzulassen.

Die Sowjetzonenregierung aber hat – auch das ist durch das jüngste Geschehen in einer Weise unterstrichen worden, die auch dem letzten Zweifler die Augen zu öffnen vermag – ihren politischen Kredit, wenn sie so etwas überhaupt noch besaß, restlos eingebüßt. Dabei ist nicht so sehr der Umstand erheblich, daß die Funktionäre der SED der andrängenden Bevölkerung gegenüber eine unüberbietbar klägliche Hilflosigkeit an den Tag legten, wie sie sich in den verzweifelten Versuchen von Presse und Rundfunk widerspiegelte, die allgemeine Empörung als das Werk einiger eingeschleuster »faschistischer Provokateure und Agenten« darzustellen. Von wirklich internationaler Bedeutung ist die Tatsache, daß die innere Abkehr der Ostberliner Arbeiterschaft gegen den Kommunismus sich als so radikal erwiesen hat, wie es die explosiven Ereignisse in Berlin zeigen. Die seit langem sich tief in den Herzen der Arbeiter verbergende Erbitterung über den schnöden kommunistischen Verrat von sozialen Ideen und Errungenschaften, auf die sie stolz waren, ist urplötzlich ausgebrochen und zum Antrieb all der Aktionen geworden, die die Besatzungsmacht schließlich zu der Blamage der Verkündung des Ausnahmezustandes gezwungen haben. Es gehört keine Prophetie dazu, vorauszusagen, daß gerade dieses Moment, gerade die Rebellion der Arbeiterschaft einer Großstadt, die ehemals eine beträchtliche kommunistische Wählerschaft aufzeigte, nicht ohne Einfluß auf die in diesen Wochen wieder einsetzenden Bemühungen Moskaus bleiben wird, in westeuropäischen Ländern volksfrontähnliche Bewegungen, also den Zusammenschluß oder zumindest eine möglichst enge Kooperation zwischen Sozialisten und Kommunisten ins Leben zu rufen.

Auch die Ungläubigsten sollten nun, da sie die Nachrichten von den Straßenkämpfen in Ostberlin lesen oder hören, erkennen, wie es in der deutschen Ostzone in Wirklichkeit aussieht, wie groß die Verzweiflung der Bevölkerung sein muß, daß sie sich zu Gewalttaten gegen die übermächtige kommunistische Polizei und sowjetische Besatzungsarmee verleiten ließ. Man hat den unterdrückten Menschen in der Sowjetzone wiederholt Funktionäre als »Sündenböcke« vor die Füße geworfen, man hat die gelenkte Kritik gegen einzelne Ministerien und Personen gerichtet, man hat die Bürokratie, die Verwaltung, die Verteilungsorgane und sonst noch was für diese oder jene »Mißstände« verantwortlich machen wollen. Dieses Spiel konnte eine Zeitlang durchgeführt werden, es zieht nun nicht mehr. Das Volk schreit es nun in die Welt: Nicht dieser oder jener Minister, dieser oder jener kommunistische Parteibeamte trägt die Schuld, nein, das ganze System der totalen Diktatur ist für die gegenwärtigen katastrophalen Verhältnisse verantwortlich, ist schuld an dem Hunger und dem Unrecht. Die Empörung richtet sich gegen dieses System und wird nicht eher – ob sie nun zunächst mit Brachialgewalt, mit Panzern und Maschinengewehren, mit noch größerem Terror niedergehalten wird – aus der Welt zu schaffen sein, als bis wirklich die Freiheit, die unteilbare Freiheit, dort wieder einkehrt. Es ist die Aufgabe und die Verpflichtung der Öffentlichkeit und der Regierungen aller freien Länder, durch starke Haltung auch die Sowjets zu dieser Einsicht zu bewegen.

Der Bundeskanzler hat am Mittwoch in einer Regierungserklärung, die den ungeteilten Beifall auch der sozialdemokratischen Opposition fand, die Bevölkerung, deren Freiheitswillen er unterstrich, aufgefordert, sich nicht zu unüberlegten Provokationen hinreißen zu lassen. Die Demonstrationen in Ostberlin haben das geschichtliche Verdienst, der Wahrheit zum Durchbruch verholfen und den Nebelschleier der kommunistischen Scheinkonzessionen zerrissen zu haben. Die Frage nach den Anstiftern läßt sich leicht beantworten: es sind die SED-Diktatoren, die den Ausbruch der Verzweiflung heraufbeschworen haben. Wenn die westlichen Politiker die Menschen der sowjetischbesetzten Zone zur Besonnenheit mahnen, so wollen sie verhindern, daß das Blut freiheitlicher Menschen dem nacktesten Terror geopfert wird.

142/18.6.1953

Hans Joachim Schoeps
Wer schreibt eine Geistesgeschichte des Witzes?

Der Verfall des politischen Witzes ist ein geistesgeschichtliches Phänomen erster Ordnung. Es werden heute keine guten politischen Witze mehr gemacht, und das läßt Rückschlüsse auf die innere Verfassung der gegenwärtigen Gesellschaft zu. Zu allen Zeiten ist der politische Witz eine Waffe gewesen, deren man sich zum Angriff oder zur Verteidigung bedient hat. Der politische Witz blüht in Zeiten, in denen eine innerlich bereits ausgehöhlte Gesellschaftsordnung nach außen noch fest steht, er aber als Waffe des geschichtlichen Fortschritts verwandt wird, um die Träger der alten Ordnung mehr oder minder verdienter Lächerlichkeit preiszugeben. Der politische Witz kann aber auch als Verteidigungswaffe des Individuums benutzt werden, das von der Übermacht des bestehenden Herrschaftssystems unterdrückt wird und sich selbst zu behaupten sucht. Und schließlich kann auch noch im Chaos der Witz gedeihen, wenn alle Dinge von ihrem Platz verrückt worden sind, dann aber auch der Witz verrückt wird.

Alle drei Stadien des politischen Witzes haben wir, wenn ich richtig sehe, hinter uns: Den Witz im Rahmen der bürgerlichen Gesellschaftsordnung, über den man öffentlich und laut schallend lachte, den Witz unter der Diktatur, der geflüstert wurde, und den surrealistischen Witz der ersten Nachkriegsjahre, der eine verdächtige Nähe zu den Tränen zeigte. Seither ist noch keine neue Gattung politischer Witze wieder aufgetaucht.

Das prominenteste Witzblatt des bürgerlichen Zeitalters in Deutschland war wohl der »Kladderadatsch«. Das Geburtsjahr 1848 hat das Blatt geprägt; es war und blieb eine Kampfwaffe des liberalen Bürgertums und der linken Intelligenz Berlins. Die Enttäuschungen der deutschen Demokraten über das Versanden der Revolution von 1848 haben im Kladderadatsch ihren satirischen Ausdruck gefunden. Auch vor der Figur Seiner Majestät machte der Witz nicht halt: Friedrich Wilhelm IV. hatte nach Meinung der Demokraten sein Versprechen, eine Konstitution zu geben, nicht gehalten. Im Zusammenhang mit einem des Plagiats beschuldigten Professor meinte das Witzblatt: »Herr von Raumer hat Reden herausgegeben, die er nicht gehalten hat. Nächstens erscheinen von einer hochgestellten Person Worte, die sie nicht gehalten hat.«

Köstlich ist das 1849 veröffentlichte »Wörterbuch der Reaktion«. Da steht als Definition für »Grundrechte« = »Rechte, für die kein rechter Grund vorhanden ist«. Bei »Konservativ« wird verwiesen auf »zurück«. Unter »zurück« steht: »Wörtliche Übersetzung von Vorwärts mit Gott für König und Vaterland«! – Im übrigen ist der Kladderadatsch der Meinung, daß es in Preußen überhaupt nur noch zwei Parteien gebe: eine geheimrätliche und eine geheim rötliche.

Für die liberale Sache ist der Kladderadatsch im Zeitalter der Reaktion sehr besorgt. So läßt er, als selbst aus der Schweiz Einschränkungen der Pressefreiheit gemeldet werden, ein Inserat einrücken: »Meinen lieben Freunden und Besuchern zur Nachricht, daß ich im Adreßkalender des Herrn von Schiller falsch aufgeführt bin, da ich nicht mehr auf den Bergen wohne. Die Freiheit, jetzt wohnhaft in Konstantinopel.«

In der Wilhelminischen Ära hat das Blatt viele gute Witze gerissen, die zumeist mit einprägsamen Bildern versehen waren. Zu den besten Witzen gehört der: Im Jahr 1890 hatte der junge Kaiser eine seiner ersten Reden gehalten, bei denen die Welt aufzuhorchen begann. In Brandenburg an der Havel hatte er ein Reiterdenkmal für den zu Lebzeiten stets besonders schlichten Kaiser Wilhelm I. enthüllt und erklärt, daß der hohe Herr, wenn er im Mittelalter gelebt hätte, heilig gesprochen worden wäre und daß von nun ab in amtlichen Proklamationen von seinem Großvater nur noch als von Wilhelm dem Großen gesprochen werden dürfe. Der Kladderadatsch kommentierte diese Rede in seiner nächsten Ausgabe mit dem Bilde eines ungarischen Agrariers, der zur Grünen Woche in Berlin erschienen ist und einen preußischen Schutzmann in der blauen Uniform Unter den Linden mit der Frage anhält: »Saggen Sie, wo ist denn hier derr Brandenburger Tor?« Worauf der Hüter der Ordnung antwortet: »Herr, ich lasse Sie verhaften wegen Majestätsbeleidigung.« Dem Kladderadatsch brachte dies eine Beschlagnahme der Nummer und ein kurzfristiges Verbot ein.

Im Jahre 1922 enthüllte ein Witzblatt – ich weiß nicht mehr, ob Kladderadatsch oder Simpl – erneut die historische Situation. Es war gerade ein Herr namens Hitler Tagesgespräch für die Münchener geworden; nur über die Person des Redners war bis dato noch wenig bekannt. Damals brachte das Witzblatt eine Preisfrage: Wer ist Adolf Hitler? und versprach, die besten Antworten zu prämiieren. Nach einigen Nummern kam dann aber keine Preisverteilung, sondern die redaktionelle Nachricht, die Leser hätten sich um die richtige Antwort vergeblich bemüht: Adolf Hitler sei gar kein Mensch – Adolf Hitler sei ein deutscher Zustand. Das war schon kein Witz mehr, das war beinahe Metaphysik.

Nach 1933 wurden die Witzblätter immer witzloser; der Witz unter der Diktatur ging in die Katakomben, und die wirklichen Witze wurden nur noch von Mund zu Mund weitererzählt. Es sind brillante Witze gemacht worden; die besten werden vielen noch in Erinnerung sein. Meist waren sie von einer ätzenden Bissigkeit und wurden in dem Maße, in dem die Ohnmacht des einzelnen stieg, nur noch gehässiger. Ich erinnere an eine damals viel kolportierte Frage: Hitler, Goebbels, Göring und Himmler sitzen in einem Flugzeug. Das Flugzeug stürzt ab. Wer wird gerettet? Die Antwort war: Deutschland. – Witz kann man die konstruierte Situation kaum mehr nennen; es war eine sachliche Feststellung – noch dazu eine richtige.

Nach 1945, als sich die Rangordnungen auflösten, schien nichts mehr unmöglich; das Außergewöhnliche war alltäglich. Es entstand der surrealistische Witz, der im Grunde nichts anderes tat, als diesen Zustand zu schildern und festzuhalten. Es ist mir nicht bekannt, daß jemand diesen politisch-soziologischen Hintergrund schon einmal beleuchtet hat. Aber ohne ihn ist weder die Entstehung des surrealistischen Witzes zu verstehen, noch sein Aufhören mit der Besserung der wirtschaftlichen Verhältnisse.

Ein klassisches Beispiel des surrealistischen Witzes ist dieses: Ein Mann kommt in ein Lokal, geht die Wand hoch, läuft über die Decke, kommt wieder runter, setzt sich an einen Tisch und bestellt eine Tasse Kaffee. Der Ober bringt den Kaffee, der Mann trinkt ihn, ißt die Untertasse auf, ißt die Tasse auf, legt den Henkel beiseite. Das wiederholt sich noch einmal. »Ober, zahlen!« Der Mann zahlt Kaffee und Geschirr und geht. Langsam löst sich die Erstarrung der Gäste, und einer fragt den Kellner: »Sagen Sie mal, verstehen Sie das?« Der Ober antwortet: »Nein, wo doch die Henkel das Beste sind!«

In diesen verrückten Geschichten spiegelt sich eine Welt wider, in der alles von seinem ursprünglichen Platze verrückt worden ist. Darum empfanden die Leute, die diese Geschichten erzählten – wir selber waren gestern noch diese Leute –, sie als ganz treffende und amüsante Witze. Genau so wie in diesen Jahren die Romane Franz Kafkas ihren Siegeszug antraten, die ja ebenfalls von nichts anderem handeln als von einer Welt, deren rationale Klammer aufgehoben worden ist. Aber von der irrationalen Voraussetzung abgesehen, geht es in ihr sehr logisch und folgerichtig zu.

146/23.6.1953

Will Grohmann
Die drei Tricks in der Diskussion um die heutige Kunst

Eine groteske Situation: die Öffentlichkeit diskutiert mit einem gewissen Hochgefühl die Konsequenzen der Atomphysik und die Möglichkeiten des Weltraumflugs und plädiert mit derselben Vehemenz für die Rückkehr der Kunst zum 19. Jahrhundert. Sie möchte am liebsten die Entdeckungen der Künste seit 1900 streichen, in der bildenden Kunst nicht nur den »Blauen Reiter« und den Kubismus, am liebsten auch gleich noch die »Brücke« und die »Fauves«. Da man einmal beim

Reinemachen ist, kommt es auf ein paar mehr oder weniger nicht an; nicht einmal die älteste Generation ist ihres Lebens sicher: Schmidt-Rottluff ist ein »Schmierer«, der Bildhauer Laurens ein »Nichtskönner« …

Wir haben kürzlich einen Angriff auf das »Bauhaus« erlebt, nicht von Herrn Müller oder Schulze, sondern von einer prominenten Persönlichkeit, die undankbar und unwürdig war. Die Reaktion darauf war glücklicherweise eine Art Rehabilitierung der geistigen Elite Deutschlands, insofern sie endlich einmal so deutlich Stellung bezog, daß der Angriff in recht kläglichen Kommentaren versandete. Er war ein Symptom weit verbreiteter Ressentiments, an denen nicht nur das Publikum leidet, auch ein Teil der Künstlerschaft, der in seinem Metier recht beachtlich, in seiner geistigen Haltung aber unsicher und retrospektiv ist.

Der Streit geht um ein Scheinproblem: abstrakt oder realistisch, und die Gemüter erregen sich, als ob nur in der bildenden Kunst diese Frage existierte. Dabei weiß schließlich jeder Zeitungsleser, daß in der Musik genauso die gefühlsbetonte traditionelle Ausdrucksform einer Zeichensetzung gewichen ist, die den Tatbestand des Erlebens, besser des musikalischen Schaffens, wie in einer Formel zusammenzieht; daß die höhere Physik heute kein Modell der realen Welt mehr hinstellen kann, sondern sich der Formel bedienen und in Worten, wie Planck sagte, sich gleichnishaft und symbolisch ausdrücken muß. Der gewohnte Bildervorrat ist also zu Ende, wie sollte die bildende Kunst mit ihrem bisherigen Bildervorrat, und sei er noch so »redigiert«, die Welt von heute begleichen?

Ich sage: begleichen, nicht darstellen. Denn was soll dargestellt, das heißt so oder so abgebildet werden, wenn das Wesentliche nicht mehr abzubilden ist? Die ältere Generation, Schmidt-Rottluff, Kokoschka, Hofer, bildet bis zu einem gewissen Grade noch ab; mit gutem Recht, denn kein Künstler ist verpflichtet, über seinen Schatten zu springen. Jeder ist ein Kind seiner Zeit, und nach 1900 war es zunächst die Imagination, die die Kunstsprache bestimmte. Der Künstler bildete seine Vorstellung der Welt ein, das Verhältnis zwischen Vorstellung und Welt war der archimedische Punkt, von dem er die Welt aus den Angeln hob. Der Beitrag dieser Generation war so wesentlich und unerschöpflich, daß er auch heute noch gilt als ein nicht mehr wegzudenkender Beitrag zur Kunst des 20. Jahrhunderts. In Frankreich war das nicht anders. Aber keiner dieser Künstler erhebt den

Anspruch, daß es nun so weitergehen müßte, er desavouierte sich ja selbst, denn mit welchem Recht wollte er behaupten, daß nur seine Revolution berechtigt war. Der »Blaue Reiter« und der »Kubismus« beruhten auf ganz anderen Voraussetzungen, und zwar auf verwandten, wenn man den Nachdruck auf den »subjektiven Seh-Akt« legt, also auf die Tatsache, daß der Künstler schöpferisch wird wie die Natur und analog ihren Wachstumsgesetzen auf der bildnerischen Ebene sich eine analoge sinnbildliche Sprache schafft. Er bildet nicht ab und gibt trotzdem die Natur wider, manchmal auch ihre Oberfläche, aber weit mehr als diese.

Die jüngere Generation kann auf beiden Wegen weitergehen, und sie tut es. Die einen bemühen sich um das imaginative Bild wie ihre Lehrer und können, wie Gilles, Heldt, Camaro, noch immer Neuland entdecken. Aber es sind wenige. Die anderen bemühen sich um den sinnbildlichen Ausdruck, und auch hier sind wenige auserlesen, wie Baumeister, Werner, Winter, Nay. Das Merkwürdige ist, daß man die Mitläufer der imaginativen Künstler passieren läßt, die der sinnbildlichen als abstrakte SS, oder was man sonst an schönen Ausdrücken erfunden hat, beschimpft. Dabei wäre die große Menge der Mitläufer völlig gleich zu behandeln. Es sind in beiden Lagern schätzungswerte Persönlichkeiten, und wir brauchen sie, denn wo kein Humus ist, kann nichts wachsen, aber für die Kunst zählen nur die Originale, und deren gibt es zu allen Zeiten immer sehr wenige.

Die Gleichniskraft des Künstlers ist entscheidend, auch seine Sprachmittel; an erster Stelle jedoch das, was er mitzuteilen hat. Kürzlich hat Jean Bazaine, einer der besten unter den jüngeren französischen Malern, seine »Notes sur la Peinture d'aujourd'hui« neu herausgegeben, und es ist ein seltener Genuß, sie zu lesen. Wer bei uns schriebe so einfach und überzeugend. »Abstrakt« sagt er, »ist jede Kunst oder es ist keine.« Die Kunst habe niemals das Ziel gehabt abzubilden: auch Dürer nicht, er ahmte die Natur nicht nach, er entdeckte sie, und ohne ihn existierte sie gar nicht. Nachgeahmt wurde sie später, nachdem diese Entdeckung gemacht war. Vermeer sei abstrakter als Klee, bravo! Die Mehrzahl sieht wirklich bei Vermeer nicht die Kunst, sondern den Gegenstand, die »Dame mit dem Perlenkettchen«, und fraternisiert mit den im 17. Jahrhundert üblichen Erscheinungsformen, nicht mit der Kunst. »Sich mit der Welt verbinden«, sagt Bazaine, »ist das Geheimnis.« Jeder Künstler tut es, ob so oder so, ist keine Grundfrage. Wie er zum Resultat kommt, ist seine Sache.

Der eine macht Naturstudien, der andere Konstruktions- und Strukturzeichnungen, die Öffentlichkeit berührt das nicht.

In Deutschland arbeitet man in der Diskussion mit einem Trick, man stellt das Publikum vor die Alternative: abstrakt oder nicht abstrakt. Die Alternative ist falsch. Die Frage heißt echt oder unecht, wie zu allen Zeiten, es gibt gute und schlechte Kunst, alles andere ist eitles Gerede.

Ein zweiter Trick ist der: Abstrakt ist vieux jeu, der »Blaue Reiter« war vor 40 Jahren, wir wollen nicht zurück, sondern voraus, voraus zu einem neuen Realismus. Wie der aussieht, sah man jüngst in der Ausstellung in Darmstadt. Man will nämlich deshalb nicht zu Kandinsky, Klee und Marc zurück, weil man ins 19. Jahrhundert zurück möchte, und auch da nicht zu Leibl und Renoir, sondern gleich zu Schwind und Ludwig Richter (ganz im geheimen zu Spitzweg und Grützner). Nur um der Fassade willen spricht man von einem »neuen« Realismus. Sollte wirklich einer kommen – vielleicht ist er schon da –, wird er eher die Züge Klees tragen als die eines anderen, denn wer wäre ein »größerer und vorausschauenderer Realist« gewesen als Klee, der schon alle Wirklichkeiten, um die wir noch immer kämpfen, in sein Werk einbezog. Im Jahre 2000 wird er von allen als der »Realist des 20. Jahrhunderts« begriffen werden.

Und ein dritter falscher Trick bei dieser Diskussion: als Entschuldigung für die Verirrungen unserer Zeit möchte man gelten lassen, daß die meisten Übeltäter Ausländer waren, Kandinsky Russe, Klee Schweizer, Picasso Spanier, Braque Franzose und so weiter. Die Nazi sagten Kommunisten und galizische Juden. Klee, der sein ganzes Leben Deutscher war, antwortete: »Und wenn ich galizischer Jude wäre, was änderte das an meiner Person und meiner Kunst?« Soweit sind wir Gott sei Dank nicht gesunken, daß man den mißliebigen Künstlern politische Unzuverlässigkeit und fragwürdige Abstammung unterschöbe, aber ein Ton vaterländischer Autarkie schwingt in den Ressentiments mit, die man gegen die moderne Kunst hat. Man nimmt lieber ausländische Kitschfilme in Kauf als ernste deutsche Maler und Bildhauer. Jene beunruhigen nicht, diese zwingen zur Stellungnahme.

Warum aber muß die bildende Kunst als Prügelknabe herhalten wie 1933, warum nicht die Musik, warum nicht die Wissenschaft, die ja auch recht unbequem ist? Man geht den Weg des leichtesten Widerstandes, wie leicht könnte man sich auf den anderen Gebieten blamieren. Bildende Kunst dagegen ist Freiwild. »Wir wissen, wie ein Pferd aussieht, wir wissen, wer Dürer war. Wer wagt da zu lachen?«

Wenn Deutschland da nicht lachte, hörte es auf, eine Kulturnation zu sein.

487/27./28.6.1953

Wilhelm Papenhoff

Politik wandelt das Gesicht Bonns. Vier Jahre provisorische Bundeshauptstadt am Rhein

Die Behauptung, Politik verderbe den Charakter, wird im allgemeinen von Leuten aufgestellt, die durch ihren Charakter die Politik verderben möchten. Daß aber Politik das Wesen und das Gesicht eines Menschen zu wandeln vermag, ist eine durch viele Erfahrungen belegte Tatsache. Ebenso wie man an dem Beispiel Bonn festzustellen vermag, wie vier Jahre hoher Politik auch das Gesicht einer Stadt zu ändern vermögen. Für den, der unmittelbar dabei war, ist es amüsant, und für die Menschen draußen im Lande in manchem lehrreich und von Interesse, wie unter dem Einfluß und oftmals auch unter dem Druck der Politik aus der etwas verträumten Beamten- und Universitätsstadt am Rhein die Metropole des politischen Geschehens im neuen deutschen Staat wurde.

Bis zu jenem Septembertage des Jahres 1949, da der erste Deutsche Bundestag sich konstituierte und der Aufbau der Regierungsorgane einsetzte, war Bonn eigentlich stets die Stadt der kurfürstlichen Residenz, die Geburtsstadt Beethovens und die Universitätsstadt mit einer weltweit anerkannten geistigen Tradition. Trotz der 100 000 Einwohner gehörte sehr viel Optimismus dazu, Bonn eine Großstadt zu nennen – weil das Großstädtische der Geschichte und dem Charakter der Stadt so gar nicht entsprach. Wären nicht die Wunden des Krieges, insbesondere des Luftkrieges gewesen, man hätte sich ohne sehr viel Phantasie um Jahrzehnte zurückversetzt fühlen können – nicht nur durch die Stadt, sondern auch durch ihre Menschen, denen die Beschaulichkeit im Altüberkommenen wesentlicher war als die hastige Aktivität der politischen Gegenwart. Spitze Zungen suchten dieses Beharren im Altgewohnten in jenen Septembertagen des Jahres 1949 meist durch den Hinweis auf die zweifellos museumsreifen Fahrzeuge der städtischen Straßenbahn zu beweisen: Altgediente Vehikel aus dem ausklingenden 19. Jahrhundert, aber gegenwartsnahe geblieben, weil sie – und nur sie – mit den Gegebenheiten der engen und verschlungenen Straßen der Stadt fertig zu werden vermochten.

Bonn war in jenen Tagen eigentlich eine Stadt der Erinnerung – der Erinnerung an die Studententage des Kronprinzen, an die »Borussia« und auch an jene Prinzessin von Preußen, die durch den Mann namens Zubkow mehr als kompromittiert wurde und deren Palais Schaumburg heute zum politischen Zentrum der deutschen Regierungspolitik geworden ist. Die Bonner sprachen gern von dem Vergangenen. Mit dem Neuen, dem Hochpolitischen wußten sie eigentlich nicht mehr anzufangen, als sich in eine gewisse Begeisterung hineinzureden, um ihrer Stadt den Vorrang gegenüber der Konkurrentin Frankfurt am Main zu schaffen.

In dieses durch Bomben angeschlagene Idyll platzte die Politik mit ihren neuen Menschen und neuen Aufgaben. Es war so, als ob man in das gobelinbespannte Staatszimmer eines alten Schlosses moderne Stahlmöbel gestellt hätte, das eine weiß mit dem anderen nichts anzufangen. Und so ist es eigentlich – und darin liegt vielleicht der besondere Wert dieses hauptstädtischen Provisoriums am Rhein – bis zum heutigen Tag geblieben. Die Politik hat zwar das Gesamtgesicht der Stadt gewandelt, aber das geschah lediglich dadurch, daß man dem Alten, Überkommenen Neues anfügte, nicht aber dadurch, daß dieses Neue das Alte durchdrang und es selbst wandelte.

In den vier Jahren Bundeshauptstadt sind – um mit einigen Zahlen die Tatsache des ständig Neuen zu unterstreichen – nicht weniger als 30 000 Menschen nach Bonn gezogen, für die man bisher etwa 5000 Wohnungen baute. Diese Menschen und diese neuen Wohnblocks haben die Grenzen der Stadt gesprengt, sie weit in die bis dahin unberührte Landschaft vorgetrieben: im Süden entstand und entsteht weiter ein neues Regierungsviertel bis weit nach dem benachbarten Bad Godesberg hinein, auf dem Venusberg, einstmals sonntägliches Ausflugsziel vieler, wuchs eine Stadt innerhalb der Stadt: wohin man heute sieht, neue Bauten, neue Geschäftigkeit, neue Menschen.

Wen wundert es, daß sich die »Neubürger«, all jene, die im Dienste der Bundesorgane stehen, die als Vertreter großer Organisationen oder als Journalisten nach Bonn gekommen sind, heute nicht nur die neuen Viertel erobert haben, sondern mit ihrem Berliner oder Frankfurter Tonfall auch immer und überall in den Bereich des alten Bonn hineingreifen. Ganz zu schweigen von der Tatsache, daß Bonn eine internationale Stadt geworden ist, daß seine Straßen – Quelle des Kummers für den Kraftfahrer ebenso wie für den Fußgänger – täglich den nicht abreißenden Strom der Fahrzeuge aus aller Herren Ländern erleben, daß seine zahlenmäßig nach wie vor begrenzten repräsentativen großen Gaststätten, früher Treffpunkt der »Hautevolee« der Eingesessenen, heute den Rahmen für gesellschaftliche und politische Veranstaltungen der diplomatischen Missionen, deutscher und ausländischer Firmen und Organisationen oder der Presse bilden, daß der gemütliche rheinische Dialekt überall in den Hintergrund tritt, um nicht nur anderen deutschen Akzenten, sondern auch fremden Sprachen Raum zu geben.

Der mit Band und Mütze geschmückte Student ist selten geworden. An seiner Stelle schlendern Touristen aus Europa und Übersee, Weiße, Neger, Exoten, durch die Stadt. Und diese Stadt hat sich an dieses neue Bild gewöhnt – teilweise mit Schmerzen gewöhnen müssen, weil es einfach im Rahmen ihrer Grenzen und Möglichkeiten keinen Brückenschlag zwischen den beiden Welten geben konnte, sondern nur eine Art tolerante Tuchfühlung. Bei vielen der Alten ist diese Tuchfühlung zur Politik allerdings nur sehr leicht. Sie besteht praktisch nur in der politischen Kenntnis des Bundeshauses, mit dessen Namen sich alles Politische verbindet; angefangen beim Bundestag über die Bundesregierung bis zu dem Glauben, daß auch der Journalist nichts weiter sei als Bestandteil des Weißen Hauses am Rhein.

Es ist selbstverständlich, daß die Ausweitung der Stadt an Raum und an Bevölkerung, daß die Konzentration von Behörden und Organisationen einen erheblichen wirtschaftlichen Aufschwung mit sich brachte, der seinen Niederschlag auch im alten Bonn fand, das dadurch in die Lage versetzt wurde, die Wunden des Krieges in fortschreitendem Maße zu heilen. Die Politik brachte Wohlstand. Man kann manchen Alt-Bonner verstehen, wenn er mit einem gewissen Bangen an zukünftige Tage denkt, da das politische Provisorium ein Ende findet und sich die Politik wieder von Bonn löst, um in die eigentliche Hauptstadt der Deutschen zurückzukehren.

In dem Nebeneinander des Alten und des Neuen liegen die charakteristischen Züge des neuen Antlitzes der Stadt. Es muß den Fremden eben wegen dieses Nebeneinanders anfänglich etwas verwirren, aber es erleichtert ihm auch das Studium und das Kennenlernen des Gestern und Heute, der Geschäftigkeit im Raume der Politik und des

Beharrens im Idyll der Vergangenheit. Bonn – eine Stadt, deren Antlitz durch vier Jahre Politik gewandelt wurde, die aber nach wie vor zwei Seelen besitzt, deren eine ausgefüllt ist mit der Tradition jahrhundertealten kulturellen und geistigen Lebens und in deren zweiter sich die Härte, die Hast und die Vielfalt des politischen Heute ausgebreitet haben.

221/22.9.1953

Franz Jung
Die Geschichte mit Dagny. Erzählung

Wien, Allgemeines Krankenhaus, Station 6, Saal B, Isolierzelle 4. Im März 1935. Die Kranke liegt auf der Bettstelle, die dünne Decke an den Füßen zu einem Knäuel verwickelt. Sie hat den Oberkörper aufgerichtet und klammert sich mit einem Arm um den eisernen Pfosten des Gitters. Nebenan im größeren Saal ist alles still, kein Laut – soll sie rufen, daß die Schwester kommt, das Bett öffnen, das Gitter herunterlassen?

Die Kranke, eben aufgewacht, fühlt sich wunderbar beruhigt. Sie fühlt sich, würde man versucht sein zu sagen, frei. So war das also bisher, möchte sie sich erinnern, so ist es.

In der Zelle herrscht völliges Dunkel. Es ist noch Nacht, vielleicht ist es früh am Morgen – denn die Fensterläden sind geschlossen und verdunkelt. Von draußen kommt ein leiser Vogelruf, ein schüchternes Pfeifen, und klingt beinahe wie ein meckerndes Lachen – also muß es schon in der Früh sein.

Inwieweit kann der Mensch sein Leben überschauen, als Ganzes – mit einem Satz, der das Wesentliche und Charakteristische ausdrückt? Man spürt es mehr, es ist ein Zeichen, das jedem einzelnen eingebrannt ist. Tiefer als jedes Gefühl, heller als jeder Gedanke. So sieht sie sich jetzt, jenseits von Schuld und Bedauern, ohne Scham, ohne Freude und ohne Befriedigung, voller Gleichgültigkeit und nicht ohne Hoffnung, ruhig und still. Es hätte nicht anders sein können, selbst wenn einzelnes anders gewesen wäre. Was im Gemüt, in dem Wunder der Hellsicht, in einem Atemzug enthalten ist, müßte jetzt langwierig auseinandergefaltet werden.

Draußen ist noch völlige Stille, trotzdem bereits ein wenig beunruhigend. Der Gedanke huscht vorüber, es muß gewiß schon Licht sein.

Dagny – wenn du noch einmal das Leben von vorn anfangen solltest...

Ich würde nicht noch einmal anfangen, denkt Dagny.

Und wenn du wieder im Leben auf den Platz gestellt werden würdest...

Ich würde nichts tun. Die Hände in den Schoß legen und warten.

Die Wände sind kahl, es ist kalt, sie friert unter der dünnen Decke. Sie kann sich nicht bewegen – zu Hause hat sie Decken, Heizkissen, Wäsche, einen Pullover; sie hat sich das alles zusammengespart, das wenige, das sie durch alle Unglücksfälle gerettet hat, und warum gibt man es ihr nicht und läßt die Sachen holen? Sie ist zu schwach, um mit den Fäusten gegen diese kahlen Wände zu schlagen, den Kopf gegen das Eisengitter des Bettes zu stoßen. Sie hört sich bitten, schreien, aber sie ist zu schwach, niemand wird hören, niemand hört. Ihr Schrei steht in der Luft, hüllt sie ein und wird sie ersticken –!

»Haben Sie wieder Schmerzen?«

Das ist die Assistenzärztin, die in der Türöffnung steht. Dagny hat ihr Kommen nicht gehört. Es muß schon gegen den späten Nachmittag sein. Die Fensterläden sind zu, das Licht ist eingeschaltet.

Die Kranke hat sich ein wenig aufgerichtet und sucht sich zu besinnen.

»Es ist nur«, sagt die Ärztin, die einen Schritt näher zum Bett tritt, »weil ich die ganze Zeit schon hier stehe und Sie beobachte.«

Dagny ist wach. Sie zieht sich am Pfosten hoch, so daß sie sitzt.

»Nein wirklich, ich habe keine Schmerzen –«, sie möchte der Ärztin etwas Freundliches sagen ... »aber ich habe Hunger.«

»Ja, so – aber solange Sie noch diese Schmerzen haben, ist es nicht gut, allzuviel zu essen.«

»Ich habe doch heute noch nichts bekommen.«

»Ja, so – ich kann ja mal nachsehen, obwohl ich nicht glaube – vielleicht, daß bei der Schwester der Topf noch stehengeblieben ist. Inzwischen werde ich Ihnen die Injektion vorbereiten.«

»Immer diese Injektionen – ich möchte keine Injektionen mehr – ich fühle mich so leicht, und es geht mir sehr viel besser.«

Das Fräulein Doktor merkt zu ihrem Erstaunen, daß sie sich in ein Gespräch eingelassen hat. Wie unklug, es ist Zeit, das Gespräch abzubrechen.

Die Kranke hört sich reden und antworten, als sei es das Natürlichste von der Welt. Welche Wandlung – sie holt unwillkürlich tiefer Atem.

»Also wünschen Sie noch etwas?« Eine Routinefrage, die so durchrutscht.

Dagny versucht zu lächeln. »Ja – etwas zu essen.«

»Wir haben hier kein Hotel. Das sollten Sie inzwischen wissen.« Endlich hat sie den passenden Ton wiedergefunden.

Inzwischen ist die Tür geöffnet worden, die Wärterin kommt und nimmt den Verdunklungsrahmen vom Fenster. Herein treten der Chefarzt und ein Herr in Zivil, ein junger Mann mit unbeteiligtem, gelangweiltem Gesichtsausdruck. Große Visite; aber der Mann sieht wie ein Polizeibeamter aus – meinetwegen.

»Können Sie aufstehen?«

Dagny lächelt schwach. »Ich kann schon, aber –«, sie weist auf das Gitter.

Die Wärterin klappt das Gitter herunter.

»Sie sollen aufstehen«, herrscht sie der Mann in Zivil an.

Dagny wundert sich selbst, es gleitet vorüber; gestern noch hätte sie dem Kerl in die Fresse gespuckt. Sie hebt gehorsam die Beine über den Rand und sieht sich in der Runde um, den Chefarzt, die Wärterin, die Ärztin – ob ihr jemand helfen würde? – Die Gesichter sind gläsern, mehr wie aus Kreide, die Augen sind nicht drin. Dagny ist verwirrt, es geistern noch unklare Vorstellungen einer schwindenden, sich verflüchtigenden Gedankenreihe – sie richtet sich auf und steht. Dann rutschen die Beine weg – abgemagert in diesen Wochen auf knapp über dreißig Kilo –, sie schlägt auf dem Steinboden auf.

Die Wärterin nimmt den Körper und wirft ihn wieder auf das Bett. Sieht den Herrn in Zivil bedeutsam an; auch sie hat ihre Arbeit getan.

Der Herr beugt sich vor und betrachtet das Stück Mensch, das da vor ihm auf der Matratze liegt, prüfend, interessiert – nein, sachlich und abschätzend, durchaus nicht interessiert. Dagny hat die Augen offen.

»Was fehlt Ihnen?« fragt er, so nebenbei. Er wartet nicht auf Antwort.

Dagny möchte sprechen – es hat sie niemand angehört, sie ist falsch behandelt worden, sie ist überhaupt nicht behandelt worden, und jetzt ist es vorüber, es geht ihr besser, nur noch schwach, ausruhen eine Zeit noch ... die Sprache der Menschen ist in die Zeit gezwängt, jedes Wort bedingt seinen Platz, nur in der Folge und hintereinander können sich die Worte bilden. Sie bringt nur ein Stottern heraus, die Augen sprechen, die Stirn, die sich rötet. Das versteht niemand, es hört auch niemand hin.

Der Herr tritt zurück und nickt zu dem Chefarzt... Dieser geht ans Bett, legt die Beine der Kranken grade, richtet die Decke über den Körper, streicht über das Kissen, nimmt die Arme hoch, fühlt den Puls. Inzwischen sieht sich der Herr in der Zelle um. Alles vorschriftsmäßig, völlig kahl, das Bett ohne Laken, keine weiteren Gegenstände. Er selbst faßt jetzt unter das Kissen, auch unter dem Kissen nichts – Briefe, Papier, Bleistift – nichts.

Der Chefarzt murmelt etwas zu den beiden Figuren. Dagny hat die Augen geschlossen.

Der Arzt hat den Arm fallen gelassen, legt ihn unter die Decke, sieht nochmals die Kranke an und fragt: »Hören Sie mich?« Als Dagny mit schwacher Bewegung des Kopfes nickt – »Ich werde Ihnen ein Stärkungsmittel verschreiben, zur Beruhigung. Und dann – wir müssen sehen, Sie verstehen, wir haben sehr viele Kranke.« Dagny hat verstanden. Sie ist im Augenblick zu schwach, ihm zu danken. Erster Lichtblick. Sie wird entlassen werden, sie wird sich selber weiterhelfen können, endlich. Sie macht die Augen wieder auf, vertrauensvoll, gehorsam, Kind.

Die Visite ist schon im Gehen. Der Herr hat Zeichen von Ungeduld erkennen lassen.

Die Wärterin ist geblieben. Sie hat nach der Anstaltsordnung sich um die Bedürfnisse der Kranken zu kümmern, die Zelle in Ordnung zu bringen. Die Kranke liegt ruhig, nicht so verkrampft und mit verzerrtem Gesicht wie sonst. Blonde Haarsträhnen fallen ihr über die Stirn, wie zum Schutz, als wären die Hände zu schwach, das Gesicht zu schützen. Das stimmt wirklich, erinnert sich die Wärterin, einmal hat sie das Mädchen ins Gesicht geschlagen, als sie durchaus nicht hören wollte. Ein Gesicht, wie aus dem Film, breit und weich, hohe Stirn, hinter der sich manches verbergen mag. Irgend etwas wird sie schon angestellt haben – sonst könnte sie einem leid tun. –

Als Dagny die Augen noch weitet und die Lider ein wenig zu zittern beginnen, spricht die Wärterin sie an: »Sie weinen doch nicht etwa? Das hat jetzt keinen Zweck.«

Und siehe – Dagny antwortet: »Ich bin nur sehr müde – aber ich fühle mich sehr viel besser.« –

Die andere nickt, das Mädchen hat wieder eine helle, klingende Stimme. »Sie sollen das noch öfter dem Doktor sagen«, und von selbst wird der Ton, der nachdenklich und zurückhaltend und in Sympathie geschwankt hatte, wieder gröber. »Aber Sie können ja noch nicht auf den Beinen stehen.«

Dagny versucht ein Lächeln: »Das kommt langsam.«

»Was glauben Sie denn – wo wir jedes Bett hier brauchen.«

Dagny nickt. Aber es wird bald sein, daß sie aus dieser Zelle herauskommen wird – noch einmal wird ihr das Leben geschenkt.

Das Leben in dieser Generation und der nachfolgenden verläuft noch in Parallelen, eine nach innen und eine nach außen. Die letztere ist belanglos, alltäglich und kaum der besonderen Erwähnung wert. Sie dient nur dazu, auf jenes Innenleben hinzuweisen, dem wir nur zögernd folgen können, da es sich keinen sichtbaren Ausdruck schafft. Wer vermag zu sagen, ob es schwach gewesen ist, wie es erscheint? – ohne Leidenschaft, ohne Einsicht, ohne Zutrauen und ohne Liebe – unter der Oberfläche der Erstarrung und der Gleichgültigkeit zur Umwelt poltert es wie ein fernes Gewitter; in Wirklichkeit wissen wir darüber nichts.

*

Es geht noch ein kleines Stück weiter. Der Herr Professor ist in den späten Abendstunden erschienen, in Begleitung eines Uniformierten, der am nächsten Morgen das Krankenhaus einer Wehrmachtsstelle übergeben wird. Als er sich über die Kranke beugt und den Arm hochheben will, liegt Dagny in tiefer Bewußtlosigkeit; die Dosis des Stärkungsmittels war reichlich gemessen. Er möchte sagen, wenn er wie früher Gelegenheit haben würde, den Fall vor einem Auditorium zu dozieren, eigentlich für eine derartige Injektion zuviel. Für solche weitergreifende Erörterungen wäre aber hier jetzt nicht der Platz. Eile ist geboten. Der Befehl, Strafeingelieferte von der Liste der zu Evakuierenden zu streichen, ist ausgeführt. Auf der Station 6 sind zurückgeblieben: 9 Personen in der offenen und 17 Personen in der geschlossenen Abteilung, 3 über 60 Jahre und 8 unter 16. Auf der Liste wird Dagny jetzt gestrichen, grüner Zettel: Arbeitsverweigerung und Sabotage, eingeliefert von einer SS-Dienststelle, zu der sie zu Schreibarbeiten zwangsverpflichtet war.

Wie geht das Leben zu Ende? Wir wissen es nicht. Ich vermute, daß die Sterbende sich anschickt, einen steilen Berg in die Höhe zu gehen, allmählich ins Laufen kommt, bis sie durch eine enge und immer enger werdende Toröffnung sich durchwindet, durchbricht – zum Licht oder in die Dunkelheit? Wir wissen es nicht.

In der vergleichenden Naturgeschichte beansprucht die Blume eine besondere Stellung. Wir studieren ihre Wachstumsbedingungen, ihren Standort, wir erwähnen ihre Blütezeit, beschreiben die Blüte selbst in allen Einzelheiten. Es wird nicht die Seltenheit ihres Vorkommens, die Größe, die Form oder die besondere Pracht der Farben, worin wir ihren Wert schätzen, sondern das Blühen schlechthin, das Wachsen und Reifen, das in der Erinnerung haftet und sich zu einer Vorstellung verdichtet, die wir in Gleichnis setzen mit der Wesenheit einer Person, die uns nahesteht. Vor allem anderen, was wir noch gewohnt sind, nach ästhetischen Grundsätzen zu messen, hat die Blume etwas Versöhnendes. Sie spricht zu uns eine eindringliche Sprache – zur Mahnung, die Umwelt vertrauensvoller aufzunehmen –, sich zu begrenzen nach dem, was jedem nach seiner Anlage gegeben ist. Dann vermögen wir zu erkennen, daß auch die winzige Blume am Wegrande zwischen Schutt und Abfall in unscheinbarer, blasser Farbe, in der anspruchslosen Form ihrer Blüte, eine Schönheit entfaltet, die erschüttert.

Sie blüht nämlich, meine Dame, sie blüht!

246/21.10.1953

H.S.

Die Abwanderung aufs Tonband. Bemerkungen zu einer Tagung der Gruppe 47

Obgleich es sich bei der Gruppe 47 um alles andere als einen repräsentativen Querschnitt durch die deutsche Literatur handelt, läßt sich aus der Geschichte dieser Gruppe doch einiges Symptomatische entnehmen. Noch tönt einem das Erlebnis-Asthma in den Ohren, mit dem in den ersten Jahren der Krieg und der Hunger provokatorisch verarbeitet wurden. Damals sah es so aus, als könne man eine Art literarischen Programms befolgen, das vielleicht auch auf andere Gebiete ausstrahlen würde. Die Landser-, Heimkehrer- und Schwarzhändler-Mythen schienen ins Zentrum der menschlichen Existenz zu treffen, und in jedem desertierenden Grenadier, in jeder geklauten Kohle und in jedem fraternisierenden Mädchen erblickte man Gleichnisse für säkulare Themen wie Mensch und Technik, Freiheit und Planung, Individuum und Organisation.

Dies änderte sich allmählich, als nach der Währungsreform der Atem ruhiger wurde und man eingesehen hatte, daß die Verhältnisse mit Hilfe von Stories und Gedichten kaum zu beeinflussen sind. Die zweite Phase der literarischen Bemühungen begann mit der Wiederentdeckung des Eulenspiegels, der sich in surrealistischen oder romantischen Verkleidungen in die ernstesten Themen einschlich und deren anklägerischen Charakter zersetzte. Die experimentelle Prosa blühte, man wurde interessant, die Themen lagen nicht mehr auf der Straße, sondern in den Wolken oder in einer privaten Schatulle. Manches verschrobene Innenleben fing an zu wuchern, und ohne Grenzen schien der Raum, in den man unkontrolliert hineindichten, -schreiben und -dozieren konnte.

Inzwischen stellte sich aber heraus, daß die meisten mit ihrer ungebundenen Produktion nicht das Geld verdienten, das sie gebraucht hätten, um sich angesichts ihrer sozialen Aufgaben ein gutes Gewissen zu bewahren. Keine Zeitung druckte ein zwölfseitiges Feuilleton oder lange freie Rhythmen, ein beflissenes Literaturblatt gab es schon lange nicht mehr, die exklusiven Zeitschriften zahlten schlecht, und die Rundfunkleute wollten nur sendegerechte Maßarbeit. Was war natürlicher, als daß sich die Schreibenden allmählich dazu bequemten, für eine bestimmte Stelle in einem bestimmten Ressort zu arbeiten und die Voraussetzungen einer Reproduktion nicht mehr als technische Willkürherrschaft anzusehen.

Wie weit diese Entwicklung jetzt gediehen ist, war auf der letzten Tagung der Gruppe 47 im Schloß Bebenhausen (bei Tübingen) zu beobachten. Die meisten vorgelesenen Arbeiten waren technisch engagiert als Hörspiel, Feature, Bühnendialog, als Zeitungsglosse oder Begleittext. Und man kann nicht sagen, daß das Wort unter diesem Zwang gelitten hätte, im Gegenteil, das unsäglich Verblasene, Unverbindliche, das früher solche Vorlesungen gelegentlich auszeichnete, fehlte diesmal; die Themen hatten Hand und Fuß, und der Zwang zur äußeren Form ergab auch eine Präzisierung der Gedanken. Dichtung und Fact durchdrangen sich beispielsweise in einem neuen Hörspiel von Alfred Andersch über eine Reise durch Lappland oder in einem Text von Ingeborg Bachmann für das Ballett »Der Idiot« (nach Dostojewski). Eine Wiederauferstehung des Expressionismus bedeutete die auf Band vorgespielte »Minute des Negers« von Wolfgang Weyrauch; wer die bei Rowohlt im Druck erschienene Arbeit vorher nur gelesen hatte, gewann die Überzeugung, daß der lyrische Expressionismus überhaupt erst im Rundfunk durch die Inszenierung des Tons seine ganze Kraft entfaltet.

Durch die Bindung an eine ganz andere Art der Wiedergabe wirkten manche vorgelesenen Manuskripte allerdings mehr wie Partituren.

So befriedigt auch die Lektüre sogenannter Hörspielbücher infolge der fehlenden Dimension nie ganz, auch wenn es sich um so vortreffliche Spiele handelt wie die von Günter Eich, die unter dem Titel »Träume« (Suhrkamp) erschienen sind. Die Literatur flieht hier in einen Raum, in dem sie auf die Darstellung angewiesen ist. Die Vorlesungen der Gruppe 47 zeigten wieder deutlich, daß das Hörspiel, unter bestimmten Voraussetzungen auch das gehobene Feature, eigene Kunstgattungen werden, die dem Literarischen zwar eng verwandt sind, sich aber der rein literarischen Wertung entziehen. Da sich immer mehr Dichter und Schriftsteller darauf einrichten, mehr gehört als gelesen zu werden, kann man bereits von einer Abwanderung vom Papier aufs Tonband sprechen, die in der Entwicklung der Literatur noch unangenehm zu spüren sein wird. Andererseits wird die Literatur auch von manchem Ballast befreit sein, wenn die Lager erst schärfer getrennt sind.

Hans Werner Richter leitete die anregende Zusammenkunft. In den drei Tagen lasen unter anderem folgende Autoren aus ihren Arbeiten: Milo Dor, Armin Eichholz, Günter Eich, Herbert Eisenreich, Wolfgang Hildesheimer, Walter Hilsbecher, Margarete Hohoff, Jürgen von Hollander, Heinz Huber, Rolf Schroers und Martin Walser.

247/22.10.1953

Harald Lindner

Martin Luthers Geburts- und Todesstadt. Zum Reformationstag am 31. Oktober – Luther oder Lenin

Die Stadt, in der Martin Luther seine ersten und letzten Atemzüge tat, hat ihn jeweils nur kurz in ihren Mauern beherbergt. Dennoch ist er der bedeutendste ihrer Bürger geblieben und hat sie zur »Lutherstadt« erhoben.

Zu Luthers Zeiten war Eisleben »Hauptstadt« der Grafschaft der Mansfelder Grafen. Die Erträgnisse des Kupferbergbaues hatten die Grafen reich gemacht und auch in Eisleben ein wohlhabendes Bürgertum geschaffen. In wuchtigen Kirchen, kunstvoll und verschwenderisch ausgestattet, offenbarte sich sowohl Frömmigkeit als auch Bürgerstolz. Nach damaligen Begriffen großräumige Bürgerhäuser säumten die engen Straßen.

Heute ist Eisleben eine Art »Industriezentrum«. Aus den kleinen Schürfstellen und Schmelzen des Spätmittelalters sind große Werke geworden, die heute natürlich als VEB-Betriebe die Namen eines »Vorbildes« tragen, das nicht der Geschichte Eislebens entstammt. Das Mansfeld-Bergbau-Kombinat »Wilhelm Pieck« beherrscht das Gebiet. Vor kurzem hatten die »Delegierten« dieses Werkes die »Ehre«, ihrem Paten zu melden, daß die Sollziffern wieder überschritten werden, daß neue »Verpflichtungen« eingegangen wurden und daß man die »Provokateure des 17. Juni« restlos entfernt habe. Hoffentlich hat dies dem »Arbeiterpräsidenten« genügt, um die Mansfelder Bergleute vor weiteren SSD-Kontrollen zu bewahren.

Steil aufwärts führt die Straße zum kopfsteingepflasterten Markt. Hier steht seit 1883 das von Karl Siemering geschaffene Lutherdenkmal. Trutzig und selbstbewußt erhebt der Reformator sein Haupt – ein Sieger über die Behelligungen des Tages. Unweit davon befindet sich das Sterbehaus Martin Luthers.

In diesem Haus, das auch als Stadtschreiberwohnung diente, brachten die Mansfelder Grafen ihre Gäste unter, und Luther war ja nach Eisleben gekommen, um einen Streit der gräflichen Brüder zu schlichten. Es gelang ihm dabei auch, die wirtschaftliche Sicherstellung der Eislebener Lateinschule zu erwirken, eine Angelegenheit, die ihm, der in Erfurt alle Nöte eines Lateinschülers jener Tage erlebt hatte, besonders am Herzen lag. In der Kirche St. Andreas hielt er seine letzten vier Predigten.

Eine schmale, gewundene Steintreppe führt ins Sterbezimmer Martin Luthers. Ein Kachelofen, Stühle in der Art seiner Zeit stehen in dem sonst leeren Raum. Ein großes Gemälde zeigt uns die letzte Stunde des Reformators, gestaltet nach dem Bericht, den sein Begleiter Justus Jonas noch in der Sterbenacht für den Kurfürsten in Wittenberg verfaßte. Ein kleiner Raum daneben enthält den Alkoven, die Bettstatt Martin Luthers, eine Nachbildung seiner Totenmake und seiner Hände, wie sie auch im Lutherhaus in Wittenberg, der großen Wirkungsstätte des Reformators, zu finden sind. Einige Sanduhren sind wie Symbole der Vergänglichkeit alles Irdischen.

Man wandert weiter zu dem Geburtshaus in der heutigen »Lutherstraße«. Hier ist liebevoll ein kleines »Luthermuseum« zusammengetragen worden. Die kleinen Räume mit den bescheidenen Möbeln liegen im Dämmerlicht, das durch die Butzenscheiben fällt. Kein Lärm von der Straße stört die Andacht des Besuchers. In der nahen

Kirche von St. Peter und Paul erhielt der Neugeborene schon am Tage nach der Geburt, am Martinstag (11. 11.) des Jahres 1483, die Taufe. Am 31. Oktober 1517 schlägt der 34jährige Augustinermönch und Professor der Heiligen Schrift an der Universität zu Wittenberg an die Tür der dortigen Schloßkirche seine 95 Thesen an und löst damit die »Reformation« aus.

Die heutigen »Machthaber« in Eisleben wissen, daß noch immer Luther den Einheimischen und den Besuchern, die einst sogar aus aller Welt kamen, nähersteht, als jene »Reformatoren«, die sie anzubieten haben. Eisleben galt einmal als »rote« Stadt. Die SPD hatte hier bis in die Hitlerzeit hinein eine starke Domäne, und auch die KPD konnte mit ansehnlichen Wählerziffern aufwarten. Die SED hat erreicht, was Hitler nicht schaffte – in ihrem Sinne ist Eisleben heute nicht mehr »rot«. Als Anerkennung ihrer »roten« Vergangenheit hat man Eisleben das erste Lenindenkmal Deutschlands beschert. In betont proletarischer Haltung, die Ballonmütze auf dem Haupt und die eine Hand tief in die Hosentasche vergraben, soll er dem Reformator Luther, der die Stadt beherrscht, Trutz bieten. Es ist beinahe symbolisch, daß das Denkmal Luthers auf der Höhe des Marktes steht, während man ihn »unten im Tal« placiert hat. In drastischer Form haben ihm die Mansfelder Bergleute am 17. Juni gezeigt, daß Spitzbärte bei ihnen nicht hoch im Kurs stehen. Alle Phasen einer echten Volkserhebung spielten sich in dem kleinen Eisleben ab: Sturm auf die Polizei- und Parteigebäude, Öffnung des Gefängnisses, Brand der Akten. Am Spätnachmittag stellte man mit Panzern und Bajonetten die ostzonale Ordnung wieder her.

Martin Luther siegte ohne Panzer und Bajonette. Die FDJler, die in den Maitagen die Schaukästen der »Jungen Gemeinde« zerstörten, mußten die Nacht dazu benutzen. Sie waren schon auf dem Rückzug, als sie noch glaubten, auf dem Vormarsch zu sein. Auch Schloß Mansfeld, ebenfalls reich an Luthererinnerungen, ist vor kurzem dem Evangelischen Jungmännerwerk zurückgegeben worden. Der Plan, daraus eine große, repräsentative Schulungsstätte zu schaffen, mußte wegen der hohen Um- und Ausbaukosten fallen gelassen werden. Heute erklingt wieder der Choral »Ein' feste Burg ist unser Gott« in seinen Mauern.

Es ist Martin Luther bisher erspart geblieben, für die SED entdeckt zu werden, wie es mancher Persönlichkeit der deutschen Geschichte ergangen ist, die sich plötzlich in der Gesellschaft der Pieck und Ulbricht wiederfindet. Luther ist nicht »persona grata« geworden. Ein Film, von dem Teile auch in Eisleben gedreht wurden, über Martin Luther läuft bisher nur in Westdeutschland. Der unrühmlich bekannte Schweriner Domprediger Kleinschmidt übernahm die undankbare Aufgabe, ein »liniengerechtes« Lutherbuch zu schreiben. Das gewollte Fazit ist in einem einzigen Satz zusammengefaßt: »Die Reformation hatte alles Leben verloren – es war Luther, der sie darum gebracht hatte.« Dies ist der posthume Bannfluch, der Luther treffen soll, weil er den »Thälmann der Reformationszeit, Thomas Münzer«, nicht unterstützt hat.

Der evangelische Christ wird in Luther in erster Linie den Reformator sehen. Ihm gilt das Gedenken des 31. Oktober. Der Deutsche wird in ihm den Schöpfer der deutschen Schriftsprache verehren.

255/31.10.1953

Walter Jens

Alles war anders geworden. Geschichte einer Heimkehr

Am seltsamsten war doch der Tag, an dem ich mit Onkel Robert durch unsere Stadt fuhr.

Es war vor zwei Jahren, als Onkel Robert gegen Mittag bei uns klingelte. Wir waren nicht sehr überrascht, denn in seinen letzten Karten hatte er uns schon angekündigt, daß er wohl bald entlassen und dann zunächst zu uns kommen würde: Wo sollte er sonst hin?

Als er vor der Tür stand, sah er ganz unverändert aus: kräftig und gesund wie immer, ja, seine Begrüßung und die Art, wie er unsere Wohnung betrat, schienen noch bestätigen zu wollen, daß wirklich alles beim alten geblieben war. Onkel Robert tat so, als sei er erst vor ein paar Wochen bei uns zu Besuch gewesen: und was geschieht schließlich schon in ein paar Wochen? – Je weiter die Zeit fortschritt, desto verlegener wurden wir, weil wir uns alles ganz anders vorgestellt hatten. Wir dachten natürlich, er würde uns nach gemeinsamen Freunden und Bekannten fragen, nach Arbeitsmöglichkeiten und vor allem nach einer Wohnung, die für ihn in Frage käme. Statt dessen erzählte er nur allerlei belanglose Dinge, von einem Hunde, der nicht in die Straßenbahn gedurft hatte, und von dem schönen Wetter, das doch sicherlich noch einige Tage anhalten würde. Er vermied es ängstlich, mit einer Frage auf die Vergangenheit einzugehen, und war offenbar bemüht, nichts zu erwähnen, was vor dem ersten Tag seiner wiedergewonnenen Freiheit geschehen war. So verwunderte es mich gar nicht, daß er schon nach wenigen Stunden den Wunsch äußerte, mein neues Auto anzusehen, von dem ihm meine Mutter geschrieben hatte. Er betrachtete es sehr genau, wie ein alter Fachmann, und bat mich, eine kleine Spazierfahrt mit mir machen zu dürfen.

Diese Spazierfahrt dauerte beinahe fünf Stunden; wir fuhren kreuz und quer durch die Stadt, von Eimsbüttel nach Altona, von Altona in die Elbvororte, von da zurück nach St. Pauli und zum Hafen, vom Hafen nach Barmbeck und Eppendorf, von da nach Schnelsen und wieder nach Eimsbüttel und wieder nach St. Pauli und noch einmal zum Hafen. Während der ganzen Zeit sagte Onkel Robert kaum ein Wort, nur manchmal fragte er beiläufig nach dem Namen einer Straße, und hin und wieder gab er die Richtung an, in der ich weiterfahren sollte. Als wir wieder vor unserem Hause hielten, war es schon dämmerig geworden, und ich fühlte mich so müde, als wenn ich eine ganze Nacht lang am Steuer gesessen hätte. Obgleich ich mich schämte, freute ich mich doch, daß es dunkel geworden war und man kaum noch etwas sehen konnte, denn ich war sicher, daß Onkel Robert sonst noch einige Stunden weitergefahren wäre… und wie hätte ich es ihm abschlagen können?

Erleichtert, in der Vorfreude auf ein ruhiges Abendgespräch – denn sicher würde Onkel Robert jetzt doch endlich erzählen –, schloß ich die Haustür auf. Aber Onkel Robert hielt mich zurück: nein, er wolle jetzt noch nicht nach Haus, an der Ecke sei doch bestimmt ein Lokal, er habe Durst und müsse im übrigen mit mir allein sprechen. Als ich mich umdrehte, erschrak ich, denn jetzt sah er wirklich so aus, wie wir es immer geahnt hatten: greisenhaft und namenlos.

In dem Lokal erfuhr ich Onkel Roberts Geschichte, eine seltsame Geschichte, die mich noch heute verfolgt.

Onkel Robert war früher, vor dem Kriege, Taxichauffeur gewesen, ein guter Fahrer, tüchtig, zuverlässig und von einer unvorstellbaren Kenntnis aller Straßen und Gebäude, an denen er einmal vorbeigefahren war. Man konnte ohne Übertreibung sagen, daß es kaum ein Haus in unserer Stadt gab, das er nicht kannte.

Diese Kenntnis war Onkel Roberts einziger Schatz in der Gefangenschaft, ein Schatz, den er ängstlich bewachte und dessen Güte er

Tag für Tag überprüfte, indem er sich die Straßen und Plätze vorzustellen suchte, die er früher gesehen hatte. Bei dieser Überprüfung kam ihm eines Tages ein seltsamer Zufall zu Hilfe – Zufall sage ich, obwohl Onkel Robert sich bis zu seinem Tode geweigert hat, die Begegnung mit dem Stadtplaner Falke aus Hamburg als einen Zufall anzusehen. Dieser Stadtplaner nämlich hatte die gleiche Kenntnis wie Onkel Robert, und er hatte noch mehr: er besaß einen alten Plan, einen Plan der Hansestadt Hamburg aus dem Jahre 1936, den man ihm aus irgendeinem unerfindlichen Grunde, trotz der vielen bedenklichen Straßennamen, nicht abgenommen hatte. Dieser Plan bildete das Fundament jenes seltsamen Spiels, das der Stadtplaner Falke und mein Onkel Robert drei Jahre lang jeden Abend spielten. Das Spiel bestand darin, daß abwechselnd einer der beiden eine Geschichte von irgendeiner Straße oder einem Gebäude erzählen mußte: einen Tag durfte er sich vorbereiten, dann wurde die Straße auf der Rückseite des Plans abgehakt, und die nächste Geschichte begann. Da Onkel Robert auf Grund seiner früheren Tätigkeit unzählige Geschichten aus den verschiedensten Vierteln kannte und da der Stadtplaner Falke ebenfalls weit herumgekommen war, vergingen den beiden die Abende wie im Fluge. »Wir waren ja zu Hause«, sagte Onkel Robert damals, »wir waren wirklich zu Hause.«

Heute weiß ich, daß einzig die Karte des Stadtplaners Falke Onkel Robert in all den Jahren nicht altern ließ, so daß er in unser Zimmer treten konnte wie einer, der niemals fort gewesen war.

Am Abend dieses denkwürdigen Tages freilich war Onkel Robert ein alter Mann. Er hatte eine Stadt wiedergesehen, die ihm fremd geworden war, eine Stadt, die nicht nur die Namen ihrer Straßen, sondern auch ihr Gesicht vertauscht hatte, eine Stadt, von der er niemals geträumt hatte.

Von diesem Abend an geschah es immer häufiger, daß Onkel Robert den Stadtplaner Falke beneidete, der kurz vor der Entlassung gestorben war und ihm zuletzt noch den Plan geschenkt hatte, der nun wertlos geworden war.

Hamburg ist immer noch eine große Stadt und vielleicht eine schönere Stadt als früher, vor dem Kriege, aber es ist nicht mehr die Stadt, die Onkel Robert kannte, die Stadt, deren Bild ihn über alle Qual und Entbehrung hinwegtrug – acht Jahre lang, denn er ist schon 1942, vor den großen Angriffen auf unsere Vaterstadt, in Gefangenschaft geraten.

Nachdem er in den letzten Monaten immer wunderlicher wurde, ist er vor einer Woche gestorben. Wir haben ihn noch oft im Krankenhaus besucht – er hatte dann die Karte des Stadtplanes auf den Knien und erzählte uns Geschichten von einer Stadt, die es nicht mehr gab.

Jetzt ist er tot, Onkel Robert, der aus einer fremden und dunklen Welt zu uns zurückkam und das Land nicht mehr fand, das er suchte.

Seit seinem Tode quälte uns der Gedanke, ob wir auch alles getan haben, um ihm das Einleben zu erleichtern; vielleicht hätten wir anders, behutsamer, mit ihm umgehen und seine Träume nicht so jäh zerstören sollen. Vielleicht hätte ich ihn vor unserer Autofahrt vorbereiten und ihm von den Ruinen, den neuen Vierteln und den leeren weiten Feldern erzählen müssen.

Sicher, wir haben Schuld, wir alle ... wir hätten wissen müssen, was in ihm vorging, damals vor zwei Jahren, als er zurückkam. Aber wer von uns kann schon ermessen, was es bedeutet, acht Jahre lang ein Bild betrachten zu müssen, das sich in Wahrheit Tag für Tag verändert? –

Alle, die zurückkommen, leben in einer Zeit, die wir längst vergessen haben. Sie sehen ihre Städte noch unzerstört, ihre Dörfer genau so wie früher, ihre Frauen jung und ihre Kinder noch klein. Das Altern dringt nicht in ihr Bewußtsein. Seien wir vorsichtig, die Träume zu zerstören, die sie am Leben hielten und die sie gern noch eine Zeitlang neben sich wissen möchten.

Zerbrecht sie nicht zu schnell, die in Jahren gereiften Träume. Der Blick in die verwandelten Gesichter ist heilsam für uns, doch schrecklich für sie: die anderen, die zurück zu uns kommen.

268/15.11.1953

1954

7.1. Erster Kulturminister der DDR wird der Schriftsteller Johannes R. Becher.

25.1.–18.2. Konferenz der Siegermächte in Berlin, ohne Einigung über die Wiedervereinigung Deutschlands.

26.2. Im Bundestag wird mit der erforderlichen Zweidrittelmehrheit ein Wehrergänzungsgesetz zum Grundgesetz angenommen, das die Wehrhoheit der BRD herstellt. Es räumt dem Bund Entscheidungsbefugnis über militärische Angelegenheiten ein.

26.3. Die UdSSR erklärt die DDR für souverän.

4.7. Die deutsche Fußball-Nationalmannschaft wird durch Sieg über Ungarn in Bern überraschend Weltmeister.

17.7. Theodor Heuss als Bundespräsident wiedergewählt.

20.7. Otto John, Präsident des Bundesverfassungsschutzes, wechselt unter nie ganz geklärten Umständen in die DDR über.

17.9. Eröffnung der Amerika-Gedenkbibliothek in Berlin.

28.9.–3.10. Auf der Neunmächtekonferenz in London treten Deutschland und Italien dem Brüsseler Vertrag (vom 17.3.1948) bei.

19.–23.10. Auf den Pariser Konferenzen wird das Ende des Besatzungsregimes und des entsprechenden Statuts erzielt. Die Bundesrepublik wird dadurch als Staat souverän.

Helmuth de Haas

Typologie des Fernsehwitzes

I.

1950, bei einer Umfrage, warnte T. S. Eliot vor dem Fernsehen. Der einstige Dadaist und heutige Puritaner hatte religiöse und künstlerische Gründe. Aber seit 1952 ist Television als häusliche Praxis auch bei uns aktuell geworden. Zu Weihnachten wurden dem deutschen Publikum die ersten Programme beschert. Man sah Fußball, Kriminalgeschichten, Tanz, Kabarett und Features. Mehr sah man bis heute nicht. Das deutsche Fernsehen hat seine adäquaten Möglichkeiten noch nicht entdeckt.

II.

Die Kulturpessimisten warnen seit mehr als einem Jahrzehnt davor, dies Gehäuse in die menschliche Wohnung zu lassen. Ihre Prognosen sind wie alle Pseudoprophetien grobkörnig und plakathaft. Sie bedenken nicht, daß neue Gegenstände neue Organe bilden. Aber diese Pessimisten helfen stets mit, die Wirklichkeit, vor deren Heraufkunft sie warnen wollen, zu beschleunigen.

Aldous Huxley schrieb den Roman der »Schönen neuen Welt«, einer technisch perfekten Zukunft. In ihr gibt es Duftfilm und Fühlfilm, Entkorkungszimmer und elektromagnetisches Golf. Jeder hat seinen Helikopter, und Television ist fast schon wieder uralter Schnee. In jedem Appartement kann man synthetische Musik hören, bei Somaträumen das Milligramm Kummer, das dieser Welt erhalten blieb, ganz rasch vergessen. Alles ist sauber genormt, alles Sein in sanftem Schein und alle Realität in ein Surrogat verwandelt. Das Innenleben ist heftig blockiert. »Jeder ist seines Nächsten Eigentum.«

George Orwells »1984« ist nicht so hoffnungslos optimistisch. Huxleys freie Liebe wird in seinem Buch wahrlich nach Utopia verwiesen. Morgens turnt man seine Frühgymnastik herunter, mürrisch und beobachtet durch Television. Nur im »toten Winkel« ist man sicher.

III.

In diesen utopischen Häusern steht der Fernsehkasten. Doch wie Robert Jungk gezeigt hat, die Zukunft hat schon angefangen. Manche Leute reden vom interplanetarischen Flugverkehr wie von zwei Pfund Keks. Der ganze Krisenfeuilletonismus, der damit begann, daß Paul Valéry 1919 die Frage stellte: Sind Kulturen sterblich? sieht sich aufs Glatteis geführt. Ist nicht alles ganz erfreulich geplant? Der Gegensatz ist deutlich: einerseits Huxley, andererseits Orwell, einerseits der gläserne Kitsch, andererseits der Vollstreckungsbefehl nach Staatsbelieben. Wer kann diese Enden zusammenbiegen?

Für diese Utopia gilt, was im Tagebuch der Brüder Goncourt am 16. Juli 1856 gesagt wird: »Poe, eine neue Literatur, die Literatur des 20. Jahrhunderts: bewundernswerte Wissenschaftlichkeit, Ausführung A + B, eine gleichzeitig verrückte und mathematische Literatur, Einbildungskraft durch Analyse.« Die Elemente beider Zukunftswelten sind durch Analyse erschlossen, das heißt, sie sind so gegenwärtig wie das Fernsehen. Die Einbildungskraft versucht, sie in neue magische Zusammenstellungen zu bringen.

IV.

Der Fernsehkasten steht schon seit langem in amerikanischen Wohnungen und Snack Bars, in Hotelzimmern und werbungsbewegten Schaufenstern. Er ist fixer Bestandteil des modernen Lebens geworden. Engländer und erste Deutsche, in diesen Tagen auch die spröden Schweizer, folgten, auch sie ganz unbehelligt von den Augurenrufen der Krisenpathetiker.

Für manchen Zeitgenossen gab es Fernsehen nur im Film: Television im Quadrat. Da sieht man auf der Leinwand einen Minister zweimal reden, den Selbstmordkandidaten, den S. Freud hinaufgeschickt hat, gleich zweimal auf dem Sims des 14. Stockwerks stehen. Haben wir uns nicht schon vor seiner Geburt an den Zögling der technischen Perfektion gewöhnen dürfen? Sehen wir nicht schon seit Jahren Witze über das Fernsehen?

Sie stehen in allen Illustrierten, im Sonntagsjournal, in den Beilagen der führenden Presse. Das stimmt nachdenklich. Novalis sagte: »Der Witz ist schöpferisch; er macht Ähnlichkeiten.« Der Witz entgiftet die Luft, er besänftigt, mildert, er taut die Nordpolstimmung der Kritik ein wenig auf. Der Fernsehwitz hat etwas geleistet, das noch keinem Kommentar gelungen ist. Er hat uns an eine völlig absurde Situation gewöhnt. Denn ist das nicht absurd: man sitzt vor dem Bildschirm und blickt in ein Fußballstadion oder eine Boxing-Hall, man erlebt eine rasante politische Versammlung, man sieht fassungslos, wie Beboptänzer zu heulenden Derwischen werden, zu Priestern, die im Nichts zelebrieren! Dies alles spielt sich plötzlich in unseren Zimmern ab, greifnah, rufnah, meilenfern, seelenfern! Wir haben zwar das Staunen arg verlernt, und nur ein paar manische Poeten, ein paar wonnige Schulkinder blicken noch mit Adamsaugen in die Welt: aber vor dem Fernsehgerät sitzt man mit offenen Mündern und wundert sich in den Kasten hinein, zwischen Seligkeit und Entsetzen, irritiert und wie genarrt. Die aufkommende Irritation vor diesem Geflimmer löst man nicht mit Vernunft, sondern mit Boutaden, mit Drolerien, mit Witzen.

Da gibt es mit eins den Fernsehwitz, den Bruder des surrealistischen Witzes. Den Fernsehwitz erzählt man nicht, er will gezeichnet sein. Damit ist ein Witz gekommen, der nur davon lebt, daß man ihn auf- und ausmalt. Beschreibung ist nicht Sache eines guten Witzes. Erzählter Fernsehwitz, das wäre zu umschweifig, zu indirekt. Witz will kurze Ballung, punktuelle Zündung. Mit verlängerter Anlaufzeit wird sein Effekt verkürzt.

V.

Die Typologie des Fernsehwitzes zeigt drei Arten, deren erste schon landläufig geworden ist: das auf dem Bildschirm ablaufende Geschehen schwillt ins Zimmer über. Das Motiv ist surrealistisch. Zum Beispiel läuft ein Fußballteam nicht zur Stadionmitte, sondern aus dem Kasten blöd ins Zimmer hinein. Oder ein Boxer schlägt aus dem Apparat heraus einen Familienvater k.o., weil er einen Zwischenruf gewagt hatte, oder ein Skiflieger landet auf dem Wohnzimmerteppich, ein Magier zaubert zwanzig Kaninchen auf Tisch, Sessel, Schrank. Der Einbildungskraft sind keine Grenzen gesetzt.

Die zweite Art: das Geschehen auf der Leinwand lockt den Zuschauer »in den Apparat hinein«, auch hier: Synchronisation des Geschehens. Zum Beispiel soll ein Großvater in Pantoffeln plötzlich einen Elfmeter treten. Dies Genre ist noch nicht ausgebeutet. Dafür hat die dritte Art einige alte Witzmotive neu bestückt: man spielt also wirklich, was auf dem Bildschirm ablaufen könnte. Zum Beispiel: der Ehemann kommt verfrüht von der Geschäftsreise zurück, und der gutrasierte Hausfreund grinst freundlich von der Platte.

VI.

Die Beispiele wären zu vermehren. Aber eine Kostprobe genügt, die Herkunft eines Weins zu prüfen. Soviel ist sicher: wir werden mit jedem neuen Fernsehwitz weiter auf die Tatsächlichkeit von Television vorbereitet. Der Fernsehwitz hat gezeigt, daß der Vorgang auf dem Bildspiegel Ersatz eines Wirklichen ist, Surrogat, Anschein, Abspiel, nicht Realität. Ist das nicht im Kino genauso? Gewiß, aber der Film hat sein eigenes Haus, nicht unser Zimmer, nicht unsere Stunden. Sei noch gesagt, daß nicht nur der Fernsehwitz, sondern auch das Kinderbuch Television längst eingemeindet hat. Beide sorgen für Eingewöhnung in eine absurde zivilisatorische Errungenschaft, beide bereiten uns auf die durchbrochene Intimität des Hauses vor.

VII.

Fernsehen wird die Lieblingsbeschäftigung eines Menschen sein, »auf den trifft nichts mehr zu« (Benn). Er bleibt unbetroffen und kann beliebig viel aufnehmen, er braucht das pausenlose Programm. Auch seine Zukunft hat schon begonnen.

Er ist ein Typ, an dem man »mit einer gleichsam heißen Kategorie« (Spengler) herangehen muß. Gegenmittel? Vielleicht: am andern Ende der technischen Perfektion entdecken, daß Holz Holz ist, die Wirklichkeit plastisch und durchseelt, daß nichts so schön ist wie wirkliche Augen und wirkliche Lippen und wirkliche Worte. Vielleicht: täglich zehn Zeilen Vergil. Vielleicht: von den beiden amerikanischen Düsenfliegern lernen, die im Englischen Garten in München drei Stunden Fiaker fahren. Gegenmittel sind nur dann wirksam, wenn sie Gegenideen sind.

1/1.1.1954

Walter Gropius

Ist der Architekt Diener oder Führer?

Die Entwicklung der modernen Architektur läßt sich nicht mit einem neuen Trieb an einem alten Baum vergleichen; es ist neues Wachstum von der Wurzel her.

Dies bedeutet aber nicht, daß wir Augenzeugen der Geburt eines neuen »Stils« geworden sind. Was wir sehen und erleben, ist eine Bewegung mitten im Fluß; eine Bewegung, der es aber gelungen ist, eine grundlegend neue Auffassung von den Aufgaben des heutigen Architekten geltend zu machen. Dieser Auffassung liegt eine Philosophie zugrunde, die dadurch, daß sie mit den großen Entwicklungszügen zeitgenössischer Kunst und Wissenschaft eng verknüpft ist, eine erhebliche Stärkung in ihrem Kampf gegen rückwärtige Strömungen erfahren hat.

Wenn wir zurückblicken, um festzustellen, was in den letzten 30 bis 40 Jahren auf dem Architekturgebiet zustande gebracht worden ist, so finden wir den Gentleman-Architekten, der dem Publikum Stilprodukte vergangener Zeiten »mit allen modernen Bequemlichkeiten versehen« anbot, fast ganz aus dem Felde geschlagen. Seine Kunst der angewandten Archäologie ist im Verschwinden begriffen. Sie erlag im Feuer unserer Überzeugungen, daß der Architekt in seinen Werken dem lebendigen Leben Form und Ausdruck geben müsse, anstatt imitative Stilgebilde zu errichten. Wir fordern heute, daß seine Auffassung biegsam genug sein muß, um einen Rahmen zu schaffen, der die dynamischen Züge unseres modernen Lebens zu absorbieren vermag, und wir wissen, daß er mit solcher Absicht scheitern würde, wenn er sich der alten Ausdrucksmittel bediente.

Wir haben aber leider auch die Erfahrung gemacht, daß es ebenso leicht passieren kann, daß man uns eine moderne formalistische Zwangsjacke anbietet wie früher eine Stilattrappe, dann nämlich, wenn der Architekt nur daran denkt, seinem eigenen Genius Denkmäler zu errichten. Diese Art Arroganz hat sich trotz der Revolution gegen den Eklektizismus behauptet, und einige der »Neugestalter« haben oft sogar den Eklektiker übertroffen in ihrer Sucht, »anders« zu sein, das Unerhörte, das Verblüffende, das Sensationelle hinzustellen.

Dieser Ich-Kult hat dazu beigetragen, eine breitere Aufnahme der gesunden Entwicklungstendenzen in der modernen Architektur zu verzögern. Reste dieser Mentalität müssen noch verschwinden, ehe der wahre Geist der architektonischen Revolution allgemein Wurzel fassen und zu einem echten Formausdruck unserer Zeit führen kann. Das setzt natürlich voraus, daß der heutige Architekt seine Anstrengungen auf die Suche nach dem Typischen, nach dem Allgemeingültigen richten muß und nicht auf das Sensationelle. Vorgefaßte Formideen, ob sie nun der Ausdruck persönlicher Laune oder modischen Stils sind, führen dazu, das lebendige Leben einzuengen und in willkürliche Bahnen zu zwingen.

Die Pioniere der neuen Bewegung entwickelten im Gegensatz hierzu eine andere Methode, das Problem der »Gestaltung fürs Leben« anzufassen. In dem Wunsch, ihre Arbeit im Volksleben zu verankern, versuchten sie, die individuelle Einheit immer als Teil eines

Ganzen zu sehen. Diese soziale Idee steht in starkem Kontrast zu dem Werk des egozentrischen Primadonna-Architekten, der seine persönliche Phantasie einem eingeschüchterten Klienten aufzwingt und isolierte Monumente individueller, ästhetischer Bedeutung hinstellt.

Mit dieser Bemerkung möchte ich nicht etwa sagen, daß wir immer folgsam die Ansichten des Klienten akzeptieren sollten. Wir müssen ihn im Gegenteil zu einer Auffassung hinleiten, die unserer Gestaltung seiner Bedürfnisse entspricht. Wenn er Ansprüche an uns stellt, die offenbar irrelevant oder abwegig erscheinen, so müssen wir die wahren Beweggründe für diese vagen Wunschträume herauszufinden verstehen, um ihm dann eine konsequente, klarere Lösung zugänglich zu machen. Ohne Überheblichkeit sollten wir alles versuchen, ihn von unseren Gedankengängen zu überzeugen, denn wir müssen schließlich auf Grund unserer Kompetenz die Diagnose stellen für das, was wirklich benötigt wird. Ein Kranker würde sicher nicht auf die Idee kommen, seinem Arzt vorzuschreiben, wie er behandelt werden müsse; wenn wir Architekten aber solches Vertrauen von unseren Bauherren erwarten, so erfahren wir bald, daß man uns selten denselben Respekt entgegenbringt wie dem ärztlichen Beruf. Falls wir etwas von diesem Mißtrauen verdient haben sollten, weil wir uns nicht genügend kompetent erwiesen haben in unseren Aufgaben als Gestalter, als Konstrukteur, auf dem ökonomischen Feld oder in der alles umfassenden sozialen Auffassung, so müssen wir das schleunigst nachholen. Wenn wir eins dieser Gebiete vernachlässigen oder Verantwortlichkeit in der Führung scheuen, dann reduzieren wir uns selbst zu unbedeutenden Technikern. Architektur braucht überzeugte Führung, wenn notwendig sogar im Gegensatz zum Bauherrn. Ihre Belange können nicht durch Klienten oder Gallup Polls entschieden werden, deren Urteile meistens doch nur das befürworten würden, was ohnehin jedermann bestens bekannt ist.

Aber noch ein weiteres Mißverständnis bedarf der Klärung. Wir hören: »Der moderne Akzent liegt auf dem Leben selbst, nicht auf der Maschine« und »Le Corbusiers Schlagwort ›Das Haus ist eine Wohnmaschine‹ ist veraltet«. Gleichzeitig wird ein Porträt der Pioniere der modernen Bewegung entworfen, das sie als Anhänger starrer, mechanischer Prinzipien zeigt, die die Maschine verherrlichen und völlig gleichgültig gegen feinere menschliche Werte sind. Da ich selbst zu diesen Ungeheuern gehöre, staune ich nachträglich darüber, wie wir es fertiggebracht haben sollten, auf einer so kümmerlichen Basis zu existieren. In Wirklichkeit stand natürlich das Problem der Humanisierung der Maschine und der Suche nach einer neuen Lebensform im Vordergrund unserer Diskussion. Um neue Mittel in den Dienst menschlicher Zwecke zu stellen, machte das Bauhaus z.B. den Versuch, praktisch zu demonstrieren, was es predigte, und so das Gleichgewicht wiederzufinden in dem Kampf zwischen den praktischen, ästhetischen und psychologischen Ansprüchen der Zeit. Ich entsinne mich der Vorbereitungen für unsere erste Ausstellung im Jahre 1923, die die Vielseitigkeit unserer Auffassung zeigen sollte. Ich hatte ihr den Namen »Kunst und Technik, eine neue Einheit« gegeben, was nicht gerade nach mechanischer Auffassung klingt. »Funktionalismus« war nicht gleichbedeutend mit rationellem Vorgehen, er umfaßte ebenso die psychologischen Probleme. In unserer Vorstellung sollte die Gestaltung im physischen wie im psychologischen Sinne »funktionieren«. Wir waren uns klar darüber, daß emotionelle Bedürfnisse ebenso zwingend sind wie praktische und ebensosehr nach Erfüllung verlangen. Diese Auffassung geht klar hervor aus meinen eigenen und Le Corbusiers frühen Schritten. Aber die Idee des Funktionalismus wurde mißdeutet von denjenigen, die nur seine mechanische Seite betonten. Natürlich waren die Maschine und die neuen wissenschaftlichen Möglichkeiten von höchstem Interesse für uns, aber die Betonung lag weniger auf der Maschine selbst als auf dem Wunsch, Wissenschaft und Maschine in den Dienst des menschlichen Lebens zu stellen. Zurückblickend muß ich sagen, daß unsere Generation der Maschine eher zuwenig als zuviel Aufmerksamkeit geschenkt hat.

Ich glaube, der unwiderstehliche Drang der Kritiker, zeitgenössische Bewegungen mit einem Stiletikett versehen einzusargen, hat das weitverbreitete Unverständnis für die dynamischen Erneuerungskräfte, die in der heutigen Architektur und Planung wirksam sind, noch erhöht. Unser Ziel war, eine neue Einstellung, eine neue Methode einzuführen, nicht einen neuen »Stil«. Ein »Stil« ist die ständig wiederholte Ausdrucksform einer Periode, deren kulturell gesättigter Hintergrund die Bildung eines solchen »Generalnenners« erlaubt. Der Versuch, Kunst und Architektur zu klassifizieren und damit sozusagen zu arretieren, während sie noch in Fermentation begriffen sind, wird eher dazu führen, schöpferische Kräfte in eine Sackgasse zu leiten als sie zu stimulieren.

Unsere Zeit macht es notwendig, daß wir unsere ganze Lebensform umdenken; die alte erlag dem Ansturm der Maschine, die neue ist erst im Begriff sich zu bilden. In solcher Lage kommt es darauf an, unsere Fähigkeit zu elastischem Wachstum zu entwickeln, die den sich verändernden Lebensbedingungen gerecht wird, anstatt sich ängstlich an einen selbstauferlegten »Stil« anzulehnen.

Und wie irreführend eine so voreilige Terminologie sein kann! Man braucht nur einmal den fatalen Ausdruck »Der internationale Stil« näher zu analysieren. Erstens handelt es sich hier nicht um einen »Stil«, da alles noch in der Entwicklung begriffen ist, und zweitens ist das Wort »international« unangebracht, da es die Tendenz dieser Bewegung ist, ihre Formelemente gerade von den regionalen Bedingungen, dem Klima, der Landschaft, den Sitten der Bewohner herzuleiten, ohne dabei allerdings in einen sentimentalen »Heimatstil« zu verfallen.

Ein anderer Faktor, der zur Verwirrung der Begriffe beiträgt, ist das Auftauchen von Renegaten unserer Gruppe, die auf den Eklektizismus des 19. Jahrhunderts zurückverfallen, weil sie nicht die Kraft und Ausdauer besitzen, eine Verjüngung von der Wurzel her wirklich durchzuführen. Sie hoffen, Beliebtheit für die moderne Architektur dadurch schneller zu gewinnen, daß sie sie mit den Moden und Stilelementen der Vergangenheit »beleben«. Diese Ungeduld und Unfähigkeit, dem Ziel auf legitime Weise näherzukommen, beschwört immer neue »Ismen« herauf, anstatt daß neue Lebensformen ihre echte Gestalt finden. Wahrhaft regionaler Charakter kann nicht gefunden werden durch sentimentale Nachahmung oder durch Einsatz ältester Symbole oder neuester Lokalmoden, die ebenso schnell verschwinden wie sie auftauchen. Wenn man aber z. B. den enormen Kontrast, der allein durch die klimatischen Verschiedenheiten verschiedener Landstriche entsteht, als einen der Ausgangspunkte für den architektonischen Entwurf betrachtet, so würde es sofort klar, welche Vielfalt des Ausdrucks entstehen kann, wenn nur der Architekt diese natürlichen Gegebenheiten richtig erkennt und gestaltet.

»Stile« sollten, meiner Meinung nach, durch den Historiker nur für die Vergangenheit festgelegt werden. Für die Gegenwart besitzen wir nicht den notwendigen Abstand, um die Vorgänge richtig einzuschätzen. Menschliche Eitelkeiten und Eifersüchteleien trüben den Blick. Warum überlassen wir es daher nicht dem zukünftigen Kunsthistoriker, die Entwicklungsgeschichte der heutigen Architektur klarzustellen, und gehen lieber an die Arbeit, um sie zuerst einmal wachsen zu lassen? Ich bin überzeugt, daß zu einer Zeit, in der die führenden Geister versuchen, die menschlichen Probleme der Welt als untrennbar miteinander verbunden zu sehen, jedes chauvinistisch-nationale Vorurteil über den Anteil an dieser Entwicklung nur zu einem von Scheuklappen eingeengten Blickfeld führen kann. Warum also Haare spalten darüber, wer wen beeinflußt hat, wenn es doch in Wirklichkeit nur um die Frage geht, ob die Resultate unser Leben verbessert haben oder nicht. Ich glaube, daß wir durch die schnelle Entwicklung unserer Verkehrs- und Austauschmittel mehr voneinander beeinflußt sind als Architekten früherer Jahrhunderte.

Dies sollten wir begrüßen, denn es bereichert uns und fördert die Entwicklung einer gemeinsamen Basis für Verständigung, die uns so sehr fehlt. Ich habe selbst immer versucht, meine Studenten dahin anzuregen, sich ruhig von den Ideen anderer beeinflussen zu lassen, solange sie sich fähig fühlten, diese wirklich aufzunehmen und innerlich zu verarbeiten, um sie dann, mit neuem Leben erfüllt, in einen Zusammenhang einzuordnen, der ihrer eigenen Auffassung entsprach.

Hier möchte ich ein Problem erwähnen, das alle Architekturschulen gleichermaßen zu lösen haben. Solange sich unsere Lehre nur um den platonischen Zeichentisch dreht, sind wir ständig in Gefahr, den vorlauten »Entwerfer« zu erziehen. Denn es ist fast unvermeidlich, daß Mangel an praktischer Erfahrung auf dem Bauplatz, im Handwerk und in industriellen Baumethoden den jungen Architekten dazu verleitet, laufenden Stilideen, Modetorheiten oder Klischees zu verfallen. Dies ist die Folge allzu akademischer Erziehung. Daher sollte er jede Möglichkeit, praktisch an Phasen des Bauvorgangs teilzunehmen, ergreifen. Es ist das wesentliche Schulungsmittel, um Wissen und Erfahrung ins Gleichgewicht zu bringen.

Aber Sie fragen vielleicht: Was hat all dies mit dem Thema des Artikels »Ist der Architekt Diener oder Führer« zu tun? Die Antwort ist einfach und ergibt sich aus dem vorigen: Setzen Sie »und« an Stelle von »oder«. Führen und dienen sind voneinander abhängig. Der gute Architekt muß dem Interesse des Publikums dienen und gleichzeitig wirkliche Führung zeigen, die, auf einer echten Überzeugung aufgebaut, sowohl dem Klienten wie auch dem Arbeitsteam, das mit der Bauausführung betraut ist, Richtung weist. Führereigenschaften beruhen nicht nur auf angeborenem Talent, sondern ebensosehr auf Intensität der Überzeugung und Bereitwilligkeit, dem Ganzen zu dienen.

Wie kann er dies zustande bringen? Ich bin oft von Studenten gefragt worden, was sie nach Beendigung ihres Studiums tun könnten, um unabhängige Architekten zu werden, und wie sie es vermeiden könnten, ihre Überzeugungen verkaufen zu müssen im Kampf mit einer Gesellschaft, die ja im ganzen noch ziemlich unorientiert ist über die neuen Ideen in Architektur und Planung. Hier ist meine Antwort:

Brotverdienst allein kann nicht das einzige Ziel eines jungen Mannes sein, dem vor allem daran liegen muß, seine Ideen zu verwirklichen. Sein Problem liegt also darin, wie er die Integrität seiner Überzeugung aufrechterhalten, seinen Grundsätzen nachleben und trotzdem sein Auskommen finden kann. Es mag ihm vielleicht nicht gelingen, eine Stellung bei einem Architekten zu finden, dessen Ansichten er teilt und der ihn in seiner Entwicklung fördern kann. In solchem Falle würde ich raten, daß er sich irgendeine Stellung sucht, in der man ihm seine technischen Kenntnisse bezahlt, daß er dann aber alles daransetzen sollte, seine Interessen durch intensive persönliche Arbeit in seiner Freizeit rege zu halten. Er sollte versuchen, eine Arbeitsgemeinschaft mit ein paar Kollegen aufzubauen, mit ihnen zusammen eine Architektur- oder Planungsaufgabe aus ihrer direkten Umgebung aufzugreifen und Schritt für Schritt zu einer Lösung zu bringen. Wenn er wirkliche Anstrengungen in dieser Richtung gemacht hat, dann wird er eines Tages in die Lage kommen, zusammen mit seiner Gruppe dem Publikum eine wohlerwogene Antwort für dies Problem anzubieten, für das er sich inzwischen zum Experten gemacht hat. Veröffentlichungen oder Ausstellungen mögen folgen, und es mag ihm sogar gelingen, öffentliche Stellen für seine Arbeiten zu interessieren. Er sollte es darauf anlegen, strategische Zentren baulich zu entwickeln, die das Publikum mit einer neuen Realität konfrontieren, und dann die unvermeidliche Kritik abwarten, bis ein Stadium erreicht ist, in dem das Publikum seine Hemmungen überwunden hat und den richtigen Gebrauch von den gebotenen neuen Möglichkeiten machen kann. Denn wir müssen ja unterscheiden lernen zwischen gesunden, lebensnotwendigen Bedürfnissen der Menschen und dem Produkt von Beharrungsvermögen und Gewohnheiten, das so oft als »Wille des Volkes« vorgeschoben wird.

Die harten Realitäten dieser Welt werden nicht dadurch gemildert werden, daß wir sie mit Modelaunen bemänteln, und der Versuch, unsere mechanisierte Zivilisation durch sentimentale oder spielerische Zutaten zu »humanisieren«, wird sich als ebenso zwecklos erweisen. Erst wenn der humane Faktor so allbeherrschend wird, daß sich der menschliche Beitrag des Entwerfers in der Struktur der gesamten Anlage, nicht nur in dekorativen Einzelheiten, ausspricht, werden wir uns der Resultate von gutem »Service« und guter Führung erfreuen können.

2/3.1.1954

Walther Killy

Die Physiognomie der Zwanzigjährigen. Mißtrauen gegen große Worte

Die Physiognomie der Zwanzigjährigen – gibt es das? Sie sind doch so verschieden, die mit der gleichen beneidenswerten Jugendkraft den Schritt ins beginnende Leben tun. Da gibt es die ernsten Mädels in Mutters abgelegtem grauem Wollkleid; sie schätzen Bach über alles und lieben trotzdem noch Rilkes »Briefe an einen jungen Dichter«. Da sind auch die munteren Gestalten, welche (zuweilen mit Abitur) hinter dem Ladentisch stehen oder die Treppen der Hochschule herunterpoltern, in langen engen Hosen, einem farbig belebten Pullover und mit der schwarzen Brille, die bestimmt nicht zum besseren Sehen dient. Da sind die ernsten jungen Männer und die verspielten Jazz-Liebhaber, sogar die Jugendbewegten und die Existentialistischen sind nicht ausgestorben, die einen sommers und winters in der kurzen, die anderen mit nie gewechselten Samthosen; den Versuch eines Bartes tragen sie stolz oder schüchtern zur Schau. Alle fordern sie die Zukunft heraus, der Vergangenheit zum Trotz. Wie kann man bei der Vielfalt der Gesichter in leichtfertiger Verallgemeinerung von der Physiognomie »der Zwanzigjährigen« sprechen?

Die Älteren haben in den letzten Jahrzehnten die Unruhe und Ungewißheit unserer Welt erfahren; es war – und ist – bis zum Überdruß die Rede davon. Aber sie erinnern sich eines, wiewohl fragwürdigen, Friedens und einer gewissen Sicherheit, die sie immer noch als die normale Daseinsform empfinden. Seit die jetzt Zwanzigjährigen denken können, ist Unsicherheit ihre normale Daseinsform. Als sie mit sechs Jahren zu lernen begannen und das i auf die Tafel malten, brach der Krieg aus. Als ihre Pubertätszeit anfing, war der Krieg zu Ende, der Vater nicht zurück, die Wohnung kaputt, zu essen gab es nichts, aber viele Reformen in der Schule. Jetzt sind sie, wie gesagt, zwanzig. Auch der graue Himmel hängt voll Geigen, schließlich haben sich die Verhältnisse stabilisiert: der Beruf ist gewählt, und man hängt herzlich an Freund oder Freundin. Aber wieder einmal ist das allgemeine Wohl und Wehe in der Schwebe, und aller Augen richten sich auf eine schicksalvolle Konferenz.

Die entscheidenden Entwicklungsstufen also ihres kurzen Lebens sind vom Außergewöhnlichen bestimmt. Die Pädagogen empfehlen als bestes Mittel zur rechten Erziehung die Beständigkeit. Die einzig beständigen Bedingungen für diese Zwanzigjährigen waren Wechsel und Ungewißheit. An der Art, wie sie auf diese ihre Bedingungen antworten – und bei aller Verschiedenheit des Menschlichen geschieht dies in den Grundzügen auf die gleiche Weise –, erkennt man ihre bestimmte Physiognomie. Die besonderen Züge dieser Generation treten vor allem auf zwei Gebieten des Daseins hervor, dem gesellschaftlich-sozialen und dem des Geistes. Je mehr Niveau die Zwanzigjährigen haben, um so deutlicher sind sie profiliert. Was hier dargestellt wird, ist nicht aus der Beobachtung der Schlechtesten gewonnen.

Zunächst: Sie sind bei aller Vermassung der modernen Welt Individualisten. Das äußert sich bei uns nicht so grell und betont wie auf dem Boulevard St. Germain oder in der Cité Universitaire in Paris. Man merkt es vielmehr an der Abneigung gegen die große Gruppe. Alle Vereinigungen, gleich welcher Art, klagen über Nachwuchsmangel. Haben die Zwanzigjährigen kein Interesse mehr an geselligem Leben? Sie haben's durchaus, aber es muß in einem strukturierten, übersehbaren Bereich stattfinden, locker sein und persönliche Beziehungen ermöglichen – keine Zentrale darf steuern. Solange die politischen Parteien das nicht erkannt haben, wird es ihnen mit dem Nachwuchs, jedenfalls dem brauchbaren, nicht besser gehen. Sie sehen nicht, daß sich das lebendige Leben gänzlich aus den großen, durch Vergangenheit und östliche Gegenwart psychologisch diskreditierten Vereinigungen in die engen Buden zurückgezogen hat, in die kleinen Kreise, die kein Außenstehender kennt. Da wird diskutiert wie je, und es sind nicht zuletzt die durch das Zusammenleben der Menschen aufgeworfenen Probleme, die den Gegenstand des eigentlichen Interesses bilden.

Aber dieses etwa auf Soziologie und Sozialismus, auf die Freiheit der Persönlichkeit in der Bedingtheit des Staatsapparates gerichtete Interesse wird nicht gleich öffentlich und aktiv. Dazu ist man zu illusionslos, nicht nur, weil man zuviel Wechsel im ganzen, zuviel

Ohnmacht im einzelnen erlebt hat. Irgendwo sind alle diese jungen Leute von der skeptischen Überzeugung durchdrungen, daß ihre Meinung doch nicht zum Tragen kommen kann, weil das politische Leben in einem von ihrer Wirklichkeit getrennten Raum stattfindet. Wie oft hört man die heftigen (und nicht von der Hand zu weisenden) Argumente, »die Völker wollen doch die europäische Einheit, aber manche Regierung ...« oder »wissen Sie noch die Gelöbnisse der Parteifunktionäre nach Reuters Tod? Und was machten sie ein paar Wochen später?«

Die Zwanzigjährigen haben ein tiefes Mißtrauen gegen das große Wort und die programmatische Verlautbarung. Für sie ist das Wohlgesprochene kein Wert an sich. Daher mag rühren, daß sie vom Ästhetischen und der Literatur bei weitem nicht mehr so innig berührt sind wie ältere deutsche Generationen. Kaum einer wird sich früh um sechs nach einer Theaterkarte anstellen, und die Dichter sind nicht Gegenstand nächtelanger Diskussion. Poetisches wird nicht mehr viel gelesen. Es wäre ganz verfehlt, diese Tatsachen als Ausdruck von Ungeistigkeit zu nehmen. Der Geist weht anderswo: Man weiß jetzt, daß durch Poesie allein, mag sie noch so groß sein, der Mensch sein Leben nicht ordnen kann. So lassen die Zwanzigjährigen die Dichtung entgelten, was die Väter, die zu ausschließlich vom Volk der Dichter und Denker überzeugt waren, an ihr gesündigt, und gewinnen ihr höchstens ein inhaltliches Interesse ab. Wenn sie menschliche Grundfragen berührt, wacht man auf, genauso wie die Anteilnahme an der Geschichte brennend wird, wenn es um die Elemente des Daseins in ihr geht. Die Zeiten des Ruhms sind gleichgültig. Aber die Zeiten faszinieren, wo sich Wissenschaft mit Religion auseinandersetzte, wo die tiefgreifenden Verwandlungen der Gesellschaft oder die großen Katastrophen vor sich gingen. Da ist die unmittelbare Beziehung auf die eigene Situation möglich, und die allein zählt. Das ist kein historischer Subjektivismus; vielmehr spricht sich in solcher Haltung ein tiefes, aus dem Lebensweg des Zwanzigjährigen unmittelbar erwachsendes Bedürfnis aus – man will wissen, wer man ist und wo man steht. Wenn ein Sinn ausgebildet ist, so ist es der existentielle Sinn. Die Gegenstände des Anteils werden weitgehend danach ausgewählt, wie sie diesen Sinn befriedigen.

Eine ernste Generation also, aber keine grundsätzlich dogmatische. Man läßt die Dinge nicht nah an sich heran, sonst könnte man in allen Wandlungen und vollzogenen oder möglichen Umstürzen kaum weiterleben. »Werther?« sagte so ein junges Ding. »Werther mag ich nicht. Wer stirbt denn heute noch aus Liebe?« Sie hat, zu ihrem Glück, noch nicht an sich selbst erfahren, daß man auch heute noch aus Liebe sterben könnte. Allerdings muß man dazu innerlich gereifter sein, und manchmal will es scheinen, als ob bei diesen Zwanzigjährigen ein äußerer Reifevorgang früher als vordem, der innere aber später erfolgt. Das ändert nichts an einer merkwürdigen Ökonomie der Kräfte, die sie ihr eigen nennen, einem gewissen Sinn fürs Haushalten. Er äußert sich bei den Mädchen schon in der Fähigkeit, den winzigen Einkünften immer noch ein selbstfabriziertes Kleidchen, ein angenehmes Erscheinungsbild abzugewinnen. Bei den jungen Männern tritt er häufig als scheinbare Faulheit hervor. Man engagiert sich nicht gern mit Fleiß und Nachdruck, wenn nicht das Ergebnis sicher oder wenigstens Aussicht dafür vorhanden ist, daß die Anwendung von Kraft und Zeit sich lohnt. Auch dies erweist sich als Folge jener tief wurzelnden Skepsis in bezug auf das Beständige und Künftige.

Dennoch kann niemand sagen, es wachse hier eine Generation von Zweifelsüchtigen oder gar Nihilisten heran. Dagegen spricht schon jene Neigung zu den Grundfragen des Zusammenlebens und Daseins, die Intensität, mit der sie bewegt werden. Man glaubt nur nicht so leicht an die Lösung. Hier wird deutlich, wie sehr die Erfahrung der äußeren Ungewißheit auch den inneren Habitus geprägt hat. So wird häufig die Bindungslosigkeit im Geistigen der vorschnellen Bindung vorgezogen, aber Bindungslosigkeit heißt durchaus nicht Hoffnungslosigkeit. Man bindet sich an keine Weltanschauung, kein Programm, weil die skeptische Grundhaltung das aus Gründen der Ehrlichkeit verbietet. Aber diese Skepsis bleibt immer von Hoffnung getragen, von Hoffnung auf Ordnung und Gewißheit. Sie gibt den schönsten Zug ab in dieser Physiognomie der Zwanzigjährigen, und weil Hoffnung Hoffnung weckt, darf man der Zeit mit Erwartungen entgegensehen, in der sie verantwortlich und tätig sein werden.

3/5.1.1954

Margarete Susman
Über einige Wandlungen der Frau

Wir leben noch im Chaos – und alle unsere Leistungen geschehen aus und an dem Chaos. Daß aber auch das Chaos selbst schon zum fruchtbaren Boden werden kann, das zeigt sich am klarsten an einer großen und hoffnungsvollen Paradoxie unseres Lebens: Wir heutigen Menschen besitzen keine durchgehende Ethik, keine Normen, keine Maßstäbe irgendeiner Art – aber wir haben eine große neue Pädagogik, eine Pädagogik, die kein Woher hat, nur ein Wohin –, die im Leeren hängt wie unsere ganze Zeit.

Aber hier geschieht das Wunderbare: Vorbereitet durch ein Wissen, wie es keine frühere Zeit gekannt hat, stößt die Erziehung in der Begegnung mit den verwundeten, schicksalsbeschwerten jungen Menschen aus dem Zerfall des alten Menschenbildes unmittelbar zur Gestaltung eines neuen vor. Darin liegt eine große Leistung unserer Zeit.

Die frühere Menschheit fing ihren Bau von oben, die heutige fängt ihn von unten an. Sollte man nicht denken, dies wäre das Richtigere: erst den Grund legen und dann das Gebäude errichten? Aber darin weicht der Bau der Menschheit von allen anderen menschlichen Bauten ab, daß Grund ihr nicht ursprünglich gegeben ist. Verläßt sie sich allein auf ihren Grund, so wankt ihr der Boden unter den Füßen. Denn es gehört zum Menschen, daß er auf sich selbst nicht stehen kann, daß er nicht sein eigener Grund sein, nicht sein eigenes Oben und Unten rein nach sich selbst bestimmen kann. Erst an den Gestirnen über sich erkennt er den Boden unter seinen Füßen, mißt er sein Oben und sein Unten ab.

Heute aber, wo die Gestirne uns verhüllt sind, muß er das Oben und das Unten erst ertasten, muß er sich aus dem Chaos erst wieder Grund zu schaffen suchen. Ein solches Tasten um Lebensgrund ist die neue Pädagogik. Und eben weil in ihr nicht aus Überkommenem, nicht nach irgend festgelegtem Wissen und Glauben erzogen wird, darum kann es allein geschehen aus dem tief erratenden Instinkt der Liebe. So mächtig die neuen Erziehungsmittel und -methoden sind, die unsere Zeit zu ihrer Selbsthilfe hervorgebracht hat – sie können in den Händen des lebendigen Erziehers nicht mehr als Werkzeug sein. Sie können nicht das ursprünglich entscheidende Wissen des mütterlich liebenden Menschen ersetzen.

Damit deutet sich abermals eine zentrale Rolle der Frau in der heutigen kathartischen Umbildung des Gewissens an. Sie ist nicht geringer als die des Mannes – ja, es scheint, als fiele der Frau in dem Vollzug der heutigen Wandlung die erste Rolle zu. Denn das weibliche Gewissen trägt ja schon seiner Struktur nach den Keim zu seiner eigenen Erweiterung in sich, weil es als Muttergewissen ursprünglich die Verantwortung für ein anderes Leben mit umschließt. Und die Katharsis des Muttergewissens bestände darin, über die Verantwortung für das eigene leibliche Kind hinauszuwachsen zum Gewissen eines immer weiteren Kreises, hinter dem in mythischer Ferne das mütterliche Gewissen des Lebens überhaupt steht.

Vielleicht ist es dieser heutige Vorrang der Frau, der in den Herzen der Menschen den Gedanken an die Möglichkeit eines neuen Matriarchats erweckt. – Aber alles kommt darauf an, zu erkennen, daß dieses neue Matriarchat nicht leichter gewonnen werden kann als die neue Gestalt des Menschen überhaupt. Auch die Frau kann ihr neues Menschentum nicht mehr diesseits, sondern nur noch jenseits des Abgrundes finden. Dieser Weg ist unheimlich, schwer und dunkel auch schon in seinen ersten Schritten. Darum ist die Haupttugend, die im genauen Pendelausschlag gegen die idealistische Traummoral der bürgerlichen Welt von der heutigen Frau gefordert wird, Mut. Mut zu einer täuschungslosen, unausgeschmückten Wirklichkeit und zum Aufsichnehmen alles dessen, was sie bringt, Mut selbst zum Abgrund. Auch die Unschuld erscheint von hier aus nur als eine der großen Bergungen der Frau von gestern. Die ausgesetzte Frau von heute bedarf anderer Tugenden; aller derer, die dem Auszug des Gewissens in größere Totalitäten dienen: Selbständigkeit und Kraft zur Verwandlung, Dienst, Hingabe, Bereitschaft zum Opfer, Anonymität und wissende Schwesterlichkeit in der Liebe. Und die vielgeschmähte neue Sachlichkeit, deren vollkommener Sinn doch ist, ohne Traum und Wort genau das zu tun, was nottut, prägt bereits das Verhalten einer neuen, in Arbeit und Liebe selbständiger, selbstbewußter und selbstloser gewordenen Frauengeneration.

In diesen Tugenden der neuen Frau ist das Weibliche stark mit Männlichem vermischt. Aber vielleicht hat überhaupt die ganze ungeheure und ungeheuerliche heutige Entwicklung für die Frau letzthin den Sinn, den Meister Eckharts Schwester Katrei ausspricht: »Ich weiß wohl, daß keine Frau zum Himmel gelangen kann – sie wäre denn zuvor ein Mann geworden. Was sagen will: sie müssen männliches Werk tun und männliche Herzen haben in ihrer ganzen Stärke, damit sie sich selbst widerstehen können und allem, was schlecht ist.«

Was bedeuten diese dunklen Worte? Gewiß nicht, daß die Frau aufhören solle, Frau zu sein, sondern umgekehrt, daß sie in ihr weibliches Dasein das männliche mit hineinnehmen müsse, um die volle weibliche Menschlichkeit zu gewinnen. Darum muß sie den Mann nicht nur erkennen, verstehen und lieben – sie muß, um seines Lebens innezuwerden, wirklich Mann werden. Das heißt für die heutige Frau: sie muß mit ihrem ganzen Dasein in seine fremde und furchtbare Welt eintauchen, sein Problem in sich hineinnehmen, seine Entwicklung begreifen, seine Angst in sich selbst durchleben. Sie muß, wo es ihr gegeben ist, auch den Weg des männlichen Wissens gehen, das ihr heute groß und unheimlich entgegenkommt – und auch das nicht um des Wissens, sondern um des Innewerdens der männlichen Welt willen. Sie muß die Verwandlung ihrer selbst bis zum Grunde leisten, um durch sie hindurch ein neuer weiblicher Mensch zu werden.

Und wir sehen heute schon die Frau auf diesem Wege. Wir sehen nicht nur eine neue, hellere, tüchtigere, wissendere Frauengeneration, die den schweren Kampf mit dem Leben für sich und sehr oft auch für ihre Nächsten aufnimmt – wir sehen auch auf den verschiedensten Gebieten eine Reihe wahrhaft großer Frauenleistungen, in denen männliches und weibliches Wissen sich zu neuen fruchtbaren Formen mischen.

Gewiß ist das nur ein allererster Anfang. – Der Weg, den der große Mystiker der Frau weist, ist ein Weg zum Himmel: zur Erlösung. Dies Wort ist für unsere Welt zu groß und zu fern. Für uns kann ein neuer Weg nicht mehr bedeuten als den Weg zu einer Gestalt des neuen Menschen, die vielleicht einst in einer anderen Form wieder auf Erlösung bezogen sein wird. Darum können wir heute vielleicht die Frage wagen: Wäre am Ende das letzte Ziel der beginnenden Zentrierung des Gewissens in neuen weiteren Totalitäten eine Wiederzentrierung der leergewordenen Totalitäten alles Lebens überhaupt? Wäre es, da die Beziehungsfäden der einzelnen Seele zu Gott zerrissen oder unauflöslich verwirrt sind, denkbar, daß, wenn alle lebendigen Ganzheiten im Dienst und Opfer des einzelnen neu zentriert, neu vom Gewissen bezogen wären, auch ein neues Verhältnis zu dem Einen und Ganzen sich wiederherstellte, das alle unsere Totalitäten in sich als einer unendlich größeren zusammenschließt? Diese Frage ist zu früh gestellt – und doch hängt sie nicht ganz im Leeren. Denn der Weg zu einer solchen radikalen Erneuerung ist als der Weg zu einer total veränderten Welt beschritten. Ein Zurück gibt es nicht. Und um was anderes könnte diese ganze ungeheuere Wandlung letzthin gehen, als um das Ganze des neuen Menschen, um den alle Fragen unserer Zeit kreisen? Der Mensch aber ist wahrhaft Mensch nur inmitten von Welt und Gott. Der Mensch ohne Gott ist nicht weniger eine Abstraktion als der Mensch ohne Welt. – Wir wissen heute nichts. Denn wenn die alten Formen zerfallen sind, dann lebt und stirbt ein Geschlecht so fern von Gott und allem Göttlichen wie jene im Feuersee versunkene Seele, von der es bei Dostojewski heißt, daß sie schon so tief versunken ist, daß Gott sie fast vergessen hat.

7/9.1.1954

Otto Mai
Berlin – eine gespaltene Stadt

So mancher unter den Staatsmännern, Diplomaten und Journalisten, die jetzt zur Viererkonferenz nach Berlin gekommen sind, wird sich noch aus eigener Kenntnis an das Berlin der Vorkriegszeit erinnern können. Er wird sich des unaufhörlichen Stroms von Fahrzeugen und Fußgängern entsinnen, der über den Potsdamer Platz und durch das Brandenburger Tor flutete. Heute findet er diese ehemaligen Brennpunkte weltstädtischen Verkehrs in trauriger Öde und fast menschenleer wieder. Sie sind zu einer Art Grenzland geworden, das nur ab und zu ein Passant überschreitet, Teile eines Grenzgürtels, der die Stadt mittendurch zerschneidet und im weiteren Verlauf ihren westlichen Teil umschließt und damit von seinem Hinterland trennt. In dieser Linie liegt das besondere Schicksal Berlins beschlossen, das durch zwei Worte gekennzeichnet ist: Spaltung und Isolierung.

Weil es in einer Großstadt keine natürlichen Grenzen gibt, gibt es auch keine klaren Fronten und damit keine Übersicht. Die Trennungslinie zwischen Ost und West wurde von der Bezirksgrenze bestimmt. Sie ist ein reines Zufallsprodukt. Ihr Kurs ist der Zickzackkurs. Diesen Kurs kartographisch einzufangen ist eine Sisyphusarbeit, ihn abzulaufen, eine Unmöglichkeit. Die Grenzlinie schlängelt sich durch Hinterhäuser und Schrebergärten, über Friedhöfe und Bahnhofsanlagen. Sie spaltet den Straßenlauf in zwei Fronten, den Waldsee in zwei Hälften, den Gutshof in zwei Teile. Wo sie sich durch den tiefen

Forst windet, läßt sie sich auch für den »Eingeborenen« nur ahnen. Sie formt Exklaven und Enklaven, sie schafft den Typus des Grenzgängers, sie gebiert das Passierscheinsystem. Und sie entscheidet über den Wert des Geldes, das man in der Tasche hat.

Äußerlich trägt die Grenze ein scheckiges Kleid: grellfarbene Warnschilder, weißleuchtende Bojen, wurmstichige Baumstämme, verbogene T-Träger, massige Betonpfeiler, rostige Stacheldrahtverhaue. Immer wieder verirren sich selbst Polizeistreifen: eine Metropole läßt sich auf dem Stadtplan leichter spalten als zwischen ihren Häuserreihen. Die Wichtigkeit einer gut markierten Zonengrenze ist dabei ungleich höher als bei der Sektorengrenze. Das Abirren in die Zone ist nämlich in jedem Falle – für den Beerenpflücker und S-Bahn-Reisenden ebenso wie für den Holzsammler und Angler – »illegaler Grenzübertritt«. Es bedeutet die Gefahr der Verhaftung und Verurteilung. Die 10 000 Grabhügel in Stahnsdorf sind für den Westberliner unerreichbar geworden. Den Park von Sanssouci kennt er nur noch aus der Erinnerung.

Es trifft sie beide, die Spaltung, die westliche Seite und – die östliche. Das frühere Stadtgut Karolinenhöhe im Bezirk Spandau (britischer Sektor) wird durch sie auseinandergerissen. Das Wirtschaftsgebäude liegt noch in Westberlin, die dazugehörigen Stallungen, Scheunen und Äcker gehören bereits zur Ostzone. Bei einem Brand der Scheunen gibt es für die Westberliner Feuerwehr, gesetzlich, keine Möglichkeit zur Hilfeleistung: ohne »östlichen« Passierschein darf sie die Grenze zur Sowjetzone nicht übertreten. Daß sie es kürzlich doch durfte, lag an dem Zwang der Verhältnisse: bei einem Scheunenbrand war sie wesentlich früher zur Stelle als die östliche Feuerwehr. Die Vopos, von dem Feuerschein mehr geblendet als von der »fortschrittlichen« Ideologie, winkten die schnellen zu sich herüber.

Großstadtspaltung – das ist vor allem Verkehrsspaltung. Berlins Straßenbahngleise sind heute amputiert. Sie enden beiderseits der Sektorengrenze. Sie machen den Durchgangsverkehr zu einem Pendelverkehr, mit Umsteigen, mit Aufenthalt, mit doppelter Billettkontrolle. Sie zwingen zu unwirtschaftlichem Personaleinsatz, zum Weicheneinbau, mitten im Straßenzug, mitten in der Brückenflucht.

Der östlichen Seite erging es noch schlimmer. Ihren Versuch, die Schienenstränge der Reichsbahn von Westberlin unabhängig zu machen, bezahlte sie mit einem völligen Fiasko. Dadurch, daß sie Umgehungsbahnen baute, deren Linienführung nicht vom Verkehrsfachmann, sondern vom Politleiter bestimmt wurde, schuf sie ein verkehrstechnisches Kuriosum. Durch die Stillegung der Westberliner Fernbahnhöfe und ihrer Ausfallstrecken zerstörte sie einen Organismus, dessen Wachstum vom Verkehrsbedürfnis bestimmt worden war. Sie verbinden nicht, sie trennen, die »fortschrittlichen« Schienenstränge. Die natürlichen Ausgangsbasen des Berliner Fernverkehrs, der Lehrter, Anhalter, Stettiner, Potsdamer und Görlitzer Bahnhof, haben heute nur Materialwert. Während im Osten die Schienen bersten, verrosten sie hier.

Der gesamte Berliner Personenverkehr wird jetzt vom Schlesischen Bahnhof abgelassen. Bis auf die acht Interzonenzüge wird er in östlicher Richtung abgefertigt. Als Auslauf hierfür steht nur der Güteraußenring zur Verfügung. Weil er eingleisig ist, ist er der Zugdichte, weil er brüchig ist, dem Zuggewicht nicht gewachsen. Die neuerlichen Pläne der ostzonalen Behörden, zu seiner Entlastung wieder den Stettiner Bahnhof in Betrieb zu nehmen, sind die von der Not diktierte Korrektur einer politisch bestimmten »Verkehrsstrategie«.

Der gerade Weg ist auch in Berlin der kürzeste, nicht aber der sicherste. Vom Norden zum Süden beispielsweise, das heißt von Tegel nach Tempelhof und damit von einem Ende Westberlins zum anderen, führt er durch das Stadtzentrum, das heißt durch Ostberlin. Weil mehr als einmal ihre Personalausweise in der Friedrichstraße oder auf dem U-Bahnhof Stadtmitte kontrolliert, ihre Waren beschlagnahmt worden sind, gehen die Westberliner jetzt auf »krummen Wegen«. Sie fahren um den Ostsektor herum, in großem Bogen, mit erheblichem Zeitverlust und mit zusätzlichem Kostenaufwand – die Automobilisten, die Radfahrer, die Verkehrsmittel der BVG. Über Nacht entstand so ein völlig neuer Verkehrsfluß. Er machte aus der Meile sieben Viertel, aus der Fahrt eine Reise.

Als am 28. Mai 1952 sämtliche Störungswecker auf den Westberliner Fernsprechämtern zu rasseln begannen, glaubten die Telephonistinnen an einen »Großeinsatz« der Kabeldiebe. Sie wurden bitter enttäuscht: es war viel schlimmer. In aller Heimlichkeit hatte die östliche Postbehörde das unterirdische Telephonnetz zwischen Ost- und Westberlin an der Sektorengrenze zerschnitten. 75 Kabelstränge sind seitdem verstümmelt, zweieinhalb Millionen Westberliner können seitdem mit Singapur und São Paulo sprechen, am Ostberliner Alexanderplatz ist ihre Stimme aber nicht mehr zu hören. In Potsdam auch nicht. Oder doch?

Die findigen Westberliner sind dahintergekommen, daß sie trotz der stromlosen Kabel immer noch mit der Ostzone telephonieren können. Sie rufen dazu nur ihr Fernamt in der Winterfeldtstraße an und verlangen mit der größten Selbstverständlichkeit Potsdam. Westberlins Telephonistinnen schalten dann nach Freiburg im Breisgau oder Koblenz. Ihre westdeutschen Kolleginnen verbinden weiter mit Leipzig. Die Messestadt stellt schließlich den Kontakt mit Potsdam her.

Potsdam, das sind 20 Kilometer, das ist – postalisch gesehen – Nahverkehr. Die Gesprächsgebühr ist danach: 3 Minuten für 50 Pfennig. Berlin–Freiburg–Leipzig–Potsdam: das sind 1800 Kilometer Luftlinie. Das ist die Entfernung nach Barcelona. Ein Dreiminutengespräch über diese Entfernung kostet an sich 15,30 DM. Statt dessen nur 50 Pfennig. Billiger geht's nicht, umständlicher auch nicht. Immerhin: es geht.

Zu den wenigen, die von der Spaltung profitieren, gehören vor allem die Kriminellen. Der Verbrecher in Westberlin verschwindet umgehend nach Ostberlin. Sein »Kollege« im Ostsektor schlägt nach der Tat den umgekehrten Weg ein. Das in Schöneberg gestohlene Auto rast gleichfalls über die Sektorengrenze: in Lichtenberg oder Weißensee läßt es sich gefahrloser umfrisieren.

Die Kriminalität in Westberlin ist höher als »drüben«. Mit dem »monopolkapitalistischen System« hat das nichts zu tun: auch die Unterwelt des Ostens zieht es zum Kurfürstendamm. Die Geschäfte in Westberlin sind mit wertvollen Dingen gefüllt, drüben liegen noch Attrappen in den Schaufenstern. Der Fischzug im fremden Revier lohnt sich, schon wegen der Valuta.

Weil die Ostberliner Verwaltung die unterirdischen Rohrleitungen sperrte, wurde die Trinkwasserversorgung in den Westberliner Grenzbezirken Neukölln und Kreuzberg in Frage gestellt. Um für alle Fälle gerüstet zu sein, mußten zwei riesige, für normale Zeiten völlig überflüssige Vorratsbecken in den bedrohten Bezirken gebaut werden. »Drüben« weiß man nicht, wohin mit dem Wasser.

Sonntag für Sonntag fuhren sie ins Grüne, die Westberliner Ausflügler. Nach der Schorfheide und zum Scharmützelsee, nach Potsdam und nach Rheinsberg. Seit zwei Jahren dürfen sie es nicht mehr. Seitdem drängen sie sich zu Hunderttausenden während des Sommers an den Gewässern Westberlins zusammen. Tag für Tag muß dann das Wasser bakteriologisch untersucht werden – wegen der Seuchengefahr.

Eine Stadt, zwei Stadtverwaltungen, drei Rundfunksender, vier Sektoren und tausend Probleme. Das Lichtnetz gespalten, das Telefonnetz zerschnitten, das Gasnetz auseinandergerissen, das Wassernetz abgeriegelt – es wird Zeit, daß wieder zusammengefügt wird, was nur als Ganzes leben und gedeihen kann.

20/24.1.1954

Peter Koehne

Am Grabe des Individuums. Ein Besuch an Kants Sarkophag in Königsberg

Die unbegrabene Stadt schien weiterzuleben, die Erde selbst schien ihr dabei zu helfen. 1949 noch durchstreiften wir den Geisterwald der Königsberger Innenstadt, in der sich seltsame Gewächse in eingestürzten Treppenhäusern emporrankten, in unsicherer Höhe auf halbzerstörten Balkonen nisteten und die weiten Schutthalden der Stadt gründlich überfilzten, insgesamt.

Die zerbrochenen Blattmotive abendländischer Gesimse verdämmerten im mannshohen Unkraut, das steinerne Akanthusblatt, über Hellas und Rom nach Ostpreußen geraten, kehrte zurück von wo es einst Ausgang nahm – zu den Urformen der Natur. Grauen Ratten gleich, durchwanderten wir die Bürgerzimmer unserer eigenen Vergangenheit, deren gesicherte Wände die Granaten freigelegt hatten. Die Stadt glich einem zerfallenen Wabenstock, aber was die Geschosse vollendet hatten, war nur augenfällige Konsequenz. Die Zerstörung der Daseinszelle des Einzelnen, ohne die kein Gemeinwesen zu errichten ist von Dauer, war dem vorausgegangen.

»Verwertbares Material« zu suchen, lautete der russische Auftrag, der eine Gruppe deutscher Kriegsgefangener alltäglich in den Kadaver der Stadt entließ, in dem sich die leuchtenden Scherben alter Mosaiken mit dem technischen Gedärm zersplitterter Lichtreklamen vermischten. Profanes lag neben Edlem, unsere gleichgültigen Füße streiften verrottete Beethoven-Partituren, alte Gasrechnungen und die verblichenen Liebesbriefe junger Mädchen. An gespenstischen Litfaßsäulen bewegte der Wind noch Fetzen von Filmplakaten, die ein Publikum herbeiwinkten, welches abhanden gekommen war.

Wir hatten zu suchen nach den gitterförmigen Röhren einstiger Zentralheizungen, für die neuen sowjetischen Offizierssiedlungen und

Kasernen, die am Rande der Stadt und an der Peripherie des halben Jahrhunderts entstanden. Vom Schicksal Pompejis hatten wir gehört in fernen Lateinstunden, ein Schicksal, das gnädiger schien. Die Stadt lag unbeerdigt, die Jahresgezeiten nagten an noch ragenden Kaminen, die Zeit war abzusehen, da dieses Stadtgebirge in die nivellierende Ebene östlicher Weiten versank.

Eines Tages entdeckten wir im großen Grab der Stadt das Grab des großen Philosophen. Ein altes Grab unter vielen jungen, ein bekanntes unter namenlosen. Im Flußbett des Pregels, auf der entvölkerten Altstadtinsel, die zur Toteninsel geworden war, fanden wir den Ort seiner Gebeine an der Rückwand der alten Dommauern. Außer Schrottsammlern, Dieben und elternlosen Russenkindern, die in geheimen Rudeln die Ruinenstadt durchstreiften, erklang keines Menschen Schritt in dieser schweigenden Landschaft der Steine. Vom Weidendamm her überquerte man die noch erhaltene Honigbrücke, die zur Dominsel hinüberführte. Geröll füllte das Kirchenschiff, ein einsamer Leuchter pendelte an verrosteten Ketten von der Höhe der Kuppel. Unter Dachziegel und Mauerwerk mischten sich die Reliefs alter Wappen, die geborstenen Grabplatten von Domherren, Ordensmeistern und preußischen Herzögen. Die Grabkammern im Seitenschiff waren ausgeplündert, man erzählte in unseren Reihen, daß hier ein Rotarmist zarte Florstrümpfe gefunden habe in der Gruft einer preußischen Prinzessin des 17. Jahrhunderts. Zarte Gewebe, die den balsamierten Schlaf der Toten überdauert hatten bis ins zwanzigste hinein, um in Staub zu zerfallen in den erstaunten und stumpfen Händen eines usbekischen Hirten.

Auf dem Hof der Domfreiheit, begrenzt von den Brandmauern der alten Universität und des Gymnasiums, lehnte sich an die Nordwand der Kirche der Tempelbau des Grabes. Auf der Stirnwand des Innenraums, auf dessen Flächen sich Schwärme von Granatsplittern niedergelassen hatten, stand in weitgerückten Lettern nichts als sein Name: Immanuel Kant.

Man hatte versucht, auch sein Grab zu erbrechen, einige Quader des stufenförmigen Aufbaus, der den Sarg trug, waren herausgestemmt. (Der Marmorsarkophag hatte nur schmückenden Charakter, die sterblichen Reste bewahrte die Grabkammer darunter.) Wenig lohnend mag die Bemühung der Schatzsucher gewesen sein, die vielleicht den Toten des Besitzes einer Armbanduhr verdächtigten und den Namen Kant nicht kannten. Was wußten sie überhaupt von dem komplizierten Gebäude des Abendlandes. Nicht hier am Grabe war der Besitz des Toten zu finden.

Von oben fiel das Tageslicht durch eine Lücke der schadhaften Überdachung in den dämmrigen Raum – eine senkrechte Lichtsäule errichtend inmitten der stummen Wächterreihe der Säulen. Bei Regen lösten sich langsame rostfarbene Tropfen vom zerbröckelnden Dach des Mausoleums, dem Spiel einer Sanduhr gleich und eine Musik vollführend, dem zögernden Anschlag eines alten Spinetts vergleichbar. Im Herbst und Frühjahr passierte der Wind das geöffnete Quadrat der Säulen, er umspielte den Sarkophag, rieselnden Ziegelstaub vor sich hertreibend gleich kleinen Wanderdünen, die es noch gab nicht weit von hier, an den vereinsamten Küsten des Samlandes.

Wir hatten sein Grab zwar gefunden auf der Pregelinsel, aber es blieb die Frage, ob von uns noch eine Brücke führte zu der einsamen Insel – zu der Größe seiner menschlichen Einzelerscheinung. »Die Freiheit des Geistes als Höchstes zu erkennen« war für manchen von uns eine Art neue Entdeckung im vergitterten Ablauf der Tage, es war das einzige überhaupt, das keinen Stacheldraht kannte. Und die wenigsten von uns wußten, daß dieses Wort dem Philosophen entstammte, in dessen Heimat sie täglich zu tun hatten. Die uns aufgezwungene Begrenzung hatte er einst freiwillig unternommen, seinem äußeren Lebenslauf nach. Er war frei geworden im höchsten Sinne, ohne je die Gassen der Stadt zu verlassen.

Wir hatten Afrikas Wüsten, die Steppen Rußlands durchschritten, solange es noch einen Vordermann gab und einen, der die »Verantwortung« trug. Jetzt galt es, sich neu einzurichten in den eigenen, klein gewordenen vier Wänden. Wer wollte, fand hier in den Trümmern der Stadt noch Brauchbares. »Handle so, daß die Maximen deines Willens jederzeit zugleich als Prinzip allgemeiner Gesetzgebung gelten können …« Kants Imperativ war aktuell, wir alle hatten ihn vergessen in einer Zeit der Superlative.

Während die Sieger sich an den Gemeinplätzen ihrer Spruchbänder orientierten, die sie auf den Scherben der Stadt errichteten, blieb uns die Chance, die freigelegten Fundamente unserer geschichtlichen und eigenen Vergangenheit einer kritischen Betrachtung zu unterziehen.

Wir verließen eines Tages die Stadt, zurück blieb das Grab des Denkers in den Mauern, die er schon zu Lebzeiten nie verlassen hatte.

36/12.2.1954

Friedrich Noppert

»Juchhöh!« ist kein Freudenschrei. Dorfnamen verursachen Herzklopfen

Als wir zur Schule gingen, fragte uns kein Lehrer nach Erich oder Horst, Walkenried oder Juchhöh. Diese »Kaffs« waren weder im Erdkunde-Lehrbuch noch im Schulatlas zu finden. Der Reisende, der im FD durch Marienborn brauste, hatte Mühe, bei 120 »Sachen« das Bahnhofsschild zu entziffern.

Wir konnten nicht ahnen, daß wir zwei Jahrzehnte später diese Namen im Schlaf hersagen können würden; daß wir bei der Annäherung an den Ort mit dem lustigen Namen »Juchhöh« im Reiseomnibus Herzklopfen bekommen würden; daß sich die Gespräche seit Dreilinden (wer kannte das schon?) um nichts anderes drehen: »Meinen Sie, daß die Vopo…?« – »Haben Sie in Ihrem Gepäck irgend etwas…?« – »Ob man dreißig Mark West…?« – »Neulich haben sie einen…?« – »Unter Umständen soll es drei Stunden dauern…«

Zonengrenze!

Vor uns liegt die Landkarte. »Deutschland« steht oben drüber, ganz wie einst. Aber schon die Agenda erklärt nicht weniger als vier verschiedene Grenzmarkierungen: Punkt – Punkt – Punkt heißt »Ländergrenze«. Strich – Punkt – Strich heißt »Grenzen zwischen den drei westlichen Besatzungszonen«. Strich – Strich – Strich heißt »Staatsgrenzen«. Durchgehender Strich mit dicker roter Schraffur – die auffälligste Markierung der Karte – heißt »Grenze der sowjetischen Besatzungszone«. Berlin, flächig dargestellt, hat zwei verschiedene Schraffuren: Links, im Westen, blau von links nach unten rechts oben; rechts, im Osten, rot von rechts unten nach links oben.

Mit dem Finger gehen wir die dicke rote Linie entlang – von Lübeck bis Oelsnitz. Gleich oben kreuzt sie die erste Bahnlinie Lübeck – Grevesmühlen. Dann Ratzeburg – Zarrentin. Dann Büchen – Ludwigslust. Weiter Uelzen – Dömitz, Uelzen – Salzwedel, Lehrte – Gardelegen, Helmstedt-Magdeburg, Hildesheim – Oschersleben, Goslar – Halberstadt … eine Strecke nach der anderen bis zur letzten: Hof–Plauen. Insgesamt, auf einer Karte im Atlasformat, 28 Strecken. Alle ohne Unterbrechung hübsch durchgezeichnet, quer durch die dicke rote Linie.

Aber die Karte lügt. Wollte sie die Wahrheit darstellen, so müßten überall dort, wo eine Landstraße oder eine Bahnstrecke die »Grenze zur sowjetischen Besatzungszone« kreuzt, taktische Zeichen vermerkt sein, die wir noch aus unserer »vormilitärischen Ausbildung« kennen. Taktische Zeichen für »Spanische Reiter«, »Panzersperre«, »Graben«, »Drahtverhau« und »MG-Nest«. Und für »aufgerissene Schienen« müßte eigens ein neues Zeichen eingeführt werden. Aber selbst, wenn alle diese Markierungen Platz hätten – ein wirkliches Bild der Zonengrenze böte die Karte nicht. Es fehlten immer noch die bissigen Hunde, die bewaffneten Streifen, die umgepflügten Grenzäcker, die niedergerodeten Gehölze, die Wachtürme, die gehetzten Menschen. Es fehlt die Behördenrennerei um eine »Aufenthaltsgenehmigung«, es fehlen die Schikanen an den »Kontrollstellen«. Nur die Überschrift stimmt noch immer: Deutschland. Denn trotz der Grenze, die an das äußere Bild der KZs erinnert, gibt es immer noch dieses Deutschland, sind die Menschen diesseits und jenseits der Drahtverhaue Deutsche.

Die Eltern hat es aus Oberschlesien nach Schleswig-Holstein verschlagen; der Sohn ist in Leuna hängengeblieben und arbeitet im »VEB Walter Ulbricht«; die älteste Tochter ist in Ostberlin verheiratet, die jüngere studiert an der Freien Universität in Westberlin. Die silberne Hochzeit in Itzehoe wird zu einem seit zwölf Monaten zwischen allen Familienmitgliedern verzweifelt diskutierten Problem:

Wie kommen wir alle zusammen?

Der Interzonenpaß ist tot, meldeten die Zeitungen. Ist er es wirklich? Die Voraussetzung für seine Erlangung war die »Aufenthaltsgenehmigung« – und sie lebt noch. Eine Reise aus der »Zone« (nur die »DDR« trägt noch diesen unausrottbaren Namen) und in die Zone unterliegt noch immer Genehmigungen, Schnüffeleien, Beschränkungen, Gefahren. Mag man noch so sicher sein, alle Stempel in der Tasche zu haben: Kurz vor Juchhöh kommt das Herzklopfen. Der »Tagesspiegel« wird schnell noch zerrissen, ein harmloser Roman fliegt aus dem Fenster.

Man hat beinahe schon vergessen, daß der Interzonenpaß einst für alle vier Zonengrenzen erforderlich war. Der Hamburger Kaufmann brauchte ihn für seine Reise nach Singen, der Münchener für die Fahrt nach Hannover. »Private« Reisen aus »persönlichen Anlässen« waren ausgeschlossen; nur Reisen im Auftrag der Besatzungsmacht, behördliche Dienstreisen und mit einem Wust von Papier glaubwürdig gemachte Geschäftsreisen waren paßwürdig. Mag das zunächst als militärische Notwendigkeit erschienen sein, mag man es in der ersten Zeit als Verwaltungserfordernis der Besatzungsadministration empfunden haben, mögen verständliche Ressentiments mitbestimmend gewesen sein; die Erkenntnis von der Widersinnigkeit dieser Zerreißung eines Volkes brach sich sehr schnell Bahn. Wie die Zonengrenzen, so verschwand auch der Interzonenpaß im Westen Deutschlands sehr bald.

Einer einzigen Besatzungsmacht blieb es vorbehalten, diesen Notbehelf zur Methode zu machen und ihn als unentbehrliches Requisit in ruhigere Zeiten hinüberzuretten. Er wurde dort zu einem Instrument der Abschnürung und Selbstisolierung, auf das die Diktatoren nun einmal nicht verzichten zu können glauben.

Die totale Absperrung oder wenigstens Kontrolle der Demarkationslinie erzeugte jene Szenenbilder, die als Illustration des »Eisernen Vorhangs« so oft photographiert werden: Schlagbäume, Stacheldrähte, Gräben und bewaffnete Uniformträger. Von der Unzahl der Eisenbahnlinien, die auf den Karten noch immer durchgezeichnet sind, existieren nur vier. Von Hunderten von Landstraßen und Fahrwegen, die früher höchstens einen unbeachteten »Grenzstein« zwischen Thüringen und Hessen aufwiesen, gibt es nur noch drei. Sonst: Aufgerissen, versperrt, durchschnitten. Sechs ganze Zugpaare verkehren, wo früher Hunderte Zehntausende von Reisenden beförderten. Sie halten Stunden, wo sie früher an unbeachteten Wärterhäuschen vorbeidonnerten.

Es war nur diese einzige Besatzungsmacht, die den Interzonenpaß am Leben erhielt und die Straßen aufriß. Mochten die anderen drei längst bereit sein, auf dieses widersinnige Stück Papier zu verzichten: Sie verlangte seine Vorlage vom Reisenden und zwang damit auch den Westen, ihn immer noch auszustellen. Darüber hinaus machte sie sich mit der Einführung der »Aufenthaltsgenehmigung« zum alleinigen Diktator der Reisen in beide Richtungen. Der von einer westlichen Besatzungsmacht in die Zone ausgestellte Interzonenpaß genügte nicht; vor der Reise mußte von der Ortspolizeibehörde des sowjetzonalen Zielortes eine solche Bescheinigung beigebracht werden.

Typisch nun, wie das »Genehmigungsverfahren« in beiden Richtungen von den Behörden der Zone gehandhabt wurde. Mit der Ausgabe der Pässe an die Bewohner des eigenen Machtbereichs hatte man das eine Kontrollinstrument in der Hand; man gab es nur Funktionären und Propagandisten, die in der Bundesrepublik für die »Nationale Front« hausieren sollten. Mit der Erteilung der Aufenthaltsgenehmigungen verschaffte man sich das andere: Man schickte sie nur Leuten, die in der Zone für ihre Aufgaben in der Bundesrepublik geschult oder »geimpft« werden sollten. So kam es, daß die Zahl der von der Sowjetzone ausgestellten Interzonenpässe und Aufenthaltsgenehmigungen bis zum Frühjahr 1952 in kaum einem Monat mehr als ein Drittel dessen ausmachte, was allein in Westberlin erteilt wurde.

Der Mai 1952 brachte den Höhepunkt dieser Abschnürungspolitik. Unter dem fadenscheinigen Vorwand der Abwehr von »Agenten und Saboteuren« wurden die Sperren verschärft, jeder interzonale Personenverkehr praktisch unterbunden. Neun der bis dahin bestehenden zwölf Straßenübergänge wurden geschlossen, die grüne Grenze durch die erwähnten Sperren unpassierbar gemacht, die Durchführung der Überwachung dem SSD in die Hand gegeben. Der »Aufbau des Sozialismus«, die völlige Bolschewisierung der Zone, schien so weit gediehen, daß die völlige Isolierung gewagt werden konnte. Hand in Hand damit wurden Sperren rings um den freien Teil Berlins errichtet und die Spaltungsmaßnahmen zwischen den beiden Teilen der Stadt noch verschärft.

Der groß angekündigte »Neue Kurs« sollte dann »Erleichterungen« bringen und der »Einheit Deutschlands« dienen. Aber der Interzonenpaß fiel nicht. Selbst im Rekordmonat erreichten die in der Zone ausgegebenen Interzonenpässe nicht einmal die Zahl der in Westberlin ausgegebenen. Die westlichen Hochkommissare forderten in immer neuen Briefen und Noten die Aufhebung aller Reisebeschränkungen und die Beseitigung des Interzonenpasses. Erst, als sie einseitig mit dem Schritt vorangingen, sahen sich die Sowjets zu einem Nachziehen gezwungen. Die Aufenthaltsgenehmigungen aber blieben, womit die »Sicherheitsorgane der ›DDR‹« nach wie vor die politische Kontrolle und Lenkung des interzonalen Personenverkehrs in der Hand behielten.

Was sie auf bürokratischem Gebiet anscheinend erleichterten, beließen sie auf dem Gebiet des Verkehrs beim alten: Die Szenen auf den Bahnhöfen Magdeburg und Erfurt wurden unbeschreiblich. Kein Zug wurde mehr eingesetzt, um den Mehrverkehr zu bewältigen. Interzonenzüge waren zu 300–400 v H. überbesetzt. Tausende von Reisenden gingen bei Herleshausen zu Fuß über die Grenze, um mit Sonderbussen der Bundesbahn von Bebra aus weiterfahren zu können. Erst nach langen, zähflüssigen Verhandlungen erreichte die Bundesbahn den Einsatz von vier weiteren Zügen, die immer noch bei weitem nicht ausreichen. Omnibusverkehr aus der Zone ist praktisch gleich null, weil die Zone keine Busse besitzt. Für robuste Naturen ist die Sperre gemildert, für Normale so schwer übersteigbar wie einst, für politisch Mißliebige unübersteigbar.

Die drei westlichen Hochkommissare haben Semjonow praktische und wirksame Erleichterungen vorgeschlagen. Und in der Tat wären alle diese Widersinnigkeiten mit einem Federstrich zu beseitigen. Keine Machtposition brauchte aufgegeben, kein Prestige geopfert zu werden. Selbst die propagandistische Ausschlachtung solcher Erleichterungen als alleiniger Schritt der Kommunisten zur deutschen Einheit bliebe ihnen unbenommen und gern gegönnt.

Geantwortet hat Grotewohl, der Unmaßgebende. Er griff die alte Platte aus dem Schrank: Verhandlungen unter »Deutschen an einem Tisch« und »Sicherheit gegen Saboteure«.

Er selbst weiß dagegen nur zu gut – sonst könnte Chwalek es ihm berichten –, daß in der Zone kein Fahrplan verändert, keine Lokomotive eingesetzt, keine Schienenschwelle eingebaut werden kann, ohne daß der sowjetische Transportgeneral sein »Da« erteilt; er selbst weiß gut – sonst könnte Wollweber es ihm berichten –, daß an der Zonengrenze kein Wachturm und kein Stacheldraht verrückt werden darf, ohne daß die Sowjets es genehmigen. Im übrigen: hat nicht die Bundesbahn jede Möglichkeit von Verhandlungen mit der »Reichsbahn« ausgeschöpft? Hat sie nicht Züge, Lokomotiven, Waggons für eine Verstärkung des Interzonen-Reiseverkehrs angeboten? Saß sie nicht mit den Funktionären Chwaleks an »einem Tisch«? Es war umsonst, weil Karlshorst nicht wollte.

Weder ist Pankow gefragt, noch ist es in dieser Frage zu einer Antwort befugt. Gefragt ist Karlshorst, und nur Karlshorst kann verbindlich antworten. Und wenn Semjonow antwortet, dann muß er wissen, daß er nicht nur den drei Hochkommissaren antwortet; sondern auf seine Antwort warten in erster Linie die Millionen von Menschen desselben Volkes, deren natürliche Bindungen und Verbindungen durch Moskau zerrissen wurden. Semjonow kann sie ohne politische Einbuße wiederherstellen – wenn er will, d. h., wenn Moskau es ihm erlaubt.

50/28.2.1954

Christian Bouchholtz
Dämonie der Phrase

Eines der ersten Worte des Bundespräsidenten im neuen Jahr war die Warnung an das deutsche Volk, wenn es jetzt mit ihm aus dem größten Elend wieder etwas aufwärts zu gehen scheine, gleich wieder von dem »deutschen Wunder« zu reden. Denn lockert sich der Verschluß der Phrasenbüchse der Pandora, so folgt dem Wurm bald die Natter und schließlich der geschwollene Lindwurm, also dem »deutschen Wunder« der Schwall anderer alter Phrasen von dem »Volk der Dichter und Denker«, »die Welt müsse am deutschen Wesen genesen«, und man wäre bei den letzten Goten, Wikingern, Nibelungen angelangt, bei der »heiligen deutschen Jugend unter Gottes Machtspruch, der da lautet ›Das Reich‹«, – nämlich das »1000jährige Reich«, das kein Jahrdutzend hielt. Das ist aber nur eine Sonderklasse deutscher Phraseologie, die der Engländer Lindley Fraser meinte, als er sagte: Der Deutsche neige in öffentlicher Rede zum Overstatement (Übertreibung), der Engländer eher zum Understatement; da letzterer als Skeptiker nicht glaube, der Großsprecher könnte seinen eigenen Wortschwall ernst nehmen, irre er sich oft zu eigenem Schaden. Freud würde eher sagen: Overstatement sei eine Sublimierung auf Grund von Minderwertigkeitskomplexen. Sogar bei Nietzsches Wort: »Übermut sei der höchste Mut«; denn manch heldischen Heerführern gebreche es an einfacher Zivilcourage. Ja, Nietzsche, der soviel kühne Kampfparolen lancierte, von der »blonden Bestie« zum »Übermensch«, gestand einmal, ihn packe das Grausen bei dem Gedanken, es könne sich einmal ein Unberufener auf ihn berufen. Und dieser Unberufene kam und redete den »Vielzuvielen« ein, sie seien die Übermenschen.

Hier beginnt die Dämonie der Phrase. Wenn das »Gebet der Glaubenslosen« nach Coué-Methode, eine Phrase, wie »Mir geht es täglich besser und besser«, nur häufig genug wiederholt, ähnliche Wunderheilungen erwirken kann wie Wallfahrtsorte, so ist die Suggestivwirkung der Phrase, hier sogar in positivem Sinne, erwiesen. Es ist schon anders, wenn Propaganda behauptet, bei Parteiparolen, die man lanciere, könne man nicht dick genug auftragen, nur das Unglaubliche glaube das Volk gern.

So wurden durch Phrasen Massenpsychosen erzeugt, Kriegspsychosen, auch solche Kalten Krieges, und die Warner erstanden: Ortega y Gasset, der die Massen im Wahnzustand studierte, Bernanos, der auf jeder Buchseite ein »Imbéciles!« in die Massen schleuderte. Schon Bergson wollte mit seinem Pragmatismus das zur Phrasenmumie entleerte Wort zu seinem lebenden Ursinn auferstehen lassen, und Goethe in seinem Faustmonolog über den Beginn des Johannesevangeliums: »Am Anfang war das Wort, die Tat, der Logos«. Und der große Europäer Albert Schweitzer, Urwalddoktor aus Lambarene: »Das Christentum kann das Denken nicht ersetzen, muß es vielmehr voraussetzen.«

Hier ist das Problem im Kern getroffen. Gemeint ist das Stirnhirn als Sitz bewußten Denkens im Gegensatz zu dem Unterbewußtsein des Althirns, des Massenhirns der Instinkte. Wird das Wort nicht mehr bewußt gedacht, ist es entwertet, wird leer oder kann ins Ungeheuerliche anschwellen. Moses' erstes Gebot war, den höchsten Namen nicht auszusprechen.

Die üblichste aller Phrasen ist das: »Tag, wie geht's?« mit der Gegenphrase: »Danke, und dir?«. Gesprächseinleitungen, die keine ernsthafte Beantwortung erwarten. Doch gab es die Ausnahmeperiode der Inflationszeit, als der Billionenschein nur noch ein Wisch war, da mieden einander die Geschäftsleute auf der Straße; denn auf die Frage nach dem Befinden wurde geantwortet: »Auch schlecht – oder?« Und das »Oder?« war das boshafte Pochen eines Seelenspechtes am faulen Stamm nach Maden. Man hätte sich das Urbild des Gentleman herbeigewünscht, der die seelische Distanz von Ich und Du wahrt – in der guten französischen Gesellschaft bleiben selbst Ehegatten auf dem Sie-Fuß, und es gilt als Anstandspflicht, glücklich zu scheinen, um die Barriere persönlicher Distanz respektiert zu sehen. Max Nordaus »Konventionelle Lügen« sollten gerade das treffen, was man die internationale »Gesellschaft« nennt. Dieses Parkett hat aber eine Sondermoral des »fleckenlosen Frackhemdes«, und seine Offenherzigkeit ist das Decolleté, dessen Brillantschmuck nicht unter die Lupe genommen wird, ob es Simili ist: Nicht auffallen, kein Shocking, es wäre Skandal. Man will repräsentable Oberfläche, aber hier wird der Tänzer, der tänzerische Geist, Esprit, Bonmot, das Paradox geschätzt, von dem Wilde meinte, die »Wahrheit könne man erst richtig beurteilen, wenn sie auf dem Seile tanze«. Hier ist auch das Parkett der Diplomaten, die der Maxime huldigen, dem Menschen sei die Sprache gegeben, seine Gedanken damit besser verhüllen zu können. Der Wiener Egon Conte Corti sagte von dem Gipfel der Gesellschaftsstruktur, dem Hofe: »Sinn des spanischen Zeremoniells ist die Distanz.«

So wäre auch die bezopfte höfische Phrase sinnvoll, wenn bewußt gehandhabt. Seit Churchill es aussprach, es sei ein Fehler gewesen (im Sinne der Geschichts-Kontinuität), Deutschland das Kaisertum zu nehmen, besinnen sich andere, das verhöhnte »Gottesgnadentum« sei im Grunde keine Phrase, sondern stelle Überlieferung, Stammbaum und Recht in Gegensatz zu Usurpatoren, bedeute also nicht Anmaßung, sondern Demut. Andererseits wurde davon gesprochen, bei jetzigen Konferenzen das Wort »demokratisch« neu zu definieren, da es seit Jalta in der Hälfte der Welt, und zwar der diktatorischen, für sich fälschlich beschlagnahmt zu sein scheine.

Zur Dämonie der Phrase gehört, daß man die albernsten ihrer Art, z.B. Schlager, bis zum Verrücktwerden (Mark Twain: »Knipst, Brüder, knipst«) ableiern lassen muß. Eine Zeit vergeht, und die Totgeglaubten stehen wieder auf. In den beliebten Wunschprogrammen des Rundfunks gespenstern sie und gaukeln den rasch Vergeßlichen »goldene Zeitalter« der Vergangenheit vor, – auf den Sockeln abmontierter Denkmäler ehemaliger Machthaber taucht die Inschrift auf: »Lieber Wilhelm, kehr doch wieder«, das kann auch Adolf heißen.

Unheimlich ist jener Prof. Rat, den seine Schüler (nach Heinrich Manns Roman) »Prof. Unrat« tauften. Er hat ihnen Homer beizubringen, aber Homers Götterolymp ist ihm längst erloschen, er sieht nur noch die nebensächlichen Partikel, das Füllsel der Hexameter, ja, sie haben sein Unterbewußtsein so ausgefüllt, daß sie bereits seine eigene Sprechweise dominieren: »Aufgemerkt nun also! Hinwiederum jedoch werde ich dich – immer mal wieder – zerschmettern!« herrscht er einen Unaufmerksamen an. – In Thomas Manns Novelle »Unordnung und frühes Leid« ist von der Familie eines liberalen Hochschulgelehrten nach der Revolution die Rede. Ein junger »flotter« Student kommt im Smoking in den Jugendkreis der Familie geregnet mit Worten wie: »Fatal, meine Lackgummis drücken, wie Karl der Große! Tatsache, auf Ehre!« Er imitiert den längst überholten Leutnantston von einst. »Ehre« ist eine Phrase. Der sogenannte Ähbäh-Ton dieses Jargons sollte den Hofton imitieren. Was aber als vornehm oder blasiert galt, war auf einen »König Infinitiv« zurückzuführen, der sich vor dem neueingeführten »Sie« statt des »Er« drückte, und auf einen späteren Monarchen mit Halskrebs. Über Generationen wurde der Serenissimustonfall zur Phrasenmelodie; »wie er sich räusperte und wie er spuckte«.

Wir sehen also, daß auf früheren Konferenzen, bestimmt, die Welt neu zu teilen, man vergessen hatte, das Wort »Demokratie« zu definieren. Mit dem Wort »Freiheit« geschah Ähnliches. Von der »Freiheit, die ich meine«, war nicht die Rede, sondern von einem halben Dutzend »Freiheiten von« (Hunger, Angst usw.), und neue Denker nennen sie bereits einen utopischen Begriff, nicht einmal einen relativen. »Republik« aber – Res Publica, öffentliche Sache – wie sachlich unpathetisch bezeichnete sich einst das mächtigste Weltreich der Geschichte: Rom!

54/5.3.1954

Klaus Klein

Die Gegenwart liegt an der Peripherie. Die Dresdener ertragen ihr Los mit stummem Protest

Zwei Stunden dauerte die Fahrt Berlin–Dresden früher. In mehr als drei Stunden erreicht heute der sogenannte Jugendzug das gleiche Ziel. Die von FDJ-Funktionären gesteuerte Lautsprecheranlage zwingt zur Verkürzung dieser Zeit allen Fahrgästen Nachrichten über Sollerfüllungen oder Vorhaben der kommunistischen Jugendorganisation, Marsch- und Schlagermusik auf. An den Fenstern tanzen die Funken der Braunkohlenfeuerung der Lokomotive vorüber. Das Bild der Landschaft ist gleichmäßig eintönig: Kiefern, Gras- und Sandflächen säumen die Gleise. Erst kurz vor dem Ziel wird das Auge angezogen. Der Zug passiert die Hügelkette, die den Dresdener Talkessel umschließt. Dichter Wald wechselt bald mit den nördlichen Vororten der Stadt. Nach einem kurzen Aufenthalt auf dem Neustädter Bahnhof gibt die Fahrt über die Elbebrücke den Blick auf das einst so berühmte Panorama frei. Die Geschwindigkeit des Zuges verwischt die Konturen. Fast scheint es, als sei das »Spiel der sich verschiebenden Türme« lebendig geblieben.

*

Ankunft in Dresden 1954: Der erste Schritt aus der mit Transparenten behangenen Bahnhofshalle führt den Besucher auf eine weite Ebene. Bis zum Großen Garten, bis zum Rathaus und dem Zwinger dehnt sich das freie Vorfeld aus, unterbrochen nur durch das Excelsior, den Neubau eines staatlich betriebenen Hotels. Nichts erinnert mehr an die Prager Straße, an das Geschäfts- und Verkehrszentrum dieser Stadt. Die Ruinen der einstigen City sind abgetragen und einige Kilometer entfernt an der Elbe aufgeschüttet worden. Das Leben hat sich an die

Peripherie verlagert. Seine Konzentration auf einen neuen Mittelpunkt, der Wiederaufbau der Innenstadt existiert nur in den Plänen des Oberbürgermeisters Weidauer (SED), die – vor acht Jahren zur Diskussion gestellt – oft geändert wurden und auch heute noch nicht endgültige Formen angenommen haben. Rasch vorangetrieben und nahezu vollendet wurde lediglich der Wiederaufbau des Rathauses, dessen Turm mit der überlebensgroßen Figur eines Mannes, der seinen Arm ausgestreckt schützend über der Stadt hält, nun über einer toten Zone emporragt. Die Ruine der Kreuzkirche in unmittelbarer Nachbarschaft des Rathauses, die Heimstätte des Kreuzchores, ist zwar baulich gesichert; ihr Wiederaufbau wird gegenwärtig aber nicht einmal erwogen. Die den Stadtkern zur Elbe hin abschließende Ruine des Schlosses verfällt ungeschützt.

Kioske des Konsums und der HO, Werbeplakate für die Volkspolizei und die Pionierorganisation »Ernst Thälmann« bestimmen das Bild des Postplatzes. Wenige eilige Passanten streben zu den Straßenbahnen. Nur abends bevölkert sich dieses von Ruinen umschlossene Rund: Vor Beginn und nach Schluß der Vorstellungen im wiederaufgebauten Schauspielhaus, das als »Großes Haus« der Dresdener Staatstheater täglich 1200 Besucher anzieht. Die Opernaufführungen – Schauspiele sind kaum noch frei von politischer Tendenz und laufen zumeist vor gezwungenem Publikum – sind neben den Konzerten der Philharmonie wohl der letzte Treffpunkt des alten Dresden. Stets sind sie schon Tage zuvor ausverkauft. Und nur Glück verhilft zu einer Karte. Man zahlt neben dem Eintrittspreis einen Beitrag für irgendeinen Fonds. Man kauft ein Programm mit »fortschrittlichen« Sprüchen. Aber wenn sich der Vorhang hebt, ist die seelische Not dieser Menschen vergessen, für zwei Stunden vergessen. Diese Menschen, die in der Furcht leben und mit materiellen Unannehmlichkeiten ohne Ende zu kämpfen haben, sind ein dankbares Publikum.

So wird es verständlich, daß der private Aufruf zum Wiederaufbau des zweiten großen Dresdener Theaters, der Staatsoper von Semper, nachhaltig wirkte. Mehr als 600 000 Mark spendete die Bevölkerung, nachdem der Staat Subventionen für den Wiederaufbau des Opernhauses verweigert hatte. An der Fassade ist schon ein Gerüst hochgezogen. Der Semperbau, der durch die Richard-Strauss-Premieren Geltung gewann, ist damit zunächst vor dem Verfall bewahrt.

Zwischen den beiden Theatern breitet sich der Zwinger Pöppelmanns aus. Sein Wiederaufbau ist dank der Tatkraft und des Mutes eines Mannes vorangetrieben worden: des Architekten Dr. Hubert Ermisch. Mit wenigen getreuen Bildhauern und Steinmetzen begann er 1946 ohne Geldmittel und ohne Material gegen den Hohn der »Flurbereiniger« anzukämpfen, die den Wiederaufbau dieses »Bauwerks des volksfeindlichen Absolutismus« ablehnten. Aus den Schutthaufen der Stadt suchte er Baustoffe, wie Kupfer für die Dächer; nach alten Plänen ließ er den Rohbau wieder errichten; nach Photographien wurden die Skulpturen neu geschaffen. Dr. Ermisch ist 1951 gestorben. Heute steht der Wiederaufbau des Zwingers kurz vor seiner Vollendung. Nur für Feinarbeiten werden noch viele Jahre erforderlich sein.

Aber die kostbaren Sammlungen, die er beherbergte, sind verloren. Fast alle Gemälde aus der Dresdener Galerie, darunter Raffaels weltberühmte Sixtinische Madonna, wurden unmittelbar nach dem Krieg in die Sowjetunion abtransportiert. Unter den im Schloß Pillnitz in der Nähe Dresdens ausgestellten Resten fehlen also alle wertvollen Werke. Als Ersatz präsentiert die Stadt in den wiederaufgebauten Trakten des Zwingers eine Zinn- und eine Porzellansammlung.

Der Zwinger ist das weltliche Bauwerk in der dreifachen Krone des Dresdener Barocks. Die katholische Barockkunst fand ihren Ausdruck in der Hofkirche Chiaveris, die zu einem guten Teil mit kirchlichen Mitteln wiederaufgebaut wird. Ihr Turm war ein Teil des »Spiels der sich verschiebenden Türme«, in dem die Kuppel der Frauenkirche, des schweren protestantischen Barockbaus Georg Bährs, wohl für immer fehlen wird. Zwei Grundmauern ragen aus dem Schuttberg, Sinnbild der Tragödie, die sich an Dresden vollzieht.

Der Rundgang durch dieses Stadtzentrum ist eine Begegnung mit der Vergangenheit. Die Gegenwart liegt an der Peripherie. In Loschwitz und Blasewitz im Südwesten und im Norden der Stadt haben sich kleinstädtische Zentren entfaltet. HO-Kaufhäuser und Konsumläden machen ihre einträglichen Geschäfte. Zwei Dutzend Kinos zeigen sowjetische oder Filme aus den Volksdemokratien. Von Zeit zu Zeit läuft eine westliche Produktion wie »Die Kartause von Parma« oder »Das doppelte Lottchen«. Die Bevölkerung, die schon wieder die Halbmillionengrenze erreicht hat, wohnt in diesen Bezirken noch immer dicht gedrängt. Der Wohnungsbau kommt erst allmählich in Gang. Nur im Osten der Stadt ist schon ein Straßenzug mit Mietskasernen für Aktivisten und Funktionäre fertiggestellt. In der Südvorstadt sind einige gleichartige Wohnblöcke in Angriff genommen.

Garnisonstadt ist Dresden auch nach dem zweiten Weltkrieg wieder geworden. Im Industriegelände haben die Sowjets einige Kasernen für die Volkspolizei geräumt. Und im Gebäude des früheren Luftgaukommandos residiert ein Stab der kasernierten Volkspolizei. Die Posten mit aufgepflanztem Bajonett verleiden den Besuch des nebenan liegenden Astoria-Hotels, einer früheren Jugendherberge, die zu Repräsentationszwecken ausgestaltet wurde. Auch der Spaziergang am Elbufer wird gestört, weil sich auf den Wiesen rechts des Stromes eine sowjetische Flakbatterie eingegraben hat, die den ganzen Tag über militärische und sportliche Übungen abhält.

Die Dresdener haben sich an solcherlei Anblick gewöhnt. Sie ertragen ihr Los mit stummem Protest. Und über der Stadt, die sich früher in kulturellem Reichtum entfaltete, die Ausgangspunkt geistiger und künstlerischer Strömungen war, liegt heute der Schatten der Resignation.

*

Einmal am Tag passiert der D-Zug Prag–Berlin die Elbestadt. Es ist ein Expreß. Die Fahrzeit verkürzt sich um eine knappe Stunde. Die Abfertigung am Hauptbahnhof geht schnell vor sich. In wenigen Minuten hat der Zug die Elbebrücke erreicht. Hinter dem Schleier der Dämmerung taucht noch einmal die einzigartige Silhouette auf. Dieses Bild ist die Vergangenheit der Stadt. Wird es auch das der Zukunft sein?

62/14.3.1954

Johannes Gaitanides

Das Geschäft mit der Unzufriedenheit. Ein neues Gleichgewicht von Ordnung und Beunruhigung tut not

Der Zweck der Wirtschaft sei Bedarfserfüllung, sagen die Nationalökonomen. Wenn sie recht haben, dann wäre zu folgern: die beachtliche Produktivität unserer Zeit an natürlicher Unzufriedenheit genügt uns offenbar noch nicht. Wie sonst wäre unsere rechnerische Gesellschaft darauf verfallen, die Ware Unzufriedenheit am laufenden Band industriell herzustellen, en gros zu handeln und en detail zu verkaufen? Die Zahl der Leute, die sich diesem Beruf widmen, ist Legion, und er ernährt sie gut – nicht selten embonpointierend.

Keine andere Branche erfreut sich einer derart beständigen Hochkonjunktur wie das Geschäft mit der Unzufriedenheit; bei höchster Profitrate ist es völlig krisen- und risikofrei.

Der Lebensstandard des sogenannten »kleinen Mannes« ist heute erheblich höher denn je zuvor. Die fragwürdige Relativität dieses Begriffes enthüllt die Tatsache, daß dieser kleine Mann seine Vorfahren an Ressentiment und Unzufriedenheit dennoch sichtlich übertrumpft. Wie sollte er auch nicht? Mehr als auf seine Bedarfsbefriedigung ist seine Umwelt auf die Steigerung seines Appetits angelegt; er ist Ziel einer ununterbrochenen Einkreisungsattacke, die ihm die verlockendsten Dinge vor Augen führt, ohne sie in die Reichweite seines Griffes zu bringen. Die konzentrische Offensive beginnt an der Front der Straße, mit den provokativen Auslagen der Läden und der allgegenwärtigen Aufdringlichkeit der Reklame; sie dringt mit den Anpreisungen von Presse und Rundfunk in die Festung des Heimes ein, entfaltet sich sodann glanzvoll mit der reichlich konsumierten Droge Film – Verführung um und um, die Wünsche, Ansprüche, Begehrlichkeiten erweckt und erhitzt, welche die Wirklichkeit nicht oder doch nur zum geringeren Teil sättigen kann. In ständiger Großaufnahme erscheint dem solcherart Bedrängten, was alles er nicht hat, und zurück bleibt der Neid, in dessen schwelender Glut die geringere Habe zu Asche verbrennt. So trägt er einen Tantaluskomplex davon: der Dauerlärm, mit dem das Nichterreichbare an ihn appelliert, macht ihn taub für die Freude am Eigenen und am Zugänglichen.

Und dabei bleibt es nicht. Die früher vertikal geordnete Gesellschaftshierarchie ist abgelöst von einer horizontalen Gliederung, in der die zahlreichen Interessen- und Berufsverbände einander den Vorrang streitig machen. Macht und Erfolg des einzelnen Kollektivs werden von seiner Fähigkeit bestimmt, seine Mitglieder für das Gruppeninteresse zu mobilisieren. Der stärkste Motor aber ist die Unzufriedenheit. Ist sie nicht in der gewünschten Pferdestärke vorhanden, dann wird sie von oben her mit den künstlichen Reizmitteln der Propaganda gestachelt und gesteigert. So wetteifern denn die unzähligen Interessenorganisationen in dem Bestreben, ihren Angehörigen das Bewußtsein der Benachteiligung zu suggerieren, das Bewußtsein des Zurückgedrängten und Zukurzgekommenen, der sich in Marsch setzen müsse, um seinen rechtmäßigen Platz an der Sonne zu erobern. Hat er ihn erreicht, so wird ihm nach einer kurzen Ruhepause die Gruppenführung abermals beweisen, daß sein Ziel noch weiter vorn liegt – und so bohrt und schraubt sich die Unzufriedenheit unaufhörlich weiter. Die Unzufriedenheit muß daher warmgehalten werden, denn die Zufriedenheit wäre der Tod dieses Systems.

Schließlich sind die Funktionäre ihren Verbandsmitgliedern, von deren Beiträgen sie leben, ja auch den Nachweis ihrer Existenzberechtigung schuldig. Wie immer das Gegebene beschaffen sei, sie können mit ihm nicht einverstanden sein, da sie mit einem derartigen Eingeständnis sich selber für überflüssig erklärten, und das käme ihrem beruflichen Selbstmord gleich. Sie erhalten sich von der großen Unzufriedenheit, und so müssen sie die Unzufriedenheit erhalten.

Es gibt Unterschiede: Die Männer an der Spitze der Interessenverbände spüren meist die Last ihrer schweren Verantwortung. Sie haben jene Übersicht, die erkennen läßt, daß das Gedeihen der Teile untrennbar in das Gedeihen des Ganzen verflochten ist, daß die Selbsterhaltung zwar den Gegner in seine Grenzen zu weisen verlangt, nicht aber dessen Unterwerfung oder Vernichtung zuläßt. Anders die kleinen und mittleren Funktionäre: ihr Standort vermittelt diese Einsicht nicht. Sie wollen in der Funktionärshierarchie weiterkommen und stehen zudem untereinander im Konkurrenzkampf. Was also liegt für sie näher, als sich der Großmacht Unzufriedenheit zu verbünden und sie vor ihren Karrierewagen zu spannen! So sind sie denn in der Regel die Wortführer der radikalsten Kampfparole und des ungehemmtesten Gruppenegoismus. Die Spitzenfunktionäre müssen sich nun ihrerseits – um sich gegen diesen Druck von unten zu behaupten – der erhöhten Tourenzahl der Verbandsmaschinerie angleichen und sich wenigstens einen Teil der forcierten Forderungen zu eigen machen – nicht selten gegen ihr besseres Wissen. Noch viel gröber und offener dokumentiert sich dieselbe Tendenz in unserem politischen Leben, dessen Kurs gleichfalls von der Machtkonstellation der Gruppen – in Gestalt der Parteien – bestimmt wird. Zwar wird die jeweils regierende Gruppe den Dingen einen Rosaanstrich geben. Andererseits liegt die Chance der Opposition in der Unzufriedenheit der Massen; sie lebt von dem, was die Regierung schlecht macht, und macht daher auch schlecht, was die Regierung gut macht – reicht die natürliche Unzufriedenheit nicht aus, so muß sie künstlich hochgezüchtet werden.

Auf dem breitesten Feld – dem der öffentlichen Meinung – sorgt eine gewisse Publizistik gewissenhaft dafür, daß die Unzufriedenheit nicht zur Mangelware wird. Nach einem fatalen Gesetz wirkt im gesprochenen und geschriebenen Wort das »Nein« allemal »interessanter« als das »Ja«. Es ist das Berufsunglück des Journalisten und Kommentators, immer und um jeden Preis »interessant« sein zu müssen. Und wie jeder Arbeiter erliegt auch er oft genug der Versuchung des geringsten Widerstandes und wählt den bequemsten Weg, der zum Nein führt, wo beispielsweise die Entschlüsse und Handlungen der Regierung zur Debatte stehen. Will es etwa das Publikum anders? Es hat zu allen Zeiten hinreichend Grund, unzufrieden zu sein; und zu keiner Zeit ist es bereit, die Gründe für den unbefriedigenden Stand der Dinge in sich selber zu suchen – es ist seinem Selbstgefühl zuträglicher, sie im Nachbarn, im Chef, in der Regierung, im Teufel oder gar im lieben Gott zu finden. Und der Journalist zögert nicht, Dienst am Kunden (und an der Auflage) zu üben und seiner Majestät dem Leser die gewünschten Sündenböcke auf dem schwarz-weißen Altar zu opfern. »Interessant«, das ist vor allem das Versagen und die Unzulänglichkeit des lieben Nächsten, die Bestätigung seiner Schuld, welche die eigene Verantwortung entlastet.

Gesetzt: die Staatsmänner (und die Völker!) wären weise, es gelänge ihnen, Krieg und Unterdrückung, Hunger und Armut auszurotten, dem Einsamen menschliche Nähe, dem Frierenden Wärme und dem Unbehausten ein Dach zu geben, so daß auch der letzte nicht mehr Not litte – würden wir »zufrieden« sein, in solch vorweggenommenem Paradies? Ach, dann wären wir unzufrieden, weil wir keinen Grund zur Unzufriedenheit mehr hätten.

Um nicht mißverstanden zu werden: Das ist kein Wort gegen Recht und Notwendigkeit der Kritik, noch gegen die Fruchtbarkeit des Zweifels und der Opposition. Nicht die erwähnten Institutionen stehen zur Diskussion, sondern ihr Mißbrauch. Ohne Einschränkung sei auch zugegeben: Wir bedürfen der dauernden Beunruhigung, um nicht in der Trägheit des Herzens und des Geistes zu verfetten. Aber dieser Notwendigkeit genügt gerade nicht die zum Selbstzweck entartete, industrialisierte und kommerzialisierte Unzufriedenheit. Denn sie bewirkt das genaue Gegenteil: Selbstentlastung, Schuldabwälzung und Verantwortungsflucht. Dieser Prozeß ersetzt die natürliche durch die synthetische, die fruchtbare durch die impotente, die individuelle durch die kollektivierte Unzufriedenheit, die nur zur Zerstörung, nicht mehr zur Überwindung und Gestaltung befähigt. Durch die »Verdrängung« ihrer Ursachen aus der Person in den Fremdbezirk der »äußeren Umstände« wird eben jene Trägheit von ihrem Gegner befreit. Es gibt nicht nur die Verhärtung aus Trägheit, sondern auch die Verhärtung aus einem Übermaß an Beunruhigung. Denn der »Segen« der Beunruhigung ist auch eine Frage der Dosierung. Im Übermaß genossen, stumpft sie ab und immunisiert ihr Opfer, das nun ungehindert das Schutzfett der Trägheit ansetzen kann. Sodann ist die Beunruhigung auch nicht mit gleicher Dringlichkeit für alle Situationen geboten, und sie ist vor allem nicht allein geboten: es bedarf auch der Ordnung. Was nun unsere Zeit angeht, so leidet sie gewiß nicht am Zuviel der Ordnung, sondern am Zuviel der Beunruhigung. Not tut uns ein neues Gleichgewicht von Ordnung und Beunruhigung. Nicht aber der Kult der Unzufriedenheit um ihrer selbst willen, von geschickten Geschäftemachern inszeniert, die allein den Gewinn davon haben, und zelebriert von den falschen Priestern, die den Mangel an eigner Persönlichkeitssubstanz abreagieren, indem sie aller Substanz den Kampf ansagen.

131/9.6.1954

Wilhelm Lichtenberg
Peter und die Managerkrankheit

Es gibt neuerdings Krankheiten, die von den Zeitungen übertragen werden. Zu ihnen gehört unzweifelhaft die Managerkrankheit. Vor kurzer Zeit gab es dieses – wie es heißt – tödliche Leiden noch nicht. Aber seit es in der ersten Zeitung stand, hat es sich bereits epidemisch verbreitet.

Auch Peter las von dieser geheimnisvollen Managerkrankheit. Außerdem hörte er von ihr, weil man ja in netten Gesellschaften am liebsten von Krankheiten – und da auch wieder nur von den unheilbaren – spricht. Und so begann sich Peter für diese Unlustseuche des zwanzigsten Jahrhunderts zu interessieren. Er erfuhr nach und nach, daß die Managerkrankheit in ihrem innersten Wesen ein Mäuselaufen auf rotierender Trommel ist, daß die von ihr Befallenen die Hexe business im Leibe haben, daß sie einen Veitstanz um das Goldene Kalb darstellt und daß die Manager um das reicher werden, was sie von ihrem Leben hergeben.

Peter wollte reich werden, obwohl man sich überall Mühe gibt, die Menschen über das Lebensbedrohende der Managerkrankheit aufzuklären. Aber schloß der Doktor Faust nicht einen Pakt mit dem Teufel, nur um eine zweite Jugend zu gewinnen? Und so beschloß Peter, sich dem Manager zu verschreiben, oder noch besser: selbst ein Manager zu werden.

Nun, Peter schaffte sich vorerst ein zweites Telefon an. Bisher war er ein bescheidener Kaufmann gewesen, dessen Arbeit dazu ausreichte, um die Steuern zu zahlen. Aber mit diesem Leben für das Steueramt wollte er eben Schluß machen. Peter spielte nun Großkaufmann auf dem Doppeltelefon.

Er rief Gott und die Welt in nah und fern an – was zur Folge hatte, daß er hie und da auch zurückgerufen wurde –, er gab Offerte durch, holte Offerte ein, blubberte Rentabilitätsberechnungen in die Muschel und empfing freibleibende Meistbegünstigungen durch den Hörer. Die Telefone standen nie still, und die Membranen wurden heiser von der Überbeanspruchung. Das viele Telefonieren machte Peter wohl ziemlich nervös; aber er sagte sich, daß ein Manager keine Nerven haben dürfe. Darin gleichen sich eben die Teenagers mit den Managers. Der Erfolg dieses überdimensionierten Telefonkonsums war eine ungeheure Telefonrechnung. Der Umsatz von Peters Geschäft hatte sich trotz dieses ersten Schritts in die Managerwelt nicht gehoben.

Und da erkannte Peter, daß es mit dem Telefonieren allein nicht getan ist. Ein richtiger Manager braucht entsprechend viel Personal. Ein großes Büro ist der Wind, der die Segel zur Fahrt in den Erfolg bläht. Deshalb setzte Peter auf jedes verfügbare Plätzchen seines Geschäftes eine Hilfskraft. Es wurde nun auf Schreibmaschinen geklappert, Inventuren gemacht, das Oberste zuunterst gekehrt. Jeder Angestellte machte so viel Lärm, daß zwei andere nötig wurden, um diesen Lärm zu übertönen. Jedes Stückchen Papier in Peters Büro gebar eine Rolle anderen Papieres, jedes abgenutzte Schreibmaschinenfarbband setzte zehn andere in Bewegung. Und über diesem ganzen Hexenkessel schwebte unsichtbar und doch für alle vorhanden das Wort »Manager«. Aber es schwebte nicht auf Engelsflügeln, sondern rotierte wie die Lichtreklame der Hölle. Der Etat von Peters Geschäft wuchs ins Riesengroße. Aber das war auch der einzige Erfolg seiner Infektionen mit der Managerkrankheit. Im übrigen zappelte Peter nur mehr, fühlte die Beschwerden eines beginnenden Zwölffingerdarmgeschwürs und brutalisierte seine reizende junge Frau, mit der er bisher in der glücklichsten rosarotesten Ehe gelebt hatte, in einer kaum vorstellbaren Weise. Sie weinte viel, die gute, liebe Inge und verfluchte heimlich den Entdecker der Managerkrankheit, der ihre Ehe zerstört hatte.

Als Peter merkte, daß er trotz diesem Höllenbetrieb zu keinem sichtlichen Erfolg kam, wurde er einen Moment an der Macht des Managers irre. Er wollte ja reich und mächtig werden, wollte über Menschen und Systeme herrschen, Schicksale bündeln wie frischgemähtes Gras und sie an die Goldenen Kälber seines Stalles verfüttern. Dafür war er bereit, seinen Preis zu zahlen. Den Preis seines Lebens. Denn überall war zu lesen, daß die von der Managerkrankheit Befallenen kurz nach fünfzig sterben und zwischen vierzig und fünfzig nebst ihrem Managertum noch zahlreiche Krankheiten zu betreuen haben. Aber denkt jener, der einen Pakt mit dem Teufel schließt, an die Folgen? Denkt die Zecke, wenn sie den Stachel in den Leib eines Menschen bohrt, daran, daß dieses bißchen gesaugte Blut zugleich ihren Tod bedeutet? Auch der Manager denkt nicht an sein todsicheres Magengeschwür mit fünfzig und die kurz darauf einsetzende Angina pectoris.

Peter kam dahinter, daß er eigentlich noch kein richtiger Manager sei; er merkte, daß er zu sehr an einem Platz klebe. Und deshalb stürzte er sich auf das Flugzeug. Wenn irgendwohin ein Brief genügt hätte, unternahm Peter eine Flugreise statt dieses Briefes. Im Flugzeug selbst hatte er Dossiers auf seinen Knien, die er krampfhaft studierte. Das viele Fliegen unserer Kaufleute hat zur Folge, daß sie in der Hauptsache Luftgeschäfte machen. Peter durchquerte einige Male Europa in viertausend Meter Höhe. Peter startete und landete wie ein anderer auf die Straßenbahn steigt. Und als Peter, dem Manager, die Luft über Europa nicht mehr genügte, flog er nach Übersee, schlief in Clippern, kannte die irische Zwischenstation Shannon wie seine Westentasche und begann sich unbehaglich zu fühlen, wenn sich nicht mindestens vier Kilometer unter ihm befanden. Zwischendurch konsultierte Peter Spezialärzte von Kopf bis Fuß, verbrachte einige erzwungene Wochen in einem Nervensanatorium und lebte in Scheidung mit seiner Frau Inge. Sie hatte seinerzeit einen netten, freundlichen, der Liebe zugeneigten jungen Mann geheiratet und lehnte es nun ab, mit ihm diese ganze Höllenfahrt ins Managertum mitzumachen.

Nach einem Jahr Managerkrankheit zog Peter folgende Bilanz: Barvermögen aufgebraucht, Geschäft verschuldet, Nerven kaputt, Magen und Darm gegen ihren Besitzer verschworen, die geliebte Frau eingebüßt, das Leben unerträglich geworden. Von Reichtum und Macht war rundum nicht der kleinste Ansatz zu merken. Peter hatte seine Seele dem Teufel Manager verschrieben, ohne den allergeringsten Lohn dafür empfangen zu haben.

Und als Peter dieses Leben nicht mehr ertrug, ging er zum reichsten und einflußreichsten Mann des Landes, der ja selbstverständlich ebenfalls ein Manager sein mußte, denn wie anders wäre er sonst zu Reichtum und Macht gelangt? Seltsamerweise lag dieser Mann um zehn Uhr morgens noch zu Bett und ließ sich gerade ein ausgezeichnetes Frühstück servieren. Peter platzte mit der verzweifelten Frage heraus: »Was habe ich als Manager falsch gemacht? Ich war in Bewegung wie ein perpetuum mobile. Ich habe mir keine Ruhe und keine Rast gegönnt. Ich habe vier Telefonleitungen, hundert Arme und dreißig Gehirne in Bewegung gesetzt. Ich war mehr in der Luft als auf dem Boden. Ich habe meine geliebte Frau geopfert, um ein Manager sein zu können. Sagen Sie mir, wie man es richtig macht! Verraten Sie mir meine Fehler!«

Der mächtige Mann verzehrte sein Frühstück mit großem Behagen und räkelte sich dabei in den bequemen Kissen seines Bettes. Und bevor er Peter noch antworten konnte, meldete sich das Telefon auf seinem Nachttisch. Er sagte: »Entschuldigen Sie! Ich habe eine Verbindung mit Paris angemeldet. Keine aufregende Sache.« Dann sprach der reiche Mann fünf Minuten mit Paris. Es war ein Börsenrotwelsch, das Peter nicht verstand. Und als das Gespräch zu Ende war, meinte der mächtige Mann zu Peter: »Was man als Manager zu tun hat, weiß ich nicht. Ich weiß nur, daß ich soeben mit diesem Fünfminutengespräch vom Bett aus eine halbe Million verdiente. Aber so etwas würde Ihnen keine Freude machen. Schade. Denn es ist schon leider so im Leben: Wer arbeitet, hat keine Zeit zum Geldverdienen.«

182/8.8.1954

Friedrich Noppert

Hier ist das Schweigen ein Verbrechen. Millionen hoffen immer noch vergeblich

Die große Welle von Freude und Hoffnung, die vor einem Jahr durch Deutschland ging, ist wieder abgeklungen. Tausende von Familien waren damals glücklich, ihren Sohn, ihren Vater, ja, sogar die Tochter nach langen Jahren der Trennung und der Ungewißheit wieder umarmen zu können. Der Jubel um jene 9000, die in den Herbst- und Wintermonaten zurückkehrten, übertönte fast völlig die Stimmen der Anklage, die selbst gegen diese Aktion berechtigterweise laut wurden: War nicht die Tatsache, daß längst Totgeglaubte plötzlich, ohne vorher ein Lebenszeichen von sich gegeben zu haben, vor ihren Angehörigen standen, ein Beweis für ein durch Jahre verübtes Verbrechen?

Tatsächlich hatte die Sowjetunion im letzten Herbst die fast einmalige Chance, dieses düstere Kapitel der Nachkriegsgeschichte mit einem Gewinn an moralischem Kredit zu beenden. Wäre die damalige Aktion vollständig durchgeführt worden, wäre auch der letzte in die Heimat gebracht worden und hätte sie im Rahmen internationaler Zusammenarbeit – durch das IRK etwa oder die UN-Kommission – glaubhaft gemacht, daß es wirklich der letzte war, dann wäre bei aller Trauer um die, die nun endgültig zu den Toten gerechnet werden müßten, doch schließlich ein Schlußstrich unter diese Rechnung des Elends gezogen worden.

Statt dessen begeht Deutschland auch in diesem Jahr wieder die Gedenkwoche für seine Kriegsgefangenen. Diejenigen Frauen, die Gewißheit darüber haben, daß ihr Mann oder Sohn noch in einem sowjetischen Lager lebt, die von ihm Briefe erhalten und ihm Pakete schicken können, bedürfen eines solchen Gedenktages freilich nicht: Für sie ist jeder Tag mit dem Denken und der Sorge um den Gefangenen ausgefüllt. Das Schmerzliche an diesen Tagen ist gerade, daß ein ganzes Volk einer ihm nicht bekannten Zahl von noch immer Gefangenen gedenkt und daß Millionen in diesem Volk unter der unbekannten Zahl von Gefangenen noch immer den einen am Leben hoffen, den sie seit zehn Jahren nicht mehr gesehen haben und von dem jedes Lebenszeichen fehlt.

Es ist die Schuld derer, die hartnäckig schweigen, wenn in den vergangenen Jahren durch Zahlen unreale Bilder entworfen und trügerische Hoffnungen genährt wurden. Wenn im zwanzigsten Jahrhundert über einen Menschen, von dem seit zehn Jahren keine Nachricht mehr vorliegt, nicht die Gewißheit seines Todes besteht, so ist das eine Anklage, die durch keine Propaganda und durch kein Argumentieren gegen Zahlen entkräftet werden kann. Von Hunderttausenden der Vermißten wird man annehmen müssen, daß an ihnen kein Verbrechen gegen die Menschlichkeit mehr begangen werden kann: Sie leben nicht mehr. Täglich aber wird das Verbrechen an denen begangen, die sich noch immer an die trügerische Hoffnung der Rückkehr klammern; dieses menschlich so verständliche und qualvolle Hoffen wäre nur durch restlose Klarstellung der Tatbestände in eine – nun schon tröstliche – Gewißheit zu verwandeln.

Wenn der Kommunist Max Seydewitz die einander widersprechenden Angaben über die Zahl der in der Sowjetunion zurückgehaltenen Gefangenen, wie sie von Zeit zu Zeit von westlichen offiziellen und privaten Stellen veröffentlicht wurden, »Zahlenflunkereien mit toten Seelen« und eine »gewissenlose Hetze« nennt, so verschweigt er dabei, daß das diabolische Spiel mit solchen Zahlen von der Sowjetunion begonnen und seither ständig von ihr genährt worden ist.

W. M. Molotow erklärte auf der Moskauer Außenministerkonferenz im März 1947, daß die Sowjetunion 1 003 974 deutsche Kriegsgefangene seit Kriegsende entlassen und noch 890 532 in ihrem Gewahrsam habe. Schon diese Aufrechnung von insgesamt 1 894 506 Gefangenen mußte damals völlig unglaubwürdig erscheinen, weil sie allen vorher bekanntgegebenen Zahlen – vor allem in den Siegesmeldungen! – widersprach.

Selbst dann, wenn man hätte annehmen wollen, daß diese Siegesmeldungen hinsichtlich der Gefangenenzahlen »Zahlenflunkereien« gewesen wären, dann hätte die Sowjetunion diese ihre Aufrechnung nur mit einer genauen Aufstellung der in ihrem Gewahrsam Gestorbenen glaubhaft machen können. Aber gerade in diesem Punkte schwieg sie hartnäckig und nährte damit selbst die schwärzesten Annahmen – verständlicherweise auch übertriebene Gerüchte.

Es kam die berüchtige TASS-Meldung vom 4. Mai 1950. Danach waren vom Mai 1945 bis zum Mai 1950 1 939 063 Kriegsgefangene entlassen worden, und es sollten sich noch in Rußland befinden: 9717 wegen schwerer Kriegsverbrechen Verurteilte, 3815 wegen des Verdachts schwerer Kriegsverbrechen Zurückgehaltene und 14 Kranke – zusammen also 13 546 deutsche Kriegsgefangene.

Rechnet man diese 13 546 von TASS angegebenen Gefangenen zu den Entlassenen hinzu, so ergibt sich – abzüglich der nach sowjetischen Angaben 58 103 Gefangenen, die später als Angehörige anderer Nationen deklariert wurden – die Zahl von 1 894 506; also genau die Summe, die nach Molotows Aufrechnung vom März 1947 herauskam!

Aber ebendiese »Genauigkeit« enthüllte den Betrug: Stimmte diese Zahl nämlich, dann wäre vom März 1947 bis zum Mai 1950 kein einziger deutscher Kriegsgefangener in sowjetischen Lagern gestorben; die Berichte von Heimkehrern aber ließen keinen Zweifel darüber, daß gerade innerhalb dieses Zeitraums teilweise die Zahl der Toten die der Überlebenden überwog. Mit der Pedanterie der frisierten Zahlen hatte die Sowjetunion ihre Unglaubwürdigkeit nachgewiesen und jedes Recht verwirkt, von anderer Seite errechnete und geschätzte Zahlen als Hetze zu bezeichnen – so lange jedenfalls, wie sie die Sterbeziffern in ihren Lagern nicht bekanntgab.

Daß sie diese Zahlen nicht bekanntgab, hatte natürlich seinen Grund: Die Sterbeziffer hätte einen Schrei des Entsetzens in Deutschland und der ganzen Welt ausgelöst. Aber wie kurzsichtig war ein solches Verfahren: Hätte diese Ziffer das Entsetzen über das, was man bereits wußte, hinaus noch wesentlich vergrößern können? Mußte das hartnäckige Schweigen die aus Einzelangaben der Heimkehrer gewonnenen Eindrücke nicht noch wesentlich verdüstern?

Es fragt sich natürlich, ob solches in Zahlen ausgedrückte Massensterben jemals aus dem Bewußtsein des Volkes und der Welt hätte gelöscht werden können. Immerhin hätte es – wenigstens für die Kriegszeit und die unmittelbar auf die Kapitulation folgende Zeit – einige Entschuldigungen für das Hinsterben solcher Menschenmassen gegeben: Die Folgen der Hitlerinvasion, die Not des russischen Volkes selbst, die Unmöglichkeit, solche plötzlich in Gefangenschaft geratenen Heere im russischen Raum organisatorisch bewältigen zu können, und sogar die Erbitterung des Regimes über die Aggressoren wäre von objektiv Urteilenden als Erklärung solchen Massensterbens entgegengenommen worden.

Auf jeden Fall hätte die Bereitschaft, den letzten heimkehren zu lassen und über die Verstorbenen den Hinterbliebenen rückhaltlose Aufklärung zu geben, eine Brücke für eine Verständigung bilden können, hätte Wunden vernarben lassen. Nicht jeder der Hinterbliebenen für sich, aber das deutsche Volk in seiner Gesamtheit hätte vielleicht im Gefühl seiner Verantwortlichkeit für die anderen Völker zugefügten Leiden wenn nicht die Trauer, so doch die Bitterkeit überwunden.

Die sowjetische Regierung ist diesen allein der Menschlichkeit entsprechenden Weg nicht gegangen. Sie hat mit der Entlassungsaktion vom Herbst vorigen Jahres Hoffnungen erweckt und dann wieder bitter enttäuscht. Gerade der Widerhall dieser Aktion gab doch Anhaltspunkte für die Annahme, daß das deutsche Volk in der Genugtuung über die erlangte Gewißheit und in der herzlichen Freude über die wenigstens jetzt Heimgekehrten die Anklage hätte zurücktreten lassen. Aber eine unbegreifliche Auffassung von Prestige verbot offenbar eine solche Haltung des Kreml.

So haben wir heute nicht nur Hunderttausende, die in der Heimat vergeblich hoffen, wir haben auch täglich Briefe von Kriegsgefangenen, die von der qualvollen Ungewißheit über die weitere Dauer des Gefangenseins Kunde geben. Solche Briefe strafen nicht nur alle sowjetischen Angaben Lügen, sie sind auch eine täglich wiederholte Anklage des fortgesetzten Verbrechens gegen die Menschlichkeit.

Hier steht kein Prestige mehr auf dem Spiel, hier liegt keine politische Notwendigkeit vor, nicht einmal ein wirtschaftliches Bedürfnis. Wenn – wie die Kriegsgefangenenkommission der UN vor drei Wochen schätzte – in der Sowjetunion noch etwa 9000 Kriegsgefangene und 129 000 Zivilisten zurückgehalten werden, so könnte deren Entlassung weder als politisches Zurückweichen interpretiert werden, noch ihre Arbeitskraft in der Volkswirtschaft eines 200-Millionen-Volkes als Grund für die weitere Gefangenschaft gelten.

Heimsendung der Lebenden und Aufklärung über die Verstorbenen sind heute, neun Jahre nach Kriegsende, nichts anderes mehr als Fragen der Menschlichkeit. Weitere Unmenschlichkeiten zu begehen, um frühere zu vertuschen, das ist der schlechteste Dienst, den das Sowjetregime sich selbst erweisen kann.

247/23.10.1954

Sigismund von Radecki
Traktat über die Langeweile

Himmel, was ich mich schon gelangweilt habe! Ein Defekt, sicher, denn wer etwas will, langweilt sich nicht. Doch seien wir gerecht: sie, die Langeweile, ist jene Reibung, ohne die man nicht gehen könnte – jenes Schwachstromsignal, welches anzeigt, daß unser Kostbarstes, unsere Einmaligkeit des Lebens beleidigt wurde – jene Göttin, die, stärker noch als Liebe und Tod, sich durch alles drängt – ach, vielleicht auch durch diesen Aufsatz! Ja, die Langeweile ist ein Unterpfand des Himmels. Denn sie ist die Karikatur der Ewigkeit.

Hunger und Liebe, das sind die sich selbst spannenden Triebfedern des Lebens. Erst beim Menschen gesellt sich ihnen als dritte, gewaltigste, die Langeweile. Sich langweilen und Mensch sein ist eins; wie hätte der Mensch auch sonst die Uhr erfinden können? Das Tier langweilt sich nicht (es kurzweilt sich bloß mitunter); das Tier weiß so wenig von der Zeit wie der Fisch vom Wasser – wir Menschen allein sind die fliegenden Fische, die ab und zu Luft schnappen! Erhaben legt der Hund seine Schuhputznase auf die Pfoten: »Man lebt!« scheint sein zufriedener Seufzer als höchsten Wert zu verkünden. Oft haben wir Menschen darum die Tiere als Götter verehrt, denn auch beim Gotte ist Dasein bereits die höchste Tat. Selbst das geplagteste Tier käme nie auf den Gedanken, sich das Leben zu nehmen. Nur der Mensch, dieser geborene Selbstmörder, hält ständig seinen Protest »man lebt nicht!« vorrätig; er schmeckt noch in der kleinsten Langeweile den darin zuckenden Selbstmordbazillus heraus und ist allzu bereit, seinen Lebenshorizont zu einer Revolvermündung einschrumpfen zu lassen … Doch nur selten drückt er ab. Meist flüchtet er ins Markensammeln.

Und diesen drei Triebfedern: Hunger, Liebe und Langeweile entsprechen drei unmittelbar metaphysische Regungen unseres Körpers: Weinen, Lachen und Gähnen. Das Gähnen ist das große Symbol der Langeweile. Es wirkt ebenso ansteckend wie Lachen und Weinen. Zwar gähnt man auch vor Müdigkeit, wie man vom Gekitzeltwerden lacht oder von der Zwiebel weint. Aber unser eigentliches Gähnen ist von dem der Tiere verschieden, ist geistig. Darum bekommen Hunde, wenn sie gähnen, einen menschlichen Ausdruck.

Wir langweilen uns, weil wir als einzige Lebewesen wissen, daß wir nur einmal leben. Unsere wohlgewachsene Lebenszeit wird peinlich befragt: Bleigewichte an den Füßen, die Hände oben zusammengebunden, wird sie gestreckt – gestreckt von der unerbittlich langsamen Spindeldrehung der Fadheit. Vielleicht schreit schon das Kind in der Wiege vor Langeweile. Immerhin, es hat Herkuleskräfte gegen die anschleichenden Schlangen, mit seinen Fäustchen würgt es die beiden Entartungstendenzen der Zeit: zugleich zu lang und zu kurz zu werden. Denn das Kind hat die geniale Kraft, zu spielen. So werden ihm die Sekunden kurz und ewig lang die Jahre; doch dem Alternden rollen die Sekunden immer langsamer vorüber und die Jahre immer schneller und schneller. Die Langeweile tritt als endlose Gegenwart auf, welche sich wie ein Gletscher über die blühenden Phantasiezeiten Zukunft und Vergangenheit schiebt. Und das Wesen dieser Langeweile besteht in der Repetition, in jener Einerleiheit, die der größte Gegensatz zur Einheit ist. Repetition ist das, was die holde Einmaligkeit des Lebens zersetzt: der monströse sechste Finger an der Hand, Leben ist bezwungene Repetition! Ein Gebäude ist um so schöner, je regelmäßiger es ist – das heißt, je mehr bezwungene Repetition es enthält. O liebliche Wiederholung – der Melodie in einer Mozartsonate, der Säule am Parthenon, der Eltern im Kinde. »Auf Wiedersehen!« In diesem Worte ist Leben. Langeweile aber ist jene Ticktack-Uhr, die sich als Herz aufspielen will. Mit jeder Raddrehung steigt die Anzahl der Repetitionen in der Welt. Unser moderner Kampf gegen sie kann die Repetition nicht mehr bezwingen, sondern bewirkt bloß jenen Zusammenprall, der Sensation heißt. Je mehr Repetition, um so heftiger der Zusammenprall; wie faszinierend wirkt die Öde des Kriminalromans, des Roulettespiels! Langeweile nimmt das Leben unter die Zeitlupe, Sensation unter den Zeitraffer. Sensation ist die Kehrseite der Langeweile.

Langeweile ist die Voraussetzung aller menschlichsten Kräfte des Menschen. In jeder Langeweile steckt bereits ein Protest gegen den Tod. Sie ist das, was den Menschen zum Verbrechen, aber auch zum Schöpfertum aufreizt. Noch nie ist ein großes Werk ohne bezwungene Langeweile vollbracht worden! Aber wehe, wenn sie sich selbständig macht. Wie Millionen Blutkörperchen gegen Millionen Grippeerreger, so kämpft auch unser Geist ständig gegen die Bakterien der Langeweile, die unsichtbar, unfaßbar, überall zugegen sind. Ach, sie töten nicht durch Zerstörung, sondern gerade durchs Fortbestehenlassen! Wir aber wollen sie vernichten und nehmen die Zeit als Sündenbock: »daß die Zeit vergeht«, »sich die Zeit vertreiben«, »die Zeit totschlagen« – immer flößt uns schon das bloße Sichtbarwerden der Zeit Ekel ein, wie wenn in einem strotzenden Körper das Gerippe geröntgt wird.

Aber die Langeweile ist viel mächtiger, als wir's wahrhaben wollen. »Die Langeweile als bestimmender Faktor in der Weltgeschichte« – ein Buchtitel, warum nicht? Betrachtet man die Milliarden langeweileentsprossener Handlungen des Alltags, so wäre es ja noch viel wunderbarer, wenn nicht ab und zu ein Krieg, eine Völkerwanderung, ein babylonischer Turm bloß aus dem Streben nach Abwechslung entstünde. »Mal was anderes ...« – wie konnte man nur diesen ungeheuren Hebel menschlichen Tuns übersehen? Wie konnte man über so vielen Choleras den Bazillus vergessen? – Vielleicht aus Scham. Denn die Langeweile hat etwas so gespenstisch Schamloses, daß man darüber besser nicht spricht. Ungerufener Gast! Sie erscheint als Dritter zum Stelldichein mit der Liebe, und die Liebe wird schal, zum Stelldichein mit dem Tode, und der Tod wird banal, ja sie drängt sich noch ins Gebet, und, schrecklich, es wird zur plappernden Repetition. So wird sie mit allem fertig, nur nicht mit dem Geist. Denn sie ist heimlich in ihn verliebt, sie nimmt für ihn Rache, sie ist jener Schatten, der die Sonnenhöhe deutlich macht, sie – die riesig gähnende Fehlanzeige des Geistes!

Warum gibt es also diese große Göttin nicht, da es sie doch gibt? Die göttergierigen Römer, die doch sogar ihre Dea Cloacina, ihre Göttin der Kanalisation, hatten – wie konnten sie sich nur die Göttin der Langeweile entgehen lassen? Ihr Vater nämlich war Chronos, den die Engländer später »old father time« nannten. Dieser Gott begab sich einmal in die numidische Wüste, um aus deren Sandbeständen sein Stundenglas neu aufzufüllen. Als er nun das Glas prüfend vors Auge hielt und Korn um Korn fallen sah, da kam den Gott ein ungeheures Gähnen an (das übrigens die ganze Plombierbedürftigkeit des Zahnes der Zeit unter Beweis stellte).

Da aber bei einem Gott selbst das Gähnen schöpferisch ist, so trat im selben Augenblick ein blutjunges Wesen aus seinem Rachen, stieß sich leicht von seiner Zungenspitze ab und schritt ins Leben hinaus. Offenen Mundes starrte Vater Chronos ihr nach, denn sie, die eben geborene Langeweile, hatte eine endlose Kleiderschleppe, welche, wie der Streifen auf dem Telegraphenticker, immer noch dem Gehege seiner Zähne entquoll ... Schnapp! klappte seine Kinnlade zu (denn der Gähnkrampf ist jener Punkt, wo die Langeweile wieder interessant wird) – die Schleppe riß, und nun flog die Langeweile frei durch alle Lüfte und Welten.

Immer sucht sie seitdem nach dem nächsten gähnenden Munde, um dort ihren Einzug zu halten. Und seitdem halten wir Sterblichen beim Gähnen die Hand vor den Mund oder klopfen uns gar dabei rhythmisch auf die Öffnung – immer in der Hoffnung, durch solche Magie die Göttin fortzuscheuchen. Ja, wir gähnen sogar mit gepreßten Lippen durch die Nase … vergebliches Bemühen! Denn längst schon ist sie hereingeflogen und läßt uns, Tropfen um Tropfen, ihr furchtbares Gift verkosten. Den einen wirft es um. Den andern rafft es auf. Uns aber, uns frohgemuten Markensammlern und Skatspielern, kann es nichts mehr anhaben. Denn wir haben uns gegen dieses Gift – wie sagt man doch? – mithridatisiert…

260/7.11.1954

Gisela Mayerle

Das Frühstück in der Streichholzschachtel. Hamburger Bäckermeister erfand ein Nahrungsmittel für Hungerkünstler

Wer im Zuge des deutschen Wirtschaftswunders seines Leibes Beweglichkeit verloren und über allzuviel Korpulenz zu klagen hat, für den hat der Hamburger Bäckermeister Johannes B. Barth ein sinnreiches und zeitgemäßes Hilfsmittel ausersonnen. »Voluma – das Frühstück in der Streichholzschachtel«, heißt das ärztlich erprobte Wundermittel, das allen die Qual erleichtern soll, auf eine Mahlzeit zu verzichten, obwohl sie doch so gerne viel und reichlich essen. Für 1,85 DM ist es jetzt in grüngoldener Dessertpackung mit je acht Stück in Apotheken und Reformhäusern zu erhalten und auch in Krankenhäusern zu erproben.

»Voluma«, so erläutert Herr Barth bereitwillig sein Erzeugnis, »ist ein rein pflanzliches Nahrungsmittel ohne nennenswerten Nährwert, der ideale Weg, ohne hungern zu müssen, schlank zu werden.« Ein Biß in das schokoladenüberzogene Dessertstäbchen und jeder fühle sich schlagartig gesättigt und beruhigt. In seiner Wirkung erreiche Voluma das gleiche angenehme Gefühl des Sattseins wie eine normale Mittagsmahlzeit. Wer es genossen habe, verspüre bis zu vier Stunden lang nicht das Bedürfnis, sich an den gedeckten Tisch zu setzen. Er fühle sich gesättigt und befriedigt, obwohl er, genau besehen, nichts anderes zu sich genommen habe, als wenige zehn Gramm Nahrung mit dem Nährwert von nur 49 Kalorien.

Das Geheimnis dieser listenreichen Überwindung jeglichen Magenknurrens, fährt Herr Barth, der neben der Herstellung von Süß- und Dauerbackwaren die Fabrikation neuzeitlicher Nährmittel betreibt, ergänzend fort, sei bereits aus der Bezeichnung »Voluma« zu erahnen. Es handele sich um die »voluminöse Expansion«, welche Voluma schon nach kurzer Latenzzeit im Mageninneren wirkungsfroh veranstalte. Der Grund dieses expansiven Strebens seien die pflanzlichen Quellstoffe, aus denen Voluma neben Lecithin zur Nervenschonung und Zucker zum Versüßen geschaffen sei. Sie füllten den leeren Magen, ohne ihn zu belasten, und seien die Ursache für das vorgetäuschte Gefühl der Sättigung. Medizinisch wesentlich aber und der Grund für die Erhebung Volumas zur Diät-, Brei- und Schonkost sei die Tatsache, daß diese Quellstoffe die Magensäure absorbierten und verhinderten, daß, wie bei normalen Hungerkuren, die Magenwände litten. Der Magen befinde sich, mit einem Wort, gewissermaßen im angenehmen Halbschlaf, aus dem er erst nach Stunden zu erwachen pflege.

Der Chefarzt des Allgemeinen Krankenhauses in Hamburg-Rissen, Dr. Eggers, und sein Diätarzt, Dr. Zylmann, haben Keksfabrikant Johannes Barth bereits gutachtlich bestätigt, daß man dank seines Volumas »Fastenkuren bedeutend länger ausdehnen kann, ohne daß die Patienten den Wunsch äußern, die Kur vorzeitig abzubrechen«. Auch Dr. Hansen von der Rot-Kreuz-Klinik Helenenstift ist mit der Volumawirkung sehr zufrieden, und der schwedische Ex- und Importeur Gustav Stenberg aus Malmö hat Johannes Barth bereits angeboten, sein Fastennährmittel in Skandinavien zu vertreiben, nachdem selbst prominente Schauspieler den Erfolg bestätigt hätten. Sobald die Erlaubnis der schwedischen Gesundheitsbehörde vorliege, sei die Produktion im großen aufzunehmen.

Doch der erfindungsreiche Bäckermeister, den es erst vor einigen Jahren von seiner Heimatstadt Berlin an die Elbe verschlagen hat, ist bereits dabei, in seiner Altonaer Backstube ein neues Diät-Heilmittel zu entwickeln. »Voluma LS« wird es heißen und gegen See- und Luftkrankheit behilflich sein. Noch ist das Experiment nicht abgeschlossen, aber die Hamburger Aero-Lloyd GmbH hat bereits bestätigt, daß dank »Voluma LS« die Zahl der luftkranken Rundfluggäste »auf fast Null abgesunken« sei. Auch der Schiffsarzt Dr. Benkendorf von der »Italia« hat Voluma LS mit Erfolg verabreicht.

Zunächst aber will Johannes Barth sich energisch um den Vertrieb seines ersten Volumas kümmern. 10 000 Stück am Tag kann er produzieren und damit Hunderte von hungrigen Mägen mit einem Nichts zur Sättigung verhelfen. Bleibt nur noch abzuwarten, was die Lebensmittelhändler sagen werden, wenn ihre Kunden künftig statt zu Wurst und Schinken zu Voluma greifen werden ...

285/8.12.1954

Friedrich Sieburg
Ammonshörner im Sand der Zeit

Die vollkommene Absurdität des politischen und gesellschaftlichen Raumes, in dem wir heute leben, gibt auch der ernsteren geistigen Bemühung etwas von einer Spielerei oder doch wenigstens von einem Abenteuer, dem freilich das Risiko des unbegrenzten Raumes fehlt. Es ist unbestreitbar, daß die geistigen Instrumente immer freier werden und daß die Neigung der einst so hochmütig abgeschlossenen Wissenschaften, Grenzgebiete anzuerkennen, dauernd zunimmt. Hat darum der Geist, ganz allgemein gesprochen, einen gestaltenden oder auch auflösenden Einfluß auf unsere politische und wirtschaftliche Entwicklung? Ich will mir freilich nicht von vornherein dadurch das Konzept verderben, daß ich mich um eine Definition dessen mühte, was unter dem Wort »Geist« überhaupt noch verstanden werden darf. Jede Definition eines Begriffes wird dadurch, daß sie nach Vollständigkeit strebt, zum Feind des menschlichen Zusammenlebens. Eine gewisse Anzahl von Begriffen (und seien es auch nur Assoziationen) müssen wir, mit allen ihren Nebenbedeutungen und Mißverständnissen, gelten lassen. Wenn wir uns dazu nicht entschließen können, tritt Verstummen ein. Ja, dies Verstummen ist schon da, es ist schon ein Teil unseres Lebens geworden. Der Geist ist unter dem Zwang, sich zu definieren, in die Isolation geraten und hat den denkenden Menschen mit in die Vereinsamung gezogen. Je leichter, billiger und selbstverständlicher die äußeren Mittel der Menschen, miteinander in Verbindung zu kommen, sich ausnehmen, um so schwieriger werden die echten Bezüge zwischen uns. Die Luft, die uns umgibt, ist eisig, und je dichter wir zusammengedrängt werden, um so entschiedener sind wir voneinander getrennt.

Gut denn, Mittel und Instrumente, Einrichtungen und Vorkehrungen nehmen täglich an Zahl und Vollkommenheit zu. Das wäre nicht möglich ohne intensiven Aufwand von Geist. Ich meine nicht nur den Erfindungsgeist, ich sehe vielmehr den echten Geist vor mir, jenen, der Denksysteme, Kunstwerke und leider auch Ideologien hervorruft, also nicht nur den ordnenden Verstand, sondern den schöpferischen Geist, der wohl aus seinen Formen und Gehäusen getrieben werden kann, darum aber doch nicht aufhört, dazusein und sich nach einer Behausung zu sehnen. Wenn man aufrichtig und ohne den Wunsch, etwas zu beweisen, die Umwelt betrachtet und nach ihren Antrieben forscht, so stößt man freilich auf eine fast hoffnungslose Teilung zwischen geistigen und materiellen Motiven. Nie ist, um nur ein Beispiel zu nennen, über das Wesen des Unterrichtes soviel nachgedacht worden wie heute; trotzdem kann er den Marsch in eine Welt der Musiktruhen, Motorräder, Betriebsausflüge und hilfloser Sklaverei des Konsumenten nicht im mindesten aufhalten. Die Erweckung der geistigen Fähigkeiten kommt der Mehrzahl der Menschen nur bei ihrer Anteilnahme an einer von Produzenten erfundenen Lügenwelt zugute. Der Begriff der Masse, der ja vom Geist geschaffen wurde, um das Versagen der humanen Lebensformen und die Anfälligkeit des Menschen für kollektive Gewaltanwendung zu erklären, steht im Dienst des Konsums, dem auch die Statistik, die Psychologie, ja die Psychosomatik bereitwillig Dienste leistet. Ich weiß wohl, daß das Bildungserbe nur ein geringer Teil des »Geistes« ist, aber man wird mir erlauben, um den Geist als Ganzheit zu zittern, wenn ich sehe, mit welcher Leichtigkeit dies Bildungserbe sich verflüchtigt. Es ist fast unmöglich, über diese Zusammenhänge deutlich zu sprechen, ohne viele brave Leute zu kränken und ihre Bemühungen laut als eitel zu erkennen. Der Geist! Das ist etwas, was an die Oberfläche steigt, wenn es nur auf die Oberfläche ankommt. Das krankhafte Schmuckbedürfnis unserer öffentlichen Institutionen und Gewalten, das zu der in ihren Fundamenten rumorenden Unruhe ein einleuchtendes Gegenstück bildet, greift nach dem Geist, der unter diesem Griff schnell die Form von Kultur annimmt. Kultur aber ist im heutigen Sprachgebrauch reine Repräsentation oder gar schlechthin ein Alibi für eine soziale Haltung, die der Rechtfertigung bedarf.

Damit soll der geistige Habitus »führender« Männer keineswegs angetastet werden, wenngleich gegenüber ihren späten Entdeckungen von Phänomenen wie Tocqueville und Donoso Cortés, die bereits in Parlamentsreden auftauchen, einige Skepsis am Platze ist. Ich habe nichts gegen Moden, im Gegenteil, ich wünschte, wir hätten mehr von ihnen, nur muß man wissen, woher sie stammen. Selbst der Herr Bundeskanzler kann sich nicht mehr entschließen, sein Verhältnis zur Literatur öffentlich auf Kriminalromane zu beschränken, jemand muß ihm einen Wink gegeben haben; schade um soviel Spontaneität. Der Bezug auf den Geist scheint in der Politik immer häufiger zu werden, vielleicht hat da der hoffnungslose Vorsprung unseres Staatsoberhauptes einige Wirkung getan. Sie entfaltet sich indessen in vorsichtigen Grenzen, denn jedes Kind weiß, daß kein aktiver Politiker es wagen darf, sich als Intellektueller zu bekennen, es sei denn, er könne sich auf den Posten berufen, den er innehat. Doch ist es nicht meine Absicht, die Vertreter der Politik in meine Frage einzubeziehen, ob geistige Haltungen und Erkenntnisse Einfluß auf unser öffentliches Leben, also auch auf die Politik, haben. Denn es erscheint mir mit dem besten Willen nicht möglich, diese Frage mit Ja zu beantworten. Die Antwort muß mit um so größerer Eindeutigkeit verneinend ausfallen als wir weder eine politische noch eine gesellschaftlich-soziale Form besitzen. Gewiß kann das Provisorium Form haben, aber für unsere Lage reicht der Begriff des Vorläufigen, des Abwartens, des Notstandes nicht aus. Schon 1930 hat Karl Jaspers in dem berühmten Göschen-Bändchen Nr. 1000 den Begriff der Situation aufgestellt und ihn zum Ausgangspunkt einer Zeitanalyse gemacht, deren Kern noch nicht überholt ist. »Es ist, als ob er (der Mensch) das Sein nicht mehr halten könnte.« Situation ist das Gegenteil von Dauer. Eine bloße Situation kann wohl vom Geist umkreist, aber niemals von ihm durchdrungen werden. Unser politischer und soziologischer Zustand kann deswegen nicht vom Geist gelenkt werden, weil er nicht einmal ein Zustand, sondern nur ein Punkt zwischen Vergangenheit und Zukunft ist.

Nun kann man sehr wohl geistig auf der denkbar kleinsten Fläche halten und doch materiell viel Luft verdrängen. Das ist genau unser Fall. Der Bundesdeutsche erregt Aufsehen, der von ihm ausgefüllte Raum ist zu einer kompakten Masse geworden, seine Leistung ist verblüffend. Gleichzeitig erweist er sich gegen alles Massenhafte fast krankhaft anfällig, sein Appetit auf Verbrauchsgüter (besonders auf überflüssige) hat den natürlichen Nachholbedarf längst überschritten. Er ist – im Gegensatz zum Franzosen – ein Typ von verblüffender Modernität, was seine Lebensführung und seine Einordnung in den sozialen Prozeß angeht. Soll man ihn dafür tadeln? Das wäre ja noch schöner! Denn er hat nichts über Bord geworfen, was er einmal besessen hätte. Die Gesellschaft, die ihm 1945 zerstört wurde, dieser fragwürdige soziologische Rahmen, in den er sich kaum hatte einleben können, war das Produkt materieller Triumphe, die schnurstracks in die Ideologien und Niederlagen führten. Die deutsche Liebe zur Grenzenlosigkeit, zur Unfertigkeit des nationalen Umrisses, zur Veränderung, mit einem Wort zur »Situation«, haben dem Geist nie die Möglichkeit gegeben, eine Kernposition einzunehmen und von dort aus die Form des Volkes zu bestimmen. Der Geist hat nur im Begriff der Bildung öffentlichen Ausdruck finden können. Seitdem die Deutschen ihr Bildungszeitalter bewußt abgebrochen haben, ist auch dieser Weg versperrt. Welches Wunder muß geschehen, damit der Genius dieses Volkes seine unermeßlichen Erkenntnisfähigkeiten auf das Gebiet der Anwendbarkeit, des Gebrauchs überträgt und in die gelassene, freie Handhabung des Unterschieds von Gut und Böse verwandelt!

Keine menschliche Gesellschaft wird vom Geist geführt, aber sie spiegelt sich in ihm, wird durch ihn sichtbar und begreift dadurch seine ethischen Grundlagen. Nun, wie könnte es dem deutschen Volke, das für das begabteste der Welt zu halten wohl keine Vermessenheit ist, je an Geist fehlen! Geist massenhaft – möchte man ausrufen. Aber er wird nicht verbindlich, er vermehrt, im Gegenteil, die Einsamkeit des einzelnen Menschen, da er ihm die zur Gesellschaftsbildung erforderliche Hilfe verweigert. Das Erbe Hegels scheint unerschöpflich zu sein, das Denken erfolgt im dialektischen Gegeneinander, und wenn ihm dazu die Kraft ausgeht, tritt eine Ideologie auf, die alles niederwalzt. Carl Schmitts berühmte »Feind-Freund«-Antithese scheint, was uns angeht, der Gipfel alles Menschenwitzes zu sein, der gegenüber es nur die totale Einsamkeit, die geistige Isolation gibt, die demnächst zur Igelstellung wird.

Das Verhältnis des Deutschen zur Umwelt, das sich angeblich normalisiert, ist schwer gestört. Man hat gut behaupten, daß der Stand der Naturwissenschaften dem Laien nicht bekannt sei und daher auch keine Wirkung auf sein Leben tun könne. Trotzdem lebte es sich sicherer in einem Weltbild, dessen beruhigende Kausalität noch nicht durch die Relativitätstheorie und die Quantenlehre erschüttert war. Der einzelne geht zwar nicht mit der Wissenschaft um, aber er erleidet eine traumatische Verletzung, sobald sie an dem Wahrheitsbegriff, der den »Mann auf der Straße« einzig und allein an ihr interessierte, nicht mehr festhalten zu können erklärt. Wenn sich die Medizin auf das Zwischenfeld von Leib und Geist begibt, so versteht und erfährt das Publikum wenig davon. Darum geht dieses Überschreiten einer Grenze, die sein Lebensgefühl jahrhundertelang bestimmte, doch nicht spurlos an ihm vorüber. Gewiß ist die begriffliche Verzweiflung, die Heidegger angesichts seiner »Weltnacht« zur Erfindung seiner Geheimsprache führt, für den Durchschnittsmenschen unverständlich und nicht einmal interessant. Aber sind das die Weisen, die großen Lehrer, die beruhigenden Erleuchter, sie, die sich – oft tapfer, oft blind – um jede Möglichkeit der Wahrheitsfindung bringen und zum Phänomen des Lebens zurücktaumeln, das ein Jahrhundert lang erkannt schien und schon in tausend Funktionen aufgestellt war, sie, die in den furchtbaren Strudel ihrer Erkenntnisse hineingezogen werden und alles, was sie geistig von ihren Vätern geerbt haben, opfern mußten! Nein, die Zeit der Lehrer ist vorbei, statt dessen sehen wir den Forscher vor uns, der täglich neue Erfahrungen macht und dessen ratloses Gesicht von den schleichenden Blitzen nicht mittelbarer Ahnungen überflogen ist.

Der Geist, er schweift planlos dahin und findet keine neuen Formen. Dafür bieten sich ihm alte dar, die wie versteinerte Ammonshörner im Flugsand der Zeit zu finden sind. So wie in der Politik die alten Parteien künstlich belebt wurden und dem neuen Willen, falls er da wäre, ihre Hohlform zum Einschlüpfen anboten, so fand sich auch der Geist gleichsam von leeren Muscheln umstellt, die am Strande der Vergangenheit liegengeblieben waren. Aber es war nicht verlockend, die alten Gehäuse zu beziehen, und so wehte der Geist, wo er wollte. Das 19. Jahrhundert hatte sich soviel Mühe gegeben, den Menschen unfähig zum Glauben zu machen. Nun aber, in dieser Stunde, während noch die Trümmer unserer Städte rauchten, gelang es dem Geiste nicht, dem Individuum die Gabe des Unglaubens zu schenken. Die Angst hielt ihren Einzug, und es war herzzerreißend zu sehen, wie schnell sich die Angst vor einer Bombe in die Angst vor Gott verwandelte.

Genug davon, wir haben es mit Furcht und Zittern, mit Heulen und Zähneklappern bezahlt. Der Geist hilft uns nicht mehr. Als wir jung waren, kämpften wir gegen die Gesellschaft, und sie dankte es uns zynisch mit Aufstieg und Erfolgen. Heute kämpfen wir darum, daß der Mensch in seiner eisigen Einsamkeit wieder zu seinesgleichen finde, daß die Finsternis, die das Gesicht des Nächsten unkenntlich macht, einem sanften Licht weiche, das auf brüderliche Züge fällt.

299/300/25.12.1954

1955

25.1. Der Kriegszustand zwischen der Sowjetunion und Deutschland wird für beendet erklärt, die Vereinbarungen der vier Siegermächte werden aber davon nicht berührt.

5.4. Der britische Premier Sir Winston Churchill gibt seinen Rücktritt bekannt.

5.5. Die Bundesrepublik erlangt ihre volle Souveränität, die Westeuropäische Union ist in Kraft.

9.5. Die BRD wird Mitglied der NATO.

14.5. Warschauer Militärhilfe- und Beistandspakt zwischen den osteuropäischen Ländern.

15.5. Staatsvertrag der Siegermächte mit Österreich, das sich für seine volle Souveränität und für seine Aufnahme in die UN zur außenpolitischen Neutralität verpflichtet.

9.–13.9. Staatsbesuch Adenauers in Moskau. Der Bundeskanzler erreicht die Freilassung der letzten deutschen Kriegsgefangenen und vereinbart die Aufnahme diplomatischer Beziehungen zur Sowjetunion.

L.S.
Die Aufgabe ist erfüllt

Sich selbst die Totenrede zu halten, ist ein Unterfangen, das menschliche Kraft übersteigt. Der Abschied erfordert aber einige Worte, die noch einmal Entstehen, Absicht und tägliches Bemühen dieses Blattes, das Sie zu Ihrer Zeitung gemacht hatten, berühren.

Eine unübersehbare und, was die Beantwortung dieser so wohlwollenden Schreiben betrifft, fast unmöglich zu bewältigende Anzahl von Briefen bestätigte der Redaktion und ihren Mitarbeitern immer wieder, daß hier ein besonders glückliches Verhältnis bestand zwischen denen, die tagtäglich dieses Blatt zusammenstellten, und denen, die es erwarben. Der schmerzliche Augenblick, der nun dieses Band lösen will, läßt auch die Frage aufkommen, welche Gründe es waren, die dieses Bindung zwischen Redaktion und Leserschaft schufen, und wieso sich dieser menschliche und geistige Kontakt gerade bei einer Tageszeitung entwickelte, der ihrer Aufgabe gemäß noch der Charakter eines offiziellen Blattes beigegeben war.

Es waren nicht die Leser, die dieses Blatt etwa verschmähten. Das Gegenteil war der Fall. Eher noch stieß der eine oder andere zu diesem Leserstamm, der allen Anfechtungen zum Trotz so festgefügt und in seiner Zahl konstant war und den ein überzeugendes Gefühl der geistigen Zusammengehörigkeit verband. Gerade dieses Tatsache bewiesen die letzten sechs Wochen, die man uns noch nach der Verlautbarung der Einstellung gewähren ließ, mit überzeugenden Beispielen der Herzlichkeit und Zuneigung in Briefen und Gesprächen.

Ein wichtiger Grund für diesen unleugbaren Erfolg mag im Ursprung dieser Zeitung liegen, die als »Berliner Blatt« der *Neuen Zeitung* vor acht Jahren am 15. März 1947 mit ihrer ersten Nummer erschien, der die Münchener Ausgabe noch beigelegt war. Hans *Wallenberg*, der Herausgeber der *Neuen Zeitung*, die damals in München ihren Hauptsitz hatte, und Enno R. *Hobbing*, der die Chefredaktion der Berliner Ausgabe übernahm, erkannten die Notwendigkeit einer besonderen Berliner Edition der *Neuen Zeitung* in dieser von einem neuen Totalitarismus bedrohten Stadt. Sie sammelten eine Schar von erfahrenen publizistischen Kräften und jungen Idealisten um sich, die, nach dem Zusammenbruch und Verfall des deutschen Pressewesens unter dem nationalsozialistischen Regime, in den neuen Beruf mit einem neuen Ethos, einem strengen Sinn für Objektivität, einem aufrichtigen menschlichen Empfinden und einem unbeirrbaren Willen zu einem konstruktiven Leben in dieser verwüsteten Welt eintraten, diese Überzeugung mit jeder Zeile zu bekräftigen wünschten und sie bis zur Stunde des Abschiednehmens vor ihren Lesern und Freunden bewahrt haben.

Im Schatten des Totalitarismus, der sich über Berlin und einen großen Teil Mitteldeutschlands zu legen drohte, bezog die *Neue Zeitung* eine kämpferische Position von jenem aufrüttelnden Leitartikel an, der vor den ersten freien Wahlen in Berlin im Oktober 1946 unter der Überschrift »Fürchtet Euch nicht« der sowjetischen Einschüchterung gegenüber Paroli bot, bis zum heutigen letzten Tag ihrer Herausgabe.

Als die Sowjets am 1. April 1948 die Militärtransporte der Alliierten nach Berlin Schikanen unterwarfen und die Münchener Hauptausgabe nicht mehr über den Schienenweg in diese Stadt gebracht werden konnte, entstand in ununterbrochener Tag- und Nachtarbeit eine selbständige, von der Berliner Redaktion zusammengestellte und hier in Berlin vollständig gedruckte *Neue Zeitung*, die pünktlich innerhalb von 48 Stunden zum festgesetzten Termin erschien. Dann, am 15. Januar 1949, also während der Blockade, in der die Redaktion ebenso wie die Berliner Hausfrauen ihre Arbeit oft bei Kerzenschein verrichten mußten, und nach der Zerreißung des Berliner Gemeinwesens durch die Kommunisten ließ die amerikanische Militärregierung die Berliner Ausgabe der *Neuen Zeitung* zur Tageszeitung ausbauen, womit die Berliner in ihrem Freiheitskampf eine stärkere publizistische Unterstützung erhielten. Die weitere Entwicklung des Blattes, das nun unter der Chefredaktion von M. W. *Fodor* stand, in den Jahren der politischen und wirtschaftlichen Konsolidierung Berlins und der deutschen Bundesrepublik, ging dann in die Breite und Tiefe, in den Ausbau des Nachrichtenteils, des weltweiten Korrespondentennetzes und eines literarischen Teils, der sich überall Anerkennung und Autorität erwarb.

Das Gesicht dieser Zeitung prägte eine überaus fruchtbare Zusammenarbeit von Menschen zweier Nationen. Amerikanische und deutsche Redakteure bestritten einen edlen Wettstreit, eine politische, objektive und geistig wache Zeitung zu gestalten, die auch eine streitbare Feder zu führen wußte, wenn die Ideale menschlicher Freiheit und Würde von Totalitären beider Couleur angetastet wurden. In diesem Team, das Persönlichkeiten verschiedener Temperamente, geistiger Richtungen und politischer Überzeugungen umschloß, erlebte der alte Konzilienspruch seine tägliche Bewährung: »In necessariis unitas, in dubiis libertas, in omnibus caritas.« Bei notwendigen Dingen herrschte Einigkeit, in Zweifelsfragen waltete Freiheit, alles aber erfüllte ein echtes gegenseitiges Verstehen. Für die Mitarbeiter war es deshalb ein beglückendes Gefühl, den Abschiedsbriefen der Leser zu entnehmen, daß diese Haltung, die auf vielen Seiten der Zeitung in den Jahren, die Leserschaft und Redaktion gemeinsam durchschreiten durften, ihren spürbaren geistigen Niederschlag gefunden hatte, verstanden worden war.

In dieser letzten Nummer kommen sie noch einmal alle zu Worte, die Redakteure, Korrespondenten, Kritiker und ständigen Mitarbeiter, die Sie tagtäglich oft bei den Wanderungen durch die Wirrnis der Ereignisse und bei der geistigen Bewältigung der Gegenwart geführt haben.

Als die erste Ausgabe der *Neuen Zeitung* in München im Oktober 1945 erschien, gab ihr der damalige Militärgouverneur der von US-Truppen besetzten Teile Deutschlands, Dwight D. *Eisenhower*, den Leitspruch mit auf den Weg, »durch objektive Berichterstattung, bedingungslose Wahrheitsliebe und durch ein hohes journalistisches Niveau« ein Beispiel zu geben. Es war die Zeit, in der eine freie deutsche Presse erst wieder zu entstehen begann. Heute kann die Aufgabe der *Neuen Zeitung* nach dem Willen ihrer Herausgeber als erfüllt betrachtet werden. Hochkommissar James B. *Conant* konnte deshalb den Einstellungsbeschluß des US-Informationsamtes »als einen weiteren Schritt in der Normalisierung der deutsch-amerikanischen Beziehungen«, »als ein Symbol des Übergangs der amerikanischen Mission in Deutschland von den vormaligen Besatzungsfunktionen auf solche im Einklang mit den Beziehungen der Partnerschaft zwischen dem deutschen und dem amerikanischen Volk« bezeichnen, als einen Tribut an die politische Reife der Berliner Bevölkerung.

So danken wir Ihnen für die Treue, die Sie, verehrter Leser, uns schon seit den schweren Jahren der ersten Nachkriegszeit bis zum heutigen Tage gehalten haben, und für die anerkennenden und so herzlichen Worte, die Sie in Ihren Abschiedsbriefen an uns richteten. Eine verständnisvolle Leserschaft führte ein journalistisches Wagnis, wie es die Herausgabe dieser Zeitung mit ihrer einzigartigen Struktur war, zu einer publizistischen Wirkung, wie sie auch im Bereich der Journalistik nicht immer selbstverständlich ist.

35/30. 1. 1955

Kommentare

1945

15 **Dwight D. Eisenhower** Zum Geleit

Programmatische Erklärung des Oberkommandierenden der amerikanischen Streitkräfte in Europa, in deutscher und englischer Fassung auf der Titelseite der ersten Nummer. Eisenhower habe sie persönlich mehrmals umgeschrieben »und jedesmal mußte S.(tefan) H.(eym) sie neu übersetzen« (Stefan Heym, Nachruf, 386).

17 **Stefan Heym** Fassungsvermögen

Leitartikel anläßlich des Prozesses gegen den Lagerkommandanten des KZ Bergen-Belsen, Josef Kramer, und gegen 47 weitere Mitglieder der Wachmannschaften, vor einem britischen Militärgericht in Lüneburg. Dieser erste Prozeß gegen SS-Aufseher in einem KZ fand an 54 Verhandlungstagen zwischen dem 17.9. und dem 17.11.1945 statt.
Grese Irma Grese, Aufseherin in Bergen-Belsen, ebenfalls angeklagt. **Kramer** und Grese wurden mit 9 weiteren SS-Leuten zum Tode verurteilt und am 12.12.45 hingerichtet.
Die erste Nummer der NZ sei noch »von der alten Mannschaft der Psychological Warfare mit Hilfe einer ersten Handvoll Deutscher« entstanden (s. Heym, Nachruf, 386). Heym war im Blatt nach eigenen Angaben für Außenpolitik zuständig. Seinen Abschied von der NZ habe er nach politischen Auseinandersetzungen mit Habe wegen eines Leitartikels zur Rede von Außenminister Byrnes genommen. Dessen antisowjetische Haltung habe er nicht so kommentieren wollen, wie es Habe von ihm erwartete (s. Heym, Nachruf, 389–91). Heym ging zurück in die USA und nahm seinen Abschied von der Army. Über seinen mentalen Zwiespalt als deutscher Emigrant in der Uniform eines amerikanischen Besatzers

informiert der Roman »Kreuzfahrer von heute« (in der westdeutschen Ausgabe »Bitterer Lorbeer«, 1950), der erstmals 1949 amerikanisch als »The Crusaders« erschien.
Stefan Heym (1913–2001), alias Hellmuth Flieg, Schriftsteller aus Chemnitz. 1931 Relegation vom Gymnasium wegen eines sozialistischen Gedichts. 1933 Flucht in die Tschechoslowakei, Exil in Prag. 1935 Übersiedelung in die USA, Studium in Chicago, Magisterarbeit über Heinrich Heine. Redakteur der kommunistischen Wochenzeitung »Deutsches Volksecho« in New York bis 1939. Roman »Hostages« (deutsch »Der Fall Glasenapp«). Rückkehr nach Europa als Angehöriger der »Psychological Warfare Division« unter Major Hans Habe. Mitarbeit an der Gründung diverser Armeezeitungen und an der NZ. Dokumentation seiner Artikel von der Landung in der Normandie bis zur Befreiung von Buchenwald unter dem Titel »Reden an den Feind«, hg. von Peter Mallwitz (1986). Nach Rückkehr in die USA ging er Ende 1948 in die Tschechoslowakei, 1952 in die DDR. Gab seinen amerikanischen Kriegsorden und sein Patent als Reserveoffizier zurück. Zahlreiche Romane, die sich kritisch mit der Lage in der DDR, dem 17. Juni, der Rolle des Intellektuellen, den verpaßten Chancen des Sozialismus auseinandersetzen. 1978 Ausschluß aus dem Schriftstellerverband. 1989 einer der Protagonisten der Wende. Später Mitglied des Bundestags für die PDS und Alterspräsident. Autobiographie »Nachruf« (1988).

19 **K.W. Namen unter Abfallpapier**
Das Kürzel nicht entschlüsselt.
Die Kartei der NSDAP wurde später in das Berliner Document Center überstellt; sie war nur Forschern zugänglich und die Einsicht bedurfte einer eigenen Genehmigung amerikanischer Behörden.

21 **Werner Finck meldet sich zur Stelle!**
Die Redaktion vermerkte zu diesem Feuilleton: Finck sei, »wenn auch mit Ischias, aus einem italienischen Kriegsgefangenenlager nach Deutschland heimgekehrt«. Man habe ihn nicht unterkriegen können: »Der Tod mußte wohl zu sehr lachen, als er Finck in Uniform sah. Und nun ist er in München und hat uns, leicht am Stock gehend, seine erste Nachkriegsplauderei in die Redaktion

gebracht. Er wird voraussichtlich am Münchener Rundfunk mitarbeiten.«

Der Kabarettist **Werner Finck** (1902–1978) war Mitte der dreißiger Jahre der Star in der Berliner Kleinkunstbühne »Katakombe«, in der auch Rudolf Platte, Günter Neumann, Erik Ode und Theo Lingen auftraten. Mit seinen politischen Wortspielen und seiner anspielungsreichen Technik der Halbsätze, die er abbrach, damit sie seine Zuschauer in Gedanken vollendeten, war er ständig ein Objekt von Nazispitzeln. Im Mai 1935 wurde die »Katakombe« geschlossen, Finck kam sechs Wochen lang ins KZ Esterwegen, danach wohl auf Fürsprache von Käthe Dorsch frei. Ab April 1937 trat Finck im »Kabarett der Komiker« auf. Bei Kriegsausbruch eingezogen, erst Funker, dann Frontkabarettist. Er sollte auf Betreiben von Goebbels an vorderster Front verheizt werden, kam dann 1942 für ein halbes Jahr als angebliches Mitglied einer Widerstandsgruppe ins Untersuchungsgefängnis der Wehrmacht. Sein Dilemma als Kabarettist nach dem Krieg wird in einem Satz umrissen, den die NZ dem Abdruck seiner »Silvesterrede 1945« vorausschickte: »Für geistreiche Opposition kam man im Dritten Reich ins Konzentrationslager. Heute in die NZ.« Er hatte diverse Engagements, aber nicht mehr die durchschlagende Wirkung: 1946 gründete er das »Schmunzelkolleg« in München. 1947 im Kabarett »Nebelhorn« in Zürich, 1948 in der »Mausefalle« in Stuttgart. 1964 noch einmal Star in der Schwabinger »Lach- und Schießgesellschaft«. 1972 Autobiographie »Alter Narr – was nun?«.

23 **Karl Jaspers** Antwort an Sigrid Undset

Die norwegische Erzählerin **Sigrid Undset** (1882–1949), die 1928 den Nobelpreis erhalten hatte, floh 1940 bei der deutschen Besetzung des Landes über Schweden, Rußland und Japan in die USA, wo sie sich gegen das Naziregime engagierte. Einer ihrer Söhne starb als Widerstandskämpfer. 1945 kehrte sie nach Norwegen zurück.

Ihr Artikel »Umerziehung der Deutschen« erschien in der dritten Nummer der NZ (25.10.45). Sie beurteilte die Chance, daß Deutschland einen Weg der Umkehr einschlagen könnte, äußerst skeptisch. Sie sah in der deutschen Geschichte eine seit 1172 anhaltende Tradition der Aggression und bemühte die Völkerpsychologie, um einen unveränderlichen Nationalcharakter zu postulieren: »Der deutsche Idealismus erschien immer verbunden mit einem überentwickelten Wunsch nach Gewinn auf Kosten anderer Völker, die deutsche Sparsamkeit und der deutsche Fleiß verbanden sich mit einer gewissen Mittelmäßigkeit. Und die Tatsache, daß anspruchslose und sparsame Menschen solch ein Vergnügen an der protzigen Zurschaustellung ihrer Meister fanden – man denke nur an die Verschwendung der zahllosen kleinen Fürsten und Adeligen älterer Zeiten und an die Militärparaden der Hohenzollern –, diese Tatsache beeindruckt den außenstehenden Beobachter immer besonders. Und daß die Deutschen nach dem Ersten Weltkrieg eine wahrhaft demokratische Nation werden würden, erschien vielen denkenden Menschen in Frankreich, Dänemark und den Niederlanden als unglaubhaft.« Mit einem Wort: Sigrid Undset hielt die Deutschen nicht für umerziehbar.

Karl Jaspers (1883–1969), Studium der Medizin, 1909 Dissertation in Heidelberg, Assistent an der Psychiatrischen und Neurologischen Klinik in Heidelberg. 1913 Habilitation für Psychologie, 1921 Professor für Philosophie in Heidelberg. 1937 von der Hochschule entfernt, weil er mit einer Jüdin verheiratet war. 1945 erhielt er seinen Lehrstuhl zurück, 1947 wechselte er nach Basel. Große Autorität als Zeitdiagnostiker mit seinen Büchern »Die Atombombe und die Zukunft des Menschen« (1957) und »Wohin treibt die Bundesrepublik?« (1966).

Sein offener Brief an Sigrid Undset ist eine der herausragenden Erklärungen gegen die Kollektivschuld-These, die auch in Kreisen der deutschen Emigranten kursierte und die von Sigrid Undset vertreten worden war.

Jaspers veröffentlichte den Text 1946 auch in seinem Buch »Die Schuldfrage«. Separatdruck 1947.

29 **W. E. Süskind** Inflation der deutschen Sprache

Früher Artikel des Münchner Journalisten zur Kritik der Nazisprache. In zahlreichen Beiträgen der NZ, unter anderem auch von Hans Habe, wurde das Weiterwirken von Nazivokabeln, die militärische Verwaltungssprache, der Wortschatz der Frontberichterstattung für zivile Sachverhalte, das Wortfeld des Schicksals-Begriffs mit seinem Pathos, die falsche Mythologisierung des All-

tags angeprangert und eine Reinigung der deutschen Sprache als eine Grundbedingung der reeducation gefordert.
W.(ilhelm) E.(manuel) Süskind gab gemeinsam mit Dolf Sternberger und Gerhard Storz die sprachkritische Serie »Aus dem Wörterbuch des Unmenschen« heraus – zunächst 1945/46 als fortlaufende Folge von Beiträgen in der Monatsschrift »Die Wandlung«, 1957 erweitert als Buch. In einer Vorbemerkung schrieb Dolf Sternberger: »Das Wörterbuch des Unmenschen ist das Wörterbuch der geltenden deutschen Sprache geblieben, der Schrift- wie der Umgangssprache, namentlich wie sie im Munde der Organisatoren, der Werber und Verkäufer, der Funktionäre von Verbänden und Kollektiven aller Art ertönt. Sie alle haben, so scheint es, ein Stück vom totalitären Sprachgebrauch geerbt, an sich gerissen, aufgelesen oder sonst sich zugeeignet, nur daß die schauerliche Macht daraus gewichen ist.« Parallel arbeitete der Romanist Victor Klemperer seine Sprachkritik des Nationalsozialismus in dem Buch »LTI. Lingua Tertii Imperii« (erstmals 1947 veröffentlicht) aus.
W. E. Süskind (1901–1970), vor 1933 mit Klaus Mann befreundet, nach dem Krieg leitender politischer Redakteur der Süddeutschen Zeitung. Schrieb mehrere Romane, Novellen und Essays.

32 **Erich Kästner** Politik und Liebe

Voran ging eine redaktionelle Notiz: »Nationalsozialisten aller Schattierungen versuchen jetzt, die Tatsache, daß sie nicht – oder noch nicht – eingesperrt sind, weil Demokraten eben möglichst niemanden ohne eine genaue Untersuchung hinter Schloß und Riegel setzen, zu mißbrauchen, indem sie ausländischen Journalisten politische Äußerungen abgeben. Der Unfug des Kronprinzen-Interviews wurde hier in der letzten Nummer der NZ behandelt. Diesmal hat Frau Riefenstahl zur Auslandspresse gesprochen. Obschon wir Frau Riefenstahl der ernstlichen Behandlung sonst für kaum würdig hielten, ist dieses Interview so gestaltet, daß wir gerne dem Kommentar unseres Mitarbeiters Raum gewähren.«
Leni Riefenstahl (1902–2003), Ausbildung als Malerin und Tänzerin. Vom Bergfilmer Arnold Fanck als Schauspielerin für den Film entdeckt. Erste Regie in »Das blaue Licht« (1932). Erster

Propagandafilm »Sieg des Glaubens« (1933). Von Hitler persönlich gefördert. 1935 der Reichsparteitagsfilm »Triumph des Willens«. Olympiafilme »Fest der Völker« und »Fest der Schönheit« 1938 uraufgeführt. 1940–44 Hauptdarstellerin, Regisseurin und Produzentin des Spielfilms »Tiefland«, für den sie 60 Sinti und Roma aus dem KZ holen ließ. Der Film wurde 1954 fertiggestellt, blieb erfolglos. Zahlreiche Prozesse wegen ihrer Rolle im NS-Regime. Bildete sich als Fotografin aus und veröffentlichte Bildbände über den Stamm der Nuba und über Afrika sowie Unterwasseraufnahmen.

Eva Braun (1912–1945), Hitlers Geliebte. Tochter eines Lehrers, Bürogehilfin im Fotoatelier von Heinrich Hoffmann, wo sie 1929 Hitler kennenlernte. Nov. 1932 und 1935 zwei Selbstmordversuche. Ab 1936 auf dem Obersalzberg. 28./29. April 1945 Heirat mit Hitler, einen Tag vor dem gemeinsamen Selbstmord.

Fotograf Hoffmann Hitlers Leibfotograf Heinrich Hoffmann (1885–1957). Er ließ sich 1906 in München mit einem Geschäft nieder, trat 1920 in die NSDAP ein. In unzähligen Fotostudien bildete er nicht nur die Posen des Führers der NSDAP ab, sondern erschuf dessen Image als Massenredner mit. Eines seiner Fotos wurde als Staatsporträt in allen öffentlichen Gebäuden verwendet. Die Mythologeme wurden planvoll erzeugt. Hoffmann verfertigte mehrere Bildbände, in denen das Idol vorgestellt wurde, »wie ihn keiner kennt« oder als »Hitler in seinen Bergen«. Hoffmann, einer der wichtigsten Artdirektoren des Nationalsozialismus, präsentierte Hitler auf dem Obersalzberg, als denkendes deutsches Genie inmitten seiner Alpen, in sein Herkunftsland Österreich hineinblickend, zugleich als Herrscher und Diener der deutschen Massen: Ersatzvater, BdM-Charmeur, Gastgeber, Liebling des Volkes, Kindernarr und Tierfreund. Hoffmann leitete ab 1938 die Kommission, die sich mit dem Kunstraub befaßte. 1945 von den Amerikanern verhaftet und als Hauptschuldiger (Gruppe I) eingestuft. 1950 wurde er aus der Haft entlassen.

Professor Zieglers Aktmalerei **Adolf Ziegler** (1892–1959), einer der Lieblingsmaler Hitlers. Ausbildung in Weimar und München. Sachbearbeiter für bildende Kunst in der Reichsleitung der NSDAP München. Träger des goldenen Parteiabzeichens. Im Präsidialrat der Reichskulturkammer der bildenden Künste, 1936–43 ihr Präsident. Organisierte 1937 die Ausstellung »Entartete

Kunst«, wofür er aus 32 deutschen Museen 650 Bilder beschlagnahmen ließ. Wegen seiner vielen weiblichen Nacktgestalten in pseudoklassischer Manier als »Meister des deutschen Schamhaars« verspottet.

Josef Thorak (1889–1952), Kolossalbildhauer, einer der Günstlinge Hitlers. Skulpturen für das Olympia-Gelände in Berlin und für die Weltausstellung 1937 in Berlin sowie für die Reichskanzlei. Zahlreiche andere Großaufträge für Monumentalplastiken im öffentlichen Raum. Forderte für seine Riesengestalten 1944 zwei Hilfskünstler von der Verwaltung des Konzentrationslagers Dachau an.

Erich Kästner (1899–1974) hat seinen Ruhm als Feuilletonist und Satiriker, Erzähler und witziger Lyriker, als spöttischer Zeitgenosse, als trefflicher Autor für Kinder mit unsterblichen Büchern, als Humorist und Melancholiker scheinbar mühelos erworben, in Wirklichkeit aber hart erarbeitet. Seine Leichtigkeit, die seine poetischen wie seine journalistischen Texte ausstrahlen und mit der er durch die verschiedenen Genres flanierte, sind freilich auch Ausdruck einer offensichtlich nicht erlernbaren Grazie. In seinem äußeren Lebenslauf deutet darauf nichts hin: eher bildet sich eine bürgerlich ordentliche Biographie ab. Studium der Germanistik in Berlin, Rostock und Leipzig, Doktorarbeit über Friedrich II. und die deutsche Literatur, freier Schriftsteller. 1933 in Schwierigkeiten, keine Publikationsmöglichkeiten, aber die Chance, bei der UFA mit Drehbüchern zu ›überwintern‹. 1945 dann auch die innere Befreiung mit einer Vielzahl von Tätigkeiten und Entfaltungen. 1952–62 Präsident des deutschen P.E.N., 1957 erhielt er den Büchnerpreis. Die Entwicklung in den fünfziger Jahren kommentierte er mit einer bisweilen zornigen, manchmal auch bitteren Ironie.

35 **Franz Roh** Kunst im Dritten Reich

Der Kunsthistoriker **Franz Roh** (1890–1965) war nach dem Krieg einer der einflußreichsten Kunstschriftsteller. Er war 1916 Assistent von Heinrich Wölfflin am Lehrstuhl für Kunstgeschichte in München geworden und hatte später dort einen Lehrauftrag übernommen. Daneben zahlreiche Collagen, eigenständiges fotografisches Werk. Er gründete 1954 die »Gesellschaft der Freunde junger Kunst«, veröffentlichte unter anderem die Studie »Der verkannte Künstler. Studien zur Geschichte und Theorie des kulturellen Mißverstehens« (1948) und das grundlegende Buch »Der Streit um die moderne Kunst« (1963).

Nadler in seiner Literaturgeschichte Der österreichische Literaturwissenschaftler Josef Nadler (1884–1963) veröffentlichte eine »Literaturgeschichte der deutschen Stämme und Landschaften«, mit der er der völkischen Literaturwissenschaft den Boden bereitete. Vor allem die vierte Auflage (1938–41) diente der nazistischen »Blut und Boden«-Ideologie.

39 **Erich Kästner** Streiflichter aus Nürnberg

Artikel zur Eröffnung des ersten Nürnberger Prozesses gegen Hauptkriegsverbrecher des Dritten Reiches. Das Verfahren wurde gegen 24 führende Köpfe des nationalsozialistischen Regimes geführt. Davon waren 21 anwesend. Martin Bormann war zum damaligen Zeitpunkt verschollen. Später stellte sich heraus, daß der von Hitler in seinem Testament zum »Parteiminister« ernannte enge Mitarbeiter bei seiner Flucht aus der Reichskanzlei in Berlin wohl am 1. Mai 1945 umgekommen ist. Er wurde in Nürnberg in Abwesenheit zum Tode verurteilt. Ebenfalls nicht mehr auf der Anklagebank war Robert Ley, Reichsorganisationsleiter und Chef der Deutschen Arbeitsfront; er hatte am 25.10. im Nürnberger Gefängnis Selbstmord begangen.

In weiteren elf Verfahren wurden vor amerikanischen Militärtribunalen Minister, Beamte, Diplomaten, Militärs, ranghohe Mitglieder der SS und der Gestapo, Angehörige der Einsatzgruppen, Ärzte wegen ihrer medizinischen Versuche an Häftlingen, hohe Richter sowie führende Industrielle und KZ-Wachpersonal verurteilt.

Oberrichter Jackson Robert H. Jackson, organisierte im Auftrag des amerikanischen Präsidenten Truman diesen ersten Nürnberger Prozeß, der vom 20. 11. 1945 bis zum 1. 10. 1946 stattfand.

Krupp Gustav Krupp von Bohlen und Halbach (1870–1950) war als Repräsentant der deutschen Schwer- und Rüstungsindustrie angeklagt. Der Prozeß wurde wegen Verhandlungsunfähigkeit infolge eines 1944 erlittenen Verkehrsunfalls eingestellt. Der Sohn Alfried wurde 1948 zu 12 Jahren Haft und Einziehung des Vermögens verurteilt.

Ernst Kaltenbrunner 1903 geb., 1935–1938 Führer der österreichischen SS, 1943–1945 Chef der Sicherheitspolizei und des SD und Chef des Reichssicherheitshauptamtes im Rang eines SS-Obergruppenführers. Maßgeblich an der Ermordung der europäischen Juden beteiligt. In Nürnberg zum Tode verurteilt und am 16.10.1946 hingerichtet.
Hermann Göring 1893 geb., im Ersten Weltkrieg Jagdflieger, baute für Hitler die SA auf, 1932 Präsident des Reichstages, seit 1933 preußischer Ministerpräsident und Luftfahrtminister, später Oberbefehlshaber der deutschen Luftwaffe, von Hitler als sein Nachfolger bestimmt, aber in den letzten Wochen des NS-Regimes von allen Ämtern ausgeschlossen. Von Amerikanern am 8.5. 1945 verhaftet, in Nürnberg zum Tode verurteilt. Selbstmord am 15.10.1946.
Rudolf Heß 1894 geb., 1925 Hitlers Privatsekretär, 1933 »Stellvertreter des Führers« und Minister ohne Geschäftsbereich. 1941 Flug nach Schottland, um gemeinsame britisch-deutsche Front gegen die Sowjetunion zu initiieren. Bis Kriegsende in englischer Gefangenschaft. In Nürnberg zu lebenslänglicher Haft verurteilt, 1987 Selbstmord im Spandauer Gefängnis.
Joachim von Ribbentrop 1893 geb., 1936–1938 Botschafter in London, danach bis Kriegsende Reichsaußenminister. In Nürnberg zum Tode verurteilt und am 16.10.1946 hingerichtet.
Wilhelm Keitel 1892 geb., militärische Laufbahn, seit 1938 Chef des Oberkommandos der Wehrmacht. 1940 Generalfeldmarschall. Unterschrieb 1945 die Kapitulation der Wehrmacht in Berlin-Karlshorst. In Nürnberg zum Tode verurteilt und am 16.10.1946 hingerichtet.
Alfred Rosenberg 1893 geb., seit 1921 Chefredakteur des »Völkischen Beobachters«, später eine Art Chefideologe des Nationalsozialismus als »Beauftragter des Führers für die Überwachung der gesamten geistigen und weltanschaulichen Schulung und Erziehung der NSDAP«. Verantwortlicher Minister für die Ausbeutung der besetzten Ostgebiete. In Nürnberg zum Tode verurteilt und am 16.10.1946 hingerichtet.
Hans Frank 1900 geb., Freikorpskämpfer, Rechtsanwalt führender Nationalsozialisten in der »Kampfzeit«, nach 1933 für die Gleichschaltung der Justiz verantwortlich. 1939–1945 Generalgouverneur von Polen. Von den Amerikanern in Oberbayern

verhaftet, in Nürnberg wegen seiner Verbrechen in den besetzten Gebieten zum Tode verurteilt und am 16.10.1945 hingerichtet.

Wilhelm Frick 1877 geb., Jurist, Teilnahme am Hitler-Putsch, später Führer der Reichstagsfraktion der NSDAP, Innenminister von Thüringen. 1933 bis 1943 Reichsinnenminister, danach Reichsprotektor von Böhmen und Mähren. In Nürnberg zum Tode verurteilt und am 16.10.1945 hingerichtet.

Julius Streicher 1885 geb., Volksschullehrer, Herausgeber des Hetzblatts »Der Stürmer«, Gauleiter von Franken, SA-Obergruppenführer. Einer der Hauptakteure des Antisemitismus. In Nürnberg zum Tode verurteilt und am 16.10.1945 hingerichtet.

Walther Funk geb. 1890. Studium der Volkswirtschaft. Mitglied der Reichsleitung der NSDAP, seit 1931 »Wirtschaftsbeauftragter«, 1933 bis 1937 Pressechef der Reichsregierung. 1938–1945 Reichswirtschaftsminister und Generalbevollmächtigter für die Kriegswirtschaft, als Nachfolger von Hjalmar Schacht seit 1939 auch Reichsbankpräsident. In Nürnberg zu lebenslänglicher Haft verurteilt, 1957 wegen Krankheit aus Spandau entlassen. 1960 gestorben.

Hjalmar Schacht 1877 geb., Bankier. 1924–30 Präsident der Deutschen Reichsbank. Seit 1930 mit Hitler bekannt, von 1933–39 erneut Reichsbankpräsident, von 1934–37 zugleich Reichswirtschaftsminister. 1937 Auseinandersetzungen mit Hitler, 1944–45 im KZ. In Nürnberg freigesprochen, 1947 von der Spruchkammer Stuttgart zu acht Jahren Arbeitslager verurteilt, 1950 entlassen, Mitinhaber einer Außenhandelsbank. 1970 gestorben.

Karl Dönitz 1891 geb., Marineoffizier und U-Boot-Kommandant im Ersten Weltkrieg. Baute im Dritten Reich die U-Boot-Flotte wieder auf. 1943 Großadmiral und Nachfolger Raeders als Oberbefehlshaber der Kriegsmarine. Von Hitler zu seinem Nachfolger als Reichspräsident ernannt, führte 23 Tage lang nach der Kapitulation mit Graf Schwerin von Krosigk die Regierung in Flensburg-Mürwik weiter. Am 23.5.1945 verhaftet, in Nürnberg zu zehn Jahren Haft verurteilt, 1956 entlassen, 1980 gestorben.

Erich Raeder 1876 geb., militärische Laufbahn, 1928–35 Chef der Marineleitung, 1935–42 Oberbefehlshaber der Kriegsmarine, 1939 Großadmiral. 1943 Meinungsverschiedenheiten wegen des Rußlandfeldzugs mit Hitler, schied aus der Führung aus. In Nürnberg zu lebenslanger Haft verurteilt, 1955 entlassen. 1960 gestorben.

Baldur von Schirach 1907 geb., 1925 Eintritt in die NSDAP, 1928 Reichsführer des NS-Studentenbundes, 1931 bis 1940 Reichsjugendführer der NSDAP. 1940 bis 1945 Gauleiter und Reichsstatthalter in Wien. In Nürnberg zu 20 Jahren Gefängnis verurteilt, 1966 entlassen. 1974 gestorben.

Alfred Jodl 1890 geb., militärische Laufbahn, Offizier im Ersten Weltkrieg. Im Dritten Reich Chef des Wehrmachtführungsstabes, vom Generalmajor zum Generaloberst befördert. Unterzeichnete in Reims die Kapitulation der Deutschen Wehrmacht. In Flensburg verhaftet, in Nürnberg zum Tode verurteilt und am 16.10.1946 hingerichtet.

Franz von Papen 1879 geb., militärische Laufbahn, im Ersten Weltkrieg Militärattaché in Mexiko, dann in Washington, Generalstabsoffizier in Palästina. Nach Brünings Sturz im Mai 1932 zum Reichskanzler ernannt. Wegen innenpolitischer Mißerfolge entlassen, ›Steigbügelhalter‹ Hitlers und dessen Vizekanzler. Dann Botschafter in Wien und Ankara. In Nürnberg freigesprochen, 1948 von einer Spruchkammer zu acht Jahren Arbeitslager verurteilt, die durch seine bisherige Haftzeit als verbüßt angesehen wurde. Vom Vatikan mit dem Titel eines Päpstlichen Geheimkämmerers ausgezeichnet. 1969 gestorben.

Arthur Seyß-Inquardt geb. 1892, österreichischer Rechtsradikaler. Nach erzwungenem Rücktritt Schuschniggs 1938 zum österreichischen Bundeskanzler ernannt. Nach Anschluß des Landes bis 1939 Reichsstatthalter, dann Stellvertreter des Reichsgouverneurs in Polen, nach der Okkupation Hollands dort Reichskommissar. Von Hitler testamentarisch als Außenminister eingesetzt. In Nürnberg zum Tode verurteilt und am 16.10.1946 hingerichtet.

Konstantin von Neurath 1873 geb., Jurist und Diplomat. Auf verschiedenen Botschafterposten. Außenminister im Kabinett Papen, auch unter Hitler bis 1938. Danach Reichsminister ohne Geschäftsbereich, 1939–1943 Reichsprotektor von Böhmen und Mähren, SS-Obergruppenführer. In Nürnberg zu 15 Jahren Haft verurteilt, 1954 aus Gesundheitsgründen entlassen. 1956 gestorben.

Hans Fritzsche 1900 geb., Journalist und »Schriftleiter«. 1933 Referatsleiter im Propagandaministerium unter Goebbels, 1938–42 Leiter der Presseabteilung, 1942–45 Leiter des Großdeutschen Rundfunks. In Nürnberg freigesprochen, von einer bayrischen

Spruchkammer zu neun Jahren Haft verurteilt, bereits 1950 entlassen. Danach Werbeleiter verschiedener Unternehmen. 1953 gestorben.

John Dos Passos (1896–1970), amerikanischer Schriftsteller. Berühmt wegen seiner Kriegsromane und Reiseberichte, vor allem jedoch als Großstadterzähler mit den avancierten Mitteln der Simultantechnik, der kaleidoskopartigen Schilderung, der satirischen Brüche, der Dokument- und Faktenmontage in dem Roman »Manhattan Transfer« (dt. 1927), der auf Döblins Roman »Berlin Alexanderplatz« großen Einfluß ausübte.

Erika Mann (1905–1969), Journalistin, Schauspielerin, Kabarettistin. Weltreise mit ihrem Bruder Klaus. Gründete Anfang 1933 mit Therese Giehse das Kabarett »Die Pfeffermühle«, ging kurze Zeit später ins Exil. Seit 1936 vor allem in den USA, Vortragsreisen, gemeinsam mit Klaus 1938 als Reporterin in Spanien. Später Mitarbeiterin ihres Vaters Thomas Mann. Mitwirkung am Deutschland-Programm der BBC, Kriegsberichterstatterin. 1952 Rückkehr nach Europa mit ihren Eltern.

Peter de Mendelssohn (1908–1982), Journalist, Erzähler und Übersetzer. Seit 1929 Schriftsteller in Berlin, emigrierte 1933 nach England. Presseberater der Britischen Kontrollkommission in Deutschland. 1950–1970 wieder in England. Arbeitete vorwiegend für den Rundfunk, danach wieder Schriftsteller in München. 1976 Präsident der Deutschen Akademie für Sprache und Dichtung in Darmstadt, Biograph und erster Tagebucheditor Thomas Manns.

Howard K. Smith (1914–2002), amerikanischer Journalist. Studierte in Heidelberg und Oxford, betätigte sich dort als Gegner der Appeasement-Politik Chamberlains. Mit Kriegsausbruch amerikanischer Korrespondent in Berlin bis Ende 1941. Zwischenzeitlich verhaftet. Erlebnisbericht »Last Train from Berlin«, 1942 (dt. 1982). Im Krieg als Korrespondent vorwiegend von der Schweiz aus für CBS. Später europäischer Chefkorrespondent mit Sitz in London. Wurde von McCarthy als Kommunist denunziert. Ging 1957 in die USA zurück, arbeitete für das Fernsehen.

William L. Shirer (1904–1993), mit Dorothy Thompson einer der führenden amerikanischen Publizisten der Zeit. 1925 Korrespondent, später Leiter des europäischen Büros der »Chicago Tribune« in Paris. Seit 1934 in Berlin für eine Nachrichtenagen-

tur, dann für CBS. 1941 Rückkehr in die USA, publizierte dort den ersten Teil seines »Berliner Tagebuchs«. Ende 1944 – Ende 1945 wieder in Europa, vor allem in Deutschland, wo er den zweiten Teil seines »Berliner Tagebuchs« schrieb. Veröffentlichte den Weltbestseller »Aufstieg und Fall des Dritten Reiches« (dt. 1961).
Der englische Hauptankläger Vom 20.11.45 bis 31.8.46 wurde das Verfahren unter dem Vorsitz des Lordrichters Geoffrey Lawrence geführt.
Über **Kästner** s. Kommentar zu 32.

45 **Richard Hamann** Entmilitarisierte Begriffe
Richard Hamann (1908 – 2000), Kunsthistoriker und Fotograf. 1934 Promotion in Frankfurt/M., 1934 – 38 Lehrer an der Städelschule in Frankfurt, Fotoinventar über bildende Kunst mit rund 15 000 Aufnahmen in Marburg. 1939 Habilitation in Halle. 1940 beurlaubt, arbeitete er für die Stiftung Ahnenerbe, Ende 1940 in der Abteilung Kunstschutz der deutschen Militärverwaltung in Frankreich. 1945 Umhabilitation in Marburg, Professor für Kunstgeschichte und Direktor des Kunsthistorischen Instituts, später in Mainz. 1955 erschien sein Hauptwerk, die zweibändige »Geschichte der Kunst«.

49 **Hans Habe** Mißverstandene Solidarität
Einer der zahlreichen Kommentare in der NZ, die sich mit der Praxis der Entnazifizierung und der Fragebogen befaßten.
Hans Habe (1911–1977), Sohn eines ungarischen Verlegers und Journalisten. Schule in Wien, Studium der Germanistik und der Rechte in Wien und Heidelberg. Seit 1930 Reporter in Wien, verschiedene Posten als leitender Redakteur. 1935 Korrespondent beim Völkerbund für das »Prager Tagblatt« und das »Neue Wiener Journal« in Genf. Flucht aus Österreich, Emigranten-Roman »Drei über die Grenze« (1937). Dienst in der französischen Armee, Gefangenschaft, Flucht in die USA. Über diese Zeit schrieb er die Autobiographie »Ob tausend fallen« (1947). Seit Ende 1942 in der amerikanischen Armee, 1944 Major der Psychological Warfare Division, mit antifaschistischer Propaganda und der Neugründung deutscher Presse befaßt. Erster Chefredakteur der NZ bis März 1946 (Nachfolger Hans Wallenberg). Bericht »Im Jahre Null« (1966). Rückkehr in die USA. 1949 wieder in Deutsch-

land, Chefredakteur der »Münchner Illustrierten«, 1951/52 Chefredakteur des »Echo der Woche«. 1960 freier Schriftsteller und Journalist in Ascona/Tessin. Autobiographische Aufzeichnungen »Erfahrungen« (1973). Seine Artikel sind gesammelt in vier Bänden »Leben für den Journalismus« (1976).
Der Seumesche Indianer Der Schriftsteller Johann Gottfried Seume (1763–1810) war auf einer Fußreise nach Paris hessischen Werbern in die Hände gefallen und wurde zwangsweise nach Amerika verbracht. In seiner von ihm selbst nicht vollendeten Autobiographie »Mein Leben« (1813) berichtet er über die amerikanischen Eingeborenen. Aus seinem Gedicht »Der Wilde« (1801) stammen die hier anzitierten Worte: »Seht, wir Wilden sind doch bess're Menschen, / Und er schlug sich seitwärts in die Büsche.«

52 **Manfred Hausmann** An einen Heimgekehrten
Manfred Hausmann (1898–1986), freier Schriftsteller seit 1927, 1939/40 Soldat. Nach dem Krieg (bis 1952) in leitender Position am Bremer »Weser-Kurier«. Fand nach 1945 zu einem christlich fundierten Existentialismus. Seine Hauptwerke sind die Romane »Lampion küßt Mädchen und kleine Birken« (1928) und »Abel mit der Mundharmonika« (1932).

1946

59 **Luise Rinser** Sachlichkeit als Erziehungsziel
Artikel anläßlich des zweihundertsten Geburtstags von Heinrich Pestalozzi aus Zürich, des führenden Pädagogen und Sozialreformers der Aufklärung. Seine Grundsätze entwickelte er in »Meine Nachforschungen über den Gang der Natur in der Entwicklung des Menschengeschlechts« (1797). Mit dem Stichwort der Sachlichkeit übertrug Luise Rinser eine künstlerische Forderung in eine pädagogische und schloß sowohl an die literarische Bewegung der »Neuen Sachlichkeit« in den zwanziger Jahren wie auch an die »Kahlschlag«-Literatur nach dem Zweiten Weltkrieg an. Einer von mehreren Artikeln Rinsers über pädagogische Fragen in der NZ.
Luise Rinser (1911–2002), studierte Psychologie und Pädagogik in München, 1934–39 Lehrerin, dann freie Schriftstellerin.

Schreibverbot im Dritten Reich, 1944/45 wegen »Hochverrats und Wehrkraftzersetzung« in Haft (»Gefängnis-Tagebuch«, 1946). 1953 Heirat mit dem Komponisten Carl Orff, 1945–53 freie Mitarbeiterin der NZ, kritische Katholikin, umfangreiches Werk vor allem als Erzählerin.
der Amerikaner Roger Williams Der puritanische Geistliche und Prediger, gebürtig aus England, ausgebildet in Cambridge, lebte im 17. Jahrhundert zeitweilig mit Indianern zusammen, tat sich als Friedensstifter hervor, gründete eine Handelspost und die Kolonie von Providence, deren Gouverneur er zeitweilig war.

63 **Erich Kästner** Wert und Unwert des Menschen

In seinem Buch »Der tägliche Kram«, wo der Text abgedruckt wurde, machte Kästner folgende Vorbemerkung: »Amerikanische Kameraleute hatten in verschiedenen Konzentrationslagern, unmittelbar nach der Befreiung der Häftlinge, Aufnahmen gemacht, die jetzt überall als Film vorgeführt wurden. Das unterdrückte Gefühl, wenigstens passiv an der Riesenschuld teilzuhaben, die Skepsis jeder ›Propaganda‹ gegenüber, die eigene Notlage und andere Gründe führten dazu, daß der Film seinen Zweck, im allgemeinen gesehen, nicht erreichte.«
Über **Kästner** s. Komm. zu 32.
Die Todesmühlen Dokumentarfilm der Information Control Division (ICD). Drehbuch und Regie: Hans Burger, Kommentare von Oskar Seidlin. Im Okt. 1945 uraufgeführt.
Gustave Le Bons »Psychologie der Massen« Sozialpsychologische Schrift (1895), in der die Heraufkunft der Massen, die sich dem bürgerlichen Wert- und Weltverständnis entziehen, vorausgesagt und analysiert wird. Das Buch, in seiner Wirkung auf Sigmund Freud und Ortega y Gasset nicht zu unterschätzen, gehört zum Kanon der Arbeiten über Massenpsychologie.
Silone »Die Schule der Diktatoren«, Abhandlung des italienischen Schriftstellers Ignazio Silone (1900–1978), der sich 1930 vom Kommunismus abwandte und später ebenso scharf den Faschismus kritisierte. Die Schrift »Die Schule der Diktatoren« (1938) gehört zu den grundsätzlichen Auseinandersetzungen mit dem Totalitarismus.
Clemenceau Ausspruch aus der nationalistischen Phase des französischen Politikers und mehrmaligen Ministerpäsidenten

Georges Clemenceau (1841–1929), der als scharfer Linker und Dreyfusianer begonnen hatte, im Ersten Weltkrieg jedoch weit nach rechts driftete und gegen alle Verständigung mit den Deutschen eintrat.

66 **Martin Niemöller** Ansprache in der Neustädter Kirche von Erlangen

Am 19.10.1945 vertraten führende Repräsentanten der evangelischen Kirche, unter ihnen Hans Meiser, Otto Dibelius, Hans Lilje, Gustav Heinemann und Martin Niemöller, allesamt Mitglieder der Bekennenden Kirche und unter Hitler im Widerstand, im Stuttgarter Schuldbekenntnis die These von der Mitschuld der Kirche am Nationalsozialismus: »Wohl haben wir lange Jahre hindurch im Namen Jesu Christi gegen den Geist gekämpft, der im nationalsozialistischen Gewaltregiment seinen furchtbaren Ausdruck gefunden hat; aber wir klagen uns an, daß wir nicht mutiger bekannt, nicht treuer gebetet, nicht fröhlicher geglaubt und nicht brennender geliebt haben.« Die Predigt schließt an dieses Schuldbekenntnis an und verschärft es. Sie erzeugte einen überregionalen Skandal. Martin Niemöller schrieb einen offenen Brief an den Rektor der Universität, in dem er die ablehnende Haltung und den Protest von Studenten als ihr Recht auf abweichende Haltung verteidigte. Der Text vom Hg. gekürzt um eine sachlich falsche Passage über den Hitler-Attentäter Georg Elser.

Der evangelische Geistliche **Martin Niemöller** (1892–1984) kämpfte im Ersten Weltkrieg in der Kriegsmarine, war 1918 Kommandant eines U-Boots, studierte danach Evangelische Theologie, war 1924–1930 Geschäftsführer der Inneren Mission. Nach NS-Attacken auf die Kirche Gründer und Vorsitzender des Pfarrer-Notbundes, 1934 Mitbegründer der Bekennenden Kirche. Wurde 1934 aus dem Amt entlassen, 1937 verhaftet, war von 1938–1945 in mehreren Konzentrationslagern. Danach bis 1955 Mitglied des Rates der Evangelischen Kirche in Deutschland, Gegner der Wiederbewaffnung und der Atomrüstung. Wurde 1957 Präsident der Deutschen Friedensgesellschaft, war von 1961–1967 im Präsidium des Weltkirchenrats.

Raeder über ihn s. Komm. zu 39.

Dönitz über ihn s. Komm. zu 39.

Himmler Der bayrische Diplomlandwirt Heinrich Himmler (1900–23.5.45, Selbstmord) wurde 1929 zum Reichsführer SS ernannt. Brachte nach 1933 die gesamte Polizei unter seine Kontrolle. Als Reichskommissar seit Okt. 1939 verantwortlich für die Umsiedlungs- und Germanisierungsaktionen in den besetzten Gebieten Ost- und Südosteuropas. Er war der Hauptorganisator für den Völkermord an den Juden, die sogenannte »Endlösung der Judenfrage«. Wollte kurz vor Kriegsende in Verhandlungen mit Graf Bernadotte gegenüber dem Westen kapitulieren, um mit den westalliierten Truppen einen neuen Feldzug gegen den Osten zu führen.

74 **Martin Gumpert** Berlin – ein Nekrolog

Martin Gumpert (1897–1955), Lyriker und Erzähler. Begann als expressionistischer Dichter. Arzt, in Berlin von 1927–33 Direktor der Städtischen Klinik für Haut- und Geschlechtskrankheiten. Wegen seiner jüdischen Abstammung 1933 mit Berufsverbot belegt, 1936 Emigration nach New York, wo er als Kapazität für Geriatrie wirkte. Seine zwei Romane sind auf sein Berufsfeld bezogen: »Hahnemann. Die abenteuerlichen Schicksale eines ärztlichen Rebellen und seiner Lehre, der Homöopathie« (1934) und das Buch über den Gründer des Roten Kreuzes, »Dunant« (1938). Das Exil umkreist der Gedichtzyklus »Berichte aus der Fremde« (1937, 1948).

76 **Alfred Döblin** Abschied und Wiederkehr

Alfred Döblin (1878–1957), Schriftsteller und Arzt. Einer der großen Erzähler des 20. Jahrhunderts, unter anderem durch den zweibändigen »Wallenstein« (1920) und »Berlin Alexanderplatz« (1929), die »Amazonas«-Trilogie (1937–1948) und das vierbändige Werk »November 1918« (1948–50) sowie durch das Alterswerk »Hamlet oder Die lange Nacht nimmt ein Ende« (1956). 1933 über die Schweiz nach Frankreich emigriert, von dort in die USA. Isolierung in Hollywood. Kam als einer der ersten Emigranten über Paris im Herbst 1945 nach Deutschland zurück. Arbeitete als französischer Kulturoffizier in Baden-Baden, zog aus Enttäuschung über seinen Mißerfolg und seine Wirkungslosigkeit wieder nach Paris.

Der Text ist eine später leicht veränderte Passage, die in den autobiographischen Bericht »Schicksalsreise« über die Wirren der Flucht im und aus dem besetzten Frankreich, die Jahre in den USA, die Rückkehr und die Konversion zum christlichen Glauben aufgenommen wurde. Er war zuvor schon in der »Badischen Zeitung« (22.2.46) erschienen.

das Buch, das ich das ganze Jahr über schrieb Der Roman »Babylonische Wandrung oder Hochmut kommt vor dem Fall« (1934).

Vincent, der Liebling der Sohn Wolfgang Döblin (1915–1940), der bereits als Mathematiker berühmt war und in der französischen Armee diente. Bei der Kapitulation Frankreichs hat er sich in auswegloser Lage und versprengt von seiner Einheit umgebracht, um nicht in die Hände der Deutschen zu fallen. Sein Geschick umkreist verschlüsselt Döblins letzter Roman »Hamlet oder Die lange Nacht nimmt ein Ende« (1956).

Das Wort von den »Fauteuils und Polstersesseln« Anspielung auf die Auseinandersetzung, die Frank Thieß und Walter von Molo mit Thomas Mann nach dem Krieg geführt hatten.

Um den »November 1918« Romantetralogie von Alfred Döblin, zu der er schrieb: »Und es trat mir hier der Mann, als Kranker, hervor, den ich bestimmt hatte, seine (und meine) Last in die Existenz zu tragen. Es gehen immer zwei Dinge zusammen: das tragische Versanden der deutschen Revolution 1918 und der Drang dieses Menschen. Es erhebt sich für ihn die Frage, wie überhaupt zum Handeln gelangen. Er muß es ablehnen, sich zu entscheiden. Er kann nicht zwischen zwei und drei Hilfen wählen. Es wird eine himmlische und höllische Geschichte. Der Mann, Friedrich Becker, muß, von Halluzinationen umgeben, durch das ›Tor des Grauens und der Verzweiflung‹ gehen. Er bleibt am Leben. Er findet sich dann gebrochen und verwandelt, als Christ.«

83 **Kurt Schumacher** Deutschland und die Demokratie

Der Artikel beruht auf Reden, die Kurt Schumacher als Beauftragter der SPD in den Westzonen kurz zuvor in Nürnberg, Regensburg, München und Augsburg gehalten hatte. Seine Parole gegen die Zwangsvereinigung von KPD und SPD lautete: »Reichseinheit ist die Voraussetzung für die Einheitspartei.« Originalbeitrag für die NZ.

Kurt Schumacher (1895–1952) war der führende Kopf der deutschen Sozialdemokratie nach dem Krieg. Studium der Nationalökonomie und der Rechtswissenschaften, 1918 Mitglied des Arbeiter- und Soldatenrates, Redakteur, 1924 Mitbegründer des Reichsbanners Schwarz-Rot-Gold. Nach 1933 in mehreren Konzentrationslagern interniert. Begann 1945 den Wiederaufbau der SPD, scharfer Gegner der Zwangsvereinigung von SPD und KPD, die er in den Westzonen verhinderte. Seit 1946 Vorsitzender der SPD, 1948 Mitglied des Parlamentarischen Rats, Gegenspieler Adenauers bei der Westintegration und Wiederbewaffnung, die er als die entscheidenden Hindernisse für eine Wiedervereinigung ansah.

88 **Heinrich Mann** Drei Jahrhunderte Warnung und Hoffnung

Der Essay wurde anläßlich des 75. Geburtstages von Heinrich Mann veröffentlicht.

Heinrich Mann (1871–1950) war im Februar 1933 nach Frankreich emigriert und entfaltete dort ein immens reiches publizistisches Werk im Kampf gegen das Dritte Reich. Er schrieb dort sein zweibändiges Meisterwerk, den Roman »Die Jugend des Königs Henri Quatre« und »Die Vollendung des Königs Henri Quatre« (1935, 1938). 1940 floh er über die Pyrenäen und Lissabon in die USA. In Hollywood ein Jahr lang als Drehbuchautor angestellt, blieb er in den Vereinigten Staaten ohne Erfolg. Er zögerte lange mit einer Rückkehr nach Ostberlin und starb dann kurze Zeit vor seiner geplanten Übersiedelung.

Sein Text ist eine der wenigen Musterungen des verbliebenen kulturellen Erbes, die sich in der NZ finden lassen. Ansonsten überwog die Einsicht, daß das klassische Erbe an Philosophie und Literatur keine unbefragte Gültigkeit mehr beanspruchen könne. Heinrich Manns Essay ist die Einleitung zur Anthologie »Morgenröte«, die in dem New Yorker Gemeinschaftsverlag von elf Autoren, Aurora (von Wieland Herzfelde begründet), 1947 erschien.

93 **Horst Lange** Inmitten der Nacht …

Horst Lange (1904–1971), zunächst Maler, Mitglied des Weimarer Bauhauses, dann Lehrer und Schriftsteller. Mitglied des Kreises von jungen Autoren um die Zeitschrift »Die Kolonne«. Heiratete 1933 die Lyrikerin Oda Schaefer (1900–1988). Im Dritten Reich in der inneren Emigration, mehrmals von Schreibverbot bedroht. 1941 eingezogen. Lebte nach dem Krieg in

Mittenwald und München. Zu seinen Hauptwerken zählen die Romane »Schwarze Weide« (1937) sowie »Ulanenpatrouille« (1940).

95 **Max Frisch** Das Schlaraffenland, die Schweiz

Frisch wurde in der NZ noch als »Züricher Architekt« vorgestellt, unter Hinweis auf seine literarischen Ambitionen wurde mit ihm die Hoffnung verbunden, »daß sich unter den ausländischen Dramen, die kennenzulernen wir begierig sind, auch Max Frischs Stücke finden werden«.

Der Schweizer Schriftsteller **Max Frisch** (1911–1991), bis dato Verfasser der Aufzeichnungen »Blätter aus dem Brotsack«, der Romane »Jürg Reinhart. Eine sommerliche Schicksalsfahrt« und »Die Schwierigen oder J'adore ce qui me brûle«, der Prosa »Bin oder Die Reise nach Peking« und der Romanze »Santa Cruz« sowie des Stücks »Nun singen sie wieder. Versuch eines Requiems«, besuchte zum erstenmal nach dem Krieg Deutschland. Er folgte einer Einladung der US-Army zur Uraufführung von Leopold Lindtbergs Film »Die letzte Chance« mit Therese Giehse in der Hauptrolle. In seinem »Tagebuch 1946–1949« notierte er unter anderem über den München-Aufenthalt: »Sonderbar anzusehen: Ein Eroberer zu Pferd, der immer noch in die Leere eines vergangenen Raumes reitet, stolz und aufrecht auf einem Sockel von Elend, umgeben von Stätten des Brandes, Fassaden, deren Fenster leer sind und schwarz wie die Augenlöcher eines Totenkopfes; auch er begreift noch nicht. Aus einem Tor, das unter grünenden Bäumen steht, kommt eine erstarrte Kaskade von Schutt; es ist ein Tor von bezauberndem Barock, anzusehen wie ein offener Mund, der erbricht, der mitten aus dem blauen Himmel heraus erbricht, das Innere eines Palastes erbricht – und die bröckelnden Schwingen eines Engels darüber, einsam wie alles Schöne, fratzenhaft; das Schweigen ringsum, das Erstorbene, wenn es von der hellichten Sonne beschienen wird, das Endgültige. ›Death is so permanent.‹«

Daß Himmler nun um Waffenstillstand bat s. Komm. zu 66.

101 **Alexander Mitscherlich** »Niemandskinder«

Der Autor war zum Zeitpunkt der Veröffentlichung dieses Artikels Privatdozent an der Universitätsnervenklinik in Heidelberg.

Der Psychoanalytiker und Essayist **Alexander Mitscherlich** (1908–

1982) studierte Geschichte, Philosophie und Literaturwissenschaft. 1933 erste Verhaftung, Dissertation über Luther abgelehnt, Buchhändler. 1935 Emigration in die Schweiz, Medizinstudium. Unter Pseudonym Artikel in Thomas Manns Exilzeitschrift »Maß und Wert«. Bei illegaler Reise nach Deutschland verhaftet und 1937/38 erneut Gefangener. 1941 Promotion als Mediziner, Fachausbildung zum Neurologen und Internisten. Nach dem Krieg von den Amerikanern mit der Aufsicht über Gesundheitswesen und Ernährung (Mittelrhein-Saar) beauftragt. Ab 1952 Professor in Heidelberg, seit 1960 Direktor des Sigmund-Freud-Instituts in Frankfurt/M. Große Verdienste um die Wiedereinbürgerung der Psychoanalyse in Deutschland, die er mit Gesellschaftskritik verband. Publizierte unter anderem »Wissenschaft ohne Menschlichkeit« (1949), »Auf dem Weg zur vaterlosen Gesellschaft« (1963), »Die Unwirtlichkeit unserer Städte« (1965) und (zusammen mit seiner Frau Margarete) »Die Unfähigkeit zu trauern« (1967).

Walter Robert Corti (1910–1990), Schweizer Schriftsteller und Philosoph, Gründer der »Vereinigung Kinderdorf Pestalozzi« (1945) nach einem Aufruf zum Bau eines Dorfes für Kriegskinder 1944 in der von ihm redigierten Zeitschrift »Du«.

Fort Getty amerikanisches Lager auf Rhode Island für deutsche Kriegsgefangene, wo eine spätere Elite für Verwaltung, Rechtsprechung, Gesundheitswesen und Journalismus geschult wurde. Es galten strenge Auswahlkriterien: von den ersten 18000 geprüften deutschen Kriegsgefangenen wurden nur 816 nach Fort Getty geschickt.

106 **Friedrich Luft** Berlin vor einem Jahr

Friedrich Luft (1911–1990), Kritiker und Feuilletonist. Ab 1932 Studium in Berlin und Königsberg, Abbruch 1936 nach Saalschlacht mit Nazistudenten. Feuilletonsammlung »Luftballons« (1939). 1936–1940 Mitarbeit an der Kleinkunstbühne »Katakombe« (mit Werner Finck). 1940 eingezogen, 1942 zur Heeresfilmstelle versetzt, Drehbücher zu militärischen Themen. Nach dem Krieg als Feuilletonist und Kritiker für die »Allgemeine Zeitung« tätig; war Feuilletonchef der Berliner Redaktion der NZ, die in der Zeit der Blockade zu einer separaten Ausgabe erweitert wurde. Fester Mitarbeiter des RIAS, wo er sich 1946 folgender-

maßen vorstellte: »Luft ist mein Name, Friedrich Luft. Ich bin 1,86 groß, dunkelblond, wiege 122 Pfund, habe Deutsch, Englisch, Geschichte und Kunst studiert, bin geboren im Jahre 1911, bin theaterbesessen und kinofreudig und beziehe die Lebensmittel der Stufe II. Zu allem trage ich neben dem letzten Anzug, den ich aus dem Krieg gerettet habe, eine Hornbrille auf der Nase. Wozu bin ich da? – Ich soll mich für Sie plagen.« 1955 Wechsel zur »Welt« und zur »Süddeutschen Zeitung«. »Luftsprünge« (1962).
OKW-Büro Oberkommando der Wehrmacht
Der Panzerbär Frontzeitung. Letztes Publikationsorgan des Dritten Reiches in Berlin, bis zum 29.4.1945. Als allerletztes NS-Blatt gilt der »Heider Anzeiger« vom 5.5.1945.

110 **Ernst Penzoldt** Die Buche

Ernst Penzoldt (1892–1955), Schriftsteller und bildender Künstler. Kunststudium in Weimar und Kassel. Verlagsmitarbeiter, (unpolitischer) freier Schriftsteller. Im Krieg im Sanitätsdienst. Gab nach 1945 die »Deutschen Beiträge« mit heraus. Zeitweilig dramaturgischer Berater des Münchner Residenztheaters. Am bekanntesten: die Romane »Der arme Chatterton« (1928) und »Die Powenzbande« (1930) sowie die Erzählung »Korporal Mombour« (1941).

113 **Albrecht Goes** Episode aus Ungarn

Albrecht Goes (1908–2000), Pfarrer und Schriftsteller. Studium der evangelischen Theologie am Tübinger Stift. Frühe Lyrik, Weihnachts- und Evangelienspiele. Mörike-Kenner. Mitarbeit an den Zeitschriften »Eckart« und »Neue Rundschau«. Zwei Jahre Pfarrer im schwäbischen Gerbersheim, 1940 eingezogen, »Kriegspfarrer« in der Ukraine. International bekannt geworden durch die Erzählung »Unruhige Nacht« (1949) und die Novelle »Das Brandopfer« (1954). Mit Gustav Heinemann und Walter Dirks Unterzeichner des »Deutschen Manifests« der Paulskirchen-Bewegung gegen die Wiederbewaffnung.
Dukla-Paß wichtigster Karpathenübergang, schon im Ersten Weltkrieg stark umkämpft.
Theißmulde Theiß, bedeutender Nebenfluß der Donau, kommt aus den Karpathen.

116 **Hans Wallenberg** Fragen der Pressefreiheit

Hans Wallenberg (1907–1977) als Sohn des Chefredakteurs Ernst Wallenberg, der die Geschicke der »Vossischen Zeitung« und der »B. Z. am Mittag« aus dem Hause Ullstein leitete. Studium in Berlin, von 1928 bis 1933 Redakteur. Weggang aus Deutschland nach Hitlers Machtantritt. Aufenthalte in Italien, Prag, auch kurz wieder in Berlin, dann Emigration 1938 in die Vereinigten Staaten, wurde amerikanischer Staatsbürger. 1942 in die amerikanische Armee einberufen, Offizier der Psychological Warfare Division. Übernahm mit dem Einmarsch der Amerikaner zahlreiche journalistische Aufgaben. Nach Hans Habe Chefredakteur der NZ (März 1946 bis Sept. 1947), gefolgt von Max W. Kraus, Jack Fleischer und Kendall Foss. Vom Nov. 1949 bis zum Ende der NZ erneut Chefredakteur. Trat im gleichen Jahr in den Ullstein Verlag ein, übernahm im Springer-Konzern führende Aufgaben, Leitartikel in der »Welt«. Hg. eines Sammelbandes »Berlin Kochstraße« über die Geschichte des Ullstein-Verlags (1966). Mit Arno Scholz »Kleine Geschichte der Zeitungsstadt Berlin« (1969), Erlebnisbericht »Von Berlin aus gesehen« (1972).

General Joseph T. McNarney (1892–1972), im November 1945 zum Militärgouverneur der amerikanischen Besatzungszone und Mitglied des Alliierten Kontrollrats in Berlin ernannt.

General Robert A. McClure (1897–1957) organisierte und koordinierte die psychologische Kriegsführung gegen die deutsche Wehrmacht. Von der »Psychological Warfare Division« (PWD), die er leitete, wechselte er nach dem Krieg in die neu geschaffene »Information Control Division« (ICD), die sich mit der reeducation der Deutschen befaßte. 1949 zurück in die USA, später im Korea-Krieg eingesetzt.

Dana Deutsche Allgemeine Nachrichten-Agentur, später dpa.

Lügner Fritzsche s. Komm. zu 39.

Ministerpräsident Maier Reinhold Maier (1889–1971), altliberaler Politiker. Einer der Gründerväter der FDP und der Bundesrepublik. 1945–53 Ministerpräsident von Baden-Württemberg. Gegenspieler Adenauers bei der Wiederbewaffnung und Westintegration.

121 **Alexander Mitscherlich** Analyse des Stars

Über **Mitscherlich** s. Komm. zu 101.

Der Dirigent **Wilhelm Furtwängler** (1886–1954) wurde 1933 zum Direktor der Berliner Staatsoper ernannt, auch zum Vizepräsidenten der Reichsmusikkammer. Er legte 1934 aus Protest gegen das Verbot der Oper »Mathis der Maler« von Paul Hindemith alle Ämter nieder, blieb aber »aus Sorge um die deutsche Kultur« im Land. 1935 nahm er die Leitung der Berliner Philharmoniker wieder auf, 1938 Leitung der Wiener Philharmoniker. Er wurde 1946 in einem Entnazifizierungsverfahren freigesprochen und dirigierte erstmals Pfingsten 1947 wieder öffentlich. Der Artikel Mitscherlichs wurde veröffentlicht, als sich die alliierten Behörden noch immer mit seinem Fall beschäftigten.

127 **Hildegard Brücher** Göttingen, Bild einer Universitätsstadt

Hildegard (Hamm-)Brücher (1921 geb.), Politikerin und Publizistin. Studierte von 1940 bis 1945 Chemie in München. Nach der Promotion Wissenschaftsredakteurin bei der NZ. Seit 1948 in der Politik, erst als Stadträtin, dann als Abgeordnete, Staatssekretärin, Staatsministerin. 1994 kandidierte sie für das Amt des Bundespräsidenten. Verließ die FDP aus Protest gegen den inneren Zustand ihrer Partei, der sie mehr als vierzig Jahre angehört hatte. Autobiographie »Freiheit ist mehr als ein Wort« (1996).

131 **Walter (Maria) Guggenheimer** Jean-Paul Sartre und die Verzweiflung

Ausführlichster von mehreren Überblicksartikeln in der NZ über Sartres Wirkung, den Existentialismus und die Résistance.
Der Publizist **Walter Maria Guggenheimer** (1903–1967) war auch Theaterkritiker und Übersetzer. Chefredakteur der »Woche«, als Redakteur der »Frankfurter Hefte« eine Instanz des Journalismus. Emigrierte 1935 nach Teheran, wo er bis zum Kriegsende lebte. Im Krieg Soldat in der französischen Armee. 1945 Rückkehr nach Deutschland.
»Das Sein und das Nichts« Philosophische Schrift (frz. »L'être et le néant« 1943, vollständig 1962, dt. 1962)
»Les Mouches« Die Fliegen. Stück (frz. 1943, dt. 1949)
»Sursis« Roman, zweiter Teil von »Die Wege der Freiheit« (frz. 1945, dt. 1950)
»Huis Llos« »Geschlossene Gesellschaft«. Stück (frz. 1945, dt. 1949)
»Der Ekel« Roman (frz. »La nausée«, 1938, dt. 1949)

»Die Wege der Freiheit« Romantrilogie (frz. »Chemins de la liberté«, frz. 1945–49, dt. 1949–51)
»L'Existentialisme est un humanisme« Essay (frz. 1946, dt. »Der Existentialismus ist ein Humanismus«, 1947)
»Chemins de la liberté« s. oben.

135 **Rudolf Schlichter** Kunst am Scheideweg
Rudolf Schlichter (1890–1955), Maler und Schriftsteller. Kunststudium in Karlsruhe, 1916 Soldat. Nach Hungerstreik Entlassung aus dem Militärdienst. 1919 Anschluß an die Berliner Dada-Bewegung, Eintritt in die KPD. In den zwanziger Jahren berühmt für seine Porträts und seine kritische Graphik. 1935 Ausschluß aus der Reichskammer der Bildenden Künste. Haftstrafe wegen »unnationalistischer« Lebensführung und »Kuppelei«. Sein Werk wurde 1937 aus den deutschen Museen entfernt. 1945 wurde sein Münchner Atelier durch Bomben zerstört. Schrift »Das Abenteuer in der Kunst« (1949).

140 **Hermann Hesse** Brief nach Deutschland
Der offene Brief ist an Luise Rinser gerichtet und erschien erstmals in der »National-Zeitung«, Basel, am 26.4.46. Die NZ entnahm ihn der New Yorker Emigrantenzeitung »Aufbau«. In einem redaktionellen Vorspann heißt es über den Brief: »Er ist eine klare Absage an all jene, die sich gewandelt zu haben glauben, wenn sie plötzlich die Leitsätze der amerikanischen Demokratie als ihr neues Lippenbekenntnis hersagen.« Aus dem Antwortbrief der Autorin (vom 25.5.46): »Sie sind verzweifelt über uns und über Deutschland besonders, das Sie lieben. Es ist alles wahr, was Sie schreiben, keiner will es gewesen sein, jeder will entnazifiziert werden (wie seltsam!); genausowenig wie man ›arisiert‹ werden kann, kann man entnazifiziert werden. Für mich ist Nazismus Charakter gewesen, unverleugbare Charaktereigenschaft. In den meisten Fällen. Ich habe es den Leuten angerochen, und ich rieche es ihnen auch heute an, ob sie Nazis waren und sind oder nicht. Wie kann man durch eine Verfügung einer Spruchkammer von einem Makel befreit werden, der im Wesen liegt! Man kann durch eine lange harte Wandlung sich befreien, ja. Das ist etwas anderes.«
Hermann Hesse (1877–1962), Erzähler, Lyriker und Essayist. Sohn

eines pietistischen Missionspfarrers, Schule im Kloster Maulbronn (darüber Roman »Unterm Rad«, 1906), Buchhändler. Indienreise (Roman »Siddhartha. Eine indische Dichtung«, 1922). Als Antimilitarist im Ersten Weltkrieg in der Schweiz. Von 1919 bis 1962 in Montagnola/Tessin. Für seinen letzten, zweibändigen Roman »Das Glasperlenspiel« (1943) erhielt er den Nobelpreis.

Romain Rolland (1866–1944), höchst vielseitiger französischer Schriftsteller, Vermittler zwischen Frankreich und Deutschland. Erhielt für seinen mehrbändigen Roman »Jean-Christophe« 1915 den Nobelpreis, den er dem Roten Kreuz übermittelte. Bei Ausbruch des Ersten Weltkrieges in der Schweiz, erwies er sich als leidenschaftlicher Pazifist, wurde deswegen scharf angefeindet. 1937 Rückkehr nach Frankreich.

Stefan Zweig (1881–1942), österreichischer Schriftsteller. Im Ersten Weltkrieg zunächst im Wiener Kriegsarchiv, dann 1917/18 als Gegner des Krieges in Wien. Schrieb zahlreiche Biographien, Essays »Sternstunden der Menschheit« (1927), Roman »Ungeduld des Herzens« (1938) sowie die Autobiographie »Die Welt von gestern« (1942).

Frans Masereel belgischer Graphiker und Maler (1889–1972). Scharfer Sozialkritiker und Satiriker, Pazifist. Seine Arbeiten beschreiben in entschiedenen Schwarzweißkontrasten die Szenerie der Großstadt.

Annette Kolb (1870–1967), Erzählerin und Essayistin. Tochter eines Münchner Gartenarchitekten und einer französischen Pianistin. Trat im Ersten Weltkrieg von der Schweiz aus für den Frieden ein. Emigrierte 1933 nach Frankreich, im Zweiten Weltkrieg erst in die Schweiz, dann in die USA. 1945 Rückkehr nach Europa. »Dreizehn Briefe einer Deutsch-Französin« (1916), der Roman »Die Schaukel« (1934), die Biographie »Mozart« (1937) und das Tagebuch »Glückliche Reise« (1940).

144 **Alfred Andersch** Das junge Europa formt sein Gesicht

Mit diesem programmatischen, auf die Zukunft gerichteten Artikel begann die erste Ausgabe des »Ruf. Unabhängige Blätter der jungen Generation«. Mit dem Nachdruck kurze Zeit später reklamierte die Redaktion der NZ ihre Kompetenz, Sprachrohr auch der jungen Autoren zu sein. Der Essay gehört zu den wichtigsten Selbsterklärungen der jungen Generation in der Trümmerzeit. Die Redaktion der NZ schickte die Bemerkung voraus: »Die darin ausgesprochenen Gedankengänge erscheinen uns bemerkenswert, nicht nur, weil wir sie als erste Willensbekundung einer Generation verzeichnen, der man politische und kulturelle Apathie und Unmündigkeit vorwirft, sondern auch um des Geistes freiheitlicher und vorwärtsdrängender Kritik willen, von der diese programmatischen Ausführungen getragen werden.«

Alfred Andersch (1914–1980) Erzähler, Essayist, Redakteur, Journalist, Hörspielautor. Ausbildung als Buchhändler, 1932/33 Leiter eines kommunistischen Jugendverbandes, 1933 verhaftet, ein halbes Jahr im KZ Dachau, dann von der Gestapo überwacht. In der Werbeabteilung eines Chemieunternehmens tätig. Soldat, 1944 zu den Amerikanern desertiert, Arbeit an der Kriegsgefangenenzeitschrift »Der Ruf«, die er, nach einem Zwischenspiel bei der NZ, in München neu begründete. Danach bei den »Frankfurter Heften«. Redakteur bei Radio Frankfurt, Gründer der Zeitschrift »Texte und Zeichen«(1955–57). 1955–58 Gründer und Leiter der Redaktion »Radio-Essay« (Süddeutscher Rundfunk). Seit 1958 freier Schriftsteller. Seine bekanntesten Bücher: die Autobiographie »Die Kirschen der Freiheit« (1952), die Romane »Sansibar oder Der letzte Grund« (1957), »Die Rote« (1958), »Winterspelt« (1974).

Jean-Paul Sartre s. Komm. zu 131.

Emmanuel Mounier französischer Philosoph (1905–1950). 1930–32 Lehrer. Begründer der christlichen Bewegung des Personalismus (mit der von ihm geleiteten Zeitschrift »Esprit«). Unterrichtete 1933–39 in Brüssel. Zur Zeit der deutschen Besetzung Frankreichs zeitweilig im Untergrund, mehrfach verhaftet, sammelte Linkskatholiken und Rechtssozialisten in der Gruppe »Combat«. Nach dem Krieg begründete er ein übernationales Austauschwerk. Sozialkritischer Christ und Existentialist.

Georges Bidault (1899–1983), französischer Politiker. 1940 in deutscher Gefangenschaft, seit 1941 führend in der Résistance. Mitglied und später Vorsitzender des Mouvement Républicain Populaire (MRP), 1946 und 1949–50 Ministerpräsident, zeitweilig auch Außen- und Verteidigungsminister. Auseinandersetzungen wegen de Gaulles Algerienpolitik, Ausschluß aus der MRP, Haftbefehl. Bidault emigrierte nach Brasilien, kehrte nach Aufhebung des Haftbefehls 1968 nach Frankreich zurück.

Louis Aragon (1897–1982), französischer Erzähler und Essayist. Nahm 1915–18 am Ersten Weltkrieg teil, war 1924 Mitbegründer des Surrealismus, seit 1927 Kommunist. Kämpfte im Spanischen Bürgerkrieg, war im Zweiten Weltkrieg in der Résistance. Zahlreiche bedeutende Romane.
Ignazio Silone s. Komm. zu 63.
Ferruccio Parri Biographische Daten nicht ermittelt.
Kaj Munk (1898–1944), dänischer Dichter. Pfarrer, von der Gestapo umgebracht. Essays »Glückhafte Tage« (dt. 1946), Drama »Niels Ebbesen (dt. 1944), Erinnerungen »Fragment eines Lebens« (dt. 1944).
Nordahl Grieg (1902–1943), norwegischer Lyriker, Erzähler und Dramatiker. Zunächst Vagabund in Europa, dann Studium in Oslo und Oxford. Korrespondent im Spanischen Bürgerkrieg. 1939 Soldat in Norwegen, floh infolge Besetzung des Landes nach England. Als Fliegeroffizier bei einem Angriff auf Berlin abgeschossen. Dramen »Unsere Ehre und unsere Macht« (dt. 1950), »Die Niederlage« (dt. 1947).
das große Experiment ... mit 30 000 Kriegsgefangenen Alfred Andersch, einer von ihnen, bezieht sich auf den Stand vom Juni 1943. Im Dez. des Jahres waren es bereits rund 125 000. Im Sept. 1944 wurde in den Vereinigten Staaten mit dem Umerziehungsprogramm für die internierten Deutschen begonnen. Von den 44 Gefangenenzeitungen (Stand März 1945) war »Der Ruf« die wichtigste. Über die besondere Atmosphäre in den Gefangenencamps informiert der Roman »Die Geschlagenen« (1949) von Hans Werner Richter.

148 **Hans Wallenberg** Beim Anblick der Einundzwanzig

Der Artikel am Schluß vom Hg. gekürzt.
Über **Wallenberg** s. Komm. zu 116.
Über die **Angeklagten** s. Komm. zu 39.

155 **Erich Kästner** ... und dann fuhr ich nach Dresden

Von Kästner mit der Vorbemerkung versehen: »Mein erstes Wiedersehen mit den Eltern und mit der Vaterstadt nach deren Zerstörung.« Dresden ist in der Nacht vom 13. auf den 14. Febr. 1945 zerstört worden. Einer der eindrucksvollsten Augenzeugenberichte des Geschehens stammt von Victor Klemperer, »Ich

will Zeugnis ablegen bis zum letzten«, Tagebücher 1942–1945, 661–72.
Über Sinn und Nutzen des Bombardements ist auch sechzig Jahre nach dem Geschehen keine Einigung erzielt worden.
Über **Kästner** s. Komm. zu 32.

160 **Günther Weisenborn** Wiedersehen mit der alten Zelle
Günther Weisenborn (1902–1969), Reporter und Schriftsteller. Studium der Medizin und der Philologie in Köln und Bonn; ging 1928 nach Berlin. 1930 Farmer und Postreiter in Argentinien, zurück nach Berlin. Seine Bücher wurden 1933 verboten. Unter Pseudonym schrieb er weiter. 1935 Lokalreporter in New York, 1940 Dramaturg und Rundfunkautor. Als Widerstandskämpfer 1942–45 im Zuchthaus. Große Wirkung hatte 1946 sein Drama »Die Illegalen«. 1945–47 Herausgeber der satirischen Zeitschrift »Ulenspiegel«. Nach dem Krieg Dramaturg am Hebbel-Theater Berlin, dann als Chefdramaturg in Hamburg. Von seinem umfangreichen Prosawerk am bekanntesten die Erinnerungen »Memorial« (1948), in dessen Umkreis der abgedruckte Text gehört.

162 **H. R.** Der Weg zurück ins Leben.
Kürzel nicht entschlüsselt.

166 **Walther Kiaulehn** Die Seeschlange ist wieder da!
Walther Kiaulehn (1900–1968), Feuilletonist, Kritiker, Journalist. 1924 beim »Berliner Tageblatt«, 1930–33 bei der »BZ am Mittag«, 1939–45 Soldat, 1946 Schauspieler und freier Schriftsteller. Seit 1950 am »Münchner Merkur«. Essaysammlung »Feuerwerk bei Tage« (1948), »Berlin – Schicksal einer Weltstadt« (1958), Biographie des Verlegers Ernst Rowohlt.
Therese von Konnersreuth Therese Neumann (1881–1962), Wundertätige. Magd bei einem Großbauern. Nach Auskunft der Verehrergemeinde: 1918 nach mehreren Unfällen bettlägerig, erblindet. 1923 unverhoffte Heilung am Tag der Seligsprechung der Therese von Lisieux. 1926 Auftreten der Stigmata (Wundmale) Jesu Christi. Nahrungslosigkeit. Wundersame Heilkräfte. Konnersreuth war ein Zentrum des katholischen Widerstands gegen Hitler.

Krishnamurti indischer Guru und »Weltlehrer« (1895–1986), dessen theosophisch beeinflußte Lehren zeitweilig viele Anhänger fanden.
Goldmacher Tausend obskurer Geschäftsmann, der Ende der zwanziger Jahre versprach, nach alchemistischen Rezepten aus Blei und schwarzem Pulver Gold zu machen.

168 **Hermann Kesten** Mein Vater und die Ehre

Hermann Kesten (1900–1996), Erzähler, Essayist und Herausgeber, Lektor. Studium der Rechte, der Germanistik, Geschichte und Philosophie. 1927–33 Lektor des Kiepenheuer-Verlags, 1933 Flucht nach Frankreich. In Holland bis 1940 Leiter des Verlags Allert de Lange. 1940 Emigration in die USA. Nach dem Krieg in Rom, München, New York, Wien, Paris und Basel lebend. 1972–76 Präsident des westdeutschen P.E.N.-Zentrums, einer der letzten hommes de lettres. Als Emigrant um Versöhnung und Ausgleich mit den im Reich verbliebenen Kollegen bemüht, als Anwalt junger Talente unermüdlich. Zahlreiche Romane, Erzählungen, Essays und Anthologien.
»Die Geheimnisse von Paris« »Les mystères de Paris«, vielbändiger Kolportageroman von Eugène Sue, als erster Roman in Fortsetzungen im Feuilleton einer 1842f. Zeitung erschienen.

172 **Walter Kolbenhoff** Ein kleines oberbayerisches Dorf

Walter Kolbenhoff (1908–1993), eigentl. Walter Hoffmann, Reporter, Erzähler, Hörspielautor. War in den zwanziger Jahren Straßensänger, Gelegenheitsarbeiter und Tramp. Reisen durch Europa, Nordafrika und Kleinasien. Seit 1930 Reporter der kommunistischen Tageszeitung »Die Rote Fahne«. 1933 Flucht über Holland nach Dänemark, wo sein Roman »Untermenschen« (1933) erschien. 1942 zur Deutschen Wehrmacht eingezogen. Einsatz in Jugoslawien, bei der Schlacht um Monte Cassino gefangengenommen. Interniert im amerikanischen Lager Fort Kearny, wo er Alfred Andersch und Hans Werner Richter kennenlernte und am »Ruf« mitwirkte. Chefreporter der NZ, Mitbegründer der Gruppe 47. Verfasser zeitkritischer Romane wie »Von unserem Fleisch und Blut« (1947) und »Heimkehr in die Fremde« (1949). Seine Erinnerungen an die Nachkriegsjahre in München und an die Tätigkeit in der NZ unter dem Titel »Schellingstraße 48« (1984).

Oberbayerisches Dorf Dietramszell, der zeitweilige Wohnsitz Kolbenhoffs.
Baron Baron Joseph von Schilcher
Thorak s. Komm. zu 32.

1947

179 **Karl O. Paetel** Heimkehr?
In einer redaktionellen Vornotiz wurde Paetel als »der New Yorker Vertreter der ausgezeichneten Zeitschrift ›Deutsche Blätter‹« in Chile vorgestellt. »Das Thema seines Briefes scheint uns eine der für Deutschland wichtigsten Nachkriegsfragen anzuschneiden: die Wiederannäherung zwischen Exilierten und Daheimgebliebenen. Mit dem Hinweis Paetels auf die Stellungnahme Thomas Manns beabsichtigt die Redaktion keineswegs, die erneute Diskussion einer schon fast historisch erscheinenden Meinungsverschiedenheit einzuleiten. Sie hält es jedoch für notwendig, deutlich zu machen, daß neben der Mannschen Auffassung andere bestehen, zu denen das deutsche Volk leichter den Zugang finden kann. Paetel spricht für diejenigen, die eine Brücke schlagen wollen. Jedem Daheimgebliebenen steht es frei, vom diesseitigen Ufer aus an ihr mitzubauen.«
Karl O. Paetel (1906–1975), Publizist, war Mitglied des »Bundes der Könige« und der »Deutschen Freischar«, 1930 Redakteur der Zeitschrift »Die Kommenden«, 1931–1933 Hg. der »Sozialistischen Nation«. Hauptvertreter der sog. national-bolschewistischen Bewegung; leitete die von ihm 1930 gegründete Gruppe Sozialrevolutionärer Nationalisten. Bis 1930 Mitglied der NSDAP. 1935 nach wiederholter Verhaftung Flucht in die ČSR, Mitarbeit an der »Neuen Weltbühne« in Prag. Über Zwischenstationen in Brüssel und Paris, 1940 Südfrankreich, Lissabon erreichte er 1941 New York. 1947–48 Hg. der »Deutschen Gegenwart«. 1953 Niederlassung in New York, wo er bis zu seinem Tod lebte. Autobiographie »Reise ohne Uhrzeit« (1982).
Polemik um diesen Briefwechsel Auseinandersetzung Thomas Manns mit Frank Thieß und Walter von Molo 1945, die Frage der Emigranten und der Rückkehr betreffend.
Quislinge Vidkun Quisling (1887–1945 hingerichtet), norwegi-

scher Politiker, der zunächst mit der Sowjetunion sympathisierte, später in den Dienst der deutschen Besatzer trat, unter den Nazis zweimal Ministerpräsident war und nach der Befreiung wegen Hoch- und Landesverrats zum Tod verurteilt wurde. Sein Name wurde zum Synonym für Kollaborateure.

181 **Ludwig Erhard** Freie Marktwirtschaft oder Planwirtschaft?

Ludwig Erhard schrieb den Artikel in seiner Eigenschaft als Leiter der Kommission »Sonderstelle Geld und Kredit« in der Bizone. Er wandte sich indirekt auch gegen amerikanische Bestrebungen, in Deutschland die kriegsbedingte Planwirtschaft zu verlängern. Er umriß gleichzeitig sein späteres Programm als bundesdeutscher Wirtschaftsminister und deutete bereits die Währungsreform an. **Ludwig Erhard** (1897–1977), Politiker und Wirtschaftsfachmann. Er studierte Betriebswirtschaft, Nationalökonomie und Soziologie in Frankfurt/M. 1928–42 an einem Institut für Konsumforschung tätig, 1940–45 in der Verwaltung der lothringischen Glasindustrie. 1942 Gründung eines eigenen Wirtschaftsinstituts, 1944 Verbindung zum Widerstand. 1945/46 bayerischer Wirtschaftsminister im Kabinett Wilhelm Hoegner. Bereitete die Währungsreform vor. Im März 1948 zum Direktor des Wirtschaftsrats in der Bizone gewählt, im Sept. 1949 zum ersten Wirtschaftsminister in der Regierung Adenauer. 1957 veröffentlichte er die programmatische Schrift »Wohlstand für alle«. Im Okt. 1963 zum Bundeskanzler gewählt. Rücktritt vom Amt im Dez. 1966.

186 **Bruno E. Werner** Die neuen deutschen Briefmarken

Bruno E. Werner (1896–1964), Journalist und Romancier. Studium der Literatur- und Kunstgeschichte in München und Berlin. Im Kunsthandel tätig, ab 1926 Theater- und Kunstkritiker in Berlin. 1929–43 Leiter der Kulturzeitschrift »die neue Linie«. Viele Reisen in Europa. 1945/46 Kulturchef des NWDR Hamburg, 1947–52 Feuilletonchef der NZ, danach Kulturattaché in Washington. 1962 Präsident des bundesdeutschen P.E.N.-Zentrums.

189 **Erich Pfeiffer-Belli** Am Grab des Lärms

Erich Pfeiffer-Belli (1901–1989), Kulturjournalist, Erzähler, Essayist. Feuilleton-Redakteur in Königsberg und Stuttgart, beim »Berliner Tageblatt« 1935–37, 1938–43 bei der »Frankfurter Zeitung«,

1943 bei den »Münchner Neuesten Nachrichten«. Nach dem Krieg Arbeit auch für den RIAS und als »Urbanus« für den »Tagesspiegel«. Schriftsteller sowie Literatur-, Theater- und Kunstkritiker in München. Memoiren »Junge Jahre im alten Frankfurt und eines langen Lebens Reise« (1986).

192 **Alfred Kerr** Fünf Tage Deutschland

Alfred Kerr war der erste Emigrant, der aus dem Exil in der NZ schrieb.

Alfred Kerr (1867–1948), Feuilletonist und Theaterkritiker. Studium der Germanistik in Breslau und Berlin. 1912–14 Herausgeber der Zeitschrift »Pan«, jahrzehntelang einer der führenden Theaterkritiker. Veröffentlichte bereits 1917 fünf Bände mit Kritiken »Die Welt im Drama«. Zahlreiche Reiseberichte. 1933 Emigration nach Frankreich, 1935 nach London.

204 **Bruno E. Werner** Romantik und Wirklichkeit

Über **Werner** s. Komm. zu 186.

Gropius s. Komm. zu 512.

Hans Scharoun (1893–1972), Architekt, zählt zur Avantgarde des Neuen Bauens in den zwanziger Jahren. 1945–46 Leiter der Abteilung Bau- und Wohnungswesen beim Magistrat Groß-Berlin. Bekanntestes Werk: Gebäude für die Berliner Philharmonie.

Heinrich Tessenow (1876–1950), Architekt, dessen Werk sich durch betonte Schlichtheit auszeichnete; war u.a. für die Gartenstadt Dresden-Hellerau tätig.

Paul Clemen (1866–1947), Kunsthistoriker, wurde 1893 erster Provinzialkonservator der Rheinprovinz, machte sich um die Denkmalpflege verdient.

Beutler s. Komm. zu 364.

Otto Bartnig (1883–1959), Architekt, 1926–30 Direktor der Hochschule für Handwerk und Baukunst in Weimar, 1955–59 städtebaulicher Berater in Westberlin. Richtungsweisend im Kirchenbau.

208 **Thomas Mann** Die Aufgabe des Schriftstellers

Brief an den Schutzverband Deutscher Schriftsteller. Geleitwort für das erste Heft (August 1947) jenes Verbandes, dem Thomas Mann bis 1933 vorstand. In der NZ etwas verkürzt abgedruckt.

Es fehlt der folgende Anfang:
»Liebe Kollegen, Sie haben in München den Schutzverband Deutscher Schriftsteller wieder ins Leben gerufen, dessen Vorsitzender ich in alten Zeiten war, und haben sich sogar zur Herausgabe einer kleinen Verbandszeitschrift entschlossen. Nehmen Sie meine herzlichen Glückwünsche dazu. Elastizität ist die kennzeichnendste Eigentümlichkeit ausharrender Lebenskraft, und Ihr Tun beweist, daß die deutsche Intelligenz sich vom Drang und Notstand der Zeit nicht beugen und niederhalten läßt, sondern, über das persönliche Werk des einzelnen hinaus, auch schon wieder auf das Gemeininteresse, die Rechte, die Solidarität geistiger Arbeit organisatorisch bedacht ist.«

211 **Max Bense** Über die Freiheit der Wissenschaft

Max Bense (1910–1990), Kunsttheoretiker und Essayist. Studium der Physik, Mathematik und Philosophie. 1946 Professur in Jena, seit 1949 in Stuttgart. Lehrstuhl für Wissenschaftstheorie, mathematische Logik und Philosophie der Technik. In seiner Verbindung von ästhetischer Theorie und naturwissenschaftlichen Fragestellungen bahnbrechend für die Avantgarde nach dem Krieg. Von seinen zahlreichen Veröffentlichungen sind besonders die vierbändigen »aesthetica« (1954–1960) und seine »Theorie der Texte« (1962) sowie die Sammlung »Artistik und Engagement« (1970) hervorzuheben.

214 **Martha Maria Gehrke** Wiedersehen mit einer Insel

Die Journalistin **Martha Maria Gehrke** (1894–1986), auch Schriftstellerin und Hörspielautorin (Ps. Barbara Kellheim), studierte Germanistik in Bonn und München. Verheiratet mit dem Schriftsteller Harry Kahn. Seit 1918 Mitarbeiterin des »Simplicissimus« und ab 1919 der »Weltbühne«. Ab 1931 lebte sie in Berlin. Nach dem Krieg Redakteurin der NZ. Schrieb später zahlreiche Sachbücher und Ratgeber über die Frau, die Sekretärin, Partnerschaft.

218 **Carl Zuckmayer** Künstler im Dritten Reich

Abdruck mit einer Vorbemerkung von Zuckmayer selbst: »Die beiden folgenden Abschnitte entstammen einer größeren Arbeit, die im Jahre 1943 im Auftrag eines bestimmten Amtes der amerikanischen Regierung verfaßt wurde. Sie sollte bezwecken, die künftige

Besatzungsmacht in Form von möglichst objektiven Charakterstudien über führende Persönlichkeiten des deutschen Kulturlebens zu informieren. Die Arbeit wurde mir im Jahre 1945 zur beliebigen Veröffentlichung freigegeben.« Ausschnitt aus einer Studie, die Carl Zuckmayer für das »Office of Strategic Services« (OSS), den nach dem Krieg aufgelösten amerikanischen Auslandsgeheimdienst schrieb. In diesem (erstmals 2002 zusammenhängend veröffentlichten) »Geheimreport« entwarf der Schriftsteller 150 Dossiers über Künstler und Schriftsteller im Dritten Reich. Diese Porträts dienten einer Einschätzung der Lage im Dritten Reich und der Vorbereitung für die Besatzungstruppen, mit welchen Personen für den demokratischen Wiederaufbau in Deutschland überhaupt zu rechnen war. In der NZ abgedruckt wurden die übergreifenden Bemerkungen. Darauf folgte eine Art Ehrenerklärung für den Schauspieler Werner Krauß, der wegen seiner antisemitischen Paraderolle des Jud Süß in Schwierigkeiten geraten war. Dazu eine Meldung aus der NZ (79/3.10.47): »In der zweiten Spruchkammerverhandlung gegen den Schauspieler Werner Krauß wurde wieder das Urteil ›nicht belastet‹ gefällt. Die Kammer stellte fest, daß Krauß sich im ›Reichskultursenat‹ und als Vizepräsident der Deutschen Bühnengenossenschaften nie aktiv betätigt habe. Seine Mitwirkung in dem Film ›Jud Süß‹ könne nicht als Belastung gewertet werden, da Krauß sich nachweislich lange Zeit hindurch geweigert habe, diese Rolle zu übernehmen. Erst als er von Goebbels dazu gezwungen worden sei, habe er sich dazu bereit erklärt, weil er seine Existenz zu verlieren befürchtete. Aus den Aussagen verschiedener Freunde und bekannter Schauspieler ging hervor, daß Werner Krauß zahlreiche jüdische Freunde hatte, die er auch in den zwölf Jahren der Naziherrschaft unterstützte.«

Carl Zuckmayer (1896–1977), Dramatiker und Erzähler. Dramaturg u.a. bei Max Reinhardts »Deutschem Theater«. Lebte von 1926–1938 bei Salzburg, dann Emigration, 1938 in die USA, wo er zeitweilig als Farmer sich betätigte. Kehrte nach dem Krieg zurück und wohnte in Saas-Fee (Schweiz). Weltruhm mit Stükken wie »Der fröhliche Weinberg« (1925), »Der Hauptmann von Köpenick« (1930), »Des Teufels General« (1946). Autobiographie »Als wärs ein Stück von mir« (1966).

222 **Philipp Lersch** Über den Nihilismus

Der Psychologe **Philipp Lersch** (1898–1972) studierte zunächst (seit 1918) deutsche Literaturgeschichte in München. 1922 Promotion. Anschließend Studium der Psychologie und Philosophie. 1929 Habilitation an der TH Dresden, dort ab 1936 Professor für Philosophie und Psychologie. Von 1937–1939 Professur an der Universität Breslau, ab 1939 in Leipzig, ab 1942 Prof. und Direktor des Psychologischen Instituts der Universität München. 1952–1968 lehrte er in München. 1953–1955 Vorsitzender der Deutschen Gesellschaft für Psychologie. Mitglied der Sächsischen und der Bayerischen Akademie der Wissenschaften.

227 **Arnold Bauer** Zweierlei Sprache

Arnold Bauer (1910 geb.), Journalist. Im Zweiten Weltkrieg war Bauer Mitglied der Widerstandsgruppe Schulze-Boysen/Harnack, er wurde wiederholt inhaftiert. Nach 1945 Mitarbeiter des Deutschen Heeresarchivs und Redakteur der Zeitschrift »sie«. Er veröffentlichte u.a. in den Zeitschriften »Aufbau« und »Der Monat« sowie in der NZ. Publikationen: »Thomas Mann und die Krise der bürgerlichen Kultur« (1946), »Kindheit im Zwielicht« (1947).

Der Schriftstellerkongreß, der vom 4.–8. Okt. 1947 in Berlin stattfand, war der erste und blieb das einzige gesamtdeutsche Autorenparlament, bis Stephan Hermlin 1981 die »Berliner Begegnungen« organisierte. Günther Weisenborn fragte damals: »Mitten in dieser Fünfnationenstadt sitzen wir Schriftsteller des deutschen Volkes zum erstenmal versammelt, seit die Kanonen schweigen. Werden wir im Gedenken an die Toten gute Arbeit leisten? Werden wir Verdacht und Haß von uns weisen? Werden wir bestehen? Wird die innere Stimme des Volkes aus uns sprechen, das in seiner Not Gehör in der Welt sucht? Werden wir durch unsere künftigen Werke, die in ihren Entwürfen bereits hier anwesend sind, den Haß der Welt besiegen?« Eine Publikation der Beiträge für diese Veranstaltung bietet die Dokumentation »Erster Deutscher Schriftstellerkongreß«. Hg. von Ursula Reinhold, Dieter Schlenstedt und Horst Tanneberger, Berlin 1997. Das Weisenborn-Zitat dort 106f.

Ricarda Huch Über sie s. Komm. zu 240. Mit ihrer Rede »Ruf an die Schriftsteller« versuchte sie von Anfang an, auf dem Kongreß zu vermitteln.

Günther Weisenborn Über ihn s. Komm. zu 160. Seine Kongreßrede trug den Titel »Von Tod und Hoffnung der Dichter«.
Rudolf Hagelstange (1912–1984) war 1940–45 Kriegsberichterstatter und Redakteur von Soldatenzeitungen in Frankreich und Italien gewesen. 1946 Übersiedelung nach Westfalen. Gewinner des Preisausschreibens der von den Sowjets herausgegebenen Tageszeitung »Tägliche Rundschau«. Damals publizierte er in westlichen und östlichen Zeitschriften. Hagelstange beteiligte sich an einer Diskussion zum Thema »Geistige Fragen. Literatur und Gesellschaft«.
Gustav von Wangenheim (1895–1975), Dramatiker, Filmautor, Schauspieler und Regisseur. Der Kommunist war von 1933 bis 1945 im sowjetischen Exil, auch Mitglied des »Nationalkomitees Freies Deutschland«. 1945/46 Intendant des Deutschen Theaters in Berlin. Wangenheim beteiligte sich an der gleichen Diskussion.
Albin Stuebs (1900–1977), Dramatiker, Erzähler, Jugendbuchautor, war in der Tschechoslowakei und in England im Exil, wurde 1940 nach Australien deportiert. Über England 1946 Rückkehr nach Deutschland, arbeitete ab 1947 in der Rundfunkschule des NWDR, leitete danach den Jugendfunk. Stuebs beteiligte sich an einer Diskussion zum Thema »Geistige Fragen. Aktuelle Probleme der Literaturentwicklung«.
Revenants Geister, Wiedergänger.
Wolfgang Langhoff (1901–1966), Schauspieler und Regisseur, auch Schriftsteller. Schrieb den berühmten Bericht »Die Moorsoldaten« (1935) über seinen Aufenthalt im KZ Esterwegen. Flucht in die Schweiz. Nach dem Krieg Generalintendant der Städtischen Bühnen Düsseldorf, 1946–63 Intendant des Deutschen Theaters in Berlin. Langhoff diskutierte beim Thema »Geistige Fragen. Aktuelle Probleme der deutschen Literaturentwicklung« mit.
Noel Henry Brailsford (1873–1958), englischer Publizist, und seine Ehefrau **Eva-Maria.** Er warnte in einem Schlußwort: »Wir britischen Schriftsteller –, ich darf wohl sagen, die britische Intelligenz –, schaudern vor einer Zerteilung Deutschlands. Wir wissen, daß kein Friede sein kann ohne ein freies, demokratisches und geeintes Deutschland. Wir alle müssen uns dafür einsetzen.«
Edwin Redslob (1884–1973), Kunst- und Kulturhistoriker. Als Reichskunstwart 1933 entlassen. Mit Erik Reger und Walter

Karsch ein Lizenzträger des »Tagesspiegel«, 1949/50 Rektor der Freien Universität Berlin. Sein Thema: »Unsere Literatur und die Welt«.

Friedrich Wolf (1888–1953), Dramatiker und Erzähler. 1933 Emigration in die Sowjetunion. Beim Versuch, nach Spanien zu kommen, in Frankreich interniert. Lager Le Vernet. 1941 Rückkehr in die Sowjetunion, Mitarbeit am »Nationalkomitee Freies Deutschland«, 1945 Rückkehr nach Deutschland. Kulturpolitische Tätigkeit in der SBZ, 1950 erster Botschafter der DDR in Polen. Er sprach auf dem Empfang der Sowjetischen Militäradministration.

Melvin J. Lasky (1920–2004), amerikanischer Publizist. War Korrespondent von »New Leader« und »Partisan Review«, Gründer und Chefredakteur der Zeitschrift »Der Monat«; auf dem Kongreß einer der Wortführer der Antikommunisten.

André Gide (1869–1951), französischer Erzähler und Essayist. War zeitweilig Kommunist, verurteilte jedoch in einem Bericht 1937 scharf die stalinistischen Praktiken und galt seitdem als Renegat.

Valentin Katajew (1897–1986), russischer Erzähler und Dramatiker. War im Zweiten Weltkrieg Frontkorrespondent. Gab auf dem Empfang der Sowjetischen Militäradministration einen Trinkspruch.

Wolfgang Harich (1923–1995), Philosoph und Publizist. Soldat ab 1942, illegale Arbeit. Nach dem Krieg bis 1951 Redakteur der »Täglichen Rundschau«. Bis 1956 Dozent für Philosophie in Ostberlin, Lektor im Aufbau-Verlag, verhaftet und zu zehn Jahren Gefängnis verurteilt. Danach Privatgelehrter und politischer Publizist. Er beteiligte sich an dem Thema »Literatur und Gewalt. Berichte über die geistige Haltung der Schriftsteller drinnen und draußen«.

Karl Jaspers Über ihn s. Komm. zu 23.

Alfred Kantorowicz (1899–1979), Publizist. 1933 als Kommunist Flucht nach Frankreich, Gründer der Deutschen Freiheitsbibliothek in Paris, kämpfte im Spanischen Bürgerkrieg. 1941 Emigration in die USA, 1946 Rückkehr nach Berlin. Gab von 1947–50 die Zeitschrift »Ost und West« heraus. Professor für deutsche Literatur, 1957 Flucht in die BRD. Er berichtete über »Schriftsteller in der Emigration«.

Axel Eggebrecht (1899–1992), Essayist, Journalist, Erzähler. Kam

1933 ins Gefängnis und ins KZ, Berufsverbot. ›Überwinterte‹ als Autor von Unterhaltungsfilmen bei der UFA. 1945 Mitbegründer des Hamburger Senders, Abteilungsleiter beim NWDR. Er stellte die Frage: »Ist der Nazismus in der Literatur noch relevant?«

Hans Mayer (1907–2001), Literaturwissenschaftler und Essayist. 1935–1945 Exil in Frankreich und in der Schweiz, zeitweilig interniert. 1946/47 Chefredakteur von Radio Frankfurt, dann in die werdende DDR übersiedelt. Von 1948–1963 als Professor für deutsche und vergleichende Literaturwissenschaft sehr einflußreich. 1963 Übersiedelung in die BRD. In Hannover Professur für deutsche Sprache und Literatur, später in Tübingen ansässig. Mayer sprach über »Der Schriftsteller und die Gesellschaft«.

Ernst Penzoldt Über ihn s. Komm. zu 110. Ernst Penzoldt stellte die Frage: »Haben wir eine Kritik?«

Rudolf Leonhard (1889–1953), Erzähler, Lyriker, Essayist. 1927 nach Paris übersiedelt, antifaschistische Arbeit. Nach 1939 in verschiedenen französischen Lagern interniert.1943 Flucht und Arbeit in der Résistance. 1950 nach Deutschland zurückgekehrt. Ein Referat »Über die Sprachverwilderung«.

W. E. Süskind s. Komm. zu 29. Er beteiligte sich als Diskutant beim Thema »Geistige Fragen. Literatur und Gesellschaft«.

Stephan Hermlin (1915–1997), Erzähler, Essayist, Lyriker. Bis 1936 illegale Arbeit in Deutschland als Kommunist. 1936 Emigration, vorwiegend in Frankreich. Arbeit in der Résistance. 1943 Flucht in die Schweiz, 1945 Rückkehr nach Deutschland. Zunächst bei Radio Frankfurt, 1947 Übersiedelung in den Osten, dort kulturpolitische Tätigkeit, Engagement im Weltfriedensrat. Er fragte: »Wo bleibt die junge Dichtung?«

Anna Seghers (1900–1983), Erzählerin und Essayistin. Als Kommunistin 1933 Flucht nach Frankreich, 1940 nach Mexiko.1947 Rückkehr nach Deutschland. Vizepräsidentin des Kulturbundes zur demokratischen Erneuerung Deutschlands, Präsidiumsmitglied des Weltfriedensrates, Präsidentin des Schriftstellerverbandes der DDR. Ihr Thema: »Der Schriftsteller und die geistige Freiheit«.

Elisabeth Langgässer Über sie s. Komm. zu 270. Sie redete über »Schriftsteller unter der Hitlerdiktatur«.

Johannes R. Becher (1891–1958), Lyriker, Erzähler, kommunistischer Funktionär. Mitbegründer der proletarisch-revolutionären

Zeitschrift »Linkskurve«. 1933 Exil, 1935 in die UdSSR. Nach dem Krieg Vorsitzender des »Kulturbundes«, kulturpolitische Funktionen, seit 1954 Kulturminister der DDR. Sein Referat trug das Thema: »Wie kämpft der Schriftsteller für den Frieden?«
Hermon Ould (1886–1951), englischer Dramatiker und Lyriker. Von 1926 bis zu seinem Tod Generalsekretär des Internationalen P.E.N. Ould hielt auf dem Berliner Kongreß eine der Schlußansprachen.

231 **Hans Schweikart** Das Lächeln der Klasse
Der Regisseur und Schauspieler **Hans Schweikart** (1895–1975) absolvierte ein Schauspielstudium in Berlin, 1923 Engagement an den Münchner Kammerspielen unter Otto Falckenberg. In den dreißiger Jahren vor allem Filmautor. 1938–42 Produktionschef der Bavaria in München. 1947–63 Intendant der Münchner Kammerspiele.

235 **Peter Suhrkamp** Der 9. November 1938
Der Frankfurter Verleger **Peter Suhrkamp** (1891–1959) war auch Lehrer, Verleger, Essayist, Schriftsteller. Kriegsfreiwilliger im Ersten Weltkrieg, Frontoffizier. Germanistikstudium in Heidelberg und Frankfurt/M., Lehrer an der Odenwaldschule und 1919–1921 an der Freien Schulgemeinde Wickersdorf. 1921–25 Dramaturg und Regisseur am Landestheater Darmstadt, dann wieder Lehrer bis 1929. Ab 1929 Redakteur im Ullstein Verlag, 1932 Chefredakteur der »Neuen Rundschau«, 1933 Verlagsvorstand des S. Fischer Verlags. Ab 1936 Leitung des in Deutschland verbliebenen Verlagsteils, 1942 zwangsweise Umfirmierung des Verlags in Suhrkamp Verlag, vorm. S. Fischer. 1944 Verhaftung wegen Hoch- und Landesverrats und Internierung im KZ Sachsenhausen. Nach dem Krieg Differenzen mit den Erben von S. Fischer, 1950 Gründung des Suhrkamp Verlags, der zu einem der wichtigsten Verlage der Nachkriegszeit wurde.
Herr vom Rath Am 7. Nov. 1938 erschoß der 17jährige polnische Jude Herschel Grynspan den deutschen Legationssekretär Ernst vom Rath in der deutschen Botschaft von Paris. Das Attentat diente als vorgeschobener Anlaß für die Novemberpogrome gegen die Juden in der sogenannten »Reichskristallnacht«.

237 **Ernst Kreuder** Literatur: Vorher – Nachher

Einen »Wunsch an die schönen Künste« trug die Redaktion der NZ an Karl Herko und an Ernst Kreuder heran. Verbunden waren damit einige vorangestellte Fragen: »Zwischen der Sintflut und der Schicksalswelle, die über Deutschland hinweggespült ist, besteht nur ein Gradunterschied. Hat sie die Seelen der Menschen verändert? Können wir an die Dichtung und Kunst, die 1933 in die Katakombe gedrängt wurde, wieder anknüpfen oder ist das Stigma, das wir nun auf der Stirn tragen, unauslöschbar und zwingt uns, vom Vergangenen Abschied zu nehmen und einen gänzlich neuen Weg einzuschlagen?« Der 44jährige Kreuder wurde als Stimme der jüngeren Generation annonciert.

Ernst Kreuder (1903–1972), Erzähler und Essayist. Banklehre, Studium der Philosophie, Literaturgeschichte und Kriminologie in Frankfurt/M., 1926/27 Balkanreise. 1933 Hilfsredakteur beim »Simplicissimus« in München. Seit 1934 in der Nähe von Darmstadt wohnhaft. Vertreter der »Inneren Emigration«. 1939 erster Erzählungsband »Die Nacht des Gefangenen«. 1940–45 Flaksoldat. 1946 erschien die Erzählung »Die Gesellschaft vom Dachboden«, das erste belletristische Buch aus Deutschland, das nach dem Krieg übersetzt wurde. Sein Hauptwerk ist der Roman »Die Unauffindbaren« (1948). Er erhielt 1953 den Büchnerpreis.

240 **Ricarda Huch** Der Kampf gegen das Böse

Text aus dem Nachlaß. Einleitung eines geplanten Buches über den deutschen Widerstand gegen Hitler, das die Schriftstellerin nicht mehr fertigstellen konnte.

Ricarda Huch (1864–1947), Erzählerin, Historikerin und Lyrikerin. Studierte Geschichte in Zürich, Aufenthalte in Triest und München. Die letzten zwei Jahre des Ersten Weltkriegs in der Schweiz. Ab 1927 in Berlin, Heidelberg und Freiburg. Erklärte ihre antinazistische Gesinnung bei der Gleichschaltung der Preußischen Akademie der Künste 1933.

Bedeutende Werke u.a.: »Der dreißigjährige Krieg« (1929) und »Deutsche Geschichte« (dreibändig, 1934–49).

242 **Wolfgang Borchert** Der Kaffee ist undefinierbar

Wolfgang Borchert (1921–1947), Erzähler und Dramatiker. Buchhändlerlehre, Schauspieler, 1941 Soldat, im Krieg schwer verwundet. Wegen antinazistischer Äußerungen mehrfach im Gefängnis, Todesurteil. Zur »Bewährung« an die Ostfront geschickt. 1943 wegen Krankheit entlassen. In seiner kurzen Lebensspanne nach dem Krieg schrieb er das berühmteste Schauspiel der Trümmer- und Heimkehrerliteratur, »Draußen vor der Tür«, und eine Reihe von Erzählungen.

246 **Alfred P. Hora** Winterreise durch Deutschland 1947

Keine biographischen Daten ermittelt.

254 **Arnold Weiß-Rüthel** Päckchen werden im Bad verteilt

Arnold Weiß-Rüthel (1900–1949), Schriftsteller, Kabarettist und Schauspieler, bewegte sich früh in den Zirkeln der Münchner Künstler-Bohème. Engagements als Schauspieler auf bayrischen Provinzbühnen, Satiren in humoristischen Blättern, Beiträge auch im »Simplicissimus« und in der »Weltbühne«. Vom Febr. 1934 bis Nov. 1936 Chefredakteur der »Jugend«; nach öffentlichen Angriffen von Naziblättern entlassen. 1940–1945 im KZ Sachsenhausen (Bericht »Nacht und Nebel. Aufzeichnungen aus fünf Jahren Schutzhaft«). Neben journalistischer Tätigkeit auch Chefdramaturg bei Radio München.

1948

262 **Wolfdietrich Schnurre** Unterm Fallbeil der Freiheit

Wolfdietrich Schnurre (1920–1989), Erzähler. 1939–1945 Soldat. Seit 1946 wohnhaft in Berlin. Bis 1949 Film- und Theaterkritiker, seit 1950 freier Schriftsteller. Seine Geschichten, die zwischen 1945 und 1947 entstanden, veröffentlichte er 1960 in dem Band »Man soll dagegen sein«. Sein bedeutendstes Buch sind die Aufzeichnungen »Der Schattenfotograf« (1978).

265 **Walter Kolbenhoff** Laßt uns Zeit

Walter Kolbenhoff, Chefreporter der NZ, antwortete auf die Frage: »Wo bleibt eigentlich die junge Literatur?« Nach dem Artikel entzündete sich eine Debatte, von der Entgegnungen u. a. durch Hellmuth von Cube, Ernst Penzoldt, Walter Kiaulehn und Carl Hermann Ebbinghaus abgedruckt wurden. In nicht wenigen

wurde der Selbstbestimmung, die der damals immerhin schon knapp 40jährige Kolbenhoff als Generationserfahrung der Jungen vornahm, mit Aversionen begegnet. Die Diskussion hallte lange Zeit nach und wird auch in Artikeln von Ludwig Marcuse und Leo Lania, ins Allgemeine gewendet, wieder aufgegriffen.
PW Prisoner of war, Kriegsgefangener.

268 **Wolfgang Borchert** Generation am Anfang
Eine der prägnantesten Selbsterklärungen der »verlorenen Generation« in der NZ.
Über **Borchert** s. Komm. zu 242.

270 **Elisabeth Langgässer** Herr Sisyphos in dieser Zeit
Der Text ist als Satire angelegt, aber auch ein Beispiel für die Mythologisierung des aktuellen Geschehens in einem Teil der Nachkriegsliteratur.
Elisabeth Langgässer (1899–1950), maßgebliche christliche Dichterin der Nachkriegszeit. Ausbildung als Lehrerin. Seit 1929 in Berlin. Stand dem Kreis der Jungen um die Zeitschrift »Die Kolonne« nahe. Erhielt 1936 als »Halbjüdin« Schreibverbot. 1948 Rückkehr in ihre rheinpfälzische Kindheitsgegend. Ihr Hauptwerk ist der Roman »Das unauslöschliche Siegel« (1946).

275 **Gerhard Szczesny** Überwindung der Kultur
Gerhard Szczesny (1918–2002), Publizist. Studierte Philosophie, Literaturwissenschaften und Publizistik. 1947 Redakteur des Bayerischen Rundfunks, dort als Leiter eines Sonderprogramms bis 1961. Auseinandersetzungen mit dem Intendanten Wallenreiter, Kündigung. Im gleichen Jahr gründete er die »Humanistische Union«, eine Vereinigung, die sich zum Ziel setzte, »die freiheitlich-demokratische Ordnung gegen jede weltanschaulich gebundene zu fördern«. Dieses Sympathieorgan der intellektuellen Opposition wurde u. a. von Alexander Mitscherlich und Hellmut Gollwitzer, Hermann Kesten, Erich Kästner und Peter Weiss unterstützt. Das Sammelbecken für eine undogmatische Linke, die sich der Entklerikalisierung der BRD, der Stärkung der parlamentarischen Demokratie, dem Kampf gegen den Radikalenerlaß, gegen den § 218, gegen Gesinnungs- und Geschmackszensur, der Aufklärung in jeder Weise verschrieben hatte. In

seinem Buch »Das sogenannte Gute« (1971) wandte sich Szczesny gegen den Dogmatismus der zerfallenden Studentenbewegung. Den Anspruch der Amtskirche wies er in seinem Buch »Die Zukunft des Unglaubens« zurück.

278 **Eugen Kogon** Der verbrecherische Idealismus

Der Publizist und Politologe **Eugen Kogon** (1903–1987) studierte Nationalökonomie und Soziologie in München, Florenz und Wien. Zwischen 1936 und März 1938 dreimal wegen antifaschistischer Arbeit verhaftet. Im Sept. 1938 Deportation ins KZ Buchenwald. 1946 erschien seine Analyse »Der SS-Staat. Das System der deutschen Konzentrationslager«, ein Standardwerk. Mit anderen Persönlichkeiten wie z.B. Walter Dirks forderte er Sept. 1945 in den »Frankfurter Leitsätzen« einen »wirtschaftlichen Sozialismus auf demokratischer Grundlage«. Er gründete 1946 mit Walter Dirks die »Frankfurter Hefte«, erklärte sich gegen die Wiederbewaffnung Deutschlands und gegen Atomwaffen, forderte eine europäische Republik. 1951 erhielt er in Darmstadt eine Professur für Politikwissenschaft.

Karl Anders (1907–1997), sozialistischer Politiker. 1945–49 deutscher Berichterstatter der BBC. Bis 1960 Leiter des Nest-Verlags in Frankfurt/M.

Ley s. Komm. zu 39.

Rudolf Höß (1900–1947), Lagerkommandant von Auschwitz. Sohn eines Kaufmanns, Unteroffizier im Ersten Weltkrieg, wegen Tapferkeit mehrfach ausgezeichnet, 1919 im Freikorps Roßbach. 1922 Eintritt in die NSDAP, Fememord. 1934 Mitglied der SS. 1938 als Hauptsturmführer im KZ Sachsenhausen beschäftigt. Leitete den Aufbau des KZ Auschwitz. Verhaftung durch die britische Armee. 1946 nach Polen überstellt. In Auschwitz gehenkt.

Himmler s. Komm. zu 63.

Fritzsche s. Komm. zu 39.

Hitlers »Euthanasie«-Befehl Datiert auf den 1.9.39. Hitler forderte den »Gnadentod durch namentlich zu bestimmende Ärzte« für Geisteskranke und Mißgebildete. Diese fälschlich »Euthanasie« genannte Mordaktion zur »Rassenhygiene« hatte eine scheinwissenschaftliche Grundlage durch sozialdarwinistische Fanatiker (K. Binding, A. Hoche, »Die Freigabe der Vernichtung lebensunwerten Lebens«, 1920) erfahren. Von 1940 an, nach

Protesten der Kirchen dann geheim, wurden bis 1945 ungefähr 130 000 Menschen umgebracht.
Großinquisitor Torquemada Der Dominikaner Thomas de Torquemada (1420–1498) war seit 1483 Leiter der spanischen Inquisition.
»Onkel Toms Hütte« Roman von Harriet Beecher Stowe (1852). Einer der Klassiker amerikanischer Literatur, hatte für die Befreiung der schwarzen Amerikaner von der Sklaverei große Bedeutung.

286 **Martin Stiebing** Berlin in diesen Tagen (I)

Der Journalist und Schriftsteller **Martin Stiebing** (1900–1964) war von 1928 bis 1944 Redakteur der »Woche« und zeitweise Leiter der Roman-Abteilung des Scherl-Verlages in Berlin. Ab 1953 Redakteur der Illustrierten »Quick«. Autor des Berlin-Romans »Der Anfang nach dem Ende« (1947).
pascht schmuggelt

290 **Ruth Andreas-Friedrich** Berlin in diesen Tagen (II)

Die Journalistin **Ruth Andreas-Friedrich** (1901–1977) machte 1922 das Staatsexamen als Wohlfahrtspflegerin, Buchhandelslehre. Buchbesprechungen und Feuilletons für diverse Zeitungen und Zeitschriften. Nach Kriegsende Mitherausgeberin der Zeitschrift »sie«. Ende 1948 Umzug von Berlin nach München. Einige Sachbücher und Ratgeber. Tagebuch: erstmals englisch als »Berlin Underground«, 1946, zwei Jahre später als »Der Schattenmann. Tagebuchaufzeichnungen 1938–1945«; dann erweitert bis 1948 als »Schauplatz Berlin. Ein deutsches Tagebuch«.

291 **Romano Guardini** Das unentrinnbare Schicksal

Einer der zahlreichen Essays in der NZ über die Wiederkehr der Religiosität, die Zukunft des Christentums, die Gewißheiten des Glaubens und die Hoffnung auf die Transzendierung des gesellschaftlichen Geschehens.
Romano Guardini (1885–1968), katholischer Theologe und Geisteswissenschaftler. Sohn italienischer Eltern, in Deutschland aufgewachsen. Theologiestudium in München, Tübingen und Freiburg, zum Priester geweiht. 1922 Habilitation über Bonaventura, Professor in Breslau. 1939 Verbot seiner Jugendarbeit und seiner Zeitschrift »Die Schildgenossen« durch die Gestapo. Nach dem

Krieg Professor in Berlin, Tübingen und München. Guardini erhielt 1952 den Friedenspreis des Deutschen Buchhandels.
Parzen und Nornen, Moira und Ananke Schicksalsgöttinnen. Parzen sind die altrömischen Nona, Decuma, Morta; Nornen die altnordischen Verkörperungen; Moira oder Moiren sind die drei griechischen mythologischen Gestalten Klotho, Lachesis und Atropos; Ananke findet sich ebenfalls als Schicksalsgöttin in der griechischen Antike.

295 **Ungez.** Brathendl und Flohzirkus
Oktoberfest Größtes Volksfest der Welt, gegründet als Landwirtschaftsschau. Geht zurück auf ein Pferderennen anläßlich der Hochzeit des späteren bayerischen Königs Ludwig I. mit Therese von Sachsen-Hildburghausen (1810).

296 **Oda Schaefer** Gespräch mit einer fliegenden Prinzessin
Die Erzählerin und Lyrikerin **Oda Schaefer** (1900–1988) war seit 1933 die Frau von Horst Lange und gehörte im Dritten Reich zu den Autoren der »Inneren Emigration«. Sie studierte Graphik und Kunstgewerbe in Berlin, betätigte sich auch als Porzellanmalerin. Seit 1945 in Mittenwald, seit 1950 in München. Gedichtband »Irdisches Geleit« (1946), Erzählungen »Kastanienknospe« (1947), Lebenserinnerungen »Auch wenn du träumst, gehen die Uhren« (1976).
Epiktet griechischer Philosoph (um 50 – um 138 n. Chr.), Anhänger des Stoizismus, einer Lehre, die an eine Vorsehung glaubt, die gerecht und weise ist, so daß sich die Menschen ihr fügen sollen. Alle Menschen sind Angehörige der gleichen Gemeinschaft, eines Weltstaates.

299 **Max Hermann Maier** Führt ein Weg zurück nach Deutschland?
Mit redaktioneller Vorbemerkung. »Die nachfolgenden Ausführungen sind ursprünglich nicht für die Öffentlichkeit bestimmt gewesen. Eine Deutsche fragt einen ausgewanderten jüdischen Freund, ob er eine Rückkehr der deutschen Juden für möglich und richtig halte, der Gefragte antwortete. Uns erscheint der maßvolle und kluge Brief so wesentlich und als Stellungnahme zu einem oft diskutierten Thema so gültig, daß wir ihn einem breiteren Kreis zugänglich machen wollen.«

Max Hermann Maier (1891–1976). Rechtsanwalt, Plantagenbesitzer. Studierte Rechts- und Wirtschaftswissenschaft in Freiburg, München, Berlin und Kiel, 1913 Promotion, Mitglied des »Akademischen Freibundes« und der »Vereinigung von Studenten und Akademikern zur Verwirklichung von Demokratie und Freiheit«. Kriegsfreiwilliger. Ab 1919 Mitglied der DDP. 1921 bis Nov. 1938 Rechtsanwalt. 1935 Erwerb von 277 ha Land in Paraná/Brasilien. 1938 Emigration nach Brasilien über die Niederlande und Großbritannien. Plantagenbesitzer in Rolândia (Kaffee, Viehzucht). Mitglied des »Movimento dos Anti-Nazistas Alemães do Brasil«. Nach dem Kriegsende tätig in Wiedergutmachungs- und Schadensersatzverfahren. Diverse Publikationen zur deutschen Siedlung in Brasilien.

Walter Hasenclever nahm sich am 21. 6. 1940 im südfranzösischen Lager Les Milles das Leben.

Kurt Tucholsky beging am 21. 12. 1935 in Hindås bei Göteborg Selbstmord.

Ernst Toller brachte sich am 22. 5. 1939 in New York um.

Stefan Zweig legte am 23. 2. 1942 in Persepolis bei Rio de Janeiro Hand an sich.

Thomas Mann bekannte sich erst 1936 zur deutschen Emigration, hat aber dann in vielen Rundfunkansprachen versucht, auf »deutsche Hörer« Einfluß zu nehmen.

Lion Feuchtwanger (1884–1958) erzählte in seinem Roman »Jud Süß« (1925) von der Paradefigur des Antisemitismus und kritisierte in seinem satirischen Roman »Erfolg« (1930) unter anderem die Anfänge der Hitlerbewegung.

Werfel Der Österreicher Franz Werfel (1890–1945) hat in vielen seiner Romanstoffe nach jüdischen und christlichen Wurzeln als einem übergreifenden Erbe gesucht.

Hermann Rauschning (1887–1982), frühes Mitglied der NSDAP, Senatspräsident von Danzig, trat 1934 von seinen Ämtern zurück und emigrierte in die Schweiz. Er veröffentlichte entlarvende Gespräche mit Hitler und schrieb gegen die Nazis, u. a. »Die Revolution des Nihilismus« (1938).

Ludwig Renn (1889–1979), als Arnold Friedrich Vieth von Golsenau geboren, Kommunist, schrieb den antimilitaristischen Roman »Krieg« (1928) und kämpfte im Spanischen Bürgerkrieg.

Clemens August Graf von Galen (1878–1946), katholischer Bischof von Münster seit 1933, wandte sich öffentlich gegen die Ermordung von Behinderten, die »Ausmerzung lebensunwerten Lebens«.

Ernst Wiechert (1887–1950) kam wegen seines Widerstands gegen die Nationalsozialisten für einige Zeit ins KZ Buchenwald und schrieb darüber den Bericht »Der Totenwald« (1946).

Kogon s. Komm. zu 278.

Karl Wolfskehl (1869–1948), George-Schüler, Philologe und Lyriker, emigrierte 1933 nach Italien, 1938 nach Neuseeland. Seine Gedichte »Die Stimme spricht« (1934) und »Hiob« umkreisen das jüdische Schicksal und seine Liebe zu Deutschland.

Hofprediger Stöcker Der evangelische Geistliche Adolf Stöcker (1835–1909) infiltrierte die deutsche Politik seit 1879 mit einem bedingungslosen Antisemitismus, machte eine Karriere als Reichstagsabgeordneter, bis er bei Wilhelm II. in Ungnade fiel.

Ahlwardt Der deutsche Politiker Hermann Ahlwardt (1846–1914) war ein fanatischer Anhänger des Antisemitismus, was seine Schrift »Judenflinten« (1893) bezeugt. Wegen seines Radikalismus vom Amt des Rektors in Berlin entfernt.

Max Liebermann von Sonnenberg (1848–1911) war Offizier, beteiligte sich an der antisemitischen Bewegung, gründete 1889 die Deutschsoziale Partei und war seit 1890 Reichstagsabgeordneter.

Otto Böckel (1859–1923), anfangs Bibliothekar, war ein antisemitischer Agitator. Als erster offener Antisemit 1887 in den Reichstag gewählt, Anführer der radikalen Richtung, die sich in der Deutschen Reformpartei sammelte.

Erich Ludendorff (1865–1937), General, maßgeblich an der Strategie der Obersten Heeresleitung im Ersten Weltkrieg beteiligt, vom Kaiser angesichts der drohenden Niederlage am 26. 10. 1918 entlassen. Miterfinder der Dolchstoß-Legende. Wollte Deutschland auf völkische Grundlage bringen und kämpfte gegen Juden und Freimaurer. Beteiligte sich 1923 am Hitler-Putsch, war 1925 NS-Kandidat für die Reichspräsidentenwahl.

Gobineau Der französische Schriftsteller und Diplomat Joseph Arthur Comte de Gobineau (1816–1882) versuchte, in einem Monumentalwerk die Überlegenheit der »arischen« Rasse gegenüber allen anderen zu begründen. Sein einschlägiges vierbändiges Opus lautet: »Versuch über die Ungleichheit der Menschenrassen« (1853–55).

Houston Stewart Chamberlain (1855–1927), englischer Schriftsteller, mit der Wagner-Tochter Eva verheiratet, seit 1916 deutscher Staatsangehöriger, vertrat in seinem Hauptwerk »Die Grundlagen des 19. Jahrhunderts« die Behauptung von der Überlegenheit der Germanen. Er bezog sich damit auf Gobineau und bildete eine Brücke von ihm zum Nationalsozialismus.
Friedrich Ratzel (1844–1904), Geograph. Begründer der Anthropogeographie und der politischen Geographie, womit er die Geopolitik vorformulierte, die Hitlers beeinflußte.
Johannes Ranke (1836–1916), Anthropologe. Erster ordentlicher Professor für dieses Gebiet in Deutschland. Führte Schädelmessungen durch, die später in der NS-Rassenideologie eine zentrale Rolle spielten.
Felix von Luschan (1854–1924), Ethnologe und Anthropologe. Schrieb zahlreiche Arbeiten über Ausgrabungen und Völker in verschiedenen Teilen der Erde. Wurde mit seinen Forschungen über die Bronzen von Benin berühmt. Zu seinen Hauptwerken gehört das Buch »Rassen und Völker« (1915).
Wilhelm Wundt (1832–1920), Philosoph und Psychologe. Begründete die experimentelle Psychologie. Für ihn war der Wille der zentrale Impuls der Seele. Hier erwähnt vor allem als Vertreter der Völkerpsychologie.
Josua ben Sira Jesus Sirach, apokryphe Schrift des Alten Testaments. Um 200 n. Chr. erfolgte Sammlung u. a. von Sinnsprüchen, die dem Buch Salomon verwandt sind. Gingen im Lauf der Jahrhunderte verloren, Bruchstücke wurden seit 1896 wiederaufgefunden.

305 **Gustav René Hocke** Streifzüge durch das neue und alte Hamburg

Gustav René Hocke (1908–1985), Essayist und Erzähler, Feuilletonist. Erstmals 1937 in Italien. Buch »Das verschwundene Gesicht« (1939). 1940 Korrespondent der »Kölnischen Zeitung«. 1943/44 im Untergrund in Rom, wo er den Roman »Der tanzende Gott« (1948) schrieb. Interniert im amerikanischen Kriegsgefangenenlager Fort Getty, wo er mit Hans Werner Richter und Walter Kolbenhoff am »Ruf« arbeitete. Nach dem Krieg Verlagslektor, 1947–49 Redakteur der NZ. Mitarbeit an zahlreichen Zeitungen und Zeitschriften. Hauptwerke: »Die Welt als Labyrinth« (1957)

und »Manierismus in der Literatur« (1959). Bedeutende Veröffentlichung über das europäische Tagebuch. Lebenserinnerungen unter dem Titel »Im Schatten des Leviathan« (1984).

Wolfgang Borchert s. Komm. zu 242.

ERP European Recovery Programme, identisch mit Marshallplan.

310 **Geno Hartlaub** Wie 'n Engel

Geno(veva) Hartlaub (1915 geb.), Erzählerin, Kinderbuchautorin. 1935 Verweigerung der Studienerlaubnis, da der Vater 1933 als Direktor der Mannheimer Kunsthalle entlassen worden war. Fremdsprachensekretärin in einer Fabrik, Italienaufenthalt. 1939 dienstverpflichtet zur Wehrmacht, Kriegsgefangene in Norwegen. 1945–48 Lektorin der Zeitschrift »Die Wandlung«, 1962–75 Redakteurin der Wochenzeitung »Deutsches Allgemeines Sonntagsblatt«. In der Nachkriegszeit veröffentlichte sie u.a. die Romane »Anselm, der Lehrling« (1947) und »Die Tauben von San Marco« (1953).

314 **Herbert Taube** Ein Besuch im »Hamburg des Ostens«

Biographische Daten nicht bekannt.

318 **Klaus Nonnenmann** Auf Staatskosten…

Frühe Erzählung von **Klaus Nonnenmann** (1922–1993), der nach der Gefangenschaft studierte, Geschichten und Romane schrieb, aber als Autor wenig bekannt wurde. Einige seiner Werke: der Roman »Die sieben Briefe des Doktor Wambach« (1959), »Vertraulicher Geschäftsbericht. Elf Geschichten und ein Spiel« (1961), »Herbst« (1977), der Roman »Teddy Flesh oder Die Belagerung von Sagunt« (1964) Jochen Greven gab postum den Sammelband »Ein Lächeln für morgen. Orte und Zeichen« (2000) heraus.

Anackers Gedichte Heinrich Anacker (1901–1971), nationalsozialistischer Barde und »Lyriker der Braunen Front«, studierte in Zürich und Wien Literaturgeschichte, trat 1924 in die NSDAP ein. 1939 Entlassung aus der Schweizer Staatsbürgerschaft, Umzug nach Berlin. Im Dritten Reich mehrfach dekoriert. Hat der SA und der HJ zahlreiche Lieder geschrieben. Elf Gedichtbände mit hohen Auflagen. In einem Spruchkammerverfahren fälschlich als minderbelastet eingestuft.

»Mythus« »Der Mythus des zwanzigsten Jahrhunderts« (1930). Nationalsozialistische, antisemitische Schrift von Alfred Rosenberg (1893–hingerichtet 1946).

1949

322 **Theodor Plivier** Abkehr von der Resignation

Rede vor dem »Rassemblement Démocratique Révolutionnaire« in Paris.

Theodor Plivier (1892–1955), Journalist und Erzähler. Lehre als Stukkateur. Vagabund u.a. in Australien und Südamerika. 1918 beteiligte er sich am Matrosenaufstand in Wilhelmshaven. Gründete einen anarchistischen Verlag. 1933 Flucht über Prag, Paris, Schweden in die Sowjetunion. Mitarbeit im »Nationalkomitee Freies Deutschland«. 1945 Rückkehr nach Deutschland, in Weimar Vorsitzender des »Kulturbundes zur demokratischen Erneuerung Deutschlands«; 1947 Bruch mit dem Kommunismus, Übersiedlung in den Westen. Großer Erfolg mit dem Roman »Stalingrad« (1945).

326 **Alfred Weber** Fluch und Segen der Bürokratie

Der heute wenig diskutierte Soziologe und Nationalökonom **Alfred Weber** (1868–1958), Bruder von Max Weber, genoß nach dem Krieg hohes Ansehen und wurde 1954 von der KPD ohne seine Zustimmung als Gegenkandidat zu Theodor Heuss für das Amt des Bundespräsidenten vorgeschlagen. Er lehrte in Berlin und Prag Nationalökonomie, seit 1907 in Heidelberg. War im Kaiserreich vor allem sozialpolitisch engagiert, wandte sich in den zwanziger Jahre gegen Kommunisten und Nazis, trat für die Weimarer Demokratie ein. Bereits im März 1933 erklärte er sich offensiv gegen Hitler, ließ sich vorzeitig emeritieren, schloß sich später einer Widerstandsgruppe an. Nach dem Zweiten Weltkrieg engagierte er sich für die demokratische Erneuerung, für die Wiedervereinigung und für die Neutralität Deutschlands. Wichtige Werke: »Über den Standort der Industrie« (1909), »Ideen zur Staats- und Kultursoziologie« (1927), Kulturgeschichte als Kultursoziologie« (1935), Einführung in die Soziologie« (1955).

331 **Arnold Bauer** München im Fasching
Über **Bauer** s. Komm. zu 227.

335 **Nicolaus Sombart** Der Mann in der Zelle
Der Schriftsteller und Soziologe **Nicolaus Sombart** (1923 geb.) ist der Sohn von Werner Sombart. 1942–1945 Soldat. Danach Mitarbeit am »Ruf«. Studien in Heidelberg, Neapel und Paris, 1950 Dissertation über Henri de Saint-Simon. 1952–54 in Paris. 1954–84 Beamter beim Europarat in Straßburg, zuletzt als Leiter der Kulturabteilung. Lebt in Berlin.
»Capriccio Nr. 1. Des Wachsoldaten Irrungen und Untergang« (1947), »Krise und Planung« (1965), Autobiographie »Jugend in Berlin. 1933–43« (1996), »Wilhelm II.« (1996).
»Memorial« Autobiographische Aufzeichnungen von Günther Weisenborn (1948).
Über **Weisenborn** s. Komm. zu 160.
»Darkness at Noon« von Arthur Koestler Der Roman »Sonnenfinsternis« (dt. 1946), in dem ein Angeklagter namens Rubashov, eine Dostojewski-Figur, stalinistische Verhörmethoden und einen Schauprozeß erfährt. Eines der Hauptwerke Arthur Koestlers.

337 **Ernest Landau** Ende des jüdischen DP-Problems
In München sammelten sich nach dem Krieg verschiedene Gruppen von jüdischen Überlebenden: die wenigen, die im »Judenhaus« Thierschstr. 7, überlebt hatten, rund 300 Juden aus Theresienstadt, die versprengten »Privilegierten«, die konvertiert waren, die in »Mischehen« lebten, zwischen 1945 und 1951 rund 12 000 Menschen, die überwiegend nach Palästina bzw. Israel auswanderten. Landaus Artikel ist geprägt vom Optimismus der »Lösung«, die sich mit der späteren Wirklichkeit nicht vertrug. Die britischen Mandatsbehörden beschränkten die Quoten für die »Alijah« drastisch; es gab aus Israel nicht wenige Remigranten, die mit den dortigen Lebensverhältnissen nicht zurechtkamen.
Einige DP-Lager hielten sich hartnäckig; als letztes das DP-Camp »Föhrenwald«, rund 30 Kilometer von München entfernt, bei Wolfratshausen. Bei Kriegsbeginn für Arbeiter eines Munitionsdepots errichtet, nach dem Krieg überbelegt, wurde es erst 1957 geschlossen, da sich die rund 2000 Insassen weigerten, die Siedlung zu verlassen.

Der Journalist **Ernest Landau** (1916–2000) lebte bis 1938 in Österreich, war Mitarbeiter einer Wiener Tageszeitung. Floh dann nach Belgien, schloß sich nach dem Einmarsch der Wehrmacht einer Widerstandsgruppe an. 1940 verhaftet und im KZ Breendonck interniert; über Mechelen, Buna-Monowitz, Auschwitz-Birkenau nach Dachau, dort Befreiung nach vier Jahren im KZ. Seit 1945 Mitarbeiter von Radio München, danach des Bayerischen Rundfunks als Korrespondent. Herausgeber der jüdischen Wochenzeitung »Neue Welt«. Viele Jahre Vorstandsmitglied der Israelitischen Kultusgemeinde in München.
David Ben Gurion (1886–1973), 1935–48 Vorsitzender der Jewish Agency, 1948–1953 israelischer Ministerpräsident.
Scherit Hapleita Name für die Überlebenden der Lager, von den DPs gebildet, bezieht sich auf den »Rest der Geretteten« nach Jesaja 1,10–16.

340 **Kurt Hiller** Es kommt auf Leben an

Kurt Hiller (1885–1972), Schriftsteller und revolutionärer Aktivist. Eine der führenden Gestalten des expressionistischen Jahrzehnts. Jurastudium, gründete im November 1918 den »Politischen Rat geistiger Arbeiter, war Herausgeber der fünf erschienenen »Ziel«-Jahrbücher. Linksradikaler, antimarxistischer Idealist. Mitarbeit an der »Weltbühne«, 1926 Präsident der Gruppe revolutionärer Pazifisten. 1933 verhaftet, im KZ gefoltert. 1934 Flucht nach Prag, 1938 nach London. Veröffentlichte 1947 die Rede »Geistige Grundlagen eines schöpferischen Deutschlands der Zukunft«. 1955 Rückkehr nach Hamburg, dort 1956 Gründung des neusozialistischen Bundes. Zweibändige Autobiographie »Leben gegen die Zeit« (1969, 1973).

342 **Cornelia Hellmer** Sommer-Mode 1949

Biographische Daten nicht bekannt.

347 **Horst S. Rauch** Ein Krieg, der nicht erklärt wird

Biographische Daten nicht bekannt.
»Fünfte Kolonne« Ein politisches Schlagwort, das im Spanischen Bürgerkrieg geboren wurde. Es bezeichnet Gruppen, die gegenüber ihrem Staat sich illoyal verhalten und Verräter sind. Als »fünfte Kolonne« wurden beispielsweise faschistische Organisa-

tionen bezeichnet, die in den von Deutschen besetzten Ländern den Okkupanten heimlich zuarbeiteten. Im Kalten Krieg eine Bezeichnung für Kommunisten, die in den Ländern des Westens agierten.

351 **Otto Stolz** Die ausgelöschten Erinnerungen

Otto Stolz (1917–1962), Journalist, Mitglied der Sozialistischen Arbeiterjugend, nach 1945 Mitglied der SPD. Als Student an der Berliner Humboldt-Universität Vorsitzender des SDS. 1949–50 Leiter des innenpolitischen Ressorts der NZ in München, anschließend stellvertretender Chefredakteur der Wochenzeitung »Welt der Arbeit« des DGB. Seit 1958 leitender Redakteur der »Deutschen Welle« in Köln. 1959 Ausschluß aus der SPD, wegen Beteiligung am Verein »Rettet die Freiheit«, der maßgeblich von CDU-Politikern bestimmt wurde.
»Harzburger Front« Bündnis aus Deutschnationaler Volkspartei, Stahlhelm, nationalistischen Verbänden und NSDAP, das Reichswehrgeneräle, der Pressezar Hugenberg, die Stahlhelm-Führer Seldte und Duesterberg, aber auch der Bankier Hjalmar Schacht mit Hitler am 11. Okt. 1931 verabredeten und das die Geschlossenheit der »nationalen Opposition« propagandistisch zeigen sollte.
Schacht Über Hjalmar Schacht s. Komm. zu 39.

354 **Egon Jameson** Setzt endlich die letzten Opfer der Gestapo-Justiz frei!

Der Reporter und Feuilletonist **Egon Jameson** (1895–1969), Berliner, seit 1918 bei der »Berliner Morgenpost«, 1922 bei der »BZ am Mittag«. Bis zu seiner Emigration verantwortlicher Redakteur. In England änderte er seinen Geburtsnamen Jacobsohn zu Jameson. Nach dem Krieg zeitweilig Chefreporter der NZ. Kehrte anschließend nach London zurück, Autor einer großen Zahl humoristischer Sachbücher (u. a. auch mit Loriot).
In einem weiteren Artikel (107/4. 8. 49) hatte sich Egon Jameson mit den Rückwirkungen der Berichterstattung auf ihren Urheber zu beschäftigen: »Und plötzlich handelt es sich nicht mehr um das Problem: bleiben Opfer der Gestapo-Justiz ewig sitzen?, sondern um die Frage: wie raubt man einem aufweckenden Reporter die Grundlagen seiner Existenz, die Glaubwürdigkeit?« Der hessische Justizminister und die Anstalt Ziegenhain hatten falsche

Behauptungen über den Fall und über den Berichterstatter aufgestellt.
Wilhelm Hoegner (1887–1980), sozialdemokratischer Politiker, 1933 Flucht nach Österreich, von dort ausgewiesen, Exil in der Schweiz, freier Schriftsteller. 1945/46 bayerischer Ministerpräsident, maßgebliche Mitarbeit an der bayerischen Verfassung. Danach verschiedene politische Ämter.
Georg August Zinn (1901–1976), sozialdemokratischer Politiker. 1931–45 Rechtsanwalt, unter den Nazis mehrfach in Haft. Ab 1947 Justizminister, 1950–69 Ministerpräsident in Hessen.
der Verleger des pornographischen »Stürmers«. Herausgeber des nationalsozialistischen Hetzblattes war seit 1923 Julius Streicher. Über ihn s. Komm. zu 39.

359 **Axel von Harnack** Lernen die Völker aus der Geschichte?
Der Bibliothekswissenschaftler **Axel von Harnack** (1895–1974) studierte Geschichte und Romanistik in Freiburg/Breisgau und Berlin. 1920 Promotion, 1947 Habilitation. 1947–1974 lehrte er als Privatdozent Geschichte und Bibliothekswissenschaften in Tübingen. »Ernst von Harnack. Ein Kämpfer für Deutschlands Zukunft« (1951).
Ranke Der Historiker Leopold von Ranke (1795–1886), war einer der Begründer der Geschichtsschreibung in Deutschland. Schrieb mehrbändige Werke über »Die römischen Päpste« (1834–36), »Deutsche Geschichte im Zeitalter der Reformation« (1839–47), preußische Geschichte (1874) und Weltgeschichte (1881–88).
Friedrich Meinecke Historiker (1862–1954). Gegner des Nationalsozialismus, 1948 erster Rektor der Freien Universität Berlin. Schrieb u.a. »Die deutsche Katastrophe« (1946).

364 **Ernst Beutler** »Der einzige gesunde Geist«
Der Literarhistoriker **Ernst Beutler** (1885–1960) war seit 1925 Direktor des Goethe-Museums in Frankfurt/M. Er erhielt 1937 Redeverbot und verlor seine Honorarprofessur. Er setzte nach der Vernichtung des originalen Goethe-Hauses am 22.3.1944 durch, daß eine Replik wiederaufgebaut wurde
Kürzlich der öffentliche Streit Anspielung auf die Diskussionen um den Wiederaufbau des im Krieg zerstörten Frankfurter Goethe-Hauses.

Viktor Hehn Gemeint ist der baltisch-deutsche Kulturhistoriker und Essayist Viktor Hehn (1813–1890), von dem »Gedanken über Goethe« (zuletzt 1921) erschienen sind.
Hermann Grimm, der Schwiegersohn der Bettina von Arnim (1828–1901), von dem Vorlesungen über Goethe und eine Goethe-Biographie veröffentlicht worden sind.
Richard Dehmel (1863–1920), Lyriker und Erzähler, der mit seinen Gedichten die Schriftsteller zwischen Naturalismus, Impressionismus und Expressionismus stark beeinflußt hat.
Thomas Carlyle schottischer Schriftsteller, Historiker und Literaturkritiker (1795–1881), übersetzte den »Wilhelm Meister« und schrieb eine Schiller-Biographie, zu der Goethe ein Vorwort beisteuerte. Briefwechsel mit Goethe.
Gerhart Hauptmann (1862–1946). Sein Werk ist von Goethe-Einflüssen und Goethe-Motiven vielseitig geprägt. Er selbst deutete sich in der Gestalt des Klassikers.
Otto Julius Bierbaum (1865–1910), unter anderem Vermittler historischer Stilformen, bei denen Goethe einen Vorrat an Möglichkeiten und Masken bot.
Stefan George (1868–1933). In den Riten seines Aristokratismus, seiner Verwandlung des Lebens in Kunst, seiner Bändigung durch Form und Maß spielt Goethe eine große Rolle.
Gundolf Der George-Jünger und Literarhistoriker Friedrich Gundolf (1880–1931) schrieb Bücher über Dichter, die er als Epochengestalten deutete. So auch in seinem »Goethe« (1916).
Simmel Der Philosoph und Soziologe Georg Simmel (1858–1918) begründete die Soziologie in Deutschland mit, schrieb eine »Philosophie des Geldes« und veröffentlichte ein Buch »Goethe« (1913).
Chamberlain s. Komm. zu 299.

368 **Karl Krolow** Lob des Regens

Der Lyriker **Karl Krolow** (1915–1999) studierte Literaturwissenschaften, Philosophie und Kunstgeschichte in Göttingen und Breslau. Er debütierte im Krieg mit einer kleinen Gedichtauswahl. Nach dem Krieg ungemein produktiv mit zahlreichen Lyrik- und auch Prosabänden, ungezählte Rezensionen. Zunächst unter dem Einfluß der Naturlyrik Oskar Loerkes und Wilhelm Lehmanns, später von romanischen Einflüssen bestimmt. Als erstes nach dem

Krieg erschien die in den beiden Bänden »Gedichte« und »Heimsuchung« (beide 1948) vereinte Lyrik.

370 **Hermann Rahskopff** Hans Fritzsche. Ein Märtyrer mit Gedächtnisschwund

Biographische Daten nicht bekannt.
Hans Fritzsche Über ihn s. Komm. zu 39.
Lubjanka berüchtigtes Moskauer Gefängnis. Eine Zentrale des stalinistischen Terrors. Sitz der Geheimpolizei, Folter- und Hinrichtungsstätte.
Glücks Richard Glücks (1889–1945 durch Selbstmord). Ab Nov. 1939 Leiter der Inspektion der Konzentrationslager. Vorgesetzter aller KZ-Kommandanten.
Höß s. Komm. zu 278.
Röhm-Putsch Der Berufsoffizier Ernst Röhm (1887 geb.) organisierte nach dem Ersten Weltkrieg Freikorps-Verbände, trat früh in die Deutsche Arbeiter-Partei (die spätere NSDAP) ein, baute seit 1923 die SA (Sturmabteilung) auf. Seit 1931 deren Stabschef. Die SA trat unter seiner Leitung in Konkurrenz zur Reichswehr. Wegen angeblicher Vorbereitung einer »Zweiten Revolution« mit zahlreichen seiner Anhänger verhaftet und gemeinsam mit Hitler-Gegnern umgebracht.

1950

378 **Ilse Aichinger** Der Junge auf dem Plakat

Die Geschichte erzählt einen Unglücksfall in einem realen Verlauf und in einem Vorgang, der gleichsam nur in der Geste besteht. Der skizzenartige Text, der das Existentielle eines Geschehens, das Ungesicherte des Daseins, die jähe Wendung einfängt, ist ein Beispiel für parabolische Literatur, die Ilse Aichinger nach dem Krieg am weitesten entwickelt hat.
Die österreichische Autorin **Ilse Aichinger** (geb. 1921) wurde nach dem Anschluß Österreichs verfolgt. Nach dem Krieg begann sie ein Medizinstudium, das sie abbrach, um ihren ersten Roman »Die größere Hoffnung« (1948) abschließen zu können. 1953 Heirat mit Günter Eich. Später Verlagslektorin, arbeitete beim

Aufbau der Ulmer Hochschule für Gestaltung mit. Mit wenigen Büchern wie der »Spiegelgeschichte« (1954), mit Erzählungen und Hörspielen wurde sie zu einer der bekanntesten Autorinnen der Nachkriegszeit.

381 **Hans Eckstein** Immer noch NS-Baustil?

Hans Eckstein (1897–1984), Architekturkritiker, Museumsdirektor. Studium der Archäologie und der Geisteswissenschaften in Heidelberg und München. Als freier Kritiker setzte er sich in vielen Zeitungen und Zeitschriften für die moderne Architektur ein, nach 1933 vor allem in der Schweizer Presse. Nach 1945 für Fragen moderner Kunst und Architektur in der NZ und in der »Süddeutschen Zeitung«. In der Redaktion der Zeitschrift »Bauen und Wohnen«. Von 1955 an zehn Jahre lang Direktor der »Neuen Sammlung« in München.

Paul Ludwig Troost (1878–1934), Hitlers Lieblingsarchitekt. Zunächst Innenarchitekt, Mitarbeiter der Vereinigten Werkstätten für Kunst im Handwerk. 1912–30 Innenausstattungen der Luxusdampfer des Norddeutschen Lloyd. Seit 1931 für die NSDAP tätig. Gestaltete die Parteizentrale, das Braune Haus, und entwarf das Haus der Deutschen Kunst in München.

Paul Schultze-Naumburg (1869–1949), Architekt, Maler und Kunstschriftsteller. Baute 1913–17 Schloß Cecilienhof in Potsdam für das Kronprinzenpaar. Seit 1930 Direktor der Staatlichen Kunsthochschule Weimar. Verstand sich als Rassentheoretiker, z. B. in seiner Schrift »Kunst und Rasse« (1928).

Paul Schmitthenner (1884–1972), Architekt, baute die Gartenstadt Staaken in Berlin. 1918 Professur für Baukonstruktion und Entwerfen in Stuttgart. 1933 Eintritt in die NSDAP. Entwurf des Ausstellungspavillons zur Weltausstellung in Brüssel 1935, von Hitler als »Heustadel« verspottet. Danach von allen repräsentativen Bauaufträgen ferngehalten. Nach dem Krieg durfte er nicht mehr in die Lehre zurück.

Eugen Blanck (1901–1980), Architekt. Arbeitete 1931–35 selbständig in Köln, 1935/36 bei der Deutschen Versuchsanstalt für Luftfahrt in Berlin, dann im Luftfahrtministerium. 1938–42 Leiter der Städtebauabteilung in Brandenburg, auch tätig für die Planungskommission Prag. 1946–48 Stadtbaurat in Frankfurt/M., danach wieder freier Architekt.

Ernst May (1886–1970), Architekt und Städteplaner. 1913 gründete er sein erstes eigenes Büro in Frankfurt/M. War 1925–30 Stadtbaurat in Frankfurt. Entwarf ein großartiges städtisches Wohnungsbauprogramm: Siedlungskomplexe an der städtischen Peripherie mit Grüngürtel. Insgesamt entstanden 15 000 Wohnungen. Einer der Exponenten des Neuen Bauens in der Weimarer Republik. 1930–33 Stadtplaner in der Sowjetunion. Emigration nach Kenia, dort Farmer, später Architekt in Nairobi und in Uganda. 1954–56 Planungsleiter der Neuen Heimat.
Paul Bonatz (1877–1956), Architekt, Professor an der TH Stuttgart. Ging 1943 als architektonischer Berater nach Istanbul. 1949–53 Professor an der TH Istanbul. Baute 1917–27 den Hauptbahnhof Stuttgart.

385 **Luise Rinser** Erster Brief aus der neuen Wohnung
Über **Rinser** s. Komm. zu 59.

388 **Gunter Groll** Deutscher Nachkriegsfilm – Klamauk oder Welträtsel?
Gunter Groll (1913–1982), Filmkritiker und Schriftsteller (Pseudonym Sebastian Grill). 1937 Promotion zum Dr. phil., Mitbegründer der Widerstandsgruppe an der Universität München. Vor 1945 arbeitete er als Filmdramaturg, nach 1945 vorwiegend für die »Süddeutsche Zeitung«. Nach 1945 zeitweilig auch Cheflektor des Kurt Desch Verlags. Herausgeber mehrerer Anthologien.
»Berliner Ballade« (1948), Nachkriegssatire. Regie: Robert A. Stemmle. Mit Gert Fröbe in der Rolle des Otto Normalverbraucher, der aus dem Krieg heimkehrt und in Berlin allerlei makabre wie melancholisch stimmende Abenteuer erfährt.
»Herrliche Zeiten« (1950), Satire. Regie: Erik Ode, Günter Neumann. Mit Willi Fritsch und Hans Albers. Ein Kleinbürger geht durch fünfzig Jahre deutsche Geschichte.
»Ehe im Schatten« (1947), Regie: Kurt Maetzig nach einer Novelle von Hans Schweikart. Deutsch-jüdisches Ehedrama im Dritten Reich.
»Die Mörder sind unter uns« (1946), Wolfgang Staudtes Auseinandersetzung mit der jüngsten Vergangenheit. Susanne Lange (Hildegard Knef) kommt aus dem KZ ins Trümmerberlin zurück

und findet ihre Wohnung besetzt vor, wodurch sie in andere Geschichten verwickelt wird.

»Die Affaire Blum« (1948), Regie: Erich Engel. Mit Hans Christian Blech und Blandine Ebinger. Authentischer Kriminalfall um einen jüdischen Fabrikanten aus der Weimarer Zeit.

»Der Ruf« (1949), zeitkritischer Film. Regie: Josef von Baky. Mit Fritz Kortner, Johanna Hofer, Ernst Schröder. Geschichte eines Wissenschaftlers, der 1945 aus der Emigration zurückkehrt.

»Der Apfel ist ab« (1948), Komödie. Regie: Helmut Käutner. Mit Joana Maria Gorvin. Apfelsaftfabrikant Adam Schmidt schwankt zwischen seiner Sekretärin und seiner Frau, will sich aus dem Leben stehlen und erfährt die Hilfe eines Traums.

»In jenen Tagen« (1947), Episodenfilm von Helmut Käutner. Sieben Besitzer und ein altes Auto zwischen 1933 und 1947. Deren Geschichten werden erzählt.

»Königskinder 1949« (1949), Lustspiel von Helmut Käutner. Verarmte Prinzessin in Oberbayern schafft mit Hilfe eines bürgerlichen jungen Mannes die Nachkriegsjahre und die Standesunterschiede.

»Morituri« (1948), Regie: Eugen York. Produzent: Arthur Brauner. Geflohene KZ-Häftlinge, jüdische Überlebende und geflüchtete Bauern harren gemeinsam zwischen den Fronten aus.

»Frauenarzt Dr. Prätorius« (1950), Komödie von Curt Goetz nach seinem eigenen Bühnenstück. Weiser Medizinprofessor kämpft gegen die Dummheiten um sich herum und für ein »gefallenes Mädchen«, das vom Leben genug hat.

»Die seltsame Geschichte des Brandner Kaspar« (1949), Schwank und Legende nach einem Bühnenstück von Joseph Maria Lutz. Regie: Josef von Baky. Mit Paul Hörbiger, Ursula Lingen und Georg Thomalla. Der alte Brandner-Jäger zwischen der bayrischen Erde und einem weißblauen Himmel.

»Des Lebens Überfluß« (1950), Komödie von Wolfgang Liebeneiner. Heiteres Studentenleben und Liebesgeschichte nach dem Krieg.

»Liebe 47« (1949), Buch und Regie: Wolfgang Liebeneiner. Verfilmung des Heimkehrerstücks »Draußen vor der Tür« von Wolfgang Borchert.

»Die Nachtwache« (1949), Regie: Harald Braun. Mit Luise Ullrich, Dieter Borsche und René Deltgen. Zwei Geistliche finden in

ihrer gemeinsamen Arbeit für notleidende Menschen ökumenisch zusammen.
»Schwarzwaldmädel« (1950), nach Motiven der gleichnamigen Operette von August Neidhardt und Leon Jessel. Regie: Hans Deppe. Mit Sonja Ziemann, Rudolf Prack und Paul Hörbiger. Erster Heimatfilm in der BRD, erster Farbfilm nach dem Krieg.
»Der dritte Mann« (1949). Kriminalfilm von Carol Reed. Mit Orson Welles, Trevor Howard, Paul Hörbiger, Ernst Deutsch, Erich Ponto, Hedwig Bleibtreu.

391 **Hermann Kesten** Meine Reise durch Israel

Kesten s. Komm. zu 168.

395 **Friedrich Luft** Über die Berliner Luft

Friedrich Luft s. Komm. zu 106.
Hans Poelzig (1869–1936), maßgeblicher Architekt der Moderne. Lehrer und Direktor an der Kunst- und Gewerbeschule in Breslau. Wichtiges Mitglied des Deutschen Werkbundes. 1916 Stadtbaurat und Professor in Dresden, ab 1920 Professur in Berlin. Baute den Friedrichstadtpalast und das Funkhaus in Berlin, das I. G.-Farben-Haus in Frankfurt/M., entwarf Szenarien und Bühnenbilder (wie z. B. für den Film »Der Golem«). 1933 aus allen Ämtern entlassen. Kurz vor seiner Emigration nach Ankara gestorben.

397 **Ernst Gall** Das Schicksal des Berliner Schlosses

Vorabdruck eines Artikels, der für das Novemberheft von »Kunstchronik, Nachrichten aus Kunstwissenschaft, Museumswesen und Denkmalspflege« vorgesehen war. Das Berliner Schloß, durch seine Ausmaße, Innenausstattung und figuralen Schmuck eine der bedeutendsten Anlagen seiner Zeit, brannte am 3. Febr. 1945 größtenteils aus, war jedoch mit den meisten seiner Mauern noch intakt. Walter Ulbricht forderte 1950 den Abriß: »Das Zentrum unserer Hauptstadt, der Lustgarten und das Gebiet der jetzigen Schloßruine, müssen zu dem großen Demonstrationsplatz werden, auf dem der Kampfwille und Aufbauwille unseres Volkes Ausdruck finden.« Er ließ die Anlage am 7. Sept. 1950 sprengen. Zum Zeitpunkt der Veröffentlichung war das Schloß bereits vernichtet. Der Kunsthistoriker **Ernst Gall** (1888–1958) war 1930–1945

Direktor der preußischen, 1946–1953 der bayerischen Verwaltung der staatlichen Schlösser und Gärten. 1947 Professur an der Universität München. Beschäftigte sich eingehend mit der Baukunst des Mittelalters. Mitverfasser und Herausgeber der Neubearbeitung (ab 1935) des »Handbuchs der deutschen Kunstdenkmäler« von G. Dehio. Hg. des »Jahrbuchs für Kunstwissenschaft« (1923–1958); mit L.-H. Heydenreich ab 1952 Hg. des »Reallexikons zur deutschen Kunstgeschichte«.
Schlüter Der Barockbaumeister Andreas Schlüter (um 1660–1714) hat das Berliner Schloß, die kurfürstliche Residenz seit 1451, zwischen 1698 und 1713 umgebaut. Die Fortsetzung der Bauarbeiten betrieb Eosander von Göthe.

1951

401 **Wolfgang Hildesheimer** Ich schreibe kein Buch über Kafka

Ironische Geschichte über die Kafka-Mode im Nachkriegsexistentialismus. Die Erzählung wurde 1952 in Hildesheimers Sammlung »Lieblose Legenden« aufgenommen.
Wolfgang Hildesheimer (1916–1991), Schulen in Mannheim und England, 1933 Auswanderung nach Palästina, dort als Möbeltischler und Innenarchitekt tätig. 1937–39 Ausbildung in London als Maler und Bühnenbildner. 1939–45 englischer Informationsoffizier in Palästina, 1946–49 Simultandolmetscher und Redakteur der Protokolle bei den Nürnberger Prozessen. Lebte 1953–57 in München, danach in Graubünden. Erhielt 1966 den Büchnerpreis. Von seinem Werk sind vor allem die Romane »Tynset« (1965), »Masante« (1973) und »Marbot« (1981) sowie seine Mozartbiographie bemerkenswert.

403 **Hermann Kasack** Man kann nicht mehr so schreiben wie vor 50 Jahren

Ausschnitt aus einer Rede, die in Zürich gehalten worden war. Die Autoren, die Kasack anführte, gehören bis auf die unbekannten Friedrich Rasche, R. A. Böttcher und Karl Waßmannsdorff zum Kanon der deutschen Nachkriegsliteratur.
Der Erzähler und Essayist **Hermann Kasack** (1896–1966) war mit seinem Hauptwerk, dem Roman »Die Stadt hinter dem Strom«

(1947), einer der tonangebenden Nachkriegsautoren. In dieser surrealistischen Vision einer Totenstadt ersteht noch einmal das umfassende Archiv des Lebens.
Kasack hat Germanistik und Philosophie in Berlin und München studiert, war Lektor, leitete den Kiepenheuer-Verlag, war im Verlag S. Fischer tätig und nach 1927 freier Schriftsteller, schrieb auch für den Rundfunk. 1933 Verbot seiner Vortragstätigkeit. 1941–1949 Lektor im Suhrkamp-Verlag, 1953–63 Präsident der Deutschen Akademie für Sprache und Dichtung in Darmstadt.
Friedrich Rasche (1900–1945), gab zusammen mit Dieter Lattmann die Anthologie »Das Gedicht in unserer Zeit« (1946) heraus. Gedichte aus dem Nachlaß unter dem Titel »Aus allen vier Winden« (1967).
R. A. Böttcher Biographische Daten nicht bekannt.
Karl Waßmannsdorff Biographische Daten nicht bekannt.

405 **Peter Coulmas** Das Ende des Grandseigneurs

Der Journalist **Peter Coulmas** (1914–1993) wuchs in Dresden als Sohn griechischer Eltern zweisprachig auf, besuchte das Dresdner Gymnasium, studierte, promovierte und habilitierte sich in Hamburg. Bereiste als Rundfunkkorrespondent alle Kontinente und lebte mehrere Jahre in Frankreich, England und den USA. Ab Mitte der sechziger Jahre bis 1979 beim WDR. Beschäftigte sich eingehend mit der Idee des Kosmopolitismus, dazu: »Weltbürger – Geschichte einer Menschheitssehnsucht« (1990).
Alfred Weber s. Komm. zu 326.
der amerikanische Soziologe Veblen Thorstein B. Veblen (1857–1929), amerikanischer Nationalökonom und Soziologe, Begründer des Institutionalismus. Kind norwegischer Einwanderer. Studium der Philosophie und Nationalökonomie in Baltimore und an der Yale University. Nahm nach sieben Jahren Arbeitslosigkeit Studium der Wirtschaftswissenschaften in New York und Chicago auf. Diverse Lehrtätigkeit an verschiedenen Universitäten, 1918–26 Mitglied der New School of Social Research in New York.

408 **Martin Kessel** Wir falschen Fünfziger

Auftragsartikel, den die NZ beim Autor selbst für dessen 50. Geburtstag bestellte. Martin Kessel, der wenige Wochen vor der Machtergreifung Hitlers sein Hauptwerk, den Roman »Herrn

Brechers Fiasko«, veröffentlicht hatte, konnte sich den Autoren der Inneren Emigration zurechnen. Der ostentative Abstand zur Politik und zu einem an der Aktualität orientierten gesellschaftskritisch-realistischen Erzählen bestimmte ihn auch nach 1945.
Der Erzähler, Essayist und Aphoristiker **Martin Kessel** (1901–1990), der sich auch mit Collagen befaßte, studierte Germanistik, Philosophie, Musik- und Kunstwissenschaft in Berlin, München und Frankfurt/M., lebte dann dauerhaft in Berlin. Im Dritten Reich veröffentlichte er den kleinen Künstlerroman »Die Schwester des Don Quijote« (1938), nach dem Krieg u. a. den Berlin-Roman »Lydia Faude« (1965) sowie die Aphorismen-Sammlung »Gegengabe« (1960).

412 **F. K.** Vom geschwollenen Daherreden
Kürzel nicht entschlüsselt.

414 **Eduard Trier** Das Kunstwerk als Büro-Ärgernis?
In einer Vorbemerkung vermutete die Redaktion: »Die Diensträume der Regierungsbehörden eines Landes können in ihrer künstlerischen Ausstattung stilbildend für das Geschmacksniveau des Volkes wirken.«
Eduard Trier (1920 geb.), Kunstkritiker. Studierte 1946–1952 an den Universitäten Bonn und Köln, 1952 Promotion in Bonn. 1949 Kritiker der Kunstzeitschrift »Der Cicerone«. 1964–72 Professor und 1966–73 Direktor der Kunstakademie Düsseldorf, 1972–85 des Kunsthistorischen Instituts der Universität Bonn. Arbeitete als Kunstkritiker für die »FAZ«.
Emil Nolde (1867–1956), führender deutscher Expressionist, auch Schriftsteller.
Ernst Wilhelm Nay (1902–1968), vom Expressionismus beeinflußter abstrakter Maler mit intensiven Farbkompositionen.
Joseph Faßbender (1903–1974), Abstrakter Kölner Maler.
Gerhard Kadow (1909–1981), Glasmaler, Textilkünstler.
Otto Pankok (1893–1966), Maler, Bildhauer, Graphiker. Expressionist mit sozialkritischen Impulsen.
Karl Kluth (1898–1972), Maler, von Edvard Munch beeinflußt; Gründungsmitglied der Hamburger Sezession.
Herbert Spangenberg (1907–1984) Hamburger Maler, der von der Neuen Sachlichkeit zur Popart kam.

Peter Herkenrath (1900–1992), autodidaktischer Kölner Maler und Graphiker.
Willy Jaeckel (1888–1944), Maler, vom Expressionismus beeinflußt; in den zwanziger Jahren »Malerfürst« von Berlin.
Edwin Scharff (1887–1955), Bildhauer, Maler und Graphiker. Setzte sich mit dem Kubismus auseinander.
Hans Jaenisch (1907–1989), abstrakter Maler, Mitglied des »Sturm«.
Max Pechstein (1881–1955), expressionistischer Maler, Mitglied der »Brücke«.
Max Kaus (1891–1977), Maler an der Grenze zur Abstraktion, viele Landschaften.
August Macke (1897–1914), führender expressionistischer Maler, Mitglied des »Blauen Reiter«.

417 **Reinhard Lettau** Versuch über das Schachspiel

Der Erzähler und Essayist **Reinhard Lettau** (1929–1996) studierte Germanistik, Philosophie und vergleichende Literaturwissenschaft in Heidelberg und Harvard, lehrte seit 1967 an der University of California in San Diego. Frühe Prosa unter dem Titel »Schwierigkeiten beim Häuserbauen« (1962), der die Bände »Auftritt Manigs« (1963), »Feinde« (1968) und »Immer kürzer werdende Geschichten« (1973) folgten. Auch bemerkenswerte Hörspiele. »Alle Geschichten«, hg. von Dawn Lettau und Hanspeter Krüger (1998).

419 **Sechs Jahre Totenchronik von Sowjetopfern in Weimar**

Der Text erschien mit folgender redaktioneller Vorbemerkung: »Berlin, 12. September (NZ). – Ausschreitungen sowjetischer Soldaten haben, wie gemeldet, dazu geführt, daß das Volkspolizeipräsidium in Weimar für mehrere Stadtbezirke eine nach Einbruch der Dunkelheit einsetzende Ausgangssperre erlassen hat. Wie der Berliner ›Telegraf‹ dazu erfährt, sind in Weimar 18 Einwohner von Angehörigen einer sowjetischen Strafkompanie ermordet worden, hauptsächlich Frauen und Mädchen, die vorher vergewaltigt worden waren. Ein Volkspolizist sei erschlagen worden, als er sich schützend vor seine Frau stellte. Der Trauerzug bei der Beerdigung der Opfer habe einer Demonstration geglichen. Die NZ ist in der Lage, aus diesem Anlaß ein Dokument zu veröffentlichen, das amtliche Angaben über die zwischen dem

21. Oktober 1945 und dem 23. Juli 1951 in Weimar durch Gewaltverbrechen ums Leben gekommenen Deutschen enthält. Ein leitender Beamter der Weimarer Friedhofsverwaltung war durch seine Amtsstellung Mitwisser dieser schauerlichen Serie von Verbrechen. Er floh nach Westberlin – gerade noch rechtzeitig gewarnt –, als ihn der Staatssicherheitsdienst verhaften wollte, um den gefährlichen Mitwisser der Verbrechen einzelner Sowjetsoldaten zu beseitigen. Der Beamte nahm das Tagebuch der Weimarer Friedhofsverwaltung mit.« Die in dem Dokument berichteten Vorgänge konnten nicht nachgeprüft werden.
RAD-Lager Reichsarbeitsdienst
GPU-Angehörige sowjetischer Geheimdienst

427 **Alfred Berndt** Kann Fernsehen eine Kunst werden?

Im März 1951 nahm das Fernsehen einen zweistündigen Sendebetrieb auf – für anfangs 60 Zuschauer. 1955 waren es bereits 100 000 Zuschauer. 1952 begann der NWDR mit einem täglichen Programm. 1966/67 wurde das PAL-Farbfernsehsystem eingeführt.
Alfred Berndt (1920 geb.), lebte in Berlin. Mitarbeiter der Zeitschrift »Athena«. Schrieb vor allem Erzählungen und Novellen. »Christophorus« (1936), »Eine Scheibe Brot. Elegien im Alltag« (1946), »Moderne Erzähler« (1961).
Wsewolod Illarionowitsch Pudowkin (1893–1953), Schauspieler und Autor, Wegbereiter der revolutionären sowjetischen Filmkunst.
»Der blaue Engel« (1930), Film nach Heinrich Manns Roman »Professor Unrat oder Das Ende eines Tyrannen«. Regie: Joseph von Sternberg. Mit Emil Jannings, Marlene Dietrich, Kurt Gerron, Rosa Valetti und Hans Albers.

431 **René König** Neue Wege der Sozialwissenschaften

René König (1906–1992), Soziologe. Habilitation in Zürich zum Thema »Kritik der historisch-existentialistischen Soziologie«, 1949–1974 Ordinarius für Soziologie in Köln. Bestimmte sich als empirischer Sozialforscher. Veröffentlichte u. a. »Materialien zur Soziologie der Familie« (1946), »Soziologie heute« (1949), »Handbuch der empirischen Sozialforschung« (1962–69).
Max Horkheimer s. Komm. zu 456.

1952

438 **Ernst Robert Curtius** Das verlöschende Licht von Hellas
Einer von mehreren Artikeln, die Robert Curtius unter der Rubrik »Aus meinem Büchertagebuch« in der NZ veröffentlichte.
Ernst Robert Curtius (1886–1956), Romanist, europäischer Gelehrter. Studium des Sanskrit, der vergleichenden Sprachwissenschaften und der neueren Philologie in Straßburg, Berlin und Heidelberg. Ab 1919 Professuren in Bonn, Marburg, Heidelberg und Bonn. 1925 erschien sein grundlegendes Buch »Französischer Geist im Neuen Europa«, 1932 zeitkritische Warnschrift »Deutscher Geist in Gefahr«. Als seine Summe wissenschaftlicher und essayistischer Bemühungen erschien 1949 das Buch »Europäischer Geist und lateinisches Mittelalter«.

441 **Georg Berkenhoff** Vertriebenen-Schicksal vor der Entscheidung – Politische Extremisten, resignierende Unterstützungsempfänger oder vollwertige Staatsbürger?
Keine biographischen Daten bekannt.
Erster von sechs Artikeln des NZ-Redakteurs über die Vertriebenen, zwischen 55/5.3. und 61/12.3.52 erschienen. Aus dem redaktionellen Vorspann: »Alle Anzeichen deuten darauf hin, daß in der Vertriebenenfrage entscheidende Ereignisse bevorstehen: Eine deutliche Wiederbelebung der Umsiedlung von Land zu Land oder ein neuer Massenaufbruch verzweifelter Heimatloser zu neuen Trecks quer durch das Bundesgebiet, Räumung der Elendslager, Wohnungsbau, Arbeitsbeschaffung und Heranführung an den Arbeitsplatz mittels verstärkter Kredite, Existenzaufbauhilfen und Umsiedlung innerhalb der Länder – oder endgültiges Zurücksinken in ein hoffnungsloses Rentnerdasein, wenn nicht gar in gefährlichen politischen Radikalismus. Die in greifbare Nähe gerückte Verabschiedung des großen Vertriebenengesetzes und des Lastenausgleichs stehen auf der einen, Betriebsmittelkrisen bei den Flüchtlingsbetrieben, Schwierigkeiten in Wohnungsbau und Wohnraumverteilung sowie Radikalisierungstendenzen in den Vertriebenen-Organisationen auf der anderen Seite.«
Deutsche Partei (DP) 1947 gegründet. Sammelbecken der konservativen ländlichen Wähler Norddeutschlands und von Vertrie-

benen. Forderte »Schutz jeglichen Bauerntums als Grundlage der Volksernährung« und »Anerkennung der Ehre des reinen Soldatentums« sowie »Beendigung der Entnazifizierung«. Ihre nationalistische Anhängerschaft wanderte weitgehend auf den rechten Flügel der CDU ab. Ende der DP 1961.
BHE Block der Heimatvertriebenen und Entrechteten, eine Partei der Flüchtlinge und Vertriebenen, die wegen Anpassungsschwierigkeiten in den Bundesländern auf ihrem Status beharrten. 1950 in Schleswig-Holstein gegründet, breitete sich der BHE über das ganze Bundesgebiet aus. Die Partei rutschte Anfang der sechziger Jahre zu einer Splittergruppe ab, letzte Reste gingen in der NPD auf.

445 **Kurt Kusenberg** Nichts ist selbstverständlich

Kurt Kusenberg (1904–1983), Erzähler und Lektor. Studium der Kunstgeschichte in München, Berlin und Freiburg. Viele Reisen in Europa. Ab 1930 Kunstkritiker, 1935–43 stellvertretender Chefredakteur der Zeitschrift »Koralle« in Berlin. Ab 1947 Verlagslektor in München und Hamburg. Langjähriger Herausgeber von Rowohlts Monographien.

448 **Rudolf Krämer-Badoni** Der Zweite Weltkrieg ist verarbeitet

Antwort auf die »immer wieder gestellten Fragen nach dem literarischen Niederschlag des zweiten Weltkrieges« (Redaktion).
Rudolf Krämer-Badoni (1913–1989) Schriftsteller, Journalist. Studierte in Frankfurt/M. Literaturwissenschaft, Geschichte und Publizistik. 1937 Promotion. Während des Zweiten Weltkriegs Sanitätssoldat, Desertion kurz vor Kriegsende. Nach dem Krieg zunächst Zeitschriftenredakteur bei der »Wandlung«. Seit 1948 freier Schriftsteller. Als Journalist vorwiegend für die »Welt« tätig. Scharfe Polemiken gegen die Linke. Wandelte sich vom Katholiken zum Atheisten. Kriegsroman »In der großen Drift« (1949), Autobiographie »Mein beneidenswertes Leben« (1972), »Zwischen allen Stühlen« (1985).
Moscherosch und Grimmelshausen Barockdichter. Johann Michael Moscherosch (1601–1669) war Mitglied der Fruchtbringenden Gesellschaft, Erzähler und Satiriker des französisierenden Alamode-Wesens. Hans Jakob Christoffel von Grimmelshausen (um 1622–1676) schuf mit dem »Simplicius Simplicissimus« den

klassischen Schelmenroman über die Abenteuer des Soldatenlebens.
Curzio Malaparte Italienischer Schriftsteller und Journalist (1898–1957), Verfasser zahlreicher reißerischer, hyperrealistischer Erfolgsromane, die von der Reportageform durchsetzt sind.

451 **Hans Erich Nossack** Warum ich protestiere
Das Gesetz vom 9.6.53 war nur schwer durchzusetzen. 1950 war ein entsprechender Regierungsentwurf im Bundestag noch abgelehnt worden, und auch gegen die entschärfte Fassung gab es heftigen Protest. Erich Kästner spottete 1952: »Gegenwärtig wird in Bonn und anderswo wieder einmal ein Schmutz- und Schundgesetz ausgearbeitet. Es heißt, man wolle mit Hilfe dieses Gesetzes den Magazinen und den Aktfotos an den Kragen. Den abgebildeten Fräuleins, die auch den letzten Zweifler unter uns einwandfrei – wenn auch nicht immer in einwandfreien Posen – davon überzeugen wollen, daß der Busen keine poetische Lizenz verderbter Dichter, sondern eine mehr oder weniger unumstößliche Tatsache ist, mit der man rechnen muß.« Es kam zu einer Wiederauflage der Auseinandersetzungen, die bereits 1926 bei Einführung des Gesetzes (das dann 1933 der Rechtfertigung der Bücherverbrennung diente) geführt worden waren. Eine Verfassungsbeschwerde wurde 1956 zurückgewiesen. In dem Entscheid des 2. Senats des BVG heißt es, das Gesetz »beschränkt den Vertrieb, die Weitergabe und die Werbung für Schriften, die geeignet sind, Jugendliche zu gefährden. Jugendgefährdende Schriften, zu denen vor allem unsittliche sowie Verbrechen, Krieg und Rassenhaß verherrlichende Druckwerke zählen, sind in eine Liste aufzunehmen. Die Aufnahme ist bekanntzumachen.« Mehrere Autoren wandten sich 1953 in einer gemeinsamen Erklärung gegen das vom Bundestag angenommene Gesetz. Nossacks Artikel ist ein persönlicher Kommentar zu diesem Protest.
Hans Erich Nossack (1901–1977) Prosaist und Dramatiker. Studierte Philosophie und Jura bis 1922, danach Bankangestellter und Kaufmann. 1925–1933 fünf Stücke verfaßt. 1933–56 in der Importfirma des Vaters beschäftigt. Publikationsverbot unter den Nazis. Bei der Bombardierung Hamburgs verbrannten die meisten Manuskripte. Nach dem Krieg literarischer Neubeginn und Übernahme der väterlichen Firma. Seit 1956 freier Schriftsteller

in Aystetten bei Augsburg, Darmstadt und Frankfurt/M. Arbeit in den Akademien von Darmstadt und Mainz. »Gedichte« (1947), »Nekyia. Bericht eines Überlebenden« (1947) und »Interview mit dem Tode« (1948).

453 **Ursula von Kardorff** Zug über gesprengten Viadukten

Die Journalistin **Ursula von Kardorff** (1911–1988), Tochter eines Malers, Studium. Im Zweiten Weltkrieg Feuilletonredakteurin der »Deutschen Allgemeinen Zeitung« in Berlin. Kontakt mit Gruppen des Widerstands. 1945 Umzug nach München. Dort vor allem für die »Süddeutsche Zeitung« tätig. Besonders bemerkenswert sind ihre »Berliner Aufzeichnungen 1942–1945« (1962).

456 **Max Horkheimer** Wenn heute von Bildung gesprochen wird

Rede des Rektors der Johann-Wolfgang-Goethe-Universität Frankfurt/M. zur Immatrikulationsfeier der Studenten. In der NZ wurde der erste Teil abgedruckt.

Der Begründer der Kritischen Theorie, der Sozialphilosoph **Max Horkheimer** (1895–1973), hatte eine kaufmännische Ausbildung, studierte zunächst Psychologie, dann Philosophie in Frankfurt/M. Habilitation 1925. Übernahm 1930 das von Carl Grünberg gegründete Institut für Sozialforschung, an dem und für das nach und nach Gelehrte und kritische Intellektuelle wie Walter Benjamin, Theodor W. Adorno, Herbert Marcuse, Erich Fromm, Otto Kirchheimer, Leo Löwenthal und Friedrich Pollock mitarbeiteten. Unter der Leitung Horkheimers erschien von 1932 bis 1941 auch die »Zeitschrift für Sozialforschung«. In der gemeinsam mit Adorno verfaßten Grundschrift »Dialektik der Aufklärung« (erstmals hektographiert 1944) wird gefordert, daß die Aufklärung das destruktive Potential des Fortschritts mitreflektieren müsse, um nicht an sich selbst zu scheitern. Horkheimer kehrte 1950 an die Universität Frankfurt/M. zurück und wurde ein Jahr später ihr Rektor. »Gesammelte Schriften«, hg. von Alfred Schmidt und Gunzelin Schmid Noerr, 18 Bde.

460 **Theodor Heuss** »Tapfer gegenüber der Wahrheit«

Rede des Bundespräsidenten vom 20. Nov. 1952.

Theodor Heuss (1884–1963), Schriftsteller und Politiker. 1902–05 Studium der Nationalökonomie in München und Berlin. Mitarbei-

ter des Liberalen Friedrich Naumann, 1910–18 Mitglied der »Fortschrittlichen Partei«. 1913–18 Redaktion der Halbmonatsschrift »März«. 1918 Eintritt in die Deutsche Demokratische Partei (DDP). 1920–33 Dozent an der Hochschule für Politik in Berlin. Stimmte am 23. März 1933 für das Ermächtigungsgesetz. Biographien über Friedrich Naumann, Hans Poelzig, Justus von Liebig, Robert Bosch, teils unter Pseudonym. 1945/46 Kultusminister in Württemberg-Baden, Mitglied des Parlamentarischen Rates, 1949 Bundesvorsitzender der FPD. Am 12. Sept. 1949 zum Bundespräsidenten gewählt. 1963 »Erinnerungen 1905–1933«.
Nahum Goldmann (1894–1992), Präsident des Jüdischen Weltkongresses.

1953

468 **Schafft neue Perspektiven!**
Nachdruck aus der Zeitschrift »Freude an Büchern«. Vom Hg. um eine Antwort (von Maxim Ziese) gekürzt. Abgedruckt wurden nicht nur langjährige Mitarbeiter der NZ, sondern auch Autoren, die eher am Rand der redaktionellen Aufmerksamkeit gestanden hatten – ein Zeichen dafür, daß der Kontakt zu vielen früheren Mitarbeitern abgerissen war.
Kasimir Edschmid (1890–1966), freier Schriftsteller. 1933 Rundfunkverbot, 1941–45 Schreibverbot. Nach dem Krieg mehrere Ämter im deutschen P.E.N. Von seinen zahllosen Veröffentlichungen seien erwähnt: die Romane »Das gute Recht« (1946) und »Der Zauberfaden« (1949) sowie die Gedichte »Italienische Gesänge« (1947).
Rudolf Hagelstange s. Komm. zu 227.
Ernst Heimeran (1902–1955), Humorist und Feuilletonist. Ab 1932 Verlagsleiter. Veröffentlichte in den Nachkriegsjahren Plaudereien sowie die Autobiographie »Büchermachen« (1947) und die Erzählungen »Frühling, Sommer, Herbst und Winter« (1950).
Hans Erich Nossack s. Komm. zu 451.
Luise Rinser s. Komm. zu 59.
Werner von der Schulenburg (1881–1958), vorwiegend Erzähler, aber auch Verfasser von Lustspielen und Biograph. War in der Nazizeit in Italien, dort im Widerstand. Veröffentlichte in den Jahren

nach dem Krieg die Erzählung »Artemis und Ruth« (1947), die Novelle »Beglänzte Meere« und den Roman »Der König von Korfu« (1950).
Walter Jens s. Komm. zu 504.
Ernst Kreuder s. Komm. zu 237.
Horst Lange s. Komm. zu 93.

472 **Ossip Kalenter** Späte Lesung aus eigenen Werken
Der Erzähler, Lyriker und Übersetzer **Ossip Kalenter** (eig. Johannes Burkhardt) (1900–1976) war ein Meister der kleinen Form. Er studierte Kunstgeschichte und Germanistik, schrieb für viele Zeitschriften. Lebte ab 1924 in Italien, seit 1934 in Prag, ab 1939 in Zürich. Seine erste Buchveröffentlichung sind die Gedichte »Der seriöse Spaziergang« (1920), nach dem Zweiten Weltkrieg erschienen u. a. die Erzählungen »Soli für Füllfeder« (1950).

474 **Heinrich Böll** Lieder an Theodora
Die Erzählung erschien unter dem Titel »Die unsterbliche Theodora« erstmals am 5. 2. 1953 in der »Neuen Ruhr-Zeitung« (Essen). **Heinrich Böll** (1917–1985), Erzähler, Essayist. Buchhandelslehre, 1938/39 Arbeitsdienst, 1939–45 Soldat, in amerikanischer Gefangenschaft. Kam Ende 1945 zurück. Studium, diverse Tätigkeiten. Seit 1951 freier Schriftsteller. Wirkungsvoller Einsatz für verfolgte und bedrohte Autoren, 1971–74 Präsident des Internationalen P.E.N., 1972 Literaturnobelpreis. Böll veröffentlichte von 1949 bis 1952 vier Erzählungsbände und den Roman »Wo warst du, Adam?« (1951). Er begründete damit seinen Ruhm als repräsentativer Erzähler der Nachkriegszeit.

477 **Theodor W. Adorno** Musik auf dem Verordnungswege
Von den kleineren Texten Adornos, die in der NZ erschienen, ist sein Plädoyer für Heinrich Manns Roman »Professor Unrat oder Das Ende eines Tyrannen« (41/18. 2. 52) bemerkenswert. Außerdem kommentierte er eine Umfrage, die der Frage nach der Wunschzeit für das eigene Leben gegolten hatte (307/31. 12. 51). Der Artikel »Musik auf dem Verordnungswege« wurde in der NZ annonciert: »Die folgenden Abschnitte entnehmen wir einer grundsätzlichen Kritik Professor Dr. Theodor W. Adornos an der Musikpolitik des Ostens. Der Verfasser bezieht sich hier auf einige

Punkte einer Proklamation, die der sogenannte ›2. Internationale Kongreß der Komponisten und Musikkritiker‹ in Prag erlassen hat und die auch heute noch für die musikalische Produktion im Osten als Richtlinie gelten.«

Theodor Wiesengrund Adorno (1903–1969), Sozialphilosoph, Kunst- und Musikwissenschaftler, auch eigene Kompositionen. 1921–23 Studium der Philosophie, Soziologie, Psychologie und Musiktheorie in Frankfurt/M. Freundschaft mit Max Horkheimer und Walter Benjamin. 1925/26 Studium der Kompositionslehre und Musiktheorie bei Alban Berg und Arnold Schönberg in Wien. 1931 Habilitationsschrift über Kierkegaard. 1933 Entzug der Lehrbefugnis, 1934 Emigration nach Oxford, 1938 in die USA. Mitglied des emigrierten Instituts für Sozialforschung. 1947 mit Max Horkheimer die Schrift über »Die Dialektik der Aufklärung«. 1949 Rückkehr nach Frankfurt/M., Professur für Sozialphilosophie in Frankfurt, leitete mit Horkheimer gemeinsam das Institut. Zahlreiche Schriften.

480 **Ungez.** Der Schrei nach Freiheit

Der Leitartikel zum Arbeiteraufstand in der DDR wurde vermutlich von Hans Wallenberg, der damals als Herausgeber und Chefredakteur firmierte, geschrieben.

484 **Hans Joachim Schoeps** Wer schreibt eine Geistesgeschichte des Witzes?

Hans Joachim Schoeps (1909–1980), Religionshistoriker und Geistesgeschichtler. Aufgewachsen in der jugendbewegten, freideutschen Tradition. Studium in Heidelberg, Marburg und Berlin. 1932 Promotion in Leipzig, 1933 philosophisches Staatsexamen. Orientierte sich am Ideal einer preußisch-jüdischen Symbiose. Gründete den »Deutschen Vortrupp – Gefolgschaft deutscher Juden«. Bis 1938 Privatlehrer und Verleger, Emigration nach Schweden. 1946 Rückkehr nach Deutschland. 1950 Professur für Religions- und Geistesgeschichte in Erlangen. Zahlreiche wissenschaftliche Veröffentlichungen und Essays: »Die letzten dreißig Jahre« (1956), »Jüdische Geisteswelt« (1960), »Die großen Religionen der Welt« (1962), »Unbewältigte Geschichte« (1964), »Preußen. Geschichte eines Staates« (1966), »Zeitgeist der Weimarer Republik« (1968).

487 **Will Grohmann** Die drei Tricks in der Diskussion um die heutige Kunst

Will Grohmann (1887–1968), Kunstkritiker und Kunstwissenschaftler, war ein Wegbereiter der Moderne. Er studierte orientalische Sprachen und Sanskrit in Paris und Leipzig. Dissertation über ein germanistisches Thema. 1919 Mitglied der »Novembergruppe«. Ab 1926 Assistent an der Staatlichen Gemäldegalerie Dresden. 1933 Entlassung, publizierte Artikel unter Pseudonym. Nach Aufnahme in die Reichsschrifttumskammer Beiträge in der »Deutschen Allgemeinen Zeitung« und in »Das Reich«. Nach dem Krieg Professor für Kunstgeschichte in Dresden und Leipzig, 1948 Umzug nach Westberlin, dort Professur für Kunstgeschichte an der Hochschule für Bildende Künste. Zahlreiche Bücher und Aufsätze zur bildnerischen Moderne, Monographien u.a. über Paul Klee, Wassili Kandinsky und Henry Moore. »Bildende Kunst und Architektur. Zwischen den beiden Kriegen« (1953), »Neue Kunst nach 1945« (1958), »Kunst unserer Zeit« (1966).

491 **Wilhelm Papenhoff** Politik wandelt das Gesicht Bonns

Wilhelm Papenhoff war Korrespondent der NZ. Biographische Daten nicht bekannt.

494 **Franz Jung** Die Geschichte mit Dagny

Erzählt wird die Leidensgeschichte von Franz Jungs Tochter Dagny. Sie war mit 22 Jahren zur SS als Schreibhilfe zwangsverpflichtet worden, war infolge von Rauschmitteln zusammengebrochen und in die Universitätsklinik von Greifswald eingeliefert worden. Franz Jung besuchte sie dort mit falschen Papieren von Budapest aus. In seiner Autobiographie »Der Weg nach unten« (Neuwied 1961, 454) vermerkt er: »Dagny wurde später bei dem Versuch, ohne Ausweise wenigstens bis Wien zu gelangen, wieder verhaftet, strafweise in ein Arbeitskommando nach der Steiermark gebracht. Dort unternahm sie einen neuen Selbstmordversuch. Sie wurde von der Gestapo als ›arbeitsscheu‹ in die geschlossene Abteilung des Wiener Allgemeinen Krankenhauses eingeliefert.

Ich war inzwischen in Budapest selbst verhaftet worden und konnte ihr nicht helfen. Ich hatte auch keine Nachricht über ihren Verbleib; Briefe hätten mich nicht erreicht.

Dagny ist bei der Evakuierung des Krankenhauses vor den anrükkenden Russen im März 1945 umgebracht worden, durch eine Injektion vergiftet. Von dem Krankenhause wurde später nach dem Kriege erklärt: an einer Lungenentzündung verstorben.«
Franz Jung (1888–1963), Anarchist, Börsenmakler, proletarisch-revolutionärer Erzähler. In Leipzig Studium der Nationalökonomie und der Rechte. Nach 1910 Anschluß an die Bohème-Kreise Münchens und Berlins, wo er seit 1913 als Mitarbeiter der expressionistischen Zeitschrift »Die Aktion« lebte. 1915 Desertion aus der Armee, Haft. 1918/19 Arbeit für die Spartakusgruppe, dann für die Kommunisten verschiedener Fraktionen. 1921 in den mitteldeutschen Aufstand verwickelt. Flucht nach Holland, später in die UdSSR, dort Aufbau einer Zündholzfabrik. Nach der Rückkehr Dramaturg bei Piscator in Berlin. Nach 1933 Widerstand gegen die Nazis, Verbindung zur Abwehr um Canaris. Haft und Flucht nach Prag, Wien, Genf, Budapest, wo er von faschistischen Pfeilkreuzlern zum Tod verurteilt wurde. Flucht aus der Todeszelle, wieder verhaftet und ins KZ Bozen verschleppt. Nach dem Krieg bis 1948 Gelegenheitsarbeiter in Italien, bis 1953 als Wirtschaftsjournalist in den USA, 1960 Rückkehr nach Europa. Debüt mit dem expressionistischen Band »Das Trottelbuch« (1912), diverse Dramen. Autobiographie »Der Weg nach unten« (1961), auch als »Der Torpedokäfer« (1972) erschienen.

499 **H. S.** Die Abwanderung aufs Tonband
Kürzel nicht entschlüsselt.

501 **Harald Lindner** Martin Luthers Geburts- und Todesstadt
Biographische Daten nicht bekannt.

504 **Walter Jens** Alles war anders geworden
Walter Jens (geb. 1923), Schriftsteller und Wissenschaftler. Studierte klassische Philologie in Hamburg und Freiburg, promovierte 1944 mit einer Arbeit über den Dialog bei Sophokles. 1949 Habilitation, seit 1956 Professur für klassische Philologie und allgemeine Rhetorik in Tübingen. Er versteht seine enorm vielfältige Produktion in Siebenjahresschritten. Demnach ist die erste die erzählende Phase, vor allem bestimmt durch die Romane »Nein. Die Welt der Angeklagten« (1950) und »Der Blinde«

(1951). Nach weiteren Romanen und Erzählungen folgte eine kritisch-analytische Phase als einflußreicher Literatur- und Fernsehkritiker sowie als Gelehrter, die dritte Phase gilt dem Engagement des Bürgers in der immer wieder gefährdeten Demokratie.

1954

509 **Helmuth de Haas** Typologie des Fernsehwitzes
Helmuth de Haas (1928–1970), Journalist, Kritiker und Übersetzer. »Prager Elegien« (1949), »Das geteilte Atelier. Essays« (1955), »Lineaturen« (1955).

512 **Walter Gropius** Ist der Architekt Diener oder Führer?
Originalbeitrag für die NZ.
Walter Gropius (1883–1969), Architekt. Studierte einige Semester Architektur in München und Berlin. 1908 Eintritt in das Architekturbüro von Peter Behrens. Entscheidende Prägung erhielt Gropius durch die Bauten der AEG in Berlin. 1910 Gründung eines eigenen Bauateliers, wo er ab 1911 das moderne Baugeschehen in Deutschland entscheidend mitbestimmte, indem er Kunst und Konstruktion zu verbinden suchte. 1919 Direktor des von ihm gegründeten Staatlichen Bauhauses in Weimar, danach in Dessau. 1928 Rücktritt von der Leitung des Bauhauses, um sich verstärkt der Aufgabe des Siedlungsbaus zu widmen. 1934 Emigration nach Großbritannien, 1937 Professur für Architektur in Cambridge (Mass.). 1938–41 Architekturbüro mit Marcel Lajos. 1946 gründete er in Cambridge »The Architects Collaborative« (TAC).

519 **Walther Killy** Die Physiognomie der Zwanzigjährigen
Walther Killy (1917–1995), Germanist. Nach dem Abitur 1937 Arbeitsdienst. Anschließend studierte er Germanistik, Philosophie und Geschichte in Berlin. Militärdienst ab 1939, Kriegseinsatz an der Ostfront und in Afrika, 1943 amerikanische Kriegsgefangenschaft. 1948 mit einer Arbeit über Hölderlin promoviert. 1951 Habilitation an der FU Berlin, Professur für Deutsche Philologie in Göttingen.

523 **Margarete Susman** Über einige Wandlungen der Frau

Der Text stammt aus Susmans Essaysammlung »Gestalten und Kreise« (1954).

Margarete Susman (1872–1966), Religionsphilosophin, Lyrikerin. Schule in Zürich, Besuch der Kunstakademie in Düsseldorf, Studium von Kunst und Philosophie in Paris, München und Berlin. Schrieb über das Wesen der modernen Lyrik, den »Sinn der Liebe«, Frauen der Romantik. 1939 Schreibverbot im Dritten Reich. Publizierte vor allem unter dem Pseudonym Rainer in Schweizer Zeitungen und Zeitschriften weiter. Lebte nach dem Krieg in Zürich. Ihr wichtigstes Werk: »Das Buch Hiob und das Schicksal des jüdischen Volkes« (1946).

526 **Otto Mai** Berlin – eine gespaltene Stadt

Biographische Daten nicht bekannt.

530 **Peter Koehne** Am Grabe des Individuums

Biographische Daten nicht bekannt.
Reisefeuilleton zum 150. Todestag des Philosophen Immanuel Kant.

533 **Friedrich Noppert** »Juchhöh!« ist kein Freudenschrei

Mit redaktioneller Vorbemerkung: »Die drei westlichen Hochkommissare haben dem sowjetischen Hochkommissar Semjonow Vorschläge zur Erleichterung des Personen- und Warenverkehrs zwischen der Bundesrepublik und der Sowjetzone gemacht. Mit den Auswirkungen der Spaltung Deutschlands, die durch die Annahme dieser Vorschläge fühlbar gemildert werden könnte, befaßt sich der nachfolgende Artikel.«

Semjonow Wladimir S. Semjonow (1911–1992) war 1949–53 politischer Berater der Sowjetischen Kontrollkommission in Deutschland. Er kehrte nach kurzem Zwischenspiel im Moskauer Außenministerium im Juni 1953 als sowjetischer Hochkommissar zurück. Wurde im Sept. sowjetischer Botschafter in der DDR. 1954/55 Leiter einer Europaabteilung im sowjetischen Außenministerium.

Roman Chwalek (1888–1974), kommunistischer Funktionär. Er überlebte sechs Jahre Zuchthaus und KZ unter den Nazis, war 1945 Mitbegründer der Gewerkschaft in Berlin. Wurde in den

Bundesvorstand des FDGB aufgenommen und war Mitglied der Volkskammer, 1950–54 Minister für Arbeit bzw. für Eisenbahnwesen.

Ernst Wollweber (1898–1967), ab 1918 Mitglied der KPD, 1928–33 Mitglied des preußischen Landtags. 1940 in Schweden verhaftet. In der DDR 1949–53 Staatssekretär, 1955–57 Staatssicherheitsminister. Als Ulbricht-Kritiker 1958 aus dem ZK entlassen.

538 **Christian Bouchholtz** Dämonie der Phrase

Christian Bouchholtz (geb.um 1890–?), publizierte seit 1911, auch unter dem Pseudonym Jacques Nels. Veröffentlichte »Schüsse vor Warschau« (1916).

Coué-Methode Autosuggestion und mentales Training, erfunden von dem französischen Apotheker Emile Coué in den zwanziger Jahren.

Max Nordau eigentlich Max Simon Südfeld (1849–1923), Schriftsteller. Mit Theodor Herzl einer der Begründer des Zionismus. Verfasser u.a. von kultur- und zeitkritischen Studien. »Die konventionellen Lügen der Kulturmenschheit« (1883), Bestseller um 1900: 19. Aufl. 1904.

541 **Klaus Klein** Die Gegenwart liegt an der Peripherie

Biographische Daten nicht bekannt. Klaus Klein veröffentlichte »Die Einheit Deutschlands. Das vordringlichste Anliegen des deutschen Volkes« (1952).

544 **Johannes Gaitanides** Das Geschäft mit der Unzufriedenheit

Johannes Gaitanides (1909–1988), Journalist, Schriftsteller. Emigrierte 1933 nach Griechenland. Seit 1949 freier Schriftsteller, seit 1951 politischer Kommentator beim Bayerischen Rundfunk. Redakteur der Zeitschrift »Hellenica«. »Oella. Das Mädchen mit den versteinerten Augen« (1948), »Passion Europa« (1956), »Westliche Ärgernisse« (1958), »Die Zukunft des Kommunismus« (1963). Diverse Bücher über Griechenland und die Ägäis.

548 **Wilhelm Lichtenberg** Peter und die Managerkrankheit

Wilhelm Lichtenberg (1892–1960), Schauspieler in Wien und Breslau, Dramatiker, Hörspielautor. 1938 Emigration in die Schweiz, lebte bis zu seinem Tod in Basel.

552 **Friedrich Noppert** Hier ist das Schweigen ein Verbrechen
Innenpolitischer Redakteur der NZ. Biographische Daten nicht bekannt.
Max Seydewitz (1892–1987), kommunistischer Politiker und Funktionär. Zunächst Arbeit in der SPD, aus der er 1931 ausgeschlossen wurde. Flucht in die ČSR, 1934 in die KP eingetreten. Flucht nach Norwegen und Schweden. 1945 Rückkehr nach Deutschland. 1946/47 Intendant des Berliner Rundfunks, 1947–52 sächsischer Ministerpräsident, außerdem in anderen hohen Ämtern, dann Sturz. 1952–55 freier Schriftsteller. Später rehabilitiert.
Wjatscheslaw M. Molotow (1890–1986) übernahm nach dem Tod Stalins mit Ministerpräsident Malenkow und Innenminister Berija zunächst die Regierung, bis Nikita Chruschtschow die Macht an sich riß. 1953–57 sowjetischer Außenminister.

556 **Sigismund von Radecki** Traktat über die Langeweile
Der in Riga geborene **Sigismund von Radecki** (1891–1970), ein Meister der Erzählung in der kleinen Form, war seit 1917 in Deutschland, bereiste ganz Europa, war Bewässerungsingenieur, Elektroingenieur, Schauspieler und Zeichner. Kam 1926 nach Berlin zurück. Wurde erst nach dem Zweiten Weltkrieg freier Schriftsteller. Feuilletons unter dem Titel »Was ich sagen wollte« (1946), Essaysammlungen »Der runde Tag« (1947) und »Wie ich glaube« (1953) sowie Feuilletons »Weisheit für Anfänger« (1956).
mithridatisiert Mithridat: antikes Allheilmittel, Synonym für Gegengift.

559 **Gisela Mayerle** Das Frühstück in der Streichholzschachtel
Biographische Daten nicht bekannt.

561 **Friedrich Sieburg** Ammonshörner im Sand der Zeit
Antwort auf eine Umfrage der NZ, »ob von einem Geist dieser Epoche überhaupt die Rede sein kann«. Es beteiligten sich Carl Linfert (über bildende Kunst), Hans Schwab-Felisch (über Literatur), Friedrich Luft (über Film) und Hans Kudszus (über den Glauben).
Ammonshörner ausgestorbene und versteinerte Kopffüßler.
Friedrich Sieburg (1893–1964), Publizist und Korrespondent. Ab 1912 Studium der Nationalökonomie, Literaturwissenschaft,

Geschichte und Philosophie in Heidelberg, Begegnung mit dem George-Kreis. Im Ersten Weltkrieg Fliegeroffizier, seit 1926 Korrespondent der »Frankfurter Zeitung« in Paris, dazwischen auch in London. Sein Buchtitel »Wie Gott in Frankreich?« (1929) wurde zur Redensart. Die Biographie über »Robespierre« (1935) war auch als Auseinandersetzung mit dem Nationalsozialismus lesbar. 1939 Eintritt in Ribbentrops Auslandsinformationsabteilung, Erklärung für die Nazis, 1941 Mitglied der NSDAP. Nach dem Krieg zunächst Schreibverbot durch die französische Militärregierung, dann Mitherausgeber der Zeitschrift »Die Gegenwart«. Gegenspieler der Gruppe 47, zahlreiche Literaturkritiken und zeitkritische Essays, auch in »Die Lust am Untergang. Selbstgespräche auf Bundesebene«. Seit 1956 Leiter des Literaturressorts der FAZ. Biographie »Chateaubriand. Romantik und Politik« (1959).

1955

568 **L. S.** Die Aufgabe ist erfüllt

Kürzel nicht entschlüsselt.

Hans Wallenberg s. Komm. zu 116.

Enno R. Hobbing (?–1955). Chefredakteur der Berliner NZ, folgte auf Peter Weidenreich. Zwischen 1949 und 1952 Korrespondent von »Time« in Deutschland, Iran, Frankreich und Washington. Tätigkeit für den CIA. Ging nach Mittelamerika und war in einen Putsch in Guatemala verwickelt. 1955 zurück in den Journalismus, zu »Life«.

M. W. Fodor Letzter Chefredakteur der Berliner NZ. Biographische Daten nicht bekannt.

James B. Conant (1883–1978), Lehrer und Wissenschaftler, Präsident der Harvard University, amerikanischer Hochkommissar für Deutschland.

Journal der Demokratie

Nachrede auf eine Zeitung

von Wilfried F. Schoeller

Am 18. Juni 1945 erhielt Erich Kästner Besuch von zwei Deutschen in amerikanischer Uniform und wurde von ihnen im Auftrag des amerikanischen Geheimdienstes CIC über seine Jahre im Dritten Reich vernommen. Er selbst hat die Begegnung in seinem Tagebuch »Notabene 45«, seiner Rechenschaft und Chronik, notiert. Die Amerikaner prüften, wen sie für höhere Aufgaben in den ersten Nachkriegsjahren vorsahen, zunächst auf sein Verhalten in den Nazijahren. Das Ergebnis des Quasi-Verhörs fiel günstig aus. Am 30. Juni 1945 wurde der Schriftsteller, der die letzten Kriegswochen im österreichischen Mayrhofen überstanden hatte, von zwei Vermittlern verlockt: »Sie fragten, ob ich an einer Zeitung mitarbeiten wolle, die man plane. Sie werde, zunächst zweimal wöchentlich, in München erscheinen. Hausenstein und Süskind hätten schon zugesagt, und die Chefredaktion übernähme voraussichtlich der Herausgeber der Zeitschrift ›Hochland‹. Genaueres erführe ich, sobald man Genaueres wisse. Ich machte alles Weitere und Nähere begreiflicherweise davon abhängig, ob die erste Station auf meiner Rückreise ins öffentliche Leben München heißen werde oder nicht. So blieb das Thema in der Schwebe.« (E. K., Notabene 45, 461) Doch hielt das Zögern nicht lange an. Kästner folgte seiner selbstformulierten Devise, die lautete: »Wer jetzt beiseite steht, statt zuzupacken, hat offensichtlich stärkere Nerven als ich. Wer jetzt an seine Gesammelten Werke denkt statt ans tägliche Pensum, soll es mit seinem Gewissen ausmachen. Wer jetzt Luftschlösser baut, statt Schutt wegzuräumen, gehört vom Schicksal übers Knie gelegt. Das gilt übrigens nicht nur für die Schriftsteller.« (E. K., Ges. Schriften für Erwachsene, Bd. 7, 15)

Kästner arbeitete in verschiedene Richtungen; er entwickelte einen ungeheuerlichen Tätigkeitsdrang. Am 1. Januar 1946 erschien bei Rowohlt die erste Ausgabe der Jugendzeitschrift »Pinguin«, für deren zweites Heft er bereits als Herausgeber zeichnete. Am 21. April fand die Premiere des Kabaretts »Die Schaubude« statt, für das er eine Vielzahl von Nummern schrieb. Und bereits zuvor, am 18. Oktober 1945, war in München die erste Nummer der *Neuen Zeitung* erschienen – mit Erich Kästner als Leiter des Feuilletons. »München ist ›der‹ Treffpunkt derer geworden, die bei Kriegsende nicht in Berlin, sondern in West- oder Süddeutschland steckten. Mitten auf der Straße fallen sie einander um den Hals. Schauspieler, Dichter, Maler, Regisseure, Journalisten, Sänger, Filmleute – (...) Alle Welt scheint am Werke, einen Überfrühling der Künste vorzubereiten. Daß man wie die Zigeuner leben muß, hinter zerbrochnen Fenstern, ohne Buch und zweites Hemd, unterernährt, angesichts eines Winters ohne Kohle, niemanden stört das. Keiner merkt's. Das Leben ist gerettet. Mehr braucht's nicht, um neu zu beginnen.« (E. K., Ges. Schriften für Erwachsene, Bd. 6, 201)

Nun also in München: Erich Kästner hatte noch keine Zuzugsgenehmigung, aber schon eine Unterkunft: das Zimmer Nr. 4 in der Pension Dollmann, Thierschstraße 49, zweifelsfrei ein gesellschaftlicher Mittelpunkt: »Alte Freunde und neue Bekannte teilen sich in den Genuß, mir beim Waschen, bei der Zahnpflege und beim Rasieren zuzusehen. Die Portion Aufmerksamkeit, die übrigbleibt, widmen sie der Debatte.« (E. K., Münchner Theaterbrief, 18. 10. 1945)

Er hat selbst insgesamt 85 literarische und zeitgeschichtliche Beiträge für die *Neue Zeitung* geschrieben, aber nach einem Jahr gab er den Posten des Feuilletonchefs wegen Arbeitsüberlastung an Luiselotte Enderle ab. Es hatte ihn anfangs sicher ebenso erfreut wie geärgert, »daß ich nun in einem fort im Büro sitze, am laufenden Band Besuch empfange, redigiere, konferiere, kritisiere, telefoniere, depeschiere, diktiere, rezensiere und schimpfiere« (E. K., Der tägliche Kram II, 81), aber der Redakteur saß dem Romancier und dem Poeten im Weg. So dankte er auch als Herausgeber des »Pinguin« ab.

Das ist eine der Gründergeschichten der *Neuen Zeitung*. Auch Hans Habe hat seine Version erzählt. Sie hat einen langen Vorlauf und ist in zwei autobiographischen Büchern enthalten. Sie hat einen Höhepunkt, so die Version aus seinen Erinnerungen »Ich stelle mich« (1954), im Frankfurter Hauptquartier der Army, mit einer Audienz beim Oberkommandierenden, General Eisenhower, der den militärischen Auftrag erteilt hatte, in München eine neue Zeitung zu gründen: »Je weiter er in seinen Ausführungen gedieh, desto größer wurde meine Ernüchterung. Wie fast alle amerikanischen Soldaten, hatte ich mir von Eisenhower ein Idealbild geschaffen. Nun bröckelte die Farbe von diesem Bild schichtweise ab. Da war einmal die keineswegs spontane und infolgedessen auch nicht amüsante Theatralik, mit der Eisenhower seinen Vortrag begleitete. Er ging im Raum ununterbrochen herum, auf dem dicken Teppich fast immer eine regelmäßige Acht beschreibend, aber sobald sich eine Folge von Gedanken ihrem Höhepunkt näherte, näherte sich auch der Gouverneur seinem Lehnstuhl, in den er sich genau in der Sekunde fallen ließ, in dem der entscheidende Satz zu Ende kam. Es war, als wollte er mit dieser Geste des Sich-fallenlassens einen unmißverständlichen Punkt hinter seine Sentenzen setzen.« Es handelte sich bei dieser ironischen Bildbeschreibung um die Geburtsstunde des Geleitworts, das Eisenhower der *Neuen Zeitung* lieferte. Er gab der Zeitung markige »opening words« mit, die der vorgesehene Chefredakteur Hans Habe, ein gewiefter Kenner journalistischer Usancen, nur mit hintersinnigem Gleichmut nehmen konnte. Als er sich auch noch unterstand, den Text des Militärgouverneurs zu redigieren, geriet er in einige hierarchische Verlegenheiten. Aber die amerikanische Militärregierung hatte keinen besseren Kandidaten für die Leitung der Neugründung und bewies trotz aller Einwirkungsversuche ziemlich viel Langmut bei der Mißachtung ihrer Direktiven. Habes Redaktionsstab zog Anfang Oktober 1945 von Bad Nauheim nach München um. Auf dem Gelände jener Druckerei in der Schellingstraße 39, in der vormals der »Völkische Beobachter«, das Zentralorgan der Nazis, erschienen war, verwirklichte die amerikanische Besatzungsmacht ihr ehrgeiziges Projekt. Unter ihrer Regie wollte sie ein unabhängiges Blatt, »eine amerikanische Zeitung für die deutsche Bevölkerung« machen lassen. Daraus wurde die bedeutendste deutsche Nachkriegszeitung überhaupt. Kästner hielt mit der ihm eigenen Ironie fest, es sei zugegangen »wie bei der Erschaffung der Welt«.

Es gibt noch eine dritte Gründungsgeschichte über die *Neue Zeitung*. Hans Habe war als Major der amerikanischen Armee zuvor mit der psychologischen Kriegsführung befaßt gewesen. Einer seiner Mitarbeiter, Sergeant (später Lieutenant) Stefan Heym, steuerte für den Erinnerungsfilm ein weiteres Episodenbild bei. Über seine widersprüchlichen Gefühle bei der Rückkehr nach Deutschland, die eine Heimkehr nicht sein konnte, aber sich doch im emotionalen Rahmen dieses Wortes vollzog, hat er seinen Schlüsselroman »The Crusaders«

geschrieben. In seiner Autobiographie »Nachruf« (1988) gab er unverschlüsselt Auskunft: »Die *Neue Zeitung* in München, dem fruchtbaren Hirn Habes entsprungen, wird, unter dem persönlichen Protektorat von Eisenhower und im Detail gedeckt von Colonel Powell, so etwas wie ein Zentralorgan der Amerikaner in Deutschland sein; aus ihren Spalten wird die Stimme Washingtons sprechen, nach ihrer Linie werden sich, da braucht man gar keine Anweisungen zu geben, die deutschen Redaktionen im Lande richten; welch ungeheure Machtposition. Und irgendwie ist es symbolisch, denkt der Lieutenant S.H. während der Fahrt von Nauheim, dreizehn Stunden zwischen Gepäckstücken hinten auf einem Armeelaster, daß man in München im Haus des ›Völkischen Beobachters‹ sitzen und auf den gleichen Maschinen drucken wird, die schon Hitlers Wort verbreiteten.« Eine gewiß bizarre Nachkriegskonstellation, die sich beim leitenden Personal der *Neuen Zeitung* ergab. Für Habe war Kästner das Idol seiner Jugend und Heym habe er »schlicht für einen genialen Querkopf« gehalten (H.H., Im Jahre Null, 143).

Horst Lange hat dem Wiedersehen mit Erich Kästner in München ein Erinnerungsblatt gewidmet: »Als ich ihn wiedersah, in diesem ein wenig unordentlichen und verwohnten Zimmer, wurde mir nicht sogleich deutlich, was sich an ihm eigentlich verändert hatte. Er saß in einer merkwürdigen Gelassenheit unter der Lampe und drehte Zigaretten, die er gerecht und in einer bestimmten Reihenfolge verteilte. Der Lampenschirm, an dem lange Fransen waren, begann sich vom Atem der Gespräche zu drehen. Die Schattenfransen fuhren rundum über die Wand und über die Gesichter. Alles schien zu kreisen und wegzugleiten, was doch in Wirklichkeit fest und unverrückbar war. Er selber wurde von dieser Bewegung nicht erfaßt. Es kam wohl daher, daß sein Standpunkt der einer milden Entschlossenheit war. Das Fragwürdige, mit dem er sich lange genug in seinen Büchern auseinandergesetzt hatte, erregte ihn nicht mehr, weil es ihm selbstverständlich geworden war. Es war etwas Versöhnliches und Ausgleichendes an ihm zum Vorschein gekommen, das die verzweifelte und bittere Ironie der frühen Gedichte, die seinen Ruhm begründet hatten, in den Schatten stellte. Und alles, was er sagte, meinte im Grunde wohl dieses: ›Laßt eure Theorien beiseite! Berauscht euch nicht an Worten! Wir haben genug Lärm um uns gehabt. Seid still und arbeitet und macht nicht zuviel davon her…‹« (zit. nach Oda Schaefer, Die leuchtenden Feste über der Trauer, 64f.)

Kriegsziele Die Amerikaner hatten sich mit der Demokratisierung Deutschlands, mit der Umerziehung der Gesellschaft und mit der Absicht, die Besiegten dazu zu bringen, ihre Schuld ohne Vorbehalt auf sich zu nehmen, am intensivsten befaßt. Eine Hauptaufgabe maßen sie für dieses Programm der Presse und – zuvor im Krieg – der antinazistischen Propaganda zu. Januar 1943 hatten Amerikaner und Briten in Casablanca als Kriegsziel die bedingungslose Kapitulation ausgegeben. Auf der Moskauer Außenministerkonferenz wurden am 1. November des gleichen Jahres weitere Ziele bestimmt: vollständige Entwaffnung Deutschlands und Vernichtung ihrer militärischen Potentiale, bedingungslose Entmachtung aller Nationalsozialisten, Erhalt der deutschen Wirtschaftseinheit und eine Verwaltung auf föderaler Grundlage. Präsident Roosevelt stellte im Oktober 1944 in New York vor der Foreign Policy Association fest: »Das deutsche Volk wird nicht versklavt werden. Das deutsche Volk wird aber seinen Rückweg in die Gesellschaft der friedfertigen und rechtlichen Völker sich verdienen müssen. Das ist ein steiler Weg, den die Deutschen emporklimmen müssen, und wir müssen gewiß dafür sorgen, daß sie bei diesem Anstieg nicht auch noch ihre Schießeisen mit sich schleppen. Diese Bürde müssen wir ihnen abnehmen, und hoffentlich für immer.« Der amerikanische Finanzminister Henry Morgenthau glaubte nicht an die Möglichkeit einer – durch die Siegermächte zu erzielenden – geistig-politischen Wende; deshalb betonte er, wie scharf die Maßnahmen ausfallen müßten. Er wollte Deutschland in einen Agrarstaat rückverwandeln, die Industrieanlagen demontieren lassen. Roosevelt liebäugelte mit dem Papier, das die vermeintlich zu milde Sicht des amerikanischen Außenministeriums korrigieren wollte, zog aber nach Protesten seine Paraphe Ende September 1944 zurück und ließ damit Morgenthaus Pläne fallen. Dennoch schwankten die amerikanischen Vorstellungen zwischen rigider Kontrolle der Nachkriegsdeutschen und weitreichenden Plänen für Hilfen zur Selbsthilfe.

Auf seinem Weg nach Deutschland hatte Eisenhower die Direktive JCS 1067 erhalten, ein Bündel von scharf gefaßten Anweisungen bis hin zum Fraternisierungsverbot. Wie aber sollten die Deutschen von den Amerikanern die Demokratie lernen, wenn die Kommunikation der Besiegten mit den Siegern auf offizielle Kontakte beschränkt bleiben sollte und ansonsten »off limits« war? Mit Hilfe eines Kontrollsystems sollten die Deutschen umerzogen werden – ein Widerspruch in sich. Im amerikanischen Außenministerium neigte man kurz nach

Roosevelts Tod (am 12. April 1945) einer vertiefteren Auffassung zu. In einem Memorandum für den neuen Außenminister Byrnes wurde von der Änderung der Mentalität und des Charakters der Deutschen gesprochen, von Zielen, die auf administrativem Weg kaum zu erreichen waren und die eine flexiblere Politik nötig machten. In den Mittelpunkt der amerikanischen Zielvorgaben rückte damit die reeducation.

Auf der Potsdamer Konferenz, der letzten gemeinsamen Konferenz der Antihitler-Koalition (vom 17. Juli bis 2. Aug. 1945), wurden diese Vorstellungen allerdings nur indirekt formuliert, wenn es hieß: »Die endgültige Umgestaltung des deutschen politischen Lebens auf demokratischer Grundlage und eine eventuelle friedliche Mitarbeit Deutschlands am internationalen Leben sind vorzubereiten.« Was genau unter reeducation zu verstehen war, blieb auch in den amerikanischen Masterplänen für Deutschland bzw. die amerikanische Besatzungszone undefiniert. In den Jahren unmittelbar nach dem Krieg gab es keine griffige politische Bestimmung dafür, nur den negativen Ausschluß: der Nationalsozialismus, der preußische Militarismus und der Untertanengeist sollte nebst allen anderen totalitären Strukturen verschwinden. Schon weil »reeducation« kaum mehr und anderes war als ein Synonym für »Demokratisierung«, ist es falsch, sie mit einer »Gehirnwäsche« durch die Alliierten in Verbindung zu bringen, wie in der Bewertung durch rechtslastige Publizisten immer wieder geschehen. Im Dienst dieser »Umerziehung« stand die *Neue Zeitung*. So wenigstens war es vorgesehen, aber Habe wollte etwas Eigenes daraus machen.

Am 24. November 1944 wurde die deutsche Presse in den besetzten Gebieten verboten und das nationalsozialistische Presserecht annulliert. Alle Journalisten und Verleger erhielten Berufsverbot bis zu ihrer Entnazifizierung. Am 24. April 1945 war die letzte Nummer des »Völkischen Beobachters« erschienen, fünf Tage später gab auch die nazistische Frontzeitung »Der Panzerbär«, das Kampfblatt für die Verteidigung Berlins, auf. Als allerletztes Organ des Dritten Reiches erschien am 5. Mai der »Heide-Anzeiger«.

Habes Kriegspsychologen Die *Neue Zeitung* war das praktische Werk jener Psychological Warfare Division, die mit den amerikanischen Truppen über Luxemburg nach Deutschland kam und mit der antinazistischen Propaganda befaßt war. Es handelte sich um ausgebildete Fachleute, die, wenn sie nicht wie Hans Habe und Stefan Heym, Hans

Burger und Peter Weidenreich deutsche Emigranten in der amerikanischen Armee waren, doch wenigstens Kenntnisse über deutsche Sprache, Geschichte und Kultur hatten. Dazu waren sie alle in Camp Ritchie (Maryland), »der Hohen Schule der Military Intelligence«, ausgebildet worden: »In einem zwei Monate währenden Kursus wurde einem dort beigebracht, wie man Informationen über den Feind erhielt, aus eroberten Kriegskarten etwa, aus Briefen und Befehlen, oder von der Zivilbevölkerung, und hauptsächlich von Kriegsgefangenen, die bei unseren Übungen auch wirklich in Wehrmachtsuniform auftraten; man lernte, wie man diese Informationen auswertete, wie man Liaison hielt mit angrenzenden verbündeten Einheiten, wie man sich hinter den feindlichen Linien bewegte, und ähnliches mehr, welch alles in der rauhen Wirklichkeit dann ganz anders aussah. Der Kursus endete mit einem glorreichen Nachtmarsch, auf dem wir uns, im Dunkel der Blue Ridge Mountains, mit Hilfe angeblich erbeuteter deutscher Karten zurechtfinden mußten, und einem ebenso glorreichen Theaterstück am nächsten Tag auf der Freilichtbühne im Camp.« (Stefan Heym, Reden an den Feind, 8)

Im Sommer 1944 hatte erstmals eine anglo-amerikanische Expertengruppe in London, später in Paris und Luxemburg, über das zukünftige deutsche Pressewesen beraten. Großen Einfluß übte dabei der britische Labour-Abgeordnete Richard H. S. Grossman aus. Im Oktober waren »Instruktionen für die deutsche Presse« ausgearbeitet. Entwickelt wurde ein Dreistufenplan für die amerikanische und die britische Zone. Als erstes galt es, alle Publikationsorgane aus dem Dritten Reich zu verbieten, um jedes Forum für die Nazikräfte zu unterbinden. Danach sollten alliierte Militärzeitungen eingerichtet werden. Die letzte Stufe sah Lizenzen für eigene deutsche Presseerzeugnisse vor, selbstverständlich unter Kontrolle der Besatzungsmächte.

Diese Psychological Warfare Division unter Major Habe entfaltete ihre volle Wirksamkeit seit dem Herbst 1944, als der Luxemburger Sender unzerstört von den Amerikanern besetzt und im Überzeugungskrieg gegen die Durchhalteparolen von Goebbels genutzt werden konnte. Welche immense Arbeit mit diesem Propagandafeldzug gegen die Nationalsozialisten verbunden war, zeigt beispielsweise die Sammlung von Ansprachen und Artikeln, die Stefan Heym unter dem Titel »Reden an den Feind« 1986 herausgeben ließ – eine Auswahl aus rund 2000 Seiten, die er damals als Dienstpapiere eines heißen, aber auch von gegensätzlichen Gefühlen hin- und hergerissenen

Herzens schrieb. Habe und Heym haben jeweils Romane über die Wirrnis der äußeren Verhältnisse und über das innere Stimmengewirr geschrieben. Habe veröffentlichte 1955 die Kolportage »Off limits. Roman der Besatzung Deutschlands« und Stefan Heym seinen Heimkehrer-Roman »Kreuzfahrer von heute« (1950, im Westen unter dem Titel »Bitterer Lorbeer« erschienen).

Die Armeezeitungen Vor der *Neuen Zeitung* hatte Major Habe bereits 17 Armeezeitungen gegründet – Mitteilungsblätter der Besatzungsarmee, die in den eroberten Gebieten ein Netz an Verlautbarungsmöglichkeiten knüpften. Habe ging nach einem klaren Muster vor und behielt dadurch die Kontrolle dieser Blätter. Wohin die amerikanische Armee mit ihrer 12. Heeresgruppe auch kam, richtete er eine Lokalredaktion ein und belieferte sie mit Konvoluten aus überregionalen Beiträgen unter seiner eigenen Regie. Damit diese Zeitungen nicht als gleichgeschaltet erschienen, wurden die Artikel mit unterschiedlichen headlines versehen. Mit seinem kleinen Stab, einem Dutzend Mitarbeiter, zog Habe von Luxemburg nach Bad Nauheim um, das schon im Februar 1944 als Zentrale dieses kleinen Presseimperiums ausersehen worden war.

Heym hatte Flugblätter für die Wehrmachtsangehörigen und die deutsche Zivilbevölkerung entworfen, Radiosendungen geschrieben und für Habes Armeepresse gearbeitet: »Ein abenteuerliches Unterfangen, Zeitungen zu machen in diesem zerstrümmerten Lande. Allein schon, daß es wieder keine Planung gibt, keine durchdachten Direktiven, keine Politik auf lange Sicht, erschwert die Sache; wenn in diesen Blättern etwas vom Atem der Freiheit zu spüren ist, von demokratischer Gesinnung, so kommt der Anstoß dazu nicht von oben, sondern von Habe, besser gesagt, von dem stellvertretenden Chefredakteur, dem Sergeanten S. H., durch Habe. Habe laviert; er kennt die Machtverhältnisse, die sich rapide herausbilden in der Armee und in Kreisen der Militärregierung, er will Konflikte vermeiden, das Unternehmen, Herzenssache für ihn, nicht gefährden; der Sergeant will Politik machen, Deutschlandpolitik, die, nach Lage der Dinge, zugleich Weltpolitik sein wird.« (Nachruf, 348) Das ist noch nicht in bezug auf die *Neue Zeitung* gesagt, aber vielleicht ist das Schema eines späteren Konflikts damit angedeutet.

Infolge der ihm eigenen Nonchalance geriet Habe mit seinen Armeezeitungen in einen gewissen Widerspruch zu seinem Auftrag:

er war zu sehr Journalist, um nicht doch dem Typus der Zeitung zuzuneigen. Aus Einsicht und Optimismus vertrat er die Haltung, es sei den Deutschen mehr Verantwortung zu übertragen (und zuzumuten), als lokale Nachrichten mit vorgegebenen Mitteilungen der Militärverwaltung zu verbinden: »Ich hatte verschiedene Zeitungstypen geplant, doch um wirkliche Zeitungen sollte es sich in jedem Fall handeln: Es waren Leitartikel, Reportagen, Feuilletons, es war ein Wirtschafts- und sogar ein Sportteil vorgesehen, Leserbriefen sollte ein weiterer Platz eingeräumt werden, vor allem aber sollten den Deutschen endlich die Fenster zur Welt geöffnet werden.« (H. H., Im Jahre Null, 27)

Früher als geplant wurde einem Deutschen eine Lizenz zur selbständigen Herausgabe einer unabhängigen Zeitung erteilt. Bereits am 24. Februar 1945 erschienen erstmals die »Aachener Nachrichten« unter der Leitung des Sozialdemokraten Heinrich Holland. Damit war der Zeitplan der amerikanischen Militärs, der eine Lizenzpresse erst als dritten und letzten Schritt vorsah, durcheinandergeraten. Von anderer alliierter Seite wurde der Druck verstärkt. Bereits eine Woche nach der Kapitulation gaben die Sowjets in Berlin den Startschuß für die »Tägliche Rundschau«, ein Blatt ihrer Couleur. Und als die Briten mit der Zeitung »Der Berliner« nachzogen, mußten die Amerikaner einsehen, daß sie ins Hintertreffen gerieten. Deshalb wurde in Berlin früher als ursprünglich geplant, bereits am 8. August 1945, die erste Nummer der »Allgemeinen Zeitung« unter Hans Wallenberg vorgelegt. Der Chefredakteur erhielt von Habe den Spielraum, sich auch Material auf dem freien Markt zu beschaffen und nicht nur das aus Bad Nauheim gelieferte zu verwenden. Er integrierte junge deutsche Journalisten in die Redaktion, unter ihnen Friedrich Luft, Egon Bahr und Peter Boenisch. Der »Tagesspiegel«, für den Erik Reger eine Lizenz erhielt, lobte Mitte November 1945: »Es war der Hauptmann Hans Wallenberg, der mit der ›Allgemeinen Zeitung‹ den ersten Atemzügen der deutsche Freiheit Ausdruck lieh...« Wallenberg war wegen seines Berliner Konkurrenzkampfes mit den britischen und den sowjetischen Presseoffizieren kaum von Direktiven eingeschränkt. Die »Allgemeine Zeitung« mußte sich mit einem offenen Konzept durchsetzen. Der Pragmatiker Habe überstellte mit Peter Wyden und Eric Winters zwei erfahrene Journalisten aus Bad Nauheim. Die AZ erschien dreimal in der Woche und hatte mit einer wöchentlichen Auflage von 600 000 Exemplaren ziemlichen Erfolg. Hans Wallenberg brachte seine journalistischen Erfahrungen aus den zwanziger Jahren und die Anschauung von der Zeitung seines Vaters mit: der hatte ehemals die »Vossische Zeitung« als Chefredakteur bestimmt. »Hans Wallenberg, bekannt geworden als Journalist der berühmten Ullstein Zeitungs-Dynastie, sah aus wie eine Kugel mit Beinen. Er war kaum größer als ich [Kolbenhoff wurde wegen seiner geringen Körpergröße auch ›Shorty‹ gerufen, Anm. d. Hg.], trug die Khakiuniform der Army mit den Abzeichen eines Majors und hockte hinter einem gewaltigen, mit Zeitungen und Manuskripten überladenen Schreibtisch.« (Kolbenhoff, Schellingstraße 48, 54) Nach insgesamt 42 Nummern wurde das Experiment »Allgemeine Zeitung« wieder eingestellt. Man wollte statt dessen ein zentrales Organ schaffen. Bei der Einstellung des Berliner Vorläufers war die *Neue Zeitung* bereits einige Wochen alt. Wallenberg zog nach München um und arbeitete ab Mitte November dort in der Redaktion.

Die Gründung Ausgerechnet Hans Habe wurde mit der Aufgabe betraut, die Wünsche der Besatzungsarmee zu erfüllen, nämlich ein einziges zentrales Blatt der amerikanischen Armee für die deutsche Bevölkerung zu schaffen, das zugleich die Armeezeitungen ablösen wie den entstehenden Lizenzzeitungen als Vorbild dienen konnte. Die Order kam aus Washington und sollte von dem vierunddreißigjährigen Habe in drei Wochen Vorbereitungszeit realisiert werden. Er plante, eine »Zeitungstype zu schaffen, die den Boulevard-Stil und den Excathedra-Stil in gleicher Weise mied« (H. H., Im Jahre Null, 106). Das Blatt stand von vornherein unter einem unklaren Diktum: der reeducation zu dienen. Eisenhowers Geleitwort läßt daran keinen Zweifel: die Deutschen müssen »erzogen« werden. Aber was genau darunter zu verstehen war und welchen Inhalt das Wort hatte, außer der Absage an Nationalsozialismus und Militarismus, blieb einigermaßen unklar: Demokratisierung ganz nach amerikanischem Muster? Ein eigener deutscher Weg? Föderative oder zentralistische Strukturen – wie genau sollte die Herrschaftsform ausgebildet sein? Und wie sollte die Hilfe für die Selbsthilfe der Deutschen aussehen? Mit welchem Personal für den Aufbau einer lebendigen Demokratie konnte man nach zwölf Jahren Naziherrschaft überhaupt rechnen? Die komplexe und unübersichtliche Aufgabe, die sich der Besatzungsarmee stellte, ließ Habe einigen Spielraum, den er bei der Gründung der *Neuen Zeitung* und beim Aufbau der Redaktion nutzte, ja konsequent erweiterte.

Erscheinungsbild und Redaktion Die *Neue Zeitung* erschien anfangs als sechsseitiges Blatt, zweimal wöchentlich, mittwochs und samstags, dann dreimal im Umfang von acht bis zwölf Seiten, ab 8. Mai 1949, genau vier Jahre nach Kriegsende, sechsmal in der Woche. Anzeigen waren nicht vorgesehen. Sollte ein Defizit eintreten, so hatten es zu Beginn die amerikanischen Behörden zu tragen; später, als die Auflage rapide sank, scheint allerdings, der Sachverhalt ist nicht eindeutig geklärt, der deutsche Steuerzahler damit behelligt worden zu sein. Eine Konkurrenz zu den deutschen Lizenzblättern ergab sich in den ersten Jahren nicht oder kaum: die *Neue Zeitung* war auf überregionale Aufgaben konzentriert und mischte sich nicht ins lokale Feld, reportierte die internationalen Nachrichten und Berichte, die der Lizenzpresse zunächst verschlossen blieben, da sie mit der nicht konvertierbaren Reichsmark Auslandsberichte kaum akquirieren konnte.

Die *Neue Zeitung* wurde in einer aus Amerikanern, naturalisierten Emigranten und deutschen Schriftstellern gemischten Redaktion erarbeitet. Hans Habe verstieß damit gegen die Anordnung, keine deutschen Mitarbeiter in wichtige Stellungen zu bringen. Er entwarf post festum ein verklärtes Idealbild: »Wurde ich dennoch nicht, wie mir mein unmittelbarer Vorgesetzter, Oberst Powell, wiederholt freundlich-warnend ankündigte, vor ein Militärgericht gestellt, ja nicht einmal, wie es doch leicht hätte geschehen können, einfach heimgeschickt, so hatte das mehrere Ursachen. Einerseits sprach meine militärische Vergangenheit gegen solche Pläne, andererseits kann die amerikanische Demokratie eine Portion Kritik vertragen. Wesentlicher war aber, glaube ich, der esprit de corps, der in der *Neuen Zeitung* herrschte und den kein Angehöriger dieses Corps vergessen hat. Ohne Sentimentalität: Wenn die ehemaligen Mitarbeiter der *Neuen Zeitung* – aus dieser Redaktion sind sechzehn deutsche Chefredakteure und über dreißig Redakteure in leitenden Stellungen hervorgegangen – heute von ›ihrer‹ Zeitung als von der ›Reinhardt-Schule des Journalismus‹ sprechen, dann gilt dieser Tribut nicht allein dem Regisseur. (...) Deutsche und Amerikaner arbeiteten hier zusammen, als hätte es nie einen Krieg gegeben; die Zivilisten beachteten die Uniformen nicht, und für die Amerikaner waren die Deutschen in ihren armseligen Zivilanzügen nichts als Kollegen; amerikanische Offiziere und deutsche Druckereiarbeiter tranken zusammen das dünne Bier, das Münchens Brauereien erzeugten – alle, ob es sich um einen jungen Arzt wie Dr. Ernest Wynder oder um einen Romancier wie Stefan

Heym, ob es sich um einen Kabarettisten wie Werner Finck oder um einen Vollblutjournalisten wie Hans Wallenberg handelte, waren besessen von der Idee der Zeitung.« In der Redaktion war Stefan Heym zeitweilig für Außenpolitik zuständig, Hildegard Brücher für Wissenschaft, Robert Lembke für Innenpolitik.

Die *Neue Zeitung* hatte immer ein militärisch einsilbiges Impressum. Erst ab Januar 1946 war zu erfahren, wer als Chefredakteur für den Inhalt verantwortlich war; die Namen der Ressortchefs und der leitenden Redakteure blieben überhaupt ausgeklammert. Zunächst wurde neben die Redaktionsadresse auch der Hinweis gesetzt, daß Briefe zu richten seien » – durch die örtliche Militärregierung – an: Publishing Operations Section, Information Control Division, U.S.F.E.T.; A.P.O. 757, U.S. Army«. Die Zeitung kostete anfangs 20 Pfennige; der Preis wurde Mitte 1949 auf 15 Pf. gesenkt. Die Startauflage betrug an die 500 000 Exemplare; in ihren besten Zeiten wurden 2,5 Millionen Exemplare gedruckt, und die Auflage hätte noch höher ausfallen können, wenn mehr Rotationspapier vorhanden gewesen wäre. Sie sei damit, so Habe (Im Jahre Null, 109), nach dem »Daily Mirror« die erfolgreichste europäische Tageszeitung gewesen. Inserate waren lange Zeit verpönt; vermutlich wurde das Blatt mit dem Einbruch der Auflage (im November 1949 nur noch 250 000 Exemplare) ein Zuschußgeschäft, das auch durch die dann eingerückten Inserate nicht aufgefangen werden konnte.

Das Feuilleton Es öffnete viele Fenster zur literarischen Welt, die zwölf Jahre lang verschlossen gewesen waren. Es erschienen Texte von T. S. Eliot und Paul Claudel; Sartre und Jean Cocteau gaben sich ein Stelldichein, Ignazio Silone und Julien Green fehlten nicht, Hemingways Erzählung »Der alte Mann und das Meer« wurde als Fortsetzungsgeschichte abgedruckt. Texte von Ortega y Gasset waren in der *Neuen Zeitung* selbstverständlich wie eine internationale philosophische Höhe: Fragen der Metaphysik, der Technikkritik, des Existentialismus und einige Arbeiten der Frankfurter Schule wurden ins Feuilleton eingebaut.

Schon für die erste Ausgabe gewann Kästner aus London Alfred Kerr. Es war eine Wiederanknüpfung an den Geist der zwanziger Jahre, der mit seinem Namen verbunden war. Das Feuilleton war, verglichen mit anderen Ressorts, großflächig berücksichtigt, nahm meistens ein Drittel der ganzen Zeitung ein. Es war der lebhafteste und auch der ungebundene Teil des Blattes. Kästner verstand sein Ressort durchaus politisch: diese – anfangs – zwei von sechs Seiten Gesamtumfang bildeten in der Nachkriegszeit einen Nucleus für jeden Kulturjournalismus, der sich den intellektuellen, moralischen und politischen Fragen öffnete.

Walter Kolbenhoff war nach zwei Jahren Krieg und ebenfalls zwei Jahren Gefangenschaft aus einem amerikanischen Kriegsgefangenenlager entlassen worden. Im März 1946 kam er von seinem vorläufigen Wohnort Dietramszell nach München. »Die Trümmer um mich herum waren schlimmer anzusehen als die Trümmer von Monte Cassino. (...) Ich ging wie ein Traumwandler durch diese Wüste. Ich suchte nichts. Ich hatte nur die Stadt sehen wollen. Aber es gab keine Stadt. Es gab nur diese, den Geist betäubende Wüste. Die Wesen in dieser Wüste glichen Gespenstern.« Er las irgendwo auf einem Zettel an einer Wand: »Alle Buchdrucker, Setzer, Stereotypeure, Buchbinder usw. melden sich bei Alfred Andersch, Schellingstraße 39.« (W. K., Schellingstr. 48, 16f.) Kästner stellte Kolbenhoff als Redakteur ein. Zunächst las er amerikanische Literatur, wählte passende Ausschnitte aus, hatte sie zu übersetzen und mit einführenden Bemerkungen im Blatt zu placieren. Wallenberg machte ihn zum Reporter. »Ich fuhr nach Flensburg, um eine Reportage über das deutsch-dänische Verhältnis nach dem Kriege zu schreiben. Ich fuhr ins Allgäu, um die Bauern zu fragen, wie sie über die Ernährungslage dachten, ich befragte die Leute, was sie von der Entnazifizierung hielten, ich fuhr ins Rheinland, ins Württembergische und Gottweißwohin, um zu recherchieren, wie sie dort mit den ungeheuren Flüchtlingsströmen zurechtkamen, ich sah mir Berlin an mit seinen vier Besatzungssektoren. Aber am liebsten strich ich durch die Münchner Straßen.« (W. K., Schellingstr. 48, 80)

Der einunddreißigjährige Alfred Andersch, aus der Kriegsgefangenschaft entlassen, wurde von Hans Habe als Kästners Assistent eingestellt: »Sein Geist war unruhig, und doch schien sein ganzes Sinnen und Denken auf ein festes Ziel gerichtet zu sein. Es schien immer, als stünde er für etwas bereit, als warte er auf einen Ruf. Die *Neue Zeitung* war nicht das, auf das er gewartet hatte. Er erledigte seine Arbeit nur so nebenbei. Sein Job in der Redaktion füllte ihn nicht aus, die Vorschläge, die er seinen Vorgesetzten machte, wurden oft nicht angenommen, er fühlte sich die meiste Zeit fehl am Platze.« (W. K., Schellingstr. 48, 59) Er vertrat einen europäischen Sozialismus, engagierte sich gegen die Kollektivschuld-These. Er hatte im amerikanischen Lager an der Kriegsgefangenenzeitschrift »Der Ruf« mitgewirkt und suchte nach einer Gelegenheit, das Projekt in Deutschland wieder zum Leben zu erwecken. Kästner ließ ihn bei der *Neuen Zeitung* gewähren, obwohl er unter den schreibenden Redakteuren gewiß derjenige war, der im Blatt am wenigsten veröffentlichte. Zur Redaktionsmannschaft kam Gustav René Hocke dazu, der in den zwanziger Jahren als blutjunger Student bereits mit Alfred Döblin korrespondiert hatte. Des weiteren Walther von Cube, Friedrich Luft, Walther Kiaulehn, Gunther Groll, Franz Roh, W. E. Süskind, Oda Schaefer und andere.

Zum Programm der reeducation gehörte die Förderung von Übersetzungen amerikanischer Literatur in Deutschland. Schon zwei Monate nach Kriegsende wurde eine Auswahl von Büchern durch das »Office of Military Government für Germany, United States« (OMGUS) geliefert. Die Behörden hielten erstaunlicherweise die Literatur für ein ausgezeichnetes Mittel zur Umerziehung. In sogenannten »Overseas Editions«, billigen Taschenbuchausgaben, wurde amerikanische Belletristik, der man positiven Einfluß auf deutsche Gemüter zutraute, in die Besatzungszone gebracht, und Listen mit erwünschten Autoren wurden aufgestellt. Bereits für 1945 waren acht Amerikahäuser, anfangs nicht mehr als Bibliotheken mit einem Clubraum, geplant (wenn auch nicht alle eingerichtet werden konnten), das erste am 4. Juli 1945 in Bad Homburg eröffnet (und im September nach Frankfurt verlegt). Zeitweilig bestanden in den drei westlichen Besatzungszonen bis zu 27 Amerikahäuser. Mit einem Übersetzungsprogramm wurden Bücher unterstützt, die demokratische Vorstellungen fördern, ein sachgemäßes Amerikabild vermitteln, das amerikanische Wesen preisen oder bestimmte amerikanische Errungenschaften hervorheben könnten. In diesen Dienst wurde auch die *Neue Zeitung* gestellt. Sie hatte die Aufgabe, möglichst viel amerikanische oder englischsprachige Literatur zu propagieren. Von der nichtdeutschen Literatur wurden unermüdlich Schriftsteller wie Hemingway, Steinbeck, Pearl S. Buck und William Saroyan vorgestellt, Thornton Wilder wurde gar zu einer Art Hausautor. Franzosen wie André Gide, Paul Valéry und Albert Camus kamen hinzu, das Werk Sartres wurde in mehreren detaillierten Überblicksartikeln übersichtlich, der Existentialismus geradezu zelebriert. Golo Mann musterte mehr als ganzseitig das »amerikanische Credo«; der – damals noch in Zürich lehrende – Soziologe René König untersuchte ebenso ausführlich die Geistesgeschichte der ostwestlichen Spaltung; er schrieb damit eine frühe grundsätzliche Abgrenzung des westlichen Sozialismus vom Sowjetkommunismus.

Wegen des Feuilletons hat es manchen Disput mit der Militärregierung gegeben. Sie drängte darauf, den Anteil der amerikanischen Kultur im Blatt zu erhöhen, verstieg sich sogar zu einer Proportionsformel: auf einen deutschen Autor sollten zwei aus den USA fallen. Dabei kam den Militärs ihr Mangel an literarischer Bildung in die Quere: sie wußten beispielsweise nicht, daß es sich bei Carl Sandburg und John Steinbeck um amerikanische Autoren handelte. Habe und Kästner gelang es, sich gegen solche Erwartungen durchzusetzen. Habe war gewillt, sich auch in anderen Belangen zu behaupten. Als die Amerikaner drei Listen mit insgesamt 1440 Namen veröffentlichen wollten, auf denen, unterschieden nach grau, schwarz und weiß, ein Spektrum der Be- und Entlastung öffentlicher Personen dargestellt werden sollte, entschied sich Habe dafür, nur die 441 Namen der weißen Liste zu publizieren. Als Schandpfahl sollte das Feuilleton nicht dienen. Bereits im Januar 1946 habe er, schreibt Habe, wegen der Auseinandersetzungen mit den Militärbehörden seinen Rücktritt erwogen. Im März habe man, trotz offensichtlicher Erfolge, die Einstellung der Zeitung diskutiert: »Auf einer Konferenz, die in einem Schloß am Starnberger See stattfand, verteidigte ich die Zeitung allein gegen Generale und Oberste.« (H. H., Ich stelle mich, 499)

Die erste Bilanz Hartmann Goertz hat (am 20. 1. 1947) einen Rückblick in der *Neuen Zeitung* veröffentlicht: »Es ist rund zwanzig Monate her, da erschien in der amerikanischen Zone die erste Zeitung. Nach Wochen völliger Ungewißheit, in denen Gerüchte wie Lawinen sich mit den Menschen über die Straßen wälzten und die wenigen Nachrichten, von den nur noch vereinzelt funktionierenden Rundfunkapparaten empfangen, zumeist entstellt wiedergegeben wurden, war das Erscheinen einer Zeitung wie ein Licht in der Finsternis. Mit welchem Aufatmen, mit welchem Interesse wurden die oft schon längst überholten Nummern gelesen, weitergegeben, oft mißtrauisch studiert und diskutiert. Jeder wird sich dessen noch erinnern. Und es kam noch eins hinzu. Schon will uns die offene Diskussion von politischen, kulturellen und wirtschaftlichen Fragen wie eine Selbstverständlichkeit erscheinen. Wir ermessen die Veränderung im Tenor der öffentlichen Meinungsäußerung, deren allmähliche Entwicklung wir miterlebt haben, nur noch zuweilen an dem Erstaunen von Menschen, die, wie die Kriegsgefangenen, aus Lagern weit außerhalb Deutschlands zurückkehren und sich diesen veränderten Tatsachen plötzlich gegenübersehen. Dann wird es uns blitzartig klar, aus welcher Uniformierung wir befreit wurden. So war das Auftreten der ersten Zeitung, die wir in die Hand bekamen, wirklich ein Ereignis, und der Hunger nach Gedrucktem war grenzenlos.«

Organ der Entnazifizierung 13 Millionen Fragebogen haben die Amerikaner in ihrer Besatzungszone zur Entnazifizierung verteilt. Jeder Erwachsene mußte 131 Fragen beantworten. Aber die Unsicherheit über dieses zentrale Vorhaben der Amerikaner war besonders groß, weil keine definitiven Regeln für das Verfahren veröffentlicht wurden. Die Bevölkerung und die deutschen Behörden, gewohnt, den Rahmen ihres Handelns vorzufinden, wußten mit dem Vorgang der Entnazifizierung nicht richtig umzugehen, zumal auch die Intentionen der Amerikaner wechselten: ging es um einen Kampf gegen die führenden Nazis oder mehr um die Mitläufer, um die Ausschaltung krimineller Elemente und möglicher Attentäter, also um die Sicherheit der Soldaten, oder um den Austausch der Eliten? Der Fragebogen diente dazu, die Zugehörigkeit zu Organisationen des NS-Staates und der Partei zu ermitteln. Diese Selbstauskunft wurde nach einer Skala von »automatisch zu arretieren« bis »anti-NS-Aktivität bewiesen« bewertet. Der ständig wachsende Umfang der Ermittlungen belastete die Verwaltung ungemein. Im Frühjahr 1946 wurden in der amerikanischen Zone etwa 120 000 Internierte gezählt. Die großen Fälle wurden in der Flut der Spruchkammerverfahren über kleine Fische mitgeschleppt und blieben unentschieden.

Am 8. November 1945 zog die *Neue Zeitung* eine erste Bilanz über die Entnazifizierung. Hans Habe lobte die Tatkraft eines bayerischen Politikers: »Die Energie, mit der Bayerns neuer Ministerpräsident, Dr. Hoegner, das Werk der Säuberung angepackt hat, ist deshalb erfreulich, weil sich die Anzeichen häufen, daß Dr. Hoegners Reform auch die Glieder, nicht nur die Häupter, erfaßt. Der neue bayerische Ministerpräsident scheint richtig erkannt zu haben, daß eine Säuberung all ihren Sinn verliert, wenn sie nicht jene kleinen Bürokraten ergreift, die zu Hitlers lautesten Anhängern und zu seiner hervorragendsten Garde gehört haben.« (28.10.1945) Einige Wochen später markierte Habe in seinem Leitartikel »Mißbrauchte Solidarität« die Unzulänglichkeit der Bemühungen um Säuberung. Es gebe nur eine theoretische Alternative: die Menschen entweder ins KZ zu sperren und sie hochnotpeinlich auszuforschen oder die Selbstbefragung der Betroffenen. Und in diesem – für ihn einzig denkbaren – Fall gebe es eine Inflation der gleichen »guten« (unbelasteten) Personen, die aus diversen Gründen für viele Mitläufer ein positives Zeugnis gäben. Der Fragebogen und damit die detaillierte Selbstauskunft werde in Frage gestellt. Habe schob die Verantwortung dafür auf die deutschen Behörden: »Die Formblätter der Fragebogen werden wohl von den Amerikanern gedruckt, das letzte Urteil wird oft von ihnen gefällt, aber mit pulsierendem Leben füllt das Papier der deutsche Zeuge. In diesem Sinne ist die Säuberung längst eine deutsche Angelegenheit, deren Erfolg oder Mißlingen von den Deutschen selbst abhängt.« Habes Ziel: die amerikanischen Militärbehörden sollten von einer Aufgabe sich entlasten, die sie nicht lösen konnten.

Zu den Spezifika der reeducation gehörte auch die Spekulation über den »Charakter« der Deutschen und was speziell sie an der Möglichkeit hindern könnte, gute Demokraten zu werden. Mannigfache Überlegungen über die deutsche Bürokratie und den Kasernenhofton, über den Dünkel vieler Beamter und andere Wucherungen des Obrigkeitsstaats waren damit verbunden und finden sich in den Spalten der *Neuen Zeitung*. Das Ungute, manchmal Lächerliche solcher völkerpsychologischer Ausflüge tritt deutlich hervor; es befiel auch die klügeren Geister, wie etwa Otto Flake, den nichts hemmte, eine »Charakterstudie über ein Volk« (am 9.8.1946) zu veröffentlichen, worin die schier parodistisch anmutenden Sätze stehen: »Die Deutschen sind ein arbeitsfroher, fleißiger, zur Ordnung neigender, tüchtiger Menschenschlag, der die Fähigkeit besitzt, Aufgaben der Wirtschaft, der Organisation, der Praxis sachlich und sauber aufzufassen. Wie weit man mit solchen Eigenschaften kommt, haben sie in dem kurzen halben Jahrhundert nach 1850 gezeigt; für diese Eigenschaften war damals positive Zeit. Aber nur ein kleines Zuviel an Eifer, ein kleines Zuwenig an Kontrolle, an Selbständigkeit des Individuums, an Mitbestimmung, und der positive Aspekt schlug in den negativen um.« (9.8.1946) Wie weggewischt waren die demütigenden ausländischen Erfahrungen von Emigranten, etwa bei der Beschaffung der Visa, im Umgang mit ausländischen Ämtern und Hilfsorganisationen, wenn es darum ging, das Schreckgespenst der typisch deutschen Bürokratie aufzurufen. Das Deutsche erschien bei diesen in einer Nationalpsyche gründelnden Ausführungen als das Verwerfliche – ein mechanistischer Reflex auf das vorausgegangene »Deutschlandüberalles« im Dritten Reich und eine Ausflucht vor der Aufgabe, konkrete Ursachen für Hitler und die Seinen, für den Antisemitismus und die Massenmorde zu ermitteln.

Man kann die Probleme der Entnazifizierung auch daran ablesen, daß der Umriß der Person, von der man sich – laut Margarete und Alexander Mitscherlich – hätte trauernd verabschieden sollen, nicht näher gezeichnet wurde. Erst in den sechziger Jahren wurde die Frage, wer Hitler gewesen sei, welche Struktur die Partei gehabt habe, wie der totalitäre Staat funktionierte, genauer gestellt. In den ersten Nachkriegsjahren ist das Dritte Reich sprachlich vor allem mit einer Sammlung von abgegriffenen Metaphern umrissen.

Als Lucius D. Clay, damals amerikanischer Militärgouverneur, sich enttäuscht zeigte über die Wirkungslosigkeit der Entnazifizierung unter deutscher Regie, übernahm die *Neue Zeitung* eine Vermittlerrolle, zeigte Verständnis für die Schwierigkeiten, die diese Art der Säuberung mit sich brachte, wenn man gleichzeitig die Verwaltung und den Beamtenapparat mit erfahrenen Fachleuten besetzen wollte. Sie gab dem amerikanischen Korrespondenten Louis P. Lochner das Wort; er zog, unverblümter als jeder Deutsche es hätte tun können, eine unnachsichtige Bilanz über die Entnazifizierung. Der amerikanische Korrespondent hatte im Dritten Reich Joseph Goebbels gegenübergesessen und kannte die Verhältnisse in Deutschland exzellent. Er gab seinem Kommentar die Überschrift »Fehlschlag eines Gesetzes«. Die bisherige Entnazifizierungspolitik habe bei der deutschen Bevölkerung »den größten Schaden in die Aufrichtigkeit der amerikanischen Besetzungsziele« angerichtet. Er forderte eine radikale Umkehr. Die größte Selbsterforschung eines Volkes in der Geschichte hat letztlich kaum Wirkungen gehabt: Nach fünf Jahren hatte es fast jeder Nazi geschafft und war entweder als unbelastet oder als minderbelastet eingestuft worden.

Dialog mit den Lesern Nicht abbilden läßt sich in diesem Lesebuch aus der *Neuen Zeitung* die enorme Wirkung des Blattes auf seine Leser. Die Konsumenten teilten sich in einer heute unvorstellbaren Briefflut von täglich bis zu tausend Stellungnahmen zu einzelnen Artikeln mit. Hans Habe gibt an, er habe auf seinen Leitartikel »Mißverstandene Solidarität« (vom 30.11.1945) 8000 Leserbriefe erhalten (H.H., Ich stelle mich, 494). Die Post wurde in der Redaktion nicht nur als

Erfolgsmeldung beachtet, sondern systematisch ausgewertet und als Meinungsbild der deutschen Bevölkerung verstanden. In der Rubrik »Das freie Wort« erschienen einige symptomatische Antworten, zu Kontroversen verdichtet oder zum Gespräch zwischen Leser und Artikelschreiber genutzt. Die Einbahnstraße der reeducation erschien in diesen Seiten aufgegeben zugunsten eines Dialogs. Im September 1947 waren zehn Mitarbeiter mit der Beantwortung der Leserpost beschäftigt.

Die Debatte über Kollektivschuld Mit der pauschalen Vorstellung, ganz Deutschland habe, zu nazistischen Kohorten vereint, hinter Hitler gestanden und sei deshalb auch in toto zu bestrafen, waren viele Amerikaner einmarschiert. Die Ansicht prägte sie, Deutschland sei wie eine geschlossene Anstalt von Kadetten durch Wiederholung der gleichen Formeln, straffe Maßnahmen und einen gewissen Erziehungsdrill auf einen anderen Weg zu bringen. In der *Neuen Zeitung* hingegen breitete sich eine differenzierte und anspruchsvolle Debatte über die deutsche Schuld aus. Sie wurde früh durch einen Beitrag der norwegischen Schriftstellerin Sigrid Undset (am 25.10.1945) provoziert. Sie hatte einen Sohn im Widerstand gegen Hitler verloren und baute eine Art Verständnismauer zwischen sich und den Deutschen auf. Ihre pauschale Abwehr schloß die Hoffnung auf eine geistige Wende, auf moralischen Zugewinn und auf Selbsterziehung geradewegs aus. Rund zehn Tage später antwortete ihr, nicht ohne Feierlichkeit, der Philosoph Karl Jaspers. Er wandte sich gegen pauschalisierende Wertungen, die am schlimmsten von den Nazis angewendet worden seien: »Ein Volk im ganzen oder jedes Mitglied dieses Volkes summarisch zu verurteilen, scheint mir gegen die Forderung des Menschseins zu verstoßen.« Er warb um die Chance einer Umkehr, teilte zwischen der uneingeschränkten Verantwortung für das Geschehene und der Schuld der einzelnen. Die Promptheit seiner Antwort läßt ahnen, daß Jaspers auf diese Auseinandersetzung vorbereitet war.

Erich Kästner, mehr zur Ironie als zum Pathos begabt, veröffentlichte eine geradezu leidenschaftliche Entgegnung auf eine Philippika, mit der der Schweizer Seelenforscher C. G. Jung seine intellektuellen Möglichkeiten und sein wissenschaftliches Ethos unterlief, als er seine Vorurteile unter dem Begriff der »Kollektivschuld« rubrizierte. Er hatte der Züricher »Weltwoche« ein Interview gegeben, in dem er »jenen beliebten gesinnungsmäßigen Unterschied zwischen Nazis und Gegnern des Regimes« verwarf. In zwei Nazigegnern, die er gerade behandle, sei »die ausgesprochenste Nazipsychologie lebendig«. Und noch schärfer die Schlußfolgerung: »So ist eine Scheidung in anständige und unanständige Deutsche recht naiv.«

Für Kästner war kein Nationalcharakter verbrecherisch, und die Verbrechen erschienen ihm nicht »typisch deutsch«. Er versagte es sich, ihre historische Genese mit Größen wie Friedrich der Große, Wagner oder Nietzsche zu verbinden. Der gewöhnliche Nationalsozialismus war für Kästner auf der Nürnberger Anklagebank: mürbe, verbrauchte Männer, deren Verbrechen mit dem Bild, das sie gaben, nicht übereinstimmte. In Nürnberg wurde ausdrücklich nur individuelle Schuld verhandelt. Im Prozeß VI, gegen die I.G. Farben, hieß es: »Es ist undenkbar, daß die Mehrheit aller Deutschen verdammt werden soll mit der Begründung, daß sie Verbrechen gegen den Frieden begangen hätten. Das würde der Billigung des Begriffes der Kollektivschuld gleichkommen, und daraus würde logischerweise Massenbestrafung folgen, für die es keinen Präzedenzfall im Völkerrecht und keine Rechtfertigung in den Beziehungen zwischen den Menschen gibt.« In sowjetischen Überlegungen spielte die Kollektivschuldthese sowieso keine Rolle.

In diesen Debatten, auch in der *Neuen Zeitung*, gab es eine Auffälligkeit: die Schuld wurde wenig spezifiziert. Sie erschien im Nachkriegsdeutschland mit Händen zu greifen, war so nah und blieb doch seltsam abstrakt: Weder die Kriegsschuldfrage noch der Massenmord an den Juden, die Massaker an allen Fronten, die barbarische Behandlung vor allem der sowjetischen Kriegsgefangenen, die Liquidierung der Geisteskranken, der Terror der Gestapo oder die Greuel der SS wurden im einzelnen erörtert. Es hat lange gedauert, bis die konkreten Einzelheiten zur Diskussion kamen; eine Art instinktives Berührungsverbot ist unübersehbar.

Die evangelische Kirche hatte sich zu einem allgemeinen Schuldbekenntnis durchgerungen. In ihrer Stuttgarter Erklärung vom 19. Oktober 1945 sprechen die Bischöfe von der »Solidarität der Schuld«. Aufgekommen ist damals auch der Begriff der »kollektiven Scham«. Pastor Niemöller, der wegen seiner NS-Gegnerschaft und seiner Aktivitäten in der »Bekennenden Kirche« in mehreren Gefängnissen und Konzentrationslagern gesessen hatte, nahm in einer politischen Predigt in Erlangen Stellung. Die *Neue Zeitung* druckte (am 15.2.1946) den kompletten Text (von wenigen Kürzungen abgesehen) und protokollierte auch die Entrüstung unter der studentischen Rechten. Niemöller mutete seinen Zuhörern vieles zu, denn er zog eine Gleichung zwischen »Verantwortung« und »Schuld«. Der Schuld-Begriff wurde von ihm ausgeweitet: Man hatte sich nicht nur der Taten, sondern auch ihrer Unterlassung wegen schuldig gemacht.

Zu einem gewissen Abschluß kam die Kollektivschuld-Diskussion in der *Neuen Zeitung* mit einem Artikel Hans Habes (am 10. Juni 1946). Demnach handle es bei den Vorbehalten der Amerikaner gegenüber der deutschen Nachkriegsentwicklung, so dolmetschte er, »nicht um eine Kollektivklage, sondern um ein berechtigtes Mißtrauen – welche Garantie, so fragen die Amerikaner, bietet das deutsche Volk, daß es sich nicht – schon angenommen, daß es nicht aktiv schuldig ist – neuerdings wird wieder verführen lassen...« Mit dieser Sorge verbunden war die Zuweisung einer neuen Rolle für die Sieger: Sie sollten sich in die Aufgabe von Zuschauern eines innerdeutschen Prozesses schicken. Müßig zu erwähnen, daß Habe wie wohl alle in der *Neuen Zeitung* arbeitenden deutschjüdischen Emigranten von vornherein den Gedanken der Kollektivschuld abgelehnt hatten.

Exil und Innere Emigration Wenn man die Rubriken der Literaturgeschichte auf die Zusammensetzung der deutschsprachigen Redaktion in der *Neuen Zeitung* anwendet, war sie doppelt besetzt: mit Vertretern der »Inneren Emigration« und exilierten Autoren. An dieser Grenzlinie entfaltete diese Zeitung ihren vielleicht größten Reichtum an Perspektiven. Im übrigen ging es ihr darum, sich der Vermittllung von Exilliteratur zu widmen. F. C. Weiskopf schrieb über Wege und Gestalten der Exilliteratur eine Serie, die er später als Buch veröffentlichte. Heinrich und Thomas Mann waren, wenn auch nur gelegentlich, mit Texten vertreten. Döblins bewegender Bericht über seinen Abschied und seine Wiederkehr, der dann ein Kernstück seiner Lebensodyssee »Schicksalsreise« ausmachte, wurde einem größeren Publikum bekanntgemacht. Carl Zuckmayer fand milde Worte über Verfehlungen und Verirrungen von Künstlern im Dritten Reich. Alfred Kantorowicz erklärte, sein Platz sei in Deutschland, Hermann Kesten beantwortete die gleichsam immer stumm anwesende Frage nach seiner Heimat damit, daß er hier wie dort in einem gemeinsamen Raum sich verstand: im Exil, in der Erinnerung an seinen Vater in Odessa, im europäischen Kaffeehaus, literarische Moden musternd und junge Autoren fördernd. Ohne programmatisch davon zu sprechen, entwarf er die Filialen eines geistigen Deutschland, das über den Gruppen und Parteiungen existierte. Erst später, nach dem Ende der *Neuen Zeitung*, hat er sich rundweg isoliert gefühlt und aus der Enttäuschung über die BRD, aus der Distanz, die in der Gruppe 47 gegenüber den Emigranten gepflegt wurde, aus Resignation über die Nachkriegsentwicklung des Landes seinen Platz »draußen« gesehen.

Die Frage nach einer Rückkehr, die Zweifel und das Zögern darüber, die Widersprüche der seelischen Disposition sind in den Feuilletonseiten der *Neuen Zeitung* ein Generalthema. Der Barometerstand der Fremdheit wird in den Reiseberichten der Besucher von Alfred Kerr bis Alfred Polgar, in den Stimmen beispielsweise von Hermann Hesse bis Martin Gumpert, Theodor Plivier bis Kurt Hiller offenbar. Diese Texte werden konterkariert von der Selbstrechtfertigung der Inneren Emigration. Dieses eindrucksvolle Forum wurde von Erich Kästner mit einem etwas tückischen Artikel eröffnet. Er griff in die Diskussion ein, die es über einen Artikel und eine Radioansprache Thomas Manns sowie über Entgegnungen vor allem von Frank Thieß und Walter von Molo gegeben hatte. Rückkehr Thomas Manns oder nicht? Viele falsche und verletzende Sätze waren in dieser Kontroverse von allen Seiten gefallen, und Kästner hätte, schon weil die Auseinandersetzung zurücklag, nicht auch noch eingreifen müssen. Aber er wollte es anscheinend unbedingt. Ironisch in die Form des Kindermärchens gekleidet, riet er Thomas Mann, zu bleiben, wo er war: »Es war Torheit, ihn zu rufen. Man hätte ihn viel eher bitten müssen, nur ja und auf alle Fälle drübenzubleiben!« (E.K., Betrachtungen eines Unpolitischen, 14. 1. 1946) Das bedeutete, anders kann man es wohl nicht nennen: einen Affront. Thomas Mann war, das verrät sein Tagebuch, verletzt. Es handelte sich um die Reaktion Kästners zu einem Angriff auf ihn selbst, den allerdings niemand außer ihm geführt hatte. Warum bescheinigte er sich damals, wo er nur konnte, öffentlich eine weiße Weste? In seinen publizistischen Arbeiten stellte er sich dar, als sei er ohne jeden Kompromiß auf der oppositionellen Seite gestanden. Das Tagebuch »Notabene 45« wurde zum selbst ausgefertigten Freispruch. Allerlei Tatsachen, die gegen ihn sprechen konnten, listete er auf, um sie zu deuten. Der Vorgang wurde zu einer Vernehmung in eigener Sache vor Lesern, mit dem Ergebnis: Im Dritten Reich ist an seinem Verhalten nichts zu bemängeln. Auch der Beginn des Bandes »Der tägliche Kram« wirft sehr rasch die Frage auf, und die Antwort klappt automatisch hinterher (im Juli 1945): »Ewig kehrt die Frage wieder: Warum sind Sie nicht emigriert, sondern in Deutschland geblieben? Dem, der es nicht versteht, kann man's nicht erklären.« Von solcher inneren, moralischen Nervosität aus wurde in der *Neuen Zeitung* eine Bühne für beide Gruppen von Nazigegnern eingerichtet. Sie hat, solange es das Blatt gab, durchaus ihren Erfolg gehabt. Daß die deutsche Exilliteratur in der beginnenden Bundesrepublik verdrängt wurde, konnte freilich eine Zeitung allein nicht aufhalten. Die Autoren, die sich in der Gruppe 47 sammelten, hatten genug mit ihrer Selbsterklärung zu tun. Die Spalten der *Neuen Zeitung* sind voll davon: Vermutlich hat sich die Junge Generation nirgendwo sonst so emphatisch über sich ausgesprochen wie an diesem publizistischen Ort. Und wahrscheinlich haben sich an keiner anderen Stelle so viele verständnisinnige Kommentatoren über die »verlorene Generation«, über die »Dreißigjährigen«, die kommenden Talente und die viel versprechenden frühen Texte gebeugt.

Bildung und Erziehung Luise Rinser begann (am 14.1.1946) mit dem Thema: in einer Reihe von Beiträgen wird in der *Neuen Zeitung* der Grundriß einer neuen Pädagogik entworfen. Ihr Artikel »Sachlichkeit als Erziehungsziel« fordert als Ergebnis der Selbst- und Weltvergewisserung nach den Nazijahren, »jedes Ding so darzustellen, wie es ist«. Sie hielt »Sachlichkeit« für ein »Notstandsprogramm« des Jahres 1946 und meinte wohl ein ganzes Wortfeld, wenn sie diesen Begriff als den entscheidenden ansah: »Wer die anderen Menschen sachlich betrachtet, dem wird es nie im Ernst einfallen, sie zu überreden, eine Wahrheit anzunehmen, von der sie nicht überzeugt sind.« Luise Rinser verstand darunter: dem anderen sein Recht lassen, Toleranz, Immunität gegen Propaganda, Friedfertigkeit statt Aggression, schlichtweg: demokratische Tugenden. Dieser Artikel überprüfte, ohne davon zu sprechen, selbstverständlich auch das Erscheinungsbild der ganzen Zeitung: War sie den Anforderungen, die in ihr gestellt wurden, selbst gewachsen?

Vorstellungen solcher Art, die auf die Rückgewinnung eines Wertekanons hinausliefen, paßten nicht in die Verhältnisse, die von den Rabiatheiten des schwarzen Markts und der Mängelwirtschaft, von Überlebensegoismus und offener Kriminalität bestimmt waren. Aber sie markierten doch den Wunsch, an unverlierbaren, nur scheinbar untergangenen Wertmarken sich zu orientieren. Dieses »Notstandsprogramm« sollte keine überzeitliche Gültigkeit beanspruchen, sondern nach wenigen Jahren wieder überprüft werden. So fragil waren die im Dritten Reich außer Verkehr gesetzten oder mißachteten Werte geworden, so wenig wollte man einer längerfristigen historischen Überlieferung trauen. Es wurde in der *Neuen Zeitung* zwar oft hochmoralisch geschrieben, doch das humane Erbe war als Berufungsinstanz in den ersten Nachkriegsjahren wenig verbürgt und kam erst wieder in der Restauration der Adenauer-Jahre als Wortbestand zum Vorschein. Texte wie der von Heinrich Mann über »Drei Jahrhunderte Warnung und Hoffnung«, im Exil für einen anderen Zusammenhang geschrieben, worin ein größerer Horizont an humanistischem Erbe berufen wurde, bilden rare Ausnahmen.

Auf dem Tagesplan stand die Wiedereröffnung der Universitäten, wobei selbstverständlich eine Neubestimmung der Hochschulen selbst, die Entnazifizierung ihres Personals sowie eine Neuverfassung studentischer Organisationen nötig war. Mit welchen Schwierigkeiten dabei zu kämpfen war, geht aus den studentischen Reaktionen auf Pastor Niemöllers Rede über die Schuldfrage hervor. Der mehrmals protokollierte Protest ließ an rechter Gesinnung nichts zu wünschen übrig. Adolf Grimme, Kultusminister in der Weimarer Republik, mahnte (am 28.2.1946): »Es darf aber mit gutem Grunde bezweifelt werden, ob der vom Hitler-Ungeist geprägte Student es jemals fertiggebracht hat, so zunächst einmal auch seine eigene Person und alle seine Begriffe in Frage zu stellen, ob er wirklich die innere Unabhängigkeit und Losgelöstheit jemals gewonnen hat gegenüber Programmen, Theorien und Propagandaphrasen. Wer eines Tages geistig führen will, muß selbst einmal auf alles Nachlaufen und die hörige Unterwerfung unter die Autorität eines fremden Willens und einer fremden Meinung verzichtet haben.« Auch Wallenberg griff in die Diskussion ein und stellte in einer dreiteiligen Artikelserie dringliche Forderungen auf: Vollständige Entnazifizierung der Professorenschaft und politische Eignungsprüfung waren die Kernpunkte seines Plädoyers. Aber es gab wenig Illusionen über die neuen, alten Universitäten, an denen viele Professoren die ihnen vorgelegten Fragebögen fälschten. Die *Neue Zeitung* (vom 30.12.1946) warnte: »Damit ist der Wert und der Effekt der Jugendbildung überhaupt in Frage gestellt, denn es bleibt anscheinend keine Hoffnung für die Zukunft von Deutschlands Jugend, wenn ihre Vorbilder zu einem Teil aus Falschmünzercharakteren bestehen.« In dieser, heute nur schwer vorstellbaren Situation, in der an den Universitäten unter dem Deckmantel der Freiheit von Forschung, Lehre und Studium versprengte Kader des Dritten Reiches sich sammelten, entstanden immerhin einige Kardinalschriften über eine freie Universität. Zu ihnen rechnen muß man den oft zitierten (deswegen hier nicht aufgeführten) Essay von Karl Jaspers über »Die Verantwortlichkeit der Universität« (16.5.1947), aber vor allem auch Max Benses Text über »Die Freiheit der Wissenschaft« (26.9.1947).

Der erste Chefredakteur Hans Habe hatte seine eigene Rubrik, das »Tagebuch«, worin er sich zwar in der Themenwahl auf die amerikanischen Vorgaben einließ, aber seine persönlichen Auffassungen über reeducation, Kollektivschuld, deutsche Mentalitäten, Verständigungsschwierigkeiten und amerikanische Besatzungspolitik ausformulierte. Seine amerikanische Uniform bot kein Indiz für seine journalistische Haltung. Das »Tagebuch« hat er in seiner Ägide als Chefredakteur mit insgesamt 47 Artikel allein bestritten; nach ihm wurde die Rubrik zwar fortgeführt, aber seltener, oft mit großem zeitlichem Abstand und anonymisiert. Aus seiner flexiblen, aber ebenso durchsetzungswilligen Verfügungskraft entstanden viele Spannungen und Grabenkriege zwischen ihm und den amerikanischen Dienststellen, aber auch unter den deutschsprachigen Redakteuren und Autoren. Er mußte sich durchaus als Jongleur betätigen. Stefan Heym hat aus der Erinnerung (und der späteren ideologischen Divergenz) kritisch über Hans Habe geschrieben: Der Konflikt zwischen den beiden war demnach »politischer Art, obwohl das Persönliche mitspielt« (Nachruf, S. 389): »Habe ist, bei aller Liebenswürdigkeit, eine autoritäre Natur, und er beutet die Menschen, die er sich unterwirft, rigoros aus; S. H. hat das von Anfang an zu spüren bekommen, hat sich aber gefügt; schließlich forderte Habe auch von sich selber einiges, und es war Krieg und es ging um die Sache, und selbst in den Monaten nach dem Krieg war es immer noch die Idee, die zählte. Jetzt aber, so sieht es S. H., wird diese Idee verwässert und pervertiert. Obwohl bei den Besprechungen das Thema selten, und wenn, dann nur indirekt angesprochen wird, scheiden die Geister sich an der Frage: Was für ein Deutschland soll das werden?« (Nachruf, S. 389) Habe sei linker gewesen als Heym, doch habe er unter dem Einfluß der Amerikaner und des beginnenden Kalten Krieges sein Fähnchen gedreht. Zum Krach kam es zwischen den beiden wegen eines Artikels über den tschechoslowakischen Politiker Eduard Beneš, der aus dem Londoner Exil heimkehrte und nach Habes Meinung ein kommunistisches Regime einrichten wolle, was Heym bestritt. Der Dollpunkt nach Heym: »Der große Eklat kommt, als er S. H. beauftragt, einen Leitartikel zu einer Rede des Außenministers Byrnes zu schreiben, die, mit ihren höchst fragwürdigen Anspielungen, am besten unkommentiert bliebe; Habe aber will gerade dort eine harte Sprache eingesetzt haben, wo Byrnes sich noch auf Andeutungen beschränkt hat.« (Nachruf, S. 390) In seiner Stuttgarter Rede hatte der amerikanische Außenminister James Francis Byrnes (am 6. 9. 1946) eine Versöhnungspolitik gegenüber den Deutschen auf Kosten der Ostwest-Verständigung skizziert. Der Kalte Krieg warf seine Schatten voraus. Habe wartet mit einer anderen Darstellung auf: Er sei öfter aufgefordert worden, seinen Mitarbeiter nach Hause zu schicken, »da er ›kommunistischer Sympathien dringend verdächtig‹ sei«, was Habe nach eigenem Bekunden ablehnte – »eine meiner Eigenmächtigkeiten, die man stillschweigend überging«. Dann sei Heym von selber gegangen: »offenbar hatte er schon damals den Plan gefaßt, nach dem Osten zu desertieren« (H. H., Im Jahre Null, 130). Heym nahm seinen Abschied nicht nur von der *Neuen Zeitung*, sondern gleich von der amerikanischen Armee. Er ging 1947 für kurze Zeit in die Vereinigten Staaten zurück, gab aus Protest gegen den Koreakrieg seine Kriegsauszeichnungen zurück und fand sich, auf einem Umweg über die Tschechoslowakei, 1952 in der DDR ein.

Im Rückblick überstrahlen die Leistungen und Verdienste Habes alle Einschränkungen und Vorbehalte. Auch gibt es unter den Beteiligten und Zeitzeugen viele enthusiastische Stimmen über seine Begeisterungsfähigkeit und seinen kollegialen Stil, so daß die Kritik seiner Unzulänglichkeiten zurückstehen kann. Überdies ist sie oft nichts anderes als ein Vorbehalt gegen die spätere Wendung Habes nach rechts, zu einem oft holzschnittartigen Frontstadt-Journalismus und zur intransigenten Rechthaberei, die seine vorausgegangenen Leistungen zu verdunkeln droht.

Hans Habe selbst trat am 11. März 1946 zurück. Er war entnervt von den taktischen Manövern, zu denen er – zwischen den Interessen einer deutschen Zeitung, amerikanischen Direktiven und eigenem Ehrgeiz hin- und herpendelnd – gezwungen war. Er hatte sich in der Folgezeit des Vorwurfs in Deutschland zu erwehren, er sei »ressentimentgeladen«, sei nur ein »Morgenthau-boy«, ein Gehilfe der schimpflichen »Umerziehung« gewesen (H. H., Ich stelle mich, 470–472).

Er widerlegte 1955 solche Unterstellungen – und hatte damals bereits wieder mit einer offensiven nationalistischen Stimmung zu rechnen.

Diese erste personelle Krise der *Neuen Zeitung* wurde durch eine sachdienliche und freundschaftliche Entscheidung noch ohne sichtbare Komplikationen gelöst. Als Habes Nachfolger wurde (im April 1946) Hans Wallenberg eingesetzt und arbeitete in diesem Amt bis September 1947.

Der Kalte Krieg In der zweiten Hälfte des Jahres 1947 verschlechterten sich die Beziehungen zwischen den westlichen Alliierten und der sowjetischen Besatzungsmacht rapide. Das hatte z. B. auch abstruse Auswirkungen auf die amerikanische Literaturpolitik. Beispielsweise wurde »Animal Farm« von George Orwell, wenige Monate zuvor noch für ein Förderungsprogramm abgelehnt, weil als aggressiv gegen den sowjetischen Partner zu verstehen, nun als Übersetzung bevorzugt behandelt, weil man darin eine antikommunistische Tendenz wirksam sah. Wegen seiner Sozialkritik blieb William Faulkner aus dem Kreis der reeducation-Bücher verbannt, gleiches geschah mit Taylor Caldwell.

Der Kalte Krieg veränderte, wenn nicht gar: gefährdete das reeducation-Programm. Er höhlte den Restkonsens der Siegermächte aus, verhinderte ihren Interessenausgleich, machte in der wechselseitigen Propaganda unterschiedliche Überzeugungen zu einem Krieg der leeren Schlagworte, gab dem rechtsradikalen Mythologem Nahrung, wonach die Amerikaner 1945 mit den Resten der Wehrmacht gemeinsam zu einem Feldzug gegen den Osten hätten aufbrechen sollen, ein Wahn, den anscheinend Dönitz in Lüneburg und der politisch unklare Haudegen Patton geteilt hatten. Ein Motivationswechsel trat ein. An die Stelle der Umerziehung und des »Münchhausen-Tricks«, daß die Deutschen sich selbst aus dem Sumpf des NS-Denkens und der totalitären Ideologie ziehen sollten, trat die Verpflichtung auf einen politisch handlungsstarren Antikommunismus. Im Verlag der *Neuen Zeitung* wurden einige Kampfbücher gedruckt und mit Hilfe der Zeitung als politische Werbeträger verbreitet.

Der Kalte Krieg hat das Interesse der Leser an der *Neuen Zeitung* abflauen lassen; er hat auch einen bestimmten Reichtum an Unkonventionalität, Dialogbereitschaft und überraschender Meinung ausgezehrt. In seinen besten Zeiten war das Blatt wie eine vorzügliche Zeitschrift geführt worden: mit klaren thematischen Linien, einem gemeinsamen Grundverständnis der Redaktion, das unterschiedliche Auffassungen zur Debattenkultur nutzte. Nach den ersten Jahren jedoch wanderten nicht wenige der besten Autoren ab.

Flucht in die Zeitschrift Es gab auch eine Verschiebung der Aufmerksamkeit. In den Blickpunkt rückten verstärkt Zeitschriften, in denen über Themen deutscher Geschichte und Zukunft debattiert werden konnte. So waren in kurzer Zeit rund 150 Zeitschriften entstanden, unter ihnen die »Frankfurter Hefte«, »Der Ruf«, »Die Wandlung« und »Ost und West«. Hartmann Goertz hat (am 13. 1. 1947) diese Tendenz als »Flucht in die Zeitschrift« beschrieben: »Das ist die Situation. In nie erwarteter Fülle strömt es auf uns ein. Die Namen sind verschieden, haben aber alle zumeist einen sehr grundsätzlichen Klang. Soweit es sich um das erste Heft handelt, finden sich die Grundsätze noch einmal aneinandergereiht in einer Anrede an die Leser wieder. Ich kann mir vorstellen, daß es bei den Lesern nachgerade eine Grundsatzmüdigkeit geben muß. Und hinter dieser Anrede öffnen sich die Schleusen der Essayistik. Wer wollte leugnen, daß sich darunter gute und wertvolle Arbeiten finden mit wirklicher Substanz. Aber daneben prasselt es auf uns ein, und die ethischen Geschütze feuern fast pausenlos Salutsalven in die Logik des Transzendenten. Die Auseinandersetzung mit der Vergangenheit, die Deutung der Gegenwart und die Vorschau auf die Zukunft laufen auf höchsten Touren. Welches Publikum auch immer angeredet wird, der Mann, die Frau, der Jugendliche, das Kind, es regnet Maßstäbe, die uns an die Hand gegeben werden, und die Berufenen scharen sich um den harmlosen Leser.«

Für die Akzeptanzschwierigkeiten waren allerdings auch noch andere Faktoren maßgeblich. Die Sonderstellung, die sich für die *Neue Zeitung* mit hoher Papierzuteilung, besserem Honoraretat und der amerikanischen Organisation ergeben hatte, war nach drei Jahren verschwunden. Durch die Währungsreform vom 21. Juni 1948 mußte sich das Blatt mit harter Münze im Konkurrenzkampf gegenüber den Lizenzzeitungen behaupten. Von einem Platzvorteil konnte nicht mehr die Rede sein.

Die Berliner Ausgabe Im März 1947 war in Berlin eine eigene Redaktion gegründet worden. Diese vierseitige Lokalausgabe wurde der aus München gelieferten Ausgabe beigelegt. »Ende März 1948 begann die Blockade Berlins. Die Lieferung der *Neuen Zeitung* aus München konnte nicht mehr aufrecht erhalten werden. Binnen drei Tagen wurden alle Vorbereitungen getroffen, in Berlin mit einer vollständigen Berliner Ausgabe zu erscheinen. Das redaktionelle Material kam zum überwiegenden Teil über Fernschreiber aus München. Den Druck übernahm der Deutsche Verlag, heute Ullstein. Und trotzdem hing das Erscheinen mehr als einmal am seidenen Faden. Es gab nicht genug Papier, keinen Strom und kein Benzin. Die Nachrichtenübermittlung wurde von den Russen gestört. Unter diesen Umständen eine Zeitung zu machen, stellte oftmals Anforderungen an jeden Mitarbeiter, wie sie heute undenkbar sind. Zur Not kann ein Redakteur auch bei Kerzenlicht arbeiten, Fernschreiber und Funkgeräte aber verlangen Strom. Es wurde also eine Stromerzeugungsanlage beschafft. Auf dem Hof des Verlagsgebäudes lief das Aggregat 21 Stunden am Tag und versorgte alle Abteilungen. Eine große Funkstelle mit einer Besetzung von zehn erprobten Überseefunkern sorgte für den ununterbrochenen Eingang der Meldungen. Aus dem Nichts entstand ein Nachrichten-Digest, der mit einem Umfang von mehr als 400 Seiten die gesamte Redaktion mit allem Material versorgte.« (Hans-Joachim Netzer, 43). Durch die Blockade verlor die *Neue Zeitung* ihre Leserschaft in der SBZ: Die Auflage der Berliner Ausgabe sank um die Hälfte, auf 200 000 Exemplare. Je länger die Blockade anhielt, desto stärker wurde der Druck, den Umfang auszuweiten. Seit dem 15. Januar 1949 erschien sie in Berlin täglich, sechs Monate später zog die Münchner Ausgabe nach und veränderte ihren Erscheinungsrhythmus in gleicher Weise.

Seit dem November 1949 finden sich Anzeigen im Blatt. Sie wurden von einer eigenen Abteilung in Frankfurt akquiriert, doch betrieb man dieses Geschäft anscheinend nicht mit großer Energie, denn das Anzeigenaufkommen in den Ausgaben blieb bescheiden. »1951 wurde mit der Münchner Redaktion der Verlagssitz der *Neuen Zeitung* nach Frankfurt verlegt und der Vertrieb von dort aus zentral geleitet. Ungünstige Zugverbindungen und die große Entfernung zwischen Druckort und Abonnenten zwangen zu einer völligen Neuorganisation. (...) Mit einer Auflage von rund 160 000 an Wochentagen und von 250 000 am Wochenende war im Sommer 1953 ein Stand erreicht, der sich nicht mehr wesentlich veränderte.« (Netzer, 44f.)

Die weiteren Chefredakteure Wallenberg ist offiziell freiwillig zurückgetreten, aber es blieb ihm keine Wahl. Er hatte danach andere Ambitionen, wollte Chef der »Stimme Amerikas« werden, geriet aber, zurückgegangen nach den Vereinigten Staaten, in die Fänge einiger fanatischer antikommunistischer Fundamentalisten. Sie schmähten ihn, auch Habe und selbstverständlich Heym wie Weiskopf, in den späten Vierzigerjahren als »Fellow-traveller«, als kommunistische Unterwanderer und Handlanger Stalins. Der Kalte Krieg hatte alte Feindschaften, noch aus der Kriegszeit, vor allem mit dem unseligen Intriganten Julius Epstein, wiederbelebt. Für ihn waren Habes und Wallenbergs Artikel nichts anderes als geschickt verkleidete Tarnschriften kommunistischer Provenienz. Nach seiner Meinung sollte ein subversives Netzwerk von Unterwanderern geknüpft werden, und eine Emigranten-Hilfsorganisation aus früheren Jahren mußte als angeblicher Beweis in diesem verqueren Feldzug herhalten. Epstein in The New Leader (vom 28.8.1948): »Hans Wallenberg war 1939 und 1940 Sekretär (Schriftführer) der wohl bekanntesten kommunistischen Frontorganisation ›The German American Writers Association‹, ein Zweig des Auswärtigen Amtes Stalins. Als am 1. September 1939 der Zweite Weltkrieg ausbrach, gab die GAWA eine Erklärung an die amerikanische Presse, in der Hitler angeklagt wurde, den Krieg begonnen zu haben; Stalin jedoch, ohne dessen Hilfe der Krieg nicht ausgebrochen wäre, wurde nicht erwähnt. Diese lügnerische Erklärung war von den Vorstandsmitgliedern, einschließlich des Schriftführers Wallenberg, zusammengekocht worden.« Epstein hat solche hanebüchenen Falschmeldungen vorsätzlich in Umlauf gebracht. Seine Kampagne scheint erfolgreich gewesen zu sein: Wallenberg hat den von ihm angestrebten Posten nicht erhalten. Walter Kolbenhoff, bei dem noch nach Jahrzehnten die Empörung über den »freiwilligen« Abgang Wallenbergs nachbebte, datierte mit ihm den innerredaktionellen Beginn des Kalten Krieges: »Es nahm seinen Anfang bereits im September 1947 mit der Entlassung des von uns allen sehr verehrten Hans Wallenberg, der bisher im Auftrag der amerikanischen Militärregierung die *Neue Zeitung* in alleiniger Verantwortung geleitet und herausgegeben hatte. Er hat die Redaktion, deren Mitglieder ›phantasievolle Individualisten waren, mit so viel Gerechtigkeitssinn, mit so viel Sinn für Genauigkeit‹ geleitet, daß sie zu einer einmaligen Zeitung mit Weltniveau wurde.« (W. K., Schellingstr. 48, 265) Tatsächlich verhielt sich der Ablauf etwas anders: Wallenberg hatte sich bei seinen

Vorgesetzten unmöglich gemacht, weil er das Fehlverhalten der Roten Armee bei Flucht und Vertreibung der Deutschen aus den Ostgebieten anprangerte. Solche Kommentare galten so lange als Anschlag auf die alliierte Eintracht, bis die amerikanische Politik ihre Gegnerschaft zur Sowjetunion und zu ihrem Regime in ihrer Zone offiziell erklärte. Nur wenige Wochen vor diesem Umschwung wurde Wallenberg zur Demission gezwungen. Gustav René Hocke trat nach der parallelen Entlassung von Gert Heinz Theunissen als stellvertretender Chefredakteur und Feuilletonchef mit sechs anderen Redakteuren am 31. März 1949 zurück. Es kündigten unter anderen Peter Boenisch, Hildegard Brücher, Carl H. Ebbinghaus und Walter Kolbenhoff. Sie konnten den Kurs von OMGUS, der die *Neue Zeitung* zu einem Hausorgan der Militärregierung zurechtstutzen wollte (was dann doch nicht gelang), nicht mittragen. »Wir bekamen Hausverbot und durften die Redaktionsräume nur noch einmal betreten, um unsere privaten Sachen aus den Schreibtischen zu holen.« (Kolbenhoff, 267)

Im Streit um die Leitung und die Prinzipien der *Neuen Zeitung* ereignete sich weiterhin einiges Unliebsame. Nach Wallenbergs Demission leitete sein Kollege Max Kraus das Blatt interimistisch einige Monate, bis mit Jack Fleischer im Februar 1948 der erste Amerikaner auf den Chefsessel kam – für die nächsten 13 Monate. Er hatte als Europa-Korrespondent einer amerikanischen Nachrichtenagentur gearbeitet, konnte aber weder die deutschen Belange einschätzen noch sich genügend auf deutsch verständigen. »In seinem Gefolge erschienen andere, mit Ressentiments geladene alliierte Journalisten, die in teilweise recht unklaren Aufgabenbereichen die Redaktion durchsetzten und überwachten. Ihre sichtbare Tätigkeit bestand darin, sämtliche Manuskripte Zeile für Zeile daraufhin zu studieren, ob sie mit der gerade gültigen Washingtoner Politik übereinstimmten.« (Netzer, 40) Fleischer ließ die Manuskripte streng kontrollieren und wollte die Zeitung insgesamt amerikanisieren. Die deutschen Redakteure waren unter ihm zur Redaktionskonferenz nur ausnahmsweise zugelassen.

Zunächst war der amerikanische Journalist Charlie Lewis ausersehen worden, die Geschicke nach Wallenberg zu leiten. Doch er lehnte den Auftrag an dem Tag ab, an dem er Einblick in die Verhältnisse genommen hatte. Er hielt nichts von den Veränderungen, die er durchsetzen sollte. Fleischer wurde für das Blatt zu einer Katastrophe: Die Auflage sank als Folge dieser Abwendung weg vom deutschen Leserstamm in wenigen Wochen auf 900 000 Exemplare und erholte sich auch nicht mehr grundsätzlich, als Fleischer im Herbst 1948 wegen seines eklatanten Mißerfolgs abgelöst wurde: »Die *Neuen Zeitung* hatte einen Tiefpunkt erreicht. Aus einem erfolgreichen und wirkungsvollen Organ war ein temperamentloses, steriles Nachrichtenblatt, ein Hausanzeiger der Militärregierung geworden, von Pressebeamten gelenkt und überwacht.« (Netzer, 40)

Auf Fleischer folgte der amerikanische Quäker Kendall Fox, der die Geschicke vom November 1948 an für ein Jahr leitete. Er war mit den deutschen Verhältnissen vertraut und hatte bei der Gründung der Freien Universität in Westberlin mitgewirkt, trat aber seinen Posten als neuer Chefredakteur nur widerstrebend an. Er überließ die Geschäfte weitgehend dem deutschen Emigranten Ernst Cramer, der aber seinerseits von einem amerikanischen Dreierkollegium beaufsichtigt wurde. Im Juni 1948 wurde die Münchner Ausgabe geschwächt, als man in Frankfurt eine eigene Redaktion einrichtete.

Im November 1949 landete das State Department, das die Zuständigkeit von der Armee übernommen hatte, einen Coup: Hans Wallenberg wurde beauftragt, erneut die Chefredaktion zu übernehmen. Er konnte die Auflage einigermaßen konsolidieren, aber die übergeordneten Entscheidungen sprachen gegen ihn. Dennoch erschienen unter seiner Ägide noch zahlreiche herausragende Artikel, vor allem im Feuilleton. Ein Versuch, das Blatt in eine deutsch-amerikanische Stiftung zu überführen, ein Bemühen, das Redakteure ohne Wissen des Chefredakteurs unternahmen, scheiterte. Wallenberg hatte drei Ausgaben an drei verschiedenen Orten mit drei Redaktionen zu leiten. Die innerredaktionelle Konkurrenz mit den Blattmachern der Frankfurter Ausgabe, dann die Übersiedlung der Redaktion nach Frankfurt/M. – mit Ausnahme des Feuilletons, das in München blieb – schwächte die *Neue Zeitung* noch mehr. Obwohl angeblich sogar Bundeskanzler Adenauer sich für sie verwendete, wurde die Hauptausgabe am 12. September 1953 eingestellt.

Das Ende Die Berliner Ausgabe hat das Ende der München-Frankfurter Hauptausgabe um 16 Monate überlebt. Das Ende wurde, wie immer bei solchen Anlässen, mit viel grimmig-guter Laune begangen. Zu Silvester 1954 erschien ganzseitig eine Folge von Parodien auf den Einstellungsbeschluß. Friedrich Luft, Hans Schwab-Felisch, Wolf Jobst Siedler, Charlotte Stephan, H. H. Stuckenschmidt und Georg Zivier witzelten über ihre Trauer hinweg. Die Parodie »Auflösungs-

Erscheinung«, den Stil des »Spiegel« imitierend, rühmte das Blatt als »Tummelplatz einer halbpopulären Brillanzjournalistik mit Starredakteuren internationalen Kalibers« und fügte hinzu: »Wurde während der Blockade Berlins (1948/49) zum eigentlichen Rufer im Kampfe um Westberliner Separatsouveränität, paradierte in Abständen mit Beweisen großzügigster Dokumentation, Christdemokraten, Liberalen und Sozialen worterteilend. War geachtet auf Bundesebene wegen engmaschigen Korrespondenten-Netzes, das im flüssigen NZ-Stil genau die großzügige Weltanschauung kabelte, die Leser Liebrich in Zehlendorf jetzt vermißt. Berliner und Bundesverleger stoßen vorerst noch ratlos in das schwer füllbare Vakuum.« Lakonisch und sarkastisch fiel die Ende-Parodie nach Martin Buber aus: »Die Herren haben's gegeben, die Herren haben's genommen.« Hans-Joachim Netzer beschloß seinen Gedenkartikel zehn Jahre nach dem Ende der München-Frankfurter Ausgabe mit einer weiterwirkenden Frage: »›Warum wurde hier ein unschätzbares Kapital an good will verschenkt‹, schrieb ein Landtagsabgeordneter, ›wo doch die jährlichen Kosten zur Weiterführung dieser Zeitung nicht größer waren als der Kaufpreis eines einzigen Panzers?‹« (Netzer, 46) Angespielt wurde auf Deutschlands Wiederbewaffnung, wogegen die Zeitung ein besonders erfolgreicher publizistischer Ausdruck der Zivilgesellschaft im Nachkriegsdeutschland gewesen war.

Doch fiel das Ende der Berliner Ausgabe mit einigen Schlüsseldaten zusammen, die das Ende der Nachkriegszeit endgültig fixieren. Das Besatzungsstatut endete durch die Pariser Verträge vom 5. Mai 1955; das deutsch-amerikanische Verhältnis war infolge der Westintegration und des Kalten Kriegs erheblich gefestigt und mit den Souveräntitätsvorbehalten der Hochkommissare Lucius D. Clay, McCoy und Arthur B. Conant nicht mehr in Verbindung zu bringen. Der österreichische Staatsvertrag und die Genfer Außenministerkonferenz, die Entlassung der letzten deutschen Kriegsgefangenen aus östlichen Arbeitslagern und Bergwerken, die Aufnahme diplomatischer Beziehungen der BRD mit der Sowjetunion und deren Erneuerung des Angebots, über die »deutsche Frage« Gespräche zu führen, schienen Entspannung zu bringen. Auch in kultureller Hinsicht bot das Jahr 1955 Wegmarken: mit Thomas Manns Tod war das symbolische Ende der über alle zeitgeschichtlichen Katastrophen und Brüche hinweg sich behauptenden bürgerlichen Literatur bezeichnet. Zehn Jahre nach dem Ende des Zweiten Weltkriegs war die Trümmer-, Kahlschlag-

und Reportageliteratur ausgeschrieben, der magische Realismus hatte keine Kraft mehr, die mythologische Verbrämung der geschichtlichen Erfahrung war vorbei. Mit zwei Büchern verabschiedete sich die westdeutsche Literatur symbolisch von ihrer ersten Phase: Die Lyrikanthologien »Transit« von Walter Höllerer und »Museum der modernen Poesie« von Hans Magnus Enzensberger bürgerten die internationale Avantgarde ein.

Man begann sich, wenn auch voreilig, von Barbarei und Katastrophe der Nazizeit zu verabschieden. Willenserklärungen, die Nachkriegszeit sei beendet, finden sich vielfach auf den Seiten der drei letzten Jahrgänge. So sehr sich das Neue durchsetzen konnte, so wenig gelangen die voluntaristischen Abschiede. Die Debatten, etwa über Antisemitismus und die deutsche Schuld, das System der Konzentrationslager und die Praxis der Massenmorde, die juristische Sühnung der Verbrechen und den Umriß ihrer Einmaligkeit wurden erst später in der nötigen Konkretheit geführt. Eine nachgeborene Generation hat die Leerstellen ausgefüllt.

Die westdeutsche Gesellschaft hatte sich Mitte der fünfziger Jahre formiert, die Positionen in ihr waren besetzt. Die deutsche Presse hatte die Rolle der *Neuen Zeitung*, die zuletzt als »amerikanische Zeitung in Deutschland« firmiert hatte, nämlich ein Vorbild an praktizierter Toleranz, direkter Meinung, transatlantischem Weitblick und Diskussionsfreude zu geben, in die eigene Praxis übernommen.

Diese Zeitung war neben Carepaketen und Marshallplan das vielleicht erfolgreichste Projekt der Amerikaner für das Nachkriegsdeutschland. Nirgendwo anders, sei es bei der politischen Organisation, bei den Fragen von Wirtschaft, Bildung, Gesundheitswesen und Pädagogik, erschien die amerikanische Stimme so gelassen und souverän wie in der *Neuen Zeitung*. Richtiger müßte man wohl sagen: Die Besatzungsbehörden haben all dies zugelassen. Genau genommen waren es deutschamerikanische Stimmen, die hier durchdrangen: vorwiegend deutsche Juden, die in amerikanischer Uniform zurückkehrt waren, um Überblick und Skepsis und den Willen reicher, es mit Deutschland noch einmal zu versuchen, und sei es aus großem innerem Abstand oder nur für eine gewisse Frist. Sie jedenfalls haben in diesem großen Zeitgespräch, als das man dieses Blatt verstehen kann, die entscheidende Rolle als Anstifter, Stichwortgeber und Vermittler innegehabt. Dieses Kapitel in einer kollektiven Biographie ist, mit Respekt und Dankbarkeit, erst noch zu schreiben.

Die *Neue Zeitung* bietet moralische Maßstäbe über die Taten, die Amerikaner außerhalb der USA im Namen der Demokratie unternehmen. Verständnis und Toleranz für die Trauer und Verzweiflung der besiegten Bevölkerung, Achtung für vorgefundene kulturelle Traditionen, Hoffnung auf die einheimischen Reformkräfte gehören zum Reservoir der Werte, das diese »amerikanische Zeitung für die deutsche Bevölkerung« verkörperte. Dieser Nachkriegsglaube an die amerikanische Kultur scheint nach allem, was die Army heute in diversen Ländern bewerkstelligt, eine rühmliche Ausnahme gewesen zu sein.

Literatur

Wolfgang Benz, Zwischen Hitler und Adenauer. Studien zur deutschen Nachkriegs-Gesellschaft, Frankfurt/M. 1971

Wolfgang Benz (Hg.), Neuanfang in Bayern 1945–1949, München 1988

Wolfgang Benz (Hg.), Deutsche unter alliierter Besatzung 1945–1949, Berlin 1999

Jürgen Manthey (Hg.), Literaturmagazin 7: Nachkriegsliteratur. Mit Beiträgen u. a. von Alfred Andersch, Hansjörg Gehring, Helmut Heißenbüttel, Hans Dieter Schäfer, Frank Trommler, Heinrich Vormweg, Reinbek 1977

Edward C. Breitenkamp, The U.S. Information Control Division and its Effect on German Publishers and Writers 1945–1949, Grand Forks, N. D. 1953

Michael Ermarth (Hg.), America and the shaping of German society, 1945–1955, Providence, R. I. 1993

Norbert Frei, Die Presse. In: Wolfgang Benz (Hg.), Die Geschichte der Bundesrepublik Deutschland, Bd. 4, Frankfurt/M. 1989, S. 370–417

Jessica C. E. Gienow-Hecht, Transmission impossible: American journalism as cultural diplomacy in postwar Germany 1945–1955, Baton Rouge 1999

Franz Josef Görtz und Hans Sarkowicz, Erich Kästner. Eine Biographie, München, Zürich 1998

Hans Habe, Im Jahre Null, München 1966. Zit. nach der dritten, erweiterten Aufl. München 1981 (Heyne-Buch Nr. 5342)

Hans Habe, Ich stelle mich. Meine Lebensgeschichte, München 1954. Zit. nach der Ausgabe München 1986 (Ges. Werke)

Sven Hanuschek, Keiner blickt Dir hinter das Gesicht. Das Leben Erich Kästners, München 1998

Gerhard Hay, Hartmut Rambaldo, Joachim W. Storck (Hg.), Als der Krieg zu Ende war. Literarisch-politische Publizistik 1945–1950, München 1973 (Marbacher Ausstellungskatalog Nr. 23)

Dominique Herbet, *Die Neue Zeitung*: eine amerikanische Zeitung für die deutsche Bevölkerung, Valenciennes 1996

Ludolf Herbst (Hg.), Westdeutschland 1945–1955. Unterwerfung, Kontrolle, Integration, München 1996

Sigrid Herrenbrück, Die *Neue Zeitung* 1945/46. Ein Umerziehungsinstrument amerikanischer Besatzungspolitik? Mag. Arbeit Göttingen 1997

Stefan Heym, Reden an den Feind, hg. von Peter Mallwitz, München 1986

Stefan Heym, Nachruf, München 1988

Harald Hurwitz, Die Pressepolitik der Alliierten. In: Harry Pross (Hg.), Deutsche Presse seit 1945, Bern, München, Wien 1965

Harald Hurwitz, Die Stunde Null der deutschen Presse, Köln 1972

Karl Jaspers, Die Schuldfrage. Für Völkermord gibt es keine Verjährung, München 1979

Erich Kästner, Der tägliche Kram. Chansons und Prosa 1945–1948. In: E.K., Wir sind so frei. Chanson, Kabarett, Kleine Prosa. Hg. von Hermann Kurzke in Zusammenarbeit mit Lena Kurzke, München, Wien 1998, S. 7–187 (Werke. Bd. 2)

Erich Kästner, Notabene 45 und Neues von Gestern. In: E.K., Splitter und Balken. Publizistik. Hg. von Hans Sarkowicz und Franz Josef Görtz in Zusammenarbeit mit Anja Johann, München, Wien 1998, S. 301–595 (Werke. Bd. 6)

Erich Kästner, Gesammelte Schriften für Erwachsene, Bd. 6, München und Zürich 1969

Walter Kolbenhoff, Schellingstraße 48. Erfahrungen mit Deutschland, Frankfurt/M. 1984

Kurt Koszyk, Pressepolitik für Deutsche, Berlin 1986 (Geschichte der deutschen Presse. Bd. 4)

Kyong-Kun Kim, Die Neue Zeitung im Dienste der Reeducation für die deutsche Bevölkerung 1945–1946, Diss. München 1974

Maximilian Lanzinner, Zwischen Sternenbanner und Bundesadler. Bayern im Wiederaufbau 1945–1958, Regensburg 1996

Ingrid Laurien, Politisch-kulturelle Zeitschriften in den Westzonen 1945 bis 1949. Ein Beitrag zur politischen Kultur der Nachkriegszeit, Frankfurt, Bern, New York 1991

Elisabeth Matz, Die Zeitungen der US-Armee für die deutsche Bevölkerung 1944–1946, Münster 1969

Peter de Mendelssohn, Zeitungsstadt Berlin. Menschen und Mächte in der Geschichte der deutschen Presse, Berlin 1959

Hans-Joachim Netzer, Die Neue Zeitung. In: Deutsche Rundschau 1963, S. 37 bis 46

Friedrich Prinz (Hg.), Trümmerzeit in München. Kultur und Gesellschaft einer deutschen Großstadt im Aufbruch 1945–1949, München 1984 (Katalog des Münchner Stadtmuseums)

Oda Schaefer, Die leuchtenden Feste über der Trauer. Erinnerungen aus der Nachkriegszeit, München 1977

Reinhard Wittmann, Auf geflickten Straßen. Literarischer Neubeginn in München 1945 bis 1949, München 1995

Register der Beiträge

Personenregister

kursive Seitenzahlen verweisen auf ausführliche Informationen zu den einzelnen Autorinnen und Autoren im Kommentarteil

Zum Schluß

Mein Dank gilt der Max-Kade-Stiftung und Paul Michael Lützeler, dem unermüdlichen Vermittler zwischen den transatlantischen Welten, für die Unterstützung der Kreuz- und Querlektüre zum Thema. Einen intensiven Monat lang konnte ich in der Bibliothek der Washington University in St. Louis studieren und war mir der Gastfreundschaft des German Departments gewiß. Wie schon seit vielen Jahren erprobt ist die Hilfe der Monacensia, der Handschriftenabteilung der Münchner Stadtbibliothek, vor allem ihrer Leiterin Elisabeth Tworek. Dort liegt eines der wenigen kompletten Exemplare der *Neuen Zeitung* (Münchner Hauptausgabe), das die Vorlage für die meisten der ausgewählten Texte bis Ende 1952 ergab. Und nicht zuletzt danke ich dem Zeitungsarchiv des Hessischen Rundfunks, das über eine komplette Ausgabe der Frankfurt–Berliner Ausgabe verfügt und sie über die Zeitläufte hinweg gerettet hat. Für ihre Hilfe bei der Komplettierung der Auswahl bis 1955 bin ich meinen früheren Arbeitskollegen Evelin Hohm und Werner Cüppers sehr verpflichtet. Meine Hochachtung gilt Jens Uwe Kirsten für seine Unermüdlichkeit im Berliner Bibliothekendschungel und Rudi Schweikert für seine Umsicht und Sorgfalt bei der Durchsicht des Manuskripts. Die abgedrucken Fotos stammen aus dem Firmenarchiv des Axel-Springer-Verlags, das ein Bilderalbum aus dem Nachlaß Hans Wallenbergs verwahrt. Wir danken für die Abdruckerlaubnis.

Bildlegenden der Abbildungen auf den Vorsatzpapieren

1 Hans Wallenberg und Hans Habe

2 Egon Jameson am Schreibtisch

3 Erich Kästner mit unbekannter Frau

4 Eric Winters, der Nachrichtenchef

5 Max Kraus, der Lokalchef am Schreibtisch

6 George R. Rowen, der Bildchef mit seiner Kamera

7 The »Hellschreiber« Section, Texterfassung in der Setzerei

8 Mettage-Saal in der Druckerei

9 Rollenlager in der Druckerei

10 Die Rotationsdruckmaschine

11 Das Druckgewerbehaus in der Schellingstraße 39 bei Nacht

12 Erich Kästner, Hans Wallenberg und Alfred Kerr (von links nach rechts)

13 Schaukästen »Die Neue Zeitung« (Frontispiz S. 2)

14 Das Druckgewerbehaus in der Schellingstraße 39 bei Tag

15 Hans Wallenberg in der Setzerei

16 Erich Kästner (rechts), Dr. Bruno E. Werner und Lieselotte Enderle am 14. Juli 1946 in München in der Redaktion »Die Neue Zeitung«

14

1

15

5

1

8

16

7